Schmidt · Ökosystem See

Biologische Arbeitsbücher _____ **12/1**

Eberhard Schmidt

Ökosystem See

Der Uferbereich des Sees

5., völlig neu bearbeitete Auflage

Quelle & Meyer Verlag Wiesbaden

Prof. Dr. Eberhard Schmidt
Lehrstuhl Biologie und ihre Didaktik
Univ.-GHS Essen
Postfach 10 37 64
45117 Essen

Die Deutsche Bibliothek - CIP-Einheitsaufnahme

Schmidt, Eberhard :
Ökosystem See / Schmidt. - 5., völlig neu bearb. Aufl. -
Wiesbaden : Quelle und Meyer, 1996
  (Biologische Arbeitsbücher ; 12,1)
  ISBN 3-494-01152-4
NE: GT

5., völlig neu bearbeitete Auflage 1996
© 1974, 1996, by Quelle & Meyer Verlag GmbH & Co., Wiesbaden

Das Werk einschließlich aller seiner Teile ist urheberrechtlich geschützt. Jede Verwertung außerhalb der engen Grenzen des Urheberrechtsgesetzes ist ohne Zustimmung des Verlages unzulässig und strafbar. Dies gilt insbesondere für Vervielfältigungen auf fotomechanischem Wege (Fotokopie, Mikrokopie), Übersetzungen, Mikroverfilmungen und die Einspeicherung und Verarbeitung in elektronischen Systemen.

Einbandgestaltung: Klaus Neumann, Wiesbaden
Druck und Bindung: Allgäuer Zeitungsverlag, Kempten
Printed in Germany/Imprimé en Allemagne
ISBN 3-494-01152-4

3.12 Vegetationsdynamik im Litoral 129
3.13 Aufwuchs auf Röhricht und Wasserpflanzen (Periphyton) 131
3.14 Seenklassifikation und Bioindikation nach der Litoralvegetation 135
    3.14.1 Trophische Seenklassifikation nach Vegetationstypen 135
    3.14.2 Makrophytenindex als Indikatorsystem 136
    3.14.3 Indikation von Eutrophierung nach der Tiefenausdehnung
           der submersen Makrophyten 137
3.15 Zusammenfassung: Vegetationszonierung am See 139

4 Die Tierwelt der Wasseroberfläche 144
  4.1 Kleinlebewesen an der Wasseroberfläche 144
    4.1.1 Das Pleuston 144
    4.1.2 Räuber an der Wasseroberfläche 146
    4.1.3 Atemgäste an der Wasseroberfläche 157
    4.1.4 Das Neuston 159
  4.2 Wasservögel 163
    4.2.1 Erfassung 163
    4.2.2 Ökologische Gruppen der Vögel am See 165
    4.2.3 Fortpflanzungsverhalten und Jahreszyklus
          von Wasservögeln 182
    4.2.4 Wasservögel-Seentypen 185
    4.2.5 Dichteregulation bei Wasservögeln und Bioindikation 185
    4.2.6 Menschliche Einflüsse auf Wasservogelpopulationen 188
    4.2.7 Einfluß der Wasservögel auf die Nährstoffbilanz von Seen .. 189
    4.2.8 Pestizide und Parasiten markieren
          Wasservogel-Nahrungsketten 192
  4.3 Wasserinsekten – Wanderer zwischen zwei Welten 195
    4.3.1 Typen der Wasserinsekten 195
    4.3.2 Das Beispiel Libellen 199

5 Unterwassertiere des Litorals 214
  5.1 Formenübersicht und Methodik 214
  5.2 Das Schwimmen 215
    5.2.1 Physikalische Voraussetzungen 215

5.2.2	Das Schwimmen der Fische	219
5.2.3	Das Schwimmen bei Wasserinsekten	223
5.3	Orientierung unter Wasser	224
5.3.1	Optische Orientierung	224
5.3.2	Hydrodynamische Orientierung und Lauterzeugung	226
5.4	Bewegung, Schutz und Tarnung am bzw. im Substrat	227
5.5	Nahrungserwerb und Beutefang	231
5.6	Die Atmung der Wassertiere	236
5.6.1	Die Atemgase im Wasser	236
5.6.2	Bestimmung des Sauerstoffgehaltes im Wasser	239
5.6.3	Atmungsorgane der Wassertiere	241
5.6.4	Anpassungen der Wassertiere an den geringen Sauerstoffgehalt des Wassers	243
5.6.5	Beobachtungsbeispiele zur Atmung von Wassertieren	246
5.6.6	Quantitative Versuche zur Atmung von Wassertieren	250
5.6.7	Hautatmung	254
5.7	Osmoregulation	256
5.8	Fortpflanzung am Beispiel von Fischen des Litorals	262
5.9	Ausbreitungsstadien	268
5.10	Seentypen nach der Litoralfauna	268
6	**Synökologie des Litorals**	**271**
6.1	Nahrungsketten und Nahrungsnetze	271
6.2	Die trophischen Ebenen (Nahrungspyramiden)	271
6.3	Energieflußdiagramme	273
6.4	Produktionskennziffern als Maßzahl für Ökosysteme	273
6.5	Schemata zum Kreislauf der Stoffe	274
6.6	Produzenten als Strukturelemente des Litorals	275
6.7	Die Rolle der Tiere	276
6.8	Fazit	277
7	**Das Vergehen von Seen**	**278**
7.1	Die Verlandung des Sees	278
7.2	Moore	281

7.3   Stoffhaushalt im Hochmoorweiher:
        Das Beispiel Hochmoortorfstich 283
8   Vergleich von See und Fluß 288
9   Schlußwort 293
Literaturverzeichnis 294
Verzeichnis der Pflanzen- und Tiernamen 321
Verzeichnis der Gewässernamen 323
Sachverzeichnis 325

Anhang (Arbeitsbögen)
Erfassung Chemismus des Sees, Tierwelt und Vegetation des Uferbereichs
Schnell-Erfassungsbogen Avifauna
Schnell-Erfassungsbogen Libellen

Vorwort zur 5. Auflage

Wir stecken in einer ökologischen Krise, die sich – oft verdeckt – zuspitzt. Das Bewußtsein dafür wächst, Anstöße zum Umdenken werden laut (z.b. IUCN 1991, MARKL 1986, MEYER-ABICH 1990, WEIZSÄCKER 1994), sie werden aber oft verdrängt, wenn sie mit dem Tagesgeschäft oder mit lieb gewordenen Gewohnheiten kollidieren. Ökologisches Halbwissen begünstigt dabei Ideologisierungen (vgl. TREPL 1987, TROMMER 1993). Es reicht jedoch nicht aus, Freude an der Formenmannigfaltigkeit zu wecken, ihre Kenntnis zu vertiefen (MAYER 1992), maßgeblich ist vielmehr die Einsicht in das komplexe Beziehungsgeflecht zwischen den Arten und zu ihrer Umwelt unter Einschluß des Menschen. So ist es eine dringliche Aufgabe der Umweltbildung, eine breite, fächerübergreifende Sachbasis zu vermitteln (DRATHS & ERDMANN in PFADENHAUER 1993), dabei die Einheit aus Wissen, Empfinden und Handeln zu stärken (MIKELSKIS 1990, SEYBOLD & BOLSCHO 1993). Die Ökologiedidaktik weist jetzt mehr denn je den Weg vom Naturerleben zum ganzheitlichen Umweltverständnis, fördert die Bereitschaft zum sachgerechten Handeln („Handlungskompetenz") als Umsetzung einer Umweltmoral vor dem Hintergrund einer auf Nachhaltigkeit begründeten Umweltethik (GÄRTNER & HOEBEL-MÄVERS 1991, HEDEWIG & STICHMANN 1988, ZABÉL 1991). Zur Umweltmoral gehört aber auch das Bewußtsein, daß innerhalb der Gesellschaft gegensätzliche Vorstellungen zu Nutzungen, Schutz und Sanierung/Restaurierung miteinander konkurrieren. Derartige Zielkonflikte können in einer Demokratie nur (mühsam) über eine politische Konsensbildung zum jeweiligen Einzelfall in den zuständigen Gremien gelöst werden. Sie kann nur auf einen mehrheitsfähigen Kompromiß gerichtet sein. Ökologieverständnis der Entscheidungsträger ist dabei eine notwendige, wenn auch leider nicht hinreichende Voraussetzung für eine nachhaltig optimale Lösung, die auch dem Haushalt der Natur gerecht wird (zur Dialektik von Wissenschaft und Politik vgl. MOHR 1993, zur Problematik der Umsetzung ökologischer Erkenntnisse BARTHOLOMESS 1985). Ökologieverständnis ist im Kern Ökosystemverständnis, das an realen Beispielen (hier an Seen) erfahren werden und die regionalen Umweltprobleme einschließen muß (Abb. 5, 6). Die globalen Vernetzungen (und Probleme: WEIZSÄCKER 1994) wären dann der zweite Schritt, der in diesem Buch ausgeklammert bleibt. Ein solches Ökosystemverständnis erfordert das unbequeme Denken in Vernetzungen als Beziehungsgefüge von komplexen, synergetischen („chaotischen") Systemen (BRIGGS & PEAT 1990, KRIZ 1992, TISCHLER 1984, VESTER 1991) mit ihrer Individualität und Dynamik. Sie sind nicht allein reduktionistisch (also letztlich allein aus physikalisch-chemischen Grundlagen) oder typologisch zu erfassen, es ist vielmehr ganzheitlich nach dem Regime von Schlüsselorganismen und -faktoren, insbesondere nach der Rolle des Menschen für das Beziehungsgefüge zu fragen (SCHMIDT 1991, 1992, THIENEMANN 1956). Dazu ist, wie schon WESENBERG-LUND (1943: Vorwort) betonte, ein intensives, wachsames Beobachten an ausgewählten Stellen am stillen Alltag wie am turbulenten Wochenende, bei Regen wie bei Sonnenschein, im Sommer wie im Winter unerläßlich. Vermutete Zusammenhänge sind dann im Gelände durch Vergleich mit passenden anderen Ökosystemen und im Labor mit der Analyse von Details bzw. der modellhaften Simulation zu verifizieren, zu falsifizieren oder zu modifizieren. Die Erfahrungen der Nutzer (wie Angler, Fischer, Landwirte) können hilfreich sein und ihre Eingriffe in Ökosysteme als Freilandexperimente ausgewertet werden. Als Beispiel dafür seien die Talsperren hervorgehoben, wo angewandt-limnologische Untersuchungen in Handlungskonzepte mit Erfolgskontrolle als Verifikation umgesetzt wurden. Von diesen Ergebnissen hat auch die Reine Limnologie sehr profitiert (vgl. LAWA 1990).

Anleitungen zu einem derartig ganzheitlichen Naturstudium sind schon bei JUNGE (1885), SCHMITT (o. J.) oder GRUPE (1949) zu finden, Meister der Naturbeobachtung in diesem Sinne waren WESENBERG-LUND (1939, 1943) und (für Libellen) der Kunstmaler ROBERT (1959).

Ökosystemverständnis erfordert dabei eine deutliche Vertiefung qualitativer Differenzierung, während die Quantifizierung angesichts der Schwankungsbreiten von Meßdaten grob bleiben kann. Das naturwissenschaftliche Primat möglichst exakter Quantifizierung ist dagegen in der Regel nur bei experimenteller Normierung (vgl. KOHL & NICKLISCH 1988), also unter Realitätsverlust zu erfüllen. Das ist eine Ursache für die Kluft zwischen Reiner und Angewandter Limnologie (vgl. ELSTER 1989). Wenn wir aber derartige Laborversuche zusammen mit entsprechenden Freilandversuchen (wie Mikro-, Mesokosmen, Modellgewässer, vgl. LAMPERT & SOMMER 1993) als (mechanistische) Modellvorstellungen der komplexen Reaktionsmöglichkeiten von Organismen und von ihren Interaktionen sehen, tragen sie wesentlich zum besseren Verständnis des exakt nicht zugänglichen Beziehungsgefüges im realen Ökosystem bei. Das gilt erst recht für die aktuellen Systemmodellierungen der „Theoretischen Ökologie" (WISSEL 1989).

Dieses Buch soll bei dem ganzheitlichen Erfassen der komplexen Realität konkreter Seen exemplarisch ansetzen, Labordaten im Kontext (aber offen für eine Vertiefung bis zum Niveau der Spezialdisziplinen) einbeziehen und zu einem praktisch verwertbaren Bild des Beziehungsgefüges im Ökosystem See verknüpfen, dabei die vielfältigen Einwirkungen des Menschen aufzeigen. Adressaten sind Oberstufenschüler und Studienanfänger in Biologie oder Ökologie/Landespflege ebenso wie Praktiker im Naturschutz und interessierte Laien bzw. Nichtspezialisten. Sie sollen – manchmal unkonventionell, aber immer systemgerecht – an das Erfahren und Verstehen des Beziehungsgefüges in einem konkreten See (oder Teich) herangeführt werden. Ihnen soll das Buch helfen, „richtig" zu fragen und so die individuellen Gegebenheiten zu erfassen, ggf. die Folgen von Eingriffen zu erkennen und Ansätze zur Umgestaltung zu begründen.

Bei stark gestörten Gewässern (wie dem Stadtparkteich: SCHUHMACHER & THIESMEIER 1991) sind die Zusammenhänge einfacher zu erkennen und auf Fehlnutzungen zurückzuführen. Am Stadtparkteich (als Beispiel) führt das regelmäßige Füttern zu Stockentenmassierungen auch im Frühjahr und Sommer, der Verbiß ist dann so hoch, daß keine Ufervegetation aufkommen kann (selbst die überhängenden Trauerweiden werden auf „Entenhalshöhe" geschoren); das wiederum begünstigt Wasserblüten, die die Tauchblattfluren unterdrücken, so daß die Kleintierwelt verarmt (Abb. 1). Seen sind allein schon durch ihre Tiefe, oft auch durch ihre Größe komplexer. Ganzheitliches Verständnis muß hier bei Teilsystemen (im folgenden Kompartimente genannt) ansetzen. Kompartimente (oberster Ordnung) sind die klassischen Bereiche des Sees: das Ufer (Litoral), das Freie Wasser (Pelagial) mit der oberen „Nährschicht" und der unteren „Zehrschicht" und der Tiefenboden (Profundal: Abb. 4).

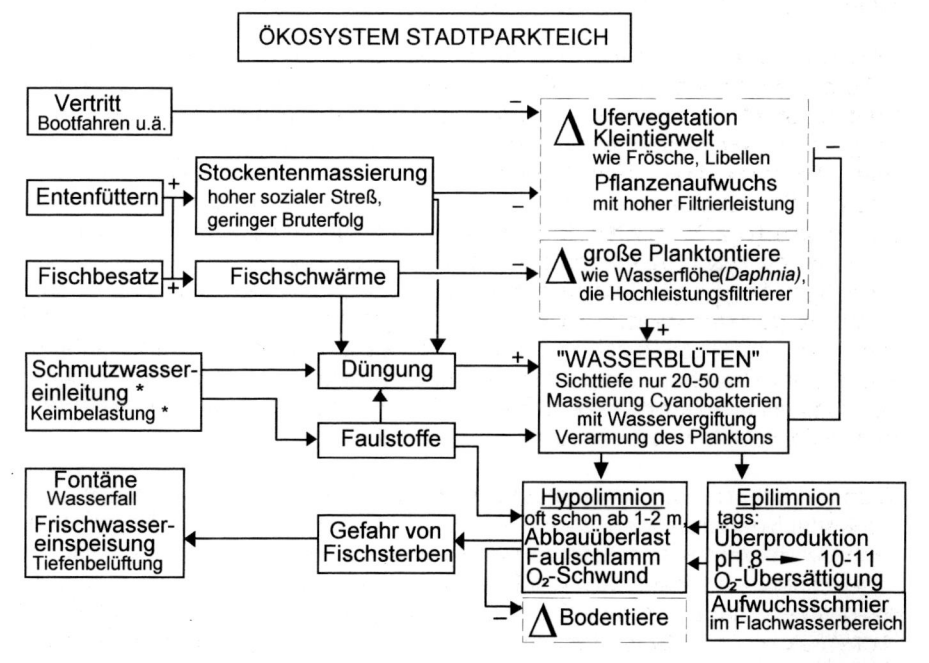

Abb. 1: Beziehungsgefüge im Ökosystem Stadtparkteich. Δ: unterdrückte Organismengruppen; fett umrahmt: begünstigte Phänomene; *: nur in besonderen Fällen.

Die Limnologie der Seen hat sich von Anfang an auf das Pelagial konzentriert und gerade in den letzten beiden Jahrzehnten bedeutende neue Zusammenhänge aufgedeckt. Das Pelagial ist so – begünstigt durch seine Transparenz – zu einem Modell für Systemökologie geworden. Auch für dieses Buch hat sich damit das Volumen so ausgeweitet, daß für den Bereich des Freien Wassers (einschließlich des Profundals und zivilisatorischer Eingriffe wie der Eutrophierung) ein eigener Band erforderlich geworden ist. Für den Praktiker, für den Lernenden und für den Naturfreund hat dagegen der wesentlich komplexere Bereich des Ufers mit seinen Makrophyten (den mit bloßem Auge erkennbaren Pflanzen vom Schilf bis zu den Fadenalgen im Gegensatz zu den mikroskopisch kleinen Planktonalgen) und der Vielfalt an Makroevertebraten (Wirbellosen der cm-Größenordnung wie Insekten, Krebsen, Egeln, Schnecken und Muscheln), Fischen, Amphibien und Wasservögeln einen besonderen Reiz. Die Zonierung der Ufervegetation fehlt keinem Lehrbuch als Beispiel für eine abgestufte Angepaßtheit an das Wasserleben. Diese Vegetationszonen bilden wiederum ökologische Teilsysteme oder Kompartimente (unterer Ordnung), die von den dominierenden Pflanzenarten bestimmt werden. Auch hier sind die Erkenntnisse von den ökologischen Zusammenhängen so stark angewachsen, daß ein eigener Band dafür gerechtfertigt ist. Er ist – noch konsequenter als in den ersten Auflagen – nach diesen Kompartimenten gegliedert worden. Diese Sicht unterscheidet dieses Buch von den fachsystematisch/sachlogisch aufgebauten Lehrbüchern zur Ökologie (wie SCHUBERT 1991) und zur Limnologie (wie RUTTNER 1962, LAMPERT & SOMMER 1993), die zur Ergänzung empfohlen werden. Verwiesen wird auch auf die Bestimmungsliteratur, auf die Handbücher zur Allgemeinen und Speziellen Botanik und Zoologie und auf Seenmonographien (wie die berühmte des Mendota-Sees in Wisconsin/USA: BROCK 1985) und Übersichten mitteleuropäischer Seen bzw. Talsperren: (z.B. LAWA 1985, 1990, LAMPERT & ROTHHAUPT 1989, WEINITSCHKE 1980-86 oder HAAREN 1988, JUNG 1990 KALBE 1993, KONOLD 1987, KRAUSCH & ZÜHLKE 1974, MUUSS et al. 1973, SIEBECK 1990, auch HUTTER et al. 1993). Die didaktische Literatur zur Ökologie ist in ESCHENHAGEN et al. (1991) aufgearbeitet. Um der besseren Lesbarkeit willen wird nur sparsam und vor allem aus zusammenfassenden Darstellungen (weniger aus Fachzeitschriften) zitiert, vornehmlich als Hinweis auf Vertiefungsmöglichkeiten, weniger als Quellennachweis. In die Ausführungen sind umfangreiche eigene Erfahrungen aus bald vier Jahrzehnten Forschung und Lehre an Schule und Hochschule eingegangen.

Die Nomenklatur richtet sich für Kormophyten nach SCHMEIL-FITSCHEN (1993), für die Tierwelt nach SCHAEFER/BROHMER (1994), für Kryptogamen (Wassermoose, Fadenalgen, Phytoplankton) nach STREBLE & KRAUTER (1973). Sind in diesen Quellen deutsche Namen aufgeführt, so werden sie im Text ohne Zusatz eines wissenschaftlichen Namens verwendet, andernfalls wird der wissenschaftliche Art- oder auch nur der Gattungsname (bei monotypischen Gattungen oder wenn nicht nach den Arten der Gattung differenziert werden soll) gebraucht. Regionale Bezeichnungen (wie Laube in Süddeutschland für Uklei, Renken in der Schweiz für Maränen/Felchen) können hinzugefügt werden. Wasserfrosch dient wie im „BROHMER" als Oberbegriff für die Grünfrösche, *Rana lessonae* wird demgemäß (aber abweichend vom „BROHMER" in Anlehnung an GÜNTHER 1990, ENGELMANN et al. 1993) als Kleiner Wasserfrosch, das „Klepton" *Rana* kl. *esculenta* als Teichfrosch bezeichnet; bei Libellen geht die Differenzierung der deutschen Namen (entsprechend BELLMANN 1993, JURZITZA 1988) weiter als im „BROHMER". In der Botanik werden die gebräuchlichen Namen Schilf (statt der Tautologie „Schilfrohr"), Teichbinse (statt „Flechtsimse/ Sumpfbinse (!)") und Blumenbinse (statt Schwanenblume), bei den Vögeln Zwergdommel (statt „Kleiner Rohrdommel") beibehalten.

Das Buch widme ich meiner Ehefrau Ute und meiner Mutter Eleonore sowie unseren Kindern Roland, Regine und Reinhard, die nicht nur von der Naturerfahrung profitierten, sondern oft ihre persönlichen Ansprüche an den Autor angesichts der Arbeitslast zurückstellen mußten.

Foto 1: Jahreszeitliche Dynamik am Großstadtsee, *links:* Nebeltag im Winter, *rechts:* im Spätsommer (15.2.1956 bzw. 17.9.1955, Südspitze der Insel Scharfenberg im Tegeler See, Berlin).

Herzlich Dank sagen möchte ich meinem BTA JÖRG KAMINSKI für vielfältige technische Hilfestellungen und vor allem für sein großes Engagement bei der Gestaltung der Tabellen und Grafiken am PC und meiner Frau Ute für ihren Eifer bei der Gestaltung der meisten Zeichnungen, ihnen beiden, Herrn StD Dr. W. FERNER, Bergisch-Gladbach, sowie meinem inzwischen leider verstorbenen Wissenschaftlichen Assistenten Dr. FEY für Hilfe beim Lesen der Korrekturen und wertvolle Anregungen. Dank schulde ich dem Verlag und seinen Lektoren/-innen für ihr Engagement, viel Geduld (bei den Verzögerungen über Jahre hinweg infolge der beruflichen Belastungen) und für das Entgegenkommen bei der Ausstattung, insbesondere für die Aufteilung auf zwei Bände, die wegen der Anordnung nach Kompartimenten jeder für sich allein verständlich sind.

Aus der Einführung zur 1. Auflage 1974

Es wird hiermit ein Konzept für einen limnologischen Kurs vorgelegt, das in das komplexe Gefüge des Ökosystems unserer Binnenseen (oder auch anderer stehender Gewässer) exemplarisch einführen soll. Es geht dabei von auffälligen Erscheinungen (Ufervegetation, größere Tiere) aus und bemüht sich – in diesem verschiedentlich von der Limnologie etwas vernachlässigten Bereich – um schulgerechte Ansätze für Kausalanalysen. Das führt in logischer Konsequenz zu Analysen der Auswirkungen massierter zivilisatorischer Eingriffe in das Ökosystem, die damit als unfreiwilliges Großexperiment die Faktorenanalyse der natürlichen Verhältnisse wirkungsvoll unterstützen. Zugleich ergibt sich so eine rationale, auf Fakten gestützte Basis für die aktuelle Diskussion in diesem Teilbereich des Umweltschutzes, also des Gewässerschutzes, z.B. im Hinblick auf Freizeitnutzungen, Wasserwirtschaft, Trinkwassergewinnung und Gewässersanierung. Angestrebt wird auch die Einsicht, welche Nutzungen zur Zeit zu praktisch irreversiblen Schäden führen, wo also aus Mangel an Einsicht oder um vergleichsweise geringer privater Vorteile willen an dem für die gesamte Volkswirtschaft kostbaren, da knapp gewordenen Gut „Binnenseen" (und allgemein Binnengewässer) ein unverantwortlicher Raubbau betrieben wird. Deutlich soll zugleich werden, mit welchen Nutzungsauflagen das biologische Gleichgewicht erhalten und damit eine langfristige Wertsicherung erreicht werden kann.

1 Die Begriffe Limnologie und See

1.1 Der Begriff Limnologie

Die Limnologie ist Teil der Hydrologie und diese wiederum Teil der Ökologie (Abb. 2). Der Begriff Ökologie geht auf HAECKEL zurück, der 1866 darunter „die gesamte Wissenschaft von den Beziehungen der Organismen zur umgebenden Außenwelt", drei Jahre später „die Lehre von der Ökonomie, dem Haushalt der tierischen Organismen" verstand (KUTTLER 1995). Das Wort Ökologie leitet sich von griechisch „oikos" (Haus/Haushalt) und „logos" (Lehre, gleichbedeutend mit „nomos": Gesetzmäßigkeit als Kennzeichnung einer Wissenschaft) her. Ökologie und Ökonomie sind also wortgleich im Sinne von Haushalts- oder Wirtschaftslehre (Ökonomie: Volks- oder Betriebswirtschaftslehre, Ökologie: Naturhaushaltslehre). Sie entsprechen sich auch im Systemcharakter (SCHMIDT 1992), problematisch ist vielmehr ein Mißbrauch oder Raubbau der Natur durch die Ökonomie zu Lasten der Ökologie. Die Limnologie, die Lehre vom Naturhaushalt der Binnengewässer, gliedert sich u.a. in Hydrogeologie, Limnochemie, -physik, -botanik, -zoologie, -bakteriologie, Angewandte Limnologie mit Arbeitsrichtungen wie Abwasserreinigung, Gewässerverunreinigung, -sanierung, -restaurierung, -pflege, -schutz, Wasseraufbereitung und (Binnen-) Fischereibiologie (vgl. SCHWOERBEL 1993).

1.2 Geschichte der Limnologie

Limnologische Arbeiten begannen vor etwa 100 Jahren und damit später als die Meereskunde. Am Beispiel der Austernbank (vor Sylt, heute dort nur noch tote Schalen) hatte der Kieler Zoologe MOEBIUS 1877 den Begriff der Biozönose oder Lebensgemeinschaft hergeleitet (vgl. KUTTLER 1995, TROMMER 1993). Diese Ideen setzte der Kieler Lehrer JUNGE (1885) am Beispiel eines konkreten Dorfteiches (eigentlich eines holsteinischen Mühlenteiches; zum Dorfteich i.e.S. vgl. SCHMEIL 1986) zu einem auch heute noch beachtlichen synökologischen Kurskonzept für die Sekundarstufe I (in heutiger Sprechweise) praxisnah mit Beobachtungsaufgaben und Schulversuchen um und machte damit die Litoral-Limnologie schon populär, als sich die wissenschaftliche Disziplin erst zu etablieren begann. Die Lebensgemeinschaft (am Beispiel Teich oder Wald) steht dementsprechend bis heute im Mittelpunkt der Ökologie auf dieser Schulstufe (vgl. ESCHENHAGEN et al. 1991).

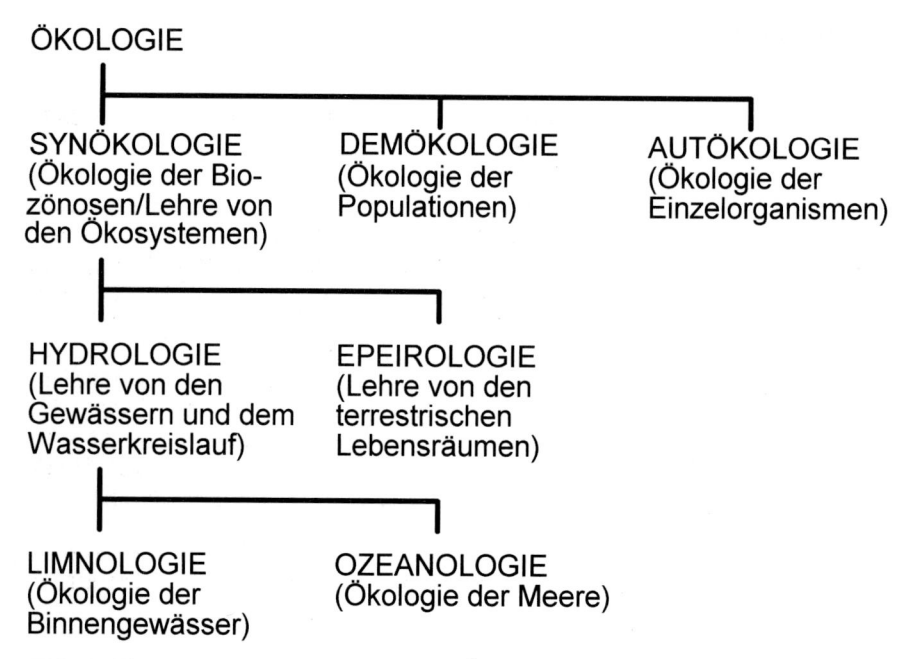

```
ÖKOLOGIE
├─────────────────────┬────────────────────┬──────────────────────┐
SYNÖKOLOGIE          DEMÖKOLOGIE          AUTÖKOLOGIE
(Ökologie der Bio-   (Ökologie der        (Ökologie der
zönosen/Lehre von    Populationen)        Einzelorganismen)
den Ökosystemen)
├─────────────────────┬────────────────────┐
HYDROLOGIE           EPEIROLOGIE
(Lehre von den       (Lehre von den
Gewässern und dem    terrestrischen
Wasserkreislauf)     Lebensräumen)
├─────────────────────┬────────────────────┐
LIMNOLOGIE           OZEANOLOGIE
(Ökologie der        (Ökologie der Meere)
Binnengewässer)
```

Abb. 2: Einordnung der Limnologie in die Ökologie.

Der Name Limnologie wurde dann Ende des vorigen Jahrhunderts von dem Schweizer FOREL im Sinne der Seenkunde (mit Schwerpunkt auf dem Pelagial) eingeführt. Er schrieb auch das erste Lehrbuch dieser Disziplin („Handbuch der Seenkunde. Allgemeine Limnologie", 1901). Die erste limnologische Station der Welt wurde 1891 durch ZACHARIAS in Plön/Holstein gegründet (als „vom Staate unterstütztes Privat-Institut", seit 1892 „Biologische Anstalt zu Plön", 1917 Übernahme in die KAISER-WILHELM-Gesellschaft als „Hydrobiologische Anstalt" mit Prof. THIENEMANN als langjährigem Direktor, jetzt „MAX-PLANCK-Institut für Limnologie"). Zahlreiche weitere limnologische Stationen folgten im Laufe der Jahre in aller Welt. Auf der Gründungsversammlung der „Internationalen Vereinigung für theoretische und angewandte Limnologie" im Jahre 1922 wurden auch die Fließgewässer der Limnologie zugeordnet, die sich damit von der Seenkunde zur heutigen Ökologie der Binnengewässer erweiterte (vgl. SCHWOERBEL 1993, STELEANU 1989).

1984 wurde die Deutsche Gesellschaft für Limnologie (DGL) gegründet. Ihre Jahrestagungen (z.B. 1990 in Essen, 1991 in/am Mondsee, 1992 in Konstanz, 1993 in Coburg, 1994 in Hamburg und 1995 in Berlin) und die rasch publizierten „Erweiterten Zusammenfassungen" der Referate (ab 1995 „Tagesberichte") vermitteln einen guten Überblick über die aktuellen Arbeitsrichtungen der Limnologie in Mitteleuropa.

1.3 Der Begriff See

Die stehenden Gewässer lassen sich nach vielen Gesichtspunkten klassifizieren (z.B. nach der Thermik, dem Chemismus, insbesondere dem Nährstoffgehalt [Trophie] oder nach dem Sediment, nach Leitformen aus der Tier- und Pflanzenwelt oder nach der Entstehung). Beispiele dafür werden in späteren Kapiteln gegeben. Hier werden die im allgemeinen Sprachgebrauch verbreiteten Begriffe (wie Teich und See) nach ökologischen Kriterien abgegrenzt (Abb. 3). Außer acht bleiben dabei regionale Begriffe. So heißen Teiche in Süddeutschland „Weiher", die Seen in Vulkankegeln der Südeifel „Maare" (Abb. 6); im Hinterland der friesischen Küste ist „Meer" der Name für (Flach-)Seen (z.B. Zwischenahner Meer W Oldenburg, Steinhuder Meer W Hannover, Heiliges Meer bei Ibbenbüren oder Dümmer N Osnabrück), das Meer wird hier als (Nord-) See (Seefahrt; Seefisch) bezeichnet; konsequenterweise wurde die Zuiderzee (Südsee, zwischen den niederländischen Provinzen Nordholland und Friesland) mit der Eindeichung zum Ijsselmeer (Isselmeer).

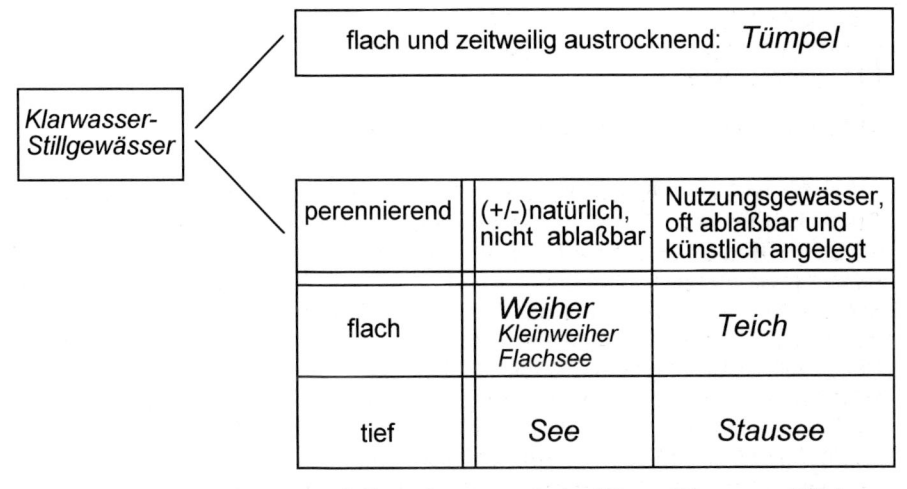

Klarwasser-Stillgewässer	flach und zeitweilig austrocknend: *Tümpel*		
	perennierend	(+/-)natürlich, nicht ablaßbar	Nutzungsgewässer, oft ablaßbar und künstlich angelegt
	flach	*Weiher* Kleinweiher Flachsee	*Teich*
	tief	*See*	*Stausee*

Abb. 3: Typen von Klarwasser-Stillgewässern nach der Wasserführung und Tiefe.

Die Einteilung gemäß Abb. 3 deckt sich nicht immer mit der Umgangssprache. So werden Kleingewässer vielfach (auch bei SCHWOERBEL 1993) generell als „Tümpel" bezeichnet, dabei ist das Austrocknen, nicht die Größe der für die Kleingewässer entscheidende Faktor (Fische z.B. werden durch das Trockenfallen eliminiert).
Der Faktor „künstlich angelegt" spielt bei Ökosystemen mit hoher Dynamik (wie bei Gewässern) nicht die entscheidende Rolle (vgl. Naturschutz-„Teiche":

GLANDT 1993, SCHMIDT 1989, ZINTZ et al. 1990). Künstlich angelegte Gewässer, die einer natürlichen Entwicklung überlassen werden, entsprechen in ihrer Ökologie völlig natürlich entstandenen Gewässern. Dazu gehören viele Baggerseen (DINGETHAL et al. 1985), die heute flächendeckend zum Landschaftsbild gehören. Baggerseen aus Kiesabbau säumen nicht nur die einst seenlosen Flußauen (z.B. von Rhein, Main, Weser oder Elbe) vor allem im Bereich der Ballungsgebiete, sondern oft auch große Straßenbauprojekte (wie Autobahnen) und Kanalausbauten (wie den Main-Donau-Kanal). Hinzu kommen die Seen aus Tonabbau und die Rest- bzw. Rekultivierungsseen aus dem Braunkohletagebau (wie in der Ville bei Köln, bei Leipzig oder in der Lausitz). Auch der Talsperrenbau (als Trinkwasserspeicher für Ballungsräume und zur Regulation des Wasserabflusses) hat Mittelgebirge (wie das Sauerland, den Harz oder den Thüringer Wald), die von Natur aus keine Seen hatten, zu Seenlandschaften gemacht. Die Hauptbecken der Talsperren sind jedoch Zweckgewässer und von starken Wasserstandsschwankungen geprägt (vgl. LAWA 1990, Tab. 1). Derartige künstlich angelegte Seen sind heute selbst in den Ballungsräumen verbreitet, das „Ökosystem See" ist damit allgegenwärtig geworden.

Einer Erläuterung bedürfen noch die Bezeichnungen „flach" und „tief" als Abgrenzung von Seen gegen Teiche und Weiher (Abb. 4), sind sie doch auch ein Beispiel für begriffliche Unschärfe aus der Natur der Sache heraus (vgl. SCHMIDT in ENTRICH & STAECK 1992). Bei einem flachen Gewässer (Weiher oder Teich) liegt der gesamte Gewässerboden oberhalb der Kompensationsebene (also über der Gewässertiefe, in der die Fotosynthese der Produzenten gerade ihren Eigenbedarf an Sauerstoff deckt), es kann daher auch die tiefste Stelle von grünen Pflanzen besiedelt werden. Bei Seen ist dagegen nur ein Uferstreifen (Litoral) von Wasserpflanzen besiedelbar und von diesen Makrophyten als Produzenten bestimmt. Spezifisch für den See sind vielmehr der Bereich des Freien Wassers, das Pelagial, in dem mikroskopisch kleine Planktonalgen die Produzenten stellen, und darunter der Bereich des Tiefenbodens, das Profundal, zu dem der Bereich des lichtlosen Tiefenwassers überleitet. Im Sommer wird diese Unterteilung nach dem Produktionsfaktor „Licht" noch durch eine thermische Gliederung in das warme, vom Wind durchmischte Epilimnion und das kühle, geschichtete Hypolimnion (dazwischen eine Temperatur-Sprungschicht, das Metalimnion) überlagert (Abb. 4; Details in Band 2). Sprungschicht und Kompensationsebene sind damit zwar prinzipiell verschiedene Begriffe, sie fallen aber in der Praxis mehr oder weniger zusammen.

Die Kompensationsebene hängt wie die einfach bestimmbare Sichttiefe von der Wassertrübung ab und ist daher von See zu See sehr unterschiedlich. In sehr klaren Seen (wie früher am Bodensee) gedeihen Armleuchteralgen noch bis in Tiefen von 30 m (am Ochridsee/Balkan einst sogar bis in 50 m Tiefe, vgl. Abb. 38) hinunter; beim Wasserblütensee kann die Kompensationsebene

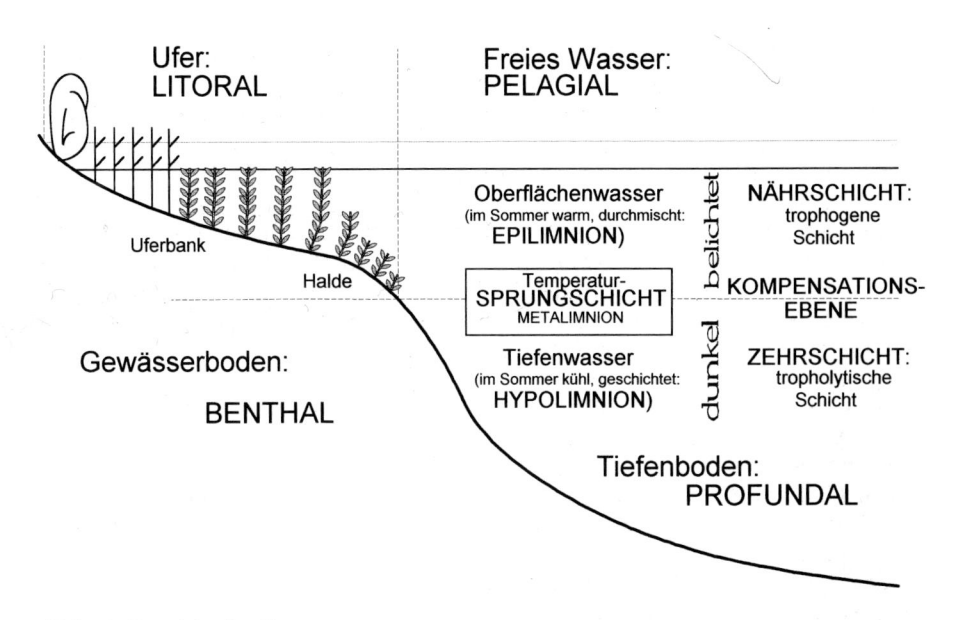

```
Ufer:                          Freies Wasser:
LITORAL                        PELAGIAL

                               Oberflächenwasser        NÄHRSCHICHT:
                               (im Sommer warm, durchmischt:)  trophogene
Uferbank                       EPILIMNION               Schicht
         Halde                 Temperatur-              KOMPENSATIONS-
                               SPRUNGSCHICHT            EBENE
                               METALIMNION
Gewässerboden:                 Tiefenwasser             ZEHRSCHICHT:
                               (im Sommer kühl, geschichtet:)  tropholytische
    BENTHAL                    HYPOLIMNION              Schicht

                                       Tiefenboden:
                                       PROFUNDAL
```
(belichtet / dunkel)

Abb. 4: Bereiche im See.

dagegen oberhalb von 1 m Wassertiefe, also im Wuchsbereich von Röhrichten oder Wasserrosen, deren Luftblätter von der Wassertrübung unabhängig sind, liegen, so daß hier Tauchblattpflanzen überhaupt ausgeschaltet sind (Abb. 38, 47). Auch bei demselben See schwankt die Kompensationsebene mit Trübungen (z.B. bei Einschwemmungen nach Hochwasser der Zuflüsse) oder mit der Phytoplanktonentwicklung (Wechsel von Klarwasserstadien und Wasserblüten, s. Band 2). So ist in der Praxis für die Abgrenzung von Weiher (als „See" ohne Tiefenwasser/Profundal) und See kein einheitlicher Maßstab gegeben. Mit der Eutrophierung und entsprechend starken Wasserblüten könnte ein flacher Weiher formal zum See werden. Hier hilft es, die sommerliche Sprungschicht hinzuzuziehen: Gewässer, die auch im Sommer regelmäßig vom Wind bis zum Grund durchmischt werden („Seen" ohne beständiges Hypolimnion), wären dann Weiher oder Teiche. Das bedeutet, daß pragmatisch die Grenzziehung bei etwa 3-5 m Wassertiefe läge. Ähnlich zu behandeln wären Gewässer mit Schlammgrund, der vielfach auch bei Lichtexposition von submersen Makrophyten nicht besiedelt wird.

Es bleiben weitere Grenzfälle. So haben die großen windexponierten Flachgewässer (wie Steinhuder Meer oder die ungarischen Steppenseen) bei Sturm einen höheren Seegang als vergleichbar große Seen und schon damit einen ganz anderen Charakter als Weiher, denen sie formal nach der Tiefe zuzuordnen wären. Sie werden daher vielfach als Flachseen bezeichnet.

Auch die Abgrenzung Still- und Fließgewässer ist fließend. So nimmt selbst der Bergbach in Mulden den Charakter von Weihern an, der Unterlauf der Ströme (Brassen-Region: SCHÖNBORN 1992) entspricht mehr einem See als einem Bergbach, Havel und Spree gehen fließend in seenartige Ausweitungen (wie am Wannsee und Müggelsee in Berlin) über; Talsperren (vgl. LAWA 1990) und Schiffahrtskanäle sind eher Fließgewässer, ebenso die Brandungsufer und die Bereiche von Zu- und Abflüssen der Seen! – Ähnlich schwer zu fassen sind die Übergänge von Klarwasserseen zu Moorseen, deren Wasser im typischen Falle durch Huminsäuren braun gefärbt ist (Braunwasserseen). Der Begriff „See" spiegelt so mit seinen Unschärfen modellhaft Aspekte der „Chaos"-Struktur des Ökosystems wider.

2 Die Einbettung in das Umfeld und volkswirtschaftliche Bewertung der Seen

2.1 Landschaftsökologie des Sees

Seen sind wie alle Ökosysteme offene Systeme, die mit ihrem Umfeld in enger Wechselwirkung stehen. Diese Einbettung in das Umfeld ist Gegenstand der Landschaftsökologie (oder Geoökologie: LESER 1991 sowie KNAUER 1981), der Geographie des Sees. Hierher gehören die Naturgeographie [mit Teilgebieten wie Geologie, Entstehung und Geschichte des Sees (JUNG 1990, KÜSTER 1995) oder Klima/Wetter/Hydrologie] und die Siedlungsgeographie mit den Nutzungseinflüssen und Gestaltungen durch den Menschen (Abb. 5, 6; Tab. 1, 2). Aus diesen Umfeldbeziehungen ergeben sich u.a. die Morphometrie des Sees (einschließlich der Sedimentation/Verlandung), der Chemismus des Wassers, der Wasserhaushalt des Sees (wie ober- und unterirdische Zu-/Abflüsse, die Austauschrate des Wassers) und der Stoff- und Energieeintrag und -austrag. Diese Umfeldbeziehungen tragen mit zur synergetischen („Chaos"-) Ordnungsstruktur des Ökosystems See bei, sie beeinflussen dessen Dynamik und bestärken die Individualität eines jeden Sees.

So ist schon von Natur aus ein Alpensee (wie der Königssee: SIEBECK & TRAUNSPURGER in PFADENHAUER 1994, der Funtensee: WÖRNLE 1987 oder der Finstertaler See: ELLENBERG 1973) völlig verschieden von dem Chiemsee (SIEBECK 1990) oder dem Bodensee (HOLENSTEIN et al. 1994, KIEFER 1972, WAGNER et al. 1993), diese wieder z.B. von den Eifelmaaren (HAAREN 1988) oder den oberschwäbischen Seen (KONOLD 1987). Wiederum anders ist ein Steppen(flach)see wie der Neusiedler See (LÖFFLER 1974, LÖFFLER & NEWRKLA 1985). In der Stadt (wie in Berlin: SUKOPP 1990) wird der Mensch mit seinen Nutzungen zum extrem bestimmenden Faktor, Trinkwasserförderung kann dabei (wie am Tegeler See in Berlin, Abb. 29) – äußerlich nicht erkennbar – die Hydrologie umstellen. Baggerseen und Talsperren sind aktuelle Beispiele für Seengestaltung durch den Menschen (CHRISTMANN 1984, DINGETHAL et al. 1985, LAWA 1990). Auch die Ausweisung von Natur- oder Trinkwasserschutzgebieten ist mit den verordneten „Nichtnutzungen" Teil der Umfeldbeziehungen (BARTH 1987, BLAB 1984, KAULE 1991), wobei z.B. die Freizeit-Fischwirtschaft diese Verordnungen wieder unterlaufen kann (ZINTZ 1986).

Zu den Umfeldbeziehungen, die von der Landschaftsökologie der Seen weniger beachtet werden, gehört der Austausch von Organismen. Zu denken ist nicht nur an Verdriftungen aus/in die Zu- und Abflüsse oder Laichwanderungen von Fischen oder an den Gewässerwechsel auf dem Luftweg bei Wasserwanzen oder Strichvögeln, sondern auch an die Verzahnungen mit dem terrestrischen Umfeld (wie bei den Laichwanderungen der Kröten oder Molche, aber auch vieler Insekten, oder bei den „Tränk- und Badegästen" unter dem Wild oder den Stadt- und Waldvögeln). Nordische Wintergäste (wie Prachttaucher auf dem Möhnesee: LAWA 1990) oder Zugvögel (wie Rohrsänger oder Seeschwalben) sind Beispiele für Fernreisende, aber auch Jungspinnen oder Sporen können mit Luftströmungen weit verdriftet werden. Beim Fischbesatz ist dann wieder der Mensch beteiligt. Diese Vernetzungen von Organismen mit dem Umfeld werden in den entsprechenden Kapiteln exemplarisch vertieft.

Diese Wanderungen machen deutlich, wie schwer das Umfeld eines Sees als Ökosystem abzugrenzen ist (Abb. 5). Das gilt aber auch schon für das Wasser selbst. Es unterliegt einem ständigen Austausch mit Mosaikstruktur innerhalb des Sees, hoher Dynamik und Individualität von See zu See. Dazu

Abb. 5: Umfeldbeziehungen von Seen: Ein fiktiver See in der Landschaft mit einigen Stoffflüssen im, vom und zum Umfeld (nach REICHHOLF).
A: Abwassereintrag/-belastung; D: Dränage-, Düngemitteleintrag aus der Landwirtschaft; E: Emissionen aus Verkehr, Industrie und Haushalt; sie werden als Transmissionen in der Atmosphäre verteilt und gelangen (z.B. mit dem Niederschlag) als Immission Ê direkt oder indirekt in den See; F: Fischbesatz (mit zahlreichen Jungfischen) und -entnahme (weniger, größerer Fische), Eintrag von Anfütterungsmitteln und Senkblei; G: Grundwasserflüsse; J: Jagdausübung mit Abschuß und Bleischrotbelastung der Uferregion; N: Naturschutzgebiet; V: Vertritt durch Mensch und Vieh; S: Störungen/Vergrämen vor allem von Wasservögel; W: Anlockungen/Massierungen von Wasservögeln durch besonderes Nahrungsangebot (bei Möwen an Müllkippen, bei Stockenten u.a. an Fütterungsplätzen am See), die tagesperiodische Wanderungen begünstigen, hierher z.B. auch die Bestandsvermehrung von Fischfressern (wie Haubentaucher, Kormoran, Graureiher) durch die Besatzfische.

Tab. 1: Möglichkeiten der Seenutzung (DVWK 1990 nach Scharf & Schmidt-Lütt mann); ja: +; nein: −; eingeschränkt: ±.

Seentypen nach der vorherschenden Nutzung		Biotop und Artenschutz	stille Erholung	Angeln	Baden	Wassersport	Wassergewinnung	Hochwasserrückhaltung
Landschaftssee	Naturschutzsee	+	±	−	−	−	−	−
	Erholungssee	+	+	±	±	−	−	±
Freizeitsee	Angelsee	±	+	+	±	±	±	+
	Badesee	±	+	±	+	±	±	−
	Wassersportsee	−	+	±	±	±	±	+
Wasserwirtschaftssee	Nutzwassersee	±	+	±	−	±	+	±
	Rückhaltesee	±	+	+	±	+	+	+

gehören offensichtlich die Zu- und Abflüsse. Dabei läßt sich das natürliche Einzugsgebiet der Zuflüsse noch gut bestimmen. Abwassereinleitung in diese Zuflüsse können aber z.b. Phosphat mit Ursprung in Übersee (aus Blumendünger oder Südfrüchten) enthalten und als Trinkwasser von weit her kommen, in Stuttgart z.b. vom Bodensee, dessen Wasser wiederum die Nordsee erreichen kann. Mit dem Wasserkreislauf und der Einbindung in das Klima werden ebenfalls globale Vernetzungen erreicht. Klima und Wetter belegen auch die Rückkopplung des Ökosystems See zum Umfeld hin („Seeklima", Seen als Wärmespeicher; s. Band 2).

2.2 Die volkswirtschaftliche Bewertung der Seen

2.2.1 Die volkswirtschaftliche Bedeutung der Seen

Die volkswirtschaftliche Bedeutung der Seen ist ein altes Thema (vgl. Helfer 1949). Sie zeigt sich zunächst in den Nutzungen (z.B. für die Binnenfischerei, zur Reetgewinnung oder als Wasserstraße, aber auch für die Trinkwassergewinnung und die Wasserstandsregulierung). So gibt es eine behördliche

Klassifikation von Seen unter dem Aspekt der Nutzungen (DVWK: Tab. 1). In jüngerer Zeit ist die Nutzung der Seen für die Erholung in den Vordergrund gerückt. Vermehrte Freizeit und hohe Mobilität machen auch abgelegene Gewässer attraktiv. So wächst der Ansturm der Erholungsuchenden an den Sommerwochenenden: Angeln, Camping, Baden, Wassersport, neuerdings das Surfen konkurrieren miteinander und mit anderen Nutzungen, bei Talsperren können sie sogar mit den Zweckbestimmungen kollidieren (Tab. 2; LAWA 1990). Fischbesatz für das Freizeitangeln ist der bestimmende Faktor selbst an kleinen und abgelegenen Gewässern geworden. Damit wird es eng für die stille Erholung am naturnahen See und für den Naturschutz. Die großen Seengebiete im Alpenvorland und in Ostholstein sind längst zu Urlaubszentren geworden, die in Mecklenburg und Brandenburg sind auf dem Wege dazu. Die Belastung durch diese Freizeitnutzungen prägt inzwischen unsere Seen (Abb. 6). Große Anstrengungen waren und sind erforderlich, den Ansturm zu regeln, den Abfall und direkte Abwassereinleitungen von den Seen fernzuhalten, der Ufervegetation wenigstens an einigen Stellen etwas Schonung zu gewähren. Ein besonderes Problem ist auch die Nutzung der Seen als Vorfluter für (±) geklärte Abwässer aus Kommunen (einschließlich des stoßweisen Überlaufs ungeklärten Abwassers aus Mischkanalisation in die Zuflüsse bei Starkregenfällen: SCHUHMACHER & THIESMEIER 1991) und Industrie und für die Dränagen der Landwirtschaft (Abb. 5, 6), die die Seen oft indirekt (über die Zuflüsse) erreichen, sie mit Pflanzennährstoffen (Eutrophierung: KLAPPER 1992) und Pestiziden belasten und eine Nutzung für die Trinkwassergewinnung erschweren bis gefährden (BEGER 1966, KLEE 1991, UHLMANN 1988). Naturfreunde und Ökologen sehen die Seen natürlich vor allem als Lebensraum einer spezifischen Pflanzen- und Tierwelt in einem besonderen ökologischen Gefüge, das allein schon wegen der ethischen Verpflichtung des Menschen für seine Umwelt zu bewahren ist.

Seen sind so zu einer vielseitig begehrten, aber knappen Ressource geworden. Damit steht ihr hoher volkswirtschaftlicher Wert außer Frage. In einer Marktwirtschaft werden diese konkurrierenden Interessen (sofern sie mit Kaufkraft verbunden sind) in einem Zahlenwert, dem Marktpreis, integriert. Dieser Mechanismus stößt aber bei nicht beliebig vermehrbaren Gütern an systembedingte Grenzen, auch kann er ideellen Wertschätzungen (wie beim Arten- und Biotopschutz) nicht gerecht werden. Einige dieser Probleme werden im folgenden angesprochen.

2.2.2 Seen als Wirtschaftsgüter

Die zahlenmäßige Bewertung der Seen erscheint als besonders einfach, wenn Seen Wirtschaftsgüter sind. Dabei wird oft übersehen, daß Seen als Immobilien und als knappes, auch dem Gemeingebrauch unterliegendes Gut nicht allein nach betriebswirtschaftlichen Kostenrechnungen zu bewerten sind.

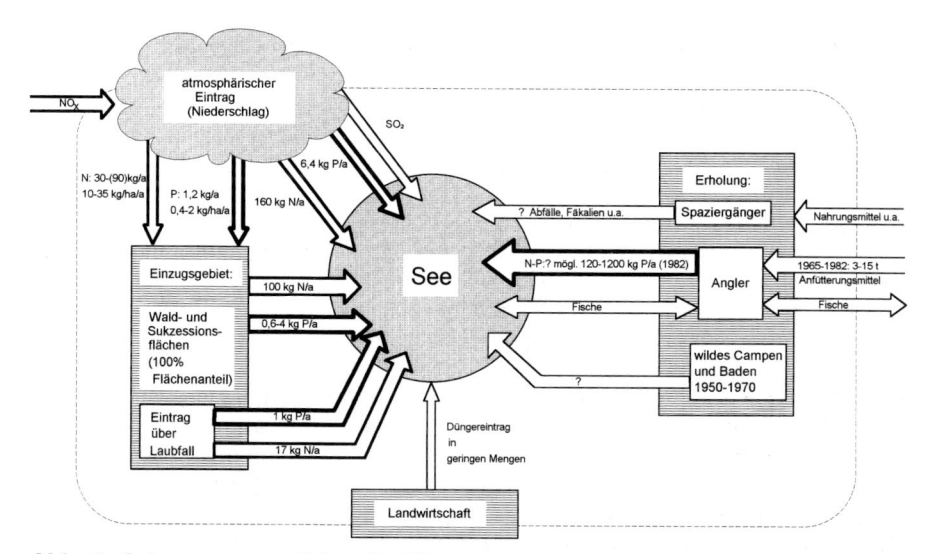

Abb. 6: Schema ausgewählter Stoffflüsse für das NSG Weinfelder Maar um 1980 (nach HAAREN). Das Weinfelder Maar (auch Totenmaar genannt) ist ein etwa 50 m tiefer, zu- und abflußloser See in einem Vulkantrichter der Eifel, klassisches Beispiel für einen oligotrophen See. In jüngerer Zeit führten Stoffeinträge vor allem durch Freizeitnutzungen zu sommerlichen Sauerstoffdefiziten, ggf. sogar zur H_2S-Bildung in der Seentiefe (vgl. LAWA 1985).

Das ergibt sich schon aus ihrer Geschichte (vgl. KÜSTER 1995): Die Seen gehörten vielfach zu Gütern oder Klöstern, denn die großen Siedlungen wurden vorzugsweise an den Hochgestaden der Flüsse angelegt. Die ausgedehnten nebel- und mückenreichen, unwegsamen Feuchtgebiete an den Seeufern waren (vor allem im Flachland) eher siedlungsfeindlich, auch landwirtschaftlich oft nur als (Streu-) Wiesen zu nutzen. So waren die Seen für diese landwirtschaftlichen Betriebe eher schmückendes Beiwerk und wurden nur extensiv (z.B. zum Fischfang und zur Jagd auf Wasservögel, als Viehtränke und Pferdeschwemme, auch zur Reetgewinnung, seltener als Wasserstraße) genutzt; das sommerliche Baden der Dorfjugend oder Eislaufen im Winter wurde geduldet. Ein Geldwert ergab sich beispielsweise bei der Verpachtung von Nutzungsrechten oder beim Verkauf von Ufergrundstücken, also nur für Teilbereiche.

Die Bewirtschaftung der Seen ist inzwischen aber auch durch Verordnungen zum (in der Regel gebührenfreien) Allgemeingebrauch bzw. zu Nutzungsverboten vom zuständigen Gesetzgeber eingeschränkt worden (vgl. die Naturschutz- und Landespflegegesetze der Länder: EBERT & BAUER 1993). Dazu gehören beispielsweise das allgemeine Betretungsrecht auch der Seeufer, jedoch mit der Auflage des generellen Biotopschutzes für Uferbereiche mit

Sümpfen oder Röhrichten oder des besonderen Artenschutzes (wie für alle nicht dem Jagdrecht unterliegenden Vogelarten, alle Amphibien- oder Libellenarten), Einschränkungen bzw. Verbote für Zelten oder Camping oder die Einschränkungen bei Ausweisung als Landschafts-, Natur- oder Trinkwasserschutzgebiet sowie Regelungen nach dem Fischerei- und Jagdrecht.

Eine realistische ökonomische Bewertung ergibt sich am ehesten bei den Seen, die – wie die Talsperren – zu wirtschaftlichen Zwecken künstlich errichtet worden sind und entsprechend den Bewirtschaftungszielen betrieben werden (vgl. LAWA 1990). So sank beispielsweise die sommerliche Wasserführung der Ruhr Ende des vorigen Jahrhunderts dramatisch ab, als im Zuge der rasanten Industrialisierung im Kohlerevier zwischen Ruhr und Emscher Wasserentnahmen, zugleich auch die Abwassereinleitungen (und damit hygienische Probleme) extrem anstiegen. Daraufhin wurde 1899 der Ruhrtalsperrenverein in Essen gegründet. Er errichtete innerhalb von 5 Jahren die ersten vier Talsperren im Bergland südlich des Ruhrgebietes (RADZIO 1988) zunächst zur Sicherung einer Mindestwasserführung der Ruhr für die Industriebetriebe und die Trinkwassergewinnung entlang der Ruhr, später generell zur Regulierung der Wasserführung der Ruhr sowie direkt zur Energie- und Trinkwassergewinnung (weitere Beispiele in LAWA 1990). Die Talsperren übernahmen damit in großem Maßstabe Funktionen der bis dahin zahllosen Stauteiche für den Betrieb von Mühlen, Hammer- und Sägewerken. Die ersten Großanlagen entstanden aber schon gut 500 Jahre früher im Oberharz zur Wasserversorgung und Energiegewinnung für den Erzbergbau. Die wohl älteste deutsche Talsperre, an der Alstermündung in Hamburg errichtet, diente dagegen vor allem der Abschottung gegen den Flutstrom der Elbe. Heute haben an der Binnen-/Außenalster ebenso wie an den Sauerlandtalsperren Freizeitnutzungen ein hohes Gewicht, sie können sogar die eigentlichen Zweckbestimmungen beeinträchtigen (Tab. 2; vgl. z.B. ZUMKOWSKI & XYLANDER 1995).

Die heute zahllosen Restseen aus Abgrabungen sind dagegen Folgeerscheinungen des Tagebaues. Der Betrieb hat dabei kein Eigeninteresse an einer angemessenen Rekultivierung. Sie ist daher bei der Erteilung der Abgrabungsgenehmigung von den zuständigen Behörden in Einklang mit den Flächennutzungsplänen als Auflage einzubringen, die Kosten dafür müssen vom Betrieb während der Nutzungsdauer als Rückstellung angespart werden. Diese Rekultivierungskosten sind dann aber wiederum nur ein Teilaspekt des volkswirtschaflichen Wertes der neu entstandenen Seen.

2.2.3 Das Problem der externen Kosten

Externe Kosten sind Kosten eines Betriebes, die vom Verursacher auf andere abgeschoben werden können und damit ein volkswirtschaftlich unsinniges Wirtschaften begünstigen. Die Emissionen des Straßenverkehrs und die darausfolgenden diffusen Einträge von (Stickstoff-) Dünger und Säuren in die

Tab. 2: Freizeitnutzungen an Talsperren des Sauerlandes (Ruhrtalsperrenverband; aus LAWA 1990). An allen Talsperren sind zugelassen: Baden (aber nur in Badeanstalten und an zugelassenen Badestellen), Tauchen (außer Hennetalsperre; auch sonst nur mit Clubs), Rudern, Fahrgastschiffe (aber keine Motorboote), Camping (nur auf dafür eingerichteten Plätzen).
*) Auf 24 km Uferlänge Angelverbot, Angelstrecke daher nur 15 km, dort also 99 Angler je km Uferlininie.

Freizeitnutzungen an Sauerlandtalsperren	Möhne	Bigge +Lister	Sorpe	Henne	Gesamt	Einheit
Uferlänge	39*	73	20	18	150	km
Seefläche	10,4	10,4	3,3	2,1	26	km^2
zugelassene Segelfläche^X	8,2	7,8	3,3	2,0	21	km^2
Volumen	135	177	71	38	421	100 m^3
Angeln:						
Jahresscheine	1482	2072	659	455	4668	Stück
Angler (je Seefläche)	143	200	200	217	180	pro km
Angler (je Uferlinie)	38*	28	34	26	31	pro km
Segeln:						
Segelboote (Jahresscheine)	891	851	427	148	2317	Stück
Segelboote (je Seefläche^X)	108	109	129	74	110	pro km
Surfen:						
Windsurfer (Anzahl)	2439	1141	1030	105	4715	Stück
Windsurfer (je Seefläche)	235	110	312	50	181	pro km

Seen (vgl. das Problem des Waldsterbens) sind ein Musterbeispiel dafür. Aber auch Pestizide aus Siedlungen (z.B. zur Unkrautvernichtung auf bebauten Flächen), die mit dem Regenwasser in die Kanalisation und die Klärwerke gelangen, diese unverändert passieren und dann den Vorfluter bis hin zu Trinkwassertalsperren belasten oder der Dünger- und Pestizideintrag aus landwirtschaftlichen Flächen über Dränagen bzw. Grundwasser sind hier anzuführen. An den Trinkwassertalsperren (nicht beim Verursacher) werden dann kostenträchtige Einrichtungen erforderlich (wie die Phosphateliminierung der Wahnbachtalsperre bei Bonn oder die Phosphatfällung in Verbindung mit Aktivkohlezusatz bei der Talsperre Hullern/Haltern am Nordostrand des Ruhrgebietes: LAWA 1990). Dem ließe sich in diesen Fällen nur mit großräumigen Ausweisungen des Einzugsgebietes als Trinkwasserschutzgebiet, also mit gravierenden Beschränkungen z.B. für die Landwirtschaft, begegnen. Das kann eine vorsorgende Bewirtschaftung fördern (Beispiel: die Kooperation von Landwirtschaft unter Führung der zuständigen Landwirtschaftskammer mit dem

Trinkwassergewinnungsunternehmen im Kreis Coesfeld/Westmünsterland mit dem Ziel der Optimierung von Düngung und Spritzmitteleinsatz, d.h. Minimierung des Austrages in den Vorfluter: MANTAU 1995).

2.2.4 Die Bewertung der Seen als Fischgewässer

Die fischereiliche Bewirtschaftung von Seen ist üblich, vielfach (wie in Nordrhein-Westfalen) gesetzlich vorgeschrieben. Die Bewertung der Seen als Fischgewässer ist die Grundlage für die Festsetzung der Preise bei Verpachtung oder Verkauf der Fischereirechte oder der Entschädigung bei Fischsterben durch Einleiter, daher geregelt und in ihrer Problematik bekannt (vgl. JENS 1980). In diese Bewertung gehen (auf die Wasserfläche bezogen) der (mögliche) Zuwachs an Fischbiomasse (als Ertragskraft des Sees; auf nähere Differenzierung wird hier verzichtet) und die aktuellen Fischpreise sowie die Kosten für Besatz ein. Der Berufsfischer wird die Fangkosten und die Dynamik der Marktpreise (als Relation von Angebot und Nachfrage) mit einbeziehen, der Sportfischer den Liebhaberwert des Fischwaidwerkes. Der Fisch selbst hat (als Lebewesen) dabei keinen Wert, er ist gleichsam umsonst. Hier regiert also noch die Mentalität der (eiszeitlichen) Jäger und Sammler. Dem entspricht es, daß auch die Veränderungen im Ökosystem, die beispielsweise mit dem Besatz (Abb. 1), mit Anfütterungen (Abb. 5) oder Vertritt und Anlage von Röhrichtschneisen beim Angeln vom Ufer aus einhergehen, außer Betracht bleiben (vgl. DGL 1991, ZINTZ 1986); fischereilich wertlos sind beispielsweise auch intakte, dichte Schilfbestände („Gelege"). Extrem zeigt sich diese Diskrepanz bei der Intensiv-Käfig-Haltung von Fischen in Seen, wie sie in der DDR stellenweise betrieben wurde (vgl. KLAPPER 1992). Die fischereiliche Bewertung von Seen liefert zwar Zahlenwerte (Bonität), belegt auch deren Problematik, die sich aus der Komplexität des Ökosystems und der Erfaßbarkeit von Fischbeständen im See ergibt, ist aber zugleich ein Musterbeispiel für eine äußerst einseitige Sicht.

2.2.5 Ökologische Gutachten und Umweltverträglichkeitsprüfungen (UVP)

Der volkswirtschaftliche Wert der spezifischen Pflanzen- und Tierwelt der Seen und ihres jeweiligen Naturhaushaltes kann systembedingt nicht mit den Mitteln marktwirtschaftlicher Ordnung und Kalkulation bestimmt werden. Belange des Natur- und Umweltschutzes können daher nur ordnungspolitisch gewahrt werden. Die rationale und demokratische Regelung von Interessenkollisionen (z.B. von Nutzern und Schützern) muß aber objektiv nachvollziehbar sein. Formal einfach ist es, wenn Nutzungen mit Gesetzesnormen (wie Arten-

und Biotoptypschutzbestimmungen) kollidieren, da hier nach dem Alles-oder-Nichts-Prinzip zu entscheiden ist. Schwieriger ist es, wenn beispielsweise (neue) wirtschaftliche Nutzungen den See verändern (können) oder wenn Nutzungsbeschränkungen (z.B. zugunsten des Naturschutzes) eingeführt werden sollen. Auch die „Reine Ökologie" kann nur die Grundlagen, nicht aber eine Bewertung selbst bereitstellen. Ein dafür erforderliches Wertesystem ergibt sich jedoch aus (nachvollziehbar formulierten und politisch akzeptierten) Zielvorstellungen der Angewandten Ökologie (wie Wassergütenormen der Wasserbehörden oder Bewertungen nach der Einmaligkeit bzw. Gefährdung von Biotoptypen, Vegetationskomplexen oder Pflanzen. und Tierarten; vgl. LEHNES in PFADENHAUER 1994, SCHARF & SCHMIDT-LÜTTMANN 1990, USHER & ERZ 1994). Dabei sind über die Biotoperfassung hinaus und in besonderer Würdigung des Einzelfalles die ökonomischen und angewandt-ökologischen Belange in Form von Gutachten durch ausgewiesene Fachleute sorgsam abzuwägen. Ein besonderes Instrument dafür ist die Umweltverträglichkeitsprüfung (UVP), die bei Eingriffen in den Naturhaushalt gesetzlich vorgeschrieben ist und Ausgleichsmaßnahmen vorsehen kann (vgl. USHER & ERZ 1994).

3 Kompartimentierung des Litorals nach der Ufervegetation

3.1 Definition Litoral

Als Uferbereich oder Litoral wird der belichtete, also von grünen Pflanzen besiedelbare Teil des Gewässergrundes, des Benthals, bezeichnet. Er reicht von der Wasser- oder Uferlinie herunter bis zur Kompensationsebene (Abb. 4, 7).

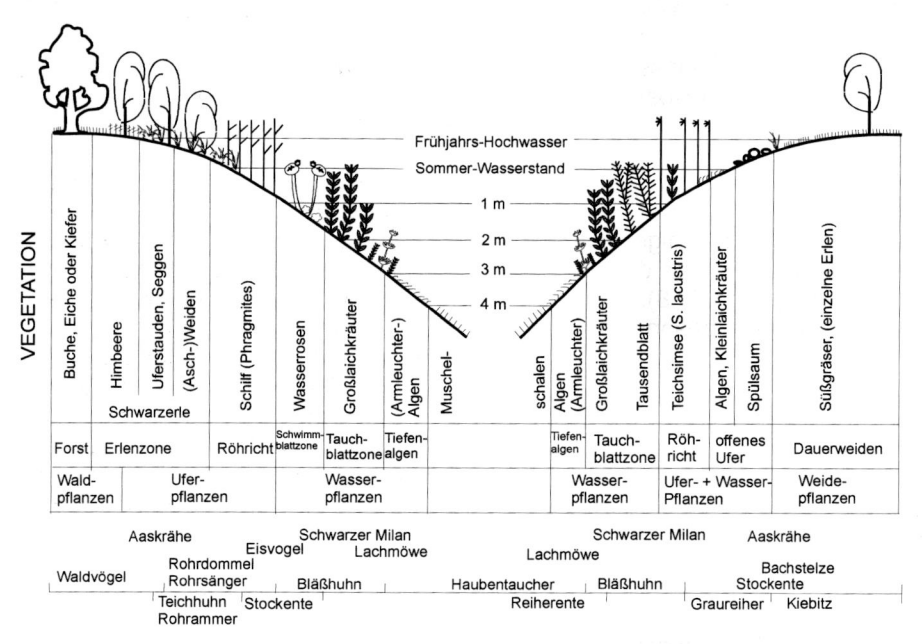

Abb. 7: Schema der Vegetationszonierung am Flachufer eutropher Seen des norddeutschen Flachlandes. *Links:* natürliches, windschattiges Ufer; rechts: beweidetes, windexponiertes Ufer; *unten* die typischen Nahrungsräume von Wasservögeln (an größeren Seen).

Auf den ersten Blick erscheint die Uferlinie als eine klare, natürliche Grenze zwischen dem aquatischen Ökosystem See und dem terrestrischen, von Natur aus bewaldeten Bereich. Die Uferlinie schwankt aber mit dem wechselnden Wasserstand des Sees. So entsteht eine wechselfeuchte Zone zwischen der (mittleren) Niedrig- und der (mittleren) Hochwasserlinie. Sie wird in Anlehnung an die Meereskunde als Eulitoral bezeichnet. Ihre Ausdehnung und Struktur hängen vom Uferprofil und dem jahreszeitlichen Gang der Wasserführung ab. Besonders deutlich ist sie bei flachem Uferprofil mit ausgedehnten Staunässe-Flächen über die Vegetationsperiode hinweg. Ohne Zutun des Menschen wird hier zumeist die Erle zur bestimmenden Baumart, in der Krautschicht setzen sich Sumpfpflanzen (Helophyten) durch (Abb. 7). Im Bereich des Eulitorals liegt also die Nässegrenze des Waldes am See (vgl. ELLENBERG 1986: Abb. 38a). Die Wasserstandsschwankungen am See unterliegen einem Jahresgang, in Norddeutschland erreichen sie kaum 1 m (mit Hochwasser im Winterhalbjahr, also vor der Vegetationsperiode), am Bodensee (und anderen Alpen-/ Voralpenseen, die von der Schneeschmelze im Hochgebirge und von Gletscherwaser gespeist werden) haben wir dagegen ein Sommerhochwasser (Höhepunkt im Juni/Juli) mehr als 2 m über dem Niedrigwasserstand im Winter (vgl. SCHWOERBEL 1993: Abb. 6-5). Das wirkt sich nicht nur auf die Baumarten und deren Nässegrenze aus (Kap. 3.2), die Abgrenzung des Eulitorals (und damit des Ökosystems See) ist auch viel weniger scharf zu fassen als beispielsweise an der Nordseeküste mit zwei Tiden an jedem Tag.

Die beständig vom Wasser bedeckte Zone von der (mittleren) Niedrigwasserlinie bis herunter zur Kompensationsebene wird als Sublitoral bezeichnet. Hier finden wir eine Abfolge von Lebensformtypen krautiger Pflanzen mit abgestufter Angepaßtheit an die zunehmende Wassertiefe, eben die „typische" Uferzonierung (Abb. 7, 8). Die im Boden verankerten „Makrophyten" bilden dabei ein ökologisch besonderes Substrat, das den Wasserraum des Litorals weitgehend erfüllen und (im Flachwasser) bis in den Luftraum reichen kann. Es bietet eine einzigartige „Lebensqualität" für Aufwuchs und Tiere und wird (analog zu den Tang-„Wäldern" der felsigen Meeresküsten) „Phytal" genannt.

Das Litoral ist damit ein besonders dynamischer, vielgestaltiger und komplexer Übergangs- oder Randbereich zwischen dem terrestrischen und dem aquatischen Ökosystem, ein gutes Beispiel für ein Ökoton (ODUM 1991, STUGREN 1986).

3.2 Das Phänomen „Zonierung der Ufervegetation"

3.2.1 Einführung

Die Vegetation am Seeufer ist zum Wasser hin markant nach der Größe abgestuft (Abb. 7, 8) und damit zum Modell für Vegetationszonierungen geworden. Es bleibt aber in der Regel bei einer mehr deskriptiven und grob schematischen Darstellung dieses Erscheinungsbildes. Unter dem Stichwort „Phänomen" sollen hier zunächst diese eher deskriptiven Schemata in Korrelation zu einfach erkennbaren Parametern (wie Uferprofil, Windexposition, Ufernutzungen; vgl. Abb. 7-12) gesetzt und damit so differenziert werden, daß sie der realen Mannigfaltigkeit näher kommen und sich bereits für einfache Bioindikationen (z.B. menschlicher Eingriffe) nutzen lassen. Angeschlossen wird dann die eigentlich angestrebte synökologische Analyse der einzelnen Zonen im Sinne von Kompartimenten des Litorals.

Die Vegetationszonierung am Seeufer spiegelt sich auch in der Hierarchie der Einheiten (Taxa) der Pflanzensoziologie wider (vgl. ELLENBERG 1986, PREISING et al. 1994, RUNGE 1969, WAHL 1992). Hier wird auf diesen typologischen Ansatz nicht eingegangen (vgl. dazu auch SCAMONI 1954). Hilfreich sind jedoch ergänzende Aspekte wie Struktur, Verbreitung und Dynamik von Pflanzengesellschaften (DIERSSEN 1990, STEUBING & FANGMEIER 1992), die Standortlehre (die bei Waldstandorten eine lange Tradtion hat: SCAMONI 1954), die „Populationsbiologie" der Pflanzen (SCHMID & STÖCKLIN 1991, URBANSKA 1992, WIEGLEB & BRUX 1991, WIEGLEB et al. 1991), einschließlich der Nutzung individueller Gestaltsausprägungen als Indikator für limitierende Situationen (MATTHECK 1992), insbesondere für Konkurrenz (ELLENBERG 1986), als Biomonitoring oder zur Bonitierung (STEUBING & FANGMEIER 1992), das Zeigerartenkonzept (ELLENBERG et al. 1991) sowie die Kriterien und Methoden für das Erfassen und Bewerten im Naturschutz (USHER & ERZ 1994).

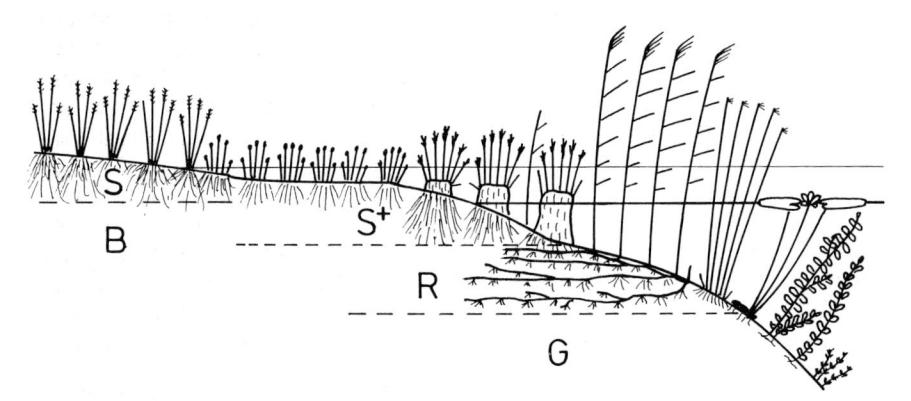

Abb. 8: Vegetationszonierung als Verlandungszonen eines windschattigen, eutrophen, süddeutschen Sees nach Umwandlung des Erlenbruchs in Streuwiesen (nach ELLENBERG).
  Oberhalb der Hochwasserlinie Pfeifengraswiesen (Streuertrag 3-6 t je ha und Jahr) auf Pfeifengras/Seggentorf S über Bruchwaldtorf B; unterhalb der Hochwasserlinie Kleinseggenried auf Seggentorf S$^+$ auch über Bruchwaldtorf B (Streuertrag im oberen Bereich 2-3, im unteren beständig staunassen nur 1-2,5 t je ha und Jahr); an der Niedrigwasserlinie die hohen Bulten des Steifseggenrieds (Streuertrag innen 3-6, außen bei den höheren Bulten 7-10 t je ha und Jahr). – Vom Schilfröhricht (auf Schilftorf mit dem dichten Rhizomgeflecht R; außen Teichbinsensaum) an naturnahe Zonierung; Schwimm- und Tauchblattzone auf Gyttja G.

Es soll noch erwähnt werden, daß man die Begriffe „Uferzonierung" und „Sukzessions-/ Verlandungsstadien" am See nicht ohne weiteres gleichsetzen kann. Am windexponierten Ufer großer Seen wird nämlich der sommerliche Bestandsabfall der Vegetation von den Stürmen des Winterhalbjahres entweder im Spülsaum angehäuft oder in die Tiefe verdriftet. Damit bleibt der Untergrund zumindest im Röhrichtbereich mineralisch, eine Verlandung mit Vorrücken der Röhricht- und Erlenzone entfällt. Verlandung bedeutet hier also zunächst Auffüllen des Seenbeckens mit Schlamm bis hoch zum Röhrichtbereich, dann rasantes „Zuwachsen". Anders ist es dagegen bei kleinen, windgeschützten Seen (wie bei Toteislöchern der Moränengebiete) oder entsprechenden Seenbuchten, insbesondere, wenn (wie in Süddeutschland oder im Osten) eine Eisdecke lange vor den winterlichen Stürmen abschirmt. So sind die Verlandungszonen gut untersuchter oberschwäbischer (Moor-) Seen (wie des Federsees) zum Modell geworden, obwohl es (z. B. hinsichtlich der Streuwiesennutzung im Bereich der Erlenzone) einen Sonderfall darstellt (Abb. 8).

3.2.2 Vegetationsaufnahmen

Die Vegetationszonierung am Seeufer ist ein Lehrbeispiel für Vegetationsaufnahmen entlang eines Gradienten (KUHN & PROBST 1980, KUHN, PROBST & SCHILKE 1986; zu pflanzensoziologischen Aufnahmen s.o.). Die Ufervegetation ist aber sehr empfindlich gegen Vertritt. Intakte Bereiche sind selten geworden und müssen geschont werden. Röhrichte, seggen- und binsenreiche Naßwiesen, Verlandungsbereiche stehender Gewässer sind überdies inzwischen in den gesetzlichen Biotopschutz aufgenommen worden (§ 20c Bundesnaturschutzgesetz, Fassung von 1987/1993 als Vorgabe für die entsprechenden Gesetze der Länder, vgl. EBERT & BAUER 1993, USHER & ERZ 1994, z.B. für Rheinland-Pfalz: WAHL 1992). Damit müssen die herkömmlichen Verfahren modifiziert werden. Besonders zu beachten ist der Bezug der Vegetationsmuster zu Standortfaktoren, auch wenn diese (wie Vertritt beim gelegentlichen Angeln) nur zeitweilig wirken. – Exemplarisch dargestellt werden (± schematische) Uferprofile (entlang eines Weges oder Steges) und -kartierungen (vom Boot aus).

Die Uferzonierung ist anschaulich durch Vegetationsprofile darzustellen (Abb. 9). Günstig ist ein Pfad, der die Erlenzone quert und zu einem Steg am Ufer führt. Bezugspunkte für den Wasserstand sind im einfachsten Fall die (Sommer-) Niedrig- und die (Frühjahrs-) Hochwasserlinie (der Zwischenbereich wäre auszunivellieren) oder der Grundwasserspiegel. Wasserwärts ist dann das Tiefenprofil an einer offenen Stelle vom Steg oder Boot aus auszuloten. Es genügt, die Punkte mit Vegetationsveränderung zu vermessen. – Vom Pfad aus werden die dominierenden Beschatter und markante oder häufige Begleiter mit Angaben zu Artmächtigkeit (Abundanz und Deckungsgrad), Schichtung, Geselligkeit, Wüchsigkeit (Vitalität), Blüten-/Fruchtausbildung (Fertilität) semiquantitativ kartiert (Deckungsgrad z.B. geschätzt auf volle 10 %; unter 10 % die Einteilung in 5 %, 2-3 %, +: weniger als 2 %, krautige Pflanzen aber mehrfach, r: krautige Einzelpflanzen). Ein Fernglas (mit Naheinstellung) ist hilfreich. Bei

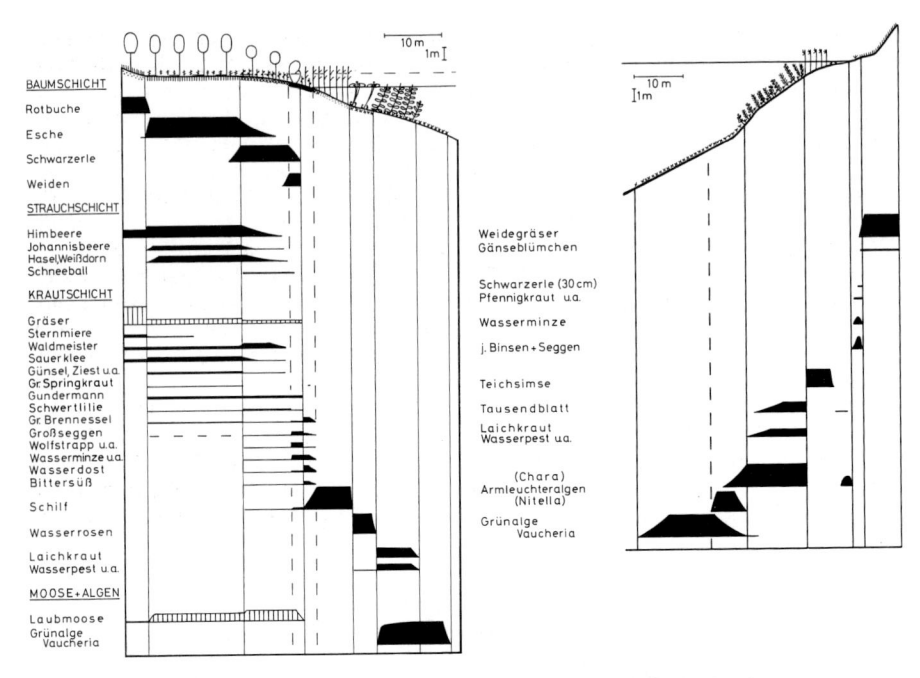

Abb. 9: Vegetationsprofile am Flachufer eutropher Seen in Ostholstein.
Links: Vegetationsprofil einer windschattigen, ungestörten Bucht im Sommer (Ahrensee bei Kiel, Sept. 1970; ökologisch heterogene Artengruppen schraffiert, Frühjahrshochwasserlinie gestrichelt). *Rechts:* Vegetationsprofil vom beweideten Seeufer. Das Flachwasser ist entblößt, im tieferen Wasser Teichbinse statt Schilf. Im Aufnahmejahr nicht mehr als Viehweide, sondern als Liegewiese genutzt, daher Teichbinse nicht verbissen und im Spülsaum Erlenkeimlinge aufkommend (Schöhsee/Plön/Ostholstein, Okt. 1969, vgl. Abb. 10).

schwierigen Gruppen wird man nur nach Wuchstypen (wie „horstige Gräser" oder Laubmoospolster) unterscheiden (Abb. 9). Messungen zum Licht- und Mikroklima und Bodenuntersuchungen sollten die Vegetationsaufnahmen begleiten (vgl. z.B. BRUCKER & KALUSCHE 1976, DIERSSEN 1990, KUHN & PROBST 1980, KUHN et al. 1986, STEUBING & FANGMEIER 1992), Zuordnung der Zeigerwerte (ELLENBERG et al. 1991) rundet das Bild ab. Wasserseitig ist entsprechend vom Steg oder Boot aus zu verfahren; dabei sind Messungen zum Chemismus und Erfassungen der Makrofauna mit einzubeziehen (Arbeitsblatt 1: siehe Anhang). Die submerse Vegetation, die nicht bis an die Oberfläche reicht, läßt sich mit einem Wassergucker oder schnorchelnd erfassen. Pflanzenharken, die man sich z.B. aus Stacheldraht bauen kann, oder entsprechendes Sammelgerät sind jedoch heute aus Biotopschutzgründen nicht mehr angebracht. Tiefer reichende submerse Rasen können nur noch von Sporttauchern erfaßt werden (vgl. MELZER in BAYR. AKAD. WISS. 1991, VÖGE 1992).

Für Röhrichte, Schwimmblattpflanzen und Überwasserblüher liefern Vegetationskartierungen entlang von Uferabschnitten besonders gut den Bezug zu Ufernutzungen oder anderen Einflüssen vom Ufer her (vgl. z.B. LANG 1967, 1973, SUKOPP 1968). Sie lassen sich am besten zu Zweit oder zu Dritt vom Boot aus durchführen: In eine geeignete Karte (z.b. topographische Karte 1: 5 000) trägt man die vorherrschenden Arten nach den vorstehend genannten Kriterien und ihre Bestandsmuster ein (Klasseneinteilung für die Breite z. B. über 20 m, 10-20 m, 5-10 m, 2-5 m, unter 2 m, völlig fehlend) und setzt sie zur jeweiligen Uferstruktur und Ufernutzung in Beziehung (Abb. 10; diese Kartierung wurde an einem Nachmittag mit einigen Primanern von einem Boot aus durchgeführt). Für die Bestimmung der Arten ist wieder ein Fernglas einzusetzen, damit zur Bestandsschonung ein hinreichender Abstand eingehalten werden kann. Eine Alternative zu derartigen Vegetationskartierungen bilden die Auswertungen von Luftbildern (vgl. ALBERTZ 1991, DOLEZAL 1966, LANG 1969, 1973, SUKOPP 1968).

Sehr zu empfehlen ist die Fotodokumentation (am günstigsten auf 100 ASA-Diafilm). Einen Überblick vermitteln schon einfache Sucherkameras (etwa 35 mm Brennweite), optimal dafür ist jedoch ein Weitwinkelobjektiv von 24 oder 28 mm Brennweite (bzw. eine Panoramakamera). Für Belege der Wüchsigkeit und der Artbestimmung ist ein Makroobjektiv (f: 55 mm oder 100 mm) angebracht. Eine Datenrückwand sichert bequem den Aufnahmetermin.

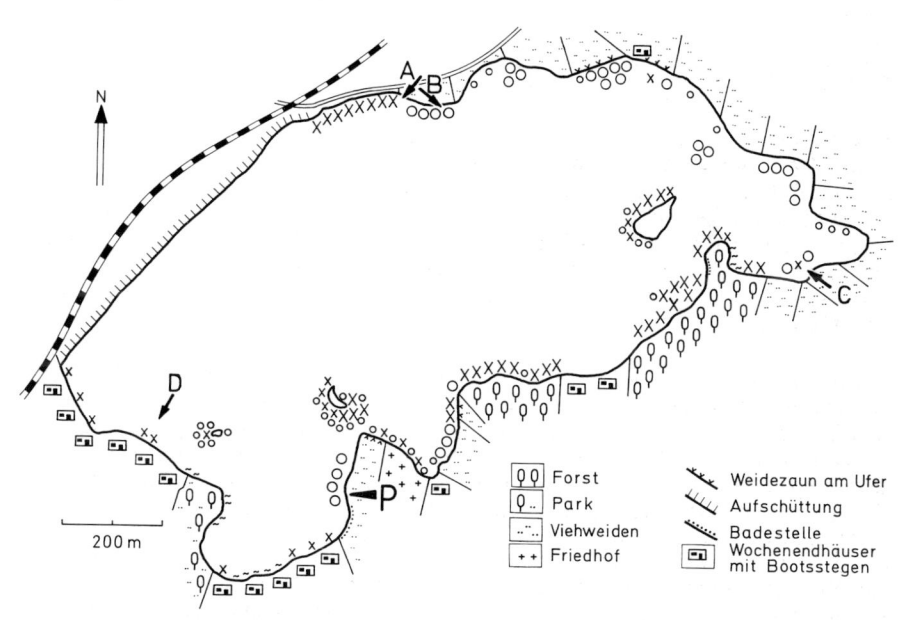

Abb. 10: Röhrichtausbildung und Ufernutzung am Schöhsee in Plön/Ostholstein. (Sept. 1970; Kreuze: Schilf, Kreise: Teichbinse, an den Inseln auch Schmalblättriger Rohrkolben, Kringel: Wasserschwaden, gelegentlich Igelkolben oder Kalmus): das Schilf hält sich nur am wenig gestörten Ufer (A, B, D: Fotodokumentationspunkte mit Blickrichtung, vgl. die Fotos 3,5; P: Lage des Profils von Abb. 9 rechts).

3.2.3 Die Zonierung am natürlichen Flachufer

Wir betrachten zunächst die typische Zonierung am ungestörten Flachufer größerer eutropher Seen. Anders als am Steilufer (Abb. 11) sind hier die einzelnen Zonen breit. Damit beeinträchtigt die vorangehende (höher zum Licht reichende) die nachfolgende nicht mit ihrem Schatten, die Abfolge der Zonen ist komplett und deutlich.
  Wirklich ungestörte Ufer sind heute an den Seen in Deutschland am ehesten noch in Mecklenburg-Vorpommern und in Ostbrandenburg zu finden. Als weitgehend natürlich muß schon ein bewaldetes Ufer mit geschlossenen Röhrichtbeständen im Flachwasser gelten. Ist die Erlenzone umgestaltet, so ist darauf zu achten, ob (und ggf. wie) die Eingriffe (z. B. durch Vieh, Wanderwege, Grundstücke) über die Uferlinie hinaus wirken. Im einzelnen ergibt sich folgende natürliche Zonierung (Abb. 7, 9, 11):

1. Erlenzone
Im Eulitoral (Überschwemmungsbereich) des Sees werden die Waldbäume (z. B. Kiefer, Eiche, Rotbuche) von der Schwarzerle abgelöst. Sie bildet zumindest zur Niedrigwasserlinie hin Reinbestände. Höhe und Vitalität nehmen in bruchartigen Uferbereichen zum Ufer hin ab. Im Übergangsbereich zum Wald sind auf nährstoffreichen Böden die Esche, auch der Bergahorn, auf nährstoffarmen Sand- oder Torfböden die Birke (im NO zusammen mit der Kiefer) beigemischt oder sogar dominierend. In der Bodenschicht sind hier frische Böden liebende Waldkräuter (wie Buschwindröschen, Scharbockskraut, Kriechender Günsel, Gundelrebe, auf besseren Böden auch Waldmeister, Waldziest, Großes Springkraut) sowie die Himbeere typisch. Zum Wasser zu werden sie von Sumpfpflanzen (z. B. Sumpfdotterblume, Sumpf-Schwertlilie, Großseggen) abgelöst. Charakteristisch für den mittleren Bereich sind z.B. Johannisbeere, Kohldistel, Bachnelkenwurz und – als Liane – der Hopfen (vgl. Scamoni 1954).
  Am Außenrand der Erlenzone stehen (am besonnten Ufer) vielfach Grauweiden zwischen oder vor den Ufererlen („Weiden-Mantelgesellschaft").

2. Röhricht
Hier dominiert das Schilf. Es ist landseitig in den im Sommer ± trocken fallenden Bereichen mit verschiedenen Großstauden (wie Wasserdost, Zottiges Weidenröschen, Bittersüß) durchsetzt, wasserseitig bildet es Reinbestände bis in 1-2 m Tiefe.

3. Schwimmblattzone
An den großen Seen ist diese Zone höchstens am windschattigen Ufer, oft in stillen Buchten zu finden; typisch sind Wasserrosen, auf Sand zumeist Teichrosen, auf Schlamm eher Seerosen.

Foto 2: Vegetationszonierung am naturnahen, windschattigen Seeufer. *Oben:* Schwimmblattzone – Schilfröhricht – Erlenzone (Erlen am Ufer schlechtwüchsig, Großes Heiliges Meer bei Ibbenbüren/Westfalen, 29.5.1979), *unten:* Spiegelndes Laichkraut mit Überwasser-Blütenständen (Naturschutzteiche Rheinbach bei Bonn, 27.5.1989, vgl. Foto 10 oben).

4. Tauchblattzone

Sie schließt sich in der Regel direkt an das Schilf an. Im oberen Bereich kommen Ähriges Tausendblatt und Großlaichkräuter (wie Krauses oder Durchwachsenes Laichkraut, im Stillwasser vielfach das stattliche Glänzende Laichkraut) bis an die Wasseroberfläche. Die unscheinbaren Blütenstände ragen aus dem Wasser, die langen Triebe sind Schwimmern als „Schlingpflanzen" bekannt. In den tieferen Bereichen (4-8 m in klaren Seen) bleiben die Triebe dagegen vielfach kurz und steril und sind von der Wasseroberfläche aus nicht zu erkennen. Das gleiche gilt für wurzellose Unterwasserblüher (wie das Hornblatt) und für Arten wie Spreizender Hahnenfuß und Wasserpest, die nur im sehr flachen Wasser von Weihern, Seebuchten oder Bächen regelmäßig zum Blühen kommen.

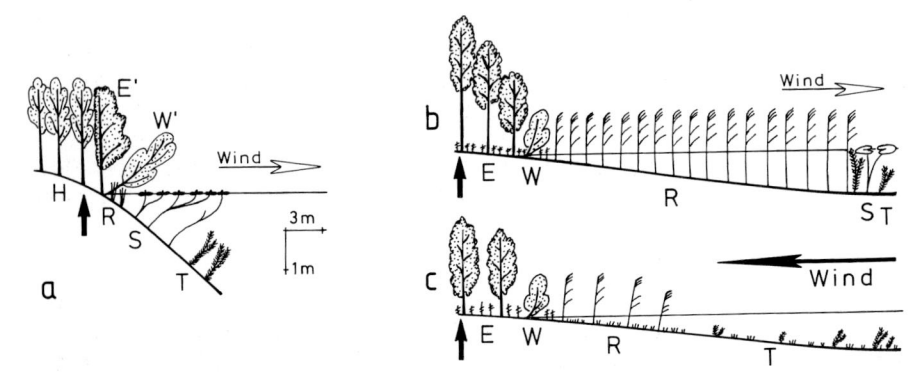

Abb. 11: Schemata zu natürlichen Varianten der Vegetationszonierung am eutrophen Flachlandsee (bei mittlerem Wasserstand; Hochwasserlinie durch vertikalen Pfeil, Hauptwindrichtung und mittlere Windstärke durch horizontalen Pfeil markiert).
a) Windschattiges Steilufer: Erlen (gemischt mit Ulmen, Baumweiden) sind auf einen Saum an der Wasserlinie beschränkt, das Röhricht ist (infolge der Beschattung durch die Uferbäume) unterdrückt, in der Schwimmblattzone oft Wasserknöterich; b) windschattiges Flachufer mit besonders breiter Erlenzone und Röhrichtgürtel; c) Brandungsflachufer mit aufgelichtetem, auf das Flachwasser beschränktem Röhricht, vielfach durchsetzt mit Strandlingsrasen o.ä. bzw. licht mit fadenförmigen Kleinlaichkräutern o.ä. oder Armleuchteralgen bestanden. H: Hochwald (z.B. als Buchenwald); E: Schwarzerle (bei E' auch Ulmen, W' Baumweiden oder Eschenahorn); W: Grauweiden; R: Röhricht; S: Schwimmblattzone; T: Tauchblattzone.

5. Tiefenalgenzone
In klaren Seen werden die (hier lockeren) Tauchblattbestände von Armleuchteralgen und anderen Kryptogamen (z. B. Schlauchalge *Vaucheria*) durchsetzt und dann (spätestens ab etwa 8 m Wassertiefe) abgelöst. Sie erreichten im Bodensee Anfang dieses Jahrhunderts noch 30 m Tiefe (Abb. 47).
   Es folgt der von Makrophyten freie Tiefenbereich, dessen oberste Zone vielfach durch die Anhäufung von Muschelschalen gekennzeichnet ist.

3.2.4 Natürliche Varianten des Grundschemas

Es können hier nur einige der häufiger vorkommenden Varianten skizziert werden, zumal die Abhängigkeiten noch nicht bis in alle Einzelheiten geklärt sind:

Steilufer:
Die Vegetationszonen können hier naturgemäß nur sehr schmal sein. Die Schwarzerlen sind oft auf einen Saum am Wasserrand beschränkt, einseitswendig zum Wasser hin ausgerichtet und vielfach mit Ulmen und (oft weit überhängenden) Baumweiden (wie Silber- oder Bruchweiden) durchsetzt. Großstauden (wie Wasserdost) kommen im Flachwasser wegen der Beschattung durch die Bäume nicht zur Entfaltung, dafür können dort Seggenbulte stehen. Das Schilf wird durch die überhängenden Uferbäume zurückgedrängt, wasserseitig kann die Teichbinse eine eigene Zone bilden. Ein Wasserrosengürtel ist in windschattigen Buchten und an windgeschützten Waldseen (hier Seerosen dominierend) oft auch an röhrichtfreien Abschnitten vorhanden (Abb. 11).

Geröllufer, Brandungsufer:
Am windexponierten Ufer mit bewegtem Geröllgrund fehlt das Röhricht oft. Auch am Brandungsufer mit (nährstoffarmem) Sandgrund sind die Wuchsbedingungen für das Röhricht ungünstig, die Bestände bleiben lichter, der Tiefenbereich wird meistens auf weniger als 0,5 m eingeengt (Abb. 11); Schilf ist dennoch die Art, die der Brandung am besten widerstehen kann, es ist hier jedoch besonders empfindlich gegen auch nur gelegentlichen Vertritt. Auch ein naturnah erscheinendes Brandungsufer ist daher oft vom Röhricht ± entblößt.

Einmündung von Fließgewässern und Bereich von Abflüssen:
Hier finden sich in der Röhrichtzone oft dichte Bestände von Großseggen (landseitig zwischen oder vor dem Schilf) oder vom Wasserschwaden. Diese Arten sind dadurch begünstigt, daß bewegtes Wasser physiologisch nährstoffreicher ist (wegen des raschen Ersatzes der verbrauchten Nährstoffe). Ähnliche Verhältnisse sind auch am Fuße nährstoffreicher Hänge (vielfach Großseggenzone) oder nahe von Abwassereinleitungen (meist eine Wasserschwadenzone im Flachwasser landseitig vorm Schilf) anzutreffen (zur Ökologie vgl. UEHLINGER 1991).

Nährstoffarme Klarwasserseen:
Auch am unbeschatteten Ufer bleiben hier die Röhrichte infolge des Nährstoffmangels schlechtwüchsig und licht, so daß im Flachwasser die Charakterarten dieses Seentyps (Strandling und Lobelie) gedeihen können. Die Schwimmblattzone bleibt licht oder fehlt, auch die Tauchblattbestände sind licht, oft mit Armleuchteralgenteppichen, in denen das Brachsenkraut vorkommen kann.

Schlammböden:
Im Röhricht dominiert auf festeren Schlammböden der Breitblättrige Rohrkolben, im trockenfallenden Bereich vielfach Froschlöffel, wasserseitig sind oft üppige Seerosenbestände anzutreffen. Auf lockeren Schlammböden nährstoffreicher Gewässer können sich Schwingröhrichte (Schilf dominierend oder mit Rohrkolben durchsetzt) bilden, sie haben vielfach Bulten der Rispensegge als Vorposten; im offenen Wasser Wasserrosen, in Norddeutschland auch Krebsscherenteppiche; Tauchblattpflanzen fehlen oft. In nährstoffärmeren Gewässern finden sich statt dessen (Blasen- oder Schnabel-) Seggenschwingrasen mit vorgelagertem Seerosengürtel.

Seen mit Sommerhochwasser:
Der Bodensee ist ein Beispiel für Seen, die aus dem Hochgebirge gespeist werden. Sie haben Niedrigwasser im Winterhalbjahr, wenn die Niederschläge im Einzugsgebiet als Schnee und Eis gebunden werden. Das Hochwasser läuft erst in der Vegetationsperiode (Mai-Juli) auf, am Bodensee 2-3 m über dem Niedrigwasserstand. Hier reichen die Schilfröhrichte seeseitig wenig über die Niedrigwasserlinie hinaus, landseitig werden sie (auch auf den Strandwällen) von (Silberweiden-) Weichholzauen abgelöst. Im Überschwemmungsbereich finden sich Riedflächen mit Gebüschen aus Faulbaum, Kreuzdorn und Schneeball, in die Quellrieder (z.B. als Mehlprimel-Kopfbinsenried) eingestreut sind. Ein bekanntes Beispiel ist das Wollmatinger Ried bei Konstanz (JACOBY & DIENST 1988). Das Eulitoral dieser Seen gleicht also mehr den Flußauen (GERKEN 1988) als dem Ufer der Flachlandseen.

3.2.5 Veränderungen der Uferzonierung durch Nutzungen

Beweidung
An den Seeufern finden wir vielfach Dauerweiden. Die Erlenzone ist dann ersetzt durch kurzrasiges Grünland mit typischen Weideunkräutern (wie Disteln) und Dornbüschen (wie Rosen, Schlehen und Weißdorn). Erlen sind z. T. noch am Ufer oder auch verstreut im Überschwemmungsbereich stehengeblieben. Auf organischen Böden dominieren oft Großseggen; Flatterbinsen sind Staunässezeiger.

In der Regel hat das Vieh ungehindert Zutritt zum Wasser. Dabei unterliegt das Röhricht schrittweise folgenden Veränderungen (Abb. 12):

a) Das Schilf wird landseitig vertreten und verbissen und dadurch rasch zurückgedrängt, statt dessen breiten sich im Flachwasser die weniger empfindliche Teichbinse, auf organischen Böden auch Großseggen oder Kalmus, die vom Vieh verschmäht werden, aus.

Foto 3: Veränderung des Röhrichts durch Beweidung. *Oben:* Vor der Viehkoppel ist das Röhricht vernichtet, gleich hinter dem Weidezaun (genau gesagt, eine Kuhhalslänge dahinter) gedeiht das Schilf. *Unten:* Etwas weiter ist ein Erlenstreifen am Ufer entlang stehengeblieben, hier kann sich ein Teichbinsenröhricht halten; es ist im Flachwasser verbissen, auch die Erlen zeigen die Schur in Kuhhalshöhe (Schöhsee/Plön, 12.10.1970; vgl. Abb. 10: A, B).

b) Bei Niedrigwasser wird das Schilf auch wasserseitig vom Vieh erreicht und durch die Teichbinse ersetzt. Das Röhricht wird damit wieder uniform, nur mit der Teichbinse statt des Schilfes als dominierender Art. – Die Teichsimse wird dabei im Flachwasser kurzgebissen und ist nur im tieferen Wasser vollwüchsig (Fotos 3,4).

c) Bei stärkerem Verbiß (Überweidung des Grünlandes) geht auch die Teichbinse im Flachwasser ein, das damit entblößt wird. Hier können sich jetzt Kleinlaichkräuter und Armleuchteralgen einstellen, am Steinstrand Fadenalgen (Kap. 3.5.8). Das Röhricht ist also auf einen Teichbinsenstreifen etwa von 0,5 bis 1,5 m Tiefe reduziert (Foto 4). Da die Beweidung vor allem am mineralischen und daher trittfesten (mäßig) windexponierten Ufer erfolgt, finden wir auch gerade dort diese Teichbinsenröhrichte. In Verkennung des wahren Zusammenhanges wurde daher früher verschiedentlich der Teichbinse eine höhere Widerstandskraft gegen Wellenschlag zugeschrieben. Schon vom Stengelbau her kann aber keine Röhrichtart dem Wellenschlag so gut widerstehen wie das Schilf (Kap. 3.5).

d) Bei noch stärkerem Verbiß wird die Teichbinse auch im tieferen Wasser (bei gelegentlichem Niedrigwasser) vernichtet, das Ufer völlig vom Röhricht entblößt. Tauchblattpflanzen können dann in den gesamten Röhrichtbereich vordringen.

Arbeitshinweis: Diese Veränderungen des Röhrichts durch die Beweidung eignen sich gut für eine Kausalanalyse. Dabei wird die Besonderheit ökologischer Geländearbeit deutlich: Während im Laborexperiment meist nur ein Faktor unter Konstanthaltung aller übrigen Faktoren verändert wird und Rückschlüsse auf Freilandsituationen so kaum möglich sind, muß man hier nach Stellen suchen, die sich nur in einem Faktor unterscheiden. Gute Belege für die Wirkung der Beweidung sind:

1) Stellen, an denen ein langjähriger, intakter Weidezaun einen dem Vieh zugänglichen von einem verschonten Röhrichtabschnitt (bei sonst gleichen Uferbedingungen) abrupt trennt. Auf der beweideten Seite finden wir dann eine der Degradationsstadien des Röhrichts, ggf. die völlige Vernichtung, auf der anderen Seite (genau gesagt eine „Kuhhalslänge" dahinter) gut entwickelte Schilfröhrichte (Foto 3). – Bei Zäunen, die vom Vieh nur gelegentlich umgangen werden, ist zwar das Schilf stark durch die Teichbinse ersetzt, das Röhricht aber stets besser ausgebildet als am ständig dem Vieh zugänglichen Uferabschnitt.

2) Vor Viehweiden, an denen das Vieh gar nicht oder nur an abgezäunten Tränkstellen an das Wasser kommen kann, finden sich wasserwärts vom Zaun die natürlichen Vegetationszonen (unter der – heute allerdings nur noch selten erfüllten – Voraussetzung, daß die Beweidung in diesem Uferabschnitt der einzige menschliche Eingriff ist!).

3) Auch mit Röhrichtkartierungen größerer Uferabschnitte oder eines ganzen Sees läßt sich die Korrelation von Schilf und ungestörtem Ufer und die von Teichsimse bzw. kahlem Ufer und von Viehweiden mit freiem Zugang zum Wasser belegen (Abb. 10).

4) Aussagekräftig ist auch der Vergleich von Vegetationsprofilen, die an Stellen mit unterschiedlicher Beweidungsintensität aufgenommen wurden (Abb. 12).

5) Am beweideten Ufer kann sich das Zonierungsschema umkehren: Wasserrosen im Flachwasser, dann Teichbinse und Schilf, davor dem Schema entsprechend Tauchblattzone etc. (Foto 4).

6) Interessant sind auch Uferstellen, an denen die Beweidung für ein Jahr oder länger entfiel. Im Überschwemmungsbereich bildet sich hier schon im ersten Sommer ein dichtes Großstaudenried mit lichtliebenden Uferstauden (wie Wasserminze, Mädesüß, Gilbweiderich, Wasserdost, Wolfstrapp), die Weidegräser werden zurückgedrängt, Erlenjungwuchs kommt (am Spülsaum) auf. Bleibt das Gelände länger sich selbst überlassen, schließen sich die Kronen der Erlen, die lichtliebenden Großstauden werden auf Lücken zwischen den Erlen und den Flach-

wasserbereichen vor den Erlen verdrängt. Unter den Erlen können nur schattenverträgliche Arten des ungestörten Ufers (wie Sumpfdotterblume, Wasser-Schwertlilie, Seggen) wachsen.

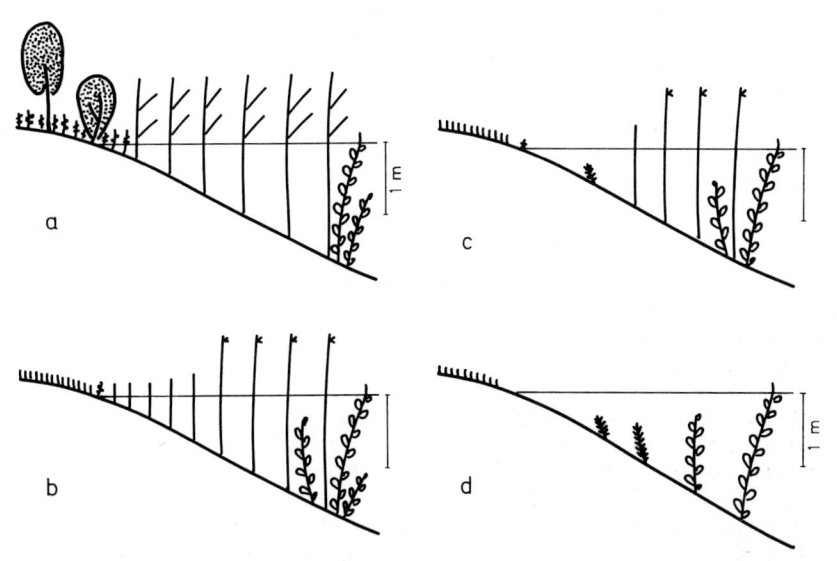

Abb. 12: Veränderung der Röhrichtzone durch Beweidung mit freiem Zugang zum Wasser (Schema nach ostholsteinischen Seen).
– a) ungestörtes Ufer; – b) mäßige Beweidung: die Erlenzone ist in Dauergrünland umgewandelt, das Schilf durch Teichbinse ersetzt, die Teichbinse im Flachwasser verbissen; – c) starke Beweidung: (lange Standzeiten der Rinder): das Flachwasser ist durch Vertritt und Verbiß (bei Niedrigwasser) vom Röhricht entblößt, Kleinlaichkräuter und Armleuchteralgen dringen ein, die Teichbinse bildet einen Saum im vom Vieh seltener erreichten Bereich von 1-1,5 m Tiefe; – d) Überbeweidung (Dauerweide mit Jungvieh bis zum Futtermangel): bei Niedrigwasser wird auch der verbliebene Teichbinsensaum durch den Verbiß/Vertritt vernichtet, das Ufer wird völlig vom Röhricht entblößt und der Erosion bei Wellenschlag ausgesetzt, Tauchblattpflanzen kommen – je nach Vertrittintensität – in lockeren Beständen auf.

Mahd
Mähwiesen sind an den norddeutschen Seen selten und zumeist auf Uferabschnitte mit organischen Böden (Schlamm, Torf) beschränkt. In Süddeutschland waren dagegen Streuwiesen am Seeufer typisch; heutzutage sind sie jedoch (wegen der Veränderung in der Landwirtschaft) auch dort nur noch lokal als kleine Reste vorhanden, um deren Erhaltung sich der Naturschutz bemüht (vgl. BLAB 1984, WEISSER & KOHLER 1990). „Seggen- und binsenreiche Naßwiesen" stehen inzwischen unter dem „Schutz bestimmter Biotope" (§ 20c Bundesnaturschutzgesetz: EBERT & BAUER 1993).

Foto 4: Röhricht vor einer Viehweide (in dieser Saison aber kaum beweidet). *Oben:* Teichbinsenstreifen vor dem offenen Flachwasser, *unten:* desgleichen, jedoch mit Schilf durchsetzt, hinter dem Weidezaun ein reiner Schilfbestand (wie auf Foto 3), vor dem Weidezaun im Flachwasser Teichrosen, dann Teichbinse, dann Schilf, also die Umkehr der „Lehrbuch-Zonierung" (Ahrensee W Kiel, 26.10.1969).

Durch die Mahd im Überschwemmungsbereich (Eulitoral: Erlenzone) der Seen werden die Gehölze ausgeschaltet. Es dominieren dann auf den Sumpfböden zumeist artenarme Großseggen-Bestände („Cariceten", Abb. 8), an sehr nährstoffreichen Seen auch Wasserschwaden. Sie sind je nach Häufigkeit und Zeitpunkt des Mähens ± mit lichtliebenden Großstauden (wie Wasserdost, Mädesüß) durchsetzt. Das Röhricht und die wasserseitig folgenden Vegetationszonen bleiben von dieser Nutzung unberührt.

Das winterliche Mähen der Röhrichte über dem Eis zur Schilfgewinnung (für Reetmatten und -dächer) schadet den Schilfbeständen in Gebieten mit Winterhochwasser nicht. Im Frühjahr wird dann der Wellenschlag zwar weniger gut gedämpft, doch ist mit dem Altschilf ein wesentlicher Teil des Bestandsabfalls herausgenommen, so können sich keine Spülsäume aus den vorjährigen Halmen auftürmen und dort das junge Schilf ersticken. Derartige Spülsäume fördern Großseggenstreifen mitten im Schilfröhricht. Das winterliche Mähen des Schilfes ist hier somit geradezu eine Verjüngungsmaßnahme. Jedoch werden Überwinterungsquartiere zahlreicher Insekten und Insektenlarven bzw. -eier schlagartig (im wahrsten Sinne des Wortes) vernichtet; auch finden die Frühbrüter unter den Wasservögeln (Rallen, Enten) weniger Deckung für ihre Nester. So hat alles seine zwei Seiten (vgl. dazu den gesetzlichen Röhrichtschutz!). – Ganz anders zu bewerten ist das Mähen des Schilfes unter der (Frühjahrs-) Wasserlinie und im Sommer. Das führt zur Vernichtung des Schilfes (vgl. LÖFFLER 1974, 1979, RODEWALD-RUDESCU 1974). Bei der Bewirtschaftung von Fischteichen wird solch eine Mahd jedoch oft angewandt.

Baden
Bei der Einrichtung von Badestellen wird zunächst der Baumbestand reduziert und oft durch Grasland ersetzt. Die mechanischen Belastungen im Gefolge der Freizeitnutzung (Vertritt, Lagern) zerstören dann rasch die (krautige) Ufervegetation bis in etwa 2 m Wassertiefe, ein nutzungsfreundlicher, aber lebensfeindlicher Sandstrand entsteht. Das Ufer ist dann dem Wellenschlag preisgegeben, Erosionsschäden sind die Folge. Bei Hochwasser wird auch eine etwaige, vom Vertritt freigelegte Humus- oder Torfdecke im Bereich des ehemaligen Erlenbruchs weggespült (SUKOPP 1990). An Moorseen sind die Vertrittschäden besonders gravierend (WEISSER & KOHLER 1990).

Bootfahren
Ruder- und Paddelboote führen nur dann zum Rückgang des Schilfes, wenn zu dicht an das Röhricht herangefahren wird. Boote, die in das Schilf hineinfahren, hinterlassen bleibende Schneisen, wie das Beispiel der Berliner Seen (vor den großen Röhrichtvernichtungen und dem Verschwinden von Drosselrohrsänger und Zwergdommel) überdeutlich zeigt. Die Drosselrohrsänger legten ihre schwankenden Nester gern nahe besonders gefährdeter Stellen, am Schilfrand oder in Schneisen, an. 1953 hatten auf der Insel Scharfenberg im Tegeler See (Abb. 29, Tab. 10) 10 Brutpaare 20 Erst- und Nachgelege, davon wurden 12 ganz oder teilweise durch Paddler vernichtet, aus insgesamt knapp 100 Eiern wurden nur 17 Junge flügge ($\varnothing$ 0,85 je Altvogel).

Schwimmblatt- und an die Wasseroberfläche reichende Tauchblattbestände werden erst bei stärkerem Verkehr in Mitleidenschaft gezogen, bei nur gelegentlichem Befahren können sie ebenso wie Teichbinse oder (Schmalblättriger) Rohrkolben in die vom Schilf entblößten Stellen und Schneisen vordringen.

Segler richten weniger Schaden an, da sie mit ihrem größeren Tiefgang das offene Wasser bevorzugen; wenn sie jedoch am Ufer anlegen oder in Ufernähe ankern, summieren sich Schäden entsprechend der Bootsgröße und Ungeschicklichkeiten der Bootsbenutzer.

Ein beachtliches Problem stellen heute Surfer dar; Surfufer sind daher rasch von jeder Vegetation entblößt.

Aber auch singuläre Ereignisse können Schilfbestände zurückdrängen, z.B. wenn ein Boot bei aufkommendem Unwetter in das Schilf getrieben wird und nur mühsam wieder flott gemacht werden kann.

Gravierend sind die Schäden durch schnelle Boote mit starken Motoren, vor allem durch die „Flitzer". Die direkten Schäden werden durch die hohe Geschwindigkeit verstärkt. Hinzu kommt die z. T. verheerende Scherwirkung des kräftigen Sogs, der das Schilf regelrecht entwurzeln kann!

Foto 5: Schilf zwischen Bootsstegen (Schöhsee, Position D in Abb. 10, 12.10.1970).

Wassergrundstücke u. ä.
An Wassergrundstücken, Wochenendsiedlungen und Campingplätzen mit freiem Zugang zum Wasser wird der Bereich der Erlenzone durch Vertritt, Bebauung, ggf. auch Kultivierung völlig umgewandelt, das Röhricht durch Boote und Baden zunächst zu Inseln aufgelöst (Foto 5), oft völlig vernichtet. Es summieren sich vielfach die vom Wasser ausgehenden Wirkungen des Bootsverkehrs mit denen des Strandbetriebs. Relikte der Ufervegetation sind Indikatoren der Stellen mit herabgesetzter Nutzung/Belastung und damit wertvolle Belege für das ökologische Potential und die ökologische Nische der betreffenden Arten (vgl. Kap. 3.3).

Fütterungsstellen
Schwäne wurden früher auf stadtnahen Seen angesiedelt und im Winter gefüttert. Heute gibt es im Bereich von Siedlungen oder Ausflugszielen überall „Naturfreunde", die tagtäglich Brot zu „ihren" Wasservögeln tragen und so ganzjährige Massenansammlungen vor allem von Stockenten (einschließlich

vielfältiger Bastarde mit Hausentenrassen), Bläßhühnern und Höckerschwänen begründen. Auch Raritäten oder Exoten (wie Mandarinenten, Kanada- oder Höckergänse, zumeist Parkteich- oder Zooflüchtlinge) können sich dort einstellen. Sozialer Streß der Vögel beim Gerangel um die Futterbrocken und die Verhaltensauswüchse der Stockenten zur Fortpflanzungszeit (wie die Massenvergewaltigungen an sich verpaarter Enten oder ihr minimaler Bruterfolg) werden dabei übersehen (SCHMIDT 1988, 1991b, SCHMIDT & RUDOLPH 1989). Die Entenvögel richten vor allem im Frühjahr durch den intensiven Verbiß der jungen Triebe des Röhrichts und der untergetauchten Pflanzen, am Ufer auch durch Vertritt und Düngung großen Schaden an und können (wie an verschiedenen Stellen der Berliner Seen) wesentlich zum Rückgang der Ufervegetation beitragen.

Entenmast
Kleinere Gewässer können durch Entenhaltung (bzw. Anfüttern halbzahmer Stockenten, s. o.) völlig umgestaltet werden: Tauchblattpflanzen, Schwimmblattpflanzen (wie Schwimmendes Laichkraut) und junge Röhrichtpflanzen werden durch den Verbiß erheblich beeinträchtigt; die Düngung durch den Entenkot führt zu Wasserblüten und diese wieder zur Vernichtung der tieferen Tauchblattbestände. So entsteht das von vielen Dorfteichen und Stadtparks bekannte Bild: Anhaltend durch starke Wasserblüten getrübtes oder mit dikken Wasserlinsendecken („Entenflott") verschlossenes, faulschlammiges, oft widerlich riechendes Wasser, nur belebt von der munteren Entenschar (und vielfach Ratten am Ufer; vgl. GERHARDT-DIRCKSEN & SCHMIDT 1991, KLAPPER 1992, SCHMIDT 1992b, SCHUHMACHER & THIESMEIER 1991)

Bisam
Der aus Nordamerika stammende Bisam wurde 1905 bei Prag, später auch an anderen Stellen, ausgesetzt und hat sich überall in Mitteleuropa ausgebreitet (SEDLAG 1995). An unseren Seen kann er vor allem im Winter beträchtliche Schäden am Röhricht unterhalb der Wasserlinie und an Tauchblattpflanzen sowie an Großmuscheln verursachen; Wasserrosen bleiben verschont (Kap. 3.5.3, Foto 10).

Starke anthropogene Wasserstandsschwankungen (Talsperren)
Wechselt der Wasserstand so stark wie bei den Talsperren, können weder die Sumpf- und Röhricht-, noch die Schwimm- und Tauchblattpflanzen existieren. Die trocken gefallenen Ufer begrünen sich im Sommer rasch mit einjährigen Pionierarten (bis zum nächsten Hochwasser).

3.2.6 Zusammenfassung

Die verschiedenartigen Ufernutzungen führen zu einer Umgestaltung und schließlich zur Vernichtung des Röhrichts, z. T. auch der vorgelagerten

Wasserpflanzenzonen (oder der Erlenzone). Im einzelnen summieren sich meist mehrere Faktoren. Besonders empfindlich ist das Schilf, die konkurrenzstärkste Röhrichtart des typischen natürlichen Ufers, gegen die mit den verschiedenen Nutzungen verbundene mechanische Beschädigung. Es kann daher als Zeiger für ungestörte bzw. nur schwach gestörte Ufer angesehen werden, sein Rückgang belegt die Belastung des Ufers (so sind z. B. an Berliner Seen durch die starke Ausdehnung der Freizeitnutzung und die Zunahme der Boote allein in den Jahren 1962-1967 16 % der knapp 40 km langen, vorher noch mit Röhrichten bestandenen Uferstellen völlig entblößt worden, die Röhrichtfläche ging sogar um über 30 % zurück – alles ohne mutwillige Zerstörungen, nur durch das übliche, aber zahlenmäßig sich stark ausweitende Baden und Bootfahren: SUKOPP 1968).

Ungezügelte intensive Ufernutzungen, die zur Zerstörung der Ufervegetation führen, mindern also auf lange Sicht erheblich den wirtschaftlichen und den Freizeitwert der Seen. Damit werden Schutzmaßnahmen dringend erforderlich. In der Regel reichen schon relativ geringe Auflagen, um einem Raubbau entgegenzuwirken:

1. Bei Viehweiden: Abgrenzung der Koppeln auch gegen das Wasser, Beschränkung des Zugangs zum Wasser auf einzelne Tränkstellen.
2. Badestellen: Sie sind deutlich auszuweisen, gegen die Umgebung abzugrenzen und mit sanitären Einrichtungen zu versehen. Ihre Anzahl muß sich nach dem Bedarf und der Größe des Sees richten. An den übrigen Stellen ist das Ufer zu schonen.
3. Wassergrundstücke, Wochenendsiedlungen, Campingplätze: Für sie sind zentrale Bootsstege und Badeplätze anzulegen, sie sollten darüber hinaus möglichst keinen individuellen Zugang zum Wasser haben. Wasserseitig von den Grundstücken könnte dann ein Wanderweg verlaufen, auf dem die Spaziergänger die Atmosphäre des Sees genießen können (Röhricht, an Badestellen und Bootsstegen Durchblick auf das Wasser, von erhöhten Punkten aus Blick auf und über das Wasser), statt wie bisher an den Gartenpforten vorbeipilgern zu müssen, hinter denen irgendwo ein kleines Stückchen Wasser blinkt.
4. Sport- und Segelboote sowie Surfer müssen einen gebührenden Abstand von den Uferzonen halten.
5. Motorboote sind nach Möglichkeit ganz von den Seen fernzuhalten (Ausnahmen für Rettungsdienste, Fahrgastschiffahrt und Berufsfischerei wie z. B. an manchen Trinkwassertalsperren: Tab. 2); Restriktionen sind auf jeden Fall für die schnellen Boote erforderlich (Geschwindigkeitsbegrenzungen in Ufernähe, größerer Sicherheitsabstand vom Ufer).
6. Wasservogelfütterungen sind auf das Winterhalbjahr zu beschränken (längstens bis Ende Februar), Entenmast (und Massentierhaltung überhaupt) aus dem Uferbereich zu verbannen. Die Bisambekämpfung ist zu intensivieren.

3.3 Kausale Analyse der Ufervegetation und synökologischer Konnex

Im vorstehenden Kapitel wurde die Ufervegetation in der traditionell eher deskriptiv am Phänomen orientierten Sicht mit einfachen Korrelationen (z. B. zur Wassertiefe und zu Ufernutzungen) wiedergegeben. Erfaßt wurde dabei das Vorkommen „typischer" Arten ohne qualitative Differenzierung, ohne Bezug zur Anatomie und Physiologie und weitgehend ohne Konkurrenzanalysen. Hier soll nun eine kausale Analyse der Vegetationszonen am Seeufer als Kompartimente des Litorals angeschlossen werden. Sie fragt nach Schlüsselfaktoren für das Vorkommen oder Fehlen bestimmter Arten. Damit entspricht sie dem „Nischen"-Konzept der Ökosystemtheorie (vgl. Glossar in Band 2). Dabei geht man von den Produzentenarten aus, die das System am fraglichen Standort bestimmen, und vergleicht ihr ökologisches Potential mit seiner Realisierung an dem konkreten Platz und zur konkreten Zeit. Das ökologische Potential zeigt sich schon am Gestaltstyp und an den anatomischen Eigenschaften der betreffenden Arten, also an ihrem Lebensformtyp (KOEPCKE 1973/74, KÜHNELT 1970). Die Zonen der Ufervegetation stellen so eine Abfolge markant verschiedener Produzenten-Lebensformtypen mit abgestufter Angepaßtheit an das Vordringen in das Wasser dar (Abb. 7-9). Ihre morphologischen Besonderheiten sind oft schon durch mikroskopische Untersuchung von Handschnitten zu erkennen, die Reduktion der Verholzung (Nachweis mit Phloroglucin-Salzsäure) ist ein wertvolles Indiz (zur Technik vgl. BÖHLMANN 1994 oder KUHN & PROBST 1977 sowie JURZITZA 1987, NULTSCH & RÜFFER 1993, SCHORR 1991).

Physiologische Angepaßtheit betrifft bei den Uferpflanzen vor allem den Wasser- und Gashaushalt (Versuchsanleitungen bei BRAUNER & BUKATSCH 1964, STEUBING & FANGMEIER 1992). Die Bewertung von Umweltfaktoren für die jeweilige Art (ggf. noch differenziert nach Stadium und Adaptationszustand) wird als ökologische Valenz dieses Faktors, die Fähigkeit der Art, darauf zu reagieren, als ökologische Potenz, bei schädigenden Faktoren als Toleranz bezeichnet (SCHWERDTFEGER 1977). Die (ökologisch entscheidenden) Grenzen der Toleranzbereiche ermittelt die physiologische Ökologie oder Autökologie (vgl. GESSNER 1955, 1959, KOHL & NICKLISCH 1988).

Das ökologische Potential einer Art (als Gesamtheit der ökologischen Potenzen oder – anders gesagt – als die ökologischen Potenzen hinsichtlich der Gesamtheit der für die Art relevanten Valenzen) wird in der Regel durch überlegene Konkurrenten eingeschränkt, so daß es nur in Teilbereichen realisiert werden kann. In ihrem Optimalbereich unterlegene Arten können u. U. nur dort existieren, wo die Konkurrenten an die Grenzen ihres ökologischen Potentials stoßen (Konkurrenzausschluß im Sinne von GAUSE oder TILMAN, vgl. PIANKA in MAY 1980 bzw. SOMMER in SOMMER 1989). Die Schwarzerle ist dafür ein Beispiel unter den heimischen Baumarten (Abb. 13), ihre typischen Standorte liegen nicht im physiologischen Optimum (Optimum der Valenz), sondern sind zum Pejus hin verschoben, Erlen stehen also zumeist an suboptimalen, oft an Grenzstandorten (ELLENBERG 1986; Abb. 1 in SCHMIDT 1992c).

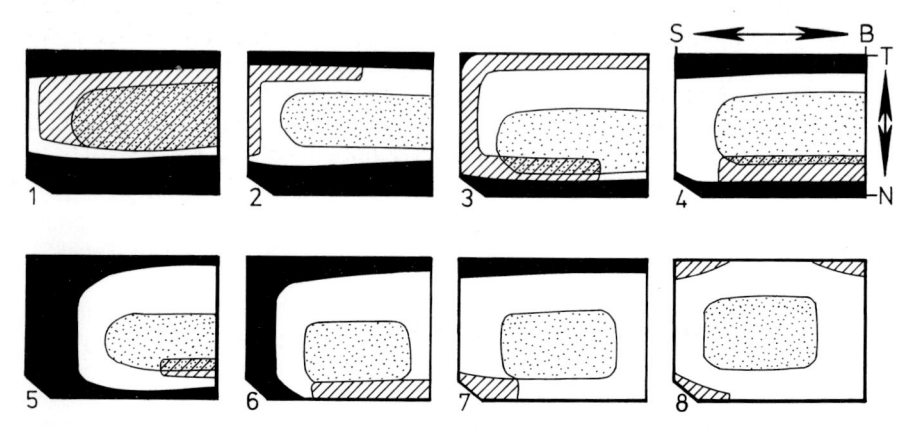

Abb. 13: Realisierung des ökologischen Potentials bei mitteleuropäischen Waldbäumen (von der Ebene bis zur submontanen Stufe) hinsichtlich der Nischenfaktoren Feuchtigkeit und Acidität (nach ELLENBERG).
Feuchtigkeit in der Senkrechten, unten Nässegrenze N des Waldes, oben Trockengrenze T; Acidität in der Waagerechten, links Säuregrenze S des Waldes, nach rechts zunehmender Kalkgehalt B des Bodens. *Punktiert* optimaler, *weiß* suboptimaler Wuchsbereich, *schwarz* Außenbereich des ökologischen Potentials (also aus physiologischen Gründen bei uns nicht besiedelbare Standorte); *fett schraffiert* im Gebiet typisch realisierte Standorte.
   1: Rotbuche; 2: Traubeneiche; 3: Stieleiche; 4: Hainbuche; 5: Esche; 6: Schwarzerle; 7: Moorbirke; 8: Waldkiefer (natürliche Vorkommen nur im Osten und Süden). Nur die Rotbuche kann sich in ihrem Optimalbereich durchsetzen, alle anderen Arten werden an den Rand ihres ökologischen Potentials gedrängt.

Das „Nischenkonzept" fragt nach den limitierenden Standortfaktoren, also nach den bestimmenden Faktoren der ökologischen Nische (vgl. DIERSSEN 1990, ELLENBERG et al. 1991). Ein Hinweis ist die Wüchsigkeit. Bäume reagieren mit der Plastizität ihrer Kronen auf Beschattung bzw. „Lichtfenster" und zeigen so mit der Kronenstruktur gut den Nischenfaktor Licht an. Damit sind diese Faktoren über Jahre hinweg zu rekonstruieren (vgl. auch MATTHECK 1992). Stauden (wie das Schilf) lassen aufgrund der vegetativen Entwicklung (z.B. Halmzahl, -dichte, -stärke und -höhe) und der Blühfreudigkeit auf die Qualität der realen ökologischen Nische schließen (vgl. BEGON et al. 1991, SCHMID & STÖCKLIN 1991, WIEGLEB & BRUX 1991). Wertvolle Hinweise liefern auch die Verteilungsmuster in den potentiell besiedelbaren Zonen in Verbindung mit der Wüchsigkeit. Dafür bietet sich die entsprechende Kartierung ausgewählter Arten rund um ein Gewässer an (Abb. 10). Sehr aufschlußreich sind gestörte Stellen als Indikator für das ökologische Potential. Gartenbau, Park- und Gewässeranlagen oder Ufergestaltungen können wie Freilandexperimente dazu ausgewertet werden. Es gilt also, im Gelände die Augen für besondere Standortbedingungen offen zu halten: Sonderfälle, nicht „typische" Stellen sind ökologisch lehrreich!

Im folgenden werden in diesem Sinne die bestimmenden Makrophyten-Arten der einzelnen Uferzonen exemplarisch analysiert und in den synökologischen Konnex ihrer Zone gestellt. Angeschlossen werden die Tierarten, die eng in diese Kompartimente eingebunden sind (wie phytophage Insekten und deren Parasiten). Die mobilen Tierarten mit geringer Bindung an diese Litoral-Kompartimente (wie Wasservögel, Libellen oder Fische) werden in gesonderten Kapiteln behandelt.

3.4 Die Schwarzerle und ihre Zone

3.4.1 Nischenfaktoren der Schwarzerle

Der Schlüsselfaktor Licht
Die Schwarzerle ist (wie die Grauweide) ein Lichtbaum, der bei Beschattung durch unsere gängigen Waldbaumarten (wie Eichen oder Buchen) ausgeschaltet wird. Das läßt sich am Steilufer von Seen gut beobachten (Abb. 11). Auch am Flachufer werden die Erlen des Ufersaumes mit ihren Kronen ganz zum Wasser hin abgedrängt. Umgekehrt können sich Erlen z. B. in Parkanlagen, wo ihnen der Mensch die Konkurrenz fernhält, auch in den Zierrasenflächen entfalten und zu stattlichen Bäumen heranwachsen.

Die Schlüsselfaktoren Staunässe/Überflutung
Erlen können in ganzjährig staunassen (aber basischen) Bereichen überleben, wo die anderen Baumarten ausfallen oder (wie die Grauweide bzw. die Moorbirke) der Erle unterlegen sind (Abb. 13). Schlüsselfaktor ist die Sauerstoffversorgung für die Wurzelatmung, denn im organischen Boden wird das Bodenwasser durch die Bodenatmung rasch sauerstofffrei (ELLENBERG 1986: S. 380/Tab. 47).

Das ist mit einem einfachen Versuch nachzuweisen: Man füllt 2 Weithalsflaschen (z. B. Polyethylen, 500 ml) zur Hälfte mit Kompost bzw. mit gewaschenem Aquarienkies, füllt mit sauerstoffreichem Wasser auf und bestimmt (potentiometrisch) den Start-O_2-Gehalt. Die Flaschen werden luftblasenfrei (unter Wasser in einem Wassereimer) verschlossen und dunkel aufgestellt. 2-3mal täglich werden sie geschüttelt, nach 3 Tagen wird der O_2-Gehalt bestimmt. In der Flasche mit Erde ist der Sauerstoff aufgezehrt, in der mit Kies hat sich der O_2-Gehalt praktisch nicht verändert (zu eingehenden Bodenuntersuchungen vgl. BRUCKER & KALUSCHE 1976, STEUBING & FANGMEIER 1992).

In der Natur füllen sich die Bodenporen nach Starkregenfällen mit Wasser. Die Wurzeln haben dann eine optimale Wasserversorgung, müssen aber mit O_2-Mangel zurechtkommen. Bei der anschließenden Austrocknung kehren sich die Verhältnisse um. Pflanzenwurzeln können je nach Art mehr oder weniger gut zeitweilige Anoxie überdauern (z.b. durch Abstellen der oxidativen Decarboxylierung, durch Glykolyse als Gärung mit organischen Säuren als Endprodukt, z.B. Laktat statt Pyruvat; vgl LÜTTGE et al. 1989). Hieraus ergibt sich eine unterschiedliche Überflutungstoleranz der Arten. Sie ist gut an der Zonierung im Flußauenwald (Hartholzaue mit Eichen, Eschen, Ulmen; Weichholzaue mit Pappeln, Baumweiden) zu erkennen (vgl. GERKEN 1988). Im Schotterbett bzw. grobkörnigem Mineralboden der Aue oberer Flußabschnitte kann jedoch O_2-reicher Grundwasserfluß die O_2-Versorgung auch bei Überflutung während der Vegetationsperiode sichern. Bei ablaufendem Wasser kommt dann eine gute Bodenbelüftung mit hinreichender Wasserversorgung so zusammen, daß eine rasche Erholung vom Überflutungsstreß gegeben ist. Ähnliche Bedingungen sind am Steilufer von Seen und Weihern gegeben, die dementsprechend dort oft einen auenähnlichen Galeriewald aufweisen. Anhaltende Staunässe mit Anoxie (wie in Moorböden von Flußniederungen) wird von diesen Arten nicht ertragen, hier setzt sich die Schwarzerle (mit der Grauweide) durch.

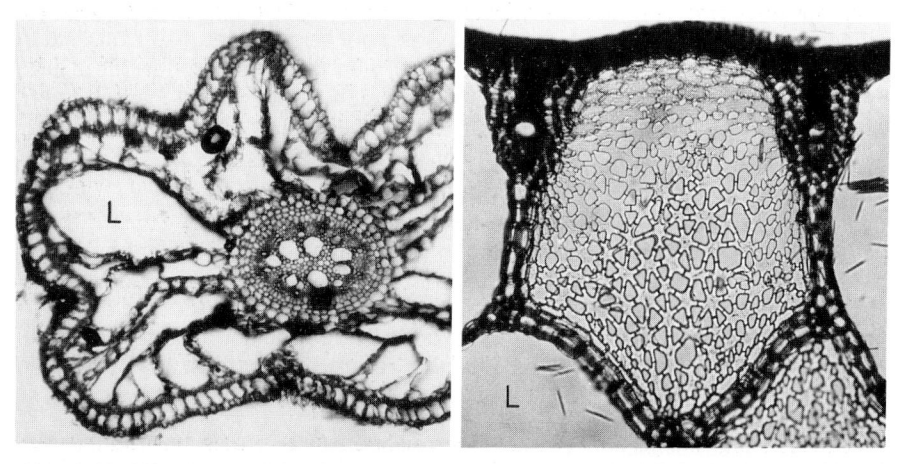

Foto 6: Aerenchym beim Igelkolben (in einfachen Handschnitten). *Links:* Querschnitt durch die Wurzel mit großen Luftkanälen L in der Rinde (an der Basis des Xylems im Zentralzylinder jeweils ein großes Gefäß mit unverholzter Wand aus kleinen, lebenden Zellen; vgl. SCHMIDT in ESCHENHAGEN et al. 1991), *rechts:* Blattquerschnitt mit den großen Luftkammern L, sie werden durch Querwände aus Sternparenchym gefestigt.

Die Sonderrolle der Schwarzerle belegt auch die Wurzelraumstruktur. An grundwassernahen Standorten bilden Waldbäume normalerweise einen flachen Wurzelteller aus, auch wenn sie (wie die Kiefer) an trockenen Standorten Pfahlwurzler sind. Sie werden dann leicht vom Sturm umgeworfen, wie in bewirtschafteten Bruchwäldern gut zu sehen ist. Schwarzerlen sind dagegen auch dort sturmfest. Sie können im staunassen Boden Wurzeln tief in den Untergrund versenken. Das wird bei dem natürlichen Uferschutz von Bächen ausgenutzt (vgl. KLEE 1991).

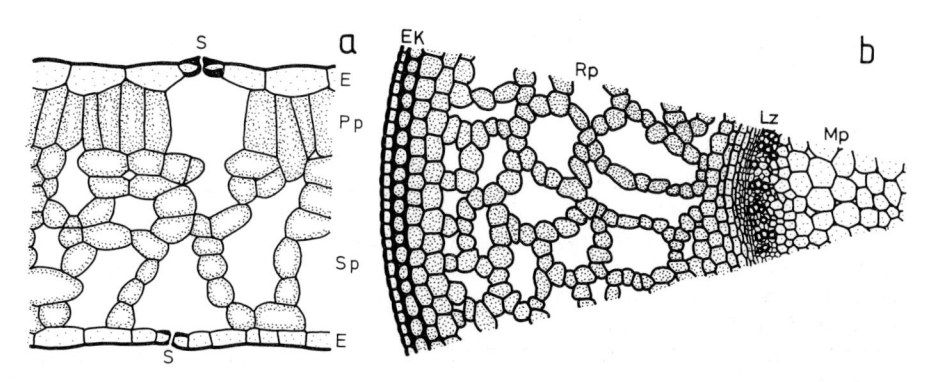

Abb. 14: Morphologische Angepaßtheit krautiger Pflanzen an den staunassen Bereich der Erlenzone (Typ der Sumpfpflanzen oder Helophyten, nach Mikrodias und Kurspräparaten).
Links: Blattquerschnitt der Sumpfdotterblume von schattigem Standort mit aufgewölbten Spaltöffnungen S an Blattober- und -unterseite, großen Atemkammern mit Anbindung an das großvolumige Interzellularensystem (Luftkanalsystem) des Schwammparenchyms Sp; Palisadenparenchym Pp einschichtig; Epidermis E mit dünner Cuticula. – *Rechts:* Stengelquerschnitt vom Bachbungenehrenpreis mit den Luftkanälen im Rindenparenchym Rp für die O_2-Versorgung der Wurzel; Kollenchymring K unter der Epidermis E; Ring aus Leitbündeln/Leitzylinder LZ; Markparenchym Mp.

Voraussetzung ist eine interne Sauerstoffversorgung der Wurzeln. Krautige Pflanzen entwickeln dafür (durch Vergrößerung der Interzellularen im Rindenparenchym) ein Gasleitungssystem, ein Aerenchym, das von den Fotosynthesebereichen zu den Wurzeln führt (Abb. 14, Foto 6).

Diese Zusammenhänge sind gut am Kriechhahnenfuß zu studieren. Pflanzen von frischen Standorten (wie schattigen Gartenpartien) haben nur kleine Interzellularen in der Rinde des Stengels, Pflanzen vom Boden wechselfeuchter Waldgräben dagegen große, die auch bis in die Wurzel reichen (vgl. NULTSCH & RÜFFER 1993; JURZITZA 1987). In diesen Luftkanälen kann Fotosynthese-O_2 zu den Wurzeln hin diffundieren (Versuche zum Gasraumvolumen bei STEUBING & FANGMEIER 1992).

Die Rinde ist bei den jungen Erlen (wie bei den meisten Gehölzen) noch grün und erzeugt damit auch selbst Fotosynthese-O_2. Atmosphärische Luft kann mit den Rindenporen (Lentizellen: LÜTTGE et al.1989, STRASBURGER & KOERNICKE 1954: Fig. 67), die in der Regel aus Spaltöffnungen entstehen, aufgenommen werden. Ausgezeichnet sind die jungen Erlen durch eine ungewöhnlich schwammige Rinde mit großen Luftkanälen, die wie bei krautigen Helophyten bis zur Wurzel führen. – Zum offenen Wasser hin bilden Schwarzerlen wie viele Weiden Wasserwurzeln (apart rot mit weißen Spitzen) mit reichem Belüftungsgewebe aus, sie können damit auch den Sauerstoffgehalt des Wassers nutzen. Baumweiden können daher auch am (See- oder Bach-) Ufer mit geringen Wasserstandsschwankungen im beständig nassen Mineralbodenbereich gedeihen.

Diese anatomische Angepaßtheit der Schwarzerle an staunasse Standorte läßt sich mit einfachen Handschnitten nachweisen, die Querschnitte der schwammigen Feinwurzeln verformen sich dabei leicht und erfordern daher etwas Übung (zur Einbettung in Polyethylenglykol bei Dünnschnitten mit dem Handmikrotom vgl. GRUBER 1989; zum Erlenholz mit den großen Parenchymstrahlen vgl. SACHSSE 1958).

Offen bleibt noch die Frage der O_2-Versorgung des ausgedehnten und tief reichenden Wurzelsystems der älteren Erlen mit ihrer dicken Borke und dem dünnen Rindenparenchym. – Bei Bäumen aus tropisch/subtropischen Feuchtgebieten (wie den Sumpfzypressen aus den Everglades in Florida oder den Mangroven tropischer Wattküsten) werden besondere Atemwurzeln zur Sauerstoffversorgung bei Hochwasser ausgebildet. Sie stehen über Lentizellen oder Rindenspalten mit der Atmosphäre in Verbindung (GESSNER 1959, JURZITZA 1987). – Auch die alten Erlenstämme haben Lentizellen in den Ritzen der Borke (etwa bis in ³/₄ m Stammhöhe). Sie sind offenbar für die Luftversorgung der Wurzel wichtig, denn Schwarzerlen vertragen wohl anhaltende Staunässe und niedrigen Wasserstand, nicht aber längere Überflutungen des gesamten Lentizellenbereiches (ELLENBERG 1986). Schwarzerlen sind daher in Flußauen und an Seeufern mit Sommerhochwasser (wie am Bodensee) unterlegen.

Hinzuweisen ist auch auf die pustelartigen, (infolge Luftfüllung) schneeweißen Lentizellenwucherungen (Intuminenzen), die sich an Zweigen von Weiden, Pappeln oder Ulmen bei Kultur im feuchten Raum bzw. im Wasser (also bei Belüftungsnotstand) erzeugen lassen (vgl. MOLISCH & HÖFLER 1954).

Es bleibt die Frage nach dem effektiven Gastransport von den Lentizellen in den Stamm und zu den Wurzeln in 1-2 m Tiefe: Der Transport im Stamm erfolgt sowohl in der Rinde als auch im (zentralen alten, nicht mehr der Wasserleitung dienenden) Holz. Beschleunigt wird er durch den „thermo-osmotischen Effekt" für den Gasdurchtritt durch eine feinporige Wand entgegen dem Druckgefälle. Maßgeblich sind die BROWNSCHE Molekularbewegung und die daraus folgenden Gesetze der Thermodiffusion zwischen Räumen mit unterschiedlicher Temperatur und einer feinporigen Trennschicht (KNUDSEN-Effekt, Details mit Formelapparat und Versuche bei GROSSE & WILHELM 1984). Die als Energielieferant erforderliche Temperaturdifferenz zur Außenluft ergibt sich bei Pflanzen dadurch, daß sich die dunklen Assimilationsparenchyme bzw. äußeren Schichten der Rinde bei Sonnenschein (über die Temperatur der Außenluft und der hyalinen Abschlußgewebe) aufheizen. Die Bedingung der Feinporigkeit wird allerdings von den geöffneten Spaltöffnungen mit der Atemhöhle darunter oder dem lockeren Außenteil von Lentizellen nicht erfüllt, erforderlich ist vielmehr eine feinporige „Trennschicht" zwischen diesen Lufträumen und dem Inneren der Pflanze. Dort baut sich dann thermo-osmotisch ein Überdruck auf, der von den großlumigen Aerenchymen abgeleitet wird. Damit ergibt sich ein Gasstrom zu den Wurzeln. Das Phänomen verstärkt sich durch Wasserdampf in den Lakunen. Diese Situation ist bei Erlen im Bereich der Lentizellen gegeben. Zwischen dem mit „einem aus losen Korkzellen bestehenden Mehl" (LÜTTGE et al. 1989: 386) und daher „luftigen" Außenteil (Füllgewebe) der Lentizelle und dem Aerenchym (o.ä.) in der Rinde liegt ein Sperrgewebe mit passenden Mikroporen in den radialen Zellwänden, es fehlen großlumige radiäre Interzellulargänge, die eine direkte Verbindung herstellen (wie beim Holunder: STRASBURGER & KOERNICKE 1954). Die Gasleitung zur Wurzel wird für den Sauerstoff durch das Konzentrationsgefälle infolge der Wurzelatmung zusätzlich gefördert. Damit sind Stammerwärmungen ein wesentlicher Motor für den Sauerstofftransport bis in die tiefen Wurzelbereiche der Erle (vgl. GROSSE & SCHRÖDER 1984, 1986), Stammbeschattungen ein besonderes Handicap an beständig staunassen Standorten. – Die Sauerstoffversorgung der Erlenwurzel funktioniert so gut, daß Erlen (wie auch krautige Pflanzen mit Aerenchym) Sauerstoff an den Boden abgeben und dort das Redoxpotential und den Stoffabbau umstellen.

Diese O_2-Abgabe läßt sich in einfachen Versuchen nachweisen (vgl. STEUBING & FANGMEIER 1992: 141). Für Erlen eignen sich am besten Jungpflanzen, die man am Gartenteich oder in Bottichen aus Samen anzieht.

Der Schlüsselfaktor Nährstoffversorgung

In den Flußauen bringen die Hochwasser auch eine Sedimentfracht mit, die für die Auenbäume nach dem Ablaufen des Hochwassers eine (Mineral-) Düngung bedeutet und das Wachstum stimuliert. Die Schwarzerlenstandorte haben dagegen strömungsarme Überstauungen mit anhaltenden Staunässephasen ohne derartige Mineraldüngung. Neben dem Fallaub kann höchstens im Winterhalbjahr Schwemmgut aus ± abgestorbenen Röhricht- oder Wasserpflanzen eingetragen werden. Dieses Material ist kohlenstoffreich, aber nährstoffarm, die Zersetzung ist durch die Überflutung beeinträchtigt. So bilden sich Bruchwaldtorfe (ELLENBERG 1986, OSTENDORP 1992).

Damit stellt sich die Frage nach der Nährstoffversorgung der Schwarzerlen. Mit ihren tiefreichenden Wurzeln hat die Schwarzerle natürlich einen besseren Kontakt zum mineralischen Untergrund als andere Arten dieser Standorte. Wesentlich ist jedoch die Stickstoffversorgung über endosymbiontische Strahlenpilze (Endomykorrhiza mit Bakterien der Gruppe Aktinomyzeten, Gattung *Frankia*, vgl. WERNER 1987), die in besonderen Wurzelknöllchen angesiedelt sind. Diese Knöllchen sitzen dicht an dicht in den oberen Wurzelbereichen (Foto bei FEY 1996) und sind an kultivierten Pflanzen (s. o.) gut zu demonstrieren. Die Strahlenpilze können Luftstickstoff fixieren und damit für die Erle verfügbar machen. Im Querschnitt heben sich die infizierten Zellen grau ab. Sie bilden einen Ring in der inneren Rinde und haben damit sowohl Anschluß an das Aerenchym der äußeren Rinde als auch an den Zentralzylinder. Das Aerenchym der Erle dient also nicht nur der Sauerstoffversorgung für die Atmung in der Wurzel, sondern auch der Luftstickstoff-Versorgung der Symbionten (aus der Luft über die Lentizellen; zur Problematik aerober Verhältnisse bei der N-Fixierung vgl. WERNER 1987). Die Knöllchen werden nur in den Bodenbereichen angelegt, die nicht anhaltend staunass sind, aber auch nicht (zeitweilig) austrocknen. Die Untersuchung der Knöllchenregion (z.B. durch vorsichtiges Freispülen von Stichprobenflächen von $1/4$ m^2 mit einem Wasserstrahl und Absaugen des Erdbreis mit einem Industriestaubsauger) gibt daher wertvolle Standortinformationen (DITTERT & SATTELMACHER 1991).

Die Stickstoffbindung der Erlensymbionten beträgt 50-200 kg N_2 pro Jahr und ha (WERNER 1987), schwankt aber im Jahresgang. Sie ist maximal bei Wärme und guter Bodenfeuchtigkeit ohne Staunässe oder Überflutung im Mykorrhiza-Bereich. In ganzjährig bis an die Bodenoberfläche staunassen Bereichen fällt die Stickstoffbindung praktisch aus, die Erlen kümmern. Der Anstieg der Wüchsigkeit der Erlen zum Land hin ist an entsprechend gestaffelten Seeufern eindrucksvoll (Foto 2).

Limitierender Nährstoff bleibt das Phosphat. An besonders phosphatarmen Seeufern wird die Erle (wie die Grauweide) daher durch die weniger anspruchsvollen Birken ersetzt, aber nur, wenn der Boden zeitweilig oberflächlich austrocknet und der Birke die Wurzelatmung ermöglicht (Abb. 13). Die Erle fehlt daher (wie die Weiden) auch im nährstoffarmen Moor, insbesondere im Hochmoor. Nährstoffarmes, fließendes Wasser ist jedoch physiologisch nährstoffreicher; so können Erlen (und Strauchweiden) im nährstoffarmen Moor entlang von Gräben oder an quelligen Stellen stehen.

Stickstoffeintrag durch die Erle und Remineralisierung
Die Schwarzerle kann sich – dank ihrer Symbionten – einen ungewöhnlich hohen Stickstoffanteil im Fallaub leisten. Er liegt (nach Messungen von MIKOLA unmittelbar nach dem Laubfall, zit. aus WERNER 1987) bei 2,6 % der Trockenmasse und ist damit doppelt so hoch wie bei Birken (1,3 %) und drei- bis viermal so hoch wie bei der Vogelbeere (0,8 %), der Zitterpappel (0,7 %), dem Spitz-

ahorn (0,6 %) oder der Kiefer (0,5 %). Das beschleunigt die Fallaubzersetzung, wenn der Boden feucht, aber nicht überflutet, und damit reich an großen Blattzerkleinerern (wie Asseln oder Regenwürmer in verschiedenen Arten) ist (zur Bodenbiologie vgl. BRUCKER & KALUSCHE 1976, KÜHNELT 1950, TOPP 1981). Bei anhaltenden Überflutungen wird (durch den O_2-Mangel) Torfbildung begünstigt, beim Ablaufen des Wassers wieder die Remineralisierung forciert. Dann können Stickstoffzeiger (wie Brennesseln und Himbeeren) die Krautflora bestimmen. Die (Stickstoff-Netto-) Remineralisierungsrate ist daher ebenfalls ein Standortindikator in der Erlenzone (Tab. 3, vgl. DIERSSEN 1990, JANIESCH et al. 1991).

Tab. 3: Jahresmittelwerte von Volumengewicht, Wassergehalt und Gesamtstickstoff-Netto-Mineralisation von Erlenbruchwaldböden bei Lingen/Ems (Werte gerundet nach JANIESCH et al. 1991).
A: naturnahes (Seggen-) Erlenbruch, B: teilweise entwässertes Himbeer-Erlenbruch, C: stark gestörte Erlenbruchfragmente auf vererdeten Niedermoortorfen. Volumengewicht in kg/Liter (als Maß für den Mineralgehalt des Bodens), Wassergehalt in % des Feuchtgewichtes, Gesamtstickstoff-Netto-Mineralisation in kg Gesamt-N je Hektar und Jahr;

Probenstelle	Volumengewicht	Wassergehalt	N-Netto-Mineralisation kg Gesamtstickstoff je ha und Jahr
A	0,18 kg/l	85 %	45 kg N / ha·a
B	0,17 kg/l	76 %	213 kg N / ha·a
C	0,54 kg/l	60 %	188 kg N / ha·a

Von dem Stickstoffeintrag profitiert aber nicht nur die Krautschicht unter den Erlen, sondern auch die Erle selbst, da sie bei Bedarf die Wurzeln nahe der Bodenoberfläche ausweiten kann. Bei der Nutzung der Remineralisierung helfen ihr die ektotrophen Pilz-Mykorrhizen im Feinwurzelbereich, die (wie bei vielen anderen Waldbäumen: WERNER 1987) auch Schutz gegen Wurzelpathogene bieten.

Tab. 4: Förderung von Pappelkulturen (Höhe bei Versuchsbeginn 1,4 m) durch Mischpflanzungen mit Schwarzerlen; Mischpflanzungen mit Traubenkirschen und Monokulturen als Kontrolle (nach WERNER 1987, gerundet).

	Pappelzuwachs nach 2 Jahren	Pappelzuwachs nach 3 Jahren	Pappelzuwachs dito in %
Mischkultur mit Schwarzerle	1,5 m	3,2 m	220 %
Mischkultur mit Traubenkirsche	0,4 m	0,8 m	55 %
Pappelmonokultur	0,5 m	1,0 m	70 %

Die Remineralisierung ist auch im Flußauenbereich optimal. Der Forst nutzt hier den Stickstoffeintrag durch die Erlen, indem er diese (von Natur aus hier unterlegene Art) zwischen die Pappelaufforstungen setzt. Der Pappelzuwachs erhöht sich so um ein Vielfaches im Vergleich zu Pappelmonokulturen oder Mischkulturen mit Traubenkirschen (Tab. 4).

Regenerations- und Ausbreitungspotential der Erle
Die Schwarzerle hat ein hohes Regenerationsvermögen nach Bruch oder Schnitt. Auf den Stock gesetzt reagiert sie mit dichten Stockausschlägen (wie die Kopfweiden). Eine vegetative Vermehrung (z.b. durch Ausläufer) ist dagegen nicht möglich. Weiden übertreffen die Erlen noch dadurch, daß sich Astwerkbruchstücke (nach einer Verdriftung im Wasser) unter günstigen Bedingungen bewurzeln und anwachsen können (Versuchsbeschreibung bei SCHMIDT 1992c), es können sogar im Wasser schwimmende (abgebrochene/ abgesägte) Weidenstämme ohne Bodenkontakt Wasserwurzeln und frische Triebe bilden.

Bei Beschattung wirft die Erle die betroffenen Astregionen rasch ab. Erlenwälder sind daher unter dem Kronendach offen, die Erlenstämme besonders reich an Astlöchern.

Die Ausbreitung der Schwarzerle erfolgt mit den Samen, kleinen, schwimmfähigen Nüßchen mit Flügeln als Gleithilfe auf dem Luftweg. Die Samen brauchen zum Keimen Licht und offenen, feuchten Boden (Keimungsversuche mit Erlen und Weiden bei SCHMIDT 1992c); die Jungpflanzen sind gegen Beschattung, Austrocknung, Verbiß und Vertritt empfindlich und müssen auch auf ihre Symbionten treffen. Günstige Keimungsbedingungen sind heute von Natur aus kaum einmal gegeben, am ehesten im Spülsaum zeitweilig gestörter Uferpartien (wie Stellen mit wechselndem Tritteinfluß oder an aufgelassenen Weideufern, an Stadtparkteichen zwischen Wasserlinie und den Rasenmäherbahnen). Früher dürften Hochwassererosionen ein derartiges Keimbett bereitet haben. Auflichtungen durch Bruch und Wildsuhlen im Innern von Erlenbeständen können die Samen gleitend mit dem Wind erreichen. – Erlenbestände am Seeufer stehen heute oft in „Reih und Glied", sind also gepflanzt.

Eine Besonderheit der Erle ist die Fähigkeit, auf Seggenbulten zu keimen, der Bult dient dann als Stütze für die Jungpflanzen. So werden Seggen-Streuwiesen nach Aufgabe der Mahd rasch von Erlen bestockt.

Die Schwarzerlen sind damit ein Beispiel für eine bei Pflanzen (und auch bei Meerestieren) weit verbreitete Ausbreitungsstrategie: es werden kleine Verbreitungsstadien (mit geringen „Stückkosten") produziert. Diese haben wegen der geringen Größe eine gute passive Ausbreitungspotenz, jedoch ein nur schwaches Durchsetzungsvermögen, also geringe Etablierungs- (d.h. Keimungs-) Chancen. Zum Ausgleich sind enorme Produktionszahlen erforderlich. Von der hohen jährlichen Samenproduktion der Schwarzerlen profitieren wiederum zahlreiche Vögel im Winterhalbjahr (wie bei uns durchziehende

Erlenzeisig-Trupps). Diese Ausbreitungsstrategie ist extrem bei Sporenpflanzen (wie Farnen, Moosen, Pilzen), aber auch bei Orchideen ausgeprägt. Das Gegenstück bilden Tiere, bei denen die gerade erwachsenen Jungtiere (wie z. B. beim Bisam) oder die noch nicht geschlechtsreifen Imagines (wie bei Libellen) die Ausbreitung übernehmen. Sie können geeignete Plätze selektiv aufsuchen und sich dort mit relativ hohem Erfolg durchsetzen; so sind die relativ hohen „Investitionen" in diese Stadien rentabel, es „reichen" relativ geringe Nachkommenzahlen.

3.4.2 Die Grauweide

Die meisten Weidenarten sind Arten der Flußaue (vgl. F$_{EY}$ 1996) und daher am Flachlandsee auf die Steilufer beschränkt. Anhaltende Staunässe verträgt die Grauweide. Sie bildet kräftige Büsche, leidet aber bei Beschattung durch die Erle. Sie kann jedoch etwas weiter in das Wasser vordringen. So bildet die Grauweide am Flachufer oft einen Saum vor der Erlenzone („Grauweidenmantel") und schließt sie mit ihrem Astschirm gegen das Röhricht ab. Die Grauweide hat eine höhere Standfestigkeit im Sumpfboden, sie kann daher in Schwingröhrichte eher eindringen („Weiden-Faulbaum-Gebüsche"). Die leichten Weidensamen können mit ihren Flughaaren besser gleiten als die Erlensamen und uferferne Feuchtstellen (wie innerstädtische Ruderalflächen) eher besiedeln.

3.4.3 Tiere an Erlen und Weiden

Die Schwarzerle ist für eine Reihe von Vogelarten attraktiv. Die Früchte sind Winternahrung für Finkenvögeln, insbesondere von Durchzüglern aus dem Norden. Der Erlenzeisig ist auf diese Nutzung besonders eingestellt (s. o.). Blaumeisen suchen im Frühjahr gezielt die Blüten von Weiden und Erlen auf und fressen Pollen (und Weiden-Nektar). Die zahlreichen Astlöcher der Erlen (s. o.) liefern ein reiches Angebot an Bruthöhlen; die Blaumeise kann ihren Brustkorb besonders stark abflachen und daher auch die bei Erlen häufigen schmalen Baumspalten nutzen (Foto 7; vgl. die Schlitzmeisennistkästen mit längsovalem Flugloch gegen Sperlinge). In den größeren Astlöchern brüten gern Stare. In dem weichen Holz kann nicht nur der Buntspecht, sondern manchmal auch die Weidenmeise ihre Bruthöhle zimmern. Durch das Gestrüpp am Stammfuß der Erlen huscht mausartig der Zaunkönig, dort kann er seine Kugelnester verstecken. In den Gebüschen ist das Rotkehlchen zu Hause. Den Kronenbereich der Weiden und Erlen besiedeln im Sommer die (Weiden- bzw. Fitis-) Laubsänger, um nur einige charakteristische Vogelarten zu nennen.

Foto 7: *Oben:* Tiere nutzen die Schwarzerle. *Links:* Copula vom Erlenblattkäfer auf einem Erlenblatt (Sankelmarker See S Flensburg, 21.5.1978); *rechts* zwängt sich eine Blaumeise durch einen schmalen Spalt im Erlenstamm zu ihrem Nest (Insel Scharfenberg im Tegeler See/Berlin, 12.5.1957). – *Unten:* Hochsommerblüher im Erlenbruch (am Hubertussee Berlin-Frohnau, 31.8. bzw. 2.9.1956). *Links:* Kohldistel mit Fleischfliege *Sarcophaga*, *rechts:* Bittersüßer Nachtschatten, fruchtend.

An den Erlen, Weiden und anderen Auenbaumarten leben eine Vielzahl parasitischer Pilze und phytophager Insekten (oft als Blattfresser, auch in artspezifisch geformten Minen und Gallen: KALUSCHE 1989; vgl. JACOBS & RENNER 1988, RUPPOLT 1962, SCHRÖDER & ANTHON 1971, SCHRÖDER et al. 1975). Oft bilden sie ein „Bisystem" aus (±) monophagem Pflanzenfresser und Wirt, der mit spezifischen Reaktionen übermäßige Fraßschäden abzuwehren vermag. Gut untersucht ist das Bisystem von (Schwarz-) Erle und dem glänzend violettschwarzen Erlenblattkäfer (Foto 7) mit seinen schwarzen Larven, die oft in großer Zahl auf den Erlenblättern sonniger Standorte sitzen. Die Käfer fressen im Frühjahr bzw. Hochsommer Löcher in die Blätter, die Larven skelettieren sie im Frühsommer (Abb. 15; zu Details und Versuchen/Beobachtungsaufgaben vgl. TISCHLER 1977, VOGT & HESSE 1990 sowie EISENHABER 1992, FEY 1996). Die Grauerle ist ein Beispiel für Fraßabwehrreaktionen (Haarpelzbildung) der Pflanze bei Befall durch den Erlenblattkäfer (BAUR et al. 1991).

Mehr zum Auenwald gehört das Bisystem von (Bruch-) Weiden und dem auf gelbem Grund schwarz gefleckten Blattkäfer *Melasoma vigintipunctata*. Hier bilden die Futterpflanzen während des Sommers als Reaktion auf den Frühjahrsfraß für die Larven giftige Flavonoide und für die Käfer giftige Phenolglycoside, so daß die Frühjahrs-Massenentwicklung dieser Blattfresser zusammenbricht und die Weiden sich im Sommer erholen können. Umgekehrt sind die Larven durch (Benz- und) Salicylaldehyd, das sie aus dem Inhaltsstoff Salicin der Weidenblätter bilden und in ihrem Körper anreichern, vor Vogelfraß, nicht aber vor räuberischen Wanzen und Schwebfliegenlarven geschützt; diese Insekten können aber ebensowenig wie parasitische Hymenopteren die Massenentwicklung aufhalten (BELL 1993, TOPP & BELL 1992). – Unter den Stauden der Erlenzone finden sich zahlreiche Heilpflanzen (vgl. DAS BESTE 1980, DÜLL & KUTZELNIGG 1994), deren Inhaltsstoffe (vgl. das Aspirin [Salicylsäure], natürlich in frischen Trieben vom Mädesüß) auch als Fraßabwehr gedeutet werden könnten.

Die Weidenblüten sind im Frühjahr ein Konzentrationspunkt für Blütenbesucher, insbesondere für Schwebfliegen, Honigbienen und Hummeln, außerdem auch für Solitärbienen (wie Sandbienen-Arten *Andrena*), die z. T. in ihrer Flugzeit eng mit diesem Frühjahrsblüher synchronisiert sind (vgl. dazu BUCHHOLZ in KRATOCHWIL 1991; zu Blaumeisen s.o.).

3.4.4 Die Erlenwaldtümpel

Im Flachland haben Seen ihren höchsten Wasserstand im niederschlagsreichen, verdunstungsarmen Winterhalbjahr. Dann ist die Erlenzone weiträumig überschwemmt, die Erlen ragen oft mit ihrem Stammfuß bultartig heraus. Zwischen den Stämmen liegen die infolge des sumpfigen Bodens oft unbetretbaren Flachwasserbereiche. Sie werden im Frühjahr bis zum Laubaustrieb der Erle gut von der Sonne erreicht. Fische dringen dagegen zu die-

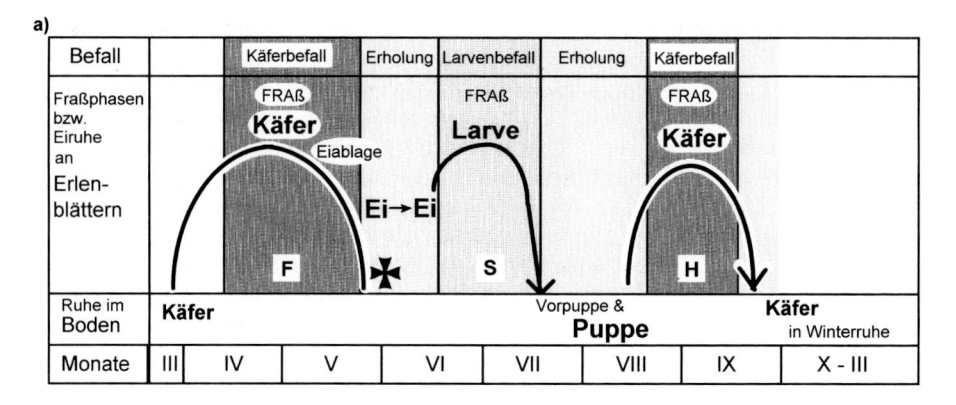

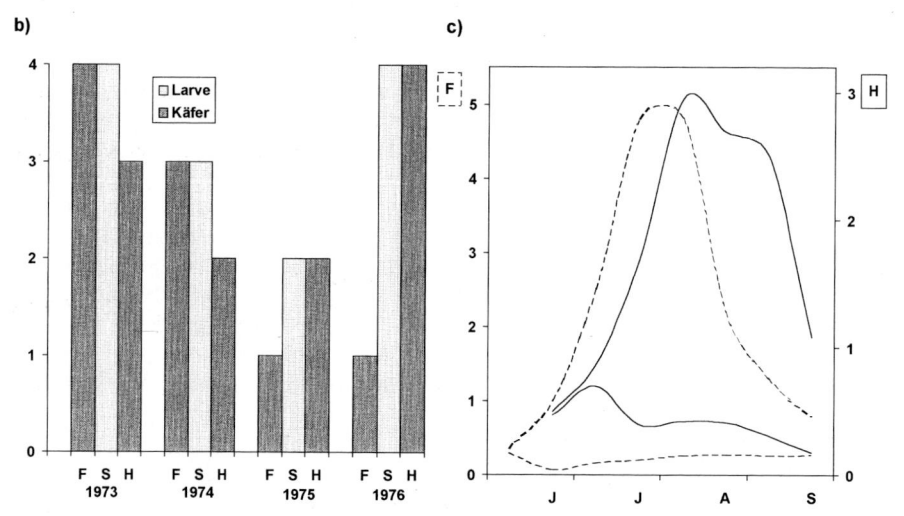

Abb. 15: Bisystem aus Erlenblattkäfer und Erlen (a, b nach Tischler, c nach Baur et al.).
Oben (a): Schema des Jahreszyklus von Fraß- und Erholungsphasen für die Erle (Erholungsphasen hell schattiert, Phasen mit hohen Fraßschäden ± dunkel schattiert).
Unten links (b): Quantifizierung der Fraßschäden für die Jahre 1973-1976 (4 Mengenklassen); F: Frühjahrsfraß der Käfer nach der Überwinterung, S: (Früh-)Sommerfraß der Larven, H: Hochsommerfraß der neuen Käfergeneration. – Die Erholungsphase zwischen dem Käferfraß nach dem Laubaustrieb und dem sommerlichen Larvenfraß hängt von der Dauer der Eientwicklung ab, diese wird von Temperatur und Feuchtigkeit, also von der Witterung des jeweiligen Jahres, bestimmt; die Auswirkungen des Käferbefalls wechseln damit von Jahr zu Jahr.
Unten rechts (c): Haarpelzbildung (ausgezogene Linien) bei der Grauerle als Reaktion auf Fraßschäden (gestrichelte Linie) im Sommer (Juni J bis September S) durch den Erlenblattkäfer. – Mittel aus 12 stark geschädigten Bäumen: obere, fette Linien; Mittel aus 11 weitgehend verschonten Bäumen: untere, dünne Linien. – Fraßschadensklassen F: 0: 0-2 %, 1: 2-10 %, 2: 10-30 %, 3: 30-50 %, 4: 50-70 %, 5: 70-100 % Blattflächenverlust; H: 4 Klassen (0-3) für die Haarpelzdichte der Grauerlenblätter.

ser Jahreszeit nicht in diese Flachwasserzonen vor (Laichplätze der Hechte oder später der Karauschen sind die offenen Überschwemmungsbereiche), auch räuberische Wasserinsekten (wie Gelbrandkäfer und Rückenschwimmer) werden vom Einflug durch die Erlenkronen abgehalten. So sind gute Lebensbedingungen für effektive Bakterien- und Detritusfiltrierer mit schwachem Feindschutz wie Stechmückenlarven (SCHMIDT in ESCHENHAGEN et al. 1991), später auch Wasserflöhe (SCHMIDT 1988b; vgl. auch JOGER 1981) gegeben. Von ihnen können sich wieder Molche und ihre Larven ernähren. Sie brauchen allerdings etwas submerse Vegetation für die Eiablage (Abb. 77). Aufwuchsfresser sind die Kaulquappen der Erdkröten und Grasfrösche, die schon im zeitigen Frühjahr an besonnten Flachwasserzonen laichen. Der Grasfroschlaich schwimmt oben und erwärmt sich bei Sonnenschein um 10 °C und mehr über die Wassertemperatur, so daß sich die Eier trotz noch niedriger Lufttemperaturen rasch entwickeln können. Die Erdkröten laichen einen Monat später (in NW-Deutschland oft zu Ostern) und wickeln ihre Laichschnüre um Wurzel- bzw. Astwerk oder um Vegetation im Wasser. Diese Amphibien verlassen die Brutgewässer nach der Eiablage und leben dann in dem Feuchtbodenbereich der Erlenzone. Ihre Larven haben ihre Entwicklung bald nach dem Laubaustrieb abgeschlossen, noch ehe die Tümpel ausgetrocknet sind (DREWS 1986, MIEGEL 1981).

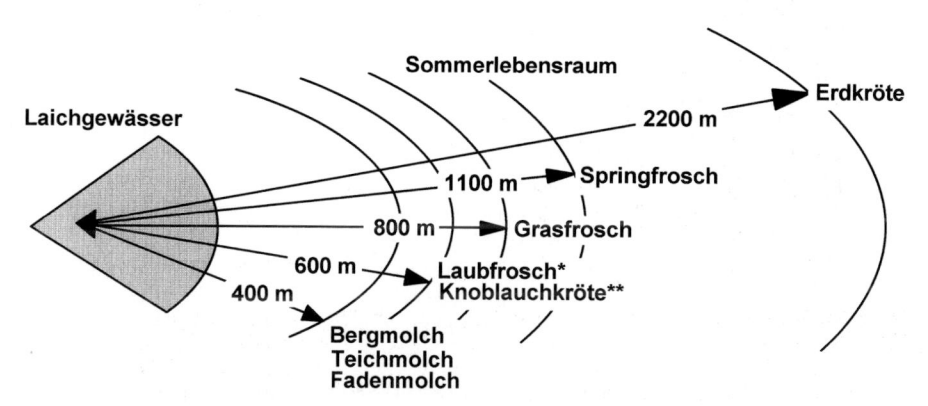

Abb. 16: Größe der Jahreslebensräume bei Amphibienpopulationen (nach BLAB).
**: auf Sandböden; *: am sonnigen, blumenreichen Wald-/Gebüschrand mit Brombeerdickichten, Rosenbüschen o.ä.

Diese Amphibien haben artspezifische Verteilungsmuster im Sommerhalbjahr (Abb. 16) und sind ein Beispiel für Ortstreue zum Laichplatz (BLAB 1986), auch wenn an den ausgedehnten Feuchtufern von Seen oder Flußauen Wasserstand und damit mögliche Laichplätze von Jahr zu Jahr wechseln. Kommen mehrere Froschlurcharten am gleichen Gewässer vor, so sind ihre Laichzeiten oder ihre Habitate getrennt: Die noch nicht laichbereiten Wasserfrösche besetzen z. B. im April besonnte Uferabschnitte, die Grasfrösche laichen in Feuchtpartien der Erlenzone, Springfrösche (sofern vorkommend) bevorzugen die angrenzenden trockeneren Bereiche der Erlenzone.

Nach dem Ablaufen des Hochwassers aus der Erlenzone wird der feuchte Grund mit der nahrhaften Laubschicht ein Eldorado für Laubzersetzer (wie verschiedene Asselarten, Schnecken und Würmer, vgl. HOEBEL-MÄVERS 1970, 1975), von denen dann wiederum Feuchtlufttiere (wie Amphibien) und z. B. Spitzmausarten leben. Sie verbergen sich tags unter dem Laub, gern unter totem Holz, und gehen nachts auf Jagd. Hier ist ein reiches Feld für ökofaunistische Studien (vgl. SCHALLER 1962, TOPP 1981).

3.4.5 Der Unterwuchs und Bodenuntersuchungen

Mit dem Mosaik aus Schlenken und Erhabenheiten, dem Gang der Wasserführung und quelligen Stellen sind vielfältige Vegetationsmuster verbunden (vgl. z. B. WIEGLEB et. al. 1991; zu den Arten z.b. DÜLL & KUTZELNIGG 1994; WENDELBERGER 1986), auf die hier nicht näher eingegangen werden kann. Interessant ist die Erfassung der saisonalen Entwicklungsrhythmen (Symphänologie, vgl. DIERSSEN 1990 sowie DURWEN 1983). Typische Kräuter und Sträucher der Erlenzone (wie Sumpfdotterblume, Sumpfveilchen, Gelbe Schwertlilie, Seggen, Stachel-, Johannisbeere und der Faulbaum), aber auch die Grauweiden und die Erle selbst blühen im „Lichtfenster" vor dem Laubaustrieb der Erlen, lange vor den lichtbedürftigen Hochstauden des Seeufers. Sie sind überdies wintergrün oder treiben bereits im Vorfrühling aus, sofern der Wasserstand dies erlaubt. Bei ihnen finden wir Anpassungen (wie aufgewölbte Spaltöffnungen: Abb. 14), die als typisch für Hygrophyten gelten (SCHORR 1991). Die Erlenzone ist auch reich an Lianen (wie Bittersüßer Nachtschatten, Foto 7, und der Hopfen, ein Apophyt: SUKOPP & KOWARIK 1987; das Reinheitsgebot für das Bierbrauen bedeutete übrigens vor allem, daß nur noch der vergleichsweise harmlose Hopfen als Würze zugelassen und daß die z.T. schwere Rauschzustände erzeugenden Würzen wie Bilsenkraut oder Sumpfporst ausgeschlossen wurden, SEIDEMANN 1993). Als lianenartiger Parasit kann sich der Teufelszwirn, insbesondere die Europäische Seide, über Weiden, Erlen, Hopfen und vor allem über besonnte Brennesseln ziehen (KRAUTER 1989). Der Teufelszwirn blüht wie die anderen Lianen erst später im Jahr (vorzugsweise in Lichtungen).

Die Auswirkung des Faktores „Licht" ist auch an der Krautflora gut abzulesen. So dringen lichtbedürftige Röhrichtarten (wie das Schilf) oder Uferstauden (wie Wasserdost) durchaus in die Erlenzone ein (Abb. 9), bleiben aber, ebenso wie die Himbeere als typische Art der sommertrockenen Bereiche, unter dem beschattenden Kronendach steril und wachsen schlecht. Werden die Erlen dagegen vom Menschen herausgenommen, so entwickeln sich an geschützten Stellen gutwüchsige Schilfröhrichte (vgl. die Schilfrieder am Bodensee). Bei Hochsommermahd (Streunutzung) setzen sich dagegen Seggen- oder blumenreiche Hochstaudenrieder (Foto 7), bei mehrfacher Mahd oder Beweidung (ohne Düngung) z.b. Knabenkrautwiesen (im Bergland eher Schlangenknöterich- oder Trollblumenwiesen) durch. Auf Details kann hier nicht eingegangen werden (vgl. das Ökosystem Wiese: HOFMEISTER in ESCHENHAGEN et al. 1991, TISCHLER 1980).

In Verbindung mit diesen Vegetationsuntersuchungen bieten sich die üblichen Bodenuntersuchungen (z.b. zu Wassergehalt und -kapazität, organischen Anteilen, Chemismus, s. o.) an, die Untersuchungstechnik entspricht bei Sommerniedrigwasser den Walduntersuchungen (s.o. und z.b. BÖHLMANN 1982, DYLLA & KRÄTZNER 1986, MÜLLER & REICHE 1990, RIEDL 1981).

Die Deckung der staudenreichen Erlenzone von Seeufern nutzen gern Rehe, die hier auch ihre Kitze ablegen, und Fasane. – Typische Tagfalter sind das Landkärtchen (mit der braunen Frühjahrs- und der schwarzen Sommergeneration, vgl. KRATOCHWIL 1980), C-Falter, Kleiner Fuchs und Tagpfauenauge, deren Raupen auf Brennesseln (mit artspezifischer Bestandsstruktur und Besonnungsintensität) spezialisiert sind (vgl. ROLOFF 1991), Aurora (Raupe an Schaumkraut), Zitronenfalter (Raupe an Faulbaum) und der Kaisermantel (Raupe z.b. an Sumpfveilchen und Himbeere), während die Auenfalter (wie Schillerfalter und Eisvogel) mit deren Futterpflanzen (wie Espen, Baumweiden) fehlen (Details bei DÖRING 1949, EBERT & RENNWALD 1993, KOCH & HERSCHEL 1953, WEIDEMANN 1986; Beobachtungshinweise bei FEY 1996). Diese Brennesselbestände sind am See einerseits Indikatoren für Eingriffe in das Wasserregime (insbesondere Entwässerungen mit N-Anreicherung durch beschleunigten Abbau), andererseits ruhen und jagen hier zahlreiche Spinnen und Insekten, interessant ist z.b. die Balz mit „Brautgeschenk" bei Tanz- und Skorpionsfliegen (JAKOBS & RENNER 1988, SINDERN et al.1995).

3.5 Röhrichtartenkomposition nach dem Nischenkonzept

3.5.1 Lebensformtyp Röhrichtpflanzen

Der Name „Röhricht" leitet sich von „Rohr", also vom Schilf her (zum Namen „Schilfrohr" s. Vorwort). Eingeschlossen werden Arten wie Teichbinse, Rohr-, Igelkolben (Abb. 21). Der Begriff „Röhricht" kennzeichnet damit den Lebensformtyp von hochwüchsigen, grasartigen Sumpfpflanzen (Helophyten), die den (u.U. wechselfeuchten) Flachwasserbereich (bis in 0,5-2,5 m Sommerwasserstand je nach Art und Standort) besiedeln, aber keine längere vollständige Überflutung der Blätter vertragen. Die Hauptfotosynthesefläche liegt über dem Wasserspiegel, ein gut entwickeltes Aerenchym versorgt die Wurzel und das Rhizom mit Atmungs-O_2. Die emersen/oberirdischen Teile sterben oft im Spätherbst ab, die Pflanzen überdauern den Winter mit den bodennahen Sproßteilen, beim Schilf mit einem ausgedehnten, tief reichenden Rhizom (Abb. 22), dessen Parenchym als Nährstoffspeicher für den Frühjahrsaustrieb dient. Im Hochsommer werden diese Speicher wieder aufgefüllt, im Herbst kommen Nährstoffe aus den absterbenden oberirdischen Trieben hinzu, zugleich werden die Knospen für den Austrieb im nächsten Frühjahr angelegt. Röhrichtpflanzen haben damit eine Nährstoffbindung („turn over") von mindestens 2-3 Jahren und können so eine Eutrophierung des Wassers abpuffern (Tab. 5, Abb. 17). Das wird zur Abwasserklärung ausgenutzt (Abb. 18; KLAPPER 1992, KLEE 1991, SCHUBERT 1991b). Über das Aerenchym im Wurzelwerk tragen die Röhrichtpflanzen wie die Erle Sauerstoff in den Boden ein und begünstigen auch damit den Stoffabbau und das Redoxsystem.

Tab. 5: Reinigungseffekt in russischen (Versuchs-) Sumpfpflanzenkläranlagen (als Infiltrationsteiche mit etwa 2 ha Teichfläche für etwa 4000 m^3 mäßig belastetes Abwasser je Tag; nach KLAPPER).

Stoff	Elimination in %
Ungelöste Stoffe	92-97
o-PO_4^{3-}	97-99
NO_3^-	86-96
NO_2^-	92-99
NH_4^+	81-92
SO_4^{2-}	30-40
Na^+, Ca^{2+}, Mg^{2+}	10-20
Schwermetall-Ionen	60-90
CSV (Chemischer O_2-Verbrauch)	60-80

Bei Röhrichtpflanzen ist (wie bei vielen Helophyten) der Schließmechanismus der Spaltöffnungen reduziert, daher steigt ihre Transpiration an sonnig-heißen Sommertagen weit über die Verdunstung einer freien Wasserfläche an. Am Neusiedlersee beispielsweise betrug die Verdunstung von April bis Oktober insgesamt 950-1100 l je m^2 im geschlossenen Schilfbestand, die Evaporation der offenen Wasserfläche dagegen nur 400-700 l je m^2 (BURIAN in ELLENBERG 1973). In Berlin ergab sich eine jährliche Verdunstung von 1600 l für Wasserschwaden- und von 1300 l für Schilfbestände je m^2 (bei jährlichen Niederschlägen von weniger als 600 l je Jahr und m^2; RODEWALD-RUDESCU 1974). Bei

Landpflanzen muß die Wasserabgabe dagegen unter den jährlichen Niederschlagsmengen bleiben, sie schließen daher die Spaltöffnungen während der Mittagshitze (GESSNER 1959). Für unsere Seen läßt sich als Richtzahl angeben, daß Röhrichte im Jahr etwa die zwei- bis dreifache Niederschlagsmenge ihrer Bestandsfläche verdunsten, also den entsprechenden Zufluß aus dem Umfeld brauchen, und damit auf das Seeklima rückwirken.

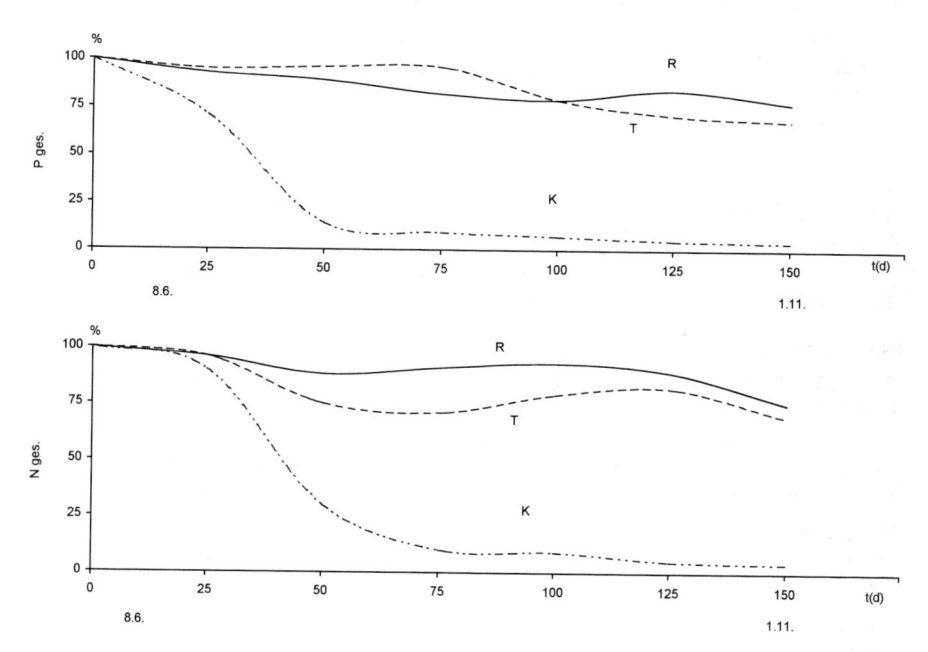

Abb. 17: Nährstoffeliminierung durch Teichbinsen T (gestrichelte Linie) und Rohrglanzgras R (ausgezogene Linie) im Kulturversuch (nach SCHUBERT).
Oben: Gesamt-Phosphor, *unten:* Gesamt-Stickstoff (entsprechend verläuft auch die Eliminierung vom Sulfat). – Nach etwa 3 Wochen ist die Abbaukapazität im makrophytenfreien Kontrollbecken K (punktierte Linie) erschöpft, in den Röhrichtpflanzen-Kulturbecken läuft die Eliminierung fort.

Diese starke Verdunstung bei hoher Sonneneinstrahlung bedeutet auch einen Schutz vor Überhitzung. Bei dieser Verdunstung geht allerdings ein hoher Teil der Strahlungsenergie wieder verloren (am Neusiedlersee z.B. 75 % der Einstrahlung: LÖFFLER 1974), andererseits kann auch die Mittagssonne fotosynthetisch voll genutzt werden. Röhrichtpflanzen können daher voll der Sonne exponierte Standorte optimal besiedeln (vgl. BÖHLMANN 1982). – Im einzelnen sind die Verdunstungsverhältnisse von Röhrichten, damit auch die Erhöhung der Luftfeuchtigkeit im Bestandsinneren über die der freien Seefläche

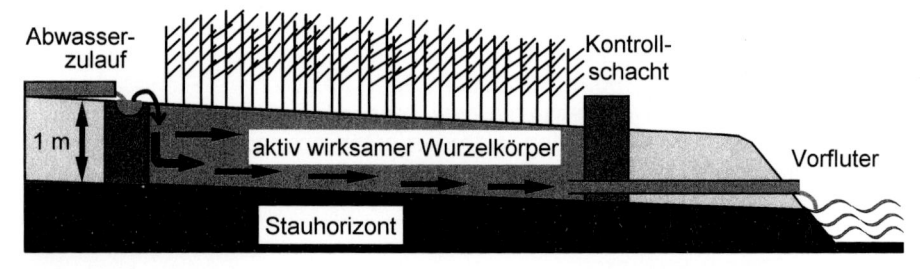

Abb. 18: Funktionsschema einer Röhrichtpflanzen-Wurzelbettkläranlage (nach KLEE).

hinaus, komplex und wechselhaft (z.B. in Abhängigkeit von Bestandsdichte, Windexposition, Wetter, Jahreszeit; vgl. BURIAN in ELLENBERG 1973, LÖFFLER 1974, 1979, RODEWALD-RUDESCU 1974).

Die hohe Sommerverdunstung bewirkt aber auch einen Wassersog zu den Wurzeln, der bis in den Wasserkörper reicht und damit den Wasserreinigungseffekt verstärkt. Das wird technisch für die Austrocknung von Klärschlämmen und für die Wurzelraumfiltration von Abwässern genutzt (Tab. 5, Abb. 17, 18; vgl. FIEBIG 1987, GELLER et al. 1991, HIRTH & SCHÖNBORN 1995, KAISER 1992, KLAPPER 1992, KLEE 1991 RODEWALD-RUDESCU 1974, SEIDEL 1955, 1966; zur Akkumulation z.B. von Schwermetallen vgl. ATRI 1983). Dabei werden auch radioaktive Stoffe aus dem Wasser aufgenommen und in der Pflanze gebunden. Die Anreicherung erfolgt beim Schilf zunächst in den Adventivwurzeln, dem Organ der Stoffaufnahme aus dem Wasser. Die Bindung erreicht 40 % der von Fadenalgen (wie *Ulothrix*), die die beste Bindung im Wasserkörper bewirken sollen (RODEWALD-RUDESCU 1974). Mit seinem tiefreichenden Rhizom ist das Schilf allen anderen Röhrichtarten in der Klärleistung weit überlegen, dabei erhält das Rhizom auch die Durchlässigkeit des Substrates für das zu klärende Abwasser (GELLER et al. 1991):

Die Ökologie von Röhrichtpflanzen kann mit einfachen Versuchen überprüft werden:

a) Gewichtsabnahme abgeschnittener Blätter
Frisch abgeschnittene Blätter verschiedener Land-, Sumpf- und Wasserpflanzen werden alle 10-15 min gewogen. Das jeweilige Gewicht wird als Funktion (Relativwert mit dem Frischgewicht = 100 %) in Abhängigkeit von der Zeit protokolliert: Der Gewichtsverlust entspricht dem Wasserverlust; bei Landpflanzen wird der Verlust nach einer Weile durch das Schließen der Spaltöffnungen gestoppt, bei Sumpf- und Wasserpflanzen mit reduziertem Schließmechanismus nicht (Abb. 17). Dieser Wasserverlust äußert sich auch qualitativ am Welken der Blätter. – Weitere Anleitungen zu Untersuchungen der Verdunstungsphysiologie der Pflanzen finden sich bei STEUBUNG & FANGMEIER (1992; vgl auch BOGENRIEDER 1979, DITTRICH 1982, RENSING et al. 1984).

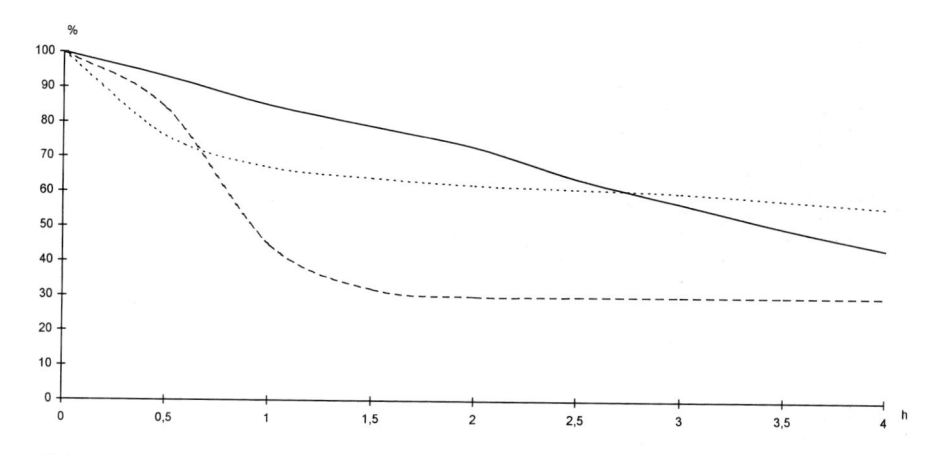

Abb. 19: Gewichtsabnahme trocken liegender Blätter einer Sumpfpflanze, einer Schwimmblattpflanze und einer Landpflanze (nach GESSNER).
Ausgezogene Linie: Froschlöffel, gestrichelte Linie: Schwimmendes Laichkraut, punktierte Linie: Flieder; Gewichtsverlust in % des Ausgangsgewichtes (= 100 %). – Bei den letzten beiden Arten wird die Wasserabgabe nach dem Schließen der Spaltöffnungen stark vermindert, bei der Sumpfpflanze mit unvollkommener Verschlußfähigkeit der Spaltöffnungen nicht.

b) Aquarien-Simulation mit dem Zyperngras

Als Modellart für eine Röhrichtpflanze kann die Zierpflanze Zyperngras (*Cyperus alternifolius*) dienen. Dazu werden diese Pflanzen am besten in Gitterkörbe (für Gartenteichpflanzen) mit Kies als Substrat und Beschwerung gesetzt und in Aquarien o.ä. (Wasserstand etwa 10 cm über Korboberrand) gestellt. Dann braucht man nur einmal in der Woche das Wassers nachzufüllen.

Versuch: Zwei gleiche Aquarien, eines mit Zyperngras, werden an ein Sonnenfenster gestellt, gleich hoch mit Wasser gefüllt, der Wasserstand außen markiert, das Absinken morgens und abends etwa eine Woche lang notiert (ggf. gleiche Wassermengen nachfüllen, damit der Zyperngraskorb immer unter Wasser bleibt!); Besonnung registrieren. – Ergebnis: Nachts und an Trübwettertagen ist der Wasserverlust, also die Verdunstung/Transpiration, mit und ohne Zyperngraspflanze etwa gleich hoch, an Sonnentagen verbraucht das Zyperngras 1-2 l Wasser mehr.

Dieser Versuch läßt sich für den Hausgebrauch gegen die trockene Zimmerluft im Winterhalbjahr anwenden: Zyperngräser sind im Vergleich zu technischen Geräten ideale und dekorative Raumbefeuchter sowohl wegen ihrer biologisch angenehmen Verdunstungsweise als auch durch die optimale Steuerung mit „alternativer Energienutzung". Die Haltung ist pflegeleicht, wenn ein größerer Übertopf als Wasserspeicher benutzt wird; es ist dann nur 1-2 mal je Woche ein Eimer Wasser nachzufüllen, gelegentlich zu düngen. – Im Sommer kann das Zyperngras im Zimmer zu tropischer Schwüle führen (wieso im Sommer und nicht im Winter? Zimmerluft als Modell für Mikroklima) und ist dann besser im Freien (als attraktives Grün auf dem Balkon oder im Gartenteich) aufzustellen.

c) Nährstoffeliminierung durch Röhrichtpflanzen

Die Nährstoffeliminierung aus dem Wasser durch Röhrichtpflanzen ist ebenfalls einfach in einer Aquariensimulation nachzuweisen. Als Zeichen für Eutrophierung wird dabei (im Sinne der gängigen Definition) eine Hyperproduktion in Form einer Wasserblüte in einem Fischbecken gewählt:

Ansatz wie unter b, die Zyperngraspflanze sollte mit den Außenwurzeln in das Wasser ragen. Beide Becken werden mit je 1 l Parkteichwasser geimpft und gleichermaßen in der einen Aquarienhälfte (mit Aquarienleuchte) Dauerlicht (aber ohne Belüftung oder gar Filter!) exponiert. In jedes Becken werden 2-3 (Gold-)Fische eingesetzt, die Fische werden nach Bedarf (in beiden Becken gleich) gefüttert. Als weitere Kontrolle ist ein Becken ohne Fische und ohne Zyperngras, ebenfalls geimpft und mit Futter bestreut, anzusetzen (Abb. 20).

Ergebnis: Im Fischbecken ohne Zyperngras entwickelt sich innerhalb von 2 Wochen eine grüne Wasserblüte, im Zyperngrasbecken nicht; auch in dem Kontrollbecken bleibt das Wasser klar, auf den Futterflocken kann sich ein blaugrüner Überzug von mikroskopisch kleinen Schwingfadenalgen (Cyanobakterien *Oscillatoria*) bilden, sie wimmeln in jedem Falle von Ciliaten.

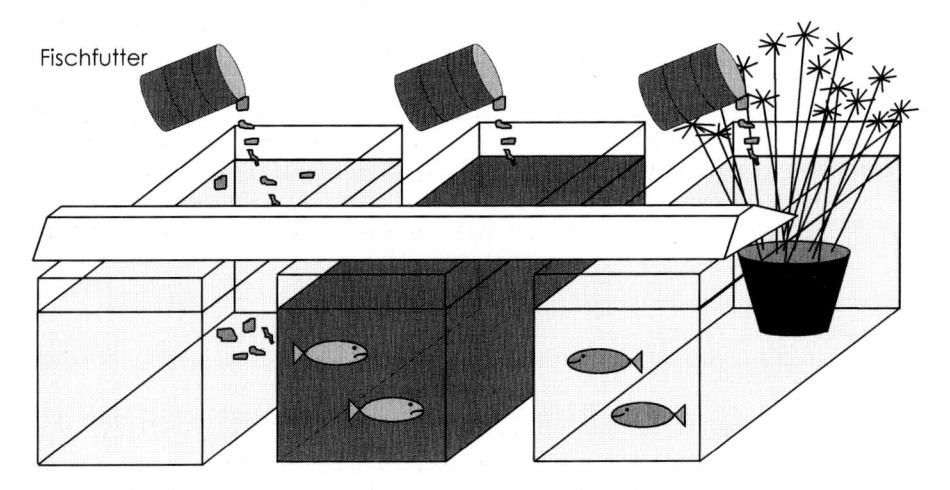

Abb. 20: Versuchsaufbau zur Simulation der Nährstoffbindung im Aquarium mit Zyperngras in einem Zeitraum von 10-14 Tagen. In den Aquarien mit Fischen wird das Fischfutter über die Ausscheidungen der Fische zu Pflanzendünger umgesetzt. Diese Düngung wird rechts vom Zyperngras genutzt und damit aus dem Wasser entfernt, ohne Zyperngras führt sie zu einer dichten Wasserblüte; links Kontrolle ohne Fische, aber mit Fischfutter: hier bleiben die Nährstoffe in den Futterflocken gebunden, an diesen Flocken kommen Ciliaten zur Massenvermehrung, manchmal auch Schwingfadenalgen (*Oscillatorien*: Blaugrüner Überzug der Futterflocken), sie transportieren ihre Ausscheidungen aber nicht in das freie Wasser, so daß sich (vorerst) keine Wasserblüte entwickeln kann.

Deutung: Der Nährstoffverbrauch durch das Zyperngras entzieht dem Wasserkörper die Nährstoffbasis für eine Wasserblüte, die Düngung über die Fütterung der Fische wird damit abgefangen (GERHARDT-DIRCKSEN & SCHMIDT 1991). Der Versuch spiegelt die alte Aquarianer-Erfahrung wider, daß eine Bepflanzung bei mäßigem Fischbesatz eine Wasseraufbereitung (wie Filterung) überflüssig macht. Beim Kontrollversuch bleiben die Nährstoffe in den Futterbrocken bzw. den darauf lebenden Mikroorganismen gebunden, sie erreichen daher das freie Wasser nicht, eine Wasserblüte kann sich auch hier nicht entwickeln. Die Versuche belegen die Rolle der Fische für die Beschleunigung des Kreislaufes der Stoffe im freien Wasser durch Kurzschluß in Verbindung mit der Umschichtung von Makrophyten, die Nährstoffe speichern und damit Eutrophierung abpuffern, zu Planktonalgen, die durch die rasche Nährstofffreisetzung einen Eutrophierungseffekt steigern (vgl. SCHMIDT 1992b und in SCHUHMACHER & THIESMEIER 1991). Das entspricht der Alltagserfahrung mit Wasserblüten am schwach bepflanzten Gartenteich bei Fischbesatz; bei schwedischen Seen konnte ein natürliches Kippen zwischen beiden Zuständen nachgewiesen werden (BLINDOW et al. 1993).

Röhrichte bilden den Lebensraum für eine spezifische Vogel- und Kleinlebewelt, auch für Jungfische. Ihre Wasserreinigungskapazität wird durch den Aufwuchs verstärkt (Kap. 3.13). Sie bieten einen guten Uferschutz, wie an der Erosion in Röhrichtlücken einfach zu beobachten ist.

Dabei bestehen je nach Röhrichtart, Bestandsausdehnung und Wüchsigkeit große Unterschiede. Der Lebensformtyp „Röhrichtpflanzen" ist also noch zu differenzieren. Die entsprechenden Unterschiede im ökologischen Potential und damit in dem unterschiedlichen Durchsetzungsvermögen machen das Röhricht zu einem guten Beispiel für die Wirkung von Konkurrenz bei verschiedenen Schlüsselfaktoren, d. h. verschiedenen Konstellationen der ökologischen Nischen.

3.5.2 Röhrichtartentypen

Am ungestörten Flachufer eutropher Seen dominiert das Schilf im Röhricht (als Wasserschilf meistens in Reinbeständen), bei Nutzungseinflüssen wird es in der Regel durch andere Arten ersetzt (s. o.). Diese sind von ihrer Wuchsform, Anatomie und Physiologie vom Schilf völlig verschieden und lassen sich wieder in den (±) rundstengeligen Binsentyp (Teich-, Blumenbinse) und den flachblättrigen Typ mit dem hochwüchsigen Rohrkolben- und dem kleinwüchsigen Igelkolbentyp (Ästiger Igelkolben, Kalmus, Wasserschwaden; Abb. 21) sowie den (zu Großseggen überleitenden) Schneidentyp gliedern. Verzichtet wird dabei auf die Einordnung der Sumpfschwertlilie, die morphologisch dem Igelkolbentyp entspricht, aber weniger weit in das Wasser vordringen kann, jedoch Beschattung besser verträgt, und damit anders als die genannten Arten ihren typischen Standort in der feuchten Erlenzone hat.

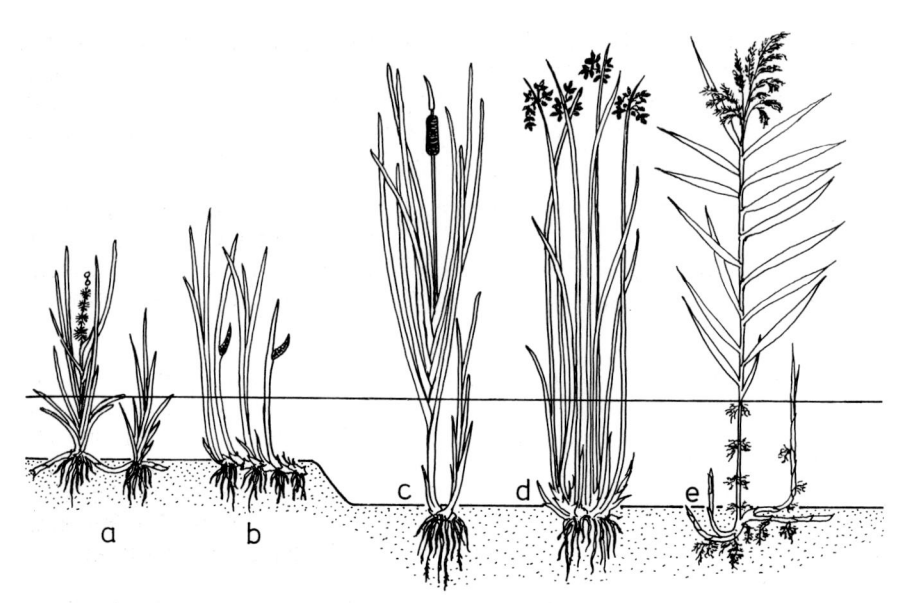

Abb. 21: Habitus typischer Röhrichtarten (nach Bursche, Rodewald-Rudescu). a) Igelkolben, b) Kalmus, c) Rohrkolben, d) Teichbinse, e) Schilf.

Das **Schilf** hat breite, im Sommer etwa waagerecht stehende Überwasserblätter (Fotos 2,3,8), die ein (längeres) Untertauchen nicht vertragen und vor Regenwasser durch eine dicke Wachsschicht geschützt sind. Sie stehen an einem stabilen Stengel vom Grashalmtyp, der durch die Blattscheiden zusätzlich verstärkt wird (Abb. 21). Der innen hohle Stengel („Rohr") hat durch Sklerenchym- und verholzte Leitbündelringe eine hohe Biegungsfestigkeit (Tab. 6; Abb. bei Rodewald-Rudescu 1974). Er kann damit trotz Spitzenlast durch das Blattwerk sowohl Wellenschlag als auch Winddruck optimal abfangen. Dank besonderer Gelenke drehen sich überdies die Blätter in den Wind, sehen im Sturm wie gekämmt aus. Bei Überflutung im Wasserstrom wird allerdings die Stabilitätsgrenze überschritten, der Halm bricht. Schilf fehlt daher von Natur aus an Fließgewässern mit hohen Wasserstandsschwankungen.

Beim **Binsentyp** sind die vertikal stehenden Blätter und Blütenstengel morphologisch gleich und von einem lockeren Mark erfüllt. Der äußere Ring wird durch Bastfaserbündel verstärkt, die Leitbündel liegen locker im Rindenparenchym (Abb. bei Eschenhagen et al. 1991, Napp-Zinn 1973, Nultsch & Rüffer 1993, Schorr 1991). Der submerse Teil ist ebenfalls zur Fotosynthese fähig, jedoch ist die Effektivität (wegen der um den Faktor 10^4 geringeren Diffusionsgeschwindigkeit des CO_2) viel geringer als in der Luft. Eine Überflutungsgrenze ist daher morphologisch nicht ausgeprägt (Modellpflanze ist das Zyperngras).

Beim **Rohrkolben** ist der Bau der Blätter im Prinzip ähnlich, sie sind jedoch abgeflacht und durch Querstege versteift. Im Wind bieten sie wie die Binsen weniger Angriffsfläche als das Schilf, biegen sich stärker. Unter Belastung knicken sie eher, brechen aber nicht. Die Blüten stehen auf gesonderten, drehrunden Stengeln in kolbenartigen Ständen (Rohr-„Kolben").

Der **Igelkolbentyp** entspricht im Blattbau (Foto 6) dem Rohrkolbentyp, kann jedoch bei der geringen Größe nur bis zu einer Wassertiefe von etwa $1/2$ m vordringen und muß dann den höherwüchsigen Typen das Feld überlassen.
(Als Modellpflanze kann die Aquarienpflanze *Acorus gramineus* gewählt werden [JURŠAK 1995]).

Der **Schneidentyp** entspricht vom Bau her mehr den Seggen und ist auf kalkhaltige, nährstoffarme Quellwasserbereiche beschränkt; die starke Bewehrung der Blätter mit Kieselsäurezähnchen kann als Fraßschutz an den Standorten gedeutet werden, an denen infolge des Nährstoffmangels ein Ersatz abgefressener Blätter schwer möglich ist. So kann sich die Schneide (wasserseitig von der Erlenzone) dort gegenüber den anderen Röhrichtarten durchsetzen, die Krautflora durch ihre eigene Mächtigkeit unterdrücken.

Die unterschiedliche Belastbarkeit von Schilf und Binsen-/Rohrkolbentyp ist mit einem einfachen Versuch zu prüfen:

Man wählt gleichstarke Stengelstücke (20-30 cm lang, 0.5 cm dick) vom Schilf (Internodium) und Zyperngras (oder Binse), befestigt den Teststengel an den Enden mit Tesaband auf einer Glasplatte (sofern nicht ein Helfer die Enden festhält), zieht mit einer Federwaage (10 p) in der Stengelmitte und notiert die Reaktion bei steigender Belastung. Registriert werden das Ausmaß der Verformung, die Elastizität bei der Verformung und die Reaktion auf Überlast (Tab. 6; vgl. auch AUSTENFELD & HESSE 1989, SCHMIDT in ESCHENHAGEN et al. 1991). Der Versuch läßt sich auch auf dem Overhead-Projektor vorführen.

Dieser unterschiedlichen Belastbarkeit entspricht auch die jeweilige Nutzung durch den Menschen: Binsenstengel werden für Flechtwerke (wie Körbe) eingesetzt („Flechtbinse", vgl. SEIDEL 1955), auch zum Bau von Booten (wie bei den Anden-Indianern auf dem Titikakasee oder die Papyrus-Boote im alten Ägypten und auf dem Tschadsee), das Schilf wird zu stabilen Matten und Dächern verarbeitet.

Den Unterschieden im oberirdischen Sproß entsprechen auch Unterschiede in der Bewurzelung, in der Rhizomausbildung und in der Form der Ausläuferbildung:
Schilf hat keine eigentlichen Wurzeln, sondern bildet an den Knoten Büschel von Adventivwurzeln. Das erfolgt an den submersen Stengelteilen oberhalb des Bodens vor allem in nährstoffreichem Wasser. Dadurch kann das Schilf das Stoffangebot des Wassers gut nutzen (vgl. Tab. 5 und die Aufnah-

me radioaktiven Cäsiums: RODEWALD-RUDESCU 1974). Den Boden durchzieht es mit einem dichten Rhizomgeflecht, das je nach Wasserstand bis zu 1,5 m tief reichen kann. Die anderen Röhrichtarten haben dagegen nur einen flachen Wurzelschopf (Abb. 22; vgl. RODEWALD-RUDESCU 1974).

Tab. 6: Belastungsproben von Röhrichtpflanzen (aus SCHMIDT in ESCHENHAGEN et al. 1991).

Belastung [Newton]	Schilfhalm (ersatzweise Roggen-, Weizenhalm) Verformung [cm]	Elastizität	Binsen-, Zyperngrasstengel Verformung [cm]	Elastizität
0,5 N	0,5 cm	voll	1 cm	+
1 N	1 cm	voll	2 cm, dann Knick	Elastizität entfällt
2 N	1,5 cm	voll	dito	entfällt
3 N	2 cm	voll	dito	dito
4 N	2,5 cm	voll	dito	dito
5 N	3 cm	voll	dito	dito
6 N	3,5 cm	voll	dito	dito
7 N	Bruch	entfällt	dito	dito

Alle Röhrichtarten können sich über Ausläufer vegetativ ausbreiten. Die Reichweite ist bei der Teichbinse recht gering, aus Initialpflanzen entstehen daher Horste. Das Schilf kann dagegen neben längeren unterirdischen Ausläufern auch oberirdisch „Leghalme" bilden, die über 10 m lang sein können. Aus den Knoten sprießen zum Boden hin Wurzeln, nach oben Halme (Abb. 22). Damit ist es in seinem vegetativen Ausbreitungspotential unübertroffen.

Die generative Ausbreitung ist dagegen ein Schwachpunkt aller Röhrichtarten: Die Samen keimen nur an besonnten, offenen Ufersäumen, die mit dem Wind oder als Treibgut erreicht werden können. Solche Stellen entstehen durch Störungen, die aber während der Keimung störungsfrei bleiben müssen. Ausgehend von diesen Keimstellen können dann Bereiche mit ungünstigen Keimbedingungen vegetativ besiedelt werden.

Der Breitblättrige Rohrkolben kann mit Flugsamen auf dem Luftweg trockenfallende, offene Schlammflächen erreichen und sie (wie bei einer Graseinsaat) sogleich flächendeckend begrünen und mit einem dichten Bestand überziehen. Das ist typisch für wechselfeuchte Moorkolke.

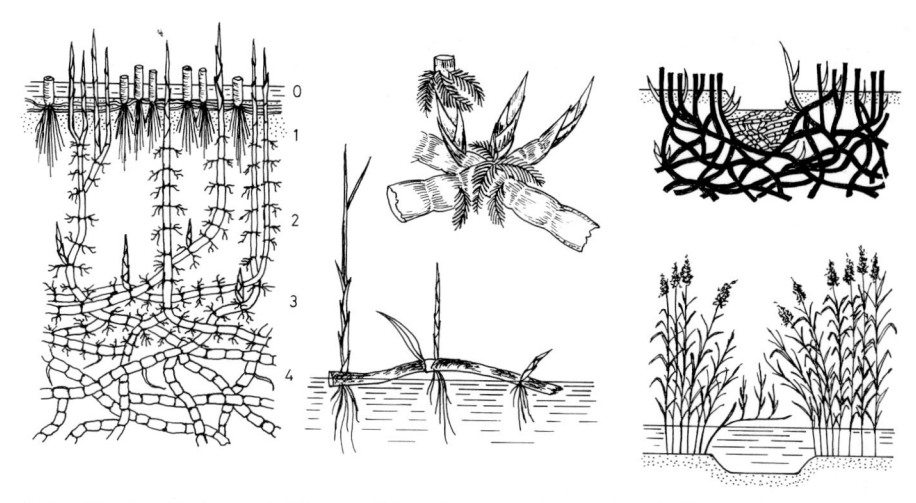

Abb. 22: Ausläufer und Rhizom-Wurzelraumstruktur beim Schilf (nach RODEWALD-RUDESCU).
Links: Rhizom-Wurzelraum beim Wasserschilf im flacheren Wasser (0) im Vergleich zum Rohrkolben (1: Wurzelraum vom Rohrkolben, ~0,2 m tief; 2: Bereich der vertikalen, ± stark bewurzelten weißen Rhizome mit Halmknospen, bis in ~0,6 m Tiefe; 3: Bereich des ± horizontalen, stark bewurzelten weißen Rhizomgeflechts, mit Halmknospen, etwa zwischen 0,6 und 1 m Tiefe; 4: Bereich des tiefen, horizontalen, schwach bewurzelten gelblich-braunen Rhizomgeflechts: Speicher für Luft und Reservestoffe, in ~ 1-1$^1/_2$ m Tiefe).
Mitte unten: Leghalm mit Adventivwurzeln und Halmaustrieb an den Knoten, *oben:* Halmaustrieb vergrößert.
Rechts: Schilfrhizom-Schädigung in einer Fahrspur im Schilfried (*oben* nach dem Ereignis bei winterlichem Niedrigwasser, abgestorbene Rhizomteile hell, intakt gebliebene schwarz, *unten* Regeneration im nächsten Frühjahr: die Fahrspur wird von Halmaustrieben und Leghalmen aus den intakt gebliebenen Rhizomen am Fahrspurrand überdeckt.

3.5.3 Nischenfaktoren des Schilfs

Lichtausnutzung/Beschattung
Die Ökologie des Schilfes ist bei LÖFFLER (1979), OSTENDORP (1993) und RODE-WALD-RUDESCU (1974) zusammengestellt. Es hat mit seinen (im Sommer) quer abstehenden, breiten Blättern eine hohe Lichtausnutzung (Abb. 21). Die Blätter stehen überdies in mehreren Etagen, so daß der Untergrund bis zu sechsfach abgedeckt ist (6 m^2 Blattfläche über 1 m^2 Schilfbestandsfläche). Damit ergeben sich ein spezifisches Mikroklima (u.a. mit erhöhter Luftfeuchtigkeit) und eine extreme Beschattung der Wasserfläche, die mit 98 % Lichtabsorption

(durchschnittlich 90 %: GESSNER 1959) dichten Buchenbeständen entspricht. Die oberen Blätter haben damit andere Fotosynthesebedingungen als die unteren. Dabei liegt das Optimum (gekoppelt mit der Transpirationsrate) in dem mittleren Stengelbereich (im voll der Sonne exponierten oberen Drittel mit kurzen Internodien und den kleinflächigen Spitzenblättern nur 40 %, im schattigen unteren Drittel mit den zerschleißenden alten Blättern nur noch 20 % der Fotosyntheseleistung des mittleren Stengeldrittels: BURIAN in ELLENBERG 1973). Das Temperaturoptimum für die Fotosyntheserate liegt im Mai bei 10-20 °C, es weitet sich dann zum Juli hin auf den Bereich von 10-30 °C aus. Im einzelnen sind die Bedingungen schon in ein und demselben Schilfbestand (je nach Wüchsigkeit) sehr unterschiedlich.

Das Schilf unterdrückt bei voller Wüchsigkeit alle anderen Röhrichtarten im Flachwasser durch seine Beschattung, es setzt sich daher gegen sie durch. Das wird noch durch die höhere vegetative Ausbreitungskapazität (z.B. mit den weit reichenden Leghalmen) begünstigt.

Das Schilf selbst ist gegen Beschattung im Flachwasser empfindlich und kümmert unter überhängenden Uferbäumen (Abb. 11). Das gilt aber ähnlich auch für die anderen Röhrichtarten (s. o.). Diese Lichtbedürftigkeit könnte mit der thermo-osmotischen Beschleunigung der Durchlüftung des tiefreichenden submersen Rhizoms und Wurzelsystems zusammenhängen (vgl. die Erle, Kap. 3.4.1).

Unter ungünstigen Wuchsbedingungen bleibt das Schilf niedrig und licht und hat dann einen reichen Unterwuchs, auch an der Wasserlinie ist das Schilf oft mit Uferstauden (wie Wasserdost oder Gilbweiderich) durchsetzt (Abb. 7, 9, 11). Am Neusiedler See ist der Wasserschlauch, eine wurzellose Schwebepflanze, ein typischer Begleiter in den Auflichtungen der ausgedehnten Schilfröhrichte (BURIAN in ELLENBERG 1973, LÖFFLER 1974, 1979).

Wurzelraumkonkurrenz und Trockenresistenz
Das dichte Rhizomgeflecht des Schilfes versiegelt den Untergrund im Flachwasser für die anderen Röhrichtarten (Abb. 22), so ergeben sich die dortigen Monobestände. Bei geringem Wasserstand und Abtrocknung des Bodens wachsen die Rhizome des Schilfes weiter nach unten und können 1,5 m tief reichen. Schilf kann also scheinbar trockene Böden noch besiedeln, wenn Wasser in 1-1,5 m Tiefe ansteht. Zugleich vermindert sich damit die Konkurrenz im Wurzelraum für Flachwurzler (wie die o.g. Uferstauden), das erklärt den dortigen Artenreichtum (Abb. 7, 9).

Bei Wasserrückgang besteht für die anderen, flacher wurzelnden Röhrichtarten die Gefahr von Wassermangel, während das Schilf den Wasserhorizont erreicht. So ist das Schilf auch in sommertrockenen, gehölzarmen Uferbereichen (ohne Mahd) anderen Röhrichtarten überlegen (Beispiel: Schilfrieder am Bodensee), dort aber ebenfalls mit Uferstauden durchsetzt (vgl. LÖFFLER 1979).

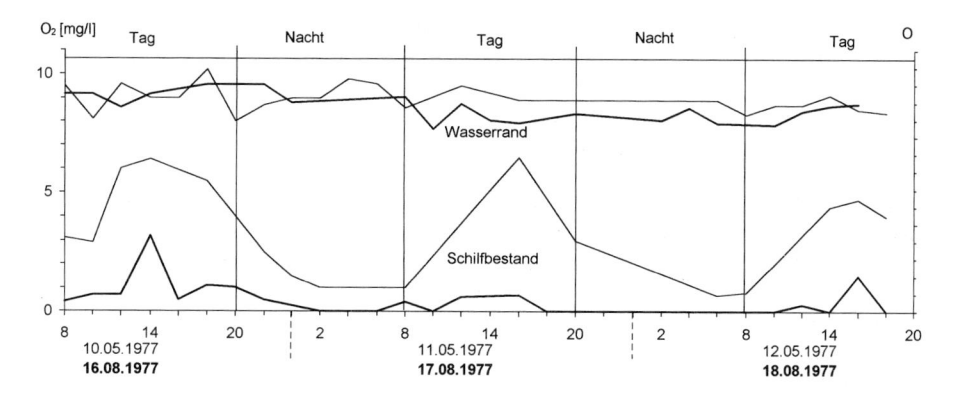

Abb. 23: O_2-Zehrung im Wasser inmitten eines Schilfbestandes im Vergleich zum Randbereich (Wasserrand), also zum offenen Wasser hin, am Neusiedler See im Verlauf von 2½ Tagen im Mai (dünne Linien) und im August (dicke Linien, nach LÖFFLER). – Das Wasser am Schilfrand ist durch den Wellenschlag durchgehend O_2-reich, inmitten des Schilfbestandes wird das O_2 nachts praktisch aufgezehrt; im Mai, wenn sich die Blätter des Schilfs entfalten, regeneriert sich das O_2-Defizit tags durch submerse Fotosynthese, im August, wenn das Schilf das Wasser stark beschattet, kaum noch.

Bestandsabfall

Die Röhrichte haben eine hohe jährliche Produktion an Blatt- und Stengelmasse, die zum Herbst hin abstirbt. In windstillen Flachwasserbereichen sammelt sich dieser Bestandsabfall im Röhricht und füllt den Grund mit dem faulenden Substrat an (Abb. 8, 24; OSTENDORP 1992). Blätter und Stengel vom Schilf sind kieselsäurereich und stark verholzt, sie verrotten schwerer als die anderer Röhrichtarten (wie Rohrkolben). Unter dichten Schilfbeständen ergeben sich Sauerstoffzehrungen (Abb. 23), der Abbau ist damit weithin anaerob und wenig effektiv. So entsteht eine Faulschicht mit Schwefelwasserstoffbildung. Diesem Milieu ist das tiefreichende Schilfrhizom nicht gewachsen (LÖFFLER 1974, 1979, RODEWALD-RUDESCU 1974). Entscheidend ist dabei das Winterhalbjahr und die Zeit des Austriebs, wenn der Sauerstoffbedarf noch nicht durch die Fotosynthese und die Ventilation mit der Luft abgedeckt werden kann. Flachwurzler mit oben liegendem Rhizom sind dann im Vorteil. Besonders gut angepaßt ist der Breitblättrige Rohrkolben, der auf submersen Faulschlammböden (wie in Moorweihern und an Schlammuferstellen von Seen) das Schilf ablöst (zur Wechselwirkung mit dem Aufwuchs beim Abbau vgl. NEELY 1994).

In den großen Schilfbeständen des Neusiedler Sees entstehen so inselartige Auflichtungen, in denen der Rohrkolben aufkommt, bis der Abbau des Bestandsabfalls so weit fortgeschritten ist, daß das Schilf wieder gedeihen kann. Dann überwuchert es die Rohrkolbenbestände, der frühere Schilfreinbestand stellt sich rasch wieder ein. Diese Röhrichte sind damit ein aktuelles

Beispiel für die Mosaik-Zyklus-Theorie (MOTTER & RIPL 1991, WILMANNS 1993; zum Naturvorbild von Wäldern vgl. REMMERT 1992; zum Einfluß des Bibers: REMMERT 1987).

Beim Neusiedler See können die Schilflücken allerdings auch durch menschliche Eingriffe (wie falsche Mahd) gefördert oder sogar verursacht werden (LÖFFLER 1979, s.u.); beim Bodensee-Untersee bestimmen Jahre mit extremem Frühsommer-Hochwasser (ungewöhnlich hohe Wasserstände als Schadfaktor, ungewöhnlich niedrige als Regenerationsphasen: OSTENDORP 1990) die natürliche Röhrichtentwicklung. So ist eine Kausalanalyse erschwert.

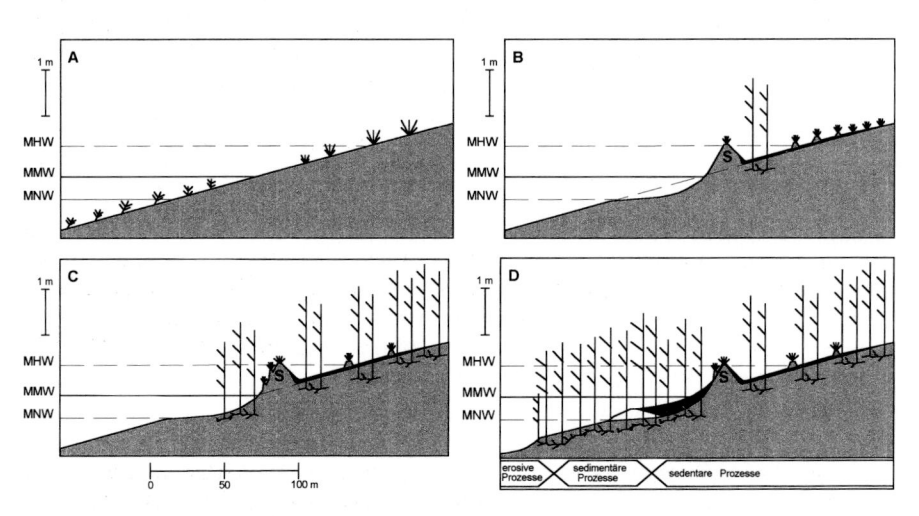

Abb. 24: Modell der Uferbesiedlung des Bodensee-Untersees mit Röhrichten und der Bildung röhrichtspezifischer Sedimente (nach OSTENDORP).
A) In der Frühzeit hatte der See ein gleichmäßig geneigtes, spärlich mit Armleuchteralgen bewachsenes, röhrichtfreies Ufer aus zerbröckelndem „Schnecklisandmaterial" ohne organische Sedimente. – B) In jüngerer Zeit senkte sich der Seespiegel, die Brandung türmte aus den (spezifisch leichten) „Schnegglisandmaterialien" einen Strandwall auf, hinter dem landseitig Schilf- und Seggenrieder Torf bildeten. – C) In den Riedern verdichtete sich das Schilf, es drang seeseitig über den Strandwall hinaus, die Brandung und rasche Mineralisierung verhinderten dort organische Sedimente (am Obersee nicht mehr um die Jahrhundertwende, am Untersee noch vereinzelt an naturnahen Ufern bis in die 80er Jahre). – D) Bis zur Mitte dieses Jahrhunderts dehnten sich die seeseitigen Röhrichte aus, sie wurden dichter, zum Strandwall hin war der Brandungseinfluß gebrochen, der zunehmende Bestandsanfall konnte sich nur noch schwach zersetzen, zum See hin wurden diese Schilftorf- bzw. Schilfhumussedimente von Kalkgyttja (u.ä.) durchsetzt und abgelöst, am Wasserrand des Röhrichts verhindert die Erosion durch den Wellenschlag jede Sedimentation. – MHW: mittleres Hochwasser, MNW: mittleres Niedrigwasser.

Zu Torfbildungen gemäß dem üblichen Verlandungsschema (Abb. 8) kommt es eher unter Landschilfbeständen auf Sumpf-/Riedböden mit stark verminderter Abbauleistung (wie in den Bodenseeriedern: OSTENDORP 1992), auch z.B. hinter dem Strandwall der seenartigen Unterhavel in Berlin (SUKOPP in BAYR. AKAD. WISS. 1991).

An den größeren Seen mit windexponierten Ufern und begrenzten Wuchsbereichen für das Röhricht kann sich der Bestandsabfall in dem Röhricht nicht nennenswert ablagern. Die emersen Teile werden zumeist von den Frühjahrsstürmen umgebrochen, an das Ufer getrieben und dort zu einem Spülsaum aufgetürmt. Beim Schilf sind es in der Regel die Halme aus dem Vorvorjahr (wenn nicht durch Eisgang schon die letztjährigen Halme „abgemäht" wurden), bei den übrigen Arten die aus dem Vorjahr. Dieser Wall aus den toten Halmen erstickt das Schilf, wird aber im Laufe des Sommers von Uferstauden (auch von Brennesseln) besiedelt, bis diese Schneise mit zunehmender Zersetzung wieder vom Schilf durchdrungen werden kann. Abgesunkene tote Pflanzenteile werden dagegen von den Herbst- und Frühjahrsstürmen in feine Teile zerschlagen und in die Seetiefe verdriftet. Damit bleibt die Röhrichtzone hier weitgehend frei vom Bestandsabfall, die Mosaik-Zyklus-Theorie entfällt. Das gleiche gilt, wenn der Bestandsabfall durch Mähen über dem Eis alljährlich (z.B. bei Schilfnutzung für Matten oder Zellulosegewinnung: RODEWALD-RUDESCU 1974) entfernt wird. So sind für diesen Nischenfaktor benachbarte Uferabschnitte sehr unterschiedlich zu bewerten.

Wellenschlag und Eisgang

Wellenschlag verträgt das Schilf auf Grund seiner Halmstruktur besser als jede andere (Süßwasser-) Röhrichtart (vgl. HIRSCH et al. 1965 zu Schilf als Kanalböschungsschutz); diese mechanische Belastung verringert aber die besiedelbare Tiefe (auf 0,3-1 m). Am Brandungsufer großer Seen ist der Untergrund jedoch oft verfestigt oder steinig und nährstoffarm, damit ungünstig für das Schilfwachstum. So sind die Bestände hier schon von Natur aus licht (Abb. 11) und können mit konkurrenzschwachen, oligotraphenten Strandling-Rasen (eventuell sogar mit der Lobelie) an der Mittelwasserlinie durchsetzt sein (typisch für nährstoffärmere Geestseen in Norddeutschland, verbreitet in Skandinavien und Großbritannien sowie an den Voralpenseen wie Chiemsee und Bodensee).

Wellenschlag durch Motorboote wirkt sehr unterschiedlich. Kleine langsame Sportboote erzeugen Oberflächenwellen, die intakte Schilfbestände gut abfangen. Bei schnellen Sportbooten, die am Röhrichtrand entlangflitzen, entsteht ein brandungsähnlicher Seegang mit hoher Erosion, deren Wirkung in Röhrichtbuchten noch verstärkt wird. Große, tiefliegende Lastkähne stauen das Wasser vor dem Kahn auf und ziehen dann massive, gegenläufige Scherströmungen mit sich. Damit können (wie auch bei den „Flitzern") unter ungünstigen Gewässerbedingungen (wie bei ufernaher Fahrrinne) die Schilfrhizome freigespült und sogar herausgerissen werden. Auf jeden Fall verringert sich damit (ähnlich wie beim natürlichen Brandungsufer) die vom Schilf besiedelbare Tiefe, es erhöht sich die Empfindlichkeit gegen Vertritt und direktes Befahren bis in die Flachwasserstellen hinauf. Kalmus kann sich hier dann besser durchsetzen (wie an der Berliner Havel und dem Tegeler See: Sukopp in Bayr. Akad. Wiss. 1991). Schiffahrtskanäle sind (im Vergleich mit stillgelegten Abschnitten, den „Alten Fahrten" wie am Dortmund-Ems-Kanal im Raum Lüdinghausen/Westmünsterland) Lehrbeispiele dafür: Röhrichte sind (anders als früher: Hirsch et al. 1965) auf die Uferböschung oberhalb der Wasserlinie beschränkt, das Schilf ist dabei an Vertrittstellen durch Kalmus oder Rohrglanzgras ersetzt.

An kontinentalen Seen mit starker Eisbildung kommt es zu Treibeis-Spülsäumen, die bei winterlichem Niedrigwasser die Schilfrhizome zerstören und damit Schilfröhrichte ausschalten (Löffler 1974, 1979). Allerdings ist die Zuordnung zu diesem Faktor oft dadurch erschwert, daß an diesen Ufern auch Frostwirkung auf die Pflanzen bzw. sommerliche Trittbelastung (s.u.) die winterliche Wind-/Eiswirkung verstärken oder überlagern kann.

Vertritt

Uferpflanzen sind wegen ihres Aerenchyms empfindlich gegen mechanische Einwirkungen, die mit dem Vertritt durch große Haustiere oder mit Ufernutzungen durch den Menschen verbunden sind. In einzelnen ergeben sich Unterschiede je nach Untergrund, Wasserführung, Vegetations- und Belastungstyp, die an der Vegetationsänderung ablesbar sind (Hirsch et al. 1965, Pfadenhauer in Weisser & Kohler 1990, Pfadenhauer et al. 1985; vgl. auch Abb. 9, 10, 12 und Fotos 3-5). Generell läßt sich feststellen:

Trifft Vertritt die Pflanze selbst, so bricht der Schilfhalm ab, während die anderen Röhrichtarten dank ihres anderen Festigungssystems (Bastfaserbündel statt Holzzylinder) nur abknicken (Tab. 6). Beim Schilf wird damit die unerläßliche Sauerstoffversorgung des Rhizoms unterbrochen, bei den anderen Röhrichtarten nur eingeschränkt. Im Gegensatz zu den anderen Röhrichtarten leidet das Schilf auch bei scheinbar schonendem Vertritt in Pflanzennähe, denn auch hier ist der Boden vom empfindlichen Schilfrhizomgeflecht durchzogen. Beim Wasserschilf und in Riedern liegt es nahe der Bodenoberfläche und wird beim Begehen oder Befahren zerdrückt (Abb. 22). Rinder und Pferde haben mit der hohen Flächenlast ihrer Hufe eine stärkere Wirkung als Schafe (die auch nicht so tief in das Wasser gehen), vor Viehkoppeln mit freiem Zugang zum Wasser wird das Schilf daher am Seeufer allein durch den Vertritt rasch durch Teichbinse (Abb. 12, Fotos 3-5) oder Schmalblättrigen Rohrkolben, im Brackwasserbereich durch die Strandsimse ersetzt. Hunde können mit ihren Krallen Rhizomstücke direkt herausreißen, an den Spazierwegen sind sind sie oft die Hauptursache für Röhrichtschäden (was die Halter selten einsehen).

Foto 8: Fadenalgenwatten an Schilfauflichtungen im Flachwasser mit mechanischen Störungen durch Freizeitboote (*links* und *Mitte:* Großer Plöner See in Plön, 24.6.1976) und durch Bisam-Turbulenzen (*rechts* NSG Stallberger Teiche bei Siegburg, 17.8.88).

Angler oder Naturfreunde in Gummistiefeln hinterlassen schon beim gelegentlichen Durchlaufen Schneisen im Schilf. So entstehen selbst an einsam erscheinenden Bereichen dauerhafte Trampelpfade an der Uferlinie entlang.

Ein besonderes Problem sind Uferangelplätze mit ihren Vertrittflächen am Ufer und den Schneisen quer durch das Schilf und die vorgelagerte Vegetation, die oft mit „Krautangeln" oder mit Wurfankern gezielt offen gehalten werden, damit sich die Angel nicht verfangen kann.

Bei Röhrichtschutzmaßnahmen mit dem Einsatz von Fahrzeugen in trockengefallenen Röhrichten (wie am Bodensee: OSTENDORP 1993) macht man den Bock zum Gärtner!

Verbiß, Treibgut, Bootfahren

Verbiß und Bootfahren wirken ähnlich wie der Vertritt auf das Röhricht (s. Kap. 3.2.5; vgl. auch HAGENMEYER 1990, KLÖTZLI 1974, 1989, KLÖTZLI & GRÜNIG 1976, LÖLF 1993, OSTENDORP 1990, 1993, PRIES 1984, SUKOPP et al. 1975, SUKOPP & KRAUSS 1990, WILMANNS 1993).

Ein besonderes Thema ist Treibgut. In der Nähe von Siedlungen und Erholungsplätzen häufen sich schwimmende Abfälle (wie Treibholz und Plastikteile) auf dem Wasser an. Eutrophierung fördert (vor allem in Verbindung mit mechanischen Schädigungen der submersen Vegetation beim Bootfahren, Baden oder an Einlaufstellen von Hunden) Massenentwicklungen von Fadenalgen, die an sommerlichen Schönwettertagen aufschwimmen und treibende

Watten bilden (Foto 8). Wind und Wellenschlag verdriften diese Treibgüter über den See zum windseitigen Ufer und drücken sie an den Röhrichtrand. Unter der punktuellen Überlast bricht das Schilf, während die anderen Röhrichtarten nur abknicken. Beim Wechsel der Windrichtung rückt dasselbe Treibgut an andere Uferpartien vor und schädigt auch dort das Röhricht. – Ein Sonderfall von „Treibgut" mit hoher Schadwirkung sind Boote, die bei Unachtsamkeit oder Fahrfehlern an das Röhricht gedrückt (oder auch absichtlich in das Röhricht gesteuert) werden .

Foto 9: *Oben:* Horst-Bildung durch Freizeit-Boote (21.6.1975) im ehemals dichten Schilf-Röhricht, damals Brutplatz der Zwergdommel (*unten:* Männchen am Nest mit Jungen, 6.8.1953; beides SW-Ecke Insel Scharfenberg im Tegeler See, Berlin; vgl. Abb. 25, 29; Foto 16).

Diese rein mechanischen Schäden durch Treibgut werden manchmal mit Auswirkungen der Eutrophierung vermengt, haben aber damit nichts zu tun. Sie treffen das Schilf, das mit seinem Halmbau auf das Abfedern von Sturm und Brandung optimiert ist, besonders. Mit dem Abbrechen der Schilfhalme wird das tiefreichende, verästelte Rhizomsystem nicht nur von der Assimilateproduktion, sondern auch von der Sauerstoffversorgung abgeschnitten, die Atmung und die Mobilisierung von Reserven (für eine Regeneration) werden blockiert. Schilfpflanzen können so schon nach einer einmaligen Schädigung absterben. Bei den anderen Röhrichtarten bleibt dagegen beim Abknicken, auch beim Abbeißen an der Wasseroberfläche, der assimilierende submerse Stengelteil für eine Notversorgung von Rhizom und Wurzel erhalten; für diese Flachwurzler mit oberflächlichem, einfachem Rhizom hat überdies der Verlust der thermo-osmotischen Belüftung einen geringeren Stellenwert. Sie sind mit ihrem Austrieb auch nicht so eng auf den Jahreszyklus angelegt wie das Schilf. Damit können diese Arten sogar ein sommerliches Abmähen unter dem Wasserspiegel wieder ausgleichen.

Auf Schädigungen von der Wasserseite her reagiert das Schilf oft mit horstartigem Austrieb dünner, kurzer Halme an den nicht ganz so extrem belasteten Stellen (Abb. 25, Foto 9). Besteht die Belastung fort, so beschleunigt sich die Röhrichtvernichtung, bei Entlastung kann sich der Schilfgürtel von den Horsten aus regenerieren. Zäune oder Blocksteinwälle können das Treibgut und Boote fernhalten und eine Regeneration im geschützten Bereich ermöglichen (z.B. KLÖTZLI 1974, LÖLF 1993, OSTENDORP 1993, SUKOPP & KRAUSS 1990).

Die vegetative Überlegenheit des Lebensformtyps Schilf am natürlichen Seeufer wird damit bei diesen zivilisatorischen Eingriffen zur Schwäche. Das begründet den hohen Indikationswert des Schilfes für Unversehrtheit eines Standortes hinsichtlich mechanischer zivilisatorischer Eingriffe.

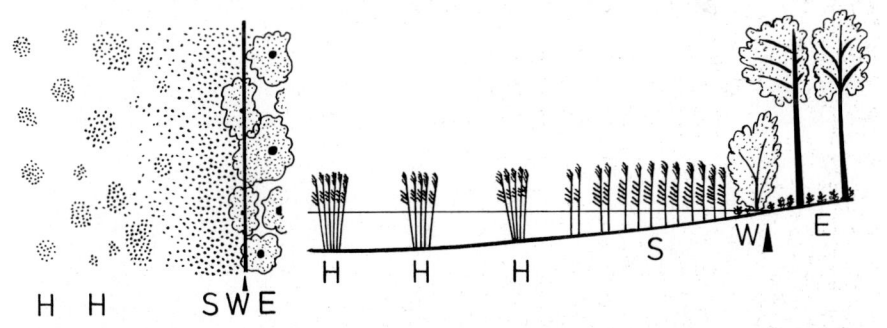

Abb. 25: Horstbildung H an der Wasserseite von Schilfröhrichten S im Gefolge von Bootsverkehr und anderen mechanischen Einwirkungen vom Wasser her, ein Anzeichen für den Beginn eines Schilfsterbens (schematisiert nach eigenen Beobachtungen am Tegeler See in Berlin in den 70er Jahren unter Anlehnung an SUKOPP [Aufsichtbild vom Tegeler See] und an KÜHL & KOHL [Profil vom Müggelsee in Berlin]). – *Links* Aufsicht, *rechts* Profil. Außenrand der Horste bei etwa 0,5 m Wassertiefe; an der (Sommer-) Wasserlinie (Pfeil) Grauweiden W, anschließend Erlenzone E.

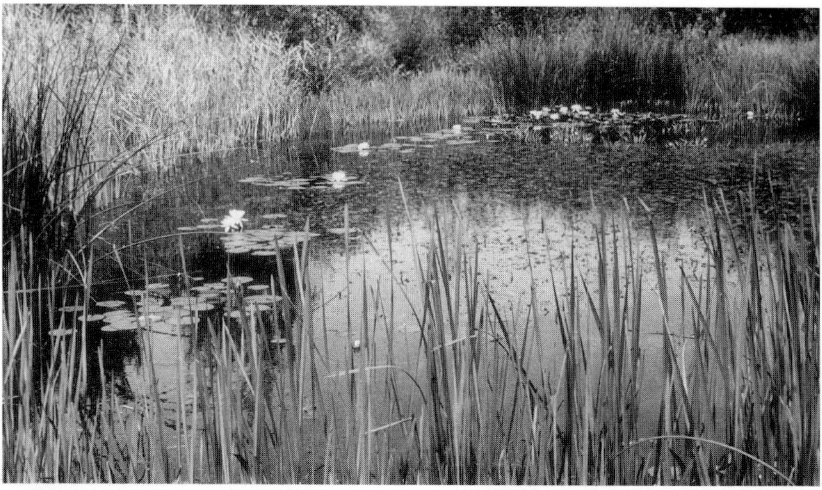

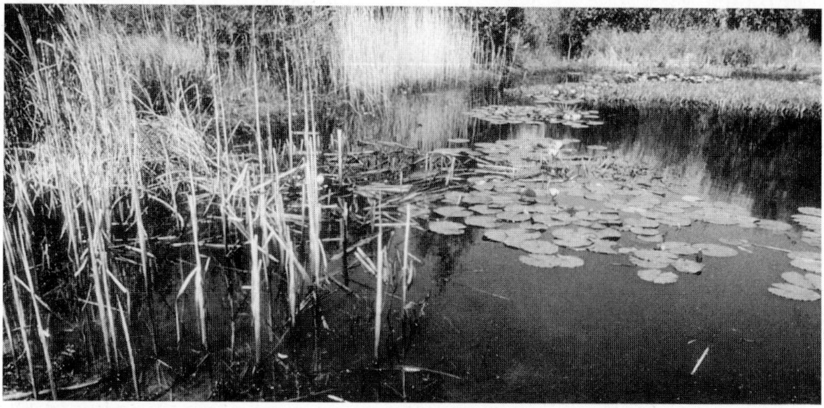

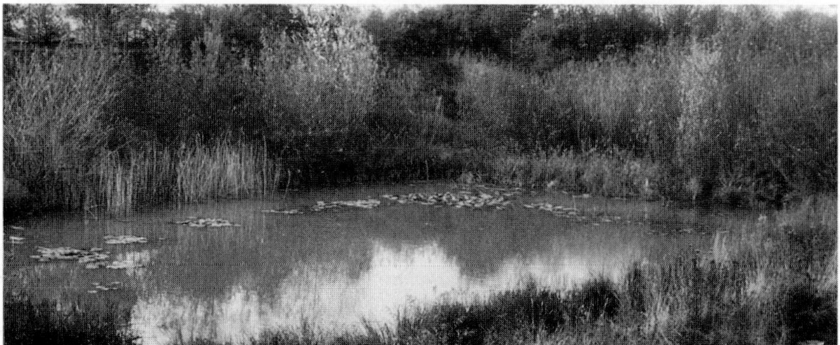

Foto 10: Bisamschäden an Naturschutzteichen (gespeist mit belastetem Wasser; Rheinbach bei Bonn). – *Oben:* Intakter Röhrichtgürtel mit Igelkolben-Herden (Vordergrund und ganz hinten), Teichbinse (vorn links und hinten), Schilf (Mittel links) sowie Breitblättrigem Rohrkolben (nicht im Bild), davor Seerosen, die Wasserfläche ist weitgehend vom Spiegelnden Laichkraut ausgefüllt (vgl. Foto 5 unten), hinten im Bild ein Krebsscherenbestand (20.8.1990). – *Mitte:* Ein Jahr später (29.8.1991), nachdem sich im Winterhalbjahr ein Bisampärchen angesiedelt und über 20 Junge im Laufe des Sommers aufgezogen hatte: Die Röhrichte sind unterhalb der Wasserlinie tot (vorn links die vorjährigen Rohrkolbenhalme, dahinter die umgebrochenen Binsenhalme, dann die vorjährigen (blattlosen) Schilfhalme etc., die Seerosen sind unverändert, die Krebsscheren konnten sich vermehren, das Laichkraut wurde ausgerottet. – *Unten:* Dasselbe Bild im Herbst (8.10.1991; die Krebsscheren sind abgetaucht und daher nicht mehr zu sehen), die Bisambewegungen haben zu einer anhaltenden, starken Wasserblüte geführt.

Ein Sonderfall ist der Verbiß durch den Bisam (Foto 10). Er nutzt das Röhricht vor allem im Winterhalbjahr. Dann sind Triebe der Röhrichtpflanzen relativ nährstoffarm, oft schon abgestorben. Am Rhizom sind dagegen die Triebknospen für die nächste Saison angelegt. In diesen Triebknospen sind viele Zellen noch embryonal, also eiweißreich, die Aerenchym- und Sklerenchymbildung und dessen Verholzung sind noch minimal; diese Knospen bilden damit ein Nährstoffkonzentrat. Der Bisam beißt denn auch die alten Triebe nur ab (daran ist sein Wirken oft gut zu erkennen) und verzehrt vor allem die nahrhaften Triebknospen. So werden die Röhrichtarten im Kern getroffen und fallen im kommenden Frühjahr aus. Verschont bleiben lediglich die Bestände oberhalb der Wasserlinie (minimal bei Winterhochwasser!). Bei hoher Bisamdichte können also Röhrichte in einem Winter in den submersen Bereichen komplett vernichtet werden. Wird der Bisam ausgeschaltet, kann das Schilf von Uferbeständen aus wieder in das Wasser vordringen, während bei den anderen Arten oft noch eine Regeneration aus verbliebenen Rhizomstücken möglich ist. Die tiefliegenden Schilfrhizome werden zwar auch beim Wasserschilf verschont, sie sterben jedoch nach den Fraßschäden ab. Das Schilf ist also auch vom Bisamfraß stärker betroffen als die anderen Arten, obwohl beispielsweise die Teichbinse vom Bisam bevorzugt wird.

Der Kalmus wird (ähnlich wie die Wasserrosen) vom Bisam und vom Weidevieh verschmäht. Das dürfte an den Bitterstoffen (vor allem Acorin) liegen. Die Sekretzellen (mit dem hellgelben ätherischen Öl) sind im Rindenparenchym des Rhizoms auf Querschnitten gut zu erkennen (Abb. bei Jurzitza 1987, Mandl 1983). Diese alte, aus Indien/Südchina stammende Arzneipflanze gelangt bei uns nicht zur Fruchtreife und breitet sich vegetativ aus; Reinbestände vor Viehweiden werden von dem Fraßschutz begünstigt, auch im bisamreichen Dümmer sind die früheren Teichbinseninseln vielfach durch Kalmus ersetzt (Das Beste 1980, Düll & Kutzelnigg 1994, Wendelberger 1986; zu den Inhaltsstoffen Schmidt-Wetter 1950).

3.5.4 Eutrophierung und Schilfrückgang

In jüngerer Zeit ist an vielen Stellen Schilf dramatisch zurückgegangen („Schilfsterben"). Dieses hat eine intensive Diskussion ausgelöst (vgl. Hagenmeyer 1990, Klötzli 1974, 1989, Klötzli & Grünig 1976, LÖLF 1993, Motter & Ripl 1991, Ostendorp 1990, 1993, Pries 1984, Sukopp in Bayr. Akad. Wiss. 1991, Sukopp et al. 1975, Sukopp & Krauss 1990, Wilmanns 1993). Dieses „Schilfsterben" wird vielfach maßgeblich der oft parallel verlaufenden Eutrophierung der Seen angelastet. Unbestreitbar fördert eine (Stickstoff-) Düngung das Halmwachstum, gleichzeitig wird oft der Anteil des Festigungsgewebes verringert, so daß sich die Belastbarkeit vermindern kann. Andererseits kann sich auch das Festigungsgewebe individuell an Wind und Wellenschlag des jeweiligen Standortes anpassen. Die direkte Einwirkung der Eutrophierung ist als Hauptursache auch nicht überzeugend angesichts gut wüchsiger Schilfbestände an (vor Vertritt usw. geschützten) Abwassereinleitungen und in Abwasser-Kulturen (Wurzelraumfiltration: Tab. 5, Abb. 17, 18). So ist auch bei Klötzli (1974) am Bodensee die mechanische Belastung durch Treibgut als eigentlicher Schadfaktor ablesbar. Dabei ist das Wasserschilf am Bodensee schon durch die besondere Wasserführung (s. Kap. 3.2.4) belastet. Am Bodensee-Untersee kommt dementsprechend der Besiedlungsdynamik des Schilfes in Abhängigkeit von den jährlich wechselnden Wasserstandsverhältnissen eine höhere Bedeutung zu als der Eutrophierung in jüngerer Zeit (Ostendorp 1992, 1993, LÖLF 1993). Mechanisch geschädigtes Schilf (wie in den dünnen Nottrieben von Horsten: Abb. 25) leidet vielfach unter erhöhtem Phytophagen-, Parasitenbefall und wird dadurch zusätzlich beeinträchtigt (Kap. 3.5.7.3; Fuchs 1991).

Aufschlußreich ist es für diese Zusammenhänge, an überdüngten Seen konsequent die Ufer nach Schilfröhrichtresten abzusuchen und diese Stellen auf Schutz vor mechanischer Belastung zu überprüfen. So finden sich beispielsweise an der Berliner Unterhavel Schilfbestände zwischen den Bootsstegen der Wasservillen im Raum Gatow (vgl. Foto 5). Hier hält der Bootsverkehr Abstand vom Ufer, die Hausbewohner nutzen nur die Stege als Zugang zum Wasser, die Eutrophierung ist dagegen die gleiche wie an den Ufern mit geschädigtem Schilf.

Eutrophierung ist somit nur eine Belastungskomponente für Schilfröhrichte in einem komplexen Gefüge, in dem die (ggf. auch nur gelegentlichen) mechanischen Belastungen sicherlich eine Schlüsselfunktion haben und Veränderung in der Sproßmorphologie und -anatomie bei Eutrophierung (vgl. Klötzli 1974 mit Rechenbeispielen) die mechanische Anfälligkeit (einschließlich von Fraßschäden/Parasitenbefall) erhöhen (vgl. Ostendorp & Krumscheid-Plankert 1993).

Zu bedenken ist auch, daß Schilfbestände wohl aus heterogenen Samen hervorgehen, daß sich aber bei der vegetativen Ausbreitung der bestangepaßte

Klon durchsetzt (wobei sich die generative Schwäche des Schilfes als ein Effekt dieser Inzuchtbestände ergeben könnte; zur Klonierung vgl. URBANSKA 1992). Bei Änderung der Standortbedingungen (z.B. durch Eutrophierung oder Nutzungen) werden diese Klonkonstellationen jedoch ungünstig, Neukombinationen sind angesichts der generativen Probleme schwer möglich, was ein „Schilfsterben" begünstigt.

KÜHL & KOHL (1990) unterscheiden dementsprechend beim Schilfsterben eine belastende Grundsituation („rückgangsauslösende Faktoren" wie Eutrophierung als generelles Phänomen), die Stressoren (schädigende Faktoren wie Schädlingsbefall, die für sich allein nicht zum Absterben führen) und die „pathologischen" Faktoren als proximate Sterbeursache (vorwiegend als Atemnot im Rhizom).

3.5.5 Anwendung: Röhrichtsanierungen

Ist das Ufer erst einmal vom Röhricht, insbesondere vom Schilf, entblößt, so regeneriert es nur außerordentlich langsam. Als Pionierarten treten oft Schwanenblume, Igelkolben, Kalmus, auch Rohrkolben auf, die aber meist keine so dichten Röhrichte wie das Schilf bilden; das Schilf braucht oft lange, bis es wieder Fuß faßt. Ursächlich dafür ist einmal die besondere generative Schwäche des vegetativ so kräftigen Schilfes: Es werden zwar an guten Standorten große Samenmengen gebildet, doch ist oft nur ein verschwindend geringer Prozentsatz keimfähig (im Versuch keimten von 1000 Samen nur 4). Das Keimen kann überhaupt nur auf feuchtem Boden und bei guter Belichtung erfolgen, im Freiland also nur im sommerlichen Spülsaum offener Ufer. Gerade dieser Streifen ist aber besonders von den Nutzungen betroffen, so daß etwaige Keimlinge fast immer zerstört werden. Schützende Bäume oder Großstauden nehmen wiederum das zum Keimen erforderliche Licht. Aber auch die vegetative Ausbreitung kann problematisch sein. Schilf kann zwar mit Ausläufern im Laufe eines Sommers über 10 m weit in die Nachbarschaft vordringen, es muß aber für eine dauerhafte Ansiedlung das Rhizom im Untergrund etablieren können und ist in dieser Phase mechanisch besonders empfindlich.

Für die Röhrichtsanierung an entblößten Uferabschnitten sind damit Schilfpflanzungen praktikabel (am besten eine Reihe im flachen Wasser entlang der sommerlichen Uferlinie, LÖLF 1993, SUKOPP & KRAUSS 1990), es ist jedoch für einen besonderen Schutz vor mechanischen Einwirkungen zu sorgen (z.B. durch Absperrung des Zugangs zum Ufer und einen seeseitigen Schutzwall aus Faschinen oder Steinpackungen). Bei Pflanzungen mit standortfremden Material fehlt allerdings die natürliche Optimierung der Klone, damit ergibt sich das Risiko der Fehlauswahl des Pflanzgutes.

Die Schilfbegleiter des Ufersaums stellen sich dagegen über die Samenausbreitung rasch von selbst ein, wenn das Ufer störungsfrei bleibt.

3.5.6 Sonderbildungen

Schwingröhrichte
Das dichte Rhizomgeflecht des Schilfs kann auch als Schwimmpolster dienen, so daß das Schilfröhricht aufschwimmen kann. Das ist für die Schilfröhrichte im Donaudelta beschrieben worden (RODEWALD-RUDESCU 1974), die Schwingröhrichte heißen dort Plaur. Bei uns kommt es zu Schwingröhrichten vor allem in Flachmooren und an entsprechenden Seeufern. Je nach Trophie und Uferbedingungen gibt es eine Vielzahl von Typen bis hin zu den Sphagnum-Wollgras-Schwingrasen der Hochmoore (vgl. SUCCOW 1988). Erwähnt seien hier nur die Weiden-Faulbaum-Gebüsche, die in der Regel in Schwingröhrichte eingebunden sind. Schwingröhrichte sind ebenso wie Schilfbestände an Land ökologisch von den Uferröhrichten („Wasserschilf" bzw. „Wasserröhrichte") völlig verschieden und können hier nicht näher betrachtet werden.

Flußröhrichte
Das Schilf verträgt nicht nur den Wellenschlag des Brandungsufers, sondern auch Wasserströmungen der Bäche und Flüsse besser als die anderen (hier angesprochenen) Röhrichtarten. Limitierend ist dort – neben der Empfindlichkeit gegen mechanische zivilisatorische Einwirkungen – vor allem die Überflutungshöhe. Die Schilfblätter sind nicht nur empfindlich gegen Überflutung, sie bilden dann im Fließwasser auch einen Flutstau, der den Halm brechen läßt. Damit sind Fluß- bzw. Bachschilfröhrichte von Natur aus auf die Ebene mit geringen sommerlichen Schwankungen in der Wasserführung der Fließgewässer beschränkt, dort heute aber weitgehend ein Opfer der Bewirtschaftung der Aue geworden. So dominieren jetzt dort Arten mit besonderen Anpassungen an die Überflutung, insbesondere das Rohrglanzgras, das sich bei Hochwasser in die Strömung legt und mit seinen nachgiebigen Blättern keinen Stau erzeugt. Es ist an nährstoffreiche Ufer gebunden. Ähnlich sind auch die Kleinröhrichtarten zu bewerten, die an Wiesengräben und -bächen im Uferröhricht oft dominieren. Eine besondere Anpassung ist die Fähigkeit zur Ausbildung von bandförmigen Blättern (wie bei Igelkolben, Blumenbinse oder Pfeilkraut: Abb. 40).

Salzröhrichte
Bei salzhaltigem Untergrund/Wasser wird die Teichbinse durch die in der Gestalt gleiche Salzbinse ersetzt, die krautige Begleitflora durch Halophyten, hinzu kommt die Strandsimse. Schilf kann sich auch hier an ungestörten Standorten (mit dünneren Halmen) durchsetzen. Bei Beweidung, Vertritt oder Eisgang dominiert dann meistens die Strandsimse (vgl. KRISCH 1992).

Submerse Blattformen
Die Teichbinse kann ganz untergetaucht bis zu 8 m tief leben. Sie bildet dort bandfömige Blätter, die im Stillwasser kurz bleiben, aus und gleicht dann in

ihrer Gestalt der Aquarienpflanze *Vallisneria*. Sie ist aber an Stellen mit CO_2-Anreicherung (wie im Umkreis von CO_2-reichen unterseeischen Quellen) gebunden (vgl. Kap. 3.7). Besonders deutlich ist das in dem vulkanischen Laacher See, dem größten Eifelmaar (LAWA 1985): Die Unterwasserformen der Teichbinse sind dort wie die des Igelkolben auf die „Mofetten", unterseeische Austrittsstellen von gasförmigem CO_2, beschränkt (MELZER 1987).

Diese Tauchblattformen werden von diesen Arten auch im (CO_2-reichen) Fließwasser ausgebildet. Das ist ein Indiz dafür, daß diese Arten besonders an die Wildflußaue mit jahreszeitlicher Dynamik von Wasserstand und Fließgeschwindigkeit angepaßt sind. Dieser Biotoptyp ist bei uns aber hoffnungslos verschwunden (vgl. GERKEN 1988).

3.5.7 Kompartiment Schilfbestände

3.5.7.1 Die Entwicklung im Jahresgang

Das Ökosystem See unterliegt einer ausgeprägten saisonalen Dynamik. Sie zeigt sich an der Entwicklung (der oberirdischen Sproßteile) des Schilfes im Jahresverlauf (Tab. 7):

Tab. 7: Die Entwicklung vom Schilf (als lufttrockene Gewichtsanteile der einzelnen Organe am gesamten oberirdischen Sproß in %, nach RODEWALD-RUDESCU 1974).

Datum	Stengel	Blätter	Blattscheiden	Ähre	Bemerkungen
15. Mai	38	52	10	–	Austriebsphase
15. Juni	40	49	11	–	Wuchsphase
15. Juli	47	40	11	2	Die Ähren sind bei etwa 20 % der Schilfpflanzen entwickelt.
15. August	51	33	13	3	Das Schilf blüht.
15. September	55	27	15	3	dito
15. Oktober	59	22	15	4	Es entwickeln sich die Samen.
15. November	63	18	16	3	Beginn von Blattfall und Samenflug.
15. Dezember	78	3	18	1	Fast alle Blätter sind abgefallen.
15. Januar	89	–	10	0,7	30 % der Ähren und ein Teil der Blattscheiden sind abgefallen.
15. Februar	91	–	8	0,6	Weiterer Abfall von Blattscheiden und Ähren
15. März	93	–	7	0,4	dito

Das (Wasser-) Schilf kann jährlich Stengel von 1-2 m im Unterwasserteil und 2-3 m im Überwasserteil ausbilden (manchmal auch mehr). Damit gehört es zu den einheimischen Pflanzenarten mit dem höchsten Jahreszuwachs. Der Austrieb erfolgt im Frühjahr und wird aus dem Rhizomspeicher gespeist. Anfangs sind die Stengel noch weich und gedrungen, die Blattscheiden und die frischen Blätter haben den größten Anteil am diesjährigen Sproß. Die Fotosynstheseaktivität der jungen Schilfpflanze liegt in dieser Phase wesentlich in den grünen (zunächst vorwiegend submersen) Stengelteilen und deren Blattscheidenhülle, die jungen Blätter stehen aufrecht (Foto 11; das Schilf entspricht damit dem Rohrkolben und der Teichbinse). Mit dem Abschluß des Stengelwachstums und der Blattbildung senken sich die Blätter zur Horizontalen, ihre Fotosynthese deckt nun den Bedarf der Pflanze. Dickenwachstum und Verholzung des Stengels (von den unteren Halmteilen her) erhöhen den Anteil des Stengels an der Sproßmasse weiter. Zugleich werden die Blütenrispen gebildet. Zum Hochsommer hin wird der Nährstoffspeicher im Rhizom wieder aufgefüllt. Der Termin hängt vom Wetter ab, es beginnt am Neusiedler See in guten Jahren schon Anfang Juli, bei schlechtem Wetter aber erst im August (LÖFFLER 1974). Im Laufe des Sommers werden nicht nur der Produktionsüberschuß, sondern zunehmend auch die Grundsubstanz an „Wertstoffen" (wie Phosphat, Eiweißbestandteile) in das Rhizom überführt, das Absterben der oberirdischen Stroßteile wird damit (analog zum Blattfall der Laubbäume) vorbereitet. Wenn im Herbst die Blätter fallen und die Samen abfliegen, bestimmt der absterbende Stengel die oberirdische Sproßmasse, zugleich steigt der Anteil der unterirdischen Sproßteile von 55 % im Frühjahr auf 67 % (SIEGHARDT in ELLENBERG 1973). Jetzt werden an dem Rhizom die Triebknospen für das nächste Frühjahr angelegt, ein wesentlicher Teil der aktiven Biomasse verlagert sich dorthin (zu Details vgl. RODEWALD-RUDESCU 1974 für das Donauschilf bzw. BURIAN in ELLENBERG 1973, LÖFFLER 1974, 1979 für den Neusiedler See).

3.5.7.2 Produktivität von Schilfröhrichten

Die Messung der pflanzlichen Produktion ist ein aktuelles Anliegen der Ökologie. Sie knüpft an den Ernteertrag als Maßzahl der Landwirtschaft an, bezieht sich aber auf die gesamte Biomasse der Produzenten. (Wasser-) Schilfröhrichte erscheinen auf den ersten Blick als ideal dafür, da die Produktion von einer einzigen Art mit leicht zugänglicher Halmmasse bestimmt wird. Das Problem liegt in dem hohen und wechselnden Anteil der unterirdischen Rhizommasse, deren Lebensdauer („turn over") 3-5 Jahre beträgt, also nicht zu dem Jahreszyklus der Halme paßt. Die Rhizome sind überdies schwer zugänglich und gegen mechanische Eingriffe (wie das „Ernten") sehr empfindlich. Hinzu kommt die Heterogenität von Röhrichten sowohl in der Wüchsigkeit entlang von Uferprofilen als auch hinsichtlich der Mosaikbildung morphologisch-physiologisch verschiedener Klone. Außerdem ändert sich im Jahresgang die Adaptation

Tab. 8: Biomassenproduktion von Röhrichtarten (nach Abfall der Blätter beim Schilf und lufttrocken bei allen Pflanzen) im Vergleich mit der Jahresproduktion rumänischer Wälder im Monat Dezember (nach RODEWALD-RUDESCU 1974) und mit der Nettoprimärproduktion verschiedener Grasländer (als oberirdische Trockenmasse in t je ha und Jahr; nach STUGREN 1986); *: Ausnahmefälle.

Pflanzenart	Maximum	Minimum	Mittel [alles in t/ha x a]
Mittelmeerschilf *(Arundo donax)*	80	10	30
Schilf	43*	6	15
Rohrkolben			
Breitblättriger R.	22	4	9
Schmalblättriger R.	18	3	8
Teichbinse	16	4	8
Fichte	3	2	2
Rotbuche	3	1	2
Stieleiche	3	1	2
Röhrichtbestand, Deutschland			46
Wiesen und Weiden in Flußauen, Japan			20
Bambuswald, Japan			16
Subalpine Wiese, Japan			14

(z.B. hinsichtlich der Temperatur) und damit die Produktion. So können die gewonnenen Werte nur als grobe Richtschnur dienen (Tab. 8; vgl. LÖFFLER 1974).

Ober- und unterirdische Biomasse haben beim Schilf jährlich etwa den gleichen Zuwachs. Damit ergibt sich angesichts der unterschiedlichen Lebensdauer ein Verhältnis von etwa 1:4 bis 1:5 an lebender Biomasse („standing crop") im Sommerhalbjahr (am Neusiedler See 120 t/ha mit jährlichem Austausch, d.h. Neubildung und Absterben, von 30 t/ha, bezogen auf Bestände mit 65-90 kräftigen Wasserschilfhalmen je m^2: LÖFFLER 1974).

Diese Jahresproduktion liegt beim Zehnfachen von Wäldern (Tab. 8), die aber (durch den langlebigen Holzkörper) wesentlich höhere Bestandswerte erreichen. Die hohe Produktivität vom (Wasser-) Schilf erklärt sich dadurch, daß es auch die Mittagsssonne für die Produktion nutzen kann, wenn die Vegetation anderer Standorte unter Wasserstreß steht und die aktive Transpiration durch Schließen der Spaltöffnungen einschränken muß. Damit erreicht das (Wasser-) Schilf (wie andere Röhrichtarten auch) mit etwa 3 % eine wesentlich bessere Nutzung der eingestrahlten Sonnenlichtenergie. Salzboden- und Landschilf bleiben dementsprechend mit etwa 1 % deutlich unter diesen Werten (LÖFFLER 1974).

Hinsichtlich der Transpiration bei der Produktion gilt das Schilf wie andere Röhrichtarten als „Wasserverschwender" (s.o.). Am Neusiedler See ergaben sich sowohl bei Kurzzeitmessung an Pflanzen im Bestand als auch bei Langzeitmessungen in Wannenpflanzungen (analog zum Zyperngrasversuch s.o.) Werte von etwa 1000 l/m^2 Schilfbestand und Vegetationsperiode. Das entspricht einem Verbrauch von 1/3 l oder etwa 330 g Wasser je g Biomasseproduktion. Damit liegt das Schilf in der üblichen Größenordnung (Teakbäume im tropischen Regenwald verbrauchen 400 g, Nadelwald 250 g, Wiese 330 g, Ruderalvegetation an Trockenstandorten 200 g Wasser je 1 g Biomasseproduktion).

3.5.7.3 Das Schilf als Nahrungspflanze

Im Sommer ist das Schilf durch die Verholzung der Stengel, die Verkieselung der Blätter und ihre dicke Wachsschicht vor Beweidung geschützt, die frischen Frühjahrstriebe werden dagegen vom Vieh und von Wasservögeln (wie Enten und Schwänen) gern angenommen. Schadbilder gibt es aber nur im Bereich von Viehweiden mit freiem Zugang zum Wasser und von Wasservogelmassierungen an Futterstellen. In den ausgedehnten Röhrichten naturnaher Seeufer kann der winterliche Triebspitzenfraß vom Bisam Röhrichte vernichten, während die Beweidung der emersen Triebe durch Wirbeltiere ökologisch keine Rolle spielt (vgl. Kap. 3.2.5).

So wird das Schilf von Natur aus vor allem von phytophagen Insekten genutzt (Abb. 26, LÖFFLER 1974, IMHOFF in LÖFFLER 1979, GRABO 1991, OSTENDORP 1993). Die Blätter vom Wasserschilf sind (wie oft auch beim Rohrkolben) im Sommer meistens dicht mit der Mehligen Pflaumenblattlaus (vom Herbst bis zum Frühjahr auf Schlehe u.ä.) besetzt; die Blattläuse profitieren an heißen Sonnentagen auch von der erhöhten Luftfeuchtigkeit im Schilfbestand. Von den Blattläusen leben die etwa 1 cm großen Sackspinnen *Clubiona phragmitis,* die sich in einem zweimal geknickten Schilfblatt ihr Versteck einrichten (auch die leeren Larvenhäute von geschlüpften Libellen annehmen), und Schwebfliegenlarven (wie *Episyrphus balteatus*), deren Imagines den Blattlaushonig als „Betriebsstoff" lecken. Andere Saftsauger sind meistens räumlich getrennt, die Spornzikaden *Chloriona* bevorzugen beispielsweise die Blattwinkel, die nur wenige mm großen Schilfschildläuse *Chaetococcus phragmitis* sitzen versteckt unter den Blattscheiden. Der Rohrzünsler (*Schoenobius gigantellus*), ein Kleinschmetterling, frißt als Raupe im Frühjahr die Jungtriebe von innen aus, die bis zu 4,5 cm lange Raupe des Rohrbohrers *Phragmataecia* frißt in den unteren Halmteilen. Die Larve des Schilfkäfers hält sich dagegen an das nährstoffreiche und gut belüftete Rhizom (Abb. 26; zur besonderen Angepaßtheit und dem Schadbild vgl. FUCHS 1991). Hinzu kommen die Einmieter oder Inquilinen, die nur durch Fraß- oder Schlupflöcher der Phytophagen in den Schilfhalm zum Fraß oder zur Überwinterung gelangen können (DANIELZIK 1988). Im einzelnen bevorzugen die Schilfinsekten bestimmte Halmstärken und Standortbedingungen: So meiden die Rohrbohrer *Phragmataecia* das (zu dünne) Landschilf, die Halmfliegen das dickere Wasserschilf (Tab. 9), ihr Auftreten ist zeitlich gestaffelt (Abb. 27). Insgesamt ist das Landschilf meistens stärker befallen als das Wasserschilf, gestörte Wasserschilfbestände stärker als intakte (SUKOPP u.a. 1975). Quantitative Erfassungen des Befalls müssen also nach den Standortbedingungen und der Wüchsigkeit des Schilfes differenziert werden (wie bei GRABO 1991, IMHOFF in LÖFFLER 1979). Trockene Schilfhalme dienen verschiedenen Insekten als Überwinterungsort.

Tab. 9: Befallsrate und -dichte vom Schilf durch endo-phytophage Insekten, gegliedert nach Landschilf (artenreiche, nur gelegentlich überflutete Bestände, Schilf aspektbestimmend, aber nicht dominierend), wechselfeuchte Schilfröhrichte (Schilf dominiert), Monobestände aus Wasserschilf (unterhalb der Niedrigwasserlinie; Neusiedlersee, aus IMHOFF in LÖFFLER 1979; Befallsrate in %, in Klammern mittlere Phytophagendichte je m^2).

	Landschilf	wechselfeuchte Röhrichte	Wasserschilf
Rohrbohrer (Schmetterling) (*Phragmataecia castaneae*)	–	8 % (5/m^2)	12 % (7/m^2)
Zünsler (Pyralidae: Kleinschmetterlinge)	8 % (5/m^2)	8 % (5/m^2)	1 % (1/m^2)
Gallmücken (Cecidomyiidae, z.B. *Thomasiella*)	14 % (l74/m^2)	8 % (80/m^2)	3 % (39/m^2)
Langbeinfliegen (Dolichopodiden: *Thrypticus*)	2 % (10/m^2)	2 %(10/m^2)	1 % (7/m^2)
Halmfliegen (Chloropidae: *Haplegnis, Lipara, Platycephala, Calamoncosis*)	35 % (92/m^2)	5 % (92/m^2)	–

Wie komplex das ökologische Beziehungsgefüge der Arten zueinander ist, soll folgendes Beispiel zeigen: Der Nahrungsentzug durch Insekten scheint in Schilfbeständen insgesamt gering zu sein (0,3 % der Primärproduktion am Neusiedler See: LÖFFLER 1974). Damit kann unter Naturschutzgesichtspunkten die Schonung dieser Schilfinsekten Vorrang haben. Es können sich interessante Kaskadeneffekte ergeben: Die Raupe der Schilfeule *Archanara geminipunctata* miniert (mit zyklischen Massenvermehrungen alle 3-5 Jahre) im Schilfhalm. Das führt zur Ausbildung von Seitenhalmen. Auf diese ist wiederum die Gallmücke *Lasioptera arundinis* angewiesen. Von ihr leben Parasitoide (wie die monophage Schlupfwespe *Platygaster phragmitis*). Von den Seitenastbildungen profitiert auch die Gallmücke *Giraudiella unclusa*, deren

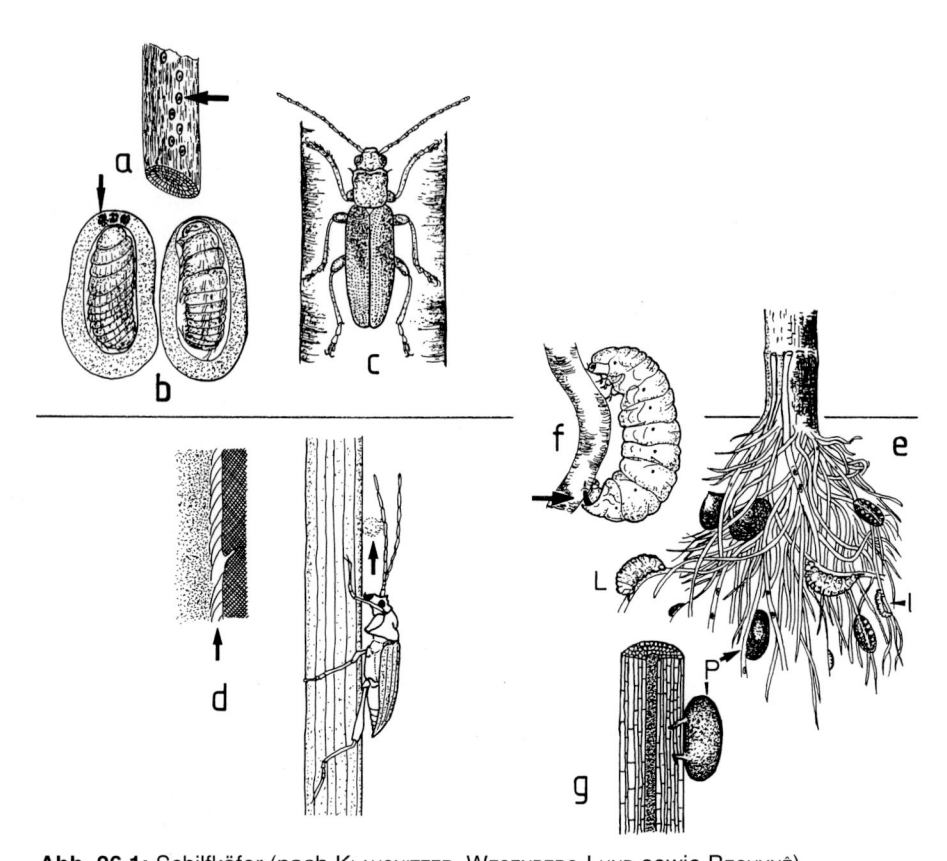

Abb. 26.1: Schilfkäfer (nach Klausnitzer, Wesenberg-Lund sowie Bechyně).
a) Eier (Pfeil) von *Donacia semicuprea*, eingestochen in Wasserschwadenstengel.
b) Ei vergrößert, mit reifem Embryo, in die Eihülle waren vom Weibchen bei der Eiablage Symbiontenhaufen eingebracht worden, sie liegen vor dem Kopf des Embryos (Pfeil, linkes Bild), die die Junglarve aufnimmt, wenn sich sich nach außen durchfrißt (rechtes Bild; vgl. Füller 1958, Klausnitzer 1984). c) Adultes Tier. d) *Macroplea appendiculata*, eine auch als Imago (vorzugsweise an Teich-Schachtelhalm, Tausendblatt und Laichkräutern) submers lebende Schilfkäferart; sie hat ein Plastron an den Fühlern (Ausschnitt links, unter dem Haarpelz die Luftschicht: Pfeil, punktiert das Wasser, schraffiert der Fühler), der Käfer kann mit dem Fühler auch Luftblasen, die aus der Wasserpflanze austreten, einfangen (rechtes Bild, Pfeil; vgl. Wesenberg-Lund 1943 unter dem Namen *Haemonia equiseti)*. e) Larven (letztes Stadium L, Junglarven l) und Puppen P vom Schilfkäfer *Donacia aquatica* an den Wurzeln vom Zungenhahnenfuß. f) Die Larven stechen mit einem Dornenpaar am Hinterleibsende (Pfeil) das Aerenchym an und nutzen es für die Atmung (vgl. Wesenberg-Lund 1943). g) Auch der Puppenkokon ist mit dem Aerenchym der Wurzel verbunden.

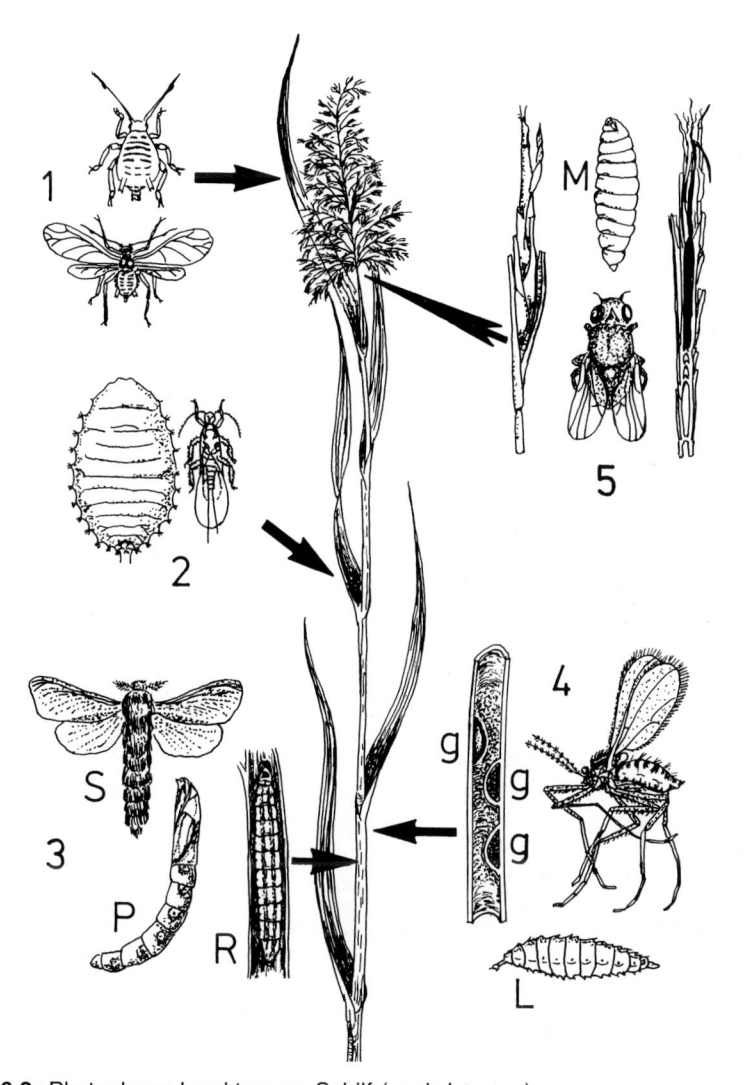

Abb. 26.2: Phytophage Insekten am Schilf (nach LÖFFLER).
1) Die Pflaumenblattlaus *Hyalopterus* (oben ungeflügeltes Weibchen, darunter geflügeltes Männchen). 2) Die Schilf-Schildlaus *Chaetococcus* (links das ungeflügelte Weibchen, rechts das geflügelte Männchen). 3) Rohrbohrer *Phragmataecia*, S der Schmetterling, P die Puppe (sie ruht im Schilfhalm), R die Raupe (Aufsicht im Halm-Längsschnitt). 4) Die Larve L der Schilfgallmücke *Perissa* lebt in reiskorngroßen, stark verholzten Gallenkammern g im unteren Schilfhalm (Längsschnitt). 5) Durch die Made M der Schilfgallenfliege *Lipara* bilden sich die „Zigarrengallen" statt der Rispe.

Seitenastgallen aber fast fünfmal stärker von der Erzwespe *Aprostocetus gratus* parasitiert wurden. Diese Gallen werden im Winter von Blaumeisen aufgehackt, ihr Inhalt verzehrt. Die Blaumeisen nutzen aber vor allem die hohen Galldichten der Haupthalme, weniger die geringeren Galldichten der Seitenäste und treffen damit die Gallmücke (mit höheren Dichten im Haupthalm ohne Seitenäste) mehr als die Erzwespe (mit höheren Befallsraten in den Seitenästen; vgl. TSCHARNTKE 1990 sowie GRABO 1991). Auch andere Singvögel (im Süden, wie am Bodensee und am Neusiedler See, vor allem die Bartmeisen: LÖFFLER 1974, 1979) durchsuchen – oft in Trupps – die winterlichen Röhrichte. Das winterliche Mähen von Schilfbeständen bedeutet so einerseits eine Minderung der phytophagen Schilfinsekten, andererseits aber auch einen Eingriff in dieses Beziehungssystem. Das umschichtige Mähen von Teilflächen wäre ein wünschenswerter Kompromiß von Schilfpflege und Insektenschutz.

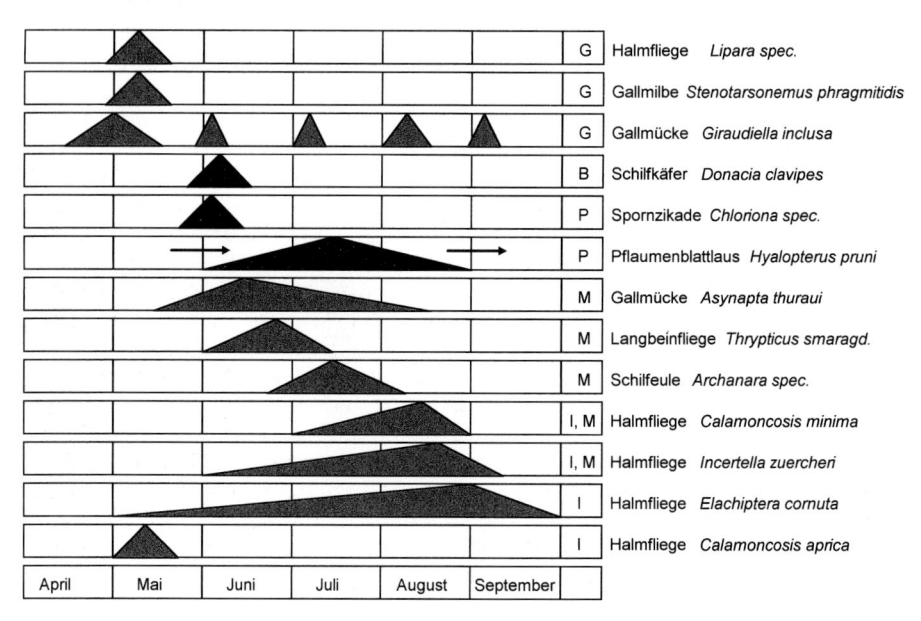

Monat	Typ	Art	Wissenschaftl. Name
	G	Halmfliege	*Lipara spec.*
	G	Gallmilbe	*Stenotarsonemus phragmitidis*
	G	Gallmücke	*Giraudiella inclusa*
	B	Schilfkäfer	*Donacia clavipes*
	P	Spornzikade	*Chloriona spec.*
	P	Pflaumenblattlaus	*Hyalopterus pruni*
	M	Gallmücke	*Asynapta thuraui*
	M	Langbeinfliege	*Thrypticus smaragd.*
	M	Schilfeule	*Archanara spec.*
	I, M	Halmfliege	*Calamoncosis minima*
	I, M	Halmfliege	*Incertella zuercheri*
	I	Halmfliege	*Elachiptera cornuta*
	I	Halmfliege	*Calamoncosis aprica*

Abb. 27: Zeitliche Staffelung der Flugzeit der Imagines und Ernährungstypen phytophager Insekten am Schilf (nach GRABO). Fraß auch durch die Imagines schwarz, nur durch die Larven grau. Ernährungstypen: G Gallenbildner, B Blattfresser, P Phloemsaftsauger, M Minierer, I Inquilinen/Einmieter.

Im Herbst fallen oft riesige Starenschwärme zum Nächtigen in Schilfröhrichte ein. Sie sammeln sich am Abend in hohen Uferbäumen, auch auf Stromleitungen, steigen zum Formationsflug mit faszinierenden Flugmanövern auf, wobei Schwarmattacken auf Greifvögel ein besonderes Schauspiel bieten, und setzen sich schließlich dicht an dicht auf die Schilfhalme eines ausgewählten Bereiches. Hier werden die Halme unter dem Vogelgewicht tief heruntergebeugt, oft abgeknickt. Dieses Wasserschilf wird offenbar als Schutzraum vor nächtlich jagenden Säugern bevorzugt: das Wasser schirmt ab, eine stille Annäherung ist unmöglich (vgl. SANDEN-GUJA 1960).

3.5.7.4. Artenvielfalt in Röhrichten

Ausgedehnte, (über 50 m) breite Monobestände vom Wasserschilf sind im Innern arm an Wirbeltieren und Makroevertebraten. Dazu tragen die Abdunkelung des Wassers und das sommerliche Sauerstoffdefizit entscheidend bei (Abb. 23, RODEWALD-RUDESCU 1974, LÖFFLER 1979). Artenreich sind dagegen die blumenreichen, mit Grauweidengebüschen durchsetzten Zonen an der Uferlinie und der wasserseitige Schilfrand. Sie bieten Wasservögeln (wie dem Haubentaucher) Schutz- und Brutraum, auch Fische wechseln gern hier hinein. Eine leichte Störung (z.B. bei gelegentlichem Bootfahren) an einzelnen Stellen kann aus dem monotonen Schilfröhricht ein Mosaik aus Wasserrosen, Rohrkolben/Teichsimse und Kleinröhrichten fördern. Diese Bereiche sind besonders reich an Kleintieren (kenntlich z.B. an den Libellen) und Wasserfröschen nebst Ringelnatter, hier finden Schilfbrüter wie Drosselrohrsänger und Zwergdommel ein besonders reiches Nahrungsangebot, auch können gefährdete Kleinfische wie Bitterling und Moderlieschen ihren Nahrungs-, Brut- und Schutzraum und damit ihr Auskommen finden (wie in der Bucht am Fischloch der Insel Scharfenberg im Tegeler See Berlins in den 50er Jahren; vgl. Abb. 29). Die gelegentliche Unterbrechung von Schilfröhrichten fördert also den Effekt artenreicher Rand-/Mosaikbereiche (Ökotone: SCHUBERT 1991, STUGREN 1986). Von Natur aus entstehen sie durch die Dynamik der Wasserführung am See. Sie ist (z.B. durch die Regelung des Wasserstandes) heute weitgehend von der Wasserwirtschaft ausgeschaltet. Der Ersatz durch extensive Ufernutzungen früherer Zeiten ist wiederum in ruinöse Freizeit-Übernutzung mit entsprechender Verarmung umgeschlagen. Der Naturschutz ist in seinen Vorstellungen vom Naturvorbild und damit in den Leitzielen für Renaturierung zwiespältig, auch einseitig. Hier ist Nachdenken und sachkundiges Handeln mit Augenmaß gefragt.

3.5.8 Der pflanzenleere Strand

Am Brandungsufer kann ein pflanzenleerer Strand den Röhrichtbereich ablösen. Er hat einen eigenen Lebensverein, der dem von entsprechend strukturierten Bächen ähnlich ist; am Geröllstrand ist das Biochorion „Stein" ein typisches Element (vgl. STEINECKE 1940, FEY 1996):
  Im Frühjahr entwickeln sich auf den Steinen die fädigen Büschel von Grünalgen (zumeist *Ulothrix* bzw. *Cladophora*), im Sommer bilden Kieselalgen

schmierige Beläge (vgl. Kap. 3.13). Unter den Tieren dominieren Egel (vor allem der Rollegel *Erpobdella*, der Kleintiere verschlingt, und der Schneckenegel *Glossiphonia*, ein Blutsauger z. B. an Schnecken, mit interessanter Brutpflege; vgl. KUTSCHERA & WIRTZ 1986, KUTSCHERA 1989), ferner Plattwürmer (Planarien). Dazu kommen Köcherfliegenlarven (*Goera, Silo*), Flohkrebse, Eintags- und Steinfliegenlarven (*Heptagenia* bzw. *Nemoura*). Letztere bevorzugen (zumindest tags, wenn räuberische Fische aktiv sind) die geschützte Unterseite der Steine, alle sind besonders an den Wellenschlag angepaßt (flache Gestalt, bei Egeln Saugnäpfe); die Sandköcher von *Goera-* und *Silo* sind vielfach am Substrat festgesponnen, seitlich flügelartig mit größeren Steinen beschwert, die das Gewicht, aber nicht die Angriffsfläche für den Wellenschlag vergrößern, und zugleich auch gegen Fischfraß schützen. Anzuführen wären noch die kleine Mützenschnecke mit ihrem flachen, dem Untergrund anliegenden Gehäuse und die Dreikantmuschel, die sich ähnlich wie die Miesmuschel der Küste mit Byssusfäden an den Steinen festspinnt (Foto 25, vgl. NEUMANN & JENNER 1992). Sie ist Winternahrung für Tauchenten (Abb. 28).

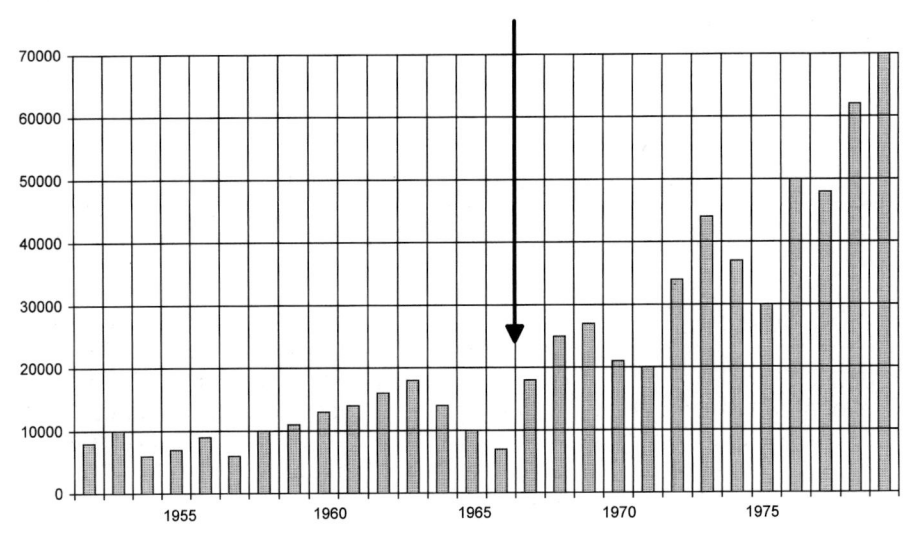

Abb. 28: Überwinterungsbestände der Tafelente in Schweizer Seen (nach JOGER). Mit der Einwanderung der Wandermuschel (Pfeil) verbesserte sich das Nahrungsangebot, die Tafelentenzahlen stiegen stark an.

Der windexponierte, röhrichtfreie Sandstrand ist dagegen arm an Organismen. Speziell angepaßt ist Larve der Köcherfliege *Molanna* mit einem etwas gewölbten Schild aus feinen Sandkörnchen als Anker für den Sandköcher. Die Larven laufen bei ruhigem Wasser nachts auf dem Sand zur Nahrungssuche (Pflanzenmaterial) umher, tags graben sie sich ein. Bei Wellenschlag werden sie durch aufgespülten Sand fixiert. Die Schildbreite richtet sich dementsprechend nach der Brandungsstärke. Die Eintagsfliegenlarven *Ephemera* graben sich dagegen Röhren in den Untergrund und verwerten den Detritus, den der Wellenschlag heranträgt. Sie sind sonst in Bächen verbreitet und leben dort von der Drift (Einzelheiten bei FEY 1996, WESENBERG-LUND 1943). Diesen Kleintieren stellen Gründlinge (sonst Bodenfische des Fließwassers), auch Libellenlarven (vor allem der Große Blaupfeil, westlich der Elbe auch die Flußjungfer *Gomphus pulchellus*) nach; als Schutz vor den Fischen müssen sich die Libellenlarven zumindest tagsüber eingraben. Effektive Filtrierer sind die Teich- und Malermuscheln (vgl. Abb. 80). Sie sind in ihren Schalen gegen Feinde und Brandung geschützt, mit dem größeren Teil ihres (Vorder-)Körpers in den Sand eingegraben und können sich mit ihrem Fuß langsam fortbewegen; an windstillen Tagen zeigen die Furchen im Sand ihren Weg.

Am Brandungsufer sammelt sich Treibgut im Spülsaum. Von dem feuchten Genist leben Zersetzer (wie Fliegenmaden). Typisch sind kleine, räuberische Laufkäfer (wie der hübsche Raschkäfer *Elaphrus*, vgl. STEIN 1993) und Kurzflügler (WESENBERG-LUND 1943). Trampelt man auf dem Genist, so flüchten sie vor der Verdichtung und kommen an die Oberfläche. Das Insektenleben nutzen Bachstelzen und Flußuferläufer.

3.5.9 Folgen der Röhrichtvernichtung

(1) Das Röhricht, vor allem das Schilf, ist ein guter Wellenbrecher. Breite Schilfröhrichte sind der beste Uferschutz. Bei Vernichtung des Röhrichts geht die Ufererosion stark voran (Bildtafel 1), künstliche Befestigungen werden erforderlich.

(2) Das Schilf trägt (auch durch den reichen Aufwuchs) wesentlich zur Selbstreinigung der Gewässer bei. Die abgestorbenen Teile belasten nicht die Tiefe, sondern werden ans Ufer geschwemmt. Das dichte, tiefreichende Rhizomgeflecht verbessert die Filterwirkung des Bodens, was vor allem bei der Trinkwassergewinnung durch ufernahe Brunnen (wie in Berlin) von Bedeutung ist. Röhrichtvernichtung vermindert also die Selbstreinigungskraft des Sees und die Filterwirkung im Uferboden.

(3) Das Schilf prägt die Uferkulisse und trägt damit zum landschaftlichen Reiz des Sees bei, seine Vernichtung mindert den Freizeitwert des Gewässers.

(4) Das Schilf ist (bei passender Breite und Dichte) Lebensraum einer charakteristischen Tierwelt und Brutraum fast aller Wasservögel. Typisch für die Röhrichte (siedlungsnaher) Seen ist der Drosselrohrsänger, in Berlin war es auch auch die Zwergdommel. Der Drosselrohrsänger braucht ein reiches Angebot an größeren Wasserinsekten (wie Azurjungfern), er kann sein kunstvolles, aber relativ schweres Nest nur zwischen mehreren kräftigen, dicht beieinan-

der stehenden Schilfhalmen) aufhängen, dabei bevorzugt er die Nähe von Schneisen und ist so besonders durch hineinfahrende Boote gefährdet (Foto 15). Die Zwergdommel braucht Röhrichtbuchten mit Kleinfischen, einer reichen Makroevertebratenfauna und Amphibien, zur Brut reichen kleinere, aber dichte Bestände vom Schilf oder Rohrkolben; sie war in den 50er Jahren noch häufig an den Berliner Seen, wo sie auch an belebten Badestellen regelmäßig vorbeiflog (Fotos 9,16). Die starken Auflichtungen und Vernichtungen der Berliner Röhrichte mit Wasserblüten und Verlusten des Nahrungsspektrums in den letzten Jahrzehnten haben die Bestände der beiden Arten drastisch vermindert. Bei geringerer Vitalität des Schilfes (dünnere Halme) konnte lokal der Teichrohrsänger Fuß fassen (Tab. 10). Auch die Bläßhühner sind vom Röhricht als Brutraum und Refugium bei Störungen abhängig, es genügen ihnen jedoch lichtere Bestände. Haubentaucher und Höckerschwan brauchen die Röhrichte dagegen nicht als Zuflucht, sie kommen mit wenig Deckung am Nest aus; sie wurden durch die verbesserten Nahrungsverhältnisse (Fischbesatz/Weißfischförderung bzw. Brotfütterungen in Ausflugsgebieten) besonders begünstigt. Als Beispiel für die Berliner Verhältnisse sei die Brutvogelentwicklung der Insel Scharfenberg mitgeteilt (Tab. 10, Abb. 29).

Tab. 10: Veränderung der Brutpaare von Wasservögeln auf der Insel Scharfenberg im Tegeler See/Berlin von den 50er zu den 70er Jahren (Nestkartierung Abb. 29; Fotos 1,9,15,16).
Scharfenberg ist Landschaftsschutzgebiet, Uferlinie 3 km, etwa die Hälfte in den 50er Jahren mit Röhrichten (meistens unter 10 m breit und vielgestaltig), praktisch keine Ufernutzungen (Daten für 1968 und 1971/2 von KOWALSKI, Berlin). In Klammern stehen die Brutpaarzahlen für den ca. 200 m langen größten Röhrichtbestand (SW-Ecke), der bis in die 60er Jahre noch gut erhalten war, dann aber der massierten Freizeitnutzung nicht mehr standhalten konnte (inzwischen vorwiegend mit Schmalblättrigem Rohrkolben wieder regeneriert, so daß 1994 sogar Biberspuren nachgewiesen werden konnten: HUNDRIESER et al. 1995).

Jahr	1953-57	1968	1971/2
Zwergdommel	6-8 (3-4)	—	—
Drosselrohrsänger	10 (3)	4 (3)	—
Teichrohrsänger	— (-)	1 (1)	2-3 (2-3)
Bläßhuhn	15 (2)	4	5 (3)
Höckerschwan	— (-)	5	3 (1)
Haubentaucher	0-1 (0-1)	5 (4)	3-4 (2-3)

(5) Der wasserseitige Schilfrand ist Standplatz des Hechtes und Lebensraum verschiedener anderer Fischarten ist, daher sind Schilfbestände auch für die Binnenfischerei und das Sportangeln wertvoll. Ausgedehnte Röhrichte („Ge-

lege") sind fischereilich jedoch ungünstiger als gute Tauchblattbestände ("Kraut"), aber wesentlich besser als kahle Uferabschnitte.

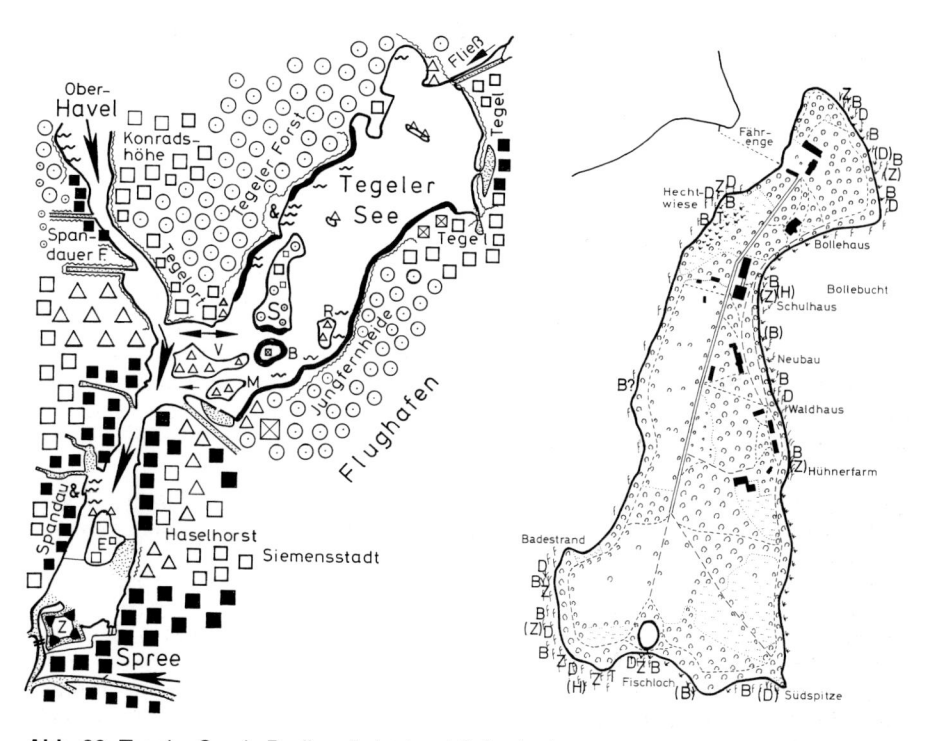

Abb. 29: Tegeler See in Berlin mit der Insel Scharfenberg.
Links: Oberhavel mit dem Tegeler See (nach MIELKE 1978). Der See ist ein Seitenbecken der Oberhavel und liegt in Waldgebieten (Kreise). Maßgeblich ist die Nutzung zur Wassergewinnnung aus Uferfiltrat (fette Uferlinie, Wasserwerke Quadrat mit Diagonalen). Der Wasserstand wird an der Spandauer Schleuse (Doppelstrich auf Höhe der Zitadelle Z) geregelt. ~ Badestellen und Freibadanlage, punktiert Kanäle, Hafenanlagen und andere Uferstellen mit Badeverbot; geschlängelte Linien: Wanderwege am Wasser. Dreiecke: Campingplätze, Schrebergärten, Parks; offene Quadrate Wohngebiete, schwarze Quadrate Industrieanlagen. Pfeile: Fließrichtung von Havel und Spree. Der Zufluß über das Tegeler Fließ (Fließ) wird im Sommer durch die Wasserentnahmen überkompensiert, dann fließt Havelwasser in den See. Namen der Inseln: B Baumwerder, E Eiswerder, M Maienwerder, R Reiswerder, S Scharfenberg, V Valentinswerder, Z Zitadelle (Festung Spandau mit Juliusturm).
Rechts: Wasservogel-Brutreviere an der Insel Scharfenberg in den 50er Jahren. Schwarz: Gebäude Anfang der 50er Jahre. B Bläßhuhn, D Drosselrohrsänger, H Haubentaucher, T Teichhuhn, Z Zwergdommel (in Klammern nur in manchen Jahren besetzte Reviere); die Röhrichte sind angedeutet (f Schilfröhrichte, V Schmalblättriger Rohrkolben, an der Hühnerfarm Teichbinse, w Wasserschwaden, Igelkolben etc.).
Maßstab: Länge von Scharfenberg rund 1 km.

3.6 Die Wasserrosen und ihre Zone

In stillen Buchten ist dem Röhricht ein Saum aus Schwimmblattpflanzen vorgelagert (Foto 2). Am auffälligsten sind (neben dem Wasserknöterich) die zwei Wasserrosenarten, die (Weiße) Seerose und die (Gelbe) Teichrose oder Mummel (vgl. Düll & Kutzelnigg 1994). Erstere ist ein „Schlammwurzler" und bevorzugt Schlammgrund, sie ist daher auf vermoorende Seebuchten und Moorseen beschränkt, mehr an Teichen und Waldweihern verbreitet. Die Teichrose ist dagegen (unbeschadet des Namens) die typische Art der Seen mit Sandgrund und Wellenschlag, auch von Wiesenbächen und Flüssen. In den vegetativen Teilen sind beide Arten sehr ähnlich, jedoch bildet die Teichrose spezielle „salatähnliche" Unterwasserblätter (ohne Schwammparenchym) aus (s.u.).

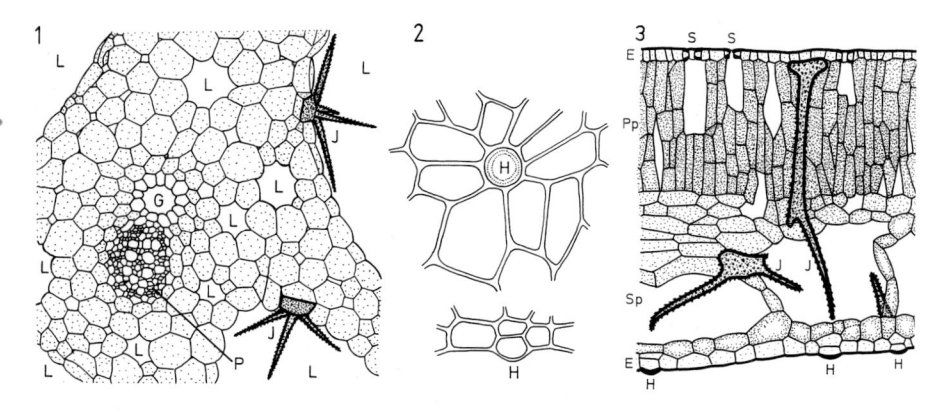

Abb. 30: Anatomie der Seerose. (1) Querschnitt durch den Stengel des Seerosenblattes im Bereich eines Leitbündels. (2) Hydropoten von der Blattunterseite, oben in Aufsicht auf die untere Epidermis, darunter im Querschnitt (nach Gessner). (3) Querschnitt durch das Schwimmblatt. – E: Epidermis, G: Gefäß des Leitbündels mit einem Ring aus kleinlumigen Zellen statt einer verholzten Wand (wie bei Tracheen), H: Hydropoten, J: Idioblast („Feilenhaar"), L: Luftkanal, P: Phloem (Siebteil) des Leitbündels, Pp: (mehrschichtiges) Palisadenparenchym, S: Spaltöffnung, darunter die Atemkammer (ohne direkte Verbindung zum Aerenchym Sp: „thermo-osmotische Sperrschicht"), Sp: Schwammparenchym als Schwimmpolster.

Die Sproßachse der Wasserrosen liegt dem Grund auf und ist von den Narben der vormaligen Blätter gezeichnet. Es ist ein Speicherrhizom, das Armdicke erreichen kann. Unverzweigte Wurzeln verankern die Sproßachse im Grund, an der Rhizomspitze werden die Schwimmblätter und Blüten gebildet. Sie erreichen mit elastischen Stielen, die je nach Wassertiefe mehrere Meter lang werden können, die Wasseroberfläche. Die großen Blätter liegen der Wasseroberfläche auf, die Blattstiele brauchen sie nicht zu tragen, sondern nur zu verankern. In ihrem Bau entsprechen die Blätter ganz denen von Landpflanzen, jedoch liegen die Spaltöffnungen an der Oberseite, das Lückensystem im Schwammparenchym ist zu Schwimmpolstern erweitert (Abb. 30). Große „Feilenhaare" (besondere Idioblasten, Name nach der warzigen Zellwand, in die Calciumoxalat-Kristalle eingelagert sind) übernehmen Stützfunktion (DAX 1988, NULTSCH & RÜFFER 1993, SCHORR 1991).

Die Wasserrosen sind somit ein interessantes Bindeglied zwischen emersen Ufer- und submersen Wasserpflanzen. Die Schwimmblätter sind einerseits Merkmal einer spezialisierten Wasserform, haben anderseits „noch" die funktionale Differenzierung der Laubblätter von Landpflanzen.

Sie eignen sich daher besonders gut für Untersuchungen der Angepaßtheit an den Lebensraum. See- und Teichrose sind zwar besonders geschützte Arten, Zierformen der Seerosen werden jedoch (z.B. an Gartenteichen) allenthalben kultiviert und stehen so für Untersuchungen zur Verfügung.

1) Benetzbarkeit von Seerosenblättern: Gibt man Wasser auf ein Schwimmblatt, so perlt es leicht ab, an der Unterseite bleibt dagegen ein Wasserfilm haften. Deutung: Die Blattoberseite ist (durch dicke Wachsschichten) unbenetzbar, die Unterseite dagegen benetzbar. So haftet die Unterseite besser an der Wasseroberfläche, das Blatt wird von Wind und Wellenschlag nicht so leicht umgeworfen. Regen perlt dagegen von der Oberseite leicht ab, so daß die Spaltöffnungen funktionsfähig bleiben; ein umgekehrtes Blatt löst sich leicht wieder vom Wasser. Die Unbenetzbarkeit der Oberseite schützt überdies vor (wasserlöslichen) Kontaminierungen wie beim sauren Regen („Lotus-Effekt", vgl. BARTHLOTT 1991).

2) Verdunstungsversuch mit dem Seerosenblatt: Ein dem Wasser aufliegendes, abgeschnittenes Blatt bleibt (erwartungsgemäß) lange frisch, stellt man dagegen ein abgeschnittenes Wasserrosenblatt in einen Standzylinder, so vertrocknet es (entgegen den üblichen Erfahrungen mit Schnittgrün in der Vase) rasch. Deutung 1: Die Spaltöffnungen haben wie bei Röhrichtpflanzen einen reduzierten Schließmechanismus, Wasserrosen verdunsten also bei Sonneneinstrahlung stark, erhalten an ihren der Sonne exponierten Standorten durch die Verdunstungskälte einen Überhitzungsschutz. Deutung 2: Die Kapazität der Wasserleitung im Stengel ist unzureichend, das Blatt muß eine Möglichkeit der direkten Versorgung (Hydropoten) haben. Kontrollversuche: a) Ein Blatt im Standzylinder mit (0,5 m) langem Stiel vertrocknet schneller als ein Blatt mit (1-2 cm) kurzem Stiel (Blatt mit Styroporplatte von der Wasseroberfläche isolieren, das Stielstückchen aber eintauchen lassen. b) ein Blatt mit langem Stiel auf die Wasseroberfläche legen, den Stiel jedoch an der Luft enden lassen. Ergebnis: Das Blatt bleibt frisch. Deutung: Die Wasserleitung im Blattsstiel kann unter den Versuchsbedingungen durch direkte Wasseraufnahme an der Blattunterseite kompensiert werden, dort müssen Hydropoten liegen.

3) Anatomische/physiologische Kontrolle der Hydropoten: In der Aufsicht (Zupfpräparat, vgl. TINBERGEN & PATTINSON 1981) fallen rundliche, selektiv von Vitalfarbstoffen anfärbare (s.u.) Zellen auf. Sie liegen in einem Kranz radiärer Zellen; im Querschnitt erweisen sie sich als dünnwandige Doppelzellen, die etwas über die Epidermis hinausragen (Abb. 30; vgl. DAX 1988).

Versuche zur Wasseraufnahme durch die (mutmaßlichen) Hydropoten: a) Legt man das Seerosenblatt auf Wasser mit einem Vitalfarbstoff (wie Neutralrot oder Methylviolett, 1 Teil Farbstoff auf 10^4 Teile dest. Wasser: BIEBL & GERM 1967), so färben sich die Hydropoten innerhalb einer Stunde selektiv an. b) Legt man es auf mit Tusche gefärbtes Wasser, so bildet sich im Laufe der Zeit eine dicke Tuscheschicht auf den Kopfzellen der Hydropoten (Deutung: Filtrierrückstand des dort eindringenden Wassers).

Fazit: An den Stellen von Spaltöffnungen an der Blattunterseite liegen Hydropoten (wörtlich „Wassertrinker", sie sind das Gegenstück zu Hydathoden, Orten der Wasserausscheidung/ Guttation bei Schatten-Hygrophyten, vgl. DAX 1988, JURZITZA 1987). Mit ihnen können auch Nährstoffe und Ionen direkt aus dem Wasser aufgenommen werden.

Der Kollaps der Wasserleitung im Stengel bei Transpirationssog weist auf weitere, einfach experimentell nachzuweisende Besonderheiten hin:

Das mikroskopische Bild (Abb. 30) zeigt verstreut liegende Leitbündel (ungewöhnlich für eine Angiosperme!). Statt der üblichen Leitzylinder hat das „Xylem" nur einen großen „Gefäßgang", der von kleinen, relativ dünnwandigen Zellen begrenzt wird. Ein Sklerenchym fehlt, der Holznachweis (Rotfärbung mit Phloroglycin-Salzsäure) ist negativ (Details und Mikrofotos bei NULTSCH & RÜFFER 1988, S. 46/47). Deutung: Damit erhält der Stengel eine hohe Biegsamkeit, jedoch entfällt der Transpirationssog als Motor für den Wassertransport; am intakten Blatt sorgt der Wurzeldruck für den Wassertransport. *Kontrollbeobachtung*: Bei gut wüchsigen Seerosen in Garten- oder Parkteichen wird ein Teil der Blätter in den Luftraum gedrängt. Blätter, die mit dem Rhizom verbunden sind, können also unbeschadet aus dem Wasser ragen.

Der Stengel muß auch die O_2-Versorgung für die Atmung von Rhizom und Wurzeln sichern. Wasserrosen kommen bis 6 m Wassertiefe vor, Seerosen auch auf anoxischem Schlamm. Bei dem Sauerstofftransport zur Wurzel sind daher lange Wege gegen eine hohe Wassersäule zu überwinden:

Beim Blattstiel der Seerosen sind vier riesige Luftkanäle schon mit bloßem Auge zu erkennen, zahlreiche kleinere liegen im Parenchym (Abb. 30). Selbst durch meterlange Stielstücke kann man mühelos blasen (Stielende zur Demonstration dabei in ein Wasserbecken eintauchen). Nimmt man ein Blatt mit Stiel, schneidet eine Blattader an und bläst dann in das Stielende, so perlt die Luft an der Blattaderschnittstelle heraus. Auch die Verbindung der Luftkanäle im Stiel mit dem Schwammparenchym ist mit passendem Schnitt einfach zu belegen.

Die Gasdiffusion in den Luftkanälen wächst mit der 4. Potenz des Querschnitts, ist also bei den riesigen Hauptkanälen sehr effektiv, Motor ist auch hier die Thermo-Osmose (vgl. Kap. 3.4.1). Ausgang sind die jungen Blätter (GROSSE & SCHRÖDER 1986, GROSSE & WILHELM 1984, KIRST & KREMER 1987, KREMER 1987, SCHRÖDER et al. 1986). Bei ihnen ist die Atemkammer der Spaltöffnungen durch die untere Schicht des Palisadenparenchyms bzw. die obere Schicht des

Schwammparenchyms, die nur kleine Interzellularen haben, von den Luftkanälen getrennt, damit ist eine Trennschicht mit feinporigen, bei Blatterwärmung semipermeablen Gasleitungswegen zu den Luftkanälen gegeben; sie baut den Überdruck für die Gasleitung in das Stengelaerenchym auf. Diese Trennschicht altert schnell, damit werden die alten Blättern permeabel für das Gas, der Gasaustritt dominiert. So geht die Gasleitung von den jungen Blättern in das Rhizom (und die Wurzeln) und von dort über die alten Blätter zurück. Bei der Atmung wird aber der Sauerstoff gegen CO_2 ausgetauscht, CO_2 wird überwiegend direkt an das Wasser abgegeben. Damit ist der Rückstrom erheblich geringer als der Gasstrom zum Rhizom hin.

Versuch zur Thermo-Osmose als Motor für die Gasleitung zum Rhizom hin: Auf die Wasserfläche einer Schale werden ein junges und ein altes Seerosenblatt mit etwa 10 cm langem Stengelstück gelegt. Bestrahlt man sie mit einer Infrarotlampe, so entsteht ein Gasblasenstrom am Stengelende des jungen Blattes (zu den Tonröhren-Modellversuchen vgl. Kap. 3.4.1 und GROSSE & WILHELM 1984).

Die „Bewetterung" des Rhizoms mittels Thermo-Osmose in den jungen Blättern bedeutet jedoch, daß Wasserrosen über den ganzen Sommer hinweg neue Blätter bilden müssen. Das Phänomen ist an Seerosen im Gartenteich gut zu beobachten. Es dient zugleich der Anpassung an wechselnde Wasserstände: Die Blattstiele der Wasserrosen sind in ihrer Länge so bestimmt, daß die Blätter in einem lockeren Kreis um das Zentrum mit den Blüten stehen. So ist nach der Längensteuerung und der Anpassung an veränderte Wasserstände zu fragen. Versuche von GESSNER (1959, vgl. Abb. 31) zeigten, daß CO_2-Mangel (Blätter unter Wasser) das Blattstielwachstum fördert, gute CO_2-Versorgung (Blätter mit Luftkontakt) es hemmt.

Freilandversuch dazu: Zieht man junge Wasserrosenblätter (im Gartenteich) mit angebundenen Gewichten unter Wasser, so wachsen die Blattstiele deutlich mehr als die von schwimmenden Blättern (Tab. 11). Sehr deutlich ist der Bezug auch, wenn die Wasserrosenblätter in lufterfüllten Standzylindern stecken, in denen einmal das CO_2 entzogen, zum anderen angereichert wird (Abb. 31).

Freilandbeobachtung im Frühjahr: Wenn Seerosen im Gartenteich im März/April die ersten Blätter treiben, so bleiben sie in dem kühlen Wasser (mit hohem CO_2-Gehalt und geringem -bedarf) noch klein und submers, im warmen Sommerwasser wachsen sie dagegen rasch zur Oberfläche, bei den letzten Blättern im Herbst ist die submerse Phase wieder länger. In der submersen Phase sind auch die Diffusionswege für den (Fotosynthese-) Sauerstoff zum Rhizom hin kurz.

Sinkt der Wasserspiegel, so breiten sich zunächst die Blätter aus, erst die neuen Blätter sind an den neuen Wasserstand angepaßt. Steigt der Wasserspiegel, so daß die Blätter untergetaucht werden, so kann der Blattstiel der jüngeren Schwimmblätter noch etwas nachwachsen, die neuen Blätter sind wiederum optimal angepaßt. Seerosen können auch ein längeres Trockenfallen (auf feuchtem Schlammboden, der die Wasserversorgung sichert) überdauern, sie bilden dann kurze, kräftige Blattstiele aus.

Tab. 11: Förderung des Stiellängenwachstums von Seerosen durch Untertauchen der Blätter mittels Gewichten innerhalb von 14 Tagen (nach GESSNER 1959).

Wassertiefe (cm)	Stiellänge der Vergleichsproben (cm)	Stiellänge nach Submersion (cm)	Differenz der Mittelwerte (cm)
30	39	48	
30	35	47	10,5

Teichrosen haben in Seen in der Regel neben den Schwimmblättern salatförmige, dünne Unterwasserblätter. Sie sind auf CO_2 als C-Quelle angewiesen. Das dürfte mit ein Faktor dafür sein, daß Teichrosen am See etwas bewegtes Wasser bevorzugen und auch in Fließgewässern gedeihen. Dort gibt es vielfältige Übergänge von Unterwasserblättern zu Schwimmblättern, was bei Seerosen selten ist (GLÜCK 1924). Bei niedrigen Wassertemperaturen (mit hohem CO_2-Angebot auch in Seen) bleiben die Blätter von See- und Teichrosen lange submers.

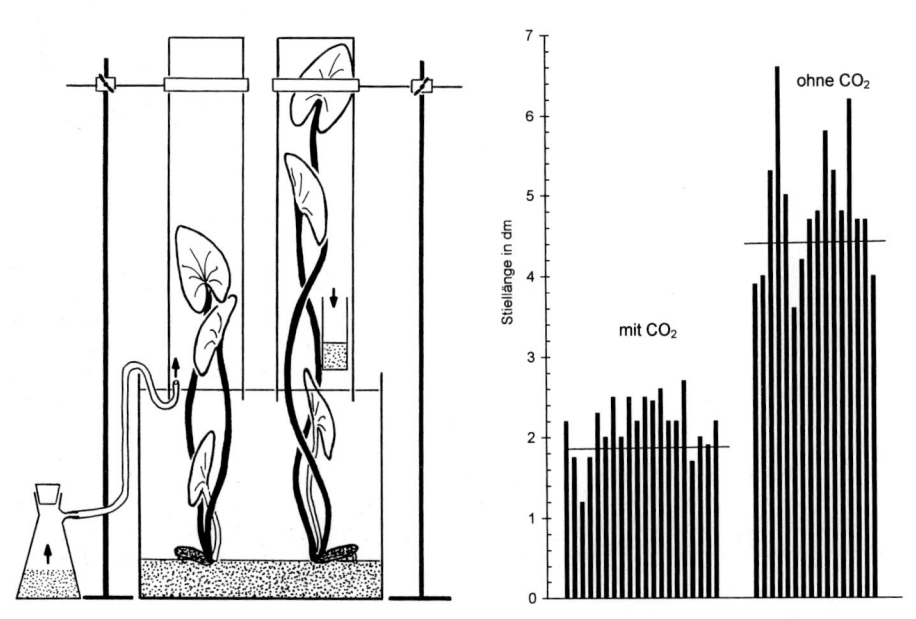

Abb. 31: Steuerung des Stiellängenwachstums von Seerosenblättern durch CO_2 (nach GESSNER 1959). *Links:* Versuchsanordnung mit Blättern im Luftraum, der in dem linken Glaszylinder (aus Hefekultur) mit CO_2 angereichert und dem im rechten Glaszylinder (mit Kalilauge) das CO_2 entzogen wird, die Pfeile kennzeichnen die Richtung von CO_2-Eintrag bzw. -Entzug. *Rechts:* Meßwerte zu einer Versuchsreihe.

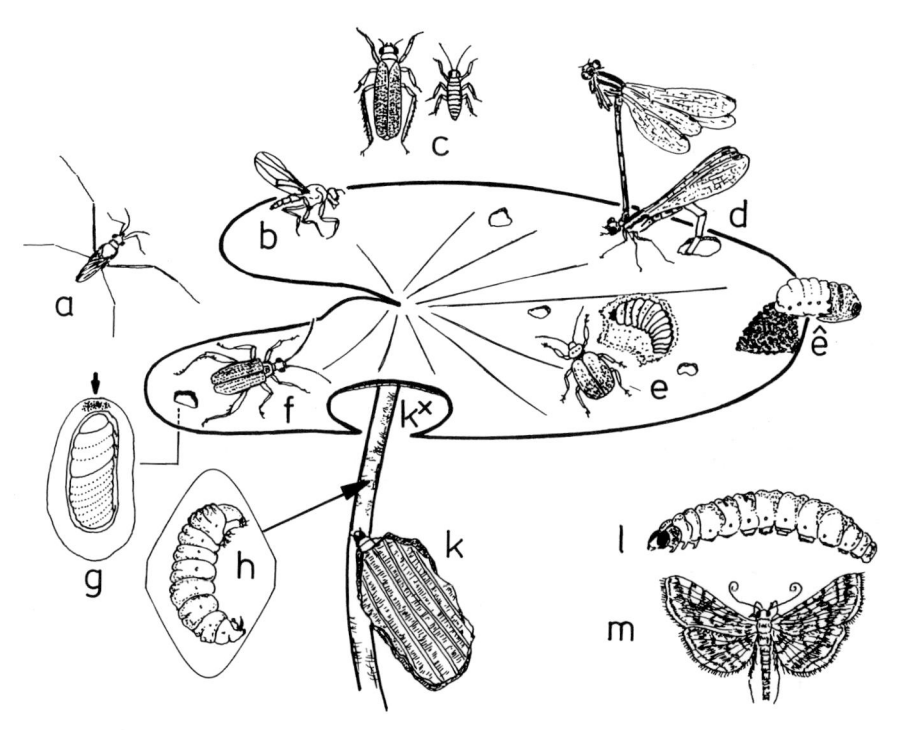

Abb. 32: Ausschnitt aus dem Lebensverein des Wasserrosenblattes (nach Joger, einzelne Figuren nach Engelhardt, Füller, Klausnitzer, Lang).
a) Wasserläufer *Gerris* (um 1 cm), sucht das Seerosenblatt zum Ruhen auf; b) Salzfliege *Notiphila* (um 0,3 cm) als (Ur-) Insektenjäger vgl. die Dungfliege *Hydromiza*); c) Zwergzikaden *Macrostelis cyanae* (Imago 0,5 cm, daneben eine Larve) als Phloemsaftsauger; d) Schlankjungfern *Coenagrion puella* (ähnlich ist *C. pulchellum*, die typische Seeart, sie fehlt aber regional wie in der Kölner Bucht, um 3 cm) bei der Eiablage mit angekoppeltem Männchen; e) Seerosenblattkäfer *Galerucella nymphaeae* (gut 0,5 cm) frißt Löcher, daneben die Larve im Fraßgang, sie verschont die untere Epidermis; ê) Puppe; f) Schilfkäfer *Donacia crassipes* (um 1 cm) als Lochfresser; g) Ei, vom Weibchen mit Symbionten (dunkle Punkte in der Gallerthülle; Pfeil) belegt (vgl. Abb. 26); h) die Larve frißt am Stengel und nutzt das Aerenchym als Atemluftspender; k) Seerosenzünsler *Nymphula nymphaeata*, die große phytophage Raupe (~ 2 cm) im Köcher aus versponnenen Seerosen-Blattstückchen (Ausschnitt k˙ am Blattrand), l) Raupe ohne Köcher, m) der Falter.

Wasserrosen können bei guter Nährstoffversorgung die Oberfläche „versiegeln". Dann werden 95-97 % des auffallenden Lichtes abgefangen (Gessner 1959), eine Produktion im Wasser selbst ausgeschaltet. Bei Seerosen auf Schlammgrund im unbewegten Wasser bildet sich dann ein anoxisches Hypolimnion, das bis zu den Blättern hoch reicht. In dem Wurzelraum wird allerdings Sauerstoff aus dem Aerenchym eingetragen, aerober Abbau ermöglicht, das Redoxsystem entsprechend verschoben. Die Verhältnisse werden dann sehr komplex. In Park- oder Stauteichen (z.B. ehemaligen Mühlteichen) sorgt wiederum der Durchfluß für ein komplexes Muster von Turbulenz- und Stagnationsbereichen im Wasserkörper. An mesotrophen bis schwach eutrophen Seen sind die Wasserrosenbestände von Natur aus eher aufgelichtet und dann mit Tauchblattpflanzen durchsetzt (wie bei der „Tausendblatt-reichen Teichrosen-Gesellschaft", vgl. OBERDORFER 1957). Damit entsteht ein artenreiches Phytal, das auch einen idealen Lebensraum („Laichkräuter") für die Fischbrut darstellt, heute aber im Gefolge von Eutrophierung in Verbindung mit Weißfischbesatz oder Bisambefall vielfach verschwunden ist.

Wasserrosen sind in der Konkurrenz um das Licht den Röhrichtpflanzen unterlegen, werden also wasserseitig abgedrängt. Mäßiges Bootfahren vertragen die Wasserrosen allerdings besser (auch wegen des rascheren Blattersatzes aus dem Rhizom am Grund), überdies bleiben sie vom Bisam verschont. So können sich dann Wasserrosenbestände im Flachwasser, also im Röhrichttiefenbereich, entfalten (Foto 11), wiederum ein Beispiel für das diffizile Nischengefüge am See.

Wasserrosen beherbergen einen eigenen Lebensverein (Abb. 32). Teichläufer (wie *Gerris*) haben auf den Blättern ihre Ruheplätze. Bei Sonnenschein zeigen hier die metallisch schillernden Schilfkäfer (*Donacia*) ihre lebhaften Paarungsspiele. Sie fressen Löcher in die Blätter, wie auch der gelbbraune Seerosenblattkäfer (*Galerucella nymphaeae*) und seine schwarzen Larven. Letztere verschonen dabei die untere Epidermis, die Puppen verankern sich auf einem Sockel, der Larvenexuvie, sie alle überstehen zeitweilige Überflutung in einer kleinen Luftglocke (KLAUSNITZER 1984, REICHHOLF 1976). Durchgehende Fraßlöcher werden gern für die Eiablage genutzt, die Schilfkäfer-Weibchen und Kleinlibellen (wie die Schlankjungfer *Coenagrion pulchellum*) führen den Hinterleib durch größere Löcher (z.B. Fraßlöcher von Blattkäfern) zur Blattunterseite und stechen die Eier in bogenförmigen Reihen in das Schwammparenchym ein; hier haben sie eine gute O_2-Versorgung und gemilderte Thermik; die Schilfkäferweibchen applizieren bei der Eiablage einen Haufen von Symbionten (zellulosespaltende Bakterien) in die Sekrethülle der Eier, die Larve infiziert sich, wenn sie sich nach dem Schlüpfen nach außen frißt, sie ist so mit der notwendigen Verdauungshilfe für ihre einseitige Blattkost versorgt (FÜLLER 1958, KLAUSNITZER 1982). Gallertige Laichklumpen an der Blattunterseite stammen oft von Wasserschnecken, auch von Zuckmücken oder Köcherfliegen. Federlibellen bevorzugen zur Eiablage die Blütenstiele, wobei sie sich oft in Gruppen zusammendrängen (trickreiche Versuche dazu bei MARTENS 1992). Die Granataugen-Männchen (*Erythromma najas*) nutzen die Blätter als Sitzwarten, dort sitzen auch die Paarungsräder, zur Eiablage tauchen die Paare in der Regel im Tandem am Stengel metertief stundenlang ab. Auf den Schwimmblättern lauern Frösche auf Beute (wie Libellen oder die Blüten be-

Foto 11: *Unten:* Schwimmblattzone aus Wasserknöterich, im Flachwasser von Schilfausläufern durchsetzt (Frühjahrsform vom Schilf, die Blätter stehen noch ± aufrecht; Großes Heiliges Meer bei Ibbenbüren/Westfalen, 3.6.1986). *Oben:* Flugbereich der Gemeinen Smaragdjungfer *Cordulia aenea* (Botanischer Garten Bonn, 26.5.1986).

suchende Schwebfliegen), jagen Fliegen (wie die Ephydride *Notiphila*) sowie Jagd- oder Wolfspinnen (*Pirata, Dolomedes*, Foto 13) nach Insekten (wie Urinsekten bzw. die Pflanzensaftsauger: Blattläuse oder Zwergzikaden). Geschützt vor diesen Nachstellungen minieren Zuckmückenlarven und die Larven der Dungfliege (Scatophagidae) *Hydromyza livens* in den Wasserrosenblättern (Details bei JACOBS & RENNER 1988, WESENBERG-LUND 1943). Die Raupe des Wasserzünslers (*Nymphula nymphaeata*) baut sich einen Köcher aus 2-3 cm langen Blattstückchen, die vom Blattrand ausgeschnitten werden, und frißt, an der Blattunterseite krabbelnd, Löcher in das Blatt oder an dem Stengel (zu den interessanten Details der Biologie vgl. REICHHOLF 1988).

3.7 Die Kohlenstoffversorgung submerser Pflanzen

3.7.1 Das CO_2 im Wasser als Ökofaktor für Pflanzen

Kohlenstoff ist – neben Wasser – der mengenmäßig wichtigste Rohstoff für die biologische Produktion im Ökosystem. Landpflanzen nutzen das CO_2 aus der Luft als Kohlenstoffquelle. Es ist zwar nur zu 0,03 % am Luftvolumen beteiligt, aber dank der guten Beweglichkeit und Durchmischung dieses Mediums hinreichend gut verfügbar, also kein Mangelfaktor für die Produktion. Im Wasser sind die Verhältnisse komplizierter. Wasser hat zwar eine extrem hohe Löslichkeit für CO_2, jedoch mindert sich dieser Wert (wegen des Lösungsgleichgewichtes mit der Luft) erheblich und entspricht bei 15 °C etwa dem Gehalt der Luft. Dabei wird die Verfügbarkeit für Pflanzen jedoch dadurch beeinträchtigt, daß die Diffusionsgeschwindigkeit im Wasser um den Faktor 10.000 niedriger liegt als in der Luft. CO_2 bildet im Wasser überdies Kohlensäure, die über die Dissoziation in das Carbonatsystem des Wassers eingebunden ist. Dabei können viele Wasserpflanzen bzw. Planktonalgen auch eine andere Komponente, das Hydrogencarbonat HCO_3^-, als Kohlenstoffquelle nutzen. Dieses beeinflußt wiederum die Pufferkapazität des Wassers und damit den pH-Wert (zu Details vgl. HÜTTER 1990, KLEE 1993, SIGG & STUMM 1991 sowie BREHM & MEIJERING 1990).

3.7.2 Das Carbonatsystem im Wasser

Im Wasser gehen etwa 0,1 % des gelösten CO_2 in die Kohlensäure (H_2CO_3) über. Bei CO_2-Zufuhr steigt also auch die Kohlensäuremenge, der pH-Wert sinkt; entsprechend steigt der pH-Wert bei CO_2-Entzug. Die Kohlensäure dissoziiert mäßig (1. Stufe: $H^+ + HCO_3^-$, 2. Stufe $H^+ + CO_3^{2-}$); vielfach werden die Dissoziationskonstanten jedoch auf die 5000fach höhere ($CO_2 + H_2CO_3$)-Konzentration bezogen, so daß die Kohlensäure nur als schwach dissoziiert gilt.

Die Salze der Kohlensäure sind die Hydrogencarbonate und die Carbonate, wobei ich mich hier der Einfachheit halber auf die i. a. weitaus vorherrschenden Ca-Salze beschränken kann: Das Ca-Hydrogencarbonat ist gut wasserlöslich und bedingt die temporäre (da z. B. beim Kochen verschwindende)

Härte des Wassers, die Carbonathärte. Das Ca-Carbonat ist dagegen praktisch wasserunlöslich und fällt zum größten Teil aus (z. B. als Kesselstein). Beide Verbindungen sind als Salz vollständig dissoziiert (Anionen entsprechend der Kohlensäure). Teilweise erfolgt Hydrolyse ($HCO_3^- + H_2O \rightarrow H_2CO_3 + OH^-$; $CO_3^{2-} + H_2O \rightarrow HCO_3^- + OH^-$). Die dabei entstehende Kohlensäure dissoziiert jedoch nur zum Teil, so daß ein OH-Ionen-Überschuß entsteht und die Hydrogencarbonatlösung schwach alkalisch reagiert. So hat Leitungswasser von 15-20° dH (Deutscher Härte) bei Lösungsgleichgewicht einen pH-Wert zwischen 7,5 und 8,5.

Das Ca-Hydrogencarbonat bleibt aber nur beständig, wenn eine bestimmte, mit der Konzentration stark anwachsende CO_2-Menge in Lösung ist. Diese CO_2-Menge wird daher Gleichgewichts-CO_2 genannt. Wird sie unterschritten, zerfällt ein Teil des Ca-Hydrogencarbonats zum kaum löslichen Carbonat:

$$Ca(HCO_3)_2 \underset{CO_2 - \text{Überschuß}}{\overset{CO_2 - \text{Defizit}}{\rightleftarrows}} CaCO_3\downarrow + CO_2 + H_2O$$

Als Beispiele seien angeführt: Entkalkung des Wassers beim Kochen ($CaCO_3$ setzt sich als Kesselstein ab), Weicherwerden von (Blumen-)Wasser bei längerem Stehen oder Kalktuffbildungen unterhalb von an Hydrogencarbonat reichen Quellen infolge der CO_2-Verluste an die Luft, Kalkkrusten z. B. auf dem Quellmoos bei CO_2-Verbrauch für die Fotosynthese. Ist dagegen mehr CO_2 im Wasser gelöst, als für die jeweilige Hydrogencarbonatkonzentration nötig wäre, so reagiert der Überschuß an CO_2 mit dem Ca-Carbonat, es geht als Hydrogencarbonat in Lösung. Daher heißt die das Gleichgewichts-CO_2 überschießende Menge auch aggressives CO_2.

Beispiele für das Auflösen von Kalk durch CO_2-reiches Wasser: In CO_2-reichem (saurem Moor-)Wasser sind die leeren und daher von innen nicht mehr durch den Mantel der lebenden Mollusken geschützten Gehäuse z. B. der Posthornschnecken so stark entkalkt, daß sie sich lederartig anfühlen und sich leicht eindellen lassen; so ist bei den Süßwasserschnecken und -muscheln (im Gegensatz zu vielen marinen Formen) die äußere organische Schicht (Periostrakum) der Schale stets besonders gut entwickelt und als Schutz vor allem vor dem aggressiven CO_2 zu deuten (die langlebigen Perlmuscheln aus dem CO_2-reichem Bachoberlauf sind dennoch an den ältesten Teilen, am Wirbel, von Korrosionen gezeichnet); Sickerwasser, das durch die Bodenatmung stets CO_2-reich ist, reichert sich dementsprechend in kalkreichen Böden mit Hydrogencarbonat an, das Grundwasser hat hier eine hohe (Karbonat-)Härte.

Unter Gleichgewichtsbedingungen besteht damit eine Relation zwischen CO_2-Gehalt (in mg/l), pH-Wert und Hydrogencarbonatgehalt (in n/1000 $Ca[HCO_3]_2$-Lösung, n = Alkalinität), die sich für 20-25 °C näherungsweise durch die folgende Gleichung angeben läßt:

Alkalinität × 10^{8-pH} ~ CO_2-Gehalt

Damit kommt zugleich zum Ausdruck, daß die verschiedenen Bindungsformen des CO_2 ($CO_2 + H_2CO_3$, HCO_3^-, CO_3^{2-}) eine charakteristische, vom pH-Wert abhängige Verteilung zeigen (Abb. 33): im sauren Wasser (pH unter 6) liegt praktisch alles als CO_2 (+ H_2CO_3) gelöst vor, die Carbonate sind bedeutungslos (Kalkarmut des Moorwassers), im schwach alkalischen Bereich (pH um 9) ist praktisch alles CO_2 als Hydrogencarbonat, im stark alkalischen (pH über 11) als Carbonat gebunden, gelöstes CO_2 ist oberhalb von pH 8,5 (Umschlagpunkt Phenolphthalein von Farblos zu Rot; vgl. den CO_2-Nachweis durch Titration mit NaOH) praktisch nicht mehr vorhanden, Hydrogencarbonat nicht mehr unterhalb von pH 4,5 (Umschlagpunkt Methylorange von Gelb nach Rot, vgl. den HCO_3^--Nachweis mit HCl).

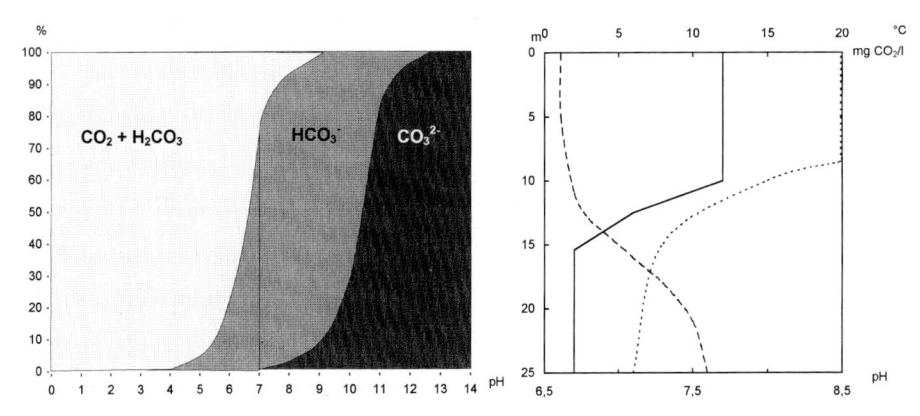

Abb. 33: CO_2 im See (nach GESSNER).
Links: Die Bindungsformen des CO_2 in Abhängigkeit vom pH-Wert (bei 0 °C). Hellgrau $CO_2 + H_2CO_3$, *mittelgrau* HCO_3^-, *dunkelgrau* CO_3^{2-}. Bei pH >8 ist praktisch kein gelöstes CO_2 im Wasser vorhanden. *Rechts:* Beispiel für die vertikale Schichtung von Temperatur (punktiert), pH (ausgezogenen Linie) und CO_2 (gestrichelt) während der Sommerstagnation im See (Black Oak-See, USA, 24.8.1928). Die obere Wasserschicht (Epilimnion) ist durch den Verbrauch der Produzenten (Wasserblüte) CO_2-frei; pH-Wert und CO_2-Gehalt sind gegenläufig.

Das Carbonatsystem im Wasser ist zugleich (als Gemisch einer schwachen Säure, der Kohlensäure, mit ihren Salzen) ein typischer Puffer im chemischen Sinne, d. h. es fängt mäßige Zugaben von Säuren oder Basen so auf, daß sich der pH-Wert kaum ändert:

$$H^+ + HCO_3^- \to H_2CO_3 \quad \text{bzw.} \quad OH^- + CO_2 \to HCO_3^-$$

Bei Zugabe von Säuren werden die H^+-Ionen zunächst vom Hydrogencarbonat gebunden, die entstehende Kohlensäure zerfällt dann zum größten Teil in

CO_2 und H_2O, der verbleibende Rest dissoziiert sehr schwach, so daß sich letzten Endes die H^+-Ionen-Konzentration nur minimal erhöht, der pH-Wert also kaum sinkt. Bei Zugabe von Laugen werden OH^--Ionen vom CO_2 gebunden, der CO_2-Verlust wirkt sich dann geringfügig auf den Gehalt an Kohlensäure und damit auf die H^+-Ionen-Konzentration aus: der pH-Wert steigt somit nur entsprechend abgeschwächt. Die Pufferung ist optimal um den Neutralpunkt herum, sie versagt bei Zugabe von Säuren im sauren Bereich (kein HCO_3^- vorhanden) bzw. bei Zugabe von Basen im stark alkalischen Bereich (kein CO_2 vorhanden). Die Güte der Pufferung hängt vom Kalkgehalt des Wassers ab: hartes Wasser ist viel besser gepuffert als weiches Moorwasser.

Quantitative Bestimmungen zum Carbonatsystem

Der CO_2- bzw. Hydrogencarbonatgehalt sowie der pH-Wert sind wichtige Indikatoren für die Lebensbedingungen in natürlichen Binnengewässern. Ihre Bestimmung liefert wertvolle Kennzahlen zur Gewässerklassifikation und zur Produktionssituation (Arbeitsbogen 1 dazu siehe Anhang):

1. *pH-Wert*: Der pH-Wert ist eine logarithmische Maßzahl für den Anteil der H^+-Ionen (als negativer dekadischer Logarithmus der H^+-Konzentration, die im Gleichgewicht mit der OH^--Konzentration steht: $pH + pOH = 14$). Bei pH 7 gilt $pH = pOH = 7$, die Reaktion ist neutral; für pH unter 7 herrschen die H^+-Ionen vor, die Reaktion ist sauer; für pH über 7 herrschen die OH^--Ionen vor, die Reaktion ist basisch oder alkalisch. Die klassische Bestimmung des pH-Wertes erfolgt colorimetrisch mit preiswerten Flüssigindikatoren oder Farbstreifen. Sie zeigen auf etwa 0,5 pH an, sind aber (z.B. in elektrolytarmem Wasser) störanfällig. Verläßlich ist die potentiometrische Bestimmung. Es genügt praktisch eine Genauigkeit von ± 0,1 pH, wie sie mit kleinen Feldgeräten zu erzielen ist. Sie sind heute vergleichsweise preiswert, dauerhaft (bei Pflege der Elektrode) und einfach im Einsatz. Die Bestimmung des pH-Wertes muß (ebenso wie die von CO_2 oder O_2) sofort vor Ort erfolgen, da diese Werte durch Fotosynthese/Atmung schnell verändert werden können.

2. *CO_2-Gehalt*: Titration mit n/20 NaOH (Ansatz aus der käuflichen n/10 NaOH) gegen Phenolphthalein (3 Tropfen 0,1 % Lösung auf 100ml Probenwasser) als Indikator, bis eine schwache Rotfärbung 3 min bestehen bleibt. Umrechnung: Verbrauch von n/20 NaOH in ml mal 22 ergibt den CO_2-Gehalt in mg/l.

3. *HCO_3^- (+ CO_3^{2-})*: Am einfachsten ist die Bestimmung mit Feldmeßsätzen für die Carbonathärte. Genauer ist die Titration mit n/10 HCl (käuflich z. B. als Titrisol® von MERCK) gegen Methylorange (3 Tropfen einer 0,1 % wässrigen Lösung zu 100 ml Probenwasser) als Indikator ist bis zum Farbumschlag von Gelb zu Orange (untitrierte, mit Indikator versetzte Probe zum Vergleich daneben stellen). Der Verbrauch von n/10 HCl in ml wird als Säurebindungsvermögen (SBV) oder Alkalinität bezeichnet und entspricht der Carbonatkonzentration in n/1000 $Ca(HCO_3)_2$. Die temporäre oder Carbonathärte in °dH erhält man durch Multiplikation mit 2,8, das fest gebundene CO_2 (in mg/l) entsprechend durch Multiplikation mit 22. Methodischer Hinweis zu den Titrationen: Im Labor kann man mit auf $1/10$ oder $1/20$ ml unterteilten Büretten arbeiten. Im Gelände haben sich Spritzen ohne Kanüle (Glasspritzen, die z. B. für Tuberculin mit Einteilungen auf 0,2 oder 0,01 ml im Fachhandel sind, oder die

billigen Einweg-Plastikspritzen je nach der gewünschten Genauigkeit) besser bewährt. Aqua dest. (zum Ausspülen und Reinigen) und HCl (bzw. NaOH) nimmt man am besten in 100-ml-Weithals-Polyethylenflaschen mit, den Indikator in Plastik-Tropfflaschen (dazu eine auffallend markierte 1000 ml-Polyethylenflasche für den Abfall). Es genügt die etwas einfachere Bestimmung der Alkalinität, die des CO_2-Gehalts kann man sich sparen (s. o.).

4. Gesamthärte (Alkali- und Erdalkalien): Das Verfahren ergänzt die Bestimmung der Alkalinität (Carbonat-Anionen), da hier die zugehörenden Kationen (einschließlich der permanenten Härte, also der Sulfate der Erdalkalien) erfaßt werden. Sehr einfach und hinreichend genau ist der Titrationssatz Aquamerck® (komplett für 50 Bestimmungen).

5. Leitfähigkeit: Sie wird potentiometrisch bestimmt, es genügen einfache Feldgeräte. Gemessen wird die Gesamtmenge der Elektrolyte, also die Summe der Anionen und Kationen. Die Leitfähigkeit läßt damit auch näherungsweise das Nährsalzangebot erahnen.

3.7.3 Die CO_2-Aufnahme der Unterwasserpflanzen

Bezüglich der CO_2-Aufnahme lassen sich drei Typen von Unterwasserpflanzen unterscheiden:

1. Reine CO_2-Verwerter mit den Untertypen
1a) Quellmoos-Typ: Es wird nur das im Wasser gelöste CO_2 aufgenommen. Hierzu gehören vor allem Reinwasserarten wie die Rotalge *Batrachospermum* (Froschlaichalge, Farbe aber blaugrün, nicht rot!), die Grünalgen *Vaucheria* und *Chlorella*, alle bisher untersuchten Wassermoose, Wasserstern, QuirlblättrigesTausendblatt, Lobelie sowie dieAquarienpflanze *Cabomba*. Diese Arten können schon bei niedrigem CO_2-Gehalt (6-12 µmol die Atmungsverluste durch Fotosynthese kompensieren.
1b) Strandling-Typ: Strandling und Wasser-Lobelie können CO_2 auch über die Wurzeln aus dem (durch Zersetzungsprozesse und Atmung mit CO_2 angereicherten) Bodenwasser gewinnen. Überdies können sie (wie auch das Brachsenkraut) CO_2 aus der Nachtatmung speichern (CAM/C_4-Typ der Fotosynthese; vgl. das Glossar sowie LÜTTGE u.a. 1989, LAMPERT & SOMMER 1993, KEELEY & SANDQUIST 1991, 1992, WILMANNS 1993; Abb. der charakteristischen Leitbündelscheide bei HOSTRUP & WIEGLEB 1991; vgl. auch KLOB 1980, SCHILLING 1980).

2.Wasserpest-Typ: Diese Arten weichen bei CO_2-Mangel (pH > 8) auf das HCO_3^- aus, wobei OH^- abgegeben wird. Durch die Sekundärreaktion (OH^- + $HCO_3^- \rightarrow CO_3^{2-} + H_2O$) entsteht dabei Kalk, der sich auf den Blättern ablagert, als weißlicher Belag bei der Wasserpest, als in Platten abhebbare Krusten bei großblättrigen Laichkrautarten (HÜBNER 1992); 100 kg Wasserpest können an einem Tag bis zu 2 kg Kalk abscheiden (RUTTNER 1962). Diese Kalkablagerungen stören natürlich den Stoffaustausch des Blattes. Dem wird dadurch entgegengewirkt, daß sich das Blatt polarisiert: HCO_3^--Aufnahme nur an der morphologischen Unterseite, die damit frei von Ablagerungen bleibt, OH^--Abgabe nur an der morphologischen Oberseite, an der sich dann die Krusten bilden. Diese HCO_3^--Aufnahme wird bei reichlichem CO_2-Angebot blockiert, sie ist also nur eine Ausweichmaßnahme. Das zeigt sich auch daran, daß bei konstantem Kohlenstoffangebot mit steigendem pH-Wert (also abnehmendem CO_2-Anteil) die Fotosyntheserate sinkt (Abb. 48). Zum Wasserpest-Typ gehören für eutrophe Seen charakteristische Arten wie das Ährige Tausendblatt, verschiedene Großlaichkrautarten, Hornblatt, Wasserhahnenfußarten, die Armleuchteralge *Chara fragilis*, die Grünalgen *Cladophora glomerata*, *Oedogonium*, *Spyrogyra*, die Blaualge *Coccochloris*, von den Aquarienpflanzen *Elodea densa*, *Vallisneria spiralis* und *Heterantha graminea*.

3. Scenedesmus-Typ: Bei dieser planktischen Grünalge dominiert die HCO_3^--Aufnahme weitaus gegenüber der CO_2-Aufnahme (25:1 gegenüber 1:5 bei der Wasserpest). Die Auswirkungen auf den Chemismus des Wassers entsprechen dem Wasserpest-Typ, von dem er sich auch nur graduell und nicht prinzipiell (wie vom Quellmoos-Typ) unterscheidet.

Versuch zum CO_2-Aufnahmetyp: Die Hydrogencarbonat-Aufnahme der Wasserpest läßt sich relativ einfach mit einem Langzeitversuch am Anstieg des pH-Wertes bei der Fotosynthese nachweisen. Zugleich wird damit belegt, wie stark der Chemismus des Wassers durch die Fotosynthese der Unterwasserpflanzen verändert werden kann:
  Man setzt drei Kleinaquarien (ca. 18 cm lang) mit 500-700 ml CO_2-reichem, hartem Leitungswasser (z. B. eine Siphonfüllung je Gefäß) an, legt in das erste eine Anzahl frischer Wasserpesttriebe und in das zweite eine gleiche Menge frischer Quellmoos- oder *Cabomba*-Triebe; das dritte dient als Kontrolle. Alle Becken erhalten Dauerlicht (z. B. mit einer Neon-Aquarienleuchte). Einmal täglich werden pH-Wert und Alkalinität oder Carbonathärte gemessen (Abb. 34; – steigt der pH-Wert nur wenig mehr als bei der Kontrolle an, so waren die Pflanzen zu schwach). Ergebnis: Im 2. Gefäß (Quellmoos/ *Cabomba*) steigt der pH-Wert schon innerhalb von 1-2 Tagen auf den Höchstwert von neun. Deutung: Damit ist das CO_2 verbraucht, die Pflanzen können als obligate CO_2-Verbraucher nicht mehr assimilieren und gehen schließlich ein; der Hydrogencarbonatgehalt sinkt mit leichter Verzögerung auf etwa die Hälfte ab, wobei sich am Gefäßboden Kalkbröckchen absetzen (Sekundärreaktion infolge des Entzugs von Gleichgewichts-CO_2, die aber nur langsam und unvollständig erfolgt). Die Kontrolle zeigt ein ähnliches Bild infolge des Entweichens von CO_2 in die Luft, jedoch mit erheblicher Verzögerung. Ein pH von etwa 9 ist auch das Äußerste, was allein durch Hydrolyse des Hydrogencarbonats erreicht werden kann. – Bei der Wasserpest steigt der pH dagegen etwa am 2./3. Tag noch weit über 9 hinaus (bis auf 10-11), zugleich sinkt der HCO_3^--Gehalt erheblich stärker ab: beides ist nur durch die direkte Hydrogencarbonat-Aufnahme und die Hydroxid-Abgabe zu erklären.
  Bei der Bestimmung der Alkalinität sollte man (abgesehen von der ersten und letzten Messung) nur jeweils 20 ml (statt 100 ml) Probenwasser entnehmen, um den Versuch nicht zu stark zu stören. Es ist dann für die Titration eine entsprechend feiner unterteilte Bürette oder Spritze zu wählen und der HCl-Verbrauch mit 5 zu multiplizie-

ren. Die Bestimmung der Carbonathärte mit Feldmeßsätzen erfordert nur jeweils 5 ml Probenwasser und ist daher günstiger.
Freilandpflanzen sind nur im Frühjahr mit Sicherheit voll aktiv. Aquarienpflanzen sollten vor dem Versuch frisch gekauft sein, gerade *Cabomba* ist sehr empfindlich gegen unsachgemäße Hälterung und braucht CO_2-Begasung, ersatzweise regelmäßigen Wasserwechsel im Aquarium zur Ergänzung des verbrauchten CO_2!

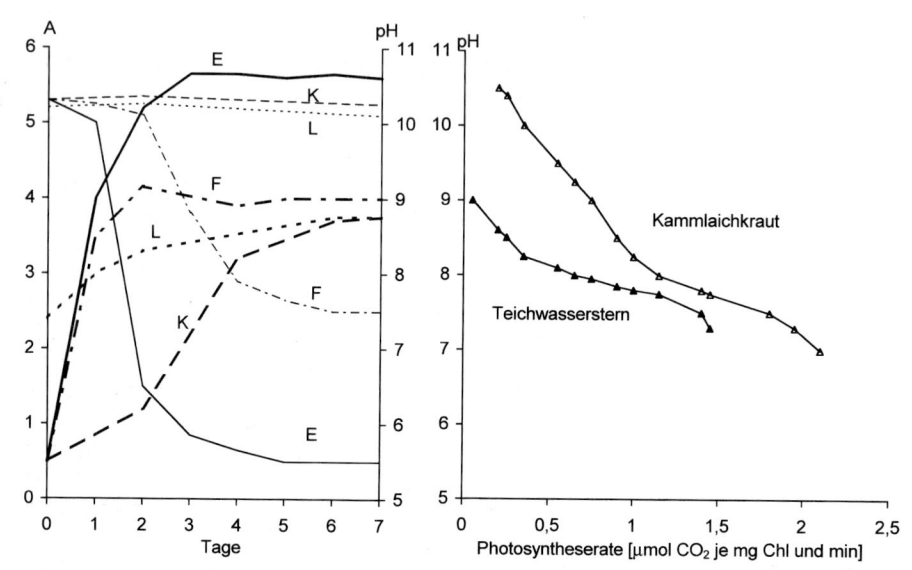

Abb. 34: Versuch zur CO_2-Aufnahme und Bestimmung von Fotosyntheseraten in Abhängigkeit vom CO_2-Angebot (pH-Wert als Meßgröße dafür).
Links: Veränderung von pH-Wert (dicke Linien) und Hydrogencarbonatgehalt (als Alkalinität A, dünne Linien) bei einem Hydrogencarbonatverwerter (Wasserpest E, ausgezogene Linien) und einem obligaten CO_2-Verwerter (Quellmoos F, gestrichelte Linien), Kontrolle K ohne Pflanzen (Strichpunkt); jeweils mit CO_2 aus Siphon-Patrone angereichertes (Kieler) Leitungswasser; Leitungswasser L ohne CO_2-Anreicherung punktiert; alles bei Dauerlicht (Aquarienleuchte) in Kleinaquarien 1 l. Nur beim Hydrogencarbonatverwerter steigt der pH-Wert über 9 (hier sogar über 10), zugleich wird der HCO_3-Gehalt drastisch abgesenkt, er bleibt bei den Kontrollen konstant, beim Quellmoos wird er (durch Verbrauch des Gleichgewichts-CO_2) auch abgesenkt, aber viel schwächer.
Rechts: Relation von Fotosyntheseraten (in µmol CO_2-Verbrauch je mg Chlorophyll und min) eines Hydrogencarbonatverbrauchers (Kamm-Laichkraut) und eines obligaten CO_2-Verbrauchers (Teich-Wasserstern) und pH-Wert (bei einer Konzentration von 5 mmol anorganischen Kohlenstoffs; nach LAMPERT & SOMMER). – Bei beiden Pflanzenarten sinkt die Fotosyntheserate mit steigendem pH-Wert, also sinkendem CO_2-Angebot; beim obligaten CO_2-Verbraucher liegt sie schon ab pH 9, wenn CO_2 völlig fehlt, bei Null, während der Hydrogenverwerter ab pH 8 deutlich höhere Fotosyntheseraten erreicht und erst über pH 10, wenn auch das Hydrogencarbonat knapp wird, gegen Null tendiert.

3.7.4 Ökologische Konsequenzen

Die Versuchsergebnisse können als Modell für die Verhältnisse in eutrophen Gewässern während der sommerlichen Vegetationsentfaltung dienen: bei Wasserblüten oder in dichten Tauchblattbeständen steigt der pH-Wert auch im Freiland auf 8-9, lokal bis auf mehr als 10. Das CO_2 ist damit völlig aufgebraucht, es können nur noch Arten existieren, die das Hydrogencarbonat verwerten können.

So finden wir heute in den eutrophen Seen mit anhaltenden Wasserblüten nur noch das Ährige Tausendblatt (Wasserpest-Typ) statt des Quirlblättrigen Tausendblattes (Quellmoos-Typ), das einst Charakterart der Tausendblatt-Teichrosengesellschaft war, jetzt (in Schleswig-Holstein) für mesotrophe Torfstiche typisch ist. Die Pflanzen vom Quellmoos-Typ sind damit auf Standorte beschränkt, an denen die Hydrogencarbonatverwerter zurücktreten (wie in den nährstoffarmen *Lobelia*-Seen) und an denen auch im Sommer eine Anreicherung mit CO_2 z. B. durch Wellenschlag (Fließgewässer, Brandungsufer), Mofetten (Kap. 3.5.6) oder Abbauprozesse (Moore, Untergrenze des Litorals der Seen, Abb. 47) erfolgt. Die Abhängigkeit vom CO_2-Gehalt ist gut am Quellmoos zu belegen. Es ist in rasch fließenden Gewässern, in manchen Mooren und Waldweihern verbreitet. In kalkreichen Seen findet man es höchstens am Ufer dicht unter der Wasserlinie, oft da, wo es für andere submerse Arten zu schattig ist (wie unter Bäumen oder unter dem Schilf), hier hat es auch seinen Vegetationshöhepunkt schon im Frühjahr, bevor die kräftigeren Konkurrenten in Erscheinung treten; in der Tauchblatt- und Armleuchteralgenzone fehlt es stets, erst an der unteren Grenze des Vegetationsgürtels (in 10-15 m in Alpenseen) kann es wieder gedeihen. Die Armleuchteralgen besiedeln dagegen als Hydrogencarbonatverwerter in den ihnen zusagenden Seen den gesamten Bereich vom Flachwasser bis in die tieferen Zonen.

3.8 Die Zone der Überwasserblüher-Tauchblattpflanzen

Die Wasserrosenbestände sind oft von Tauchblattpflanzen durchsetzt, die mit ihren Sproßspitzen die Wasseroberfläche erreichen, aber nur mit ihren (zumeist unscheinbaren) Blütenständen herausragen (wie die Laichkraut- und Tausendblattarten, Abb. 35, Foto 2); bei der (aus Amerika eingebürgerten) Wasserpest schwimmen die an zarten Stielen verankerten Einzelblüten (in Mitteuropa fast immer weiblich) an der Wasseroberfläche. Blüten bilden diese Tauchblattpflanzen nur im flacheren Wasser, meistens in 1-3 m Wassertiefe, die blühenden Rasen des Spiegelnden Laichkrauts können bis zu etwa 6 m Tiefe hinabreichen, steril gehen alle Arten tiefer (Kap. 3.9).

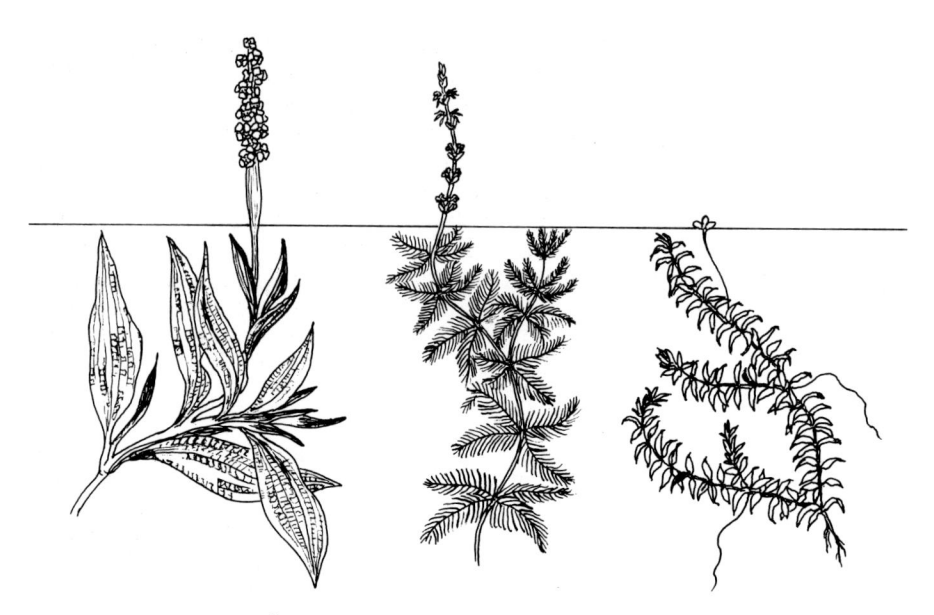

Abb. 35: Habitus von Überwasserblüher-Tauchblattpflanzen (nach Bursche; Schuster & Sommer; vgl. Glück 1936).
Links: Spiegelndes Laichkraut (großblättrige Stillwasserart, Blätter 10-25 cm, Triebe bis 6 m lang); *Mitte* Ähriges Tausendblatt (fiederblättrige Form des ± turbulenten Wassers, Blätter $1\frac{1}{2}$-3 cm, Triebe bis knapp 3 m lang);
Rechts: Wasserpest (kleinblättrige, gedrungene Form des stehenden und fließenden Wassers, Blätter $\frac{1}{2}$-1 cm, Triebe bis 3 m lang, Neophyt aus Nordamerika, bei uns fast nur weibliche Pflanzen, Vermehrung rein vegetativ).

Diese Tauchblattpflanzen sind speziell an die submerse Lebensweise angepaßt und damit in ihrem Bau stark abgewandelt (Arber 1920):
Tauchblätter bestehen (z. B. bei der Wasserpest: Abb. 36, vgl. Juršák 1993 sowie Jurzitza 1987, Schorr 1991) oft nur aus zwei Schichten gleichförmiger, im Querschnitt parenchymatischer (in Aufsicht aber langgestreckter) Zellen mit Interzellularen als Luftkanälen. Es fehlen also die Differenzierung in eine kleinzellige, chlorophyllfreie Epidermis und ein großzelliges Assimilationsparenchym und dessen Differenzierung in das dicht stehende Palisaden- und das lockere, zugleich der Gasleitung dienende Schwammparenchym sowie Spaltöffnungen und eine für Wasser undurchlässige Cutikula. Die Leitbündel der Blattadern sind reduziert. Die äußere Oberfläche der Blätter ist damit relativ groß, die innere reduziert; es entfällt ein Austrocknungsschutz. Das Blatt kann sich so selbst aus dem Wasser mit den darin gelösten Nährsalzen und CO_2 versorgen. – Eine Reihe von Wasserpflanzen (z. B. Tausendblatt) hat gefiederte Blätter, wobei die Blattspreite auf die Region um die Blattadern

reduziert ist. Dieses wird vielfach als Vergrößerung der Oberfläche gedeutet. Dabei wird aber übersehen, daß eine Oberflächenvergrößerung nur eintritt, wenn der Fiederabstand kleiner als die Blattdicke ist (wie bei den Kiemen der Fische!), hier ist aber der Fiederabstand groß im Vergleich zur Dicke, die Oberfläche also verringert. Die Fiederblättrigkeit bei Unterwasserblättern ist vielmehr als Schutz vor Beschädigungen bei Strömungen aus wechselnden Richtungen (Turbulenzen am Ufer) anzusehen (die Funktionsgestalt gleichmäßiger, gerichteter Strömungen wäre das lang flutende, bandförmige Tauchblatt vieler Bacharten: Abb. 40). Als Anpassungen an Turbulenzen sind auch die relativ kurzen, fadenförmigen Blätter z. B. der Kleinlaichkräuter und die kleinen, dicht stehenden Blätter der Wasserpest anzusehen. Blätter mit großen Spreiten sind dagegen für Stillwasserarten kennzeichnend (Spiegelndes Laichkraut, Abb. 35).

Beobachtung der Protoplasmaströmung: Das Fehlen der Epidermis und einer dicken Cuticula ist günstig für die mikroskopische Beobachtung der Protoplasmaströmung (als Wanderung der Plastiden; z.B. bei Blättern der Wasserpest oder an Flächenschnitten der Aquarienpflanze *Vallisneria*). Wundreiz und erhöhte Temperatur verstärken die Erscheinung (genaue Anleitung z. B. bei NULTSCH & RÜFFER 1993 oder bei BRAUNER & BUKATSCH 1964).

Da den Tauchblättern ein Verdunstungsschutz fehlt, trocknen Tauchblattpflanzen an der Luft rasch irreversibel aus:

Man legt je ein etwa gleich großes beblättertes Stengelstück einer Landpflanze (z. B. Taubnessel), einer Sumpfpflanze (z. B. Sumpfdotterblume oder Froschlöffel vom Gartenteich) und einer Tauchblattpflanze (z.B. Wasserpest) sowie ein Schwimmblatt (z. B. Teichrose) auf einem Bogen Papier aus und beobachtet etwa alle 10 min den Verlauf der Austrocknung. Nach etwa $^1/_2$ bis $^3/_4$ h Stunde sind die Wasserpest und das Schwimmblatt vertrocknet, die zarte Sumpfpflanze ist sehr schlaff; die Landpflanze hat dagegen wenig gelitten. Auf einer Laborwaage kann der Wasserverlust (entspr. Kap. 3.5: Abb. 19) quantifiziert werden.

Die Stengel der Tauchblattpflanzen (Abb. 37) haben besonders große Luftkanäle im Rindenparenchym (zerstreut bei der Wasserpest, radiär ähnlich einem Speichenrad beim Tausendblatt). Die Leitelemente sind stark reduziert (Holznachweis mit Phloroglucin-HCl meist negativ) und im Zentrum zu einem Leitzylinder aus kleinlumigen, undifferenzierten Zellen zusammengerückt, eine Abgrenzung einzelner Leitbündel ist i. d. R. nicht möglich. Der Querschnitt erinnert damit stark an den einer Wurzel, zumal bei einzelnen Laichkrautarten (wie beim Spiegelnden Laichkraut) die Endodermiszellen U-förmig verstärkt sind. Diese Ähnlichkeiten stehen im Einklang mit dem Funktionswandel des Tauchblattpflanzenstengels: dank der Selbstversorgung des Blattes ist die Wasserleitung unbedeutend geworden, der Stengel wird wegen der tragenden Kraft des Wassers und des Auftriebs durch die Luftfüllung mechanisch nur schwach und wie die Wurzel nur auf Zug, nicht aber auf Druck belastet. Entspricht der Sproß der Landpflanze in der Anordnung der Festigungselemente einem Rohr, so wären die Tauchblattpflanze und die Wurzel einer Trosse mit Stahlseilen und weichem Mantel vergleichbar. – Eine Mittelstellung nehmen die Stengel bzw. Blattstiele der Schwimmblattpflanzen ein (Kap. 3.6): Die Leitgefäße sind zwar groß, aber nur wenig verholzt, sie stehen zwar überwiegend peripher, kommen aber auch im Zentrum vor. Die geringe oder fehlende Verholzung der Gefäße ist für die Biegungsfähigkeit von Vorteil, beschränkt aber den Verdunstungssog als Motor für den Wassertransport (Saugleitungen müssen steif sein, sonst kollabieren sie, vgl. z. B. die Luftröhre des Menschen, die Tracheen der Insekten, das Ansaugrohr der Feuerwehr; Druckleitungen können dagegen schlaff sein, vgl. z. B. die Speiseröhre des Menschen oder die Feuerwehrschläuche).

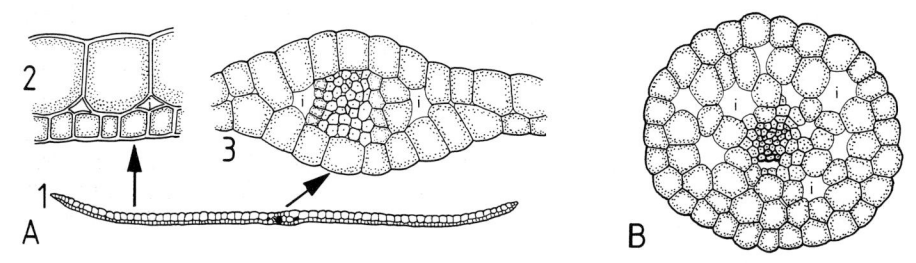

Abb. 36: Blattquerschnitte von Tauchblattpflanzen, Wasserpest (A) und Wasser-Hahnenfuß (B); nach ARBER, DREWS, SCHORR).
(A) Blatt der Wasserpest im Querschnitt: Die Blattspreite ist zweischichtig (1), die kleineren Zellen unten (2) sind dicht mit Chloroplasten gefüllt, in den Zwickeln Interzellularen i als Luftkanäle, Epidermis fehlt, Cuticula ist dünn; an der Mittelrippe (3) ein schwach differenziertes Leitgewebe aus kleinlumigen Zellen, wieder mit Luftkanälen i. (B) Querschnitt durch ein Blattfieder vom Wasserhahnenfuß: Um ein ebenfalls wenig differenziertes zentrales Leitbündel liegt ein Assimilationsparenchym mit Luftkanälen i (ähnlich die Blattfieder vom Tausendblatt, vgl. ARBER 1920).

Das hohe Gasvolumen in den Luftkanälen hat auch hydrostatische Funktion: Der am Grund verankerte Stengel stellt sich so immer mit der Spitze nach oben ein, diese erhält damit optimale Wuchsbedingungen.
Die Luftkanäle ziehen (wie bei allen Sumpf- und Wasserpflanzen) bis in die Wurzeln und versorgen sie mit Atmungssauerstoff. – Bei den Tauchblattpflanzen sind die Leitelemente in den Wurzeln fast bis zur Unkenntlichkeit reduziert, die Wurzel dient vor allem der Verankerung im Boden. Dennoch können Tauchblattpflanzen (wie Tausendblatt) je nach Angebot ihren Nährstoffbedarf vorwiegend über die Blätter aus dem Wasserkörper oder über die Wurzeln aus dem Sediment decken (KONOLD et al. 1990, WILMANNS 1993).

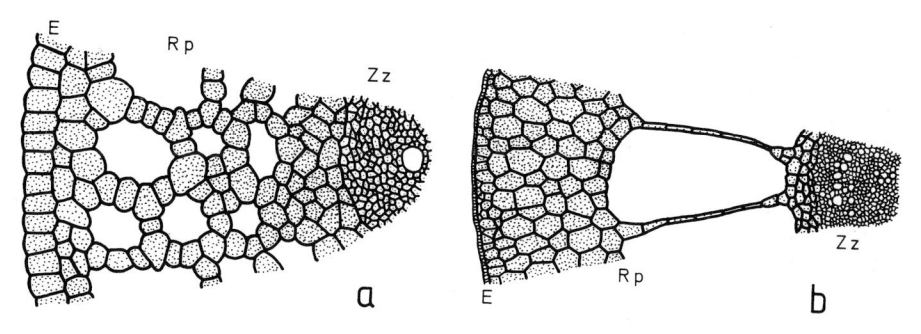

Abb. 37: Stengelquerschnitt von Tauchblattpflanzen. *Links* Wasserpest a, *rechts* Tausendblatt b. (E: Epidermis, Rp: Rindenparenchym mit den großen Luftkanälen, Zz: Zentralzylinder).

Bei der Fotosynthese der Unterwasserpflanzen entfällt der Kompromiß mit dem Wasserhaushalt völlig (anders als bei Landpflanzen, die ihre Spaltöffnungen bei besten Lichtverhältnissen schließen müssen). Die Röhrichtpflanzen (mit reduziertem Schließmechanismus und damit hohen Fotosyntheseraten auch bei Sonnenhitze) hatten wir bereits als einen Übergang kennengelernt. Unterwasserpflanzen eignen sich besonders gut für die experimentelle Analyse, da der Fotosynthese-Abfallsauerstoff in das Aerenchym abgegeben wird und an einer Stengelschnittstelle in Form feiner Blasen austritt („Blasenzählmethode"):

Versuchsansatz: Das Problem der CO_2-Grundversorgung im Wasser entfällt bei Hydrogencarbonatverwertern vom Wasserpesttyp in hartem Leitungswasser. Ein Sproßende der Wasserpest wird sauber abgeschnitten, sofort mit der Schnittstelle nach oben in eine wassergefüllte Projektionsküvette überführt und diese mit dem Dia-Projektor beleuchtet. Die (wegen der Totalreflexion) silbrigen Gasblasen erscheinen auf der Leinwand als schwarzes Schattenbild. Die Zahl der je Zeiteinheit abgegebenen Blasen ist ein grobes Maß für die Fotosyntheseintensität. Im Sinne des LIEBIGschen Gesetzes vom Minimum hält man alle Faktoren bis auf den zu untersuchenden im Überschuß und variiert nur diesen einen (z.B. Ausgang vom Peius und stufenweise Anreicherung; vgl. z.B. BRAUNER & BUKATSCH 1964, KUHN & PROBST 1983, KRÜGER 1974). Analysieren lassen sich damit Faktoren wie Lichtintensität (Graufilter zwischenschalten oder Abstand von der Lichtquelle variieren; die Lichtintensität nimmt mit dem Quadrat der Entfernung ab!), die Lichtfarbe kann mit monochromatischen Filtern überprüft werden, auch die Zugabe von Mineralwasser erhöht den CO_2-, Hydrogencarbonatgehalt und damit die Fotosyntheserate.

Sauerstoffnachweis für die Gasblasen: Man fängt über einer belichteten Pflanzenportion den Fotosynthesesauerstoff mit einem Trichter auf und weist den Sauerstoff mit einem glimmenden Span nach.

Untersuchung des Vegetationspunktes: Er ist bei Tauchblattpflanzen gut zugänglich und (am Beispiel der Wasserpest) Standardobjekt der Pflanzenanatomie (vgl. NULTSCH & RÜFFER 1993, SCHORR 1991 sowie GERLACH & LIEDER 1986).

Tauchblattpflanzen wachsen die ganze Saison hindurch (analog zur ständigen Blattneubildung bei den Wasserrosen). Das hat auch eine praktische Bedeutung: Sie werden nämlich rasch von dichtem Aufwuchs überzogen (Kap. 3.13), was den Stoffaustausch belastet; die jungen Triebe sind dagegen noch frisch grün. Tauchblattpflanzen bilden überdies zahlreiche Nebenäste. Damit verlagert sich die Produktion aus den unteren Stengelteilen und ihren Blättern immer mehr nach oben. Auch die Wurzeln haben als Haftfäden keine hohe Stoffwechselfunktion, so verwundert es, daß das große Luftkanalvolumen bis nach unten reicht. Gräbt man Tauchblattpflanzen (im Gartenteich) jedoch vorsichtig aus, so erkennt man, daß sie ein oft dichtes Rhizom- oder Ausläufergeflecht im Boden bilden.

Große Tauchblattrasen können so von einer einzigen Pflanze durch vegetative Vermehrung ausgegangen sein. Sie sind dann genetisch identisch, ein Klon, die Abgrenzung von Individuen fällt schwer (zu dieser Populationsbiologie von Pflanzen vgl. SCHMID & STÖCKLIN 1991, WIEGLEB 1991, WIEGLEB & BRUX 1991 sowie BEGON et al. 1991).

Werden Triebspitzen abgerissen, so regenerieren die Sprosse, die Rhizome im Boden können neu austreiben. Die abgerissenen Spitzen treiben dank der Luftfüllung an die Wasseroberfläche. Werden sie verdriftet, so können sie an anderer Stelle wieder anwachsen. Tauchblattrasen können so neue Gewässer rasch besiedeln, sie haben von Natur aus eine hohe Dynamik in der Artenzusammensetzung, Abundanz und Wüchsigkeit, an der die Standortbedingungen abgelesen werden können (Abb. 42).

Das unterirdische Rhizomgeflecht überdauert auch den Winter, wenn im Herbst die flutenden Triebe absterben. Bei vielen Arten (wie dem Tausendblatt) werden jedoch auch besondere Winterknospen (Turionen) gebildet. Verdriftet dienen sie zusätzlich der Ausbreitung.

Die Tauchblattbestände strukturieren den Wasserkörper je nach Wuchsform und Dichte sehr unterschiedlich. Dichte Bestände fangen Wasserströmungen ab, Sonnenschein erwärmt die getroffenen Pflanzenteile, es entstehen thermische Konvektionen nach oben, Stagnationen darunter. Stoffverbrauch und -ausscheidung durch die Organismen werden so unterschiedlich stark ausgeglichen. In diesem Phytal entstehen und vergehen dadurch unkalkulierbare Verteilungsmosaike. Einfach nachweisen lassen sie sich für die Temperatur und das Karbonatsystem durch Abtasten mit einer Temperaturtauchsonde bzw. mit einer pH-Tauchelektrode von einem verankerten Boot aus (ohne Ruderbewegungen!). Diese abiotischen Faktoren sind dann ein Indiz für ein entsprechendes Mosaik an Nischenkonstellationen für Organismen, Voraussetzung für eine hohe Diversität. Das Phytal ist damit wesentlich komplexer als das freie Wasser.

Der Tauchblattgürtel hat eine reichhaltige Tierwelt. Unter den Vögeln ist hier der Nahrungsraum des Bläßhuhns, das nach Wasserpflanzen und ansitzenden Tieren taucht. In dichten Beständen dominiert die Kleinlebewelt (Makroevertebraten: BRUX & WIEGLEB 1989), Libellen fliegen in hoher Zahl (Foto 21, Abb. 65, 66), im Pflanzendickicht laichen Wasserfrösche. In lichten Beständen sind Weißfische sowie Barsch und Hecht als Räuber ökologisch bestimmend.

Die Verdichtung der Tauchblattgürtel bei Eutrophierung kann für den Menschen hinderlich werden. So wird auf den Braunkohlenrekultivierungsseen der Ville bei Köln ein spezielles Mähboot eingesetzt, mit dem das „Kraut" (hier vor allem der Neophyt *Myriophyllum heterophyllum*, durchsetzt mit Verkanntem Wasserschlauch) unter Wasser abgemäht, ans Ufer transportiert und dort wagenladungsweise abgefahren wird (u.a. mit zahlreichen Larven der besonders geschützten Libellen darin); Angel- und Segelbooten soll damit „Freiraum" im Uferbereich geschaffen werden. Im tropischen Afrika lichtet das Flußpferd die extrem wüchsigen Tauchblattrasen auf. Bei uns fressen Bisam und Biber im Sommer Tauchblattpflanzen, die Entnahme wird jedoch in der Regel vom Zuwachs wieder ausgeglichen (anders als beim winterlichen Knospen- und Rhizomfraß des Bisams: Foto 10). Als ökologischer Fehlgriff hat sich der Besatz mit Graskarpfen (aus China) erwiesen: Graskarpfen fressen zwar (als Ausnahme unter den Fischen) Tauchblattpflanzen (und z.B. Rohrkolben, die über Wasser abgebissen werden, aber nicht Wasserhahnenfuß, Wasssserfeder und Wasserrosen), doch ist der Fraß (schon von der erforderlichen Wassertemperatur her) nicht kalkulierbar; jahrelang nach einem Besatz kann eine erkennbare Wirkung ausbleiben, ehe schlagartig die gesamte submerse Vegetation vernichtet wird; Graskarpfen gehen auch kaum an die Angel und sind daher schwer wieder aus einem Gewässer zu entfernen, obwohl sie sich bei uns nicht fortpflanzen können. Inzwischen ist der Besatz mit Graskarpfen verboten (vgl. BESCH et al. 1985, DILEWSKI & SCHARF 1988).

Die gute Stoffaufnahme aus dem Wasser durch die Tauchblattpflanzen bedingt auch eine hohe Aufnahme von belastenden Stoffen (wie Pestizide und Schwermetalle), damit eine besondere Gefährdung, aber auch die Eignung als Bioindikatoren. Sie ist vor allem im Fließwasser untersucht worden (vgl. ARNDT et al. 1987, ATRI 1983, KOHLER & RAHMANN 1988, KUNICK & KUTSCHER 1976, QUETZ et al. 1986, REIMANN et al. 1991). Die Schädigung läßt sich auch in einfachen Versuchen nachweisen (z.B. HINZ 1974, THEISS 1987, THEISS-SEUBERLING & HOPP 1985).

3.9 Die Zone der Grundrasen

3.9.1 Lebensformtypen

Die Zone der Überwasserblüher-Tauchrasen ist (zur Blütezeit) vom Steg oder Boot aus gut kenntlich. Ihr Außenrand bestimmt aber nur oberflächlich die

Grenze des Phytals. Es setzt sich nämlich submers noch in die Tiefe fort, wie man mit einem Wassergucker oder beim Abtauchen mit einer Taucherbrille sehen kann. Dabei verändert sich oft zunächst nur die Wuchsform, aber nicht das Artenspektrum und damit die Lebensformtypen, die Pflanzen bleiben nur kleiner und setzen keine Blüten an. Es können auch Arten hinzukommen, die von der Oberfläche aus nicht auszumachen sind (wie der Spreizende Hahnenfuß oder der Herbstwasserstern, vgl. z.B. MELZER 1987) und sich hier rein vegetativ entfalten. Diese Grundrasen bilden mehr oder weniger lockere Herden oder auch geschlossene Rasen.

An Kryptogamen können Wassermoose (wie das Quellmoos; s. Kap. 3.7) sowie Armleuchter- und Fadenalgen (vgl. HOEK 1993, ROTHMALER 1984 sowie FOTT 1959, STREBLE & KRAUTER 1973; zu den vielfältigen Entwicklungskreisläufen vgl. WALTER 1961) hinzukommen.

Den Typ der Fadenalgen repräsentiert die Schlauchalge *Vaucheria* (Xanthophyceen, Heterokontophyta). Ihr Name beruht auf den langen, wenig verzweigten vielkernigen Fäden ohne Querwände (siphonaler Organisationstyp). *Vaucheria* vermehrt und verbreitet sich vegetativ mit großen keulenförmigen, vielgeißeligen (Syn-)Zoosporen, die in einer keulenförmigen Endzelle gebildet werden, oder mit Bruchstücken. Bei der generativen Fortpflanzung entstehen Spermatozoide in hakenförmigen Antheridien am Ende kurzer Seitenfäden und eine Eizelle in Oogonien. Die Zygote umgibt sich mit einer derben Membran und wird durch Fetttröpfchen schwimmfähig, sie kann erst nach einer Ruhe- bzw. Ausbreitungsphase auskeimen.

Zu erwähnen sind hier auch die „Seebällchen", murmel- bis hühnereigroße blaugrüne Gallertkugeln, die am Spülsaum in Massen angetrieben werden können. Sie enthalten in der äußeren Schicht radiär angeordnete, dicht gepackte Fäden der Blaualge *Nostoc pruniformis,* deren Gallerthüllen zur Kugel verschmelzen. Das Kugelinnere ist aufgrund dort abgestorbener Algenfäden milchig hell. Diese Blaualge ist eigentlich ein Bodenbewohner, kommt mit Schwachlicht aus, braucht eine gute Nährstoffversorgung (z.B. Faulschlamm), ruhiges Wasser, geringe Bodenneigung und offene Stellen in der Makrophytenvegetation. Die zunächst einfachen Lager können dann zu den Kugeln heranwachsen, im Wasser schweben und schließlich auftreiben. Diese Alge wechselt also vom Benthon ins Plankton und wird eine Schwimmpflanze (mit den Verdriftungsproblemen am See: Kap. 3.10; Details bei MOLLENHAUER 1970). Aber auch Fadenalgenrasen aus Grünalgen (z .B. *Spirogyra* oder *Cladophora*) können aufwachsen, sich vom Grund lösen und (in Schönwetterperioden) als dichte Watten auftreiben (Abb. 39); diese Watten werden manchmal fälschlich als Wasserblüte bezeichnet.

Eine Besonderheit stellen die Armleuchteralgen (Grünalgen, Charophyceen) dar (Abb. 38):

Ihr schachtelhalmähnlicher Thallus ist einfach zu erkennen, die Arten sind aber nur vom Spezialisten zu bestimmen (vgl. VAHLE 1990). Wie Kormophyten bilden Armleuchteralgen mit geringem Eiweißanteil viel Biomasse, denn die Zellen strecken sich unter Vakuolenbildung. Bei *Chara* ist die Internodienzelle von kleinen Hüllzellen

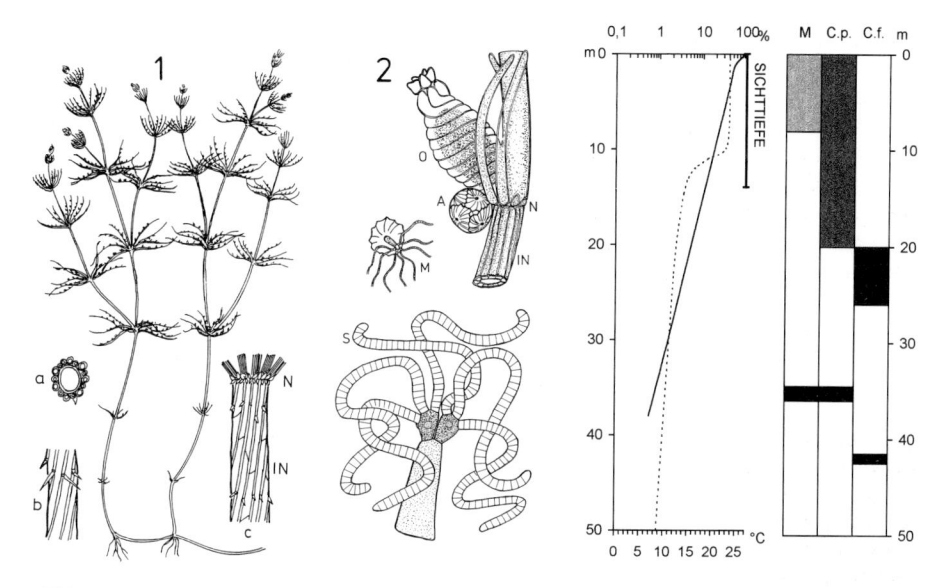

Abb. 38: Armleuchteralgen (*Chara* spp., z.T. nach Fott) und Tiefengrenzen von Grundrasen im Vrana-See (nach Golubic).
Links: Bauplan von Armleuchteralgen. (1) Habitus von *Chara foetida* (a Stengelquerschnitt mit den Rindenzellen, b Rinde in Aufsicht, c Stipular-Kranz am Knoten N und Berindung). (2) *Oben:* Gametangienstand an einem Knoten N (Nodus; IN Internodium): O Oogonium mit Hülle, die ein „Krönchen" bildet (Eizelle punktiert durchschimmernd). A: das kugelige Antheridium (meist auffallend rot gefärbt), die Außenwand aus 8 Zellen, jede trägt ein Manubrium M mit einer griffartigen Stielzelle und einem Büschel spermatogener Fäden S nach innen hin (*Mitte* Innenansicht im Überblick). – *Unten* ein Manubrium vergrößert; aus jeder Zelle dieser Fäden entsteht ein zweigeißliger Spermatozoid (der denen der Torfmoose *Sphagnum* sehr ähnlich ist).
Rechts: Tiefengrenzen von Unterwasserpflanzen im extrem klaren Vrana-See (auf der albanischen Insel Cres, Adria). *Linke Hälfte:* Temperaturverlauf (*punktiert*) und Abfall der Lichtintensität (*ausgezogene Linie,* logarithmische Skala in %) sowie Sichttiefe (12-24 m, ⌀ 14 m); *rechte Hälfte:* Tiefenverteilung einer Tauchblattpflanze, des Ährigen Tausendblattes (M), und zweier Armleuchteralgenarten (*Chara polyacantha*, C.p., und *C. fragilis*, C.f.) sowie ihre Kompensationstiefen (schwarze Querbalken). Die Kompensationstiefen der Armleuchteralgen entsprechen ihren Tiefengrenzen (liegen aber tiefer, da die Messungen an einem Sommertag erfolgten, folglich nicht das niedrigere Mittel der ganzen Saison widerspiegeln), die des Tausendblattes liegt tiefer, es könnte vom Licht her bis in etwa 20 m Tiefe gedeihen und wird bei etwa 8 m durch den hydrostatischen Druck limitiert.

umgeben und damit der Wandanteil erhöht, zugleich ist der Thallus oft durch Kalkeinlagerungen verfestigt. Armleuchteralgen sind Weichbodenbewohner, die sich mit Rhizoiden verankern. Eigenartig ist auch die geschlechtliche Fortpflanzung. Die Gametangien erinnern an Moose mit umhüllten Oogonien und kugelförmigen

Antheridien. Die Oogonienwand wird dann zur Zygotenhülle. Die Zygote kann von Strömungen verdriftet werden und jahrelang (wie Diasporen) ruhen, ehe sie auskeimt. Dazu brauchen einige Arten einen anaeroben (Faulschlamm-) Grund und ausreichende Lichtverhältnisse. Die Armleuchteralgen können durch Sprossung dichte Rasen bilden. Die Rasen sind in nährstoffarmen Seen langlebig und werden nicht gefressen (extreme K-Strategie!), sie können allerdings mit der Zeit „vergreisen" (Vahle 1990). Für eine chemische Abwehr (Allelopathie) sprechen Inhaltsstoffe, die die Pflanzen oft scharf riechen lassen (vgl. den „Gestank" von *Chara foetida*), selbst Herbarmaterial hat keine Schädlinge, während Tauchblattpflanzenteile sofort nach dem Absterben von einer Vielzahl von Tieren (wie Kaulquappen, Schnecken) verwertet werden.

Wie die Tauchblattrasen bilden Armleuchteralgen im Gegensatz zu den Fadenalgen ein festes Substrat, das Schutz vor größeren Fischen bietet und so eine artenreiche Makroevertebratenfauna (mit Schnecken als Aufwuchs-Weidegänger, Kugelmuscheln als mobilen Filtrierern und mannigfaltigen Insektenlarven) beherbergt.

3.9.2 Die Tiefengrenze der Tauchblattpflanzen

Die Tiefengrenze für Tauchblattpflanzen ist in klaren Seen offensichtlich durch ihren Bauplan bedingt. Das Luftkanalsystem verträgt nicht mehr als eine etwa 7-8 m hohe Wassersäule. Im Versuch wird das Wachstum bei höherem Druck gehemmt (Gessner 1959). Versenkt man Tauchblattpflanzen in verschlossenen Flaschen, die den Wasserdruck abfangen, so läßt sich die Tiefengrenze aufheben, das Wachstum wird erst durch die Kompensationsebene begrenzt (Abb. 38, vgl. Golubic 1963). Der hydrostatische Druck ist damit in klaren Seen für die Tauchblattpflanzen ein limitierender Faktor, nicht aber für die Kryptogamen. Kryptogamen haben damit unterhalb von etwa 8 m Tiefe einen Freiraum hinsichtlich der Konkurrenz durch Kormophyten und bestimmen die Grundrasen von etwa 8 m Tiefe an bis herunter zur Kompensationstiefe („Armleuchteralgenzone").

3.9.3 Das Licht als limitierender Faktor

Die Wirkung des Lichts als Grenzfaktor für die Unterwasserpflanzen ist besonders bei den Kryptogamen deutlich: Es besteht eine recht gute Korrelation zwischen maximaler Besiedlungstiefe und der maximalen oder der durchschnittlichen Sichttiefe bzw. der durchschnittlichen Lichtintensität. Die Makrophyten reichen in der Regel etwa bis in die Tiefe, die noch ungefähr 1-5 % des auffallenden Lichtes erhält, im Bodensee früher bis in 30 m Tiefe (Abb. 47), im einst extrem klaren Ochridsee/Mazedonien sogar bis in 50 m Tiefe. Dabei bestehen allerdings Unterschiede von Art zu Art (vgl. die beiden *Chara*- Arten in Abb.

38) und je nach dem physiologischen Zustand, der Adaptation (Details bei LAMPERT & SOMMER 1993). Bestätigt werden diese Befunde durch die Bestimmung der Kompensationstiefe, also der Tiefe, in der die Fotosynthese tags gerade den Sauerstoffverbrauch durch Atmung ausgleicht, also die Nettofotosynthese = 0 ist. Dazu versenkt man die untersuchten Arten in einer durchsichtigen Flasche in verschiedene Tiefen und bestimmt die Tiefe, in der der Sauerstoffgehalt gleich bleibt: Die so ermittelte Kompensationstiefe liegt in der Regel unter der tatsächlichen Tiefengrenze der jeweiligen Art, bei Kryptogamen etwa 1,5 mal tiefer (Abb. 38; vgl. GOLUBIC 1963), da die Untersuchungen meistens bei besonders günstigen Lichtverhältnissen vorgenommen werden.

3.9.4 Das Besiedlungspotential als Nischenfaktor

Das Besiedlungspotential von Organismenarten kann mit den Extremfällen von „r-" und „K"-Strategien umschrieben werden (vgl. LAMPERT & SOMMER 1993, REMMERT 1992). Dabei kennzeichnet die r-Strategie eine Art mit der Fähigkeit zu rascher, aber vorübergehender Besiedlung frei werdender Habitate („Pionierarten"). Diese Arten sind durch eine hohe Fortpflanzungsrate in Verbindung mit einem hohen Ausbreitungspotential bzw. mit gutem Überdauerungsvermögen (z.B. in einer Samenbank) ausgezeichnet. So sind sie rasch präsent und können die günstige Phase nutzen; mit der Verknappung der Ressourcen und dem Aufkommen dann überlegener Konkurrenten brechen ihre Populationen aber oft wieder zusammen. K-Strategen können sich dagegen nur langsam etablieren, nutzen jedoch die knappe (d.h. limitierende) Ressource effektiv-nachhaltig und setzen sich damit auf Dauer durch. „K-Strategen" sind daher je nach dem limitierenden Faktor zu differenzieren.

Bei den Arten der Grundrasen haben Armleuchteralgen eine hohe Ausbreitungspotenz über ihre Zygoten, die auch gut tiefere Bodenabschnitte erreichen können. Tauchblattpflanzen sind mit ihren Schwimmsamen und -sprossen hier im Nachteil. Aus einer Zygote der Armleuchteralgen kann bei hinreichender Versorgung vegetativ rasch ein dichtes Polster entstehen, das das Aufkommen von Konkurrenten unterdrückt (r-Strategie), bei Nährstoffmangel (wie in der Tiefe klarer Seen) sind sie mit ihrer „N-, P-Sparbauweise" und Langlebigkeit dagegen K-Strategen. Neue Baggerseeufer, auch Störungslücken in der Ufervegetation eutropher Seen, begünstigen r-Strategie und werden oft zunächst von (eutraphenten) Armleuchteralgenpolstern überzogen, erst später von den höherwüchsigen Tauchblattpflanzen überwachsen. Im einzelnen ist jedoch bei den Armleuchteralgen nach Arten zu differenzieren (vgl. Kap. 3.14; VAHLE 1990).

3.9.5 Nährstoffe als limitierender Faktor

Tauchblattpflanzen und Armleuchteralgen erzeugen viel Biomasse mit relativ wenig Eiweiß. Sie sind daher an Nährstoffmangel besser angepaßt als Fadenalgen. Armleuchteralgen sind dabei dadurch im Vorteil, daß ihre Triebe mehrjährig sind und so auch das Winterhalbjahr nutzen können, während die meisten Tauchblattpflanzen alljährlich ihre grünen Teile erneuern. Armleuchteralgen können daher auch im oligotrophen See Polster bilden, während Tauchblattpflanzen dort den Boden nur mit lockeren Pflanzengruppen besiedeln. Damit ergeben sich oberhalb der Tiefengrenze der Tauchblattpflanzen Mischbestände mit Armleuchteralgen. Bei sehr knappem Nährstoffangebot unterbleibt die Verjüngung der Armleuchteralgenrasen, sie „vergreisen" und sterben schließlich ab („Mosaik-Zyklus", s.o.). Die Regeneration ist dagegen z.b. in nährstoffarmen Quelltöpfen mit ständigem Wasseraustausch gesichert.

3.9.6 Eutrophierung als Nischenfaktor

Einige Armleuchteralgen- und Tauchblattpflanzenarten sind empfindlich gegen höhere Phosphatgehalte des Wassers und fallen dann aus (*Chara aspera* z.B. bei mehr als 10 µg Gesamt-Phophor/l: MELZER in BAYR. AKAD. WISS. 1991), sie dienen daher als Indikatoren für Oligotrophie und geringe Nährstoffbelastung (s. Kap. 3.14). Mit steigendem Nährstoffgehalt erhöht sich einerseits die Wüchsigkeit der Tauchblattpflanzen, die damit (oberhalb von 8 m Tiefe) die Armleuchteralgen zurückdrängen, andererseits wird auf nährstoffreicherem Boden, aus dem sich die Tauchblattpflanzen versorgen können, durch die Eutrophierung des Wassers der Aufwuchs begünstigt; zugleich ergibt sich auch bei den Tauchblattpflanzen eine Umschichtung zu eutraphenten Arten und damit ein Verlust an Diversität. Das zeigt der Artenverlust am Tegeler See in Berlin im Gefolge der zunehmenden Eutrophierung mit der Industrialisierung und dem Wachstum der Stadt seit Mitte des vorigen Jahrhunderts, eine stoßartige Erhöhung brachten der Ausbau der Kanalisation und die Anlage von Rieselfeldern mit Kontakt zum Seezufluß, dem Tegeler Fließ; in den 50er Jahren wurde auch noch der Rieselfeldüberlauf an den anderen Zulauf, den Nordgraben, angebunden (Tab. 12, vgl. LAWA 1985, SUKOPP 1990).

3.9.7 Das Fadenalgenproblem und Blaualgen-Wasserblüten

Grundrasen aus Fadenalgen gelten als problematische Folge der Eutrophierung, da sie an Sommersonnentagen aufschwimmen und mit ihren treibenden Matten die Wasseroberfläche „versiegeln", wesentlich zum Schilfsterben beitragen und den Erholungswert beeinträchtigen. Fadenalgen (wie *Cladophora*: Abb. 39) haben meistens keine Zellvakuolen, damit höhere Eiweißanteile als Tauchblattpflanzen und einen höheren Nährstoffbedarf. Bei hinreichendem

Tab. 12: Infolge Eutrophierung ausgestorbene und verschollene Wasserpflanzenarten des Tegeler Sees in Berlin (nach SUKOPP 1990). *: Teichfaden und Kamm-Laichkraut waren seit 1988 im Gefolge von Phosphatfällungen im Zulauf wieder lokal vertreten (RIPL 1992); **: Eigener Schätzwert (ausgedehnte Bestände vom Ährigen Tausendblatt zusammen mit dem Durchwachsenen Laichkraut an der Insel Scharfenberg noch 1954); Jahreszahlen in Klammern: nur ungefähres Datum bekannt.

Art	letzter Nachweis
Armleuchteralge *Chara contraria*	1811
Armleuchteralge *Chara vulgaris*	1811
Armleuchteralge *Nitellopsis obtusa*	1832
Kleines Nixenkraut	1838
Spitzblättriges Laichkraut	(1841)
Braunalge *Pleurocladia lacustris*	1854
Langblättriges, Stachelspitziges Laichkraut	(1859)
Teichfaden	(1859)*
Herbst-Wasserstern	1904
Armleuchteralge *Chara tomentosa*	1908
Stumpfblättriges Laichkraut	1911
Schimmerndes Laichkraut	1913
Meer-Nixenkraut	1923
Armleuchteralge *Nitella mucronata*	1951
Durchwachsenes Laichkraut	1962
Ähriges Tausendblatt	(1962)**
Rotalge *Chantransia chalybaea*	(1963)

Nährstoffangebot ist am ungestörten Seeufer die Wüchsigkeit der Tauchblattpflanzen so hoch, daß sie die Fadenalgen schon im Frühjahr überwachsen und damit unterdrücken. Werden die Tauchblattpflanzen jedoch durch mechanische Einwirkungen (wie Bootfahren, Baden, Entenvögel oder Bisam) gestört, so begünstigt das die Fadenalgen (Foto 8). Der Effekt verstärkt sich, wenn auch die Röhrichtzone geschädigt wird. Das Fadenalgenproblem ergibt sich also aus dem Zusammentreffen von Eutrophierung als Nährstoffbasis mit mechanischer Beeinträchtigung der sonst überlegenen Tauchblattpflanzen.

Bei Hyperproduktion mit anhaltend starken Wasserblüten werden sowohl die Tauchblattpflanzen als auch die Algengrundrasen unterdrückt (Foto 12). Besonders wirksam sind dabei Blaualgenwasserblüten (infolge Allelopathie?). Das ist gut an Parkteichen zu beobachten, an denen Tauchblattpflanzen (wie das Krause Laichkraut) bis in das Frühjahr hinein dichte Bestände bilden, die dann mit den Sommersonnenperioden (Mitte Juni/Juli) und starken Blaualgenwasserblüten schlagartig zusammenbrechen.

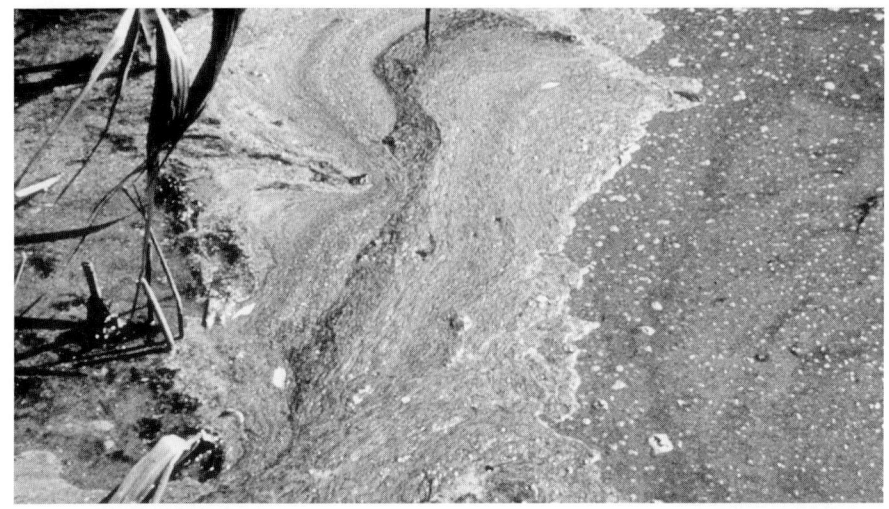

Foto 12: Auftreibender Blaualgenschmier wird am Röhricht- bzw. Wasserrosenrand angetrieben (*oben* Wittensee bei Rendsburg, 18.8.1978, *unten* Rüder See bei Flensburg 15.8.1974).

3.10 Schwimm- und Schwebepflanzen

Schwimmpflanzen (Abb. 39) sind zwar von der Bindung an das Substrat losgelöst, aber am See der Verdriftung ausgesetzt. Sie sind daher am See am ehesten in stillen Buchten, in Auflichtungen des Röhrichts und an Ufern mit Flachmoorcharakter zu finden.

Verdriftet werden auch Tauchblattpflanzen, die (z.B. von Schwänen oder Booten) abgerissen wurden und dank ihrer Luftfüllung an die Oberfläche treiben, sowie die auftreibenden Fadenalgenwatten (Kap. 3.9.7), „Seebällchen" (Kap. 3.9.1) und planktischen Blaualgen (Gasvakuolenschweber wie *Microcystis*: Band 2).

Eine Sonderstellung haben Arten mit Schwebefähigkeit wie Wasserschlauch und Hornblatt (Foto 21). Das Hornblatt ist ein Unterwasserblüher, der im See in 3-4 m Tiefe (gelegentlich auch in 10-11 m Tiefe: MOTHES 1975) schwebende Matten bildet, an Sonnentagen aber zur Oberfläche aufsteigen kann. Die Krebsschere, ein Überwasserblüher, kann große, beständig submerse, vegetative Formen ausbilden (als CO_2-Verbraucher jedoch nur in schwach sauren bis neutralen Seen, z.B. Bültsee/Schleswig), sie schwimmt im Sommer in der Regel zum Blühen auf; dichte Decken sind (vor allem im nordöstlichen Tiefland) typisch für Flußaltarme und Moorweiher (gewesen), am (mäßig eutrophen) See verfangen sich lichte Bestände in lichteren Röhrichten.

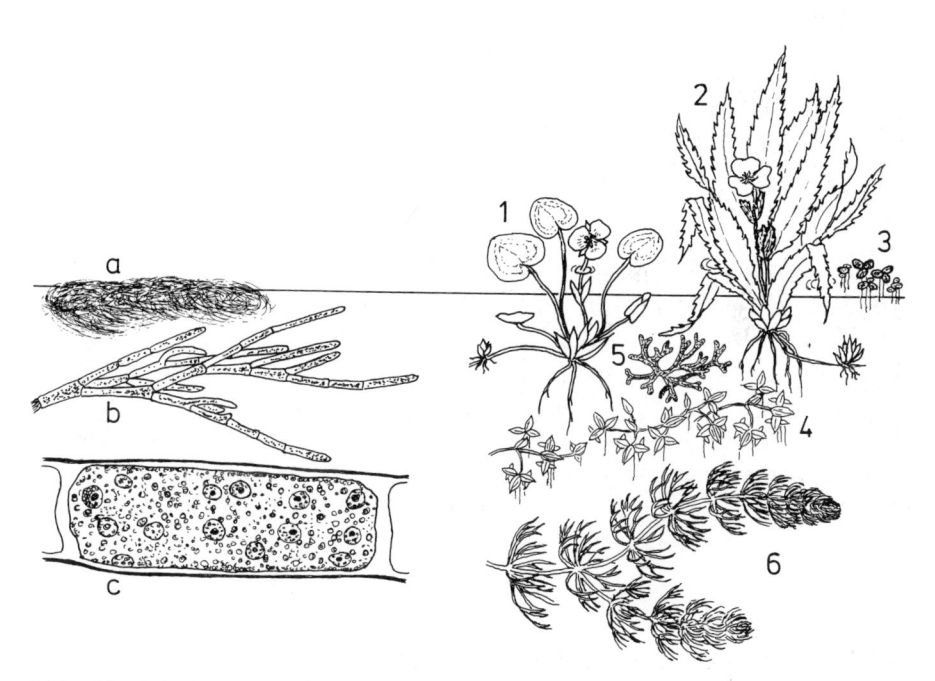

Abb. 39: Schwimm- und Schwebepflanzen (nach ELLENBERG, SCHUSTER & SOMMER, STRASSBURGER & KOERNICKE). *Links:* Aufgeschwommene Fadenalgenwatten (a), darunter (b) verzweigtes Fadenstück von *Cladophora* und (c) Einzelzelle (ohne Vakuolen). *Rechts:* Schwimmpflanzen: (1) Froschbiß; (2) Krebsschere (Schwimmphase, blühend); (3) Teichlinsen. Schwebepflanzen: (4) Dreifurchige Wasserlinse; (5) Wasser-Lebermoos *Riccia fluitans;* (6) Rauhes Hornblatt.

Hornblatt und Krebsschere bieten in ihrem bedornten Blattraum der Kleinlebewelt Schutz vor dem Zugriff von Fischen. Spezialisten unter den Libellenlarven sind bei uns das Kleine Granatauge *Erythromma viridulum* (in Hornblattrasen: SCHMIDT 1990; FOTO 21) und die Grüne Mosaikjungfer (*Aeshna viridis* in Krebsscherendecken: PETERS 1987). Dabei kommt den wärmebedürftigen Arten die gute sommerliche Thermik der zur Oberfläche aufgestiegenen Pflanzen entgegen, während die wintergrünen Triebe gerade am Grund günstige Bedingungen bieten (dank der Anomalie des Wassers, vgl. Band 2).

3.11 Plastizität der Lebensform bei Litoralpflanzen

Die Zonierung der Seeufervegetation wurde als Abfolge von Lebensformtypen nach der Anpassung in Bezug auf die Wassertiefe hergeleitet. Schon bei den Röhrichtpflanzen zeigte sich die Potenz zur Ausbildung von submersen Formen von völlig anderer Gestalt.

Viele Uferpflanzenarten bilden je nach Wasserstand Land- oder Wasserformen aus (Abb. 40); beim Gift-Hahnenfuß und beim Echten Pfeilkraut können Luft-, Schwimm- und Tauchblätter an derselben Pflanze ausgebildet sein (Triphyllie: OLBERG 1955). Dieses Phänomen der Heterophyllie von Wasserpflanzen bewegte die Botaniker seit langem (vgl. GLÜCK 1924, 1936, NAPP-ZINN 1973), hier kann darauf nicht näher eingegangen werden.

Wasserblätter sind in der Regel größer und dünner, ihre Stengel länger, die Atmungsintensität ist schwächer, die Anforderung an den CO_2-Gehalt des Wassers höher, die Fotosyntheseleistung je Volumeneinheit entsprechend

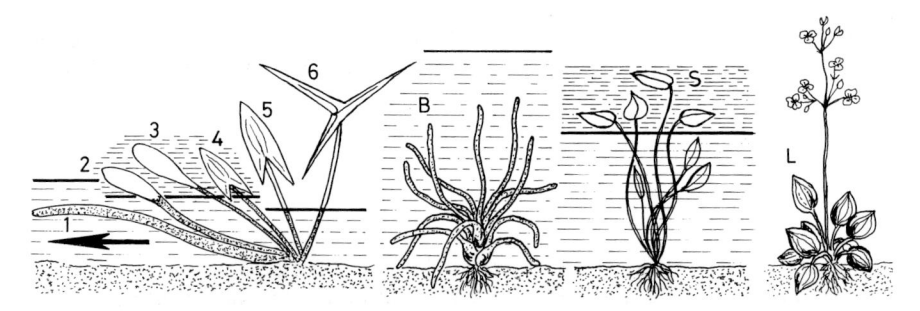

Abb. 40: Heterophyllie bei Pfeilkraut und Froschlöffel (nach OLBERG, LORENZEN).
Links: Heterophyllie beim Pfeilkraut. (1) Bandförmiges Unterwasserblatt im strömenden Wasser; (2) dito, an der Spitze zum Schwimmblatt erweitert; (3, 4) Schwimmblätter; (5) spieß-, (6) pfeilförmiges Luftblatt. *Rechts:* Wasser- und Landformen beim Froschlöffel. (B) Die submerse Form mit bandförmigen Blättern, (S) die Form mit Schwimmblättern aus etwa halbmetertiefem Wasser, (L) die gestauchte Landform, ähnlich, aber größer, ist die Form aus dem Flachwasser mit Überwasserblättern.

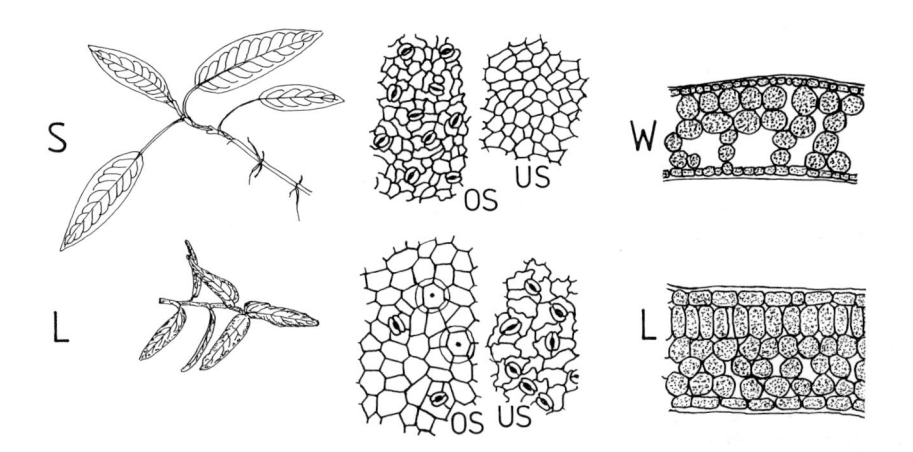

Abb. 41: Amphibische Uferpflanzen. Vergleich von Schwimm- oder Wasserblättern der Wasserform (*oben*) mit den Luftblättern der Landform (*unten*, nach ARBER, GESSNER).
Links: Wasserknöterich, Habitus und Blattaufsichten; *oben:* Wassersproß mit Schwimmblättern S, Blattoberseite OS (Luftseite) mit zahlreichen, Blattunterseite US (Wasserseite) ohne Spaltöffnungen; *unten:* Landsproß L, Blattoberseite OS mit wenigen, Blattunterseite US mit zahlreichen Spaltöffnungen.
Rechts: Gauchheil-Ehrenpreis, Blattquerschnitte: *Oben* das dünne Wasserblatt W mit hohem Anteil von Interzellularen im Palisadenparenchym und großen Luftkanälen im Schwammparenchym; *unten* das dicke Luftblatt L mit geringem Anteil von Interzellularen und dichtem Schwammparenchym.

geringer. Zugleich ist der cutikuläre Transpirationsschutz geringer, die Zahl der Spaltöffnungen vermindert (Abb. 41, vgl. ARBER 1920, GESSNER 1955, NAPP-ZINN 1973).

3.12 Vegetationsdynamik im Litoral

Unter natürlichen Verhältnissen sorgt allein schon die Dynamik des Wasserstandes und des Wetters am See für Verschiebungen im Nischengefüge, damit für einen Wechsel im Artenspektrum und in der Bedeckung durch die Ufervegetation. Viele Arten sind dabei sehr anpassungsfähig. Das wird verständlich, wenn man die Besiedlung der Wildflußaue als Naturvorbild annimmt (vgl. GERKEN 1988). Menschliche Aktivitäten können diese Dynamik stimulieren; Röhrichte reagieren meistens langsamer, Tauchblattpflanzen und Algen rascher (Abb. 42, vgl. HENTSCHEL et al.), man muß den Einzelfall untersuchen.

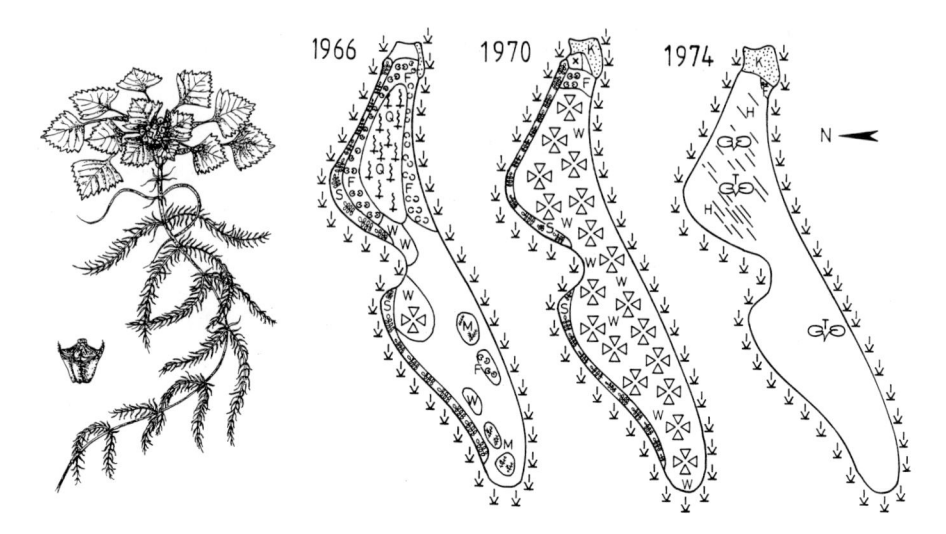

Abb. 42: Vegetationsdynamik am NSG Sarensee, (Elbealtarm bei Klieken, 10 km NO Dessau; nach Bursche, Hentschel et al. 1983).
Links: Wassernuß mit Schwimmblättern, submers blattähnliche Wasserwurzeln, daneben die Frucht.
Rechts: Vegetationskartierungen 1966, 1970 und 1974. Der Sarensee ist etwa 1,5 m tief mit reguliertem Wasserstand. Er ist in Erlenbruchwälder der Elbaue eingebettet, den Übergang zum See bilden ± eutraphente Seggenschwing-rasen (mit Rispen- und Zypergrasähnlicher Segge, Sumpffarn, Straußblütigem Gilbweiderich, Sumpfhaarstrang und Sumpfkalla), die trotz der Eutrophierung von den Veränderungen weniger betroffen waren. Jenseits der Wasserlinie (fett) wurden die folgenden Vegetationszonen unterschieden (genannt ist die dominierende Art mit Kennbuchstaben, in den Karten ist sie außerdem durch ein Symbol charakterisiert): Wasserfeder (x, kleiner Bestand nur 1970), Drachenwurz (Kalla) K (punktiert; ein kleiner Schwingrasen wechselnder Ausdehnung); Saum aus Schwimmfarn S (nur 1966, 1970) und davor Froschbiß F (1966, 1970; 1974 nur noch ein Rudiment), Quellmoos Q (nur 1966), Tausendblattherden (nur 1966) und Wassernuß W (1966 ein kleiner Bestand, 1970 flächendeckend, 1974 verschwunden); 1974 war die Wasservegetation bis auf einzelne Teichrosen T und Hornblatt-Herden H infolge der Eutrophierung und Freizeitangelei verschwunden; die Rolle des Bibers blieb unklar. Hinweis: Am See ist das Nordufer der Sonne am besten exponiert, hier haben auch am Sarensee die wärmeliebenden Arten (wie Schwimmfarn, Wassernuß) ihren Schwerpunkt.

3.13 Aufwuchs auf Röhricht und Wasserpflanzen (Periphyton)

Die submersen Teile der Makrophyten bilden ein Substrat für die Mikroflora und -fauna, auf dem dichte Aufwuchsrasen entstehen können (Abb. 43-45, BERTSCH 1947). Gegenüber dem offenen Boden ist die besiedelbare Oberfläche in dichten Pflanzenbeständen um ein Vielfaches größer. Es ergibt sich ein „Wettlauf" zwischen dem Wachstum der submersen Makrophyten und dem vom Aufwuchs, wobei Weidegänger (wie Kaulquappen oder Schnecken) die Kormophyten unterstützen, da sie deren lebende Teile verschonen. Die Artenzusammensetzung vom Aufwuchs ist vom Beschattungsgrad, von Wasserturbulenzen und vom Nährstoffangebot abhängig (vgl. z.B. BRUX & WIEGLEB 1989, CASPER 1985, LÖFFLER 1974, 1979, NACHTIGALL 1979, NUSCH 1975, RODEWALD-RUDESCU 1974). Im Aufwuchs sammeln sich auch Bakterien an; ihre Rolle wird jedoch beim Tiefenboden (Band 2) behandelt (zum Anteil des Aufwuchses am Abbau vgl. NEELY 1994).

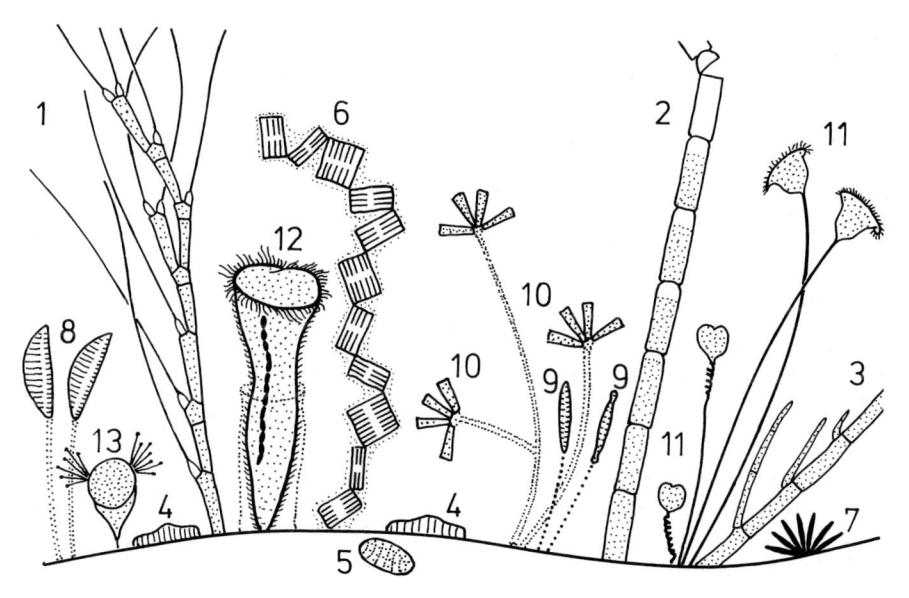

Abb. 43: Aufwuchs auf Tauchblattpflanzen in Seen (ohne Metazoen, aus SCHMIDT). Fädige Grünalgen (1 *Bulbochaete*, 2 *Oedogonium*, 3 *Cladophora*); Kieselalgen, die flach dem Substrat aufsitzen (4 *Epithema*, 5 *Cocconeis*, die „flache Algenlaus"), Zickzackbänder bilden (6 *Tabellaria*) bzw. kurze (7 *Synedra vaucheriae*) oder lange Gallertstiele haben (8 *Cymbella*, 9 *Achnanthes*, 10 *Gomphonema*), sowie sessile Wimpertierchen (11 Glockentierchen *Vorticella*, 12 Trompetentierchen *Stentor* mit Gallert-Wohngehäuse, beide sind Filtrierer; 13 Sauginfusorien, Tentakelfänger von Wimpertierchen).

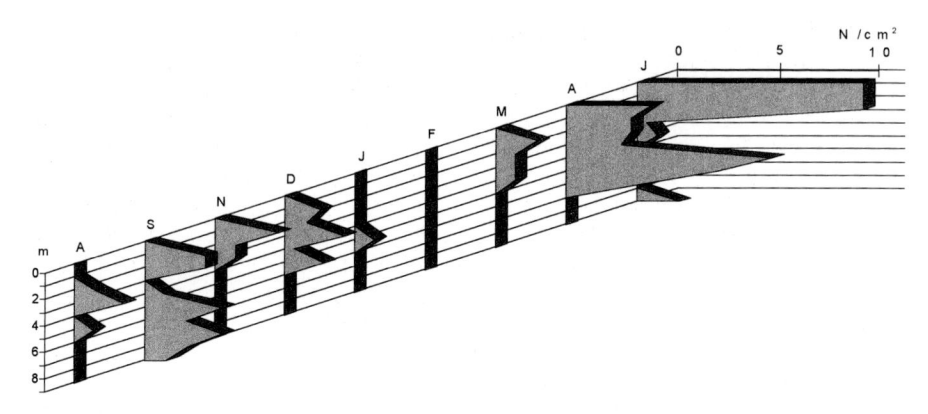

Abb. 44: Tiefenverteilung der Aufwuchs-Kieselalge *Melosira varians* im Jahresgang (nach Schwoerbel). Auszählungen ausgelegter Objektträger von August (A) bis Juni (J); Linien: Tiefenlinien im m-Abstand; Maßstab: Zellfäden/cm².

Aufwuchs zarter submerser Pflanzen(teile) kann gut direkt mikroskopiert werden, sehr günstig sind die Wurzeln von Wasserlinsen (ggf. aus Aquarienkultur: Ruppolt 1963). Ansonsten sei auf das Auslegen von Objektträgern (je ein Paar mit Gummiband zusammengefügt und auf passenden Gestellen für etwa 2 Wochen exponiert) verwiesen; damit lassen sich vielfältige Fragestellungen (wie die Tiefenverteilung und die Jahresperiodik) untersuchen (vgl. Abb. 44 und Drews & Ziemek 1995, Rudzinski 1987, Schneider 1987, Schwoerbel 1980, Wilbert 1976, Zehner 1993; zur Aufwuchs-Untersuchungstechnik allgemein vgl. Rieder 1993).

Die typischen Aufwuchsalgen können sich am Substrat anheften. Neben fädigen Algen aus verschiedenen systematischen Gruppen sind die Kieselalgen (Diatomeen; zu Details vgl. Helmcke & Krieger 1952, Hoek et al. 1993, Kalbe 1973, Krammer 1985, 1986) artenreich vertreten. Für Kieselalgen ist ein zweiteiliger Panzer aus Kieselsäure (SiO_2) typisch. Aufwuchs-Diatomeen haben oft dicke Schalen, damit wird der Schutz gegen Weidegänger oder Wellenschlag verbessert. Unter den Weidegängern sind so relativ große Formen (wie Kaulquappen, Schnecken oder Zuckmückenlarven) begünstigt; sie brauchen besonders harte Mundwerkzeuge (Arens 1989) und die Möglichkeit zum Ersetzen der abgenutzten Teile (Nachwachsen der Radula bei den Schnecken, Neubildung bei den Häutungen der Insektenlarven: „Schredder"-Typ nach Schweder 1985, Friedrich & Lacombe 1992). Diatomeen können somit auch Steine am Brandungsufer oder in Bergbächen besiedeln (Schönborn 1992). Eine Vielzahl kleinporiger Siebplatten ermöglicht auch bei dicken Schalen einen guten Kontakt des Plasmas mit dem Außenmedium und damit eine besonders effektive Stoffaufnahme (z.B. von Phosphat). Die Schalen erfordern aber einen besonderen Modus der vegetativen Vermehrung im Wechsel mit der geschlechtlichen Auxosporenbildung; die Auxospore ist zugleich das

Ausbreitungsstadium für die sessilen Aufwuchskieselalgen. Die SiO_2-Versorgung wird (ähnlich wie bei verkieselten Röhrichtarten, anders als bei planktischen Formen: BESCH et al. 1985, vgl. Band 2) dank der Nähe zum mineralischen Substrat nur ausnahmsweise zum limitierenden Faktor, im Notfall wird die Teilungsrate gesenkt. Bei den Kieselalgen werden zwei Untergruppen unterschieden: die langgestreckten Pennaten (Ordnung Pennales) und die rundlichen Formen (Ordnung Centrales). Letztere bilden im Aufwuchs oft (fädige) Kolonien. Die Pennaten sind durch einen Längsspalt der Schalen (Raphe) ausgezeichnet. In ihm kann ein Plasmasaum rotieren und die Einzelzelle auf dem Substrat voranschieben. Sie sind damit speziell angepaßte Substratbewohner. Neben diesen Benthal-Spezialisten können sich auch planktische Arten im Aufwuchs verfangen. Damit verwischen sich (wie auch bei der Fauna) die Grenzen zum Plankton.

Die Aufwuchsfauna wird von der Mikrofauna bestimmt (Abb. 43, 45, vgl. MEUCHE 1939, STREBLE & KRAUTER 1973). Auf das umfangreiche Schrifttum, insbesondere zur Biologie und Ökologie der Ciliaten, kann hier nicht eingegangen werden, einige Hinweise müssen genügen (wie BRONS 1986, FENCHEL 1987, GÖRTZ 1988, GRELL 1973, HAUSMANN 1985, 1989, KOSTE 1989, MAYER 1962, NACHTIGALL & BÜHLER 1988, NUSCH 1975, SCHNEIDER 1988a,b,c, SIEGER 1973, VATER-DOBBERSTEIN 1975, VOSS 1985, WEISSENFELS 1989). Das gleiche gilt für die klassischen Versuche zur Konkurrenz bei *Paramecium*-Arten bzw. für die Räuber-Beute-Beziehung von *Didinium* und *Paramecium* (Abb. 45, KALUSCHE 1982, 1989, KÜHNELT 1970).

Zur Metazoen-Aufwuchsfauna (Abb. 45) gehören sessile Filtrierer (wie die Glockentierchen *Vorticella* unter den Ciliaten, viele Rädertierchen, Moostierchen und Süßwasserschwämme) und Tentakelfänger (wie die Suktorien unter den Ciliaten und die Süßwasserpolypen) bzw. Schnappborstenfänger (wie die Rädertiere *Collotheca*). Substratkriecher sind die (bis fast 1,5 mm großen) Wechseltierchen oder Amöben, die ihre Beute durch Umfließen aufnehmen. Ciliaten sind in hoher Diversität, auch mit spezialisierten Schlingern (wie *Didinium*) und Substrat-„Läufern" (wie *Stylonychia*) vertreten; sie sind vorwiegend Bakterienfresser und dominieren bei organischer Belastung (BICK & KUNZE 1971). Aufwuchsorganismen stecken oft in Hüllen, in die sie sich bei Gefahr zurückziehen können, z.T. werden sie mit herumgetragen (wie die kunstvollen Gehäuse aus Pectin der Schalenamöben, die manche Arten zur Tarnung noch mit Sand oder Diatomeenschalen bekleben; vgl. FRISCH 1974). Beschalt sind auch Kleinkrebse wie die Muschelkrebse (Ostracoda) und die Kugelkrebschen (wie *Chydorus*), spezialisierte Weidegänger, die den Aufwuchs mit ihren Thorakalfüssen abbürsten. Der Wasserfloh *Simocephalus* ist ein Beispiel für einen Gast aus dem Plankton, er heftet sich mit dem Rücken an Wasserpflanzen an und „spart" so den Bewegungsaufwand beim Filtrieren. Endosymbiosen von Tieren mit Algen sind für verschiedene Aufwuchsbewohner (wie bei Trompetentierchen *Stentor*, Süßwasserpolypen und -schwämmen) typisch und Ursache ihrer Grünfärbung (vgl. NACHTIGALL 1979, WERNER 1987).

Der Ciliat *Euplotes* kann in Kultur mit seinem Freßfeind, dem Turbellar *Stenostomum*, seitliche, flügelartige Fortsätze bilden; damit wird er zu sperrig für den Räuber und bleibt verschont (KUHLMANN 1989).

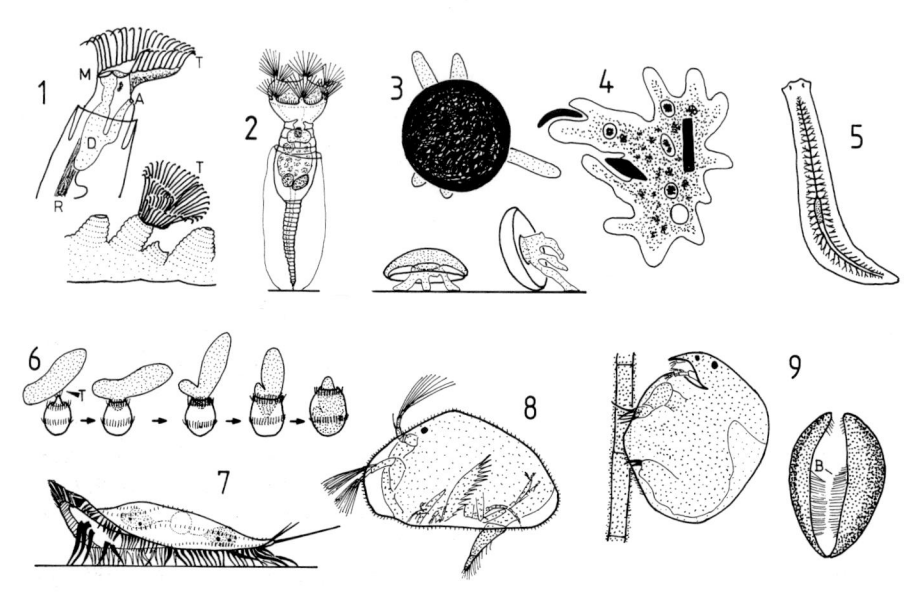

Abb. 45: Konsumenten im Aufwuchs (Vorlagen aus ENGELHARDT, HENTSCHEL, JACOBS, KAESTNERet al., REMANE et al., STERBA, STREBLE & KRAUTER, WESENBERG-LUND, WURMBACH & SIEWING).
(1) *Strudler:* Kolonie des Moostierchens *Plumatella* (Einzeltier um 2 mm) in verzweigten Chitinröhren (darüber Bauplan: T Tentakelkranz, M Mund, D Darm, A After, R Rückziehmuskel). – (2) *Borstenfänger:* Das Rädertierchen *Collotheca* (0,5 mm) in Gallerthülle. – (3) *Gleitkriecher als Räuber (Schlinger)*: Die beschalte Amoebe *Arcella vulgaris* mit Pectingehäuse (∅ 0,1 mm) in Aufsicht, in Seitenansicht und beim Umdrehen aus der Rückenlage (dabei helfen Gasblasen im Protoplasma); (4) Wechseltierchen *Chaos difflugens* (= *Amoeba proteus*, 0,5 mm), das gerade hartwandige größere Algen (Zieralge *Closterium*, Diatomeen: schwarz) verzehrt (phagocytiert; die übliche Nahrung sind leicht verdauliche Bakterien und Wimpertiere); (5) Milchweiße Planarie *Dendrocoelum lacteum* (2,5 cm) mit durchschimmerndem Darm, die Beute wird mit dem ausstülpbaren Rüssel in der Mitte der Unterseite (punktierter Bereich) verschlungen. – 6) *Beutelähmer:* Der Ciliat *Didinium nasatum* (0,1 mm) lähmt seine Beute, dreimal so große Pantoffeltierchen *Paramecium*, mit Gift-Trichocysten T aus dem Schlund und zieht es dann in sich hinein (oder saugt es aus; Kulturversuche mit unterschiedlichen Überlebensbedingungen für Räuber und Beute bei KALUSCHE 1989).
– (7) *Borstenläufer:* Der Ciliat *Stylonychia mytilus* (0,2 mm). – (8) *Substratabbürster:* Muschelkrebse (wie *Cypris pubera*, ¼ mm) und (9) das Linsenkrebschen *Chydorus sphaericus* (≤½ mm), das an Algenfäden entlang rutschen kann (links, Seitenansicht), dabei helfen Borstenkämme B am Schalenrand (rechts, Blick auf den Schalenspalt, unten ist hinten).

Tab. 13: Primärproduktion des Aufwuchses (Periphyton) an Schilfhalmen im Donaudelta: Vergleich der Monate März, Juli und November 1968 und von Aufwuchs mit dem Phytoplankton (Bruttoproduktion, in Klammern Nettoproduktion, beide in mg O_2 je dm^2 und Tag; aus RODEWALD-RUDESCU 1974).

	Datum	Isacova-See	Rosu-See
Aufwuchs an Schilfhalmen Isacova-See 1968	März 1968 Juli 1968 November 1968	11,4 (8,5) 1,6 (-2,6) 3,9 (0,5)	- - -
Periphyton Schilf Phytoplankton	? ?	8,7 (3,5) 1,6 (0,4)	3,7 (-0,8) 0,3 (-0.4)

Der Aufwuchs (Periphyton) kann an der Produktion im Phytal maßgeblich beteiligt sein, im Schilf vor allem in der Zeit vor dessen Blattentfaltung (Tab. 13). In dichteren submersen Pflanzenbeständen ist die Individuendichte des Aufwuchses (auf die Raumeinheit bezogen) in jedem Falle deutlich höher als die des Planktons: Der Aufwuchs ist zwar auf die Substratangebote angewiesen, belegt diese jedoch so dicht, daß die Planktondichten des Wasserraumes zwischen den Pflanzen leicht übertroffen werden. Der Aufwuchs hat dementsprechend für die Selbstreinigung des Gewässers eine viel höhere Bedeutung als das Litoralplankton, er multipliziert so noch die entsprechende Wirkung der Makrophyten (KLAPPER 1992). Die (möglichen) Wechselwirkungen zwischen Aufwuchs (Periphyton), dem Substrat (Makrophyten) und den Konsumenten sind bei LODGE et al. (in CARPENTER 1987) dargestellt. Die mikrobielle Abwasserreinigung mit Tropfkörpern ist ein Modell für eine technische Perfektion der Aufwuchskultur (vgl. KLEE 1991, UHLMANN 1988 sowie MÜLLER 1993).

Auch der Aufwuchs ist für die Bioindikation geeignet (zu Diatomeen vgl. HOFMANN 1993). Bei organischer Belastung erhöhen sich z.B. Anteil (Dominanz) und Diversität von Bakterienfressern wie Ciliaten (BICK & KUNZE 1971, BICK in KUNICK & KUTSCHER 1976), jedoch ist dafür die Artenkenntnis des Spezialisten erforderlich (vgl. FOISSNER in BICK & NEUMANN 1982).

3.14 Seenklassifikation und Bioindikation nach der Litoralvegetation

3.14.1 Trophische Seenklassifikation nach Vegetationstypen

Die klassische Einteilung der Seen nach Humusgehalt und Trophie spiegelt sich auch in den Schemata der Litoralvegetation wider (vgl. ELLENBERG 1986, JUNG 1990, NÖRREVANG & MEYER 1969, WILMANNS 1993):

Braunwassersee (**dystropher See**, obligat kalk- und nährstoffarm)
mit Schwingrasen aus Torfmoosen und Schmalblättrigem Wollgras, Schlamm-, Fadenseggen, in Hochmoor-Birken-(Kiefern-) Wald übergehend.
Kalk- und nährstoffarmer Klarwassersee (**oligotropher Klarwassersee**)
mit Brachsenkrautrasen (und Wechselblütigem Tausendblatt), lichten Schilfröhrichten, mit Wasserlobelie und Strandling, in Birkenbruchwald (bei Schafbeweidung in Heiden) übergehend.
Armleuchteralgensee (kalkreicher, **mesotropher Klarwassersee**)
mit ausgedehnten Armleuchteralgen-Grundrasen, lichten Herden aus mesotraphenten Überwasserblühern, lichten Schilfröhrichten, (bei Mahd) in orchideenreiche Kleinseggenrasen übergehend.
Großlaichkrautsee (**typisch eutropher Klarwassersee**)
mit dichten Großlaichkrautrasen (Spiegelndes, Durchwachsenes Laichkraut), Wasserrosenzone mit Tausendblatt, dichte, einartige Schilfröhrichte, in ein Grauweiden-Faulbaum-Gebüsch oder ein Großseggen-Erlenbruch übergehend.
Wasserblütensee (**hypertropher See**)
mit anhaltenden Wasserblüten (im Hochsommer Blaualgen dominierend, Sichttiefe < 0,5m), ohne submerse Makrophyten (unterhalb 1 m Wassertiefe), oft mit geschlossenen Wasserrosenbeständen vor Schilf- oder Rohrkolbenröhrichten (an offenen Flachwasserstellen auch Teichfaden oder Kamm-Laichkraut) und Erlenbruch.

Die Variationsbreite ist aber in Wirklichkeit groß, die Schemata können die individuelle Schlüsselfaktorenanalyse nicht ersetzen.

3.14.2 Makrophytenindex als Indikatorsystem

Die submersen Makrophyten spiegeln in ihrer Artenzusammensetzung und Wüchsigkeit gut die Wasserqualität wider. Das hatte LANG (1973) zur Beurteilung der Eutrophierung von Uferabschnitten des Bodensees genutzt, KONOLD et al. (in ZINTZ et al. 1990) ermittelten Zeigerwerte in bezug auf den Phosphatgehalt stehender Gewässer Oberschwabens (Abb. 46). MELZER (1987 und in BAYR. AKAD. WISS. 1991) sowie MELZER et al. (1987) haben dann, ausgehend von Tauchkartierungen zahlreicher Seen in Bayern (Abb. 46) und der Eifel, ein Indikatorsystem für die Wasserqualität nach submersen Makrophyten aufgestellt. Knapp 50 ausgewählte Arten wurden neun Gruppen (mit einem Indikatorwert von 1,0-5,0) zugeordnet. Für die Einzelfallbewertung werden die nachgewiesenen Arten außerdem nach ihrer Abundanz (fünf kubische Klassen) im geometrischen Mittel zu einem Zahlenwert verrechnet. In den fünf Klassen mit Indikatorwert 1,0-3,0 dominieren Armleuchteralgen, in den vier anderen fehlen sie. Ausgewählt wurden Arten mit enger ökologischer Valenz (bzw. Potenz) und damit hohem Zeigerwert. Regional hat er sich bewährt (SCHMIEDER

1991). Der Makrophytenindex stützt sich jedoch auf die im Untersuchungsgebiet realisierte ökologische Nische, nicht auf das ökologische Potential; die Übertragbarkeit auf andere Regionen ist daher jeweils zu kontrollieren (vgl. in Abb. 46 die Osterseen mit den oberschwäbischen Seen).
Dabei kann es Überraschungen geben. So wachsen am Schluchtsee, einem hoch elektrolytreichen Rekultivierungssee des Braunkohlenabbaugebietes der Ville bei Köln (Leitfähigkeit um 1000 µS von den verkippten Aschen), Rasenbinse und Zwergigelkolben, Arten, die sonst für mesotrophe Moorweiher typisch sind (erstere wird hier durch das „Krautangeln", das das Tausendblatt eliminiert, begünstigt!), auch das Wechselblütige Tausendblatt, sonst eine Art kalkarmer Seen, kann sich als Pionier in elektrolytreichen Seen ausbreiten. Am Großensee bei Hamburg, einem ehemaligen kalk- und nährstoffarmen Klarwassersee, sind mit der Eutrophierung zwar erst die Lobelie, dann auch das Brachsenkraut verschwunden, trotz starker Blaualgenwasserblüten, einem pH-Anstieg auf über 9 und Sichttiefen bei 0,7 m halten sich aber noch Strandling, Wechselblütiges Tausendblatt, Quellmoos und Armleuchteralgen (*Chara fragilis, C. deliculata, Nitella mucronata*) neben eutraphenten Arten (wie Großlaichkräuter; vgl. VÖGE 1995).

3.14.3 Indikation von Eutrophierung nach der Tiefenausdehnung der submersen Makrophyten

Die Trophie, also der Nährstoffgehalt (genauer das Verhältnis von N,P zu C) der Seen ist (im Pelagial) aus methodischen Gründen an die Planktondichte gekoppelt (vgl. Band 2), die Eutrophierung von Seen ist so (per definitionem) mit zunehmender Wassertrübung verbunden. Die Kompensationsebene und damit die Tiefengrenze der Litoralvegetation, steigen an. Liegen sie oberhalb von etwa 3 m, so werden Grundrasen von den Überwasserblühern unterdrückt, oberhalb von 1-2 m diese von Schwimmblattpflanzen bzw. dem Röhricht. Damit kann diese Tiefengrenze zur Klassifikation von Seen nach Eutrophierungsstufen verwendet werden (Abb. 48; vgl. SCHMIDT 1974 für 10 schleswig-holsteinische Seen und Abb. 7, 8, 9, 11):

1. Submerse Vegetation bis in 15 m Tiefe und mehr, ausgedehnte Armleuchteralgenrasen, z. T. mit Tiefenalgen wie die Rotalge *Batrachospermum*, sommerliche Sichttiefe meist über 4-5 m, Röhrichte und Überwasserblüher oft nur schwach entwickelt und licht, mit Unterwuchs aus konkurrenzschwachen Arten wie Strandling, Wasserlobelie, Brachsenkraut. Keine Blaualgen-Wasserblüten: **Kalkreiche oligotrophe Klarwasserseen** wie der Obersee (des Bodensees bis Anfang dieses Jahrhunderts) oder der Stechlin (Strelitzer Seenplatte N Berlin). – In den **kalkarmen oligotrophen Klarwasserseen** treten die Armleuchteralgen zurück zugunsten von Grünalgen (wie *Cladophora*) oder Wassermoosen (wie *Drepanocladus*) sowie Brachsenkraut, die submerse

Vegetation reicht auch oft nicht so tief wie in den kalkreichen oligotrophen Seen.

2. Submerse Vegetation bis in 8-12 m Wassertiefe, ausgedehnte Armleuchteralgenrasen, mäßige Wasserblüten, sommerliche Sichttiefen meist mehrere Meter: **Mesotrophe Klarwasserseen, typische Armleuchteralgenseen** (z. B. Schöhsee/Holstein; Abb. 9).

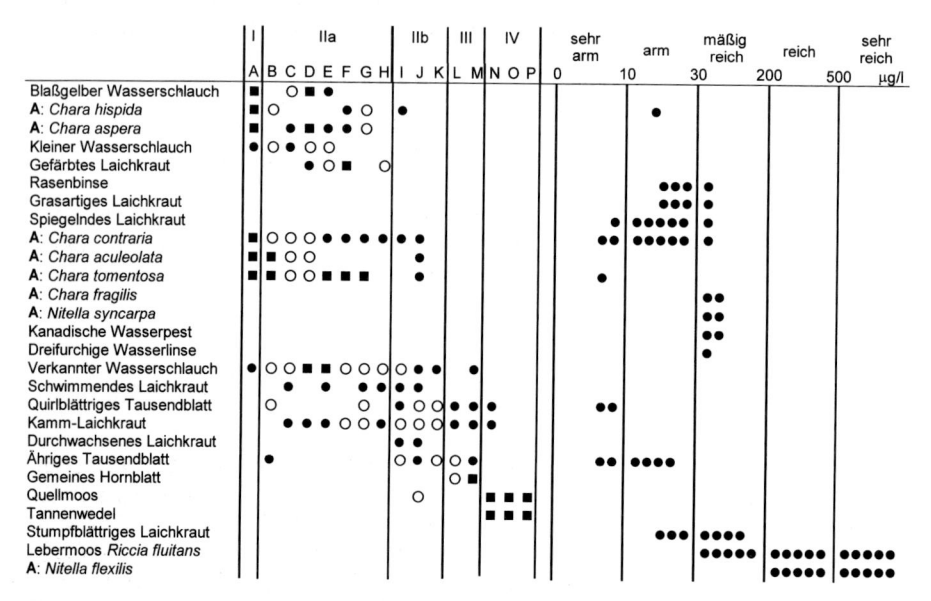

	IIa	IIb	III	IV	sehr arm	arm	mäßig reich	reich	sehr reich
	A B C D E F G H	I J K	L M	N O P	0	10	30	200	500 µg/l
Blaßgelber Wasserschlauch	■ ○ ■ ●								
A: *Chara hispida*	■ ○ ● ○	●				●			
A: *Chara aspera*	■ ● ● ● ● ○								
Kleiner Wasserschlauch	● ○ ● ○ ○								
Gefärbtes Laichkraut	● ○ ■ ○								
Rasenbinse							●●●	●	
Grasartiges Laichkraut							●●●	●	
Spiegelndes Laichkraut						●	●●●●●	●	
A: *Chara contraria*	■ ○ ○ ○ ● ● ●	● ●				●●	●●●●●	●	
A: *Chara aculeolata*	■ ■ ○ ○	●							
A: *Chara tomentosa*	■ ■ ○ ○ ■ ■	●				●			
A: *Chara fragilis*							●●		
A: *Nitella syncarpa*							●●		
Kanadische Wasserpest							●●		
Dreifurchige Wasserlinse							●●		
Verkannter Wasserschlauch	● ○ ○ ■ ■ ○ ○ ○	● ●	●						
Schwimmendes Laichkraut	● ● ● ●								
Quirlblättriges Tausendblatt	○	● ○ ○	● ●			●●			
Kamm-Laichkraut	● ● ● ○ ○	● ○ ○ ○	● ●						
Durchwachsenes Laichkraut		○ ● ●							
Ähriges Tausendblatt	●	○ ○	●			●●	●●●●		
Gemeines Hornblatt		○ ■							
Quellmoos	○		■ ■ ■						
Tannenwedel			■ ■ ■						
Stumpfblättriges Laichkraut							●●●	●●●●	
Lebermoos *Riccia fluitans*								●●●●●	●●●●●
A: *Nitella flexilis*								●●●●●	●●●●●

Abb. 46: Submerse Makrophyten als Trophie-Indikatoren (links nach MELZER in WILMANNS, rechts nach KONOLD et al.).
Links: Zusammenhang von Pflanzenartenverbreitung, Phosphatgehalt und Grundwassereinfluß in 16 Seen A-P der Osterseenkette S München. 20 µg P/l wurden als Obergrenze für Armleuchteralgen A ermittelt, nur die Typen I u. II sind demgemäß Armleuchteralgenseen. – Mengenklassen: ■ Verbreitungsschwerpunkt in der Seenkette, ○ verbreitet, ● vereinzelt bis selten in dem See. Die folgenden Belastungsstufen werden unterschieden:
I See A mit hohem Zufluß an Grundwasser; Gesamt-P unter 10 µgP/l: unbelastet,
IIa Seen B-H mit minimalem Grundwasserzufluß, Gesamt-P um 10 µgP/l: gering belastet,
IIb Seen I-K dito, Gesamt-P um 15 µgP/l: mäßig belastet,
III ohne Grundwasserzufluß, See L knapp 25, See M bei 40 µgP/l : belastet,
IV starker Grundwasserzufluß, See N 25, Seen O/P 70/90 µgP/l: belastet.
Rechts: Zeigerwert von submersen Makrophyten für stehende Gewässer Oberschwabens in Relation zum Phosphatgehalt (nichtlineare Skala: keine Abundanzstaffel! – Vgl. die Armleuchteralge *Nitella flexilis* mit dem rechten Teil).

3. Submerse Vegetation bis in 4-6 m Wassertiefe, mit Armleuchteralgen, meist nur mäßige Wasserblüten, sommerliche Sichttiefe i. d. R. über 2 m: **Mäßig eutrophe Seen** (z. B. Großer Plöner See, Selenter See/Holstein bis Mitte dieses Jahrhunderts).

4. Submerse Vegetation bis in 3-4 m Wassertiefe, Tauchblattpflanzen dominieren gegenüber Tiefenalgen, keine Armleuchteralgen oder Rotalgen (wie *Batrachospermum*), im Sommer zwar anhaltende Blaualgen-Wasserblüten, aber Sichttiefen oft 1-2 m: **Eutrophierte Seen, Laichkraut/Tausendblatt-Seen** (Beispiel: Kleiner Plöner See, Ahrensee/Holstein, Abb. 7, 9).

5. Keine submerse Vegetation unterhalb von 1-2 m Wassertiefe, anhaltende Blaualgen- oder Grünalgen-Wasserblüten, Sichttiefen im Sommer oft unter 1 m: **Hypertrophe Seen** (z. B. Tegeler See in Berlin 60er- 80er Jahre).

Zu bedenken ist jedoch, daß die submerse Vegetation in der Regel nicht homogen verteilt ist, sondern Mosaike bildet und dann nicht nach einem einzigen Profil zur Klassifikation herangezogen werden kann.

3.15 Zusammenfassung: Vegetationszonierung am See

Die verschiedenen Ufer- und Wasserpflanzen sind unterschiedlich an Überflutungen und das Leben in bestimmten Wassertiefen angepaßt. Wasserseitig bestehen also arttypische Schranken (Tab. 14). Landseitig wird der Existenzbereich dagegen maßgeblich durch die Konkurrenz eingeschränkt. Wirksam ist dabei vor allem die Beschattung (Lichtabfall im dichten Schilfbestand und unter Wasserrosenblattdecken über 95 %, Kap. 3.5, 3.6), da die Zonierung der Uferpflanzen zugleich eine Reihe abnehmender Wuchshöhe darstellt (Bäume/Großstauden über Wasser/Schwimmblätter auf dem Wasser/langwüchsige Tauchblattpflanzen/kurzrasige Algen und Moose unter Wasser).

Die Wirkung der Konkurrenz läßt sich mit folgenden Beispielen belegen:

1. Die Schwarzerle hat die größte Bonität (bis 30 m Höhe) auf den kaum vom Hochwasser erreichten Standorten (ELLENBERG 1986). Dort kann sie sich aber gegen die üblichen Waldbaumarten nicht durchsetzen und wird somit auf ihren Grenzstandort verdrängt (Abb. 13): In breiten Erlenzonen nimmt die Höhe der Erlen zum Ufer hin deutlich ab, am Ufer stehen vielfach Kümmerlinge.
2. Von den Erlen werden wiederum die Grauweiden auf den Ufersaum verdrängt: Auf Lichtungen, Kahlschlägen, Viehweiden, aufgelassenen Wiesen im Überschwemmungsbereich, wo die Beschattung durch die Erlen ausgeschaltet ist, können sie auch landseitig vom Ufer gedeihen. Hingewiesen sei auch

auf die Kopfweiden an ehemaligen Wiesengräben und die verschiedenen Weidenarten, die in Garten oder Parks wasserfern gezogen werden.
3. Unter den Uferbäumen werden eine ganze Reihe lichtliebender Uferstauden (z. B. Schilf, Wasserdost, Gilbweiderich, Zottiges Weidenröschen) zurückgedrängt, sie bleiben kümmerlich und steril und kommen erst im Flachwasser voll zur Entfaltung. Werden die Bäume ausgeschaltet, so entwickelt sich auch dort ein üppiges Großstaudenried (Beispiel: aufgelassenes Grünland im Überschwemmungsbereich).

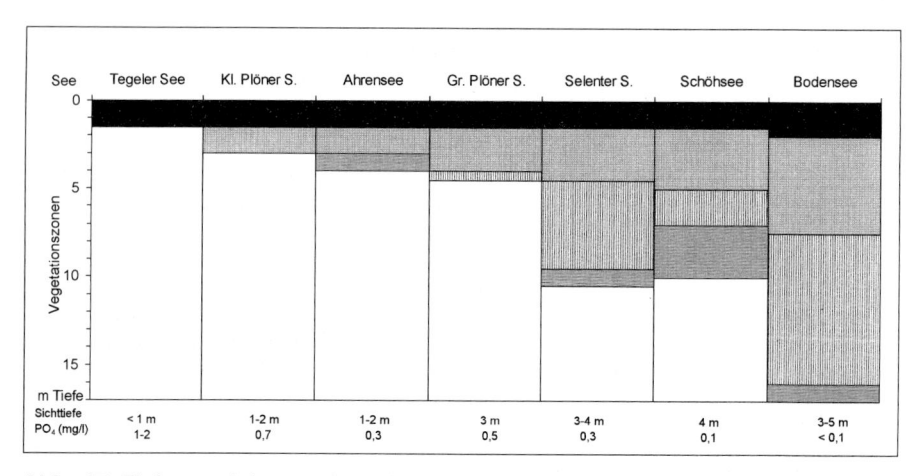

Abb. 47: Tiefenausdehnung der submersen Vegetation in eutrophen Seen (Tegeler See in Berlin und verschiedene holsteinische Seen 1970, Untersee des Bodensees etwa 1910) in Beziehung zur sommerlichen Sichttiefe und dem Phosphatgehalt zur Herbstzirkulation (grobe Richtwerte). *Schwarz:* Röhrichte, *dunkel:* Tauchblattpflanzen, *vertikale Schraffur:* Armleuchteralgen, *horizontale Schraffur* die Grünalge *Vaucheria*, im Bodensee Quellmoos.

4. An den großen Seen ist das Schilf die konkurrenzkräftigste Röhrichtart des natürlichen Flachufers, die (wasserseitig) Reinbestände bildet. Bei Beeinträchtigung des Schilfes durch Ufernutzungen können sich die vorher unterlegenen Arten (Teichsimse, Rohrkolben) ausbreiten. Begünstigt sind dann auch Schwimmblattpflanzen, die z. B. in mäßig befahrenen Schneisen zur Entfaltung kommen können, und Tauchblattpflanzen, die unter aufgelichteten Röhrichten Existenzmöglichkeiten finden.
5. Gut entwickelte Schwimmblattbestände verdrängen die Tauchblattpflanzen, lichte Bestände sind mit ihnen durchsetzt.
6. Konkurrenz um CO_2 zeigt sich an der Unterlegenheit obligater CO_2-Verbraucher gegenüber Hydrogencarbonat-Verbrauchern bei CO_2-Mangel im schwach alkalischen Milieu (Quellmoos, Quirlblättriges Tausendblatt: Kap. 3.7; vgl. auch die CAM/C_4-Pflanzen wie Strandling und Brachsenkraut).

7. Deutlich wird die Wirkung der Konkurrenz auch an den extrem nährstoff- und kalkarmen Klarwasserseen. Aus Mangel an Nährstoffen bleiben die Röhrichte kümmerlich, so daß die Charakterarten des flachen Wassers dieser Seen (wie Strandling, Wasserlobelie) genügend Licht bekommen. Auch die Wasserrosen sind dort (wenn überhaupt) nur in lockeren Beständen vertreten, die Tauchblattpflanzen stehen einzeln, damit können anspruchslose (Armleuchter-) Algen dichte Rasen bis hinauf in das Flachwasser bilden, konkurrenzschwache Arten wie Nixenkraut und Brachsenkraut darin gedeihen.

Tab. 14: Wasserseitige Grenzen für Uferpflanzentypen.

Ökotyp	Grenze wasserseitig (unter idealen Bedingungen)	begrenzender Faktor
Landpflanzen	Frühjahrshochwasser	O_2-Mangel im Boden bei Überflutung
Schwarzerle, Grauweide	dito	Überflutung des Lentizellenbereichs am Stamm (bis $^3/_4$ m Höhe), damit Ausfall der internen O_2-Versorgung der Wurzel
Sumpfpflanzen	Sommerniedrigwasser	Überflutung der Blätter
Röhrichtpflanzen	1-2 m Wassertiefe	Überflutung der Blätter (Halm-, Blattlänge)
Schwimmblattpflanzen	3-6 m Wassertiefe	Blattstiel-, Stengellänge, sofern nicht Wellenschlag das Vorkommen ausschließt
Tauchblattpflanzen	etwa 8 m Wassertiefe	hydrostatischer Druck auf das Luftkanalsystem (sofern nicht Lichtmangel schon vorher begrenzt)
submerse Kryptogamen (Algen und Wassermoose)	bis zu 50 m Wassertiefe	Lichtdurchlässigkeit des Wassers (Grenze bei etwa 1-5 % des auffallenden Lichtes)

Der Eindruck einer scharfen Zonierung wird noch dadurch unterstützt, daß in jeder Zone nur eine Art (Erlen, Schilf) bzw. wenige mit gleichen Wuchsformen (Schwimmblattpflanzen, Überwasserblüher) den Aspekt und damit die Grenzen der Zonen bestimmen. Berücksichtigte man gleichermaßen den unauffälligeren Unterwuchs (z. B. die Uferstauden), so verwischen sich die Grenzen oft (was aber das theoretisch so feine, weil einfache Bild der diskontinuierlichen Einteilung stört, vgl. Abb. 9).

Tab. 15: Vergleichende Übersicht der Lebensformtypen der Ufervegetation.

	Landpflanze	Sumpfpflanze und Röhrichtpflanze	Schwimmblattpflanze	Tauchblattpflanze
Das Blatt				
Epidermis	+	+	+	—
Spaltöffnungen	US	US (+ OS)	OS	—
Parenchymdifferenzierung	+	+	+	—
Verdunstungsschutz	++	+	+	—
Medium	Luft	Luft (z. T. amphibisch)	Wasseroberfläche (verträgt z. T. Trockenfallen)	Wasser
Der Stengel				
Leitbündel				
Lage	peripher	peripher	peripher und zentral	zentral
Ausbildung	++	++	+	schwach
Andere Festigungselemente (Kollenchym, Bastfaserbündel)	ggf. subepidermal	ggf. subepidermal	(z. T. subepidermal)	—
Festigkeit	steif	steif	nachgiebig	± schlaff
Ausdehnung				
Rinde	schmal	schmal	schmal	breit
Luftkanäle	—	+/++	++	++
Belastbarkeit	Druck u. Zug	Druck u. Zug	Zug	(Zug)
Die Wurzel				
Leitelemente	++	++	+	schwach
Luftkanäle	—	++	++	++
Stoffaufnahme				
CO_2 aus	Luft	Luft	Luft	Wasser
H_2O aus	Boden	Boden	Boden + Wasser	Wasser
durch	Wurzel	Wurzel	Wurzel + Blatt	Blatt (z.T. Wurzel)
Nährsalze aus	Boden	Boden	Boden (z.T. Wasser)	Wasser (z.T. Boden)
typisch durch	Wurzel	Wurzel, z.T. Wasserwurzeln	Wurzel, z.T. Blatt	Blatt, z.T. Wurzel

Diese Einteilung wird der realen Gliederung der Uferzonierung besser gerecht als die gängige Einteilung in Helophyten (emerse Sumpf- und Röhrichtpflanzen) und Hydrophyten (Wasserpflanzen im Sinne von Schwimm-, Tauchblattpflanzen) mit dem Sonderfall der Hygrophyten (Schatten-Feuchtluftpflanzen; vgl. DIERSSEN 1990, LÜTTGE et al. 1989). Auch der morphologische Vergleich der Lebensformtypen zeigt das Übergangsfeld (Tab. 15).

4 Die Tierwelt der Wasseroberfläche

4.1 Kleinlebewesen an der Wasseroberfläche

4.1.1 Das Pleuston

Die Wasseroberfläche, also die Grenzfläche zwischen Luft und Wasser, ist der Lebensraum einer charakteristischen Tier- und Pflanzenwelt („Pleuston": größere Pflanzen- und Tierarten, zu den Pflanzen vgl. Kap. 3.6, 3.8, 3.10; Mikroorganismen werden als „Neuston" bezeichnet: SCHWOERBEL 1993). Die meisten Pleustonorganismen bevorzugen windgeschützte, sonnenexponierte Flachwasserbereiche in Ufernähe.

Das Pleuston umfaßt ökologisch sehr unterschiedliche Lebensformtypen. Das Spektrum reicht von Luftlebewesen auf der Wasseroberfläche bis zu Wasserlebewesen, die sich von unten her an die Wasseroberfläche anheften (vgl. Tab. 16.). Dabei wird die Oberflächenspannung des Wassers (gegen feste Grenzflächen) unterschiedlich genutzt. Sie ist das Verhältnis von Kohäsion der Wassermoleküle untereinander zur Adhäsion gegen die Grenzfläche. Ihre Einheit ist $N \cdot m^{-1}$ (N: Newton; zu Schulversuchen zur Bestimmung vgl. GEWERS 1968, ER. SCHMIDT 1992), für reines Wasser beträgt sie bei 2 °C gegen feuchte Luft 0,07 $N \cdot m^{-1}$ (SCHWOERBEL 1993). Qualitativ ist sie schon am Meniskus von Flüssigkeiten in Glasröhrchen, an der Höhe des kapillaren Aufsteigens oder an ins Wasser getauchten Körpern zu erkennen (Abb. 48) oder auch mit je einem Wollfaden zu zeigen, den man auf klares Wasser bzw. Wasser mit Netzmittelzusatz fallen läßt (der eine schwimmt, der andere sinkt unter; vgl. auch KISON 1970). Eindrucksvoll sind auch die Schattenbilder der Kontaktflächen mit der Wasseroberfläche (z.B. vom Wasserläufer) an Flachwasserstellen mit Sandgrund (Foto 13, vgl. Abb. 4 bei KLEE 1993).

Wesentlich ist in jedem Fall das Ausmaß der Benetzbarkeit der Körperoberfläche. Luftlebewesen der Wasseroberfläche haben i. d. R. eine unbenetzbare Haut: Wasser perlt ab, sie dellen die Wasseroberfläche ein bzw. nehmen beim Untertauchen einen Luftfilm mit, das Abheben von der Wasseroberfläche (Schwimmvögel) ist erleichtert. Für sehr kleine unbenetzbare Formen (wie Springschwänze) ist die Wasseroberfläche wie ein fester Boden. Kleine Schwimmkäfer haben dementsprechend Schwierigkeiten, beim Gewässerwechsel wieder in das Wasser einzutauchen; sie können dann aus Drüsen am Hinterleibsende organische Netzmittel (wie Phenylessigsäure oder Benzoësäure) abgeben, mit den Beinen über den Körper verteilen und so die Wasseroberfläche durchbrechen (DETTNER 1990). Wasserlebewesen der Wasseroberfläche sind dagegen benetzbar: Beim Auftauchen bleiben sie von ei-

nem Wasserfilm überzogen. Wirbeltiere wie der Frosch (aber auch Krokodil, Nilpferd, Seehund) sind hydrostatisch so austariert, daß sie fast nur mit dem Kopf die Wasseroberfläche berühren, wobei vor allem die hochgewölbten Augen und die oben liegenden Nasenöffnungen Luftkontakt haben, der Körper aber im Wasser verborgen bleibt (Abb. 49).
Netzmittel (Tenside), die z. B. mit Abwässern in die Gewässer gelangen können, beeinträchtigen diesen Lebensverein der Wasseroberfläche erheblich. Im entspannten Wasser sinken die Wasserläufer unter, Wasserwanzen und Schwimmvögel verlieren ihre Lufthülle.

Tab. 16: Lebensformtypen des Neustons gegliedert nach der Angepaßtheit an das Substrat (vgl. Abb. 39, 49-55, 61; Fotos 12-14,17).

A) Unbenetzbare Luftorganismen als Oberflächenläufer und Schwimmer
  Aa) Oft flugfähige Oberflächenläufer mit so geringer Flächenlast auf den unbenetzbaren Kontaktflächen, daß die Oberflächenspannung des Wassers trägt und das Wasser nur eingedellt wird (Fluchttauchen ist durch den starken Auftrieb erschwert): Spezialisierte Landwanzen wie *Wasserläufer (Teich-, Bachläufer), Wasserreiter* sowie *(Wolfs-, List-) Spinnen*
  Ab) Schwimmpflanzen und flugfähige Tiere mit starkem Auftrieb und ± unbenetzbaren Oberflächen, die dem Wasser aufliegen („Schwimmer") und es dabei eindellen, sie sind Luftatmer, auch die C-Versorgung der Produzenten erfolgt aus der Luft, die Nährstoffversorgung der Pflanzen dagegen aus dem Wasser mit benetzbaren Wurzeln oder analogen Blattbildungen (*Schwimmfarn, Wasserlinsen, Froschbiß*), die Ruderorgane der Tiere arbeiten im Wasser *(Wasservögel, Taumelkäfer)*.

B) Unbenetzbare Wasserinsekten als Luftatmer
  Ba) ± stark überkompensierte Formen, die sich mit benetzbaren Kontaktstellen gegen die sich aufwölbende Wasseroberfläche abstützen:
  Stark überkompensiert: *Rückenschwimmer* (Abstützen mit den Fußspitzen und den „Stopphaaren" am Hinterleibsende), schwach überkompensiert: *Gelbrandkäfer (Larve:* Abstützen mit zwei Hinterleibsanhängen; *Imago:* Abstützen mit den Hinterbeinspitzen, der Käfer hat jedoch auch so eine stabile Schwimmlage mit dem Hinterleibsende an der Wasseroberfläche und dem schräg abwärts gestellten Körper).
  Bb) Schwach unterkompensierte Larven mit unbenetzbarem Haarkranz um die Atemöffnung am Hinterleibsende, der beim Luftschöpfen der Wasseroberfläche aufliegt und das im Wasser hängende Tier trägt *(Stechmückenlarven, Waffenfliegenlarven)*.

C) Benetzbare Wasserorganismen (bei Luftkontakt bleibt der Körper daher von einem Wasserfilm eingehüllt)
  Ca) Schwach überkompensierte Schwimmer des Wasserraumes: *Froschlurche, Grasfroschlaich;* hierher auch *Fadenalgenwatten, Schwebepflanzen* (wie *Hornblatt*) in der Phase schwacher Überkompensation, C-Versorgung auch dann aus dem Wasser.
  Cb) Stärker überkompensierte Schwimmpflanze, die *Krebsschere* in der Schwimmphase: Blattspitzen im Luftraum, der gestauchte Stamm und die einfachen Wurzeln im Wasser, die Schwimmlage stabilisierend, Gasaustausch der Blätter dementsprechend teils mit der Luft, teils mit dem Wasser.
  Cc) Schwach unterkompensierte Gleitkriecher an der Wasseroberfläche, *Wasserschnecken*, die mit ihrem Fuß von unten an der Wasseroberfläche hängen und kriechen, wobei sich die Wasseroberfläche eindellt.

a   A   b   a   B   b   a   C   b

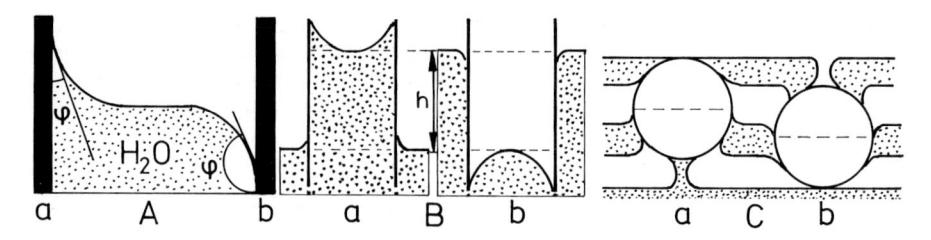

Abb. 48: Verhalten einer Flüssigkeit (wie Wasser) zu benetzbaren (a) bzw. unbenetzbaren (b) Kontaktflächen (nach CHAPMAN, WESENBERG-LUND, WITTIG).
A Meniskus, B kapillares Aufsteigen; C Eintauchen einer Kugel mit unterschiedlichem Untergewicht. An benetzbaren Oberflächen (a) steigt der Meniskus an der Wand hoch (Kontaktwinkel φ <90°), die Steighöhe h der Kapillare ist positiv (Hochsteigen des Wasserspiegels in der Kapillare), die benetzbare Kugel liegt höher im Wasser, hat aber die größere Kontaktfläche mit der Flüssigkeit. An unbenetzbaren Oberflächen (b) ist es umgekehrt, der Meniskus fällt zu ihr ab (φ >90°), die Steighöhe h in der Kapillare ist negativ (Absinken des Wasserspiegels in der Kapillare), die unbenetzbare Kugel liegt tiefer im Wasser, hat aber die größere Kontaktfläche mit der Luft.

4.1.2 Räuber an der Wasseroberfläche

Im Bereich der vegetationsfreien Wasseroberfläche (zu Pflanzendecken vgl. Kap. 3.6, 3.8, 3.10) gibt es kein autochthones Nahrungsangebot für räuberische Pleustontiere. Es fallen aber hinreichend oft fliegende Insekten auf die Wasseroberfläche und versuchen dann zappelnd wieder abzuheben. Verschiedene Unterwasser-Luftatmer müssen zum Luftschöpfen an die Wasseroberfläche kommen und sie durchstoßen. Eine Reihe von Wasserinsekten (wie Eintagsfliegen, Segellibellen, Stech- und Büschelmücken) legt die Eier an der Wasseroberfläche ab oder steigt zum Schlüpfen zur Wasseroberfläche auf (wie bei Mücken und Köcherfliegen).

Dieses Beutepotential wird von einer Reihe spezialisierter Räuber genutzt. Sie kontrollieren die Wasseroberfläche pirschend oder lauernd, orten die Beute und ergreifen sie rasch (Foto 13). Unterwassertiere müssen ihre Atmung der Jagdweise dieser Räuber anpassen.

Die Räuber der Wasseroberfläche bieten eine gute Gelegenheit für „stille" Naturbeobachtungen von einem befestigten Ufer, von einem Steg oder von einem Boot aus. Bestimmungshilfe mit guten Beobachtungshinweisen enthalten die klassischen Werke von GRUPE (1949), SCHMITT (1923) und JUNGE (1885), für Wasserwanzen vgl. Abb. III.4-3, III.4-20 in ESCHENHAGEN et al. 1991) Zu unterscheiden sind Atemgäste von Formen, die sich länger an der Wasseroberfläche aufhalten. Für Details braucht man ein Nahfernglas (z.B. Monokular 8 x 30 mit Nahpunkt bei 0,5 m). Zu fragen ist nach Über- bzw. Unterkompensation des Tieres, nach den Kontaktflächen mit der Wasseroberfläche, ihrer Benetzbarkeit/Unbenetzbarkeit, nach den Bewegungsmöglichkeiten (wie, womit?) an der Wasseroberfläche, dem Fluchtverhalten und den Zufluchtsräumen. Aufschlüsse zur Beuteortung gibt ein einfacher Versuch: Man wirft ein zappelndes Insekt (eine Schnake oder Fliege), einen Wassertropfen, ein Blättchen, Holzstückchen, einen Brotbrocken und ein Wurststückchen auf das Wasser in der Nähe von Wasserläufern oder Rückenschwimmern und beobachtet die Reaktionen. Die Habitatpräferenz ergibt sich aus der Bevorzugung von Ufernähe oder -ferne, dem Bezug zu Beschattung, zur Vegetation, zur Exposition zum Wind/Wellenschlag, dem Aufenthaltsort bei Regen mit dicken Tropfen.

Foto 13: Räuber an der Wasseroberfläche. *Oben links:* Listspinne *Dolomedes fimbriatus* (unter den unbenetzbaren Tarsen dellt sich die Wasseroberfläche ein; Moorweiher Fröruper Berge S Flensburg, 25.5.1978); *rechts:* Wasserfrosch (quakend; Fischloch Insel Scharfenberg im Tegeler See/Berlin, 4.6.1955). – *Unten rechts:* Ringelnatter (züngelnd; Tongrube Königswinter bei Bonn, 15.7.1987), mit dem Rückgang der Grünfrösche an Seen selten geworden; *unten links:* (ausgesetzte) nordamerikanische Schmuckschildkröte, heute das häufigste Wasserreptil in unseren Ballungsräumen (Rheinauensee, Bonn, 26.5.1986).

Alle Räuber an der Wasseroberfläche haben Hochleistungsaugen, die bei Insekten für die Orientierung beim Fliegen unabdingbar sind, die aber bei der Beuteortung an der Wasseroberfläche kaum eingesetzt werden. Hier wird vielmehr ausgenutzt, daß die potentiellen Beutetiere spezifische, konzentrische

Wellenmuster erzeugen. Mechanosensoren für ihre Wahrnehmung und Ortung liegen bei den Lurchen und Fischen im Seitenlinienorgan vorwiegend des Kopfbereichs. Taumelkäfer nutzen das JOHNSTONsche Organ im zweiten Grundglied der abgeplatteten kurzen Antennen, die dem Wasser aufliegen. Rückenschwimmer und Wasserläufer besitzen besondere Mechanorezeptoren an den Spitzen der Tarsen, die der Wasseroberfläche anliegen (Vorder- und Mittelbeine beim Rückenschwimmer, vor allem die Mittelbeine beim Wasserläufer). Sie sind alle besonders sensibel für Frequenzen zwischen 20 und 100 Hz, die von den Beutetieren erzeugt werden und eine geringere Dämpfung haben als die höherfrequenten Anteile. Niederfrequente Schwingungen von Blättern, die auf das Wasser fallen, oder von den eigenen Bewegungen werden davon unterschieden und tragen nicht zur Irritation bei, erstere fallen auch schon durch die kurze Schwingungsdauer auf (Abb. 50; Details bei ATEMA et al. 1988, HORN 1982, PENZLIN 1991, Übersicht bei JACOBS & RENNER 1988, zum Taumelkäfer bei NACHTIGALL 1979, Versuchsanleitungen bei BLECKMANN 1982, LANG 1984, vgl. auch SCHMIDT 1995).

Vier Lebensformtypen (Wasserfrosch, Rückenschwimmer, Taumelkäfer und Wasserläufer) sollen exemplarisch vorgestellt, einige andere kurz angesprochen werden (vgl. WESENBERG-LUND 1943, KÄSTNER & MÜLLER 1973, RUDOLPH 1995, SCHMIDT 1995).

Wasserfrösche lauern treibend an der Wasseroberfläche (Abb. 49), oft auf der Vegetation, und sind durch ihre Tarnfarbe schwer zu erkennen. Bei Sonnenschein orientieren sie sich optisch (GÜNTHER 1990). Ihre Vorzugsbeute sind eierlegende Libellen, an die sich der Frosch vorsichtig heranpirscht, ehe er zu seinem Sprung aus etwa 0,3 m Entfernung ansetzt (Beschleunigung durch die langen Hinter- = Schwimm- und Sprungbeine) und die Beute mit der Klappzunge zu packen sucht (vgl. einen Zeitlupenfilm: RÜPPELL 1984).

Bei hoher Libellendichte ist es spannend, das Wechselspiel von Räuber und Beute mit dem Nahfernglas zu beobachten: Kleinlibellen, die im Tandem Eier legen (wie das Kleine Granatauge: FOTO 21, SCHMIDT 1990), wechseln überraschend oft den Platz, wenn sich ein Frosch langsam heranpirscht; die Eiablage in Gruppen an einem ruhigen Platz (z.B. Hufeisen-Azurjungfer gedrängt auf einem Seerosenblatt), die sich bei Störung auflösen und an anderer Stelle neu formieren, dürfte auch das Risiko mindern (MARTENS 1992).

Die Atmung der Wasserfrösche ist differenziert (Abb. 49): Die Hautatmung allein reicht bei der Überwinterung am Gewässergrund, beim Sonnen und Lauern kommt die Mundatmung hinzu, die Lungenatmung ist Reserve für höhere Belastungen (z. B. bei Verfolgung).

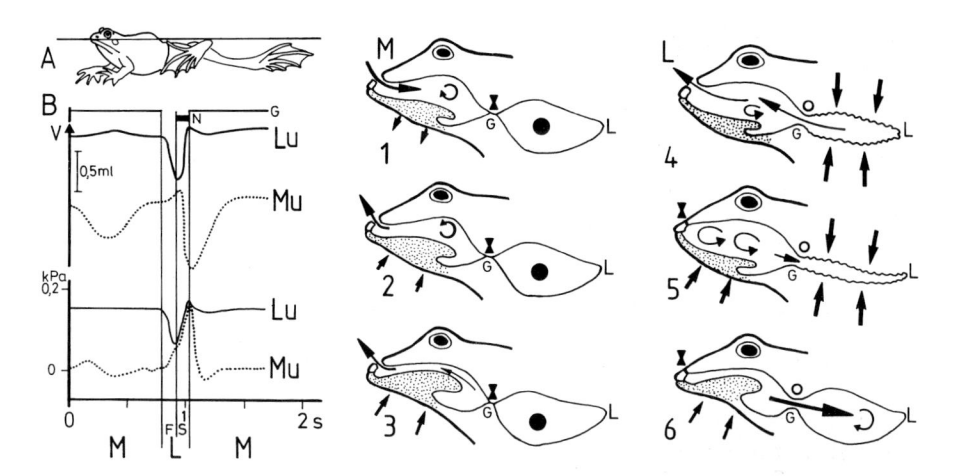

Abb. 49: Mund- und Lungenatmung der Wasserfrösche (nach ECKERT [B], HERTER [M, L; zit. nach PENZLIN, URICH] und ZISWILER [A]).
Links oben (A): Wasserfrosch an der Wasseroberfläche (langsame Schwimmbewegungen wie beim Anpirschen an Eier legende Libellen); die Nasenöffnungen haben Luftkontakt und sind offen. *Links unten* (B): Druck- [in kPa] und Volumenänderung V von Mundraum Mu (punktierte Linie) und Lunge Lu (ausgezogene Linie) bei Mund- und Lungenatmung (M bzw. L); G lange Verschlußphase des Lungeneinganges (der Glottis) während der Mundatmung, N kurze Verschlußphase der Nase während der Lungenfüllung durch Luftschlucken S; F Flankenzucken (Messungen am Leopardfrosch *Rana pipiens*, einem Wasserfrosch aus Nordamerika, der etwas kleiner als unser Seefrosch ist).
Mitte (M): Mundatmung mit Kehlbewegungen bei beständig offenen Nasenlöchern, die Lunge L ist gefüllt und in Ruhe (Symbol: voller Kreis), die Glottis G ist geschlossen (Symbol Doppeldreieck). 1) Einatmung bei Erweiterung der Mundhöhle/Auswölben der Kehle. 2) Wechsel zur Ausatmung mit Luftverwirbelung im Mundraum. 3) Ausatmung bei vollem Anheben des Mundbodens/Einsenken der Kehle.
Rechts (L): Lungenatmung; die Glottis G ist geöffnet (Symbol: offener Kreis). 4) Ausatmung nach Flankenzucken. 5) Beginnende Einatmung, bis 6) die Lungen wieder gefüllt sind. Dann Verschluß der Glottis und Einatmung (wie bei 1).

Die Atmung von Wasserfröschen kann an Sonnentagen mit dem Fernglas beobachtet werden: Die Mundatmung ist an Kehlbewegungen bei ständig offenen Nasenlöchern zu erkennen, die Glottis (Verbindung zur Lunge) ist geschlossen, der Mundraum wirkt als Saug-Druckpumpe. Die Lungenatmung ist schwieriger zu analysieren: Auf eine Zuckung der Flanken folgt unmittelbar ein kurzes Schließen der Nasenlöcher. Dabei bewirkt die Flankenzuckung das Ausatmen, aber keine erneute Lungenfüllung. Der Mensch kann mit beliebig langsamen Bewegungen des Brustkorbs oder des Zwerchfells ein- und ausatmen, da diese Bewegungen durch Adhäsion z. B. des Rippenfells direkt auf die Lunge übertragen werden. Dem Frosch fehlen Brustkorb und Zwerchfell, er hat keinen geschlossenen Brustraum, so kann er nur durch ruckartige Verengung der Leibeshöhle die kleinen, lose zwischen den übrigen Eingeweiden liegenden Lungen leeren (Ausatmen); dabei sinkt der Druck in der Lunge; die ausgeatmete Luft kann teilweise durch die offenen Nasenlöcher entweichen, zum Teil vermischt sie sich mit der Luftfüllung der Mundhöhle. Für die Erweiterung der Lungen (Einatmen) muß vom Mundraum her ein Druck erzeugt und Luft heruntergeschluckt werden, was wiederum geschlossene Nasenlöcher (und Speiseröhre) voraussetzt (Abb. 49, PENZLIN 1991, ECKERT 1993 in Verbindung mit RENNER et al. 1991, ROGERS 1989; einfache Apparatur zur Messung der Atmungsintensität: HESS & FRÖHLICH 1976). Die Lungen sind also unabhängig von der Intensität der Lungenatmung beständig mit Luft gefüllt und sorgen als hydrostatische Organe für einen Auftrieb (schwache Überkompensation). Beim ruhenden Frosch sind einzelne Lungenatmungszüge in die beständige Mundatmung eingestreut, bei steigender Aktivität erhöht sich die Zahl der Lungenatmungszüge, sie können auch ohne zwischengeschaltete Mundatmung aufeinanderfolgen.

Der **Rückenschwimmer** ist ein Unterwasserinsekt, das von unten an der Wasseroberfläche sitzt (Foto 14). Wie der Name sagt, ist die silbrig glänzende Rückenseite nach unten, die dunkle Bauchseite nach oben gerichtet (Tarnfärbung).

Zur genaueren Beobachtungen setzt man ein Tier in eine Petrischalen (ø 4–5 cm) unter der binokularen Lupe, was aber ein gewisses Geschick erfordert (der Stich mit dem Rüssel ist sehr schmerzhaft: „Wasserbiene"). Ein Beispiel für ein Beobachtungsprotokoll gibt das Arbeitsblatt 2.

Rückenschwimmer sind stark überkompensiert durch eine Lufthülle um den ganzen Körper, vor allem aber an der Bauchseite (unter besonderen Haarkanälen am Hinterleib, vgl. JACOBS & RENNER 1988, WESENBERG-LUND 1943). Sie stützten sich mit den benetzbaren Spitzen der beiden vorderen (Raub-) Beinpaare und den benetzbaren („Stopp"-) Haaren am Hinterleibsende gegen die Wasseroberfläche ab. Die Klappen der Atemöffnung am Hinterleibsende sind dagegen unbenetzbar und durchstoßen die Wasseroberfläche. Zur stärkeren Ventilation wird auch der Bereich der Haarkanäle an die Wasseroberfläche gebracht, wobei die unbenetzbaren Haare automatisch aufklappen (Foto 14). Die Durchlüftung des Tracheensystems erfolgt vorwiegend durch die letzten beiden, in die Atemkammer unter der Atemöffnung mündenden Stigmenpaare, die Ausatmung wohl vorwiegend durch die großen Bruststigmen, die im Gegensatz zu den Schwimmkäfern unter Luftpolstern liegen. Die Lufthülle hat so auch hier überwiegend hydrostatische Funktion. Sie sichert z. B. die Gleichgewichtslage mit dem Rücken nach unten und den für die Atemstellung erforderlichen Auftrieb. Für die Atmung ist sie ebenfalls mehr Reserve bei längeren Tauchzeiten und wird wohl über die sehr kleinen, in die Luftkanäle mündenden Stigmen des Hinterleibs genutzt. Der Luftvorrat unter den unbenetzbaren Haaren bzw. am unbenetzbaren Körper und das Luftschöpfen setzen die Oberflächenspannung des Wassers voraus. Im entspannten Wasser verliert der Rückenschwimmer seine Lufthülle, worauf er absinkt und ertrinkt (bei Versuchen z.B. mit Agepon® aus dem Fotofachhandel als reinem Netzmittel Tierschutzgesetz beachten!).

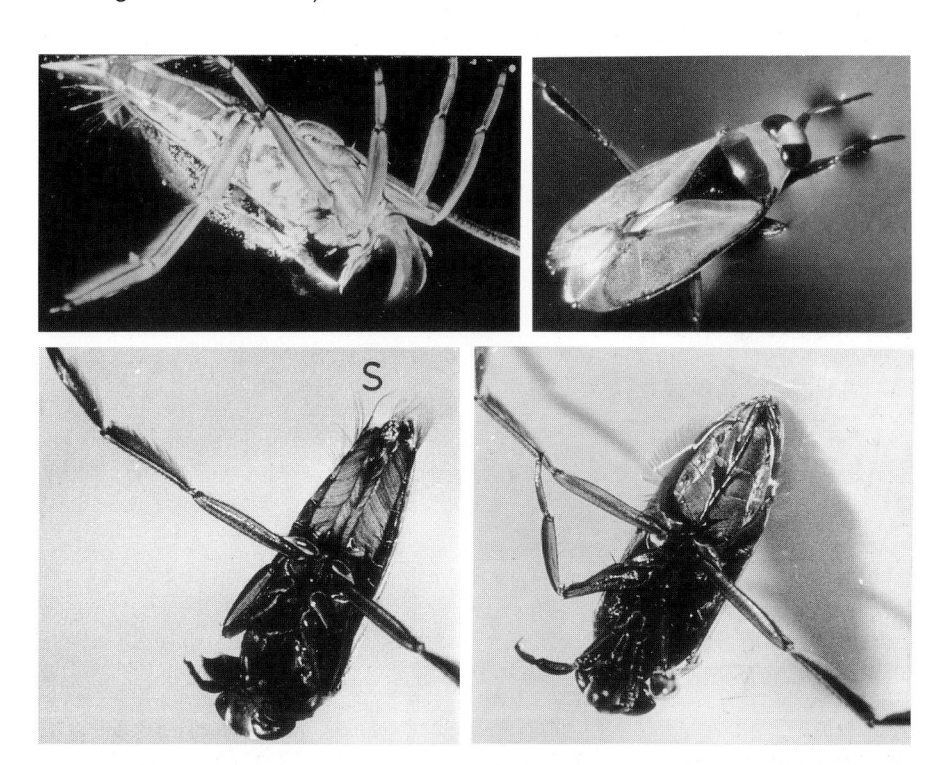

Foto 14: Rückenschwimmer an der Wasseroberfläche. *Oben links:* Blick von unten, *unten links:* Blick von oben (mit den Stopphaaren S), *links:* Normale Atemstellung, *rechts:* Ventilation auch der Luftkanäle über den Stigmen, die unbenetzbaren dachförmigen Haarreihen klappen an der Wasseroberfläche automatisch auf. *Oben rechts* hat der Rückenschwimmer mit dem Rücken nach oben die Wasseroberfläche durchstoßen und liegt ihr abflugbereit auf (Aquarienfotos Kiel 1969).

In Lauerstellung kann der Rückenschwimmer sowohl den Raum unter der Wasseroberfläche als auch den Bereich darüber beobachten, die Wasseroberfläche selbst und ein schmales Band darüber liegen jedoch im Blickschatten (Abb. 50; entgegen Jacobs & Renner 1988). So können Feinde aus dem Luftraum und Feinde bzw. Beute im Wasser gut wahrgenommen werden, flache Objekte direkt an der Wasseroberfläche dagegen nicht. Hier reagiert er auf Vibrationen (im passenden Frequenzbereich). Auf sie richtet er sich sofort

Arbeitsblatt 2: Bewegung und Atmung von Wassertieren
(ausgefüllt für den Rückenschwimmer, vgl. SCHMIDT 1972)

Aufgabe	Lösungsversuch	endgültiges Ergebnis
1. Ist die Körpergestalt des Tieres an das Schwimmen angepaßt? Wenn ja, wie?		Ja: Kahnförmig; Einschnitte (z.B. zwischen Kopf und Brust) sind durch die Lufthülle ausgeglichen.
2. Funktion der Beine Vorderbeine: Mittelbeine: Hinterbeine:		 Festhalten; Ergreifen der Beute, Abstützen gegen die Wasseroberfläche. Wie Vorderbeine. Ruderbeine.
3. Andere Bewegungsorgane im Wasser: in der Luft:		 Entfällt. Flügel.
4.a Atmung von im Wasser gelösten Sauerstoff: Atmungsorgan: Wie wird das verbrauchte Wasser erneuert? Wie oft wird es erneuert?		Entfällt (jedoch Nutzung der Lufthülle als physikalische Kieme).
4.b Atmung von Luftsauerstoff Tauchzeiten: Wie lange bleibt das Tier jeweils an der Wasseroberfläche? Kontaktstellen mit der Wasseroberfläche: Skizze der Atemstellung:		Unterschiedlich, meist 1–5 min. Unterschiedlich, meist einige min (ungestört länger). Hinterleibsende, Spitzen der Vorder- und Mittelfüße. (Auf der Rückseite des Blattes!)
4.c Wieso kann sich das Tier so halten?		Körper ist stark überkompensiert, wird gegen die Wasseroberfläche gedrückt; Abstützen mit den benetzbaren Spitzen der Vorder- und Mittel-Beine und den benetzbaren (Stopp-) Haaren am Hinterende.
4.d An welcher Körperstelle wird ein Luftvorrat mit unter Wasser genommen?		Am ganzen Körper, vor allem an der Unterseite der Brust und des Hinterleibs (Luftkanäle).
4.e Wieso hält sich die Luft dort?		Haftung an unbenetzbaren Flächen und unter unbenetzbaren Haaren dank der Oberflächenspannung des Wassers.
5. Welches Organ transportiert den Sauerstoff im Körper? a) Blut/Körperflüssigkeit: b) Luftröhren/Tracheen: c) sonstiges:		 Tracheensystem.
6. In welchem Bereich des Gewässers lebt das Tier?		An der Wasseroberfläche.
7. Wo sucht es Schutz bei Gefahr?		Im Pflanzendickicht.

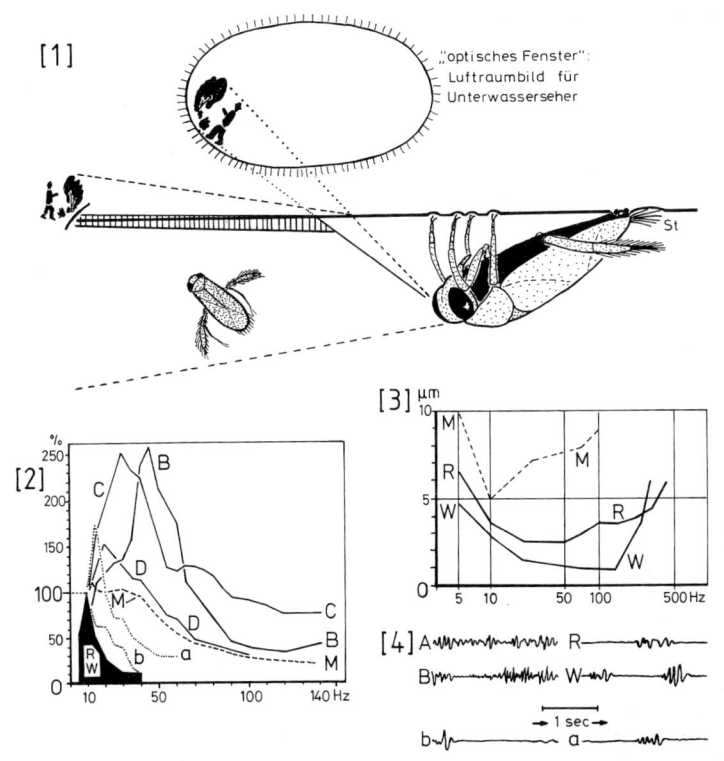

Abb. 50: Beute-Orientierungsmuster beim Rückenschwimmer (nach: AMOS, BLECKMANN, JACOBS & RENNER, WIESE).
[1] Optische Orientierung: Der Rückenschwimmer sieht – an der Wasseroberfläche hängend – gut in dem Sektor vor sich (im Bild mit einer zum Luftschöpfen aufsteigenden Ruderwanze) und in dem „optischen Fenster" des Luftraumes, wobei der Horizont und damit das Ufer (im Bild mit einem Beobachter) überhöht erscheint. Ein schmales Band an der Wasseroberfläche liegt dagegen im optischen Schatten (schraffiert).
[2] Bei der Eigenbewegung erzeugte Oberflächenwellen beim Gleitstoß von Rückenschwimmer R und Wasserläufer W (geschwärzter Bereich). Die Schwingungszahl in Hz dient als Maß für die Wellenlänge in linearem Maßstab, die Intensität (in %) wird bezogen auf den Spitzenwert der Eigenbewegung (= 100 %). Zum Vergleich die Wellenmuster von auf das Wasser gefallenen (zappelnden) Insekten (B Goldfliege *Lucilia*; C Florfliege *Chrysopa*; D Blattlaus), die von auftauchenden Stechmückenlarven M (gestrichelte Linie) und von toten Objekten, die auf das Wasser fallen (punktierte Linie, Wassertropfen a bzw. Holzstückchen b).
[3] Wahrnehmungsschwellen für Oberflächenwellen bei Stechmückenlarven (M: gestrichelte Linie), Rückenschwimmer R und Wasserläufer W (Schwingungszahl in Hz als Maß für die Wellenlänge in logarithmischem Maßstab, Amplitude in µm als Maß für die Intensität).
[4] Zeitlicher Schwingungsverlauf (Honigbiene A, andere wie vorstehend).

153

aus und schwimmt mit Schlägen der ruderartig langen Hinterfüße, unter der Oberfläche entlang „rutschend", zu ihrem Zentrum hin. Die Schwimmbeine ermöglichen eine hohe Beschleunigung, der kahnförmige Körper, dessen Konturen durch eine Lufthülle geglättet sind, erzeugt dabei wenig Widerstand. Mit einem Vibrator läßt er sich leicht täuschen. Echte Beute wird mit den Fangbeinen ergriffen, mit den Tastern chemisch überprüft und dann mit dem kurzen, kräftigen Stechrüssel angestochen. Das injizierte Verdauungssekret (extraintestinale Verdauung!) lähmt das Objekt, ehe es ausgesaugt wird. Rückenschwimmer können so selbst rasante Schwimmer wie Ruderwanzen oder kräftige Insekten wie eierlegende Kleinlibellen (vgl. MARTENS 1992) überwältigen. Ihre kleinen Fühler liegen dem Luftfilm an, dienen aber vor allem der Schwimmlageorientierung; abgetastet werden die Verschiebungen der Lufthülle bei Lageveränderungen.

Taumelkäfer (Abb. 51) liegen mit der unbenetzbaren Unterseite ihres kahnförmigen Körpers der Wasseroberfläche auf, die Unterseite des Kopfes und die Beine tauchen in das Wasser ein. Die Augen sind zweigeteilt; entsprechend ihrer Lage im Wasser sind die unteren Hälften Unterwasseraugen, die oberen Überwasseraugen; der optisch irritierende Wasserspiegel bleibt ausgespart. Die Vorderbeine sind lange Greifbeine, die anderen Schwimmbeine. Taumelkäfer haben also im Gegensatz zu den Imagines anderer Wasserinsekten zwei Paar Schwimmbeine. Diese sind relativ kurz mit einer besonders breiten Schlagfläche, die durch einklappbare Borstensäume nochmals vergrößert werden und eine hohe Schubkraft erzielen kann. Die schmale Vorderkante reduziert beim Vorziehen (mit angelegten Borstensäumen) kaum die Vorwärtsbewegung (wie bei der Ruderbewegung der Wasserwanzen und Schwimmkäfer). So sind Geschwindigkeiten bis zu 50 cm/s, im Mittel 25 cm/s möglich. Dank der relativ kompakten Schwimmbeine haben Taumelkäfer (anders als Wasserwanzen und Schwimmkäfer mit langen Ruderbeinen) hohe Schlagfrequenzen (bis 50/s: KAESTNER 1973). Das erlaubt vielfältige Richtungskorrekturen (Winkelgeschwindigkeiten bis 2500°/s, im Mittel 750°/s: BENDELE 1985), so daß auf diese Weise die schlechte Schwimmrichtungsstabilität ausgeglichen werden kann. Taumelkäfer ruhen kaum an der Wasseroberfläche, sondern sind meistens in Bewegung. Das können sie sich mit ihrem hoch effektiven Antrieb leisten. Sie decken damit einen größeren Oberflächenraum (suchend) ab. Der Beutefang soll allerdings vorwiegend nachts (mit Wellenortung) erfolgen. Tags sieht man Taumelkäfer meistens in Gruppen. In Erregung steigern sie ihre Schwimmgeschwindigkeit, stoßen aber nicht aneinander oder an Hindernisse (wie Pflanzenteile). Im Versuch passieren sie mühelos und rasant Gitter; Hindernisse werden offenbar an der Meniskusaufwölbung über die Fühler (insbesondere mit dem „Gleitschuh", einem Fortsatz des 2. Fühlergliedes, des Pedicellus, mit speziellem Haarkranz) erkannt und können dank ihrer Bewegungsfähigkeit und Reaktionsbereitschaft auch aus kurzer Entfernung umschwommen werden (vgl. NACHTIGALL 1979; vielfältige Beobachtungs- und Versuchsanleitungen bei SCHMIDT 1995).

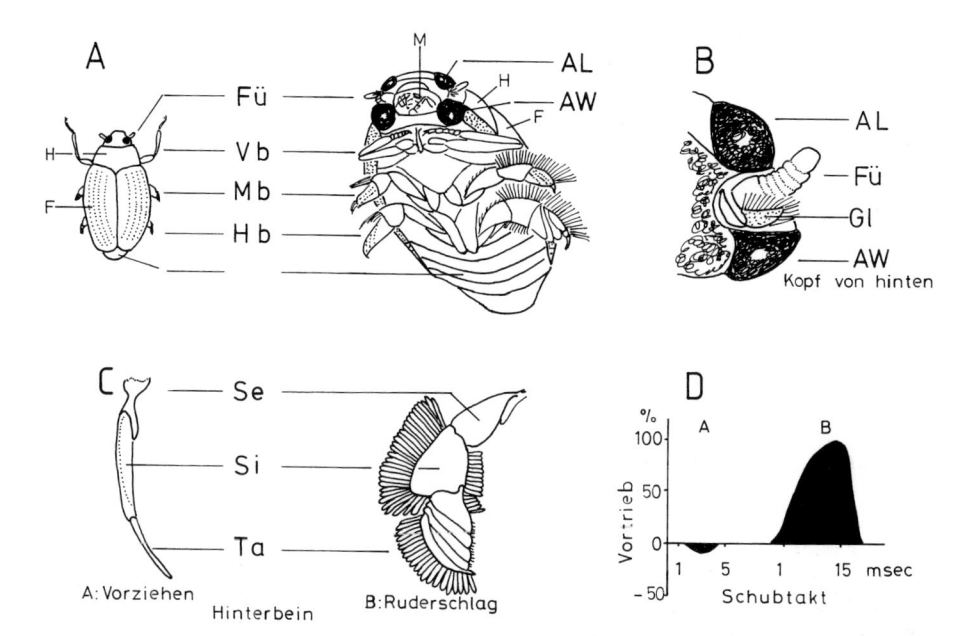

Abb. 51: Taumelkäfer (nach KLAUSNITZER, NACHTIGALL, WESENBERG-LUND).
A) Aufsicht und Blick schräg von unten (M: Mundwerkzeuge, H: Halsschild, F: Flügeldecken = Vorderflügel, der umgeschlagene Rand von H, F punktiert). Vb: Vorderbein, Mb: Mittelbein; Hb: Hinterbein; – B) Kopf (abgeschnitten, von hinten) mit dem zweigeteilten Auge (AL: „Luftauge", AW: „Wasserauge"; in der Grube dazwischen der Fühler Fü, zweites Fühlerglied mit „Gleitschuh" Gl. – C) Hinterbein, *links* mit der Schmalkante beim Vorziehen, *rechts* mit der Breitseite beim Ruderschlag. Beim Ruderschlag ist der Fuß gestreckt, die plattenförmigen Ruderborsten sind abgespreizt. – D) Vortrieb (in % des Maximalwertes) während des Ruderschlages. (A: Vorziehen der Ruderbeine, B Ruderschlag). Ein Schubtakt dauert etwa 15 Millisekunden (bei 50 Ruderschlägen je s). Se: Schenkel = Femur; Si: Schiene = Tibia; Ta: Tarsus = Fuß.

Wasserläufer (Abb. 48) haben wie Landwanzen lange Fühler im Luftraum, aber einen schmalen Körper. Mittel- und Hinterbeinansatz sind eng zusammengerückt unter dem Schwerpunkt des Tieres, die Beine extrem lang ausgestreckt wie die Diagonalen eines Quadrates. So ist die Flächenlast an den Füßen minimal. Die Fußsohlen sind unbenetzbar und dellen das Wasser ein (gut am Schattenbild im Flachwasser zu sehen) ohne einzutauchen. Die Vorderbeine sind Greifbeine, die Beute wird wie beim Rückenschwimmer (mit dem langen) Stechrüssel ausgesaugt. Der Vibrationssinn für die Beuteortung liegt an der Basis des Fußes (distal vom Tibiotarsalgelenk). Wasserläufer lassen sich nicht nur mit Vibrationsattrappen (z. B. Angel mit Kügelchen am Faden) anlocken, sondern auch mit einem Fleischstückchen (z. B. Wurst), das auf das Wasser geworfen wird. Ebenso versammeln sich an unbewegtem Aas (wie einer toten Libelle) Scharen von Wasserläufern: Offenbar nutzen sie auch (mit ihren langen Fühlern?) eine Duftorientierung. Wasserläufer können schubweise rasch über die Wasseroberfläche gleiten, auch bis zu 10 cm von der Wasseroberfläche aus hochspringen, während sie an Land eher unbeholfen hüpfen. Es stellt sich die Frage nach dem erforderlichen Widerlager; das Prinzip entspricht dem des Surfens an Brandungswellen: Die Mittelbeine erzeugen mit ihrem quer liegenden Fuß eine kleine Welle, von der sie sich dann abstoßen (vgl. RUDOLPH 1995, SCHMIDT 1995); die Hinterbeine, deren Füße mehr in Körperrichtung gehalten werden, fungieren vorwiegend als Steuer.

Wasserläufer putzen sich oft und fetten dabei Beine und den Körper ständig ein. Vor der Überwinterung an sehr feuchten und damit pilzreichen Schlupfwinkeln an Land wird der ganze Körper mit einem Sekretbelag („Hautausschlag") überzogen (HAUSER 1985).

Feindschutz: Bei Gefahr tauchen Wasserfrosch, Rückenschwimmer und Taumelkäfer blitzschnell in die submerse Vegetation ab. Wasserläufer flüchten dagegen in der Regel zwischen die emerse Vegetation. Unpassende Gewässer verlassen Wasserfrösche auf dem Landwege, Rückenschwimmer und Taumelkäfer fliegen ab, Rückenschwimmer können von der Wasseroberfläche aus starten, dazu drehen sie sich mit dem unbenetzbaren Rücken nach oben, durchstoßen so sofort das Wasser und schwimmen darauf bis zum Abflug; sie können aber auch (wie Ruderwanzen) vom Grund her mit Schwung die Wasseroberfläche durchstoßen und dann durchstarten.

Die Vibrationsortung kann auch zur Feinderkennung genutzt werden. Rückenschwimmer können offenbar die Anwesenheit von (größeren) Fischen erkennen und verlassen dann das Gewässer. Sie sind damit ein guter Indikator für Gewässer(bereiche), die nicht von (Besatz-) Fischen bestimmt werden. Möglichkeiten der **chemischen Feindabwehr** (mittels „Repellents") sind vom Taumelkäfer bekannt geworden. Er produziert in den Pygidialdrüsen am Hinterleibsende ein Sekret (Hauptsubstanz das Gyrinal, ein höhermolekularer Ketoaldehyd), das toxisch für Fische ist und in Verbindung mit einem Duftstoff (Isovaleraldehyd) diese Freßfeinde abschreckt. Außerdem wirkt Gyrinal antiseptisch und verhindert Aufwuchs (SCHAEFER 1980). Taumelkäfer sind daher (neben Wasserläufern) auch an fischreichen Seen in windschattigen Uferbereichen regelmäßig vertreten. Unter den Amphibien ist von den Kaulquappen der Erdkröte bekannt, daß sie mit einem Repellent Freßfeinde abwehren (zumindest Karpfen, weniger Hechte: BAUSER et al. in WEISSER & KOHLER 1990).

Spezialisierte **Oberflächenfische** fehlen in unseren Seen, viele Arten (wie Moderlieschen und Uklei/Laube mit oberständigem Maul: SEIFERT & KÖLBING 1993, LADIGES & VOGT 1979) können aber das Nahrungsangebot dort durchaus nutzen. Junge Döbel schossen im Botanischen Garten in Bonn wie eine Wasser-Luft-Rakete auf eierlegende Kleinlibellen (SCHMIDT 1990); Wels und

Hecht können sogar Entenküken von der Wasseroberfläche in die Tiefe ziehen. All diese Jagdmethoden erfolgen durch optische Orientierung.
An Fließgewässern sind auf das Wasser fallende oder zum Schlüpfen aufsteigende Insekten ein wesentlicher Teil des Sommernahrungsangebotes (wie bei der Forelle im nährstoffarmen Oberlauf); das „Fliegenfischen" (mit oft kunstvollen Eintagsfliegenattrappen) nutzt das aus (SEIFERT & KÖLBING 1993).

4.1.3 Atemgäste an der Wasseroberfläche

Die Nutzung atmosphärischer Luft für die Atmung ist bei einer Reihe von Kleintieren des windschattigen Uferbereiches verbreitet. Sie läßt sich gut in Kleinaquarien (etwa 1 l, oft reichen schon Plastikdosen) beobachten. Einige Arten sind an die submerse Vegetation angepaßt, z. B. Wasserskorpion (Blattmimese) und Stabwanze (Astmimese), die am Substrat sitzend mit ihrem Atemrohr am Hinterleibsende Luft schöpfen können, oder die Wasserspinne, die sich in ihrer Netzglocke unter Wasser einen eigenen Luftraum schafft und ihn füllt, indem sie an Wasserpflanzen zur Oberfläche klettert, den Hinterleib aus dem Wasser streckt und beim Herunterziehen an dem unbenetzbaren Haarpelz eine große Luftblase mitnimmt und diese in die Glocke trägt (CROME 1951).
An das freie Flachwasser angepaßt sind verschiedene Larven (z. B. von Stechmücken, Schweb-, Waffenfliegen, Gelbrandkäfer: Abb. 52) mit besonderen Atemröhren am Hinterleibsende. Diese sind bei den Schwebfliegenlarven auf ein Vielfaches der Körperlänge ausziehbar, so daß diese plumpen Bewohner von Jauchepfützen o. ä. vom Grunde aus die Wasseroberfläche erreichen. Die Atemöffnung am Ende des Rohres ist mit einem Kranz unbenetzbarer Haare oder Klappen versehen, die sich an der Wasseroberfläche automatisch öffnen, beim Abtauchen verschließen. Gelbrandkäferlarven sind dagegen schwach überkompensiert, sie stützen sich mit einem Paar benetzbarer Hinterleibsanhänge gegen die Wasseroberfläche ab, die von der unbenetzbaren Atemöffnung durchstoßen wird.

Für Beobachtungen in Kleinaquarien sind außerdem besonders zu empfehlen:

Schwimmkäfer (wie Gelbrandkäfer oder Furchenschwimmer) sind schwach überkompensiert, treiben also ohne Beinschlag langsam nach oben. In der Gleichgewichtslage ist die Körperstellung horizontal oder das Hinterleibsende schwach aufwärts gestellt (Atemstellung: Abb. 52).
Beim Gelbrand sind die letzten beiden sowie das erste Stigmenpaar des Hinterleibs besonders groß. Die letzten beiden Paare dienen der Durchlüftung des Tracheensystems beim raschen Luftschöpfen, das erste wahrscheinlich der Ausatmung in den Luftraum unter den Flügeldecken beim Tauchen, die mittleren der Nutzung der Vorratsluft bei langem Verweilen unter Wasser (der Gelbrand kann ohne weiteres bis zu 24 h unter Wasser bleiben). Die Vorrats-

luft hätte danach vorwiegend hydrostatische Funktion, für die Atmung ist sie mehr Reserve für lange Tauchzeiten (z. B. bei Gefahr). Beachtlich ist die gute Abdichtung des Luftraumes unter den Flügeldecken (Falze, umgeschlagene Seitenkanten der Deckflügel, dichte und wasserabstoßende Behaarung auf den abspreizbaren letzten Segmenten). Die Stigmen sind überdies noch durch dicht filzig behaarte Klappen gesichert (vgl. SCHMIDT 1972).

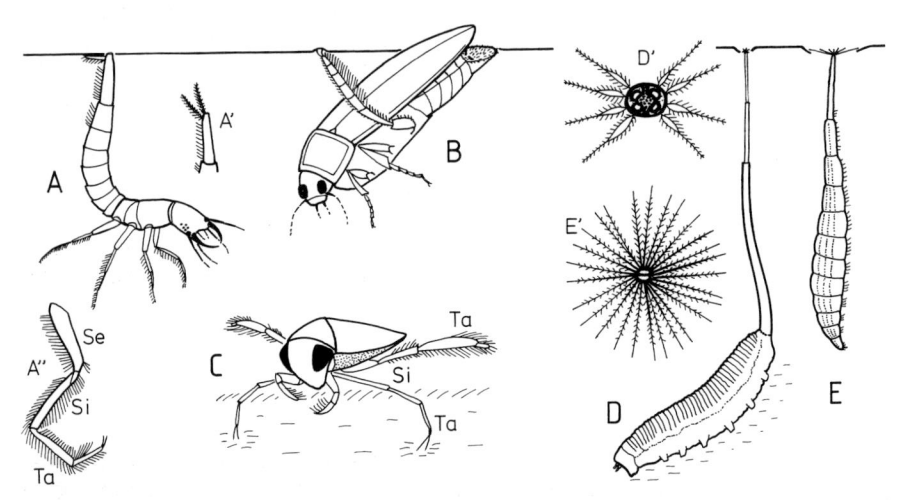

Abb. 52: Atemgäste an der Wasseroberfläche in Atemstellung (außer c; nach ENGELHARDT, JORDAN, NAUMANN, WESENBERG-LUND).
A) Gelbrandkäferlarve (leicht überkompensiert, stützt sich mit dem benetzbaren Paar Hinterleibsanhänge gegen die Wasseroberfläche ab; 2 = vorletztes Stadium, ca. 3 cm); A' Hinterleibsende der abtauchenden Larve; A" Schwimmfuß der Larve (Hinterbein). B) Gelbrandkäfer (3 cm). C) Ruderwanze am Grund (1cm). D) „Rattenschwanzlarve" von Schwebfliegen (wie der „Mistbiene" *Eristalis*; Körper 2 cm, das dreiteilige Atemrohr ausgezogen bis zu 4 cm). Waffenfliegenlarve (4-5 cm; D, E unterkompensiert, hängen sich mit einem Kranz unbenetzbarer Haare D', E' auf der Wasseroberfläche auf). – Se: Schenkel = Femur; Si: Schiene = Tibia; Ta: zweigliedriger Tarsus mit Krallenpaar (vgl. Abb. 51).

Ruderwanzen: Auch bei den wehrlosen Ruderwanzen sind die Hinterbeine spezialisierte Ruderbeine, obgleich sie am offenen Grund eher stationär mit ihren zu Seihwerkzeugen umgebildeten Vorderbeinen den Grund durcharbeiten (Abb. 52; LÖSCHENKOHL 1954). Sie sind stark überkompensiert und müssen sich mit den langen Klauen der Mittelbeine entsprechend fest am Untergrund anklammern. Dank des starken Auftriebs und der effektiven Schwimmbeine können sie rasch zur Wasseroberfläche schießen, bei der eleganten Wende dort mit dem Halsschild Luft schöpfen und mit kräftigen Beinschlägen wieder zum Grund zurückkeilen. So bleibt das Risiko an der Wasseroberfläche gefressen zu werden gering. Schon beim Heruntertauchen verteilt sich die Luft (unterstützt durch den Auftrieb) über den ganzen Körper. Eine größere freie Blase sitzt unten am Hinterleib und dient als physikalische Kieme. Ähnlich wie beim Rückenschwimmer wird die Luft durch entsprechende Beinbewegungen vielfach durchmischt. Netzmittel wirken wie beim Rückenschwimmer. Das Auftauchen ist so rasant, daß die Ruderwanzen auch die Wasseroberfläche durchstoßen und mit fliegendem Start den Flug beginnen können.

Ruderwanzen sind aber empfindlich gegen Nachstellungen durch größere Fische und fehlen in deren Jagdbereichen (nach Größe gestaffelt). Nur die kleinsten Formen, die etwa 2 mm langen *Micronecta*-Arten (wie *M. minutissima*), sind bis zu den Grundrasen herunter verbreitet (z.B. am Stechlin/ Nordbrandenburg: MOTHES 1967). Bei ihrer geringen Größe und der hohen Wendigkeit sind sie für Fische weniger attraktiv und können zugleich gut Schutz im Lückensystem der Armleuchteralgenrasen finden. Überdies reicht bei ihrer geringen Größe die Sauerstoffversorgung über die Luftblase als physikalischer Kieme (s. Kap. 5.6) weitgehend für die Sauerstoffversorgung, so daß die riskanten langen Wege zur Wasseroberfläche nur ausnahmsweise erforderlich sind.

4.1.4 Das Neuston

Das Neuston, also die Gesamtheit der Mikroorganismen der Wasseroberfläche, lebt von abgelagertem Staub und Schmutz, ferner von aufschwimmenden organischen Partikeln und Sekreten. Blütenstaub von Windblütlern (wie Kiefern: „Schwefelregen") kann die Wasseroberfläche gelb färben. Die Wasseroberfläche wirkt wie eine Falle für Partikel, die vom Wind verdriftet werden (wie am Gartenteich gut zu sehen ist). Auf diesen Materialien vermehren sich Bakterien. Einige spezialisierte Algen kommen hinzu (Abb. 53; vgl. FOTT 1959, RUTTNER 1962): Die Goldglanzalge *Chromulina* (Cryptomonaden) scheidet z. B. an der Wasseroberfläche eine Gallerte ab, gelangt so auf die Luftseite und setzt sich dort auf einem Stielchen fest. Die schüsselförmigen gelben Chromatophoren werden zum Licht hin ausgerichtet, bei hoher Dichte (40 000 Zellen je mm^2) erscheint die Wasseroberfläche im Goldstaubglanz, ein Phänomen, das auch Aquarianer kennen. Formen, die der Wasseroberfläche aufsitzen, werden Epineuston genannt, solche, die von unten her der Wasseroberfläche angeheftet sind, bilden das Hyponeuston.

Mit den Bakterien stellen sich filtrierende Protozoen ein (wie Glocken- und Trompetentierchen *Vorticella/Stentor*). Diese Mikroorganismen bürstet der Kahnschwimmer *(Scapholeberis)* ab, ein Kleinkrebs aus der Verwandtschaft der Wasserflöhe (Cladoceren). Die Bauchseite seiner Schalen ist gerade und beborstet und haftet an der Wasseroberfläche. Mit den Schlägen der Ruderantennen und den Bürstbewegungen seiner Beine rutscht er an der Wasseroberfläche entlang, seiht bzw. verwirbelt dabei mit dem Borstensaum des Schalenrandes das Neuston, fängt es mit den Filtrierbeinen ein und führt es dem Mund zu (Abb. 54). Hinzu können sich aber auch effektive Großfiltrierer unter den Insektenlarven (wie Stechmückenlarven und die eigentümlichen Larven des seltenen Wasserkäfers *Spercheus* [Hydrophiliden]) gesellen. Die Käferlarven hängen mit dem Bauch nach oben an der Wasseroberfläche und bürsten sie mit ihrem Filtrierapparat ab und greifen auch auf die Oberfläche gefallene Insekten; die Kahnschwimmer sind jedoch zu schnell für sie (vgl. WESENBERG-LUND 1943).

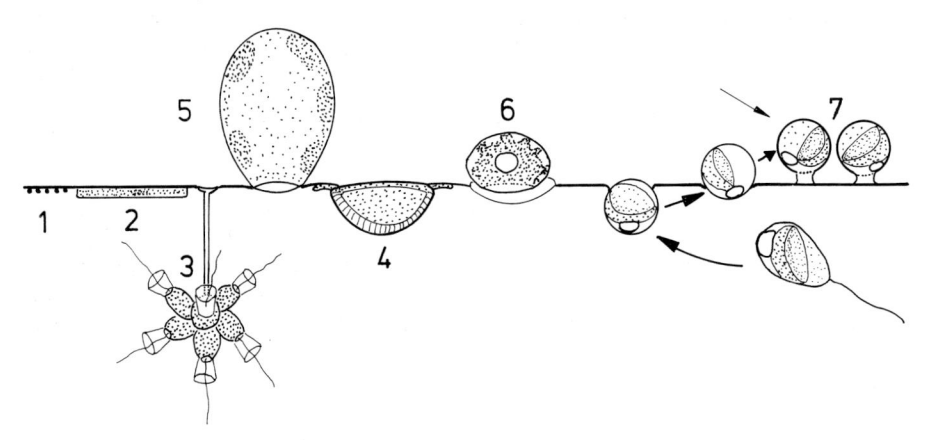

Abb. 53: Neuston-Formen (nach FOTT, RUTTNER, vgl. STREBLE & KRAUTER).
Hyponeustisch: 1 Bakterien (Kokken 0,002 mm), 2 Schiffchen-Kieselalge *Navicula* (bewegt sich an der Wasseroberfläche entlang, 0,1 mm), 3 Stielchenzooflagellat *Codonosiga botrytis* (Aufwuchsform, auch an der Wasseroberfläche angeheftet, Zelle 0,02 mm), 4 Käppchen-Schalenamöbe *Pyxidicula operculata* (auf Wasserpflanzen, auch an der Wasseroberfläche kriechend, 0,02 mm).
Epineustisch: 5 Gelbgrünalge *Botrydiopsis arrhiza* (0,04 mm), 6 Schwimmkugelalge *Nautococcus* (Grünalge, 0,01 mm; Schwimmschirmchen aus Schleim), 7 Goldglanzalge *Chromulina* (0,01 mm; Übergang vom freischwimmenden Flagellaten zum Aufsitzer auf der Wasseroberfläche mit Ausrichtung der dunkel markierten Chromatophoren zum Licht hin und Reflexion der Eigenfarbe).

Stechmückenlarven sind in Tümpeln, Pfützen und Wassertonnen verbreitet und daher leicht zu beschaffende Beobachtungsobjekte (Abb. 54): Sie hängen meistens mit dem Atemrohr am Hinterleibsende an der Wasseroberfläche. Berührt das Atemrohrende die Wasseroberfläche, breiten sich die fünf unbenetzbaren Verschlußklappen automatisch sternförmig aus, die beiden Atemöffnungen sind frei zum Gasaustausch. Unter dem Übergewicht der schwach unterkompensierten Larven dellt sich dabei die Wasseroberfläche etwas ein. Die Luftfüllung des Atemrohrs und der angrenzenden Tracheenbezirke sorgt für die Hydrostatik an der Wasseroberfläche: In der Gleichgewichtslage weist der Hinterleib nach oben. Bei Gefahr (z. B. bei Erschütterungen oder Beschattung) tauchen die Larven mit dem Körper schlagend ab, ein Schwimmfächer am Hinterleibsende wirkt dabei als Ruderblatt, Borstenfächer an den Körperseiten unterstützen die Schwimmbewegung. Zum Luftschöpfen müssen die Larven wieder hochschwimmen. An der Wasseroberfläche hängend filtrieren die Larven mit dem Borstenapparat der Mundwerkzeuge Feinpartikel aus dem Wasser oder von der Wasseroberfläche, sie können dabei auch an ihr entlang „rutschen". Die Larven sind also auf die Oberflächenspannung des Wassers angewiesen. Man hat daher Netzmittel oder einen Ölfilm zur Mückenbekämpfung eingesetzt; getroffen werden damit aber auch die anderen Bewohner der Wasseroberfläche. Jetzt wird zur biologischen Schädlingsbekämpfung ein ± spezifischer Bazillus eingesetzt (BECKER & MAGIN 1986).

Ergänzende Versuche: Beobachten des Schwimmens, Untersuchung der Mückenpuppen (vgl. SCHMIDT in ESCHENHAGEN et al. 1991).

Ohne besondere Spezialisierung können aber auch andere Kleintiere des Litoralbodens (Makrozoobenthon) die Wasseroberfläche nutzen, z. B. Wasserschnecken, die unterkompensiert sich mit ihrem Kriech-Schleimband an ihr anheften und das Neuston abweiden, wobei sie auch Luft schöpfen können, oder Planarien, die sich an einem Schleimfaden von der Wasseroberfläche aus „abseilen" und aus dem Wasser Kleinlebewesen (wie Wasserflöhe) fangen können (KABISCH & HEMMERLING 1982).

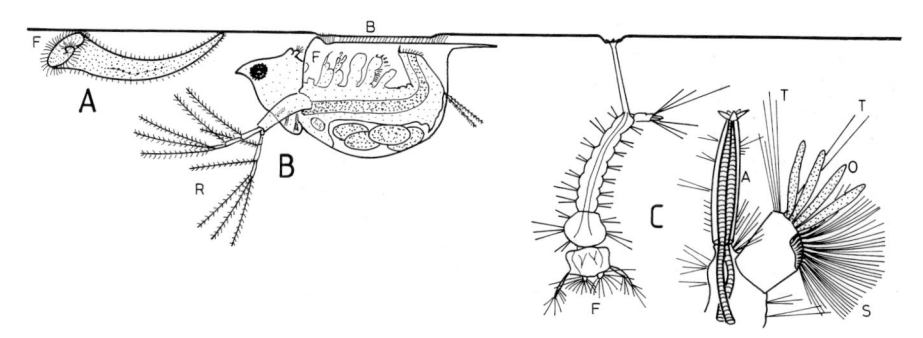

Abb. 54: Neuston-Strudler und -abbürster (nach HENTSCHEL, NÖRREVANG & MEYER, STREBLE & KRAUTER, WESENBERG-LUND).
A Trompetentierchen *Stentor* strudelt mit dem Mundsaum F das Hyponeuston herbei (1-3 mm). – B Kahnschwimmer *Scapholeberis*, ein spezialisierter Wasserfloh, mit Ruderantennen R, Borstensaum B, (1 mm). – C Stechmückenlarve vom *Culex*-Typ, Körper einer Junglarve (± $^{1}/_{2}$ cm lang) in Aufsicht (F: Filtrierapparat), daneben Hinterende in Seitenansicht; mit 5 unbenetzbaren Klappen am Ende des Atemrohres A (darin das Haupttracheenpaar); Tastborsten T, Schwimmfächer S, osmoregulatorische Organe O.

Die kleinen Springschwänze (Collembolen wie *Sminthurus*) sind das Gegenstück zu den Wasserläufern in der mm-Größenordnung, brauchen jedoch bei ihrer Größe keine besondere Anpassung für das Leben auf der Wasseroberfläche; eigentümlich sind ihre „Liebestänze"; sie profitieren von der hohen Luftfeuchtigkeit (Jacobs & Renner 1988, Schaller 1962, Sedlag 1953).

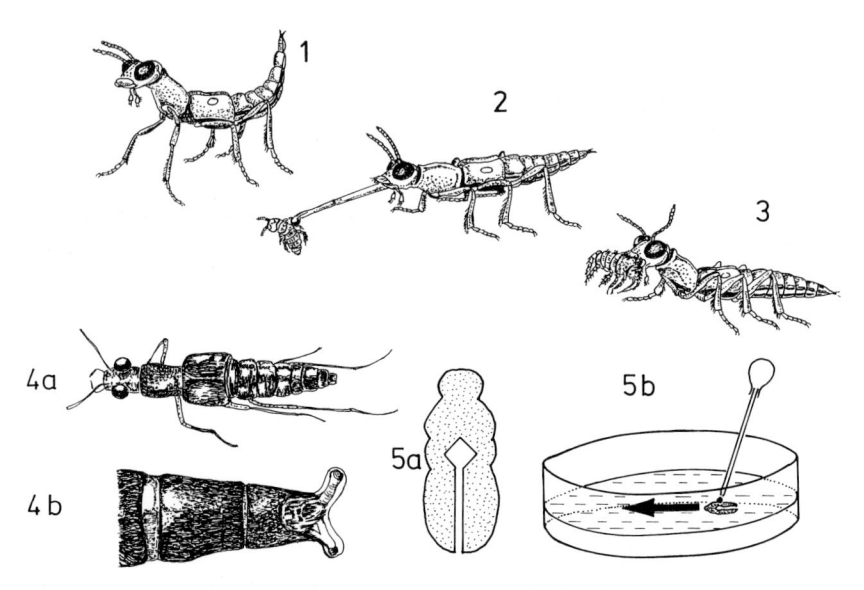

Abb. 55: Kurzflügler *Stenus* auf der Wasseroberfläche (nach Klausnitzer, Müller, Schwoerbel).
Oben (1-3): Jagd mit der Schleuderzunge nach Springschwänzen (1 Beuteortung, 2 Herausschleudern der Unterlippe und Anleimen eines Wasserspringers *Podura*, 3 Heranziehen zum Fressen).
Unten links (4a): *Stenus* beim „Entspannungsschwimmen", (4b) ausgestülpte Pygidial-Drüsen, die das Entspannungsmittel Stenusin abgeben und den Käfer mit mehr als 30 cm/s vorantreiben (Schwörbel 1993).
Unten rechts (5): Modellversuch zum Entspannungsschwimmen mit dem „Papierkäfer" (5a). Tropft man Seifenlösung oder Netzmittel auf die Kerbe, so schiebt er sich voran (5b).

Den Springschwänzen stellen Kurzflügler der Gattung *Stenus* (ca. 5 mm lang; Abb. 55) nach. Zum Beutefang schleudern diese Käfer ihre schlauchförmige Unterlippe hydraulisch bis zu 3 mm weit vor, packen die Beute mit Klebpolstern an der Unterlippenspitze und ziehen sie dann zum Mund hin (analog zur Zunge der Chamäleons, vgl. die Fangmaske der Libellenlarven; Jacobs & Renner 1988, Klausnitzer 1984). Diese Kurzflügler können bei Gefahr das Entspannungsschwimmen (Abb. 55) nutzen: Sie stülpen Drüsen am

Hinterleibsende aus, geben ein Netzmittel-Sekret ab und werden auf der Ausbreitungswelle des Netzmittels mit etwa 0,7 m/s 10–15 cm weit vorangetrieben. Damit können sie ihren Hauptfeinden auf dem Wasser, den Wasserläufern, entkommen. Diese sind auch von der Netzmittelspur hinter dem Käfer in ihrem Halt auf der Wasseroberfläche betroffen. Auch der Stoßwasserläufer *Velia* nutzt das Entspannungsschwimmen, er gibt das Sekret mit dem Stechrüssel ab. Das Entspannungsschwimmen läßt sich mit einem „Papierkäfer" und Netzmittel simulieren (Abb. 55; MÜLLER 1976, LINSENMAIR 1963).

Das Neuston kann sich am ehesten auf windstillen Wasseroberflächen entfalten, am See vor allem in stillen Buchten oder Schlenken und kleinen offenen Stellen in der Vegetation. Größere Flächen werden von den Räubern der Wasseroberfläche (s. 4.1.2) und z. T. auch von Fischen kontrolliert. Die Mikroorganismen können jedoch mit ihrer Fähigkeit zu rascher Massenentwicklung auch kurzzeitige Phasen der Windstille auf dem offenen Wasser nutzen (NÄGELI et al. 1993). So ist das Neuston ein Beispiel für ein hoch dynamisches Teilsystem des Litorals (vgl. FOTT 1959, WESENBERG-LUND 1943).

4.2 Wasservögel

4.2.1 Erfassung

Wasservögel sind ein dankbares Studienobjekt. Selbst auf den Stadtparkteichen sind mindestens Stockenten, Bläß- oder Teichhühner und (außerhalb der Brutzeit) Lachmöwen zu sehen. Die einzelnen Arten zeigen eine erstaunlich weitgehende Differenzierung z. B. bezüglich Nahrung (Objekte, Erwerb, Raum), der Anpassung an das Schwimmen und ggf. Tauchen, der Aktivitätszeiten, des Zufluchtraumes, im Fortpflanzungsverhalten (Balz, Reviere, Partnerbindungen, Brutplatz, Nestbau, Brutpflege) und der Art der Überwinterung.

Am natürlichen Seeufer mit Erlenzone und Röhrichten kann man in der dichten Vegetation vom Ufer aus kaum Vögel beobachten, die Suche nach Nestern verbietet sich aus Gründen des Biotop- und Artenschutzes. Die Röhrichtarten (wie Teichhuhn, Rohrammer und -sänger) können daher nur nach ihrem Gesang bzw. ihren Rufen erfaßt werden. Die Arten, die sich auch am äußeren Schilfrand, in den Schwimm- und Tauchblattzonen und im Bereich des freien Wassers aufhalten, sind am besten vom Boot aus zu beobachten. Dazu reicht tagsüber ein einfaches und handliches Fernglas 8x30, zum Abend hin 8x40. Die schwereren Gläser 10x50 wackeln leicht, zumal wenn Wind aufkommt. Von offenen Uferpartien oder von Stegen aus sind Spektive (auf einem Stativ) zu empfehlen. Das gilt besonders für die Beobachtung der Wintergäste, die mitten auf dem See Schutz suchen.

Fotobelege (z.B. zum Verhalten) erfordern längere Brennweiten (im Amateurbereich 30-40 cm) und gelingen am ehesten an Fütterungsplätzen und Freizeitzentren, wo die Vögel zutraulicher sind. Für Aufnahmen zum Revier- und Brutverhalten sind Stadtteiche gut geeignet. Hier brüten Haubentaucher am offenen Ufer, Teichhühner, die am See extrem scheu sind, legen einfache, freie Nester an (z.T. mit Plastikmüll als Nistmaterial statt der versteckten Laubennester im Naturraum) und füttern ihre zeremoniell bettelnden Jungen auf dem Parkrasen. An diesen Plätzen muß man jedoch mit gebietsfremden Arten (z.B. Zooflüchtlingen wie Braut-, Mandarinente; vgl. KOLBE 1984), bei der Stockente mit vielfältigen Zeichnungsmustern, die in den Feldführern kaum berücksichtigt sind (s. aber HEINZEL at al. 1996), rechnen. Auch ist hier das Verhalten zwar gut zu beobachten, aber (z.B. durch überhöhte Dichte) abgewandelt. Das gilt insbesondere für die Stockente (SCHMIDT 1988, 1991b).

Die Rolle der Wasservögel für einen See ist nur mittels Langzeitstudien zu erfassen. Es reichen nicht Artenlisten, vielmehr ist nach den Nutzungsbereichen und -zeiten (z.B. als Ruhe-, Nahrungs-, Balz-, Bruthabitat, Raumnutzung beim Führen/Füttern der Jungen) zu differenzieren, ggf. der Habitatbezug zu kartieren. Besondere Bedingungen bieten im Winterhalbjahr die nordischen Wintergäste und – in Kälteperioden – das Herumstreichen zu offen gebliebenen Wasserflächen. Wasservögel sind daher ein Beispiel für die Dynamik im Ökosystem.

Anregungen für die ornithologische Feldarbeit bieten schon die gängigen Bestimmungsbücher, weiterführende Werke wie ARDLEY & HAWKES 1979, BEZZEL (1991), BERTHOLD et al. (1980), JOREK 1980, WITT 1993, SPILLNER & ZIMDAHL (1990) oder der „Klassiker" FITTER (1963) sowie MÜHLENBERG 1993, zur Ökologie der Wasservögel vgl. KALBE (1981, 1983) oder OWEN & BLACK (1990), zu Schilfbrütern OLBERG (1952), zur Biologie mit Angaben zu Jagd und Hege STUBBE (1987). Details zu den Arten liefern das Handbuch der Vögel Mitteleuropas (GLUTZ V. BLOTZHEIM 1966-1993), auch BEZZEL (1985, 1993); eine treffliche Einführung in die Vogelkunde BERGMANN (1987).

Hilfreich sind Kontakte zu den örtlichen (Gruppen von) naturkundlichen Vereinen mit ihren Vogelkennern; der „Dachverband Deutscher Avifaunisten" sucht Mitarbeiter bei seinem Siedlungsdichte-Monitoring-Programm und gibt dazu Beobachtungsanweisungen und Erfassungsbögen heraus, die winterlichen Wasservogelzählungen werden international koordiniert (Beispiel eines Schnell-Erfassungsbogens: Arbeitsblatt 3, s. Anhang).

Beobachtungsaufgaben für Jugendliche können sein:
1. Bestimme die Wasservogelarten nach den Abbildungen in einem Feldführer.
2. Zähle die Individuen je Art.
3. Beschreibe das Schwimmen: Kopfbewegungen / Schwanzhaltung (erhoben oder auf dem Wasser), Schwanzbewegungen (auffällige Zuckungen?).
4. Achte darauf, ob einzelne Arten untertauchen: Nur mit dem Kopf / ganz untertauchend / Stoßtauchen aus der Luft. Bestimme mit deiner Armbanduhr, wie oft und wie lange einzelne Tiere untertauchen.

5. Untersuche, was die jeweiligen Arten fressen.
6. Untersuche, ob die jeweiligen Arten gesellig sind: Sie schwimmen / fliegen / ruhen meistens in großen Trupps / zu mehreren / zu zweien / einzeln.
7. Beobachte, wie die einzelnen Arten vom Wasser abfliegen (mit oder ohne „Anlauf").
8. (Zur Brutzeit) Untersuche, ob sich die Paare zu mehreren zusammenhalten oder ob sie Reviere abgrenzen (beschreibe eventuelle Auseinandersetzungen).
9. (Zur Zeit von Dunenjungen:) Untersuche bei den Arten mit Dunenjungen (Nestflüchter), wer die Jungen führt (nur das Weibchen, nur das Männchen, beide zusammen oder beide getrennt) und ob die Jungen gefüttert werden (wenn ja, von wem?).
10. Untersuche, welche Gewässerbereiche die einzelnen Vogelarten bei der Nahrungssuche, beim Ruhen und Putzen, bei Gefahr, bei der Balz, für ihre Brutreviere und zum Führen, Füttern der Jungen bevorzugen.
11. Trage diese Daten in eine Karte ein.
12. Überprüfe den Bezug zu Fütterungsstellen für die einzelnen Arten (Kontrolle: wer reagiert auf das Vorholen einer Plastiktüte, wenn gerade nicht gefüttert wird oder worden ist?).

4.2.2 Ökologische Gruppen der Vögel am See

4.2.2.1 Einführung

Wasservogel erscheint als ein einheitlicher Begriff, doch er umfaßt eine Vielfalt grundlegend verschiedener Lebensformtypen, die üblicherweise wenig differenziert werden (vgl. MAKATSCH 1952, KALBE 1981). Hier wird eine praktikable Gruppierung nach dem Nahrungs-Habitatbezug vorgeschlagen.

4.2.2.2 Vögel des Luftraumes am See

Eine Reihe in ihrer Gestalt oft nicht besonders an das Wasserleben angepaßter Vogelarten nutzt das Nahrungsangebot der Uferzonen und des Spülsaumes am See (einschließlich toter Fische: „Gesundheitspolizei" am See). Es sind größere Vögel mit kräftigen Schnäbeln und der Befähigung zum ausdauernden Flug: Ruderflug bei der Aaskrähe (Nebelkrähe östlich, Rabenkrähe westlich der Elbe), ein „Gaukelflug" bei der Rohrweihe, Aufwindsegelflug (Schwebflieger) bei dem Schwarzmilan (nur im Sommer: Zugvogel), (Wellenkammturbulenz-) Gleitflug bei der Lachmöwe (an den meisten Seen nur außerhalb der Brutzeit). Flugtyp und Flügelgestalt korrespondieren miteinander (vgl. HERZOG 1968, RÜPPELL 1975). Die Lachmöwe kann aber auch gut schwimmen, stoßtauchen und hat Schwimmfüße. Sie ist also ein echter Wasservogel, der aber heute in den Ballungsräumen das Nahrungsangebot städtischer Anlagen und von Müllkippen nutzt und dann den See mehr als Ruheraum aufsucht: So kommen im Winterhalbjahr allabendlich einige Tausend (bis 10.000) Lachmöwen (und bis zu 500 Sturmmöwen) zum Schlafen auf die Potsdamer Havelseen, die tags Berlin zur Nahrungssuche durchstreifen (KALBE 1981). Am See konzentrieren sich tags Lachmöwen im Siedlungsbereich vor allem an den (Enten-) Fütterungsplätzen.

Krähen und Milan brüten in (seenahen) Wäldern, Lachmöwen im Uferried von Flachmooren oder auf unzugänglichen, offenen Inseln, Lachmöwen verlassen also die meisten Seen zur Brutzeit. Der Schwarze Milan brütet oft nahe Graureiher- oder Kormorankolonien, stößt dort aus der Luft so auf die anfliegenden Altvögel, daß sie das Futter auswürgen, und greift es geschickt im Fluge (MAKATSCH 1972a,b; „Kleptoparasitismus", perfekt bei den nordischen Schmarotzerraubmöwen oder den tropischen Fregattvögeln: MATTHES 1988). Auch die Lachmöwen versuchen, an Fütterungsstellen anderen Vögeln Brotbrocken abzujagen oder z.B. Bläßhühnern die ertauchte Beute (wie Dreikantmuscheln) abzunehmen.

Libellen jagt (lokal) der Baumfalke im pfeilschnellen Flug über dem Röhricht (FIUCZYNSKI 1987, TINBERGEN 1973), am Neusiedlersee auch im Rüttelflug der Rotfußfalke (LÖFFLER 1974, 1979). Die Rohrweihe pirscht dagegen, im „Gaukelflug" über dem Schilf dahingleitend, vorwiegend nach Jungvögeln und Fröschen, ergreift sie beim Überfliegen (KROON 1982) mit den langen Füßen; sie brütet vorzugsweise in ausgedehnten Flachmoor-(Land-) Schilfbeständen, die Baumfalken übernehmen dagegen hochstehende Krähennester im Wald (FIUCZYNSKI 1987).

4.2.2.3 Fischjäger jagen aus dem Luftraum heraus

Aus dem Luftraum heraus jagen unterschiedliche Vögel nach Fischen, vorwiegend im Litoral: Lauernde Speerer sind die Reiherartigen. Sie haben einen kräftigen Schnabel zum Ergreifen der Beute, Fische gleichermaßen wie Frösche oder große Wasserinsekten, und einen langen Hals für das raumgreifende Zustoßen. Der langbeinige Graureiher steht lauernd im Flachwasser, die kurzbeinigen Rohrdommeln auf über das Wasser ragenden Ästen oder Röhrichthalmen, vorzugsweise an tierreichen Auflichtungen im Röhricht. Dabei ist die Zwergdommel eine typische Seeart, die in ufernahen, verwachsenen Röhrichtpartien ihren Horst errichtet (Fotos 9,16, Abb. 29, 61; zur Brutbiologie: BEICHE 1979). Noch in den 50er Jahren war sie an den Berliner Havelseen häufig, ließ sich auch nicht von dem Ausflugsverkehr am Wochenende stören, war aber mit der Tarnfärbung (besonders beim Weibchen) und -stellung sehr unauffällig. Die vielgestaltigen Röhrichtpartien verschwanden mit der steigenden Freizeitnutzung, so auch die Zwergdommel. Die Große Rohrdommel ist dagegen (wie die Rohrweihe) ein Vogel der ausgedehnten Flachmoorröhrichte.

Der Graureiher ist inzwischen von der Jagd verschont, hat sich stark vermehrt und ist heute an Seen bis in die Ballungsräume hinein häufig. Er brütet in Kolonien im Wald, oft fern vom See (Details bei Creutz 1981). Am Baldeneysee in Essen (einem Flußstau der Ruhr, vgl. LAWA 1990) liegt infolge besonderer Schutzbedingungen eine Kolonie gut einsehbar direkt vor einem viel begangenen Uferweg. Am Neusiedlersee leben verschiedene Reiherarten (als Schilfbrüter) beieinander, aber mit unterschiedlicher Habitat- und Beutepräferenz (Löffler 1974, 1979): Lehrbuchbeispiel für ökologische (Wirkungsfeld-) Differenzierung (Abb. 6 bei Tischler 1984; „Nischenbildung" bei Kloft & Gruschwitz 1988, Abb. 43).

Stoßtaucher vom Ansitz aus ist der Eisvogel mit seinen winzigen Sitzfüßen, dem kompakten Körper und den abgerundeten Flügeln, die ihm den gradlinig raschen Flug („blauer Blitz") ermöglichen. Am See nimmt er gern Schilfhalme am wasserseitigen Röhrichtrand, wo im Sommer die Jungfischschwärme stehen, als Ansitz. Er brütet an Steilwänden der Zu- oder Abflüsse (Boag 1984, Fry & Fry 1992).

Rüttelflugstoßtaucher sind die Seeschwalben. An Flachmoorufern finden wir die Trauerseeschwalbe, die ihre Nester in Norddeutschland gern auf den Schwimmdecken der Krebsschere anlegt, an größeren offenen Wasserflächen die Flußseeschwalbe, ein Kiesbankbrüter. Ihre Flügelgestalt und Flugweise erlauben einen ausdauernden Suchflug, aus dem sie zum Stoßtauchen ansetzen, wenn sie eine Beute entdecken. Auch Eisvogel und Seeschwalben sind nicht auf Fische festgelegt, am See jagen sie oft, Trauerseeschwalbe sogar vorwiegend, Wasserinsekten.

Aus dem Segelflug heraus greift der Schwarze Milan nicht nur tote, sondern auch an der Wasseroberfläche stehende, lebende Fische (vor allem um 15 cm lange Plötzen und andere Weißfische).

Abb. 56: Kopf und Fuß (mit Querschnitt) vom Fischadler F und Seeadler S (nach Brown, Glutz v. Blotzheim, part.).

Typische Segelflieger sind der Seeadler mit brettartigen Flügeln, aber auch der Fischadler mit schmaleren Schwingen. An der mecklenburg-brandenburgischen Seenplatte sind sie noch verbreitet (vgl. FISCHER 1982, SPILLNER 1993 bzw. MOLL 1962 sowie MAUERSBERGER 1995), der Fischadler ist zur Zugzeit auch sonst vielfach zu sehen. Dabei ist der Fischadler wirklich auf Fisch als Nahrung spezialisiert, während der Seeadler im Sommer vorwiegend Wasservögel jagt, im Winter vor allem von Aas lebt. Dieser Unterschied zeigt sich auch an den unterschiedlichen Schnäbeln und Füßen. Der Fischfresserschnabel des Fischadlers ist in eine besonders lange Spitze ausgezogen, die Nasenöffnungen sind verschließbar, der Aasfresserschnabel vom Seeadler ist besonders kompakt. Der spezialisierte Fisch-Greiffuß vom Fischadler hat eine Wendezehe, große Haftpolster (mit fast stachelartigen Schuppen, mit denen man Holz raspeln kann: MAUERSBERGER 1995) und besonders lange, spitze, fast halbkreisförmige Krallen; bei beiden Adlern ist die Fußbefiederung reduziert (Abb. 56). Die beiden Adler bevorzugen größere Fische (um 30 cm Länge), die hochrückig sein können, aber nahe der Oberfläche schwimmen müssen; zugleich sollte die Wasseroberfläche ruhig sein, Wellen stören die Ortung. Fische haben beim Seeadler nur im Frühjahr, wenn Hechte oder Weißfische im Flachwasser laichen, einen hohen Anteil am Nahrungsspektrum. Für den Fischadler sind Sommersonnentage, wenn z.B. Karpfen unter der Wasseroberfläche zwischen dem „Kraut" stehen, besonders günstig. Fischteiche sind für beide ideale Fanggründe (im Konflikt zur Teichwirtschaft). Das Abheben vom Wasser mit großer Beute erfordert viel Kraft und einen besonderen Flugtyp (BERGMANN 1987). Gerät der Fischadler an einen zu großen Fisch, so löst er manchmal seine Fänge nicht, wird vom Fisch unter Wasser gezogen und ertrinkt: Fische mit Skelettresten des Fischadlers wurden verschiedentlich gefunden, diese Fische waren alle über 3 kg schwer. Vom Seeadler wird berichtet, daß er mit einem für das Auffliegen zu schweren Fisch zum Ufer schwimmt.

Mit dem Fressen beginnt der Fischadler oft schon im Fluge, abgeschlossen wird die Mahlzeit in der Regel auf einem Kröpfbaum. Seeadler fressen fast immer auf einem Baum, an Felsküsten auch auf einem Stein. Beim Fischadler versorgt das Männchen nicht nur das brütende Weibchen, sondern auch die Jungen bis zum Flüggewerden, denn das etwas größere Weibchen hält Wache gegen Nesträuber. Die Fische für das Weibchen frißt das Männchen erst in Horstnähe halb auf, ehe die fleischreiche, aber vitaminarme (Fischdarminhalt fehlt) hintere Fischhälfte übergeben wird. Für die Jungen bringt das Männchen dagegen ganze Fische, die das Weibchen aufteilt. Auch nach dem Ausfliegen werden die Junge zunächst noch gefüttert: Das Fischfangverhalten ist zwar angeboren, braucht aber eine lange Erfahrung für die Sicherung des Erfolges.

Die Wasservogeljagd ist für den Seeadler oft sehr anstregend. So kann ein Haubentaucher auf der Flucht bis zu 60 m weit tauchen, bei Wasserblüten ist er dabei für den Adler nicht zu sehen. So muß der Adler versuchen, den

Taucher durch stete Angriffe zu ermüden, bis sich die Fluchtstrecken verkürzen. Über 50 Angriffe im Laufe einer halben Stunde wurden gezählt. Ist der Seeadler bei der Vogeljagd über dem freien Wasser von vielen Angriffsflügen ermattet, so kann er (wie eine Ente) auf dem Wasser schwimmen oder auch mit ausgebreiteten Flügeln auf dem Wasser ruhen, danach leicht wieder davon abheben. – Gemeinschaftsjagd eines Seeadlerpaares (einer scheucht, der andere greift) erhöht den Fangerfolg und kürzt die Jagddauer ab. Bläßhuhntrupps, die auf dem freien Wasser vom Seeadler überrascht werden, drängen sich dicht zusammen, so daß der Seeadler kein Ziel in dem Haufen findet, auch Gänse rücken dann zusammen und recken ihm die Schnäbel entgegegen. Nur wenn ein Vogel aus dem Trupp ausschert, kann er gegriffen werden.

Die beiden Adlerarten brüten auf Horsten im Wald, der Fischadler nimmt auch Strommasten an.

Hinzuweisen ist noch auf die Pelikane: Hoch überkompensiert fischen sie schwimmend mit ihren langen Schnäbeln, deren weit aufblähbare Haut wie ein Fischernetz (oft in Gemeinschaftsjagd) eingesetzt wird. Im Aufwind segelnd können sie weite Entfernungen zwischen Nist- und Fischfangplatz überbrücken (vgl. BERNATZIK 1930), sie sind damit jedoch an südliche Gefilde mit guter Thermik (wie an der Donaumündung) gebunden (bei uns gelegentlich Zooflüchtlinge in freier Natur).

4.2.2.4 Rohrsänger und andere Sommersingvögel am Seeufer

Die Bachstelze jagt am offenen Ufer wendig nach Insekten, dabei wurde eine Nahrungsgrößenoptimierung nachgewiesen (Abb. 57; vgl. KREBS & DAVIES 1981). Libellen fängt sie im Rüttelflug vor allem zur Brutzeit, die Haufen abgebissener Flügel an den Warten belegen den Fangerfolg (ÖLSCHLEGEL 1985). Rasante Fluggäste sind die Schwalben, die gern über dem Wasser des Uferbereiches nach Fliegen, Mücken u.a. Kleininsekten jagen, an heißen Sommertagen (wie auch Mauersegler) zur Kühlung das Wasser streifen. Alle diese Arten sind nicht an den See gebunden, brüten auch nicht hier, sondern vorzugsweise (Bachstelze) oder ausschließlich an menschlichen Bauwerken.

Spezialisierte Schilfbrüter sind Drossel- und Teichrohrsänger (HÖLZINGER & SCHMID 1993, LEISLER 1985). Sie sind mit besonderen Klammerfüßen an das Klettern im Wald der dicken Schilfhalme angepaßt, können sich zum Ergreifen der Beute extrem strecken. Beide Arten brüten im Schilf über dem Wasser. Das Nest wird kunstvoll zwischen Schilfhalmen aufgehängt (FRISCH 1974). Der größere Drosselrohrsänger braucht dazu 4-5 kräftige Halme im Umkreis von etwa 5 cm (ø 10 cm), der Teichrohrsänger kommt mit dünneren, enger stehenden Halmen aus. Beide Arten bauen ihre Nester vorzugsweise nahe dem

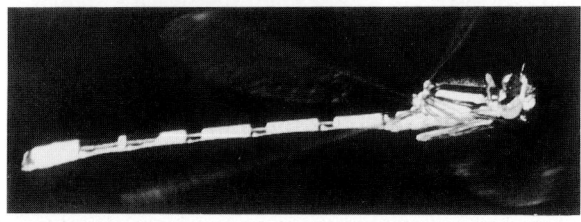

Foto 15: *Oben:* Drosselrohrsänger, ein obligater Schilfbrüter. Männchen am Nest nach der Fütterung (Höhe Waldhaus, Insel Scharfenberg im Tegeler See/Berlin, 25.7.1953; vgl. Abb. 29). Eine beliebte Beute sind Kleinlibellen, vor allem Becher-Azurjungfern, *Enallagma cyathigerum*, die vor dem Schilfgürtel fliegen (*unten*, Heiliges Meer bei Ibbenbüren/Westfalen, 2.6.1986).

kleintierreichen Schilfrand (wie an Auflichtungen) und sind daher durch Störungen (z.B. durch Freizeitboote) besonders gefährdet (Tab. 10). Der Drosselrohrsänger bevorzugt größere Insekten (wie Kleinlibellen *Enallagma:* Foto 15), hat dafür auch einen größeren Schnabel und eine größere Reichweite, er nimmt die Nahrung vor allem aus der Vegetation und aus dem Wasser (z.B. Rückenschwimmer, Köcherfliegenlarven), ist so am Wasserschilfrand überlegen (Abb. 57) und verdrängt auch direkt den kleineren Teichrohrsänger aus seinem Nistbereich (HÖLZINGER & SCHMID 1993).

Dieser ernährt sich vor allem von fliegenden Insekten, auch über Land am blumenreichen Ufer, wenn das Röhricht verarmt. Wird das Schilf gestört und damit licht und schlechtwüchsig, erhält daher zunächst der Teichrohrsänger eine Chance (Tab. 10; vgl. Abb. 29). Der Teichrohrsänger wurde 1989 zum „Vogel des Jahres" erklärt, er ist Indikator für den extremen Röhrichtrückgang (Kap. 3.5; REICHHOLF 1989). – Der Sumpfrohrsänger brütet dagegen über (± trockenem) Boden. Er braucht senkrechte Halme mit Querstruktur als Nist-

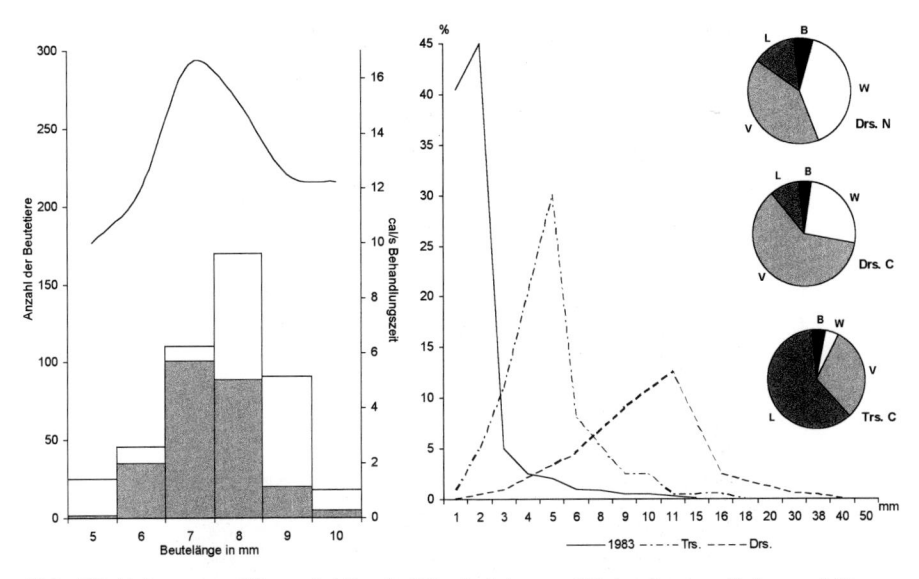

Abb. 57: Nahrungsgrößenselektion bei Bachstelze und Rohrsängern (links nach KREBS & DAVIES, rechts nach GLUTZ V. BLOTZHEIM).

Links: Nahrungsgrößenoptimierung beim Fliegenfang durch Bachstelzen; Abzisse Beutelängenklassen (in mm); Ordinaten: weiße Balkenhöhe verfügbare Beutetiere (n = 460), davon geschwärzt der gefangene Anteil (n = 252); Kurve: Ertrag je Größenklasse (in cal je Sekunde "handling time", d.h. Fang- u. Fraßzeit). Bevorzugt gewählt wird die ökonomisch günstigste Beute-Größenklasse 7 mm (höchste Wahl, geringste Differenz zum Angebot); bei 8 mm werden viele gewählt, aber hohe Differenz zum Angebot, auch 6 mm wird überproportional gewählt, was nicht zur Größenoptimierung paßt).

Mitte: An die Nestlinge verfüttertes Nahrungsgrößenspektrum von Teich- und Drosselrohrsänger (Trs Strich-Punkt, Drs gestrichelte Linie) im Vergleich zum verfügbaren (ausgezogene Linie; Abzisse Beutelängenklassen in mm; Ordinate Anteil der Größenklassen). Im Habitat dominieren Kleininsekten, die von beiden Arten verschmäht werden. Der Drosselrohrsänger bevorzugt die seltenen großen Beutetiere (10-15 mm bis hin zu Kleinlibellen, 3-4 cm), der Teichrohrsänger Beute um $1/_2$ cm.

Rechts: Kreisdiagramme zur Herkunft der Nahrung bei Teich- und Drosselrohrsänger (Trs bzw. Drs). W (hell gerastert) aus dem Wasser und von der Wasseroberfläche; V (mittelkräftig gerastert) aus der Vegetation, L (dunkel gerastert) im Luftraum fliegende Insekten, B (schwarz): vom Boden; *unten* Teichrohrsänger Trs aus der Camargue; *Mitte* Drosselrohrsänger Drs dito, *oben* Drs vom Neusiedlersee. Der Teichrohrsänger nimmt die Nahrung überwiegend aus dem Luftraum sowie aus der Vegetation, praktisch nicht vom Wasser; der Drosselrohrsänger nimmt die Nahrung überwiegend aus der Vegetation und vom Wasser.

platz, wählt heute gern Brennesselbestände. Er wurde in unkraut- und insektenreichen Getreidefeldern Kulturfolger, in den jetzt unkrautfrei gespritzten Kornfeldern kann er höchstens in Randbereichen brüten. – Diese 3 ähnlich gefärbten Arten unterscheiden sich markant im Gesang: Der große Drosselrohrsänger singt besonders laut sein recht einförmiges „Karre-karre-kieck-kieck", der Gesang des Teichrohrsängers ist weicher und abwechslungsreicher, der Sumpfrohrsänger, der dem Teichrohrsänger täuschend ähnlich sieht, hat einen besonders wohltönenden Gesang, in den Imitationen anderer Vogelarten eingebaut werden („Spötter"); dabei bestimmt die Gesangsqualität den Erfolg bei den Weibchen (KREBS & DAVIES 1984). – So sind die Rohrsänger ein gutes Beispiel für ökologische Differenzierung. Sie wurde modellhaft untersucht am Neusiedlersee, in dessen weiträumigen, vielgestaltigen, offenen Ried- bzw. Röhrichtzonen 6 Rohrsänger- und 3 Schwirlarten nebst Blaukehlchen, Rohrammer, Bartmeise u.a. brüten (LÖFFLER 1974, 1979, zur Bartmeise vgl. WAWRZYNIAK & SOHNS 1986, zum Nestbau der Beutelmeise FRISCH 1974). Dabei ergaben sich gesicherte Korrelationen zwischen Gestaltsmerkmalen und bevorzugten Habitatstrukturen (LEISLER 1981).

Die Rohrammer ist vor allem an flachmoorartigen Uferabschnitten mit Weiden-, Seggen- und Rohrkolbenbeständen verbreitet, fehlt also an vielen Seen. Den einfachen Ruf trägt das Männchen von den Bäumen aus vor, das Nest ist in der Bodenvegetation versteckt (BLÜMEL 1982).

4.2.2.5 Brutparasit Kuckuck

Der Teichrohrsänger zählt zu den häufig vom Kuckuck gewählten Wirtsvögeln. (Details bei HÖLZINGER & SCHMID 1993). Das Kuckucksweibchen muß die Wirte in den wenigen Tagen der Legephase ausmachen und in einem unbewachten Moment ihr Ei gegen ein Wirtsei austauschen. Dabei kann das Männchen mit seinem auffälligen Gesang und der greifvogelähnlichen Tracht die Aufmerksamkeit des Wirtsvogelpaares vom Nest ablenken. Kuckucke sind nicht fest verpaart. Die Kuckuckseier sind dennoch in der Regel den Eiern der jeweiligen Wirtsvogelart im Farbmuster täuschend ähnlich, was wohl durch Wirtsprägungen gesichert wird (GLAUBRECHT 1989). Das Überleben des Jungkuckucks auf Kosten der Wirtsbrut gründet sich auf einer Reihe faszinierender Anpassungen (MAKATSCH 1955, MATTHES 1988). Dazu gehört das Herauswerfen der Wirtseier bzw. Jungvögel gleich nach dem Schlüpfen, das Vermeiden von Bewegungen in dem bald viel zu kleinen Rohrsängernest, der rote Sperrachen und eine besondere Schlucktechnik des Jungvogels.

4.2.2.6 Die Rallen sowie Wiesenwatvögel

In dem Grenzbereich von Wasser und Land mit dichter Sumpfvegetation lebt versteckt eine Vogelgruppe mit hühnerartigem Körper („Wasser- bzw. Sumpf-

Wasser ←		naß / feucht ←		→ feucht	/	± trocken

Bleßhuhn (Bh)	Teichhuhn (Th)	Wasserralle (Wr) Tüpfelralle (Tr)	Zwergralle (Zr) Kleine Ralle (Kr)	Wiesenralle (Wk) =Wachtelkönig
Tauchblatt-rasen (vor Röhricht)	dichte Ufer-vegetation mit kleinen freien Was-serstellen	sehr feuchte, dichte Vegetation (Sumpfboden) mit Flachwasser-bereichen	Feuchtböden mit dichter (nicht zu hoher) Riedvegetation	Feuchtwiesen

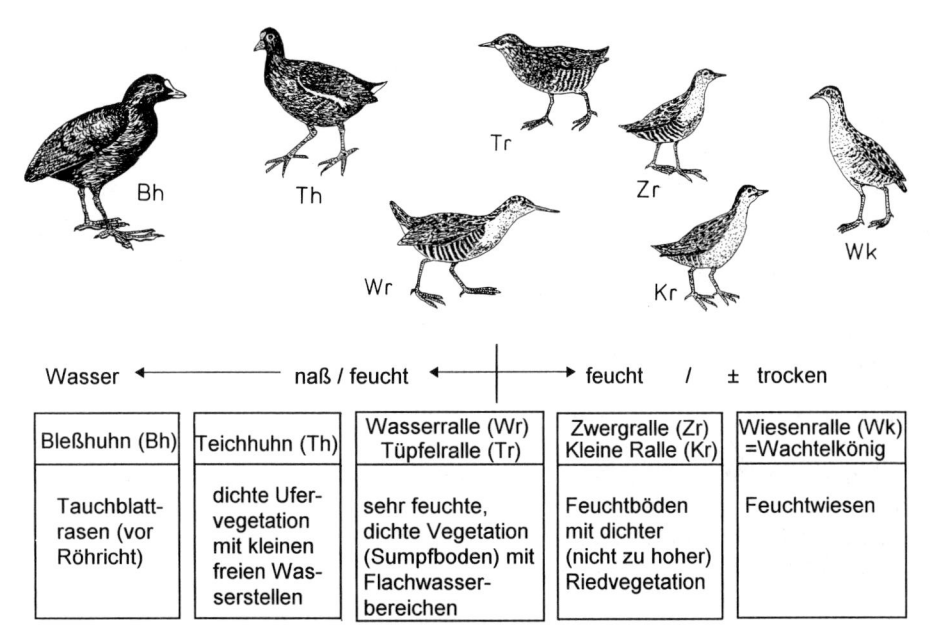

Abb. 58: Habitatdifferenzierung bei mitteleuropäischen Rallenarten (nach KALBE; Figuren nach STUBBE).

hühner"), langen, oft auffallend gefärbten Füßen und Zehen und einem kräftigen, unterschiedlich langen, auch oft bunten Schnabel: die Rallen (Abb. 58, in diesem Kapitel jedoch ohne Bläßhuhn, vgl. KALBE 1981). Sie können geschickt durch die Vegetation schlüpfen, über Schlammflächen genauso gut laufen wie über Schwimmblatteppiche, auch gut schwimmen; sie tauchen aber kaum. Sumpfhühner und Wasserralle bevorzugen dabei den Feuchtboden, das Teichhuhn den Flachwasserbereich, bei ihm sind dementsprechend die Zehenränder verbreitert. Sie ernähren sich vorwiegend von Kleingetier (wie Schnecken und Wasserinsekten), meist weniger von Pflanzenteilen, Samen und Früchten; die langschnäbelige Wasserralle nimmt auch Frösche, Kleinsäuger oder Jungvögel (KROON 1982). Die Nester werden in der Vegetation versteckt angelegt, Teichhühner bauen wie die anderen Rallen gern Laubennester z.B. in einem Binsenbult. Die schwarzen Dunenjungen sind tarnfarben und werden von den Altvögeln unter besonderem Zeremoniell gefüttert. Die Jungen der ersten Brut beteiligen sich beim Teichhuhn regelmäßig am Füttern der Jungen der 2. Brut, eines der wenigen Beispiele für Helfer am Nest in unseren Breiten (vgl. KREBS & DAVIES 1981). Bei Gefahr können die Rallen und ihre Jungen lange an Pflanzen untertauchen, dabei stecken sie den Schnabel (zum Atmen) aus dem Wasser. Zumindest zur Brutzeit sind die Rallen strikt territorial, der zuckende, oft kontrastreich gefärbte Schwanz ist ein Signal neben den Rufen; die Partner sind dagegen ausgesprochen kontaktfreudig und teilen sich die Brutpflege. Zu Gesicht bekommt man die Rallen am See kaum, am ehesten sind sie zu hören.

Das Teichhuhn ist (anders als Wasserralle oder Sumpfhühner) ein Beispiel dafür, daß unter natürlichen Bedingungen nur ein enger Bereich des ökologischen Potentials realisiert werden kann: An Park- und Zooteichen lebt es vertraut am vegetationsfreien Ufer, baut das Nest offen auf Plattformen oder in Ufergebüschen, u.U. mit Plastikmüll als Nistmaterial. Die Brotfütterungen sichern hier den Betriebsstoffwechsel, da Greifvögel fehlen, ist Deckung nicht notwendig für das Überleben (ENGLER 1983).

In wiesenartigen Grenzbereichen (wie offenen Seggenriedern mit Übergang zu Wiesen) beginnt das Reich verschiedener Limikolen (Watvögel wie Kiebitz, Uferschnepfe und Bekassine oder auch Rotschenkel und Kampfläufer, MAKATSCH 1983, REDDIG 1981, SCHEUFLER & STIEFEL 1985, STIEFEL & SCHEUFLER 1984). Diese Biotope entstanden großflächig bei extensiver Heu- oder Streunutzung mit geringem Vertritt (wie bei der früheren Handmahd) auf wechselfeuchten Moorböden, die für eine Beweidung zu sumpfig sind (wie an vermoorten Seeufern des Alpenvorlandes, Musterbeispiel ist der Federsee in Oberschwaben; KONOLD 1987, ZIMMERMANN 1961, GÜNZL 1985, LAWA 1985; zum Wollmatinger Ried des Bodensee-Untersees vgl. JACOBY & DIENST l988). In Norddeutschland sind diese Seeuferbereiche durch Entwässerung und Wasserstandsregulierung weitgehend verschwunden (Musterbeispiel Dümmer, 45 km NO Osnabrück in der Hunte-Niederung, ein Feuchtgebiet von internationaler Bedeutung gemäß Ramsar-Konvention, vgl. BERGMANN & BRUNS 1988 und LAWA 1985 in Verbindung z.B. mit SANDEN-GUJA 1960, HÖLSCHER et al. 1959, LUDWIG et al. 1980). Feuchtwiesen sind daher in Norddeutschland vor allem in Flußniederungen (wie in der Eider/Treene/Sorge-Niederung in Schleswig-Holstein oder an der Unterelbe: KUSCHERT 1983, MEIER-PEITHMANN et al. 1989) und Küstenmarschen zu finden; sie können aus aufgegebenen Nutzflächen entstehen (Beispiel Rieselfelder bei Münster/Westf.: HARENGERD et al. 1973). Zur Zugzeit kommen die artenreichen Scharen aus dem Norden und Osten hinzu. Alle diese Feuchtwiesen- und Riedarten sind durch die drastischen Veränderungen im Gefolge von Intensivlandwirtschaft und Uferverbau/Eintiefung der Bäche besonders gefährdet, Feuchtwiesen-Schutzprogramme sind an vielen Stellen angelaufen, viele Feuchtgebietstypen sind inzwischen als Biotop gesetzlich geschützt (vgl. z.B. HEYDEMANN & MÜLLER-KARCH 1980, STERN et al. 1978, TREUENFELS 1986 in Verbindung mit BLAB 1984, KAULE 1991, PLACHTER 1991, RIECKEN 1992).

4.2.2.7 Die Stockente als Prototyp eines Schwimmvogels

Die Ente (Hausenten oder ihre Stammform, die Stockente) ist von alters her der Prototyp eines Schwimmvogels (vgl. JUNGE 1885), einige Merkmale des

Lebensformtyps sollen hier angesprochen werden (vgl. JACOBS 1954, RUTSCHKE 1989, SCHEIBA 1990):

Vögel haben aus aerostatischen Gründen eine hohe Luftfüllung in ihrem Körper (Luftsäcke der Lungen). Das ist gut an Reisetauben zu sehen, die an warmen Tagen Kühlung auf dem offenen Wasser suchen: Kreisend versichern sie sich, daß keine Gefahr (z.B. durch Greife oder Menschen) droht, setzen sich dann auf das Wasser und kühlen dabei den Brustraum. Danach heben sie direkt vom Wasser ab und setzen ihren Flug fort; das durchnäßte Brustgefieder kühlt mit der Verdunstung noch weiter. Für Wasservögel stellt sich das Problem umgekehrt, sie müssen den Wärmeentzug bei dem fortwährenden Kontakt mit dem Wasser minimieren. Ausgenutzt wird die Wärmeisolierung durch Luft im eingefetteten Federkleid. Dieser Luftfilm um den Körper senkt aber das spezifische Gewicht weiter ab (etwa 0,6 bei Schwimmenten), erschwert also das Tauchen. Auftrieb und Wärmeisolierung werden noch durch eine Fett- oder Transchicht unter der Haut verstärkt (vgl. Enten- oder Gänsebraten mit Hühnerbraten!).

Der so hoch auf dem Wasser liegende Körper hat bei der Fortbewegung auf der Wasseroberfläche nur einen geringen Reibungswiderstand im zähen Medium Wasser. Ruderfüße im Wasser erlauben eine hohe Schubkraft bei passend gestalteter Schlagfläche, den Schwimmhäuten zwischen den Zehen: Sie werden beim Rückschlag ausgebreitet, beim Vorziehen zusammengelegt (analog zu Wasserkäfern). Die kurzen, etwas hinter der Körpermitte ansetzenden Beine und der langgestreckte Körper stabilisieren die Schwimmlage, ermöglichen auch ein unbeholfen erscheinendes, aber ausdauerndes Gehen auf dem Land („Watschelgang") und ein Ruhen im Stand. Die Wärmeisolierung des Körpers gilt nicht für die Füße, die aber im Winter der Kälte des Wassers oder (beim Ruhen) der des Eises ausgesetzt sind. Diese Füße sind trotz guter Durchblutung wechselwarm, denn in den oberen, im Gefieder verborgenen Beinabschnitten befindet sich eine Wärmeaustauschereinrichtung, ein „Wundernetz" des Blutgefäßsystems, das den Wärmetransport kurzschließt und vom Fuß abkoppelt (BERGMANN 1987, S.113 ff.). Enten können so im Sommer Wärme über die Füße an das Wasser abgeben, im Winter vermeiden sie umgekehrt Wärmeverluste: Gemessen wurde eine Zehentemperatur von 0-5 °C bei einer Schenkeltemperatur von 32 °C (RICKLEFFS 1980, fig. 12-3). Das gleiche gilt für den großen, gut durchbluteten Entenschnabel, ein Seihschnabel mit (vor allem bei der Löffelente) enormer Oberflächenvergrößerung, der bei der Nahrungsaufnahme lange dem Wasser exponiert werden muß.

Ein besonderes Thema sind Start und Landung auf dem Wasser. Nur wenige Wasservögel (wie Stockente und Lachmöwe) können sich direkt in die Luft erheben. Die meisten Arten müssen erst lange „Anlauf" nehmen, also flügelschlagend über das Wasser laufen, ehe sie abheben. Das ist eindrucksvoll beim Höckerschwan zu beobachten. Ausgenutzt wird dabei der geringe Reibungswiderstand der Luft für den herausgehobenen Körper und die guten Abstoßmöglichkeiten an der Wasseroberfläche mit den breiten Fußflächen, um ökonomisch die Abhebegeschwindigkeit zu erreichen (vgl. den „Jumbostart"). Dabei bestehen auch Beziehungen zur Ausprägung der Flugmuskulatur: hohe Flugmuskelanteile am Körpergewicht sind Voraussetzung sowohl für Blitzstarter (wie Fasan: 24 %) als auch für Dauerflieger (wie Taube oder Stockente: 23 bzw. 17 %); bei Dauerleistung müssen der Anteil der aeroben Muskulatur und das Kapillarvolumens hoch sein, während Kurzstreckenflieger mit anaerober Muskulatur und geringem Kapillarvolumen auskommen (DUNCKER 1992).

Dabei spielt auch das Körpergewicht eine Rolle, mit zunehmendem Gewicht sinkt aus physiologischen Gründen die relative Masse der aeroben Flugmuskulatur (12 % beim Schwan) und das relative Kapillarvolumen. Die Untergrenze dürfte beim Schwan oder bei Tauchern erreicht sein, die auch nur mit langem Anlauf starten können. Das können sie sich auf dem Wasser, wo schnelle Freßfeinde (wie Wölfe) fehlen, leisten (DUNCKER 1992), Grasweidegänger (wie Graugänse) aber nicht.

Für das Landen bietet die Wasseroberfläche eine gute Abfederung, die Schwimmfüße können zusätzlich als Bremsen eingesetzt werden. Das ist an landenden Gänsen oder Schwänen gut zu studieren (Fotos in RÜPPELL 1975). Schwäne können so auf kleinen, baumumstandenen Parkteichen zwar gut landen, aber nicht mehr abfliegen.

4.2.2.8 Schwimmenten, Gänse, Schwäne

Stockente, Graugans, Höckerschwan sind allgemein bekannte Schwimmvögel unserer Seen, erstere Stammarten von Haustieren. So wird das Bild von Untersuchungen an Zoo- und Parkteichen mit zahmen Tieren bestimmt (LORENZ 1965, 1988, RUITENBEEK & ANDERSEN-HARILD 1979, BIRKHEAD & PERRINS 1986). Die Höckerschwanbestände beispielsweise der Braunkohlenrekultivierungsseen der Ville bei Köln zeigen deutlich einen Bezug zu Fütterungsstellen, das Nest kann aber kilometerweit davon angelegt werden. Die westelbischen Vorkommen sollen durchweg auf Aussetzungen zurückgehen (z.B. von Parkvögeln mit weißen Dunenjungen: *„immutabilis"*-Form: BIRKHEAD & PERRINS 1986; Details für Schleswig-Holstein bei BERNDT & BUSCHE 1991). Schwanenhaltung ist schon aus der Antike bekannt, die „Havelschwäne" brandenburgischer Seen stammen aus Züchtungen am Hofe FRIEDRICH II (KOLBE 1984). Wildschwäne soll es in Deutschland nur bis Mitte des Jahrhunderts im Bereich der mecklenburgisch-brandenburgischen Seenplatte als Ausläufer des osteuropäisch-sibirischen Areals gegeben haben (DRECHSLER 1966, SCHERNER 1981, 1989).

Schwäne suchen (abseits der Fütterungsstellen) ihre Nahrung meistens gründelnd in der lichten Röhricht- und Tauchblattzone, kaum an Land (außer an vegetationsreichen Ufern). Mit ihrem Verbiß (Rupfschnabel: Abb. in BIRKHEAD & PERRINS 1986) können sie die Vegetation nachhaltig stören. In der Ville bei

Köln werden dabei zahlreiche Tausendblatt-Triebe (*Myriophyllum heterophyllum*) nur abgerissen, so daß sich am Ufer ein breiter Treibgutgürtel bildet. Die Schäden an der Ufervegetation verstärken sich im Nistbereich, wo für den Bau des oft im Flachwasser errichteten Horstes die Vegetation im Umkreis von 10 m und mehr vernichtet wird. Die Paare sind in der Regel streng territorial, die (Noch-) Nichtbrüter sondern sich in Trupps ab, riesige Scharen weiden in den Tangrasen der Ostseeküsten. Der Vertritt durch das Paar und seine bis zu 10 Jungvögel kann an den Ruheplätzen erheblich sein, dort kann sich der Kot zu meterhohen Bergen türmen. Schwäne werden dann zu einer erheblichen Belastung dieser Seeuferbereiche.

Graugänse sind eigentlich Brutvögel von Flachmoorufern mit vielseitigem (Ried-) Pflanzenangebot und guter Deckung. Sie leben in Trupps, die sich zur Brut vereinzeln. Sie brüten auf Bulten oder Inseln. Graugänse weiden regelmäßig im Kulturgrünland. Ihr Schnabel ist dementsprechend kompakt (Rupf- oder Weidegängerschnabel, Abb. bei JUNGE 1885). Doch ist die Ausnutzung der Blattnahrung schlecht, bei Wintergetreidesaat nur etwa 25 %, Gänse müssen daher sehr viel fressen (1 kg Frischfutter je Tag bei 3 kg Körpergewicht: RUTSCHKE 1987; vgl. die modellhafte Darstellung für die Ringelgans bei BERGMANN 1987). Sie fliegen (vor allem morgens und nachmittags) oft über viele Kilometer zu den Weideplätzen. Jagdverschonung und Schutzgebiete für die Brut haben in jüngerer Zeit (oft ausgesetzte) Graugansbestände stark anwachsen lassen und zu hoher Siedlungsdichte selbst an vegetationsarmen Stauseen (wie dem Trinkwasserstausee bei Haltern am N-Rand des Ruhrgebietes: LAWA 1990) geführt.

Die Stockente und (mehr noch) die Löffelente haben einen weicheren Schnabel mit dichteren Lamellen als Schwäne und Gänse. Mit ihm kann die Ente Schwimmpflanzendecken (z.B. aus Wasserlinsen, auch „Entenflott" genannt) oder den Flachgrund durchseihen, sie nimmt dabei Kleintiere mit auf. An Fütterungsstellen mit offenem Ufer (und daher geringem Angebot an natürlicher Eiweißkost) weiden Stockenten gern auf ufernahen Zierrasen. Stockenten kommt von Natur aus das gegliederte Flachmoorufer entgegen, sie fehlen in dichten Schilfbeständen vor Erlen. Stockenten brüten (in Revieren von 100 m Uferlinie und mehr) auf Seggenbulten oder im Uferdickicht. In Nestnähe hält der Erpel zu Beginn der Brutzeit „Wache". Noch vor dem Schlüpfen der Jungen verläßt er das Brutrevier und schließt sich mit Nachbarerpeln zu kleinen Mausertrupps zusammen. Im Nistgebiet ist dann der Platz frei für das Weibchen und die von ihm geführten, aber nicht gefütterten Jungen, die hier reichlich (Insekten-) Nahrung, auch Plätze zum Sonnen (wie ein schwimmendes Stück Stammholz) und Deckung vor Flugfeinden (wie Rohrweihen) finden. Bei den Massierungen an Fütterungsplätzen ist dagegen der soziale Streß extrem (SCHMIDT 1988, SCHMIDT & RUDOLPH 1988).

Nahrungsarme Tageseinstände werden von den flugfähigen Enten mit Einbruch der Dunkelheit verlassen („Entenstrich"), sie fressen dann vorwiegend nachts an oft weit entfernten besseren Nahrungsgründen. Vom Hochsommer bis zum Winterausgang sammeln sich große Ententrupps tags auf abgelegenen kleinen Wasserflächen oder mitten auf großen Wasserflächen, die ihnen dann Schutz bieten. Hier sind die nächtlichen Nahrungsflüge obligatorisch (was jagdlich ausgenutzt wird). Das gilt auch für die großen Schwimmenten-Trupps der nordischen Wintergäste (Abb. 59; für den Bodensee vgl. Szijj 1965).

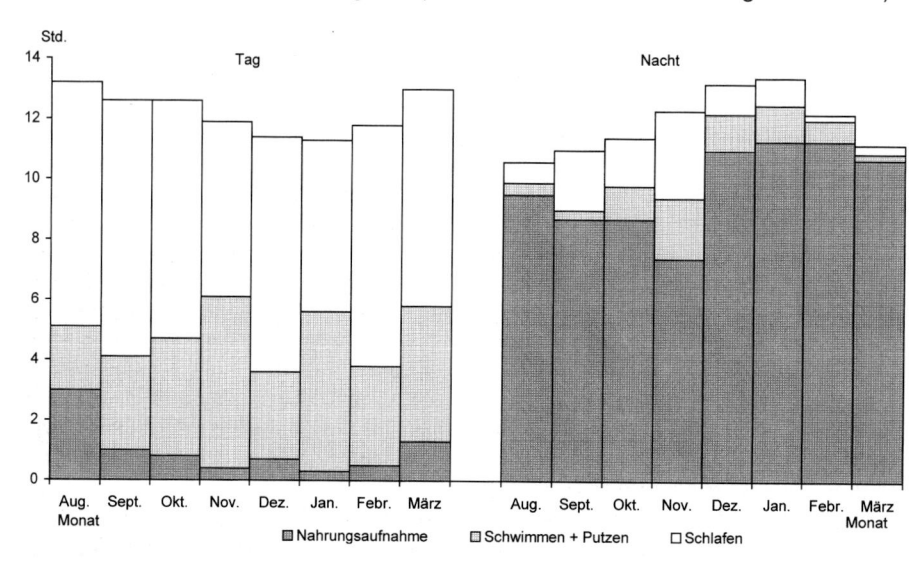

Abb. 59: Zeitaufwand für Aktivitätsformen bei Krickenten am Tage und in der Nacht (nach Rutschke). Nahrungsaufnahme (schwarz), Schwimmen und Putzen (grau) und Schlafen (weiß) von in der Camargue überwinternden Krickenten (nach Monaten differenziert). Die Nahrungsaufnahme erfolgt im Winterquartier vorwiegend nachts, am Tage dominiert das Schlafen, Putzen und Schwimmen.

Hinzuweisen ist noch auf die Flamingos, spezialisierte Feinfiltrierer subtropisch/tropischer Lagunen (wie in der Camargue) und Salzseen. Der Schnabel wird beim Filtrieren invers (Oberschnabel nach unten) gehalten, Zunge und der voluminöse Unterschnabel sind der eigentliche Filtrierapparat. Die langbeinigen Flamingos filtrieren meistens im Stehen. Der Rosa Flamingo frißt vornehmlich Kleinkrebse und Zuckmückenlarven, der Zwergflamingo Afrikas vornehmlich planktische Blaualgen und ist damit Primärkonsument (Energieflußdiagramm für den Nakuru-See bei Bohle 1995, Schwoerbel 1993; die Blaualgenentwicklung wurde jedoch durch nicht/kaum geklärte Abwassereinleitungen begünstigt, seit dem Bau effektiver Kläranlagen ist die Produktivität vermindert, die Flamingos sind abgewandert). Flamingos sind in Mitteleuropa nur Irrgäste, eine Brutkolonie (aus Zooflüchtlingen, Rosa und Chile-Flamingo) hat sich beispielsweise an einem (fischfreien und damit kleinkrebsreichen) Moorweiher im Zwillbrocker Venn in Nachbarschaft zu einer großen Lachmöwenkolonie (an der niederländischen Grenze bei Vreden/Westmünsterland) angesiedelt (Überwinterung an der Scheldemündung).

4.2.2.9 Tauchvögel

Stärker spezialisiert sind die Wasservögel, die zur Nahrungssuche regelmäßig untertauchen. Sie haben sich konvergent aus verschiedenen systematischen Gruppen entwickelt. Am stärksten abgewandelt sind die Unterwasser-Fischjäger (SCHEIBA 1990). Diese Tauchvögel haben schwerere Knochen und kleinere Luftsäcke, damit ein höheres spezifisches Gewicht (Haubentaucher z.B. 0,9). Sie können auch (wie beim Haubentaucher) die Luftfüllung des Gefieders senken. Das Gefieder des Kormorans ist benetzbar und muß daher nach dem Tauchen getrocknet werden. Das erfolgt automatisch beim Fliegen, sonst stellen sich die Kormorane mit gewinkelten Flügeln am Ufer zum Trocknen auf. Die Wärmeisolierung durch die Gefiederluft ist also zugunsten der Tauchleistung vermindert, dafür wird die Transchicht unter der Haut verstärkt. Diese Tauchvögel liegen besonders tief im Wasser und können elegant (ohne „Hopser") abtauchen. Aus dem Rahmen fällt der Zwergtaucher, der hoch auf dem Wasser liegt, aber die spezialisierten Steißfüße hat (zum Tauchen vgl. JACOBS 1954). – Alle unsere Tauchvögel haben einen auffallend kleinen Schwanz (vgl. Bläßhuhn mit den anderen Rallen!).

Die Tauchvögel unserer Seen schwimmen beim Tauchen mit den Füßen, Pinguine und Alke dagegen mit den zu Rudern umgebildeten Flügeln, ihre Füße dienen nur als Steuer („Unterwasserfliegen"), während Meeresenten (wie die Eiderente) die Flügel unterstützend einsetzen. Bei Tauchern und Kormoran sind die Füße weit hinten angesetzt („Steißfüße"), auf dem Lande muß der Körper hoch aufgerichtet werden, das Laufen wird dann sehr unbeholfen, mehr noch als beim „Watscheln" der Entenvögel; Bläßhühner können dagegen mit ihrem Schwimm-Schreitfuß auch geschickt im Uferbereich laufen. – Die Schwimmfüße mit Schwimmhäuten der Entenvögel waren schon angesprochen worden; bei Tauchenten ist die Afterzehe verbreitet, beim Kormoran (und Pelikan) in die Schwimmhaut voll einbezogen („Ruderfüßler"). Daneben gibt es aber auch Füße mit Schwimmlappen statt der Schwimmhäute (Lappentaucher, Bläßhuhn). Ein Vorteil des einen oder des anderen Typs ist nicht zu erkennen (vgl. Haubentaucher mit Kormoran). Beim Tauchen werden die Füße meistens im Wechsel geschlagen (wie bei der Schellente), beim Kormoran dicht beieinander im fördernden Gleichschlag („Paralleltaucher"), die Lappentaucher machen dagegen eigentümlich grätschende Beinbewegungen („Grätschtaucher": JACOBS 1954).

Gut bestimmbar sind die Tauchzeiten (mit meistens 10-30 s), schwierig dagegen die Tauchtiefen. Die Tiefenangaben gehen in der Regel auf Tiere zurück, die sich in Netzen oder Reusen verfangen haben (Maximalwerte: Zwergtaucher 6 m, Schellente 9 m, Gänsesäger 11 m, Reiherente 14 m, Kormoran 16 m, Haubentaucher 41 m nach GLUTZ v. BLOTZHEIM 1966-1993) und sind daher kaum repräsentativ. Die „normalen" Tauchtiefen richten sich nach der Nahrungsverteilung im Tiefenprofil, sind daher sehr unterschiedlich, im Winter meistens deutlich tiefer als im Sommer. An 1-2 m tiefen Fischteichen können alle Arten beobachtet werden. Im flachen Wasser verkürzen sich die Tauchzeiten (Tafelente z.B. bei 1 m Tiefe ø unter 20 s, in 4 m Tiefe ø knapp 30 s: RUTSCHKE 1989; an tiefen Seen bei Fischjägern etwa 1 min); die längsten Tauchzeiten ergeben sich beim Fluchttauchen (bis zu fast 2 min).

Eine Tauchralle ist das Bläßhuhn. Es taucht vor dem Röhricht oder an Flachwasserstellen nach Tauchblattpflanzen oder Muscheln (u.ä.) und ist so überkompensiert, daß es zum Tauchen auch bei geringer Tauchtiefe mit einem kleinen Hopser ansetzen muß, wie ein Korken auftreibt und dann an der Wasseroberfläche die Ausbeute schüttelnd mundgerecht macht (BOPP 1959, JACOBS 1954). Stärker spezialisiert sind die Tauchenten. Sie nehmen ihre Nahrung vom Grund auf (optisch suchend wie die Schellente oder auch tastend wie Tafel- und Reiherente), haben – nach Arten abgestuft – höhere Anteile tierischer Nahrung; sie reißen z.B. Dreikantmuscheln ab (Foto 25), seihen Zuckmückenlarven aus dem Grund (Reiherente: Abb. 60) oder suchen nach Kleintieren (wie Schellenten, die selbst kleine Fische fangen können: MLIKOVSKY & BURISCH 1983, BLÜMEL & KRAUSE 1990).

Die Fischjäger haben einen langen schlanken Schnabel, z.T. mit Haken an der Spitze (Säger unter den Entenvögeln, Kormoran) und einen langen Hals (extrem beim Schlangenhalsvogel der Tropen, einem Verwandten des Kormorans, der mit spitzem Schnabel die Fische tauchend speert). Sie erreichen die höchsten Tauchleistungen. Haubentaucher bevorzugen Fischgrössen von 10-15 cm (maximal 25 cm), Kormorane etwas größere Fische (maximal 40 cm, Aale bis 65 cm Länge). Normalerweise wird die Beute gleich unter Wasser verschluckt. Nur mit großen Fischen taucht der Haubentaucher auf und versucht, sie hinunterzuschlingen. Das fällt dem Beobachter auf und führt dazu, die übliche Beutegröße und damit ein mögliches Schadbild (aus Anglersicht) zu überschätzen. Kormorane werden in SO-Asien für den Fischfang (z.B. nachts vom Boot aus mit Lampen) eingesetzt, Gänsesäger mit gestutzten Flügeln auf dem Balkan, ein Halsring verhindert, daß der Vogel die Beute verschluckt. Der Fischfang erfordert offenbar eine lange Übung. So werden die Haubentaucher-Jungen lange von ihren Eltern gefüttert und begleitet.

Bei Gänsesägern, auch bei Kormoranen, kommt es zur Gemeinschaftsjagd in Trupps (z.T. 100-1800 Tiere) auf Fischschwärme (KALBE 1990: „Geschwaderjagd").

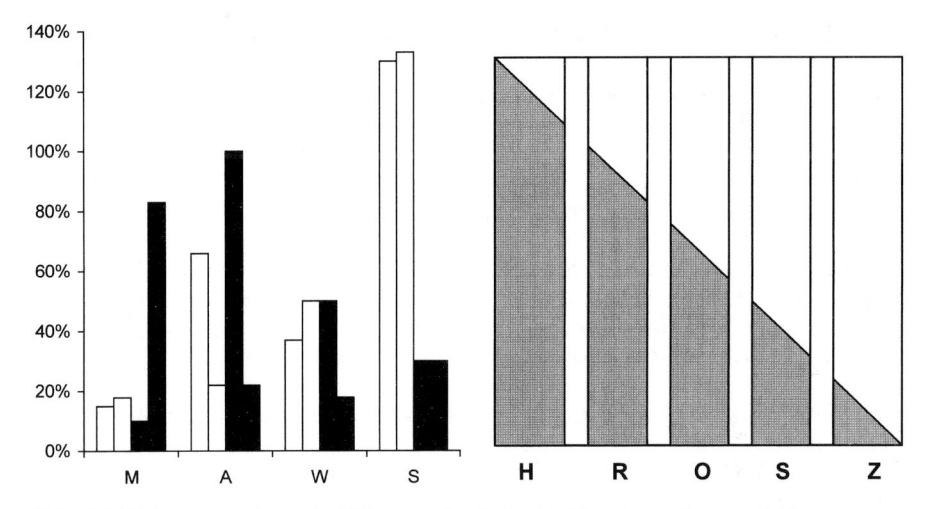

Abb. 60: Nahrungsspektren bei Wasservögeln (nach RUTSCHKE, BERNDT & DRENKHAHN). *Links*: Vergleich der Nahrungsanteile bei Stockenten (weiße Säulen) und Reiherenten (schwarze Säulen) nach dem Inhalt von Magen und Kropf im Winter 1979/80 (erste weiße bzw. schwarze Säule) und 1980/81 (zweite weiße bzw. schwarze Säule): Unbeschadet der hohen Schwankungen von Jahr zu Jahr ertaucht die Reiherente im Winterhalbjahr am Bodensee vorwiegend Bodentiere, Mollusken M (wie Wasserschnecken und Dreikantmuschel) bzw. Arthropoden A (wie Zuckmückenlarven und Wasserasseln; Reiherente 1980/81 = 100 %), die Stockente frißt dagegen vorwiegend Schwimmsamen S von Uferpflanzen; Wasserpflanzen W haben der Jahreszeit entsprechend auch bei Stockenten nur einen geringen Anteil.
Rechts: Schema zum Verhältnis von Fischen und (wirbellosen) Kleintieren in der Nahrung von Lappentaucherarten. Der Haubentaucher H frißt fast ausschließlich Fische, der Zwergtaucher Z fast nur wirbellose Kleintiere; Rothalstaucher R, Ohrentaucher O und Schwarzhalstaucher S liegen dazwischen.

Die vier in Mitteleuropa heimischen Lappentaucherarten sind auch ein Beispiel für ökologische Differenzierung („Einnischung"; vgl. z.B. BERNDT & DRENCKHAHN 1990): sie unterscheiden sich deutlich in der Körper- und Schnabelgröße (BEZZEL 1985). Dem entsprechen das Durchsetzungsvermögen, die Nahrungshabitattiefe und -struktur zur Brutzeit, die bevorzugte Gewässergröße und der Anteil der Fische an der Nahrung (Abb. 60). Der Haubentaucher frißt überwiegend Fische, weniger Insekten und andere Kleintiere, die aber vorzugsweise an die Dunenjungen verfüttert werden; er dominiert in den tieferen, offenen Uferbereichen mit größerer Wasserfläche, auch an größeren vegetationsfreien Wasserblüten-Stadtteichen, die nur um 2 m tief, aber weißfischreich sind. Die anderen Arten bevorzugen vegetations- und damit kleintierreiche Flachzonen, sind daher eher an Weihern und Fischteichen als an Seen anzutreffen. Der Rothalstaucher wird dabei vom Haubentaucher auf seinen

Grenzbereich (bei 2 m Wassertiefe), der Zwergtaucher von allen Arten in den Röhrichtbereich abgedrängt; an Klein- und Flachgewässern (unter 1 m) ist er ohne Konkurrenz. Dort taucht er geschickt nach Wasserinsekten und Jungfischen. Dabei kann er mit Schüttel- und Waschbewegungen sogar Köcherfliegen von ihrem Köcher trennen (KARTHAUS 1987). Der Schwarzhalstaucher, die bei uns seltenste Art, ist oft mit Lachmöwenkolonien verbunden, ohne daß der Zusammenhang deutlich wäre (vgl. auch MELDE 1973, PRINZINGER 1979).

Die Brutplätze der Tauchvögel sind sehr unterschiedlich. Die Tauchenten brüten im Pflanzendickicht oberhalb der Wasserlinie, die Bläßhühner legen ihre (Lauben-)Nester im Röhricht (im zeitigen Frühjahr vor dem Schilfaustrieb gern in Schwertlilienbulten oder Weidenbüschen) an, die Taucher bauen Schwimmnester im Röhricht, Schellente und Gänsesäger brüten in Baumhöhlen abseits vom Wasser, der Kormoran auf Horsten in Baumkronen, oft in Mischkolonien mit Graureihern.

Bei Gefahr entfernen sich die Tauchvögel zunächst allmählich, so daß die jeweilige Fluchtdistanz eingehalten wird. Dann flüchten Bläßhühner im Fluglauf in das Röhricht (Sommer) oder zum offenen Wasser hin (Winter, dann auch Zusammendrängen der großen Scharen); Schwimmenten tauchen dann zum offenen Wasser hin, flüchten aber auch im Fluglauf, der in Flug übergehen kann. Säger, Haubentaucher und Kormorane entziehen sich in der Regel durch Fluchttauchen, Kormorane fliegen auch vielfach auf. Sie sind Langstreckenflieger; 50 km können zwischen Brutkolonie und Fischjagdgründen liegen. Gute Flieger sind auch die Baumhöhlenbrüter Gänsesäger und Schellente. Ersterer kann direkt vom Wasser abheben, letztere mit kurzem Anlauf; das Landen an der Bruthöhle erfordert besondere Übung (KALBE 1990). – Kormorane ruhen gern auf bestimmten Uferbäumen, die vom Kot rasch weiß bekalkt werden und ± absterben, was wiederum den Anflug im Sommerhalbjahr erleichtert.

4.2.3 Fortpflanzungsverhalten und Jahreszyklus von Wasservögeln

Die winterliche Vereisung der Gewässer versperrt den Zugang zu submersen Nahrungsquellen für Wasservögel. Viele unserer Arten sind daher Zugvögel (zumeist in das westliche Mittelmeergebiet), die anderen Strichvögel. Sobald die Seen zufrieren, weichen sie zunächst auf Flüsse aus (BÖCK 1976). Ein Überwinterungszentrum ist der Bodensee, da er auf Grund seiner besonderen Thermik nur ausnahmsweise eine geschlossene Eisdecke hat (s. Band 2), ebenso wie die Küsten in milden Wintern (vgl. PANZER & RAUHE 1978, SCHMIDT & BREHM 1974). Stadtgewässer mit Wärmeeintrag (z.B. durch Kraftwerke und Kläranlagen) haben in Verbindung mit Winterfütterungen durch die zahlreichen Tierfreunde zur Verstädterung (z.B. der Stockente) beigetragen

(KLAUSNITZER 1987, 1988). Dabei bilden viele Arten (wie Enten, Bläßhuhn) große anonyme Trupps (SUKOPP 1980, SUKOPP et al. 1980).

Foto 16: Rituale am Zwergdommelhorst. *Oben:* Das Weibchen kommt zur Ablösung, beide sträuben das Kopfgefieder (3.8.1953). *Unten:* Fütterung, das Weibchen sträubt ± das Kopfgefieder, das Junge packt den heruntergehaltenen Schnabel quer und zerrt daran, dann würgt das Weibchen vorverdautes Futter aus (4.7.1954, aufgen. SW-Ecke Insel Scharfenberg im Tegeler See/Berlin; vgl. Abb. 29, Foto 9).

Bei den Schwänen und Gänsen ist Dauerehe üblich. Gänsepaare schließen sich (abgesehen von der Zeit des Nistens und Brütens) zu kleineren Gruppen mit Rangordnung zusammen (Lorenz 1979, 1988), zumindest aber bildet die Familie einen festen Verband bis zum Frühjahr (Rutschke 1987). Bei Schwänen und Gänsen erfolgt die Paarbildung erst im 2./3. Winter, damit ergeben sich im Sommer die Gruppen der Nichtbrüter (z.T. mit Mauserzug). Bei den Enten schließen sich die Erpel oft schon während der Gelegebebrütung zu (Schlichtkleid-Mauser-) Trupps zusammen und verlassen damit das Brutrevier, in dem dann die Ente ihre Jungen führt. Die Ente mausert erst später, wenn die Jungen flügge werden. Enten, Erpel und Jungvögel vereinen sich danach zu den hochsommerlichen Scharen. Wenn die Erpel mit der Herbstmauser ihr Schlichtkleid ablegen, beginnt in diesen Trupps bei der Stockente die Paarbildung, bei anderen Arten erst im Spätherbst bzw. ausgehendem Winter. Dabei vollführen die Erpel besondere Gruppenzeremonien (Lorenz 1965), die bei der Stockente an Fütterungsplätzen gut beobachtet werden können (Schmidt 1991b). Das Paarungszeremoniell der Stockente erfolgt im Naturraum im Frühjahr versteckt im Revier (Details z.T. entgegen den Institutsteichstudien von Lorenz bei Schmidt 1988a). Damit ergeben sich bei Wasservögeln typische Jahreszyklen (Kalbe 1990, Rutschke 1987, 1989).

Wasservögel bieten reich differenzierte Fortpflanzungsverhaltensweisen (Blume 1973, Glutz v. Blotzheim 1966-1993). Sie sind bei den Ried- und Röhrichtvögeln wenig auffällig, die Revierabgrenzung erfolgt vorwiegend akustisch (Rohrsänger, Rallen, Rohrdommeln). Bei der Stockente stürzt sich der Reviererpel auf das Weibchen des eindringenden Paares, bringt es damit zum Auffliegen und verfolgt es bis an die Reviergrenze („Reihen"), eigentliche Kampfrituale fehlen. Bei den Graugänsen führen die Ganter auf dem Wasser auffällige Angriffe auf Nachbarn durch und kehren mit dem „Triumphgeschrei" zur Partnerin zurück, auch die Paarungen (mit Halseintauchen als Vorbalz, Triumphpose und Komfortverhalten als Nachbalz) können auffällig auf dem Wasser vollzogen werden (Lorenz 1979, 1988). Bei Bläßhühnern ist die weiße Kopfplatte zur Brutzeit vergrößert, sie markieren ihr Revier optisch durch Präsenz auf dem Wasser vor dem Nistbereich, beide Partner nehmen ggf. Drohhaltung gegen Nachbarpaare ein, die in lautstarke Beschädigungskämpfe übergehen kann (Bopp 1959, Potapov & Flint 1989). Beim Höckerschwan leuchtet das Männchen weit über den See, wenn es im Nistbereich in Imponierhaltung Wache hält. Eindringenden Paaren schwimmt er „hoch imponierend" entgegen, es können das rituelle „Kreiselschwimmen" und der Beschädigungskampf folgen (Birkhead & Perrins 1986, Ruitenbeek & Andersen-Harild 1979). Das Paarungsritual wird auch hier auffällig auf dem Wasser vor dem Nistbereich vollzogen.

Bei den Haubentauchern präsentiert sich das Paar mit weithin sichtbaren „Balz-" Figuren (wie dem Kopfschütteln, aber auch selteneren Posen wie dem Pinguin-Tanz oder dem „Entdeckungszeremoniell": Melde 1973) und markiert damit optisch, daß der Platz besetzt ist. Das Paarungsritual wird dagegen versteckt auf dem Nest vollzogen, wobei Männchen und Weibchen (ähnlich wie beim Kormoran) die Rollen tauschen können.

Von den Waldbrütern hat die Schellente ein sehr markantes Paarungsritual, das auf dem Wasser vollzogen wird; es dauert – im Gegensatz zu dem der Schwimmenten – halbstundenlang, wobei das Weibchen in Aufforderungshaltung verharrt, das Männchen ähnlich wie bei den Erpelturnieren vorwiegend die verschiedenen Kopfstellungen präsentiert, zum Schluß Flügelstrecken und Wasserspritzen verstärkt einbindet, als Nachbalz „davondampft" (BLÜMEL & KRAUSE 1990, SCHMIDT 1990b; zum Gänsesäger vgl. KALBE 1990; Details zu allen Arten in GLUTZ & BAUER 1966-1993).

Ein deutlicher Geschlechtsdimorphismus ist übrigens bei Wasservögeln die Ausnahme (Enten im Prachtkleid, Säger, Zwergdommel, Weihen), Taucher haben im Winter das Schlichtkleid, Kormoranen fehlt dann der weiße „Brutfleck", beim Bläßhuhn wird die Stirnplatte sehr klein.

4.2.4 Wasservögel-Seentypen

Auch nach charakteristischen Wasservögeln wurden Seentypen unterschieden, z.B. der Gänsesäger-, Tauchenten und der Gründelentensee (KALBE 1981 für die mecklen-brandenburgische Seenplatte). Der Gänsesägersee entspricht dabei dem oligotrophen Maränensee, der Tauchentensee dem flacheren, eutrophen Brachsensee, der Gründelentensee dem Weiher bzw. dem Hecht-/Schleiensee (vgl. Kap. 5.10). Diese Typen werden aber der tatsächlichen Vielfalt nicht gerecht. Besser ist schon eine Zuordnung von Vogelarten zu Vegetationsbereichen, insbesondere wenn auch die artspezifischen Präferenzen z.B. für die Wüchsigkeit oder Bestandsgröße beachtet werden (Abb. 61; BLAB 1984, RIECKEN & BLAB 1992, Abb. 51 bei TISCHLER 1984). Überdies ist nach den Funktionskreisen zu differenzieren. Zu bedenken ist jedoch die Plastizität des Verhaltens. So leben Teichhühner im Naturraum äußerst versteckt im Uferdickicht, an Parkteichen ohne akute Feindgefahr durch Greife laufen sie dagegen vertraut am offenen Ufer herum, verzichten auf die Tarnung ihrer Nester.

Einer Klassifikation der Seen nach dem Wasservogelartenspektrum ist daher vorerst die individuelle Charakterisierung vorzuziehen (LEUZINGER 1976).

4.2.5 Dichteregulation bei Wasservögeln und Bioindikation

Faktoren der Dichteregulation werden besonders da deutlich, wo Wasservögel völlig von ihren üblichen Habitatpräferenzen abweichen. Ein Beispiel sind die Wasservogelmassierungen an Fütterungsplätzen. Hier fällt bei den Stockenten die diffizile natürliche innerartliche Brutpaardichteregulation aus, der extreme soziale Streß wird hingenommen (Schmidt 1988a), das hohe Risiko für ein Massensterben durch Botulismus (Westphal 1991) durch Zuwanderungen ausgeglichen. Auslösender Faktor für die Massierungen ist hier offenbar allein das „Sattwerden" (im Sinne der Sicherung des Betriebsstoffwechsels) durch regelmäßige Brotgaben. Der geringe Anteil brütender Enten und ein dürftiger Bruterfolg bedeuten eine Fitness-Minimierung, die im Gegensatz zur gängigen Theorie der Öko-Ethologie steht (Barash 1980, Krebs & Davies 1981, 1984); dabei dürfte mangelnde Sensibilität der Stockente als Allesfresser für Eiweißmangelernährung und ihre Folgen vor allem für die Jungen (die ja nicht gefüttert, sondern nur geführt werden) eine entscheidende Rolle spielen. Bei Arten mit einem rigorosen Territorialverhalten (wie Schwan, Bläß- und Teichhuhn) halten sich dagegen die Massierungen in Grenzen.

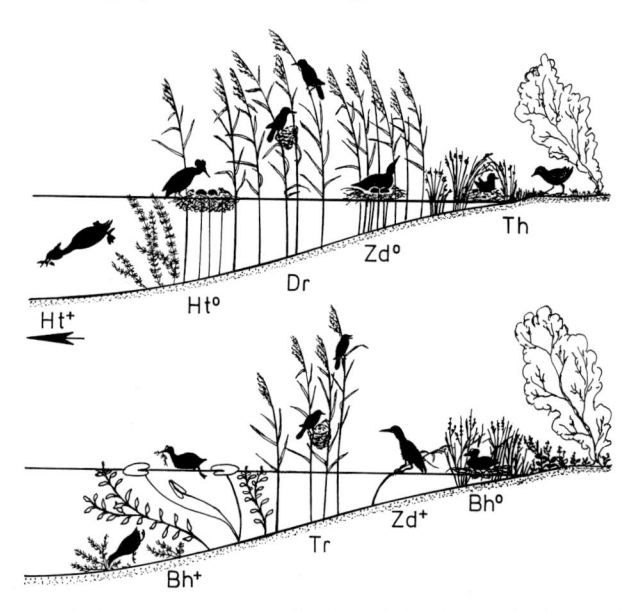

Abb. 61: Bevorzugte Nahrungs- und Bruthabitate bei Wasservögeln am See (teilweise nach Reichholf).
Oben: Schilfröhrichtufer mit Ried an der Wasserlinie, dort lebt versteckt das Teichhuhn Th, im Schilf der Drosselrohrsänger Dr, versteckt im Schilf brütet die Zwergdommel Zw, am Außenrand der Haubentaucher Ht, der im tieferen Wasser nach Fischen taucht.
Unten: Uferpartie mit land-seitig schwach gestörtem, daher lichtem, amphibien- und kleinfischreichem Wasserschwaden-Rohrkolbenröhricht, Jagdplatz der Zwergdommel, durchsetzt mit Resten des Schilfröhrichts, Lebensraum vom Teichrohrsänger Tr, in Buchten Teichrosen mit Großlaichkräutern. Hier taucht das Bläßhuhn nach Nahrung, sein Laubennest ist in Ufernähe.
Sind Nahrungs- und Brutraum verschieden, so wird der Nahrungsraum mit $^+$, der Brutraum mit $^\circ$ am Namenskürzel markiert.

Auch beim Haubentaucher kommt es an größeren Stadtgewässern mit extremen Wasserblüten und offenen Ufern zu hoher Dichte und damit zu hoher Aggressivität, also sozialem Streß. Haubentaucher brüten dort gut einsehbar (z.B. auf herabhängendem Geäst von Ufergehölzen), manchmal sogar in Kolonien (wie am Baldeneysee in Essen, einem Flußstau der Ruhr mit etwa 40 Paaren vor 100 m Uferlinie: RICHTER, D., unveröff. Examensarbeit Uni Essen 1993). Eine hohe Haubentaucherdichte scheint (entgegen MELDE 1973) mit überhöhten Weißfischbeständen bei reduzierter submerser Vegetation, also guter Erreichbarkeit für den Taucher zu korrelieren, wobei minimale Sichtweite (Sichttiefe bei 0,3 m und weniger) und Brutplatznot, auch hohe Brutverluste (z.b. durch Zerstören der Gelege) hingenommen werden. Auch hier hat damit der Faktor Nahrungssicherung eine Vorrangstellung.

Andere Beispiele dafür sind die Korrelation von Wasservogelbestand und Schlammfauna an Innstauseen (REICHHOLF 1976b, wobei die Wasservögel auch vom Ausfall der Nahrungskonkurrenten Fische infolge der Wasserverschmutzung profitierten) und die Korrelation der Zahl der Überwinterer bei Tauchenten auf dem Bodensee und Schweizer Seen mit dem Dreikantmuschelangebot bzw. mit dem Miesmuschelangebot an der Ostsee (Abb. 28; JACOBY & LEUZINGER 1972, 1976, RUTSCHKE 1989).

Der (proximate) Bezug zu Habitatstrukturen kann auch (ultimat) mit dem Nahrungsangebot zusammenhängen. So ist bei der Zwergdommel ein dramatischer Bestandsrückgang zu verzeichnen. Dabei ertrug sie in den 50er Jahren die hohe Präsenz des Menschen an den Berliner Havelseen (vgl. dagegen BEZZEL 1985), profitierte aber von dem kleinräumigen Mosaik aus Kleinröhrichten, Schwimm- und Tauchblattbeständen im Flachwasserbereich. Dieses Mosaik entstand durch mäßige Ufernutzung und war reich an Wasserinsekten, Wasserschnecken, Wasserfröschen und ihren Kaulquappen sowie an Jungfischen. Hier hatte die Zwergdommel ein reiches Nahrungsangebot, in den oft kleinräumigen Schilfröhrichten fand sie Deckung für ihre Horste in den eingestreuten Weidengebüschen. Mit dem Aufkommen von Wasserblüten und der Röhrichtvernichtung ging auch das Nahrungsangebot zurück. Der Rückgang der Ringelnatter weist in die gleiche Richtung. Die Deutung des Zwergdommelrückganges aus den gestiegenen Verlusten auf dem Zug in die Winterquartiere (wie an den oberschwäbischen Seen: PRINZINGER & ORTLIEB in WEISSER & KOHLER 1990) könnte daher einseitig sein. Das gilt auch für Altschilf als notwenigen Habitatfaktor für Zwergdommel und Drosselrohrsänger (RIECKEN 1992), denn beide Arten erreichten an Berliner Havelseen hohe Dichten in den alljährlich im Winter abgemähten Schilfbeständen (Abb. 29, Tab. 10).

Die Nahrungsökologie der Wasservögel ist so eine wichtige Grundlage für die Bioindikation (hier im Sinne von Indikatoren für Biotopcharakteristik, -diagnose und ggf. -therapie, nicht als Monitororganismen für Umweltgifte: SCHERNER 1982, SCHUBERT 1991b). Hohe Dichten von Fischfressern (wie Haubentaucher, Kormoran, Graureiher) lassen auf eine hohe Fischdichte (z.B.

durch Besatz) schließen, entsprechendes gilt für die anderen Nahrungsgilden in den Nahrungshabitaten. Insgesamt sind Wasservögel eher für großräumige Gebiete aussagekräftig, erfordern aber wegen der Mobilität gerade bei Arten mit starker räumlicher und saisonaler Differenzierung eine hohe Stichprobendichte (BERTHOLD et al. 1980, REICHHOLF 1976b, REICHHOLF in KUNICK & KUTSCHER 1976, TRAUTNER 1992 USHER & ERZ 1994, vgl. aber RUTSCHKE 1986!).

Dabei erscheint es als vordringlich, zunächst die an Schlüsselfaktoren orientierten, qualitativ differenzierten Analysen der gegenwärtigen Vorkommen zu vertiefen (BAIRLEIN 1991, RIECKEN 1992). Bestandsgrößen und -veränderungen sind dabei wichtige Bezugsgrößen für die Qualität, müssen aber kleinräumig habitatbezogen gesehen werden. Erst in zweiter Linie helfen die gängigen Indizes (wie Siedlungs-/Brutdichte, Stetigkeit, Diversität, Artenfehlbetrag, vgl. KALBE 1981 sowie MÜHLENBERG 1993, Diskussion bei RIECKEN 1992).

4.2.6 Menschliche Einflüsse auf Wasservogelpopulationen

Der Mensch greift vielfältig in die Avifauna der Gewässer ein. Gravierend ist die Veränderung der Ufervegetation und -struktur.

Die Reaktion auf den Feind Mensch ist unterschiedlich. Die Wintergäste suchen tagsüber, wenn die Menschen aktiv sind, die Weite der offenen Wasserfläche großer Seen oder Talsperren auf. Die Nahrungssuche in Ufernähe wird dann auf die ruhigere Dämmerungszeit oder in die Nacht verlagert. Auf Annäherung reagieren sie zunächst durch Wegdriften unter Wahrung der Fluchtdistanz. Wenn es bedrohlicher wird, fliegen die meisten Arten auf und suchen einen ruhigen Platz. Haubentaucher entziehen sich dagegen in der Regel durch ein weiträumiges Fluchttauchen. Menschen im Auto oder in der Kabine von Booten wirken kaum als Feindbild, ganz anders als der frei im Boot sitzende Angler (möglicherweise verstärkt durch Wasserjagd von kleinen Booten aus; PUTZER 1989, HÖLZINGER 1987). Im Einzelfall reagiert die Vogelwelt auf diese Störungen allerdings unterschiedlich (PANZER & RAUHE 1978).

Beim Angeln vom Ufer aus entstehen überdies Trampelpfade und -plätze, die Röhrichte werden aufgelichtet und entfallen als Schutzraum für die Wasservögel; Haubentauchergelege werden gezielt zerstört. Fatal sind auch zurückgelassene Nylon-Angelschnüre oder verlorenes Senkblei (BIRKHEAD & PERRLNS 1986, HADASCH 1989; Übersicht bei HÖLZINGER 1987).

Die Bejagung hat vielfältige Schadwirkung für die Wasservögel (BERNDT & BUSCHE 1991). Dabei ist der direkte Zugriff durch Bejagung mit der Verschärfung der Schutzbestimmungen geringer geworden, Arten wie Graugans oder Graureiher haben so ihren Bestand stark ausweiten können. Bei Massenarten (wie den Stockenten) scheint sich der Abschuß im Rahmen der natürlichen Verluste zu halten (RUTSCHKE 1987, 1989). Gravierend ist der Störeffekt.

Bejagung fördert nämlich Massenansammlungen mitten auf großen Seen oder auf kleinen, unzugänglichen Gewässern als Schutzraum während des Tages, oft in Mooren und Naturschutzseen, die damit übermäßig belastet werden. Während der Dunkelheit erfolgen dann die Nahrungsflüge. Jagdbare Stockenten mischen sich dabei mit geschützten Arten, die aber bei der Jagd in der Dämmerung nicht unterschieden werden können und widerrechtlich erlegt werden. Das Aufscheuchen an Jagdplätzen dürfte auch die innerstädtischen Konzentrationen an den dort nicht bejagten Fütterungsplätzen begünstigen. Ökologisch sinnvoll wäre hier allein die Unterbindung von Entenfütterungen über die Frostperiode hinaus, da das direkt zur Auflösung der Entenmassierungen führen würde. Politisch ist das aber nicht durchsetzbar. Das gilt auch für die Lockfütterungen durch Jäger im Freiland.

Die jagdlich ausgelösten Nahrungsflüge zehren im Winter an der knappen Energieversorgung. Sie bedeuten im Herbst aber auch eine Ausbreitungshilfe für Uferpflanzen, deren Samen nach Darmpassage keimfähig bleiben und auf Putzplätzen durch den Entenkot und -vertritt günstige Standortbedingungen erhalten (aber im Hochmoor „Biotopverfremdung" bewirken: MÜLLER 1965). Auch für Dauereier von Wasserflöhen ist die Verbreitung im Entendarm nachgewiesen (LÖFFLER 1963). Die Ausbreitung von Fischlaich durch Wasservögel wird immer wieder behauptet, ist aber ökologisch nicht überzeugend (zur Laichzeit der Uferlaicher sind die Enten stationär im Brutgebiet oder kommen von Parkteichen, in denen sich Fischlaich nicht entwickeln kann; vgl. SCHMIDT 1989b).

Nebenwirkungen der Jagd sind Vertrittschäden an der Vegetation und Bleibelastungen durch Schrotkörner, die als Magen-Mahlsteine (z.B. von Entenvögeln) gezielt aufgenommen werden und den Vogel vergiften (MOOIJ 1990).

Günstig für Wasservögel sind Schonbereiche mit ausgedehnter, vielfältiger Ufervegetation, die im Schutzraum Nahrung und Brutstätten bieten. Dann können selbst künstlich angelegte Nutzgewässer zu Vogelparadiesen werden (wie der Ismaninger Speichersee: KROSIGK 1987).

4.2.7 Einfluß der Wasservögel auf die Nährstoffbilanz von Seen

In den seenreichen Gebieten der DDR waren Entenmastbetriebe verbreitet. Hier konnte die Belastung der Seen durch große Wasservogelbestände zahlenmäßig erfaßt werden (Tab. 17; KLAPPER 1992).

Heute sind regelmäßige Fütterungen durch „Vogelfreunde" im Siedlungsbereich als Ursache für ganzjährige Massierungen (vor allem von Stock-/Hausenten, Höckerschwan und Bläßhühnern) ein besonderes Problem. Hier stellen sich oft freifliegende Park- und Zooflüchtlinge ein (wie Kanadagans, Mandarin-/Brautente, Foto 17). Der Nährstoffeintrag bei Fütterungen hängt von der Zusammensetzung des Futters ab. Brot als Futter enthält praktisch nur Kohlenhydrate und nicht die Schlüsselnährstoffe Stickstoff und Phosphor; es bewirkt also keinen Nährstoffeintrag (höchstens eine Belastung der Abbaukapazität). Wenn die von Brotfütterungen angelockten Wasservögel aber auch außerhalb des Wassers fressen und den Kot dann in das Wasser eintragen, ergibt sich indirekt eine Nährstoffanreicherung. Umgekehrt ist aber auch ein Nährstoffaustrag möglich, wenn (wie z.b. bei Graureiher und Kormoran) die Rast- und Kotplätze wie auch die Brutplätze außerhalb des Gewässers liegen (vgl. ZIEMANN 1986).

Tab. 17: Belastungskennziffern (als Einwohnergleichwerte EGW bezogen auf den BSB_5, den Biologischen Sauerstoffbedarf in 5 Tagen, als Gesamt-Stickstoff N und als Gesamt-Phosphor P) bei direkter Gewässer- bzw. Wassernutzung durch Tiermast (nach KLAPPER 1992; 1 EGW ~ 54 g BSB_5 ~ 13 g N ~ 2 g P, zu verwenden ist der jeweils limitierende Faktor).

Art der Belastung durch Tiermast am See	Maß der Belastung (in Einwohnergleichwerten)		
	BSB_5	Gesamt-N	Gesamt-P
Entenhaltung bei freiem Zugang zum Wasser bei 100 Enten je Tag	14	8-12	16
Entenhaltung auf Rosten mit Schwimmrinnen bei 100 Enten je Tag	11	7	10
Gänsehaltung bei freiem Zugang zum Wasser bei 100 Gänsen je Tag	42	24-36	48
Forellenrinnenanlagen, je t aktueller Fischbesatz und Tag	85	110	110
Fischzucht-Intensivanlagen (Netzkäfige, Rinnen) ⌀ Belastung pro Tag bei einer Jahresproduktion von 1 t Fischfleisch	30	30	30
Erholungsnutzung (Belastung bei primärem Körperkontakt) 100 Badende je Tag im Mittel der Saison	2	2	2

Wasservögel, die sich ständig auf dem Gewässer aufhalten und dort auch ausschließlich auf Nahrungssuche gehen, verändern die stoffliche Nährstoffbilanz nicht, sie verkürzen aber die Nährstoffbindung. Die gefressenen Organismen werden verdaut und als pflanzenverfügbare Nährstoffe (N, P) wieder ausgeschieden. Werden Pflanzen mit langer Nährstoffbindung (wie Schilf) gefressen, so können die mit dem Kot abgegebenen Nährstoffe in kurzlebige Produzenten mit einer Nährstoffbindung von wenigen Tagen (wie bei Planktonalgen) übergehen. Solch ein Kurzschluß im Kreislauf der Stoffe kann zu einer extremen Hyperproduktion führen (wie bei Wasserblüten an Stadtparkteichen). Am Röhrichtufer werden die von den Wasservögeln mit dem Kot freigesetzten Nährstoffe hingegen wieder aus dem Umlauf gezogen. Das dürfte generell für den wechselfeuchten Bereich gelten (vgl. BERGMANN 1987 für die Ringelgans).

Foto 17: Exotische Zooflüchtlinge an Fütterungsstellen am See. *Oben:* Mandarin-Erpel (Rheinauensee in Bonn, 8.4.1986); *unten:* Höckergans-Trupp (rechts der Ganter; Otto-Maigler-See im Braunkohlenrekultivierungsgebiet der Ville bei Köln, 4.2.1989).

Im Winter sind die Produktion und der Stoffumsatz im See durch Lichtmangel und niedrige Temperaturen stark eingeschränkt, die anfallenden Nährstoffe werden auch mehr am Sediment gebunden und damit aus dem Kreislauf gezogen. Winterliche Wasservogelansammlungen wirken sich daher nicht so gravierend aus. Das erklärt auch, daß winterliche Wasservogeltrupps auf Moorseen den dystrophen Charakter nicht spürbar beeinflussen, ganz im Gegensatz zu Einträgen in der Vegetationsperiode (vgl. die Lachmöwenkolonie im Zwillbrocker Venn im Westmünsterland: Schwöppe et al. 1988). Die Frage eines Eutrophierungseffektes durch Wasservögel ist daher nicht generell zu beantworten, sondern muß in jedem Einzelfall differenziert überprüft werden.

Anzuführen bleibt noch die Aviturbation (Thiel 1981), also das Verwühlen der Sedimente in Gewässern durch Vögel, z.B. durch gründelnde Stockenten oder durch Tauchenten bei der Suche nach Zuckmückenlarven am Seegrund. Sowohl das Aufwirbeln des Sedimentes als auch die Entnahme der Nahrung aus dem Sediment bewirken (bei Kotabgabe im freien Wasser) einen Nährstoffhub aus dem Sediment in das freie Wasser und damit dort (in der Vegetationsperiode) eine Düngung. Andererseits fördert die Sedimentdurchmischung den Sauerstoffeintrag in das Sediment und damit den Stoffabbau.

4.2.8 Pestizide und Parasiten markieren Wasservogel-Nahrungsketten

Anhand von Nahrungsketten können die Einbindungen von Organismen in das Ökosystem veranschaulicht werden. Nahrungsketten-Schemata sind aber oftmals Konstrukte mit geringer Aussagekraft (Remmert 1992). Den realen Weg markieren dagegen Pestizidanreicherungen und Parasiten mit Wirtswechsel. Einige Beispiele sollen das für Wasservögel belegen.

Wasservögel stehen an der Spitze der Nahrungspyramide. Die Akkumulation von lipophilen Pestiziden (wie dem längst verbotenen DDT) belegt das quantitativ. Sie werden im Fettgewebe deponiert, so daß sich die Wirkung auf den Körper minimiert. Die dicke Isolierfettschicht der Wasservögel erhöht den Akkumulationseffekt.

Einige Beispiele sollen das konkretisieren:

– DDT im Michigan-See/USA (Anteil im schlammigen Sediment gleich 1 gesetzt; nach Uhlmann 1988: 117): Schlamm 1→ Zuckmückenlarven, Ringelwürmer 30 → Fische 300 → Möwen 8100.
– DDT an der Küste von Long Island/New York/USA (in ppm, nach Kalusche 1982:149): Plankton 0,04; Seegras u.ä. 0,08 → Schnecken 0,3, Muscheln 0,4 → Aal 0,3, Scholle 1,3 → Fischreiher 3,5, Seeschwalben 5-6,5, Möwen 4-19 (Extremwert 76), Säger 23, Kormoran 26.
– PCB in der Ostsee (in ppm, bei den Vögeln bezogen auf das Fettgewebe, nach Goldbach & Hansen 1980: 42):Seegras, Asseln; Plankton (u.ä.) 4-5 → Barsch, Stichling 10, Schellente 10-20; Hering 30 → Seehund 70; Gänsesäger 90-180, Kormoran 400, Silbermöwe 650 → Seeadler 10000.
– Planktische Nahrungskette allgemein (Anteil im Substrat gleich 1 gesetzt; ohne Gewässerangabe und ohne Spezifizierung der Pestizide; nach Klee 1991: 229): Wasser im Pelagial 1 → Phytoplankton 10 → große Filtrierer

(Wasserflöhe, Schwebekrebschen) 500 → Zooplankton fressende Fische 2500 → räuberische Fische 5000 → Fischfresser unter den Wasservögeln 125000.

Ökologisch bedeutsame Nahrungsketten zeigen sich auch am Wirtswechsel von Wasservogelparasiten (vgl. BAER 1972, MATTHES 1988, OSCHE 1966). Beispiele dafür sind:

Der Riemenwurm *Ligula intestinalis*, ein Bandwurm, lebt im Darm von Fischfressern (wie Haubentaucher oder Kormoran) und von Fischaasfressern (wie Möwen). Er wird hier 4 Tage nach der Infektion geschlechtsreif und schon nach 10 Tagen mit reifen Eiern in den Gliedern wieder ins Wasser ausgeschieden. Im Wasser schlüpft die Wimper-Eilarve (Korazidium), die von einem Schwebekrebs (*Diaptomus* s.l.) eingestrudelt werden muß und sich zur Larve (Prozerkoid) entwickelt. Wird der Schwebekrebs von einem Fisch gefressen, entwickeln sich (bis zu 18) Larven in dessen Bauchhöhle zum nächsten Larvenstadium (Plerozerkoid, bis zu 25 cm lang). Dabei schwillt der Fischleib an, es kommt zu Atrophie der Bauchmuskulatur und zu Schäden an Leber und Gonaden. Damit wird der befallene Fisch für Fischfresser auffällig und leichter zu fangen, was den Wirtswechsel des Parasiten begünstigt. In der Karpfenteichwirtschaft kann die „Riemenwurmkrankheit" zu schweren Ertragseinbußen führen, während die Vögel von dem Parasiten weniger betroffen sind (vgl. BAER 1972, MATTHES 1988).

Bei den Saugwürmern ist der Wirtswechsel mit einem Generationswechsel verbunden. Saugwürmer der Gattung *Prosthogonimus* (wie *P. ovatus*, bis 9 mm lang) leben im Eileiter von Vögeln, die sich dabei entzünden und die Schalenbildung hemmen (Windeier bei der „Libellenkrankheit" der Legehennen). Die Saugwurmeier werden mit dem Kot ausgeschieden, müssen ins Gewässer gelangen und dort von Schnecken (z.B. *Bithynia*) aufgenommen werden. In der Schnecke reift und schlüpft das Wimperlarvenstadium (Miracidium), es entwickeln sich zwei „Sporozysten"-Generationen. Sie geben die Gabelschwanzlarven (Cercarien) ab, die mit dem Atemwasserstrom in den Enddarm von Großlibellenlarven geraten müssen. Dann bohren sie sich durch die Darmwand und reifen in der Leibeshöhle der Libellenlarve zur Metazerkarie heran. Sie gelangt beim Schlüpfen in die Libellenimago. Enten infizieren sich beim Fressen von Libellenlarven, Ufervögel über die frisch geschlüpften Libellen. Bis in das vorige Jahrhundert waren die Saugwürmer auch eine Gefahr für die Hühner, wenn sie Tiere aus den großen (Vierfleck-) Libellenschwärmen fraßen (MATTHES 1988).

Ein Kuriosum ist der Saugwurm *Leucochloridium macrostoma* (Abb.62). Die geschlechtliche Generation, der eigentliche Saugwurm (Trematode), lebt in der Kloake von Singvögeln der Uferregion, die Eier gehen mit dem Vogelkot ab. Der Kot wird gern von Bernsteinschnecken (Gehäuse 2 cm lang) aufgenommen, die auf Uferpflanzen (oberhalb des Wasserspiegels) leben. Aus den Eiern schlüpfen im Schneckendarm die Wimperlarven (Mirazidien); sie durchbohren die Darmwand, wandern in die Mitteldarmdrüse („Leber") der Schnekke und verwandeln sich zur Muttersporocyste (1. Generation). Sie setzt (parthenogenetisch) Tochtersporocysten (als 2. Generation) frei. Diese haben einen wurzelartigen, verzweigten Körper. In ihm entstehen (parthenogenetisch) die (bei dieser Art schwanzlosen) Zerkarien (Jugendstadium der 3. Generation). Sie wandern in bis zu 1 cm lange, keulenförmige Brutsäcke. Durch den Parasitenbefall wird die Schnecke sterilisiert. Ein mit 200-300 Zerkarien gefüllter Brutsack schiebt sich jeweils tags in einen Schneckenfühler und läßt ihn stark anschwellen; die Schnecke wird angeregt, offen auf den Blättern zu kriechen. Zugleich pulsiert der auffallend grün oder gelbbraun bis orangerot geringelte Brutsack 40-70mal je min.

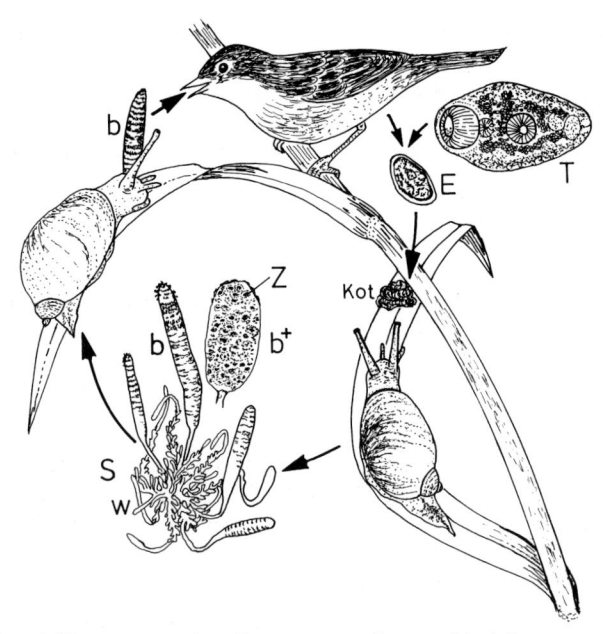

Abb. 62: Entwicklungsgang des Saugwurms *Leucochloridium macrostoma* (= *L. paradoxum*: MATTHES 1988; nach MATTHES, OSCHE). T: Zweigeschlechtliche Generation (Singvogelparasit im Enddarm), E deren Eier (abgegeben mit dem Vogelkot), in Bernsteinschnecken die parthenogetischen Generationen S (Sporocysten) mit wurzelartigem Körper W und den Brutsäcken b, die im Schneckenfühler pulsieren und die Zerkarien Z enthalten (b⁺ Querschnitt durch einen Brutsack mit Zerkarien). Sie infizieren den Vogel, wenn er den Schneckenfühler abpickt.

Nachts zieht sich der Brustsack wieder in den Schneckenleib zurück. Infizierte Schnecken kriechen zum Licht hin in den Jagdbereich von Singvögeln. Der pulsierende, aufgetriebene Schneckenfühler soll Raupen imitieren

(PECKHAMsche Mimikry) und für Singvögel der Uferzone besonders attraktiv sein. Wird der Schneckenfühler berührt, bricht die Sporozyste heraus und kriecht pulsierend auf dem Blatt herum. Oft wird sie von einem Vogel aufgenommen und meistens an die Jungen verfüttert. Im Vogeljungen entwickelt sich die Geschlechtsgeneration des Saugwurms, die Eier werden mit dem Vogelkot ausgeschieden. Den Kot tragen die Altvögel aus dem Nest und lassen ihn im Uferried fallen. Dort nehmen ihn Schnecken auf und infizieren sich so mit den Mirazidien (BAER 1972, MATTHES 1988, OSCHE 1966. – Der Austernfischer kann dagegen vom Saugwurm *Parvatrema affinis* parasitierte Tellmuscheln *(Macoma balthica)* erkennen und verschmähen (BERGMANN 1987).

Der Saugwurm *Trichobilharzia* lebt in Enten. Die Zerkarien entwickeln sich in Schlammschnecken, schwimmen zu Enten hin und dringen über die Haut ein. Sie befallen auch badende Menschen, bleiben beim Erstbefall unbemerkt, beim Zweitbefall aber (infolge einer Abwehrreaktion) in der Haut stecken: Es entstehen innerhalb von 15 Stunden stark juckende Quaddeln, die im Laufe von 2-3 Wochen abklingen. Der Mensch ist also eine Sackgasse für den Entenparasiten, der ihm dennoch (z.B. in den mittelfränkischen Teichgebieten) sehr lästig wird (Cercarien-Dermatitis oder „Weiherhibbel": MATTHES 1988, MATTHES & MATTHES 1974).

4.3 Wasserinsekten – Wanderer zwischen zwei Welten

4.3.1 Typen der Wasserinsekten

Wasserinsekten sind ökologisch gesehen „Wanderer zwischen zwei Welten" (ZWICK 1991) und so ein Beispiel dafür, daß sich Tiere oft nicht eindeutig einem Biotop oder einem Kompartiment zuordnen lassen (ENGELHARDT 1988, GÜNTHER et al. 1991, JACOBS & RENNER 1988, KAESTNER & MÜLLER 1972, 1973, LUDWIG et al. 1989, SAUER 1972, 1988, WESENBERG-LUND 1943).

Ökologisch können wir drei Typen von Wasserinsekten unterscheiden:

1) Bei den Wasserwanzen entsprechen die Larven in Lebensformtyp und Habitatpräferenz ganz den Imagines. Die Imagines sind an das Wasserleben angepaßt und verlassen das Wasser nur gelegentlich zum Gewässerwechsel (vgl. JORDAN 1950, 1952, WACHMANN 1989).
2) Bei den Wasserkäfern sind Larven wie Imagines an das Wasserleben angepaßt. Die Larve repräsentiert jedoch einen völlig anderen Lebensformtyp (vgl. Gelbrandkäferlarve und Gelbrand, Abb. 52). Zur Verpuppung graben sie sich eine Puppenwiege an Land, in der der Käfer schlüpft (vgl. NAUMANN 1955, KLAUSNITZER 1984).

3) Bei der Mehrzahl der Wasserinsekten leben nur die Larven im Wasser. Die Imagines sind Lufttiere, die höchstens zur Eiablage kurzfristig untertauchen. Dazu werden hier einige Beispiele behandelt.

Köcher-, Eintags-, Steinfliegen und manche Mücken sind empfindlich gegen trockene Luft und fliegen daher in der warmen Jahreszeit an sonnigen Tagen nur in der Dämmerung bzw. nachts (vgl. ILLIES 1955, PEUS 1950, SCHOENEMUND 1930, STUDEMANN et al. 1992, WICHARD 1988), auch das Schlüpfen erfolgt vorzugsweise in der Abenddämmerung (REMMERT 1962). Die Imagines dieser Arten sind meistens relativ kurzlebig, nehmen keine Nahrung mehr auf, sondern leben von den in der Larvenzeit angesammelten Speicherstoffen (wie bei Zuckmücken, die am Ufer eutropher Seen in solchen Massen auftreten können, daß die Vegetation dicht bedeckt ist). Die Imago ist hier also ein reines Fortpflanzungs- und – begrenzt – Ausbreitungsstadium. Zur Paarfindung bilden die Männchen der Eintagsfliegen und Mücken, auch mancher Köcher-

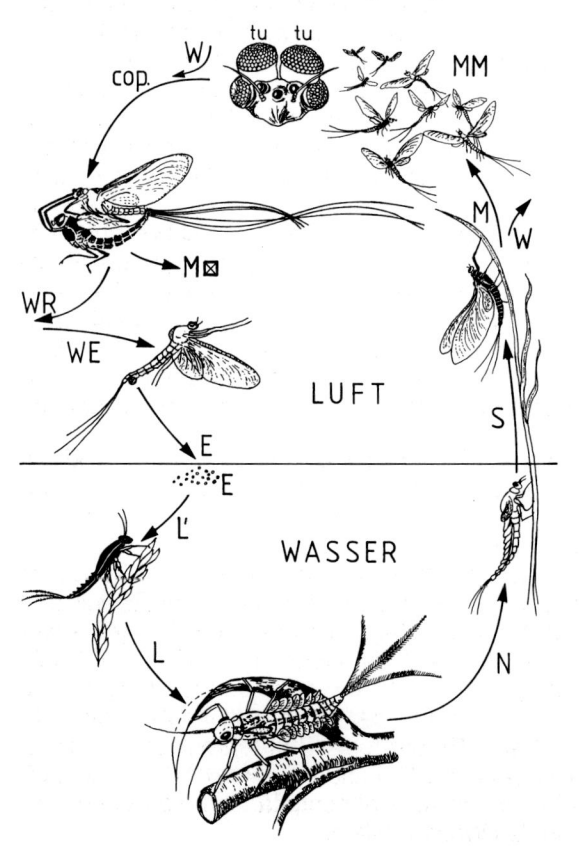

Abb. 63: Lebenszyklus von Eintagsfliegen (vom Typ *Cloëon/Baëtis*, nach STUDEMANN et al. sowie MACAN, WESENBERG-LUND und einem Eiablagefoto von Dr. ZIMMERMANN, Gotha).
E Eiablage über dem Wasser; L' Junglarve (erste Stadien); L letztes (~20.) Larvenstadium, das bei N („Nymphe") zum Schlüpfen S aufsteigt und sich in die Subimago verwandelt; M Imago-Männchen, W Weibchen. MM Männchen-Tanzschwärme, daneben Kopf eines Männchens mit den „Turban-Augen" tu, cop Paarung (Männchen schwarz gezeichnet), danach stirbt das Männchen (⊠). WR Abflug der begatteten Weibchen (Eireifungszeit), WE Rückkehr zum Wasser zur Eiablage.

fliegen, in artspezifischer Weise Schwärme (vgl. ENGELS & NEUMANN 1995, WICHARD 1988). Die Weibchen fliegen einzeln in die Schwärme hinein und werden von einem Männchen zur Kopulation ergriffen. Die Mückenmännchen orientieren sich vor allem nach dem Fluggeräusch der Weibchen, das mit den großen Fühlern (als Resonanzfrequenz) wahrgenommen wird. Die Stechmücken-Männchen nehmen nur Nektar als Betriebsstoff auf (Foto 18).

Die Stechmücken-Weibchen haben als Blutsauger einen besonderen Bezug auch zu den Menschen. Die Übertragung der Malaria durch Fiebermücken (*Anopheles*) ist dabei ein Beispiel für einen Parasiten mit Wirtswechsel (Sporozoa: *Plasmodium*; FRANK & LIEDER 1986, MATTHES 1988, TISCHLER 1969). Die Stechmücken (am Oberrhein „Rhein-Schnaken" genannt) werden als Larve bekämpft (s. Kap. 4.1.4, BECKER & MAGIN 1986).

Als Beispiel für Eintagsfliegen wird der Typ *Cloëon/Baëtis* gewählt(Abb. 63): Die „Nymphen" (d.h. die Larven im letzten, ~20., Stadium) steigen zum Schlüpfen zur Wasseroberfläche oder an der Ufervegetation auf und verwandeln sich dort zur Subimago; diese flattert unbeholfen in die Ufervegetation und häutet sich zur zartgliedrigen Imago. Die Weibchen können sich weiter vom Wasser entfernen. Die Männchen formieren sich meistens unmittelbar zu den „Tanzschwärmen" in der Abenddämmerung, ihr Körper ist auf Hochflattern und anschließenden Sinkflug spezialisiert. Die Männchen von *Cloëon* haben „Turbanaugen" (der obere Teil der Facettenaugen ist zu „Lichtriesen" umgebildet, davor die 3 Punktaugen und das Fühlerpaar), mit denen die Weibchen optisch erkannt werden. Die Weibchen fliegen einzeln in die Schwärme ein und werden zur Kopulation ergriffen. Das Männchen verankert sich dabei am Weibchen mit den langen Vorderbeinen und dem Klammerapparat am Genital; die Paarung dauert nur einen Sinkflug lang, danach stirbt das Männchen, das Weibchen verläßt das Gewässer, im Verlauf von 1-2 Wochen reifen die Eier. Dann kehrt das Weibchen zur Eiablage an das Gewässer zurück. Die Eier werden im Fluge über dem Wasser abgeworfen, sinken zu Boden oder auf die submerse Vegetation. Aus ihnen entwickeln sich dann die aquatischen Larven.

Bremsen und Schwebfliegen: Im Gegensatz zu diesen Formen sind die Imagines der Bremsen, Schwebfliegen und der Libellen langlebige Hochleistungsflieger, die auf regelmäßige Nahrungsaufnahme angewiesen und auch in hellem Sonnenschein aktiv sind.

Die Bremsenmännchen „tanken" nur Nektar als Betriebsstoff, während sich die Bremsenweibchen (wie Stechmücken) für die Eiproduktion mit Eiweiß aus Säugerblut versorgen müssen. An Sonnentagen können die schmalen, grauen Regenbremsen *Haematopoda* oder die Goldaugenbremsen *Chrysops* (leicht kenntlich an den zum Dreieck gestellten, dunkel marmorierten Flügeln) am offenen Ufer (weniger auf dem Wasser) in der Nähe von Viehkoppeln sehr lästig werden, während die größeren Rinder- oder Pferdebremsen (*Tabanus*) den Menschen seltener anfallen (Abb. bei REICHHOLF-RIEM 1984). Ihre Eier heften die Bremsen-Weibchen in Haufen an Röhrichtpflanzen, von denen die Larven nach dem Schlüpfen in das Wasser fallen.

Die Schwebfliegen nehmen als ± spezialisierte, oft langrüsselige Blütenbesucher Nektar und Pollen auf (KORMANN 1988). Ihre Saison beginnt am See mit der Weidenblüte und der Sumpfdotterblume im zeitigen Frühjahr, reicht bis zum hochsommerlichen Flor der Uferhochstauden und schließt Seerosen oder Wasserschlauch ein. Die Blattlausfresser-Maden (wie die der Großen Schwebfliege *Syrphus ribesii,* Foto bei SAUER 1972) sind oft durchsichtig mit pastellfarbenen Zeichnungsmustern und „wüten" in den Blattlauskolonien der Röhrichte, die weder von Ameisen noch von Rohrsängern kontrolliert werden (zum oft nächtlichen Beutefang vgl. JACOBS & RENNER 1988). Nur die „Rattenschwanzlarven" der „Mistbienen" (wie der bienenähnlichen Gemeinen Keilfleckschwebfliege *Eristalis pertinax*) sind aquatisch, Schlammfresser mit Schnorchel in Pfützen des Uferbereichs (Abb. 52; vgl. ENGELHARDT 1989). Eindrucksvoll sind die großen Imagines der Waldschwebfliegen *Volucella* (meistens *V. pellucens*), deren Larven sich in Wespennestern entwickeln, während Larven der eher unscheinbar schwarzen Erzschwebfliegen *Cheilosia* (wie bei *C. variabilis*) phytophag in Wurzeln von Disteln und Braunwurz leben (vgl. KORMANN 1988).

Foto 18: Insekten im Uferbereich. *Links:* Paarung der Schlammfliegen an Uferseggen, das Männchen ist dabei verkrümmt und ± unter den Flügeln des Weibchens verborgen (26.5.1975); *rechts*: Stechmücken-Männchen saugt Nektar (an Sauerklee, Rand der Erlenzone, 9.5.1978, beides Westensee bei Kiel).

Die **Schlammfliegen** nehmen eine Zwischenstellung ein: Sie sind schlechte Flieger und dämmerungsaktiv, sitzen aber im Frühjahr bei Sonnenschein oft in Scharen auf der Ufervegetation. Sie nehmen Nektar auf, aber nur in geringen Mengen. Zur Paarfindung geben sie für uns nicht hörbare Vibrationssignale ab. Sie entstehen beim Schwingen des Körpers und werden über die

Beine auf die Unterlage übertragen, Männchen können mit hörbarem Klopfen (des Hinterleibs auf die Unterlage) antworten. Während der geschlechtlichen Vereinigung ist das kleinere Männchen zum Teil unter den Flügeln des Weibchens verborgen, es klebt eine Spermatophore auf dessen Geschlechtsöffnung (Foto 18). Später legt das Weibchen ein Paket aus Hunderten von Eiern auf Röhrichtpflanzen ab. Die 1 mm großen Eilarven lassen sich nach dem Schlüpfen in das Wasser fallen (vgl. JACOBS & RENNER 1988, zur räuberischen Larve s. Kap. 5).

4.3.2 Das Beispiel Libellen

Libellen sind besonders interessante und gut zu beobachtende Uferinsekten (CORBET 1962, DREYER 1986, KNAPP et al. 1982, MILLER 1987, PETERS 1987, ROBERT 1959, WILDERMUTH 1981). Mehr noch als bei den Vögeln deckt sich ihre Aktivitätszeit mit der unsrigen. LÖNS (1953) nannte sie prosaisch „Sommerboten und Sonnenkünder", im Naturschutz sind sie zu Leitarten für kleintierreiche Gewässer und -bereiche geworden. Die Vernichtung und Veränderung entsprechender Seeufer durch (Fehl-) Nutzungen hat viele Arten in ihrem Bestand gefährdet (vgl. SCHORR 1990, „Rote Listen" bei BLAB et al.1984, WOLFF-STRAUB 1986, ZESSIN & KÖNIGSTEDT 1993 sowie regionale Übersichten bei MEIER 1988 oder MALKMUS & LENK 1995). Alle Arten sind durch die Naturschutzgesetze besonders geschützt (vgl. EBERT & BAUER 1993, PREUSS et al. 1982), dürfen also (ohne Ausnahmegenehmigung) auch am Gartenteich nicht gefangen werden. Repräsentative Larvenerfassungen würden auch die Ufervegetation schädigen und damit die Überlebensbedingungen beeinträchtigen.

Naturverträglich ist dagegen die Sichterfassung, die vom Kenner für eine Biotopcharakterisierung und Bioindikation genutzt werden kann (SCHMIDT 1991c, SCHORR 1990), dem Naturfreund bietet sie interessante biologische und ökologische Einblicke (ROBERT 1959). Die Beobachtungen können im Schnellerfassungsbogen (Arbeitsblatt 4) festgehalten werden. Methodischer Hinweis: Libellen sind gut von passenden Uferstellen oder vom Boot aus mit einem Fernglas (z. B. 8x30 mit Nahpunkt möglichst bei 2 m, am besten in Verbindung mit einem Monokular, z. B. 8x30, Nahpunkt bei 0,5 m) zu beobachten und fotografisch zu dokumentieren (Spiegelreflexkamera 100 mm Makroobjektiv für Naturlicht oder erfolgreicher mit 200-300 mm Makroobjektiv und Blitz; vgl. BEUTLER 1991, LABHARDT 1991, SANDHALL 1987, SCHMIDT 1990). Lohnend sind Untersuchungen zum Fortpflanzungsverhalten (vgl. KAISER 1984, MILLER 1987, RÜPPELL 1989) oder zur Ökologie der dominierenden Arten (bevorzugte horizontale und vertikale Flug- und Eiablagebereiche, -substrate und -modalitäten, Tagesperiodik wie z.B. bei SCHMIDT 1993, vgl. auch HERMANS 1992), wobei sich der Naturfreund auf die Bestimmung bis zur Gattung (z.B. mit SCHAEFER 1994) beschränken kann. Leider sind die Feldführer (wie JURZITZA 1988, BELLMANN 1993 oder WENDLER & NÜSS 1992) und Handbücher (ASKEW 1988) noch nicht auf eine Sichtbestimmung bis zur Art ausgerichtet (vgl. SCHMIDT 1982, 1985a, b). Hier hilft die Fotodokumentation in Verbindung mit einer Bildkartei (z.B. aus Feldführern oder MEIER 1989).

Foto 19: Edellibellen im Fluge. *Oben* Rüttelflug, *unten links* leichter Kurvenflug (*Aeshna cyanea*, Rheinbach-Eichen bei Bonn, 14.9.1985), *unten rechts* extremer Kurvenflug (Kopf als Pendellot; Königslibelle *Anax imperator* bei Zülpich, 13.8.1984).

Libellen sind spezialisierte Flugjäger (Abb. 64, Fotos 11, 15, 19, 20). Kleinlibellen erreichen 4-7 km/h bei gut 15 Schlägen je s, Großlibellen 25-50 km/h bei 25-40 Schlägen je s. Der lange Hinterleib stabilisiert dabei die Fluglage. Seine Festigkeit ist dadurch erhöht, daß die Tergite (Rückenspangen) ringförmig erweitert sind und die schmalen Sternite (Bauchspangen) umschließen.

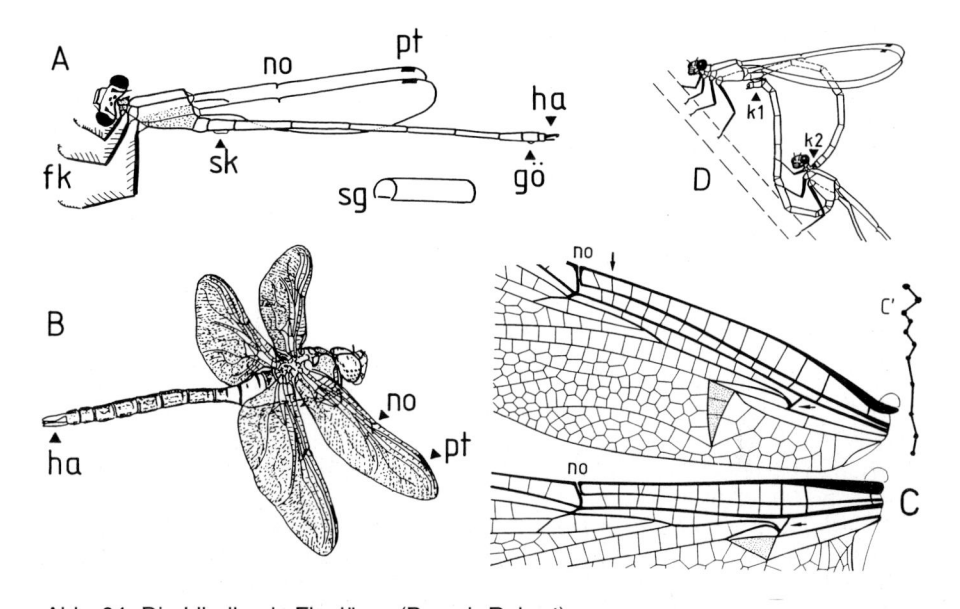

Abb. 64: Die Libelle als Flugjäger (B nach Robert).
A Habitus eines Kleinlibellen-Männchens (Teichjungfer *Lestes sponsa*): Prothorax (Vorderbrust) und Metathorax (Hinterbrust = hinterer Teil des Synthorax) punktiert; Beine als Fangkorb fk; Flügel mit Nodus (= Knoten) no und Flügelmal (Pterostigma) pt; sg ein Hinterleibssegment; sk sekundäres Begattungsorgan am 2./3. sg; gö Geschlechtsöffnung; ha Hinterleibsanhänge. – B Gleitflug einer Kleinen Königslibelle (*Anax parthenope*). – C Flügelbasis einer Großlibelle (Vierfleck): Flügeldreieck punktiert, Querverstärkung "Arculus" durch horizontalen Pfeil markiert; C' Querschnitt durch den Vorderflügel mit "Knitterstruktur" (vor dem Nodus, Schnittstelle durch vertikalen Pfeil markiert). – D Paarungsrad einer Kleinlibelle *(Enallagma cyathigerum)* mit den zwei Kopplungsstellen k1, k2.

Die vier großen Flügel ermöglichen dank der direkt ansetzenden Flugmuskulatur im Gleichschlag den Vortrieb für Beschleunigungen bei Verfolgungsjagden und für den raschen und ausdauernden Vorwärtsflug, im Wechselschlag das Rütteln auf der Stelle, sogar einen Rückwärtsflug, im Gegenschlag eine hohe Wendigkeit; zum Gleitflug eignen sich vor allem die ausgeweiteten Flügel der Großlibellen; einige Arten mit besonders verbreiterten Flügeln [wie die mediterran/orientalische Schabrackenlibelle *Anax (Hemianax) ephippiger*] sind Fernwanderer über mehr als 1000 km. Die erforderliche Belastbarkeit erhalten die Flügel durch das dichte Geäder. Dabei liegen die großen Längsadern mehr am Flügelvorderrand, abwechselnd hoch und tief (Knitter- oder Zickzackstruktur, Abb. 64, Foto 22; SCHWAIGER 1994). Der Knoten oder Nodus ist eine Gelenkstelle (die 2. Vorderrandader endet hier, der Vorderrand senkt sich ab, zugleich ist eine stabilisierende Querverbindung der Vorderrandadern gegeben), damit können Flügelverwindungen oder Stöße beim Fliegen durch dichte Vegetation so abgefangen werden, daß die Flügel unter dieser Überlast nicht abbrechen. An der Flügelbasis liegt eine andere Querverbindung im Bereich der ersten beiden (verstärkten) Vorderrandqueradern über den „Arculus" bis zum Flügeldreieck (bei Kleinlibellen als Viereck). Die Flügelstellung wird optisch über die Flügelmale kontrolliert. Die Flügelmale sollen auch als Gegengewicht den Flügelschlag stabilisieren. Vor allem bei den Männchen sind sie oft auffallend gefärbt und setzen artspezifische optische Signale. Mittel- und Hinterbrust sind zu einem Synthorax verschmolzen. Er ist turmförmig vergrößert. Das schafft den Raum und die Ansatzstellen für die mächtige Flugmuskulatur; seitlich liegen die großen Stigmen für die Sauerstoffversorgung. Der Synthorax ist nach hinten gekippt. Damit kommt nicht nur der Schwerpunkt des Körpers unter den Flügelansatz, sondern es rutscht auch der Ansatz der Beine nach vorn (Abb. 64). Sie sind damit nicht zum Laufen geeignet, sondern bilden den „Fangkorb" für das Ergreifen von Fliegen und anderer Beute (Foto 20), aber auch von Weibchen oder Rivalen in der Luft. Dabei orientieren sich Libellen mit den Facettenaugen. Es sind die größten Insektenaugen, sie sind bei der Königslibelle aus je etwa 30.000 Einzelaugen (Ommatidien) zusammengesetzt. Für die Verarbeitung der optischen Informationen sind rund 4/5 des für Insekten großen Gehirns erforderlich. An den Augen haben Libellen die größte Körperbreite, der große Augenabstand ist eine Voraussetzung für ein gutes räumliches Sehen. Der Kopf der Kleinlibellen erinnert so an den Hammerhai, von ihm ist der Name Libelle (neulateinisch *Libellula*, bei LINNÉ alle Libellen umfassend: LINNAEUS 1758) als Verkleinerungsform (von *Libella*, einem alten Namen des Hammerhais, vgl. LINNAEUS 1758: 234, sub *Squalus Zygaena*) abgeleitet. Anders als z.B. bei Schwebfliegen, der Honigbiene oder bei Eintagsfliegen (Abb.63) mit ebenfalls optischer Paarfindung sind die Augen des Flugjägers Libelle bei beiden Geschlechtern gleich groß, aber bei den Männchen oft artspezifisch prachtvoll gefärbt (z.B. rot bei den Granataugen *Erythromma*). Der Kopf ist (vor allem bei Großlibellen wie auch bei der Honigbiene) gut beweglich an dem Prothorax aufgehängt und bleibt auch beim Kurvenflug wegen der schweren Mundwerkzeuge in senkrechter Stellung, wirkt also als Pendellot für die Fluglageorientierung (Foto 19). Die winzigen Fühler messen die relative Fluggeschwindigkeit als Widerstand gegen die Anströmung des „Fahrtwindes" (vgl. DALTON 1975, KESSEL et al. 1995 [2x], NACHTIGALL 1968, NACHTIGALL & NAGEL 1988, PFAU 1991, RUDOLPH 1977, RÜPPELL 1989, SCHEIBA 1990, WAKELING 1993, WOOTTON 1991 sowie MILLER 1987).

Eine ökologisch interessante Frage ist die nach der Thermoregulation. Dazu gehört das morgendliche Aufheizen in der Sonne nach kühlen Nächten (in denen bei einigen Arten die Farben verblassen), das nachmittägliche Sonnen im Herbst, der Wechsel der Körperhaltung bezüglich der Sonne, die Wahl der Flugbereiche, ein Abkühlen durch Baden, auch ein Dämmerungsflug und anderes mehr in Abhängigkeit von der Temperatur (vgl. CORBET 1962, MILLER 1987).

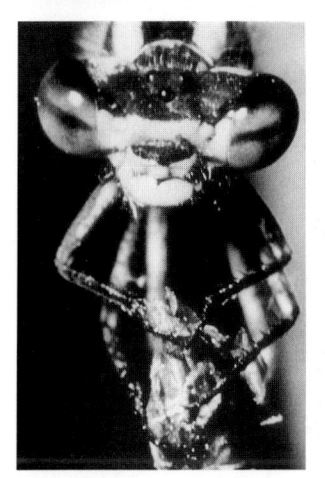

Foto 20: Flug- und Ansitzjäger bei Libellen. *Oben links* Herbst-Mosaikjungfer *Aeshna mixta* als ausdauernd fliegender Jäger, Rüttelphase (Gegenschlag der Flügel; Bleigruben-Absetzbecken Mechernich, Eifel, 27.10.1984). *Oben rechts* Vierfleck auf der Warte bei der Ansitzjagd, wie auch beim Blaupfeil werden die Vorderbeine oft während des Sitzens angelegt (Windsborn/Mosenberg/Vulkaneifel, 29.5.1985). *Unten* Fangkorb der Becher-Azurjungfer *Enallagma cyathigerum* (*links* auf der Warte, Mechernich [s.o.], 5.10.1986, *rechts* eine Schnake fressend, Ahrenviöl bei Schleswig, 16.6.1978).

Libellen faszinieren durch ihre Färbungs- und Zeichnungsmuster. Bei den meisten Arten sind sie bei den Männchen besonders signifikant und gut für die Sichterfassung zu nutzen, während bei den Weibchen vielfach die Grundfarbe variiert, mehr unscheinbar braun oder grün ist (wie bei den Azurjungfern mit blauen, bei den Heidelibellen mit roten Männchen), und die Zeichnungsmuster verwandter Arten sich stärker ähnlich sind. Beim Vierfleck (Foto 20,

22) sind jedoch beide Geschlechter gleich braun gefärbt, bei den Edellibellen stimmt in der Regel die artspezifische Thoraxzeichnung überein. – Nachts oder bei trübem Wetter verstecken sich die Libellen in der Vegetation. Dabei lösen die im Fluge so auffälligen Farbmuster (z.B. der Mosaikjungfern) den Körperrumriß optisch auf (somatolytische Färbung) und wirken als Tarnung. Für uns sind die Libellen dann verschwunden. Kleinlibellen setzen sich überdies an Halme, deren Dicke dem Augenabstand entspricht; so können sie am Halm vorbeigucken, ihr schlanker Körper ist aber vom Halm verdeckt. – Die Jagd- und Ruheräume liegen bei vielen Libellenarten oft weit verstreut abseits vom Wasser, viele Arten bevorzugen dabei die uns nicht zugänglichen besonnten Baumkronen. Nur die Blaugrüne Mosaikjungfer *Aeshna cyanea* (Foto 19) jagt an heißen Sommertagen entlang schattiger Waldwege und fällt uns da auf.

Die Ansammlung von Libellen am Gewässer bei Sonnenschein hängt mit dem besonderen Modus der Paarfindung zusammen. Sie erfolgt wie bei den Kröten am Brutgewässer. Die Männchen fliegen dort auffällig in großer Zahl über den arttypischen Eiablagezonen (Abb. 65, 66), machen sich also optisch bemerkbar. Die Weibchen kommen einzeln in die von den paarungsbereiten Männchen besetzten Regionen und werden sofort zur Paarung ergriffen, die Eiablage schließt sich oft unmittelbar an.

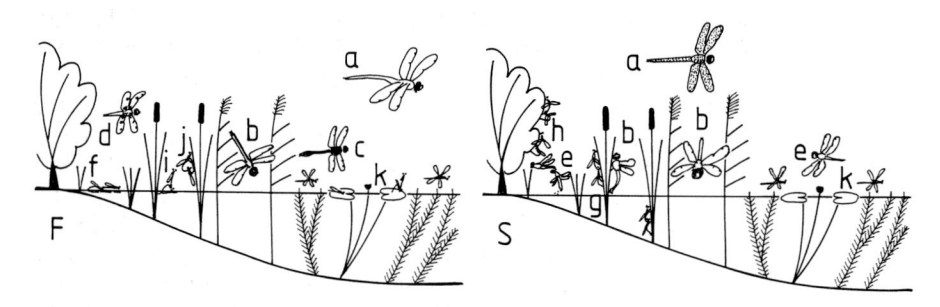

Abb. 65: Bevorzugte Flug- und Eiablagebereiche von Libellen am See mit mäßig gestörtem und daher libellenreichem Ufer (*links* im Frühjahr/Frühsommer F, *rechts* im Hochsommer S; Details im Text).
a: Königslibelle bzw. Braune Mosaikjungfer, b: Kleine Mosaikjungfer bzw. Herbstmosaikjungfer, c: Gemeine Smaragdjungfer, d: Vierfleck, e: Heidelibellen, f: Gemeine Winterlibelle, g: Gemeine Binsenjungfer, h Weidenjungfer (= Große Binsenjungfer), i: verschiedene Schlankjungfern wie Frühe Adonislibelle, Hufeisen-Azurjungfer, j: Große Pechlibelle, k: Becherazurjungfer (u.a., vgl. Abb. 66).

Abbildung 65 gibt ein Beispiel für die bevorzugten Flug- und Eiablagebereiche von Libellen am See mit mäßig gestörtem und daher libellenreichem Ufer getrennt nach dem Frühjahr/Frühsommer- und dem Hochsommeraspekt (außerdem an offenen Buchten der Große Blaupfeil *Orthetrum cancellatum*, in kleineren Buchten die Blaugrüne Mosaikjungfer *Aeshna cyanea*, deren Eiablage bevorzugt am Ufer oberhalb des Wasserspiegels in feuchte Moospolster erfolgt). Etwa in einer Höhe von 2 m fliegen die Königslibelle *Anax imperator* (Eiablage offen in flutende/schwimmende Vegetation) und die Braune Mosaikjungfer *Aeshna grandis* (Eiablage eher versteckt am Ufer an der Wasserlinie). In etwas niedrigerer Höhe fliegen innerhalb von ± lichten Röhrichten die Kleine Mosaikjungfer *Brachytron pratense* und die Herbstmosaikjungfer *Aeshna mixta*, die dort intensiv nach eierlegenden Weibchen suchen (Foto 20, Eiablage dort versteckt in schwimmende Pflanzenteile bzw. in vertikale Riedteile, oft oberhalb des Wasserspiegels), die Paare fliegen in den Uferwald ab, die Paare der Herbstmosaikjungfer setzen sich auch an das Ried/Röhricht. In mittlerer Höhe (etwa 1 m) fliegen die Gemeine Smaragdjungfer *Cordulia aenea* (Foto 11; Eiablage versteckt, spät nachmittags), in verschlammten Buchten im Juli/August auch die Glänzende Smaragdjungfer *Somatochlora metallica*. Von einem Ansitz aus fliegen der Vierfleck *Libellula quadrimaculata* mittelhoch (Paarung kurz im Flug, Eiablage mit bewachendem Männchen in den Flugbereichen: Foto 21), die Heidelibellen relativ niedrig (0,5-1 m) und vorzugsweise im lichten Ried (Blutrote Heidelibellen *Sympetrum sanguineum* ufernah, Gemeine/Große Heidelibelle *Sympetrum vulgatum, S. striolatum* auch ± ausdauernd vor dem Röhricht, Paarungsräder landseitig an der Ufervegetation, Eiablage im Tandem bei ersterer oberhalb der Uferlinie über rasiger Vegetation, bei letzteren nahe der Uferlinie über flutender Vegetation). Kleinlibellen fliegen dicht über der Wasseroberfläche (Foto 15). Ein extrem tarnfarbener Ansitzjäger vom Ried aus ist die Winterlibelle *Sympecma fusca* (z.B. an Voralpenseen *S. paedisca*); sie überwintert als Imago und erscheint am Wasser schon im April, ist aber an Seen eher selten in lichten Riedbereichen (Eiablage in Kette in schwimmende, tote Pflanzenteile). Typisch für das Frühjahr sind verschiedene Schlankjungfern (wie Frühe Adonislibelle *Pyrrhosoma nymphula*, Azurjungfern *Coenagrion pulchellum* bzw. *C. puella*, Eiablage in Kette in flutende Pflanzenteile an der Wasseroberfläche; Abb. 32). Sie fliegen vom Ried aus in niedriger Höhe über kleine Riedlichtungen bzw. vor dem Röhricht. Sie werden im Hochsommer abgelöst von der Gemeinen Binsenjungfer *Lestes sponsa* (Paarung im Ried, Eiablage im Tandem an vertikaler Riedvegetation, auch submers, empfindlich gegen überhöhte Fischbestände) und der Weidenjungfer (= Große Binsenjungfer *Chalcolestes viridis*, die einzige Libelle, die ihre Eier in licht beblätterte Baumzweige einsticht und dabei Gallen bildet, Eiablage oft gesellig). Eine lange Flugzeit haben die Große Pechlibelle *Ischnura elegans* (Jagdflüge und die stundenlangen Paarungen tags in Riedbeständen, Eiablage allein am späten Nachmittag in flutende Vegetation: Foto 21). Direkt über der Schwimm-/Tauchblattzone schwärmen einige Kleinlibellenarten mit unterschiedlichen Eiablageweisen, häufigste Seeart ist vom Frühjahr bis Hochsommer die Becherazurjungfer *Enallagma cyathigerum* (Foto 15, Details in Abb. 66, s.u.).

Die Männchen haben ein sekundäres Begattungsorgan am 2./3. Segment, das von der Geschlechtsöffnung am 9. Segment weit getrennt ist und vor der Paarung mit Sperma gefüllt werden muß. Zur Paarung packen die Männchen die Weibchen mit ihren artspezifisch geformten Hinterleibsanhängen am Kopf (Großlibellen) oder an der Vorderbrust (Kleinlibellen). Die Weibchen verankern sich mit ihrem Genital (einem laubheuschreckenähnlichen [orthopteroiden] Legestachel bei Kleinlibellen und Mosaikjungfern oder einfache Eiabwurfklappen mit Arterkennungsstruktur bei Flußjungfern und Segellibellen) an dem sekundären Begattungsapparat der Männchen. So entsteht das für Libellen typische „Paarungsrad" (eigentlich „Paarungsherz", Abb. 64; vgl. ASKEW 1988, DREYER 1986, JURZITZA 1988 KNAPP et al. 1982 oder ROBERT 1959). Damit haben Libellen als Besonderheit zwei Kopplungsstellen. Beide Partner sind so mit dem Kopf nach vorn orientiert, das Weibchen kann dabei seitlich am Männchen vorbeisehen, das Rad kann (vor allem bei Großlibellen) geschickt fliegen, Kleinlibellen lösen dagegen das Rad beim Auffliegen meistens wieder zur Kette, dem „Tandem", auf. Die Eiablage schließt sich bei vielen Libellenarten direkt an die Paarung an (Foto 21).

Merkwürdigerweise fehlt den Männchen der meisten Libellenarten ein Mechanismus, der das Ergreifen eierlegender Weibchen hemmt, so daß die Eiablage, die ja in den Flugbereichen der paarungsgestimmten Männchen erfolgt, immer wieder von Paarungsversuchen und erneuten Kopulationen gestört werden kann. Eine Ausnahme bilden die Grüne Mosaikjungfer *Aeshna viridis*, bei der die Paarungen morgens in den Schlaf- und Jagdbereichen (Hochstaudenrieder), die Eiablagen aber nachmittags in Krebsscherenrasen erfolgen, sowie bei der Braunen Mosaikjungfer *Aeshna grandis* und der Königslibelle *Anax imperator*, deren Weibchen Störungen durch Männchen effektiv auch im Fluge mit einer Abwehrhaltung (gekrümmter Hinterleib wie bei der Eiablage) abwenden können. Bei diesen Arten sind daher Paarungen nur ausnahmsweise am Wasser zu beobachten. Bei den anderen Arten finden sich verschiedene Verhaltensweisen, die sich am besten (in ansteigender Reihenfolge) als Schutz vor Störungen der Eiablage deuten lassen:

1. Die Eiablage erfolgt allein und – besonders bei hoher Männchenaktivität – versteckt und unauffällig, vielfach zu Zeiten, an denen die Männchen nicht, noch nicht oder nicht mehr aktiv sind (an trüben Tagen, frühmorgens oder am späten Nachmittag wie bei den Mosaikjungfern *Aeshna mixta* und *juncea* und bei den Pechlibellen *Ischnura*).
2. Der letzte Kopulationspartner „bewacht" das eierlegende Weibchen, d.h. er fliegt um das Weibchen herum und stürzt sich auf nahende Rivalen, um sie zu vertreiben (Beispiel: Vierfleck und Plattbauch nach ihrer extrem kurzen Paarung im Fluge über den Eiablagebereichen). Dieses Bewachen ist nur bei mäßiger Männchendichte effektiv, besonders dann, wenn die Männchen feste Reviere haben (wie bei den Prachtjungfern *Calopteryx* oder bei Blaupfeil-Arten *Orthetrum*).

3. Der letzte Kopulationspartner bleibt mit dem Weibchen auch noch bei der Eiablage in Kette verbunden. Dann ist diese Zugriffsstelle für andere Männchen blockiert, das Weibchen besonders gut gesichert (wie bei fast allen Kleinlibellen, Foto 21, bei den Heidelibellen *Sympetrum* sowie vereinzelt bei Edellibellen, z.B. bei der Kleinen Königslibelle *Anax parthenope*).
4. Eine Alternative für Kleinlibellen ist die submerse Eiablage (Großlibellen können mit ihren ausgebreiteten Flügeln nicht untertauchen). Bei der Becher-

Foto 21: Eiablage bei Libellen. *Oben*: Das Vierfleck-Weibchen streift die Eier im Fluge (an flutender Vegetation) an der Wasseroberfläche ab (Enger Heide, Nordfriesland, 31.5.1981). *Unten*: Kleinlibellen stechen ihre Eier in Wasserpflanzen (hier Hornblatt) ein, *links* im Tandem mit hochstehendem Männchen beim Kleinen Granatauge *Erythromma viridulum*, *rechts* allein bei der Großen Pechlibelle *Ischnura elegans* (beide Fotos v. Botan. Garten Bonn, 29.7.1982).

azurjungfer *Enallagma* löst sich das Männchen beim Untertauchen des Weibchens, das bis zu einer Stunde unter Wasser behende an den Pflanzenstengeln klettert und die Eier einsticht, ehe es sich zur Wasseroberfläche auftreiben läßt und dann oft erneut von einem Männchen ergriffen wird (Abb. 66; vgl. ROBERT 1959, SCHMIDT 1964, 1991c).

Die artspezifisch bevorzugten Eiablagebereiche sind in der Regel auch die Bereiche mit hohen Larvendichten der betreffenden Arten. Ein Beispiel bei Kleinlibellen der Schwimm- und Tauchblattzone von durchflossenen Seen oder Baggerseen in Mitteleuropa gibt Abb. 66:

Die Federlibelle *Platycnemis pennipes* und die Azurjungfern *Coenagrion pulchellum*, *C. puella* legen im Tandem, oft in Gruppen, in schwimmende Pflanzenteile (wie Teichrosenblätter), die Azurjungfern am häufigsten im Mai/Juni, die Federlibelle bis zum Hochsommer. Die Becherazurjungfer *Enallagma cyathigerum* und die Pokalazurjungfer *Cercion lindenii* erscheinen im Gelände als sehr ähnlich, die Männchen fliegen vorzugsweise in Schwärmen über der Zone feingliedriger Tauchblattpflanzen,

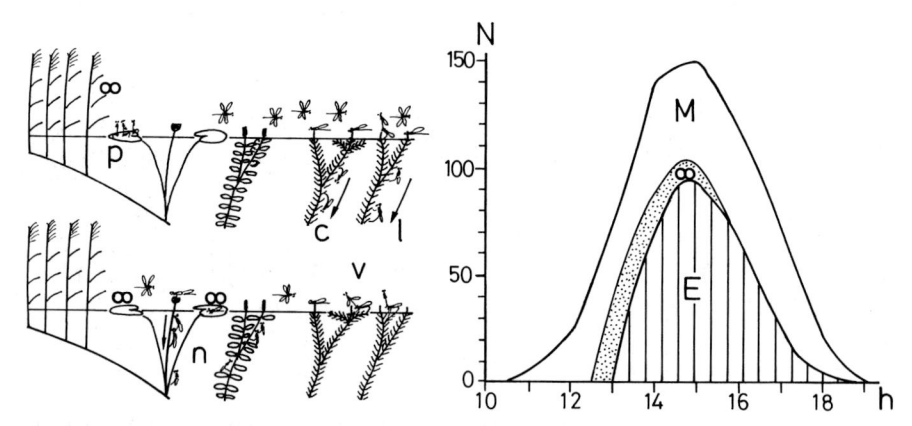

Abb. 66: Schema für raum-zeitliche Differenzierungen bei Kleinlibellen der Schwimm- und Tauchblattzone von durchflossenen Seen oder Baggerseen mit intakten (und daher libellenarmen) Schilfröhrichten in Mitteleuropa (Details im Text).
Links: räumliche Differenzierung der Eiablagehabitate (Paarungsplätze: ∞). – *Oben:* p Federlibelle und Azurjungfern *Coenagrion*, c Becher-Azurjungfer *Enallagma cyathigerum*, l Pokal-Azurjungfer *Cercion lindenii* – *Unten:* Granataugen, n *Erythromma najas* und v *E. viridulum*.
Rechts: Tagesperiodik vom Granatauge *Erythromma viridulum* an einem Teich (200 m^2) im Botanischen Garten Bonn. *Weiß* (M) Männchen in Erwartung von Weibchen oder ruhend; *punktiert* (∞) Männchen im Tandem oder Paarungsrad auf Schwimmblättern; *schraffiert* (E) Männchen im Tandem bei der Eiablage in Hornblatt; N Zahl der Männchen (hinzu kommen die Weibchen aus ∞, E); h mitteleuropäische Sommerzeit.

zur Eiablage tauchen die Weibchen in der Regel allein ab (bei *Enallagma* kopfvoran, bei *Cercion* rückwärts schreitend), *Cercion* beginnt oft im Tandem an der Wasseroberfläche, *Enallagma* nur ausnahmsweise. *Enallagma* ist eine eurosibirische Art und typisch für (Moorweiher und) die Seen im Osten und Süden, *Cercion* ist eine mediterrane Art und typisch für Abgrabungsseen (und Kanäle, Altarme) in warmen Flußtälern im Westen (sowie für einige brandenburgische Flußseen). Alle diese Arten setzen sich zur Paarung vorzugsweise an das Röhricht, die Schlafplätze sind in der unteren Vegetation von Waldlichtungen, nur bei *Cercion* (wie auch bei *Erythromma*, s.u.) in Baumkronen. – Das Granatauge *Erythromma najas* ist die typische Art der Zone der Schwimmblattpflanzen und großblättrigen Laichkräuter von Seen (Hauptflugzeit im Mai/Juni), die Eiablage erfolgt vorzugsweise submers (im Tandem beginnend) in diese Pflanzen. Das Kleine Granatauge *Erythromma viridulum* legt die Eier an der Wasseroberfläche in feingliedrige Tauchblattpflanzen (wie Tausend-, Hornblatt, Foto 21), Hauptflugzeit ist später, Juli/Anfang August. Die Paarung beider Arten erfolgt vorzugsweise auf den Schwimmblättern. *E. viridulum* ist eine mediterrane Art und kommt demgemäß vorzugsweise an Abgrabungsseen und urbanen Kleingewässern im Westen vor. Schlafraum beider Arten sind Baumkronen. *Erythromma viridulum* erscheint bei uns erst relativ spät am Wasser (wie vielfach bei mediterranen Arten). Die Flugzeit der Männchen beginnt praktisch erst um 12 h, die Eiablagen um 14 h mit Höhepunkt um 15 h und Ende nach 17 h (jeweils Sommerzeit, Abb. 66).

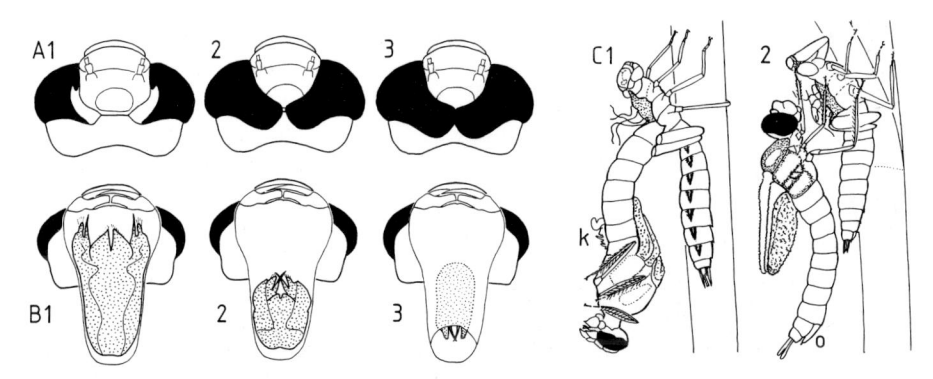

Abb. 67: Metamorphose- und Schlüpfphasen von Großlibellen (A, B Königslibelle *Anax imperator*; nach CORBET; C Blaugrüne Mosaikjungfer *Aeshna cyanea*). A Ausdehnung der Facettenaugen unter der larvalen Kutikula. – B Rückbildung der Unterlippe (punktiert) innerhalb der Fangmasken-Larvenhaut (Sicht auf den Kopf von unten). – C Zwei Schlüpf-Phasen, 1 Beginn des Hintenüberhängens eines Männchens (der sekundäre Begattungsapparat K ist noch nicht eingesenkt), 2 Beginn der Flügelstreckung (eines Weibchens mit Legeapparat o).

Die Libellenlarven sind – je nach Typ – an das Leben auf der submersen Vegetation oder, ± eingegraben, auf dem Boden angepaßt. Die Gestalt des Thorax und der Beine, auch der Beinansatz, der relativ große Prothorax, dem der Kopf breit ansitzt, die „normalen" Proportionen der Hinterliebssegmente kennzeichnen sie – völlig abweichend von den Imagines – als Schreiter (Foto

22, 24, Abb. 67, 76, 78). Sie sind lauernde Räuber. Ihr Fangorgan ist die eigentümlich umgebildete Unterlippe, die „Fangmaske" (Name nach der baggerförmigen Gestalt bei Segellibellen, die in Ruhelage das „Gesicht" bis auf die Augen verdeckt; Abb. 71, s. Kap. 5). Einige Unterschiede von Larve und Imago sind in Tab. 18 zusammengestellt.

Tab. 18: Vergleich von Libellenlarve und Imago.

	Libellenlarve	Imago (Libelle)
Gestalt Lebensform	relativ gedrungen lauernder Jäger (vornehmlich kriechender Tiere)	sehr langgestreckt Flugjäger (fliegender Insekten)
Typische Fortbewegung	Schreiten, außerdem Fluchtschwimmen: schlängelnd, unterstützt durch Ruderplättchen am Hinterleibsende (Kleinlibellen) bzw. Rückstoßschwimmen mit Atemwasser (Großlibellen)	Fliegen (Beine sind nicht zum Laufen, sondern nur zum Hinsetzen oder Anhängen geeignet)
Beutefangorgan	Fangmaske (umgebildete Unterlippe)	Beine bilden Fangkorb
Beuteortung	mechanisch (Wasserwellen), bei Aeshniden auch rein optisch bei Prachtjungfern Calopteryx optisch als "Eingabeln" mit den relativ langen Fühlern	optisch
Atmung	im Wasser gelöster Sauerstoff über Hautatmung (insbes. Flügelscheiden) und über Tracheenkiemen als Ruderplättchen (Kleinlibellen) bzw. als Enddarmkiemen (Großlibellen)	atmosphärische Luft über Tracheen
Hinterleibsanhänge: Kleinlibellen	3 Ruderplättchen, zugleich als Tracheenkiemen: Epi-, Paraprokte (Cerci sind reduziert)	Weibchen mit 2 Hinterleibsanhängen: Cerci (Epi-, Paraprokte reduziert); Männchen mit 2 Zangenpaaren zum Ergreifen der Weibchen: Cerci und Paraprokte (Epiprokt reduziert)
Großlibellen	Analpyramide aus 3 großen und 2 kleinen Anhängen: Epi-, Paraprokte (z. T. als Wehrstacheln wie bei Aeshnidae) bzw. Cerci	Weibchen wie Kleinlibellen; Männchen mit dreiteiliger Zange zum Ergreifen der Weibchen: Cerci und Epiprokt (Paraprokte reduziert)

Foto 22: Schlüpfen der Libellen.
Oben links: Vierfleck, *rechts* Eintagsfliege *Leptophlebia vespertina*, beide frisch geschlüpft (Fröruper Berge bzw. Moor am Treßsee, beide S Flensburg, 15.5.1975), die Zickzack-Struktur der Flügel und der grundverschiedene Aderverlauf von Libellen (vorderrandbetont, bei Großlibellen Hinterflügel vergrößert) und Eintagsfliegen (fächerförmig, Hinterflügel reduziert) sind in dieser Phase gut zu erkennen.
Unten links: Exuvie einer Königslibelle (bei Zülpich, 26.6.1986). – *Rechts* Schlüpfen von Kleinlibellen an der Wasseroberfläche. *Oben* Ruhephase nach dem Herausarbeiten aus der Larvenhaut, Körper dabei schräg hoch gestreckt (Kleines Granatauge *Erythromma viridulum*, Botanischer Garten Bonn, 4.7.1985; vgl. dagegen Abb. 67 für Großlibellen); *unten* Ausformung des Hinterleibs nach der Flügelstreckung (Becher-Azurjungfer *Enallagma cyathigerum*, Stallberger Teich bei Siegburg, 6.5.1986).

Diese fundamentalen Unterschiede von Larve und Imago stellen besondere Anforderungen an die Umwandlung beim Schlüpfen, an die Metamorphose zur Imago. Bei den Insekten mit vollständiger Verwandlung (z. B. bei Käfern, Mücken, Köcher-, Schlammfliegen) erfolgt die Metamorphose in zwei Schritten: Mit der Häutung zur Puppe wird die Gestalt der Imago geformt, während des Puppenstadiums wird die Anatomie umgestellt. Bei den Insekten mit unvollständiger Entwicklung fehlt ein solches Ruhestadium, der Schlüpfakt wird komplizierter. Die Eintagsfliegen haben dafür ein Zwischenstadium, die Subimago, eingeschaltet. Sie schlüpft am Wasser, flattert unbeholfen in den Schutzraum der Erlenzone und verwandelt sich dort in Ruhe zu dem Tanzflieger mit seinen zarten Flügeln und den extrem langen Anhängen der Männchen, die als Fallschirm in der Sinkphase dienen (s.o., vgl. Abb. 63).

Bei den Libellen muß die Verwandlung in einem Schritt erfolgen. Dabei lassen sich folgende Phasen unterscheiden (Beispiel Edellibellen/Aeshniden: CORBET 1957, SCHMIDT 1968; Abb. 67):

1. Ausdehnung der Facettenaugen unter der larvalen Kutikula durch Neubildung von Ommatidien (bei der Königslibelle Beginn etwa 1 Monat vor dem Schlüpfen).
2. Anschwellen der Flügelscheiden, wenn innen die imaginalen, noch stark gefalteten Flügel gebildet werden. – Die in den tiefen Gewässerzonen (z. B. Tauchblattzone, Gewässergrund) lebenden Larven wandern uferwärts, vielfach vorwiegend mit Rückstoßschwimmen, da die Beinmuskulatur schon in der Rückbildung begriffen und damit zu schwach für weite Wanderungen ist.
3. Rückbildung (Histolyse) der Fangmaske, die sich innerhalb der Larvenhaut zurückzieht (Beginn ca. 5 Tage vor dem Schlupf); ein Beutefang ist damit nicht mehr möglich.
4. Rückbildung der Tracheenkiemen im Enddarm; Darmatmung und Rückstoßschwimmen werden unmöglich. Die Larven klettern jetzt zeitweilig an Pflanzenstengeln ± weit aus dem Wasser und atmen Luft durch die nun geöffneten Stigmen der Brust, bei Störungen verschwinden sie sofort wieder im Wasser.
5. Schlüpfakt (bei den meisten Arten in den frühen Morgenstunden)
a) Herausklettern aus dem Wasser, Verankerung am Substrat (z. B. Schilfstengel, Uferbäume), Prüfen der Unterlage durch Hin- und Herschwingen, Ruhepause 20-30 min. Synthorax wird durch Luftfüllung prall.
b) Platzen der Larvenhaut vom Flügelansatz bis zum Kopf, Befreiung von Kopf und Brust, dabei nach hinten überhängend, Herausziehen der Beine, Häutung der Brusttracheenäste (Dauer ca. 10 min).
Ruhepause hintenüberhängend (20-40 min), dabei Ausformung des larval platten zum imaginal halbkugelförmigen Kopf (bei Kleinlibellen und Flußjungfern bleibt der Körper aufgerichtet, sie können daher auch von horizontalen Unterlagen schlüpfen: Foto 22).
c) Hochschwingen und Herausziehen des Hinterleibs aus der Exuvie ($^{1}/_{2}$ min).

d) (Hydraulische) Flügelstreckung durch Hineinpumpen von (grüner) Körperflüssigkeit (10-15 min).
e) Streckung des Hinterleibs auf volle Länge ($1/_2$ -1 Stunde).
f) Ausformung des Hinterleibs (Einsenken der Bauchseite [Sternite] unter Wasserabgabe, dabei verschwindet auch der Kopulationsapparat der Männchen; erstes Erhärten der Flügel ($1/_2$-1 Stunde).
g) Ausbreiten der Flügel, Schwirren (Aufheizen auf Flugtemperatur) und Abflug vom Wasser (5-10 min); die Flügel sind noch weich und glänzend, die Zick-Zack-Struktur ist besonders deutlich (Foto 22).

Am Schlüpfort zurück bleiben die Exuvien (Foto 22). Sie lassen die äußere Gestalt der Larve gut erkennen und erlauben in den meisten Fällen die Bestimmung bis zur Art. Weht sie der Wind in das Wasser, so werden sie rasch zersetzt. In Sammelröhrchen mit 70%igem (vergälltem) Alkohol bleiben sie erhalten und beweglich für nähere Studien, trocken können sie auf einen Karton aufgeklebt und genadelt in eine Insektensammlung eingebracht werden.

Für die Imago schließen sich an:

6. Völliges Erhärten des Chitinpanzers (etwa 2-3 Tage).
7. Ausfärbung und Entwicklung der Gonaden (2-4 Wochen): Wanderphase ± abseits vom Gewässer.
8. Fortpflanzungsphase mit Rückkehr zum Gewässer (bei passendem Wetter und zu bestimmten Tageszeiten): etwa 4-10 Wochen.

Die Dauer der einzelnen Phasen ist vor allem von der Temperatur abhängig. Deutlich wird aber, daß die Verwandlung zur Imago ein langwieriger Prozeß ist. Das Schlüpfen ist eine Phase, in der die Tiere stark gefährdet sind; einige Vogelarten (z. B. Bachstelzen) spezialisieren sich vielfach auf das Absammeln schlüpfender Libellen. Verschiedene Großlibellen schlüpfen daher nachts, wenn es genügend warm ist (über etwa 16 °C); in der Regel ist der Schlüpfort gut in der Ufervegetation versteckt. Nach dem Schlüpfen entfernen sich die Libellen vom Gewässer und jagen einzeln oder in Gruppen, oft auf Waldlichtungen. Es dauert (je nach Art und Wetter) 1-4 Wochen, bis die Keimdrüsen herangereift, die Tiere ausgefärbt sind und das Gewässer zur Fortpflanzung aufsuchen.

Bei Libellen stammt nur ein kleiner Teil der Tiere, die am Gewässer fliegen, auch aus diesem Gewässer, von den meisten ist die Herkunft unbekannt, sie können von weit her zugewandert sein. Das erklärt die hohe Ausbreitungspotenz der Libellen. Neu angelegte Gewässer werden rasch von den passenden Arten besiedelt. Allerdings ist damit der (genetische) Populationsbegriff (SCHUBERT 1991) bei Libellen nicht praktikabel.

5 Unterwassertiere des Litorals

5.1 Formenübersicht und Methodik

Hier werden die mit bloßem Auge erkennbaren Unterwassertiere des Litorals, die nicht an bestimmte Vegetationszonen gebunden sind, behandelt. Dazu gehören die Fische als Dauerschwimmer mit breiter ökologischer Differenzierung und die Vielfalt der mehr substratgebundenen Wirbellosen („Makrozoobenthon"). Ausgespart bleiben die mikroskopisch kleinen Formen (Aufwuchsbewohner s. Kap. 3.13, Zooplankton s. Band 2) ebenso wie die Bakterien als Zersetzer und einige Bodenformen (wie Zuckmückenlarven), die im Band 2 behandelt werden.

Verzichtet wird auf eine systematische Formenübersicht (vgl. z.B. SCHAEFER/BROHMER 1994, zu den Fischen die Bestimmungsbücher von BRUNKEN & FRICKE 1985, LADIGES & VOGT 1979, SCHINDLER 1968, TEROFAL 1984, zur Habitatwahl aus Anglersicht WIEDERHOLZ 1979, zur Bestandssituation BLESS 1978, als Einführung KAESTNER & FIEDLER 1991, REICHENBACH-KLINKE 1970, SEIFERT & KÖLBING 1993; zu Amphibien ENGELMANN et al. 1993, BLAB 1986, zu dem Makrozoobenthon ENGELHARDT 1989 sowie LUDWIG 1989, SAUER 1988 in Verbindung mit WESENBERG-LUND 1939, 1943). Die Gliederung erfolgt vielmehr nach den großen Funktionskreisen.

Die hier angesprochenen Unterwassertiere sind (bis auf die meisten einheimischen Fische, die aber Äquivalente unter den Zierfischen haben) gut in Aquarien zu halten und zu beobachten. Bei den Wirbellosen genügen kleine Becken (10-20 cm lang) mit Bepflanzung (z.B. Wasserpest oder *Vallisneria* aus dem Zoogeschäft: Vorsicht bei obligaten CO_2-Verbrauchern wie *Cabomba*, s. Kap. 3.7) und Sandgrund (im Kies können Kleinformen verschwinden), ohne Belüftung oder Filter. Für (Klein-)Fische sollten die Becken mindestens 50 cm lang sein und (zur leichteren Reinigung) feinen Kies als Grund haben. Warmwasserbecken brauchen einen Regelheizer und eine Umwälzung. Die Anforderung an Ver- und Entsorgung steigen mit der Besatzdichte, entsprechend wächst auch das Risiko des „Umkippens" (z.B. als Fischsterben) und von Krankheiten/sozialem Streß. Aquarien sind so Modelle für ökologische Gleichgewichtszustände (zur Technik vgl. z.B. STERBA 1954, 1956 sowie BUNK & TAUSCH 1980, SCHMIDTKE 1984, ZUPANC 1988 oder auch schon JUNGE 1885, zur Aufmunterung nach Mißerfolgen SCHALLER 1970).

An interessanten einheimischen Fischen sind Bitterlinge und Moderlieschen preiswert im Handel (asiatische Formen bzw. aus Nachzuchten: „Rote-Liste-Arten") zu bekommen. Das Makrozoobenthon ist am Seeufer unter dem Einfluß überhöhter Fischbestände (Besatz!) oder Freizeitnutzung bei reduzierter

Ufervegetation oft sehr verarmt, man wird die entsprechenden Formen dann eher an Kleingewässern, vieles auch am fischfreien Gartenteich finden. Da alle Libellenarten unter Naturschutz stehen, dürfen die interessanten, pflegeleichten Libellenlarven auch aus dem Gartenteich nur mit behördlicher Ausnahmegenehmigung entnommen werden. Das gleiche gilt für Laich und Larven (Kaulquappen) aller einheimischen Amphibienarten (vgl. EBERT & BAUER 1993 sowie BARZ et al. 1987; zur ökologischen Bewertung SCHMIDT 1982b). Bei Fischen ist das Fischereigesetz des betreffenden Bundeslandes zu beachten.

Der Kleintierfang erfolgt traditionell mit (Küchen-) Sieben oder Keschern (vgl. KUHN et al. 1986 oder MOSER 1983). Dabei ist jedoch der Biotop besonders zu schonen, insbesondere sind Vertrittschäden an der empfindlichen Ufervegetation zu vermeiden (Biotopschutz: Bundesnaturschutzgesetz § 20c und die entsprechenden Gesetze der Bundesländer: EBERT & BAUER 1993).

5.2 Das Schwimmen

5.2.1 Physikalische Voraussetzungen

Die Dichte des Wassers ist rund 800mal höher als die der Luft und liegt nur knapp unter der der meisten Lebewesen. Der Auftrieb ist dementsprechend gut, es braucht nur geringe (im Idealfalle gar keine) Energie für das Einhalten einer bestimmten Schwimmhöhe aufgewendet zu werden. Zugleich ist ein Ruder- oder Flossenschlag sehr effektiv, es führen bei der hohen Masse des Wassers schon mäßige Beschleunigungen zu nennenswerten Schubkräften ($K = mb$), das Rückstoßprinzip ist schon bei einfachen Düsen und schwachem Antrieb wirkungsvoll und wird z. B. für die rasche Flucht genutzt (Großlibellenlarven).

Wesentlich für den Arbeitsaufwand bei der Fortbewegung im Wasser ist die im Vergleich zur Luft hohe Viskosität (Zähigkeit), also der Widerstand gegen das freie Fließen und andere Formveränderungen. Sie beruht auf innerer Reibung als Folge der Kraftwirkung zwischen den Molekülen des betr. Mediums (vgl. LAMPERT & SOMMER 1993, SCHWOERBEL 1993). Sie ist definiert als die Kraft, die notwendig ist, um einen Würfel von 1 kg Masse in 1 s um 1 m im Medium zu verschieben, mit der Einheit Pascal-Sekunde:

$$1 \text{ Pa·s} = 1 \text{ kg·m}^{-1}\text{·s}^{-1} = 1 \text{ N·m}^{-2}.$$

Tab. 19: Physikalische und chemische Unterschiede zwischen Wasser und Luft als Lebensraum (gerundete, mittlere Größen; nach STREIT 1980, 1981; zur Thermik vgl. Band 2).

Größe	Wasser	Luft	Wasser : Luft
Dichte ρ	$1\ g \cdot cm^{-3}$	$0{,}0013\ g \cdot cm^{-3}$	775
dynamische Viskosität η	$10^{-3}\ N \cdot s^{-1} \cdot m^{-2}$	$1{,}8 \cdot 10^{-5}\ N \cdot s^{-1} \cdot m^{-2}$	55
kinematische Viskosität υ (= kinematische Zähigkeit)	$10^{-6}\ m^{2} \cdot s^{-1}$	$1{,}6 \cdot 10^{-5}\ m^{2} \cdot s^{-1}$	0,06
Schallgeschwindigkeit	$1500\ m \cdot s^{-1}$	$330\ m \cdot s^{-1}$	4,5
Druck (auf NN)	1,013 bar, zusätzlich pro m Wassertiefe ca. 0,1 bar hydrostatische Druckzunahme	1,013 bar	1 (Wasseroberfläche) 2 (in 10 m Tiefe) 3 (in 20 m Wassertiefe)

Von dieser dynamischen Viskosität wird (unter Normierung hinsichtlich der Dichte) die kinematische Viskosität abgeleitet; sie ist also das Verhältnis von dynamischer Viskosität und Dichte und entspricht beim Wasser (Dichte $1\ g \cdot cm^{-3}$ bei $\pm 4\ °C$) numerisch (bis auf die Dimension) der dynamischen Viskosität (Tab. 19).

Die Viskosität des Wassers ist stark temperaturabhängig (bei 25 °C nur etwa halb so groß wie bei 0 °C; vgl. SCHWOERBEL 1993), zu vernachlässigen ist dagegen der Einfluß des Salzgehaltes bei Süßwasserseen. Damit ist der Reibungswiderstand beim Schwimmen im Sommer nur halb so groß wie im Winter, die Sinkgeschwindigkeit bei Übergewicht aber auch doppelt so hoch (vgl. Band 2).

Neben der Viskosität des Mediums η bestimmen die umströmte Gestalt (als maximaler benetzter Umfang U) und die Geschwindigkeit v des Schwimmers sowie die Dichte des Mediums ρ den Stömungswiderstand und damit den Aufwand für das Schwimmen. Kenngröße ist die (dimensionslose) REYNOLDSzahl Re:

$$Re = \frac{\rho\ [g\ cm^{-3}]\ \times\ U\ [cm]\ \times\ v\ [m\ s^{-1}]}{\eta\ [g\ cm^{-1}\ s^{-1}]}$$

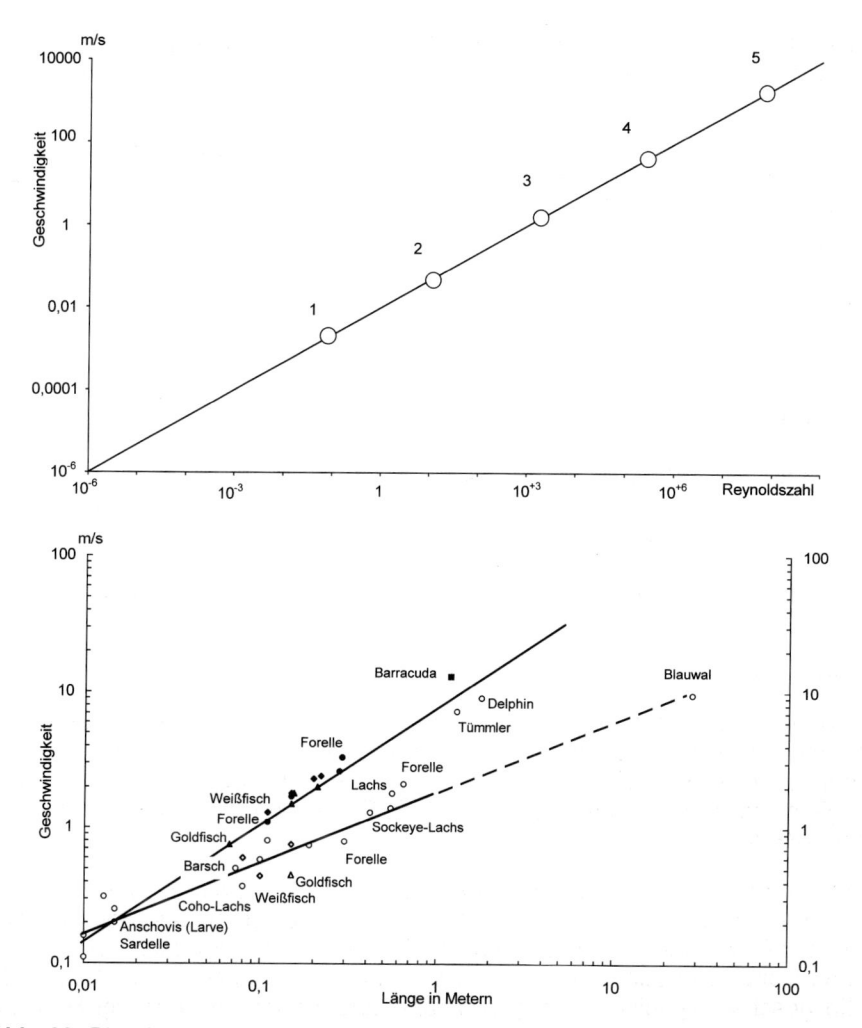

Abb. 68: Die Abhängigkeit der REYNOLDSzahl und der erreichbaren Geschwindigkeiten von der Körpergröße (in doppelt logarithmischen Skalen; nach McMAHON & BONNER, SCHEIBA).
Oben: REYNOLDSzahlen und Geschwindigkeiten für unterschiedlich große Schwimmer und Flieger (1 Schwimmen Hüpferling, 1 mm; 2 Fliegen Thripse/„Gewitterfliegen"/ Fransenflügler, 3 mm; 3 Fliegen Mosaikjungfer *Aeshna*, Länge 7 cm, Spannweite 10 cm; 4 Fliegen Wanderfalke, Länge 40-45 cm, Spannweite 1m, Schwimmen Schwertwal, 8 m).
Unten: Geschwindigkeiten [im m/s] für Sprint (obere ausgezogene Regressionsgerade, volle Symbole) und Dauerschwimmen (untere gestrichelte Regressionsgerade, offene Symbole) bei Fischen und Walen in Abhängigkeit von der Körperlänge [in m].

Tab. 20: Länge und Schwimmgeschwindigkeit von Tieren (nach McMahon & Bonner, ergänzt durch Lampel 1973 für die Wasserinsekten, Reichenbach-Klinke* und Scheiba**).

Art	Länge	Schwimm-geschwindigkeit	dito, relativ als Körperlänge/s
Bakterium *Bacillus subtilis*	2 µm	5 cm/h	8
Bakterium *Spirillum volutans*	13 µm	40 cm/h	8
Augenflagellat *Euglena*	40 µm	83 cm/h	6
Pantoffeltierchen *Paramecium*	220 µm	400 cm/h	5
Wassermilbe *Unionicola*	1300 µm	1400 cm/h	3
Taumelkäfer submers	0,5 cm	0,4 km/h	20
dito, an der Wasseroberfläche	0,5 cm	3,6 km/h	200
Furchenschwimmer	1,7 cm	.......1,3 km/h	23
Köcherfliegenlarve *Triaenodes*	2,5 cm	0,1 km/h	0,7
Libellenlarve *Aeshna*, per Rückstoß	4,2 cm	1,8 km/h	12
Goldbutt, Larve	1 cm	0,4 km/h	12
Hasel (ein Weißfisch)	10 cm	4,7 km/h	13
dito	15 cm	6,3 km/h	12
dito	20 cm	8 km/h	11
Goldfisch	7 cm	3 km/h	11
Karpfen, Schleie, Aal*; Forelle (normal)**	30-40 cm	12 km/h	10-13
Hering (Nordsee)	30 cm	16 km/h	15
Hecht, Spurt*	35 cm	25 km/h	20
Forelle, Spurt*	30 cm	35 km/h	30
Gelbschwänziger Thunfisch (Hochsee) *Thunnus albacares*	1 m	75 km/h	21
Wahoo-Königsmakrele (Hochsee) *Acanthocybium solanderi*	1 m	78 km/h	22
Meeresschildkröten (Hochsee)**	1 m	36 km/h	10
Adélie-Pinguin (Antarktis)	75 cm	14 km/h	5
Königspinguin (dito), Flucht**	1 m	50 km/h	14
Schwertwal (Pinguin-, Delphinjäger)	6 m	55 km/h	2,5
Delphin *Delphinus delphis*, normal dito, Spurt**	2 m	60 km/h	9
Grönlandwal, Wanderung**	15 m	11 km/h	0,2
Seiwal**	12 m	55 km/h	1,5
Blauwal	26 m	37 km/h	0,4
Mensch (100 m Kraulen Weltrekord)	1,8 m	7 km/h	1,1
Atom-U-Boot, Tauchfahrt: Trident/USA,	171 m	45 km/h	0,1
dito, Alfa-Klasse, SU	79 m	75 km/h	0,3

Sie wurde von dem englischen Ingenieur Osborne REYNOLDS für in Röhren strömende Flüssigkeiten aufgestellt und beschreibt das Verhältnis von Trägheitskräften zur Reibungskraft/Viskosität: bei kleinen Re-Zahlen dominiert die Reibung, bei großen die Trägheit (vgl. SCHMIDT, R. 1996). Biologisch entsprechen kleine Re-Zahlen kleinen Organismen mit (absolut gesehen) geringen Geschwindigkeiten, große Organismen mit großen Geschwindigkeiten haben dagegen hohe Re-Zahlen (vgl. McMAHON & BONNER o.J., LAMPERT & SOMMER 1993, SCHWAIGER 1994 und Abb. 123).

Eine andere (dimensionslose) Größe, die für das Schwimmen von Bedeutung ist, ist der Widerstandswert oder -koeffizient. Er drückt aus, wie bei einer gegebenen Re-Zahl der Reibungsverlust ist und wird als C_D-Wert bezeichnet:

$$C_D = \frac{\text{Strömungswiderstand}}{\text{Dichte} \times \text{Länge}^2 \times \text{Geschwindigkeit}^2}$$

Strömungsgünstige Gestalten lassen sich also nicht absolut bestimmen, sondern hängen von der Größenordnung des Schwimmers ab (Abb. 68). Die hohe Viskosität des Wassers zeigt sich darin, daß die Schwimmer unter den Tieren auch schon bei relativ geringen Geschwindigkeiten (also bei kleinen Re-Zahlen) ausgesprochen strömungsgünstige (stromlinienförmige) Körperformen, also günstige C_D-Werte haben. Zur Veranschaulichung vergleiche man z.B. einen Schwimmkäfer mit einem guten Flieger wie der Honigbiene oder der Schmeißfliege in Bezug auf Körperumriß, abgesetzte Gliederung, abstehende Haare und Borsten, Möglichkeit der Versenkung von für die Fortbewegung nicht benötigten Körperanhängen (wie den Vorderbeinen).

Der Aufwand für die Fortbewegung wächst nicht proportional mit der Größe, große Tiere sind unter sonst gleichen Bedingungen absolut oft schneller als kleine, relativ gesehen (d.h. bezogen auf die Körperlänge) erreichen jedoch auch Kleinformen hohe Werte; es bestehen aber keine Gesetzmäßigkeiten (Tab. 20, Abb. 68).

5.2.2 Das Schwimmen der Fische

Der Grundbauplan der Fische ist auf ein effektives Schwimmen hin optimiert (vgl. zum Bauplan KAESTNER & FIEDLER 1991, ROGERS 1989, SEIFERT & KÖLBING 1993, SIEWIENG 1980, STERBA 1954, zum Schwimmen WEBB 1984, ZUPANC 1988, zur Physiologie ECKERT 1993, PENZLIN 1991). Die Gestalt der Schwimmer ist stromlinienförmig. Der Reibungswiderstand wird durch das glatte Schuppenkleid und eine Schleimschicht herabgesetzt. Der Hauptantrieb erfolgt mit dem muskulösen Schwanzstiel, er wird durch die breite Rückenmuskulatur unterstützt. Die Schlagfläche wird analog zum Ruderblatt durch die Schwanzfläche vergrößert. Die Stabilität im Wasser wird durch die unpaaren, dem Kiel der Segelboote vergleichbaren Rücken- und Afterflossen und die schräg abstehenden paarigen Bauchflossen gesichert. Die paarigen Brustflossen dienen, unterstützt von den Bauchflossen, vor allem zum Steuern. Die Körperform der Fische kann mehr auf schnelles, ausdauerndes Schwimmen (Reibungswiderstand/Viskosität des Wassers als Schlüsselfaktor), mehr auf rasches Beschleunigen (Überwinden der Massenträgheit als Schlüsselfaktor: wichtig für Räuber gut beweglicher Beute) oder mehr auf präzises Manövrieren (im Phytal) optimiert sein; für Bodenfische ergeben sich besondere Bedingungen (Abb. 69; vgl. ZUPANC 1988 mit detaillierten Praktikumsanleitungen zum Schwimmen der Fische sowie SCHEIBA 1990, WEBB 1984). Die gemessenen Spitzengeschwindigkeiten von Fischen sind erstaunlich hoch (Tab. 20).

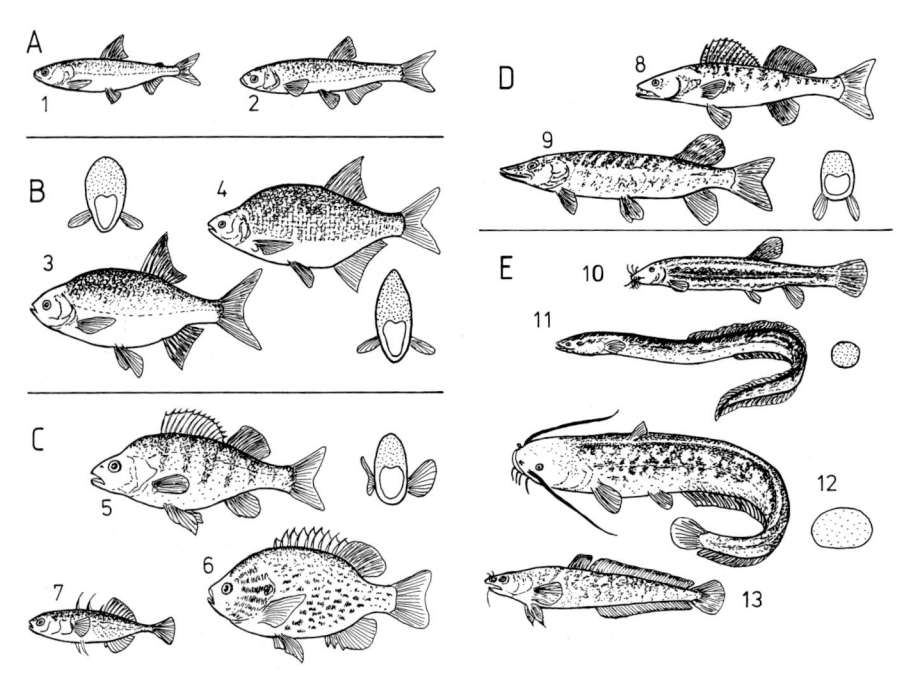

Abb. 69: Fischgestalten des Litorals als Bewegungstypen (nach Bildvorlagen aus MAITLAND, SCHINDLER; Fischquerschnitte nach SCHUA, SEIFERT & KÖLBING, WICKLER; zur Flossenrhythmik vgl. WICKLER 1975).
[A] Spindelförmige Ausdauerschwimmer des Freien Wassers im See: (1) die Heringsgestalt der Kleinen Maräne, 30 cm; (2) Ukelei = Laube, 10-15 cm (ähnlich Moderlieschen, 6-8 cm, Foto 25).
[B] Hochrückige Dauerschwimmer des Litorals: (3) Rotfeder, 40 cm; (4) Brachsen, 50 cm.
[C] Pirschende Räuber des Litorals: Hochrückige Barsche, (5) Flußbarsch, 40 cm, und (6) Sonnenbarsch, 15 cm, sowie (7) Stichling, 7-9 cm (Foto 25).
[D] Pfeilförmige Schnellstarter: (8) Zander, 70 cm, und (9) Hecht, 1 m.
[E] Wurm- bis schlangenförmige Bodenfische: (10) Schlammpeitzger, 20-30 cm; (11) Aal, 80-100 cm; (12) Wels, 2 m; (13) Quappe, 70 cm.

Eine Schwimmblase im oberen Teil der Bauchhöhle ermöglicht zwar eine feine Kompensation des Übergewichts (Gasmengenregulierung nach dem Gegenstromprinzip in einem „Wundernetz" des Blutgefäßsystems, zu Details vgl. CLEFFMANN 1979, SCHMIDT-NIELSEN 1975, URICH 1977; Schulversuche zur Funktion bei BECKER 1995) und damit günstige REYNOLDS-Werte, hydrostatisch liegt sie aber unter dem Schwerpunkt. Fische müssen daher ihre Schwimmlage, vor allem bei geringer Geschwindigkeit, ständig über Flossenbewegungen korrigieren. Bei Krankheit oder Schädigung wird die Regulation beeinträchtigt, tote Fische schwimmen bäuchlings an der Wasseroberfläche. An der Schwimmhaltung können Aquarianer ebenso wie Freßfeinde oder Sexualpartner den Gesundheitszustand erkennen.

Die Fernorientierung der Fische erfolgt im klaren Wasser vorwiegend optisch. Die Augen sind in der Ruhe auf Nähe (auf ca. 1 m) eingestellt, der Fernpunkt liegt bei 10-12 m. Die Akkomodation erfolgt durch Bewegung der kugelförmigen Linse (über Rückziehmuskeln, vgl. KAESTNER & FIEDLER 1991).

Die Litoralfische von Seen (Abb. 69) können wie folgt ökologisch klassifiziert werden:

1. Planktonfressende, schnelle **Ausdauerschwimmer des freien Wassers**: Sie müssen großflächig den Nahrungsraum kontrollieren, um satt zu werden. Sie brauchen aber keine besondere Fertigkeit, die bewegungsmäßig weit unterlegene Beute zu ergreifen. Für sie ist der Reibungswiderstand des Wassers (d.h. die Viskosität) die entscheidende Größe. Sie sind an der (heringsähnlichen) spindel- oder torpedoförmigen Gestalt zu erkennen, ihre Schwanzflosse ist analog zu den schmalen Flügeln schneller Dauerflieger wie Mauersegler oder Wanderfalke tief eingeschnitten (Große und Kleine Maräne oder Ukelei = Laube; vgl. Band 2). Perfektioniert ist der Typ des Hochgeschwindigkeit-Dauerschwimmers („Marathon-Schwimmer", Tab. 20) bei Fischjägern nährstoffarmer Hochseegebiete (wie den 2-3 m langen Thunfischen oder den 0,5 m langen Makrelen; vgl. GERLACH 1994, zur Formenübersicht KAESTNER & FIEDLER 1991): Ihr Rumpf ist starr, im Querschnitt rundlich mit Maximierung der Muskelmasse, die Seitwärtsbewegung ist auf den dünnen Schwanzstiel und die mondsichelförmige Schwanzflosse beschränkt (vgl. ZUPANC 1988).

2. Plankton oder Bodentiere fressende **Dauerschwimmer des Litorals**: Sie brauchen im Lückensystem des Phytals eine höhere Wendigkeit bei geringerer Geschwindigkeit. Das begünstigt gedrungene, hochrückige Formen (wie Bitterling, unter 10 cm lang, Foto 25, Güster oder Brachsen, 20-30 bzw. 50-70 cm lang). Plötzen und Rotfedern (20-30 cm lang), auch die Karausche (20-25 cm lang) wechseln vom Typ 1 (als Jungfisch, bis etwa 10 cm lang) zum Typ 2. Die große Seitenfläche verbessert aber auch das Spurtvermögen und damit die Fluchtchance vor lauernden Räubern, zugleich erhöht die Sperrigkeit den Fraßschutz (insbesondere vor Raubfischen mit kleinem Maul wie Zander, Barsch oder Aal).

3. Pirschende Räuber des Litorals: Von dem Typ 2 unterscheiden sie sich durch die besonders hohe Manövrierfähigkeit mit Hilfe der großen, seitlich sitzenden, differenziert beweglichen Brustflossen und die Spurtfähigkeit mit Hilfe der breiten Schwanzflosse, die durch einen hohen Querschnitt des Körpers (als Oberflächenvergrößerung wie beim Sonnenbarsch und beim älteren Flußbarsch) noch begünstigt wird; ein mehr spindelförmiger Körper (wie bei den Stichlingen) macht den Räuber aber weniger auffällig. Typisch ist eine Tarnfärbung (Schilfstreifenmuster beim Flußbarsch, Fleckenmuster beim Stichling, Kaul- und Sonnenbarsch).

4. Lauernde Räuber des Litorals: Sie sind optimiert auf extremes Beschleunigungsvermögen, also auf das Überwinden der Massenträgheit. Dazu gehören ein besonders hoher Anteil der Bewegungsmuskulatur (etwa 60 % beim Hecht), das weite Ausholen des langgestreckten, massigen Schwanzstieles, eine breite Schwanzflosse als Ruderblatt. Ein pfeilförmiger Körper ist wieder ein Kompromiß hinsichtlich der Überlistung der Beute, hier hilft auch die Tarnfärbung. Der Hecht ist ein Laurer zwischen der Unterwasservegetation mit extem großem Maul, während sich der Zander am offeneren Ufer (ggf. im Schutz von Wasserblüten) langsam an die Beutefischschwärme heranpirscht und sich dann mit einem „Sprung" auf das Opfer stürzt (vgl. HEGEMANN 1964, WUNDSCH 1973).

5. Bodenfische sind im Querschnitt rund bis dorsiventral abgeflacht, die Gestalt ist langgestreckt bis wurmförmig (wie beim Schlammpeitzger oder Steinbeißer, extrem beim Aal) und begünstigt dann das Eingraben tagsüber. Die Schwimmblase kann reduziert sein (wie bei der Koppe des Bergbachs, aber nicht bei unseren Stillwasserarten wie Aal oder Wels: MIHALIK 1982). Die Schwanzflosse ist meistens abgerundet, die unpaaren Flossen können zu langen Säumen ausgezogen sein (Aal, Wels, Quappe), das Schwimmen wird dann zum Schlängeln mit dem ganzen Körper (ausdauernd möglich beim Aal, einem Fernwanderfisch). Der Körper ist dunkel gefärbt (Tarnung). Die Augen sind relativ klein, der Geruchssinn dafür leistungsfähig (besonders beim Aal, vgl. TESCH 1973): für die mechanisch/chemische Beuteortung werden vielfach Tastorgane (Barteln) eingesetzt (vgl. HERTER 1953). Bodenfische sind oft „wetterfühlig", d.h. sie werden bei gewitterigem Wetter unruhig und können zum Luftschnappen an die Wasseroberfläche kommen („Wetterfisch" als Name für den Schlammpeitzger mit Darmatmung). Die Schuppen der Bodenfische sind oft nur schwach ausgebildet (vgl. auch die Schleie unter den bodennahen Schwimmern), was die Hautatmung begünstigt (TESCH 1973).

Fließwasserfische entsprechen den vorstehenden Typen, jedoch ist bei ihnen in Anpassung an Querströmungen der Köperquerschnitt rundlicher (vgl. die räuberische Forelle als Spurter, die Elritze als Kleintierfresser), auch bei Bodenformen (wie Barbe oder Nase, selbst noch beim Gründling) bleibt die

Schwimmergestalt (wegen der Strömungsexposition) erhalten, erst die Koppe, die in den Ritzen des Steingrundes lebt, hat die abgeflachte Gestalt. Auf die **Plattfischgestalt** der Flunder des Wattenmeeres und der Flußmündungen wird nicht weiter eingegangen.

Auf der Flucht schnellen eine Reihe von Oberflächenfischen aus dem Wasser. Ausgenutzt wird die gute Beschleunigungsmöglichkeit im Wasser und der geringe Widerstand der Luft. Besonders deutlich ist das bei den heringsgroßen Fliegenden Fischen der warmen Meere, die (ggf. mit einigen Sätzen) einige Hundert Meter weit durch die Luft gleiten und damit den Makrelen entkommen können (vgl. SIEWING 1980: Abb. 11.85). Unter den Aquarienfischen können die kleinen Beilbauchfische aus Südamerika mit einem Schwirrflug bis zu 10 m weit über das Wasser gleiten, wobei sie (analog zum Tragflächenboot) mit dem scharfen Bauchkiel das Wasser furchen.

5.2.3 Das Schwimmen bei Wasserinsekten

Schwimmkäfer (wie der Gelbrandkäfer, vgl. Kap. 4.1) sind das Musterbeispiel für einen Schwimmer unter den Insekten (vgl. Tab. 20 und JACOBS & RENNER 1988, KLAUSNITZER 1984, LAMPEL 1973, NAUMANN 1955, WESENBERG-LUND 1943). Sie haben einen starren, dorsiventral abgeplatteten Körper, dessen Wasserlage durch die spitz zulaufenden Seitenränder stabilisiert wird. Er ist aus einem Guß. Kopf, Brust und Hinterleib gehen ohne tiefe Einschnitte ineinander über (vgl. Laufkäfer oder Bienen), die Deckflügel sind nahtlos verfugt. Die Vorder- und Mittelbeine können in passende Vertiefungen gelegt werden (analog zum Einziehen des Fahrgestells bei Flugzeugen). Der Antrieb erfolgt mit den weit ausladenden, zu Rudern umgebildeten Hinterbeinen: sie sind abgeflacht und mit langen Haaren besetzt, die sich beim vorantreibenden Rückwärtsschlag abspreizen und so die Schlagfläche beachtlich vergrößern (SIEWING 1988). Schwimmkäfer sind damit gut einem Ruderkahn vergleichbar und erreichen beachtliche relative Geschwindigkeiten (Tab. 20). Der ganze Körper ist durch wasserabstoßende Fette besonders gut gleitfähig. Luft wird unter den Flügeldecken mitgeführt; sie macht den Käfer etwas leichter als Wasser und verleiht ihm eine stabile Gleichgewichtslage. – Schwimmwanzen sind ähnlich abgeplattet wie Schwimmkäfer (zu Taumelkäfer, Rückenschwimmer und Ruderwanzen s. Kap. 4.1).

Unter den Insektenlarven sind ausgesprochene Schwimmer selten, eine stromlinienförmige Gestalt ist nicht ausgeprägt. Einfache Schwimmbeine haben z.B. die Gelbrandkäferlarven (s. Kap. 4.1) oder manche Köcherfliegenlarven (wie *Triaenodes*), die kopfvoran mitsamt Köcher durch das Wasser zu gleiten scheinen (Tab. 20). – Viele Wasserinsektenlarven schwimmen nur auf der Flucht vor Feinden. Eintagsfliegenlarven wie *Cloëon* „hüpfen" dabei durch Schläge mit den behaarten Hinterleibsanhängen, Kleinlibellenlarven haben Ruderplättchen hinten am Körper und unterstützen damit die schlängelnden Körperbewegungen, Großlibellenlarven sind Rückstoßschwimmer, andere (wie viele Mückenlarven) schlagen einfach mit ihrem Körpern (vgl. Kap. 4.1, 4.3). Oft sind Wasserinsektenlarven ganz an das Substrat gebunden, ± stationär mit unbeholfener Fortbewegung (wie bei Waffenfliegenlarven: Abb. 52).

5.3 Orientierung unter Wasser

5.3.1 Optische Orientierung

Die freie Bewegung im Raum erfordert eine Lage- und Beschleunigungswahrnehmung und die Möglichkeit zur Fernerkundung (ECKERT 1993, HERTER 1953, HORN 1982, SIEWING 1988). Für letztere hat im Tierreich der Lichtsinn eine Vorrangstellung (vgl. die Koevolution von Hochleistungsaugen und Freiwasserschwimmen bei Großformen unter Mollusken und Polychaeten). Linsenaugen mit der Fähigkeit zur Akkomodation haben bei Wassertieren (wie Fischen und Amphibien) verschiebbare Kugellinsen mit Naheinstellung in Ruhelage (im Gegensatz zu Vögeln, Säugern und Reptilien außer Schlangen mit Akkommodation durch Linsenverformung und Ruhestellung des Auges bei Fernakkommodation). Das paßt zu den optischen Eigenschaften des Mediums Wasser im Vergleich zur Luft. – Ein morphologisch völlig anderes Optimierungsprinzip stellen dagegen die Facettenaugen der Arthropoden dar, bei denen die Leistungsfähigkeit in erster Näherung an der Ommatidienzahl ablesbar ist.

Im See haben die Dauerschwimmer (etwa ab 2 mm Größe) durchweg leistungsfähige Augen; die gut entwickelten Facettenaugen der Cladoceren (Wasserflöhe und Verwandte) und der Glasmückenlarven dienen vor allem zur Fernwahrnehmung von Fischen als schnellen Freßfeinden.

Das Licht wird aber vielfach auch zur Lageorientierung (als Orientierung zum Licht) eingesetzt:

Viele Landtiere können die Himmelsrichtungen an der Stellung der Gestirne, z.T. auch am Polarisationsmuster des Himmels, in Verbindung mit der inneren Uhr erkennen (vgl. die Lichtkompaßreaktion z.B. von Strandarthropoden, Honigbiene und verschiedenen Zugvögeln), Wassertiere vermögen dies kaum. Statt dessen zeigen viele Wassertiere einen Lichtrückenreflex: sie stellen sich so ein, daß die physiologische Oberseite (in der Regel der Rücken, beim Kiemenfuß und Rückenschwimmer die Bauchseite) zum Licht hin zeigt, auch wenn im Versuch die Lichtquelle von der Seite oder von unten geboten wird und eine instabile Lage entgegen dem hydrostatischen Gleichgewicht eingenommen werden muß (z.B. bei Schwimmkäfern und ihren Larven, Wasserwanzen).

Bei verschiedenen Wassertieren (Fische, Garnelen) ist der Lichtrückenreflex erst nach Ausschalten der statischen Organe voll wirksam, (hochrückige) Fische nehmen bei Seitenlicht eine Schrägstellung zum Licht hin als Resultierende zwischen der Orientierung nach der Schwerkraft und der Lichtrichtung ein (sie wird allerdings mit von der jeweiligen Stimmung beeinflußt, vgl. HERTER 1953).

Dieses Phänomen kennt jeder Aquarianer, der ein Becken am Fenster stehen hat. Es läßt sich im Versuch am besten mit hochrückigen Fischen wie Karausche, Sumatrabarbe, Segelflosser) überprüfen (SCHMIDT 1972): Im verdunkelten Raum wird abwechselnd Oberlicht (Aquarienleuchte) und Seitenlicht (z. B. Schreibtischlampe) eingeschaltet und die Körperneigung beim Schwimmen senkrecht und quer zum Licht untersucht (ggf. Schwimmrichtung vorsichtig mit einem Glasstab dirigieren).

Bei Wirbellosen wechselt man entsprechend Ober- und Unterlicht. Man setzt z. B. Larven von Eintagsfliegen (wie *Cloëon*) oder Schwimmkäfern sowie Imagines von Schwimmkäfern und Wasserwanzen (beim Rückenschwimmer Lichtbauchreflex, – keine Tiere aus Aquarien mit vorherrschendem Seitenlicht verwenden!) in ein Kleinaquarium ohne Bodengrund und bringt sie mit einem Glasstab zum Schwimmen. Im verdunkelten Raum schaltet man dann abwechselnd Oberlicht (z. B. Schreibtischlampe) und Unterlicht (z. B. Schreibprojektor: Leuchtfläche durch eine starke Glasplatte auf Holzleisten schützen) ein und registriert die Schwimmlagen. Bei Unterlicht schwimmt zumindest ein Teil der Tiere wenigstens zeitweilig anormal mit dem Rücken (beim Rückenschwimmer mit dem Bauch) nach unten, bei Oberlicht nicht. Mit dem Schreibprojektor als Unterlicht ist der Versuch auch gut für die Demonstration geeignet.

Diese Unterschiede in der optischen Orientierung stehen in Einklang mit den unterschiedlichen Lichtverhältnissen unter Wasser und im Luftraum. Auf dem Lande ist die Stellung der Gestirne gut zu erkennen, dafür ist die Richtung nach oben durch das Licht nicht besonders ausgezeichnet, es kann an den verschiedensten Stellen des Himmels am hellsten sein. Unter Wasser wird dagegen schon in geringer Tiefe die Stellung der Gestirne undeutlich, dafür ist (am Tage) die Richtung nach oben klar durch das Licht markiert. Dazu tragen die folgenden optischen Eigenschaften der Gewässer wesentlich bei:

1. Die Lichtquellen (Gestirne) befinden sich außerhalb des Wassers und strahlen i.d.R. schräg auf das Wasser, das in der Wasseroberfläche eine ebene, scharf begrenzte, optisch stark wirksame Grenzfläche hat.
2. An der Wasseroberfläche wird das einfallende Licht zum Lot hin gebrochen, die maximale Abweichung vom Lot liegt beim gebrochenen Strahl etwas über 45° (α, β: Einfalls-, Brechungswinkel; Brechungskoeffizient Luft $\rightarrow$ Wasser ist 4:3):

$\sin \beta = 0{,}75 \cdot \sin \alpha \Rightarrow \beta < \alpha$ für $0° \leq \alpha, \beta < 90°$; $\alpha = 90° \Rightarrow \beta = 48{,}5°$

Der gesamte Luftraum wird damit optisch auf einen Kreis an der Wasseroberfläche genau über dem Betrachter zusammengedrängt (Bullaugeneffekt) und wie bei einem extremen Weitwinkelobjektiv („fish-eye") verzerrt. Dabei wird der Horizont überhöht, die Ufersilhouette also vergrößert (vgl. Abb. 50; SIEBECK 1990).

3. Streulicht, das von unten an die Wasseroberfläche trifft, wird dementsprechend bei einem Einfallswinkel $\geq 45°$ total reflektiert, es erhellt so (von unten gesehen) zusätzlich die Wasseroberfläche und stört das Bild vom Luftraum (zunehmend mit der Tiefe des Betrachters).

4. Die Strahlungsabsorption beträgt im destillierten Wasser im Mittel für das sichtbare Spektrum etwa 50 % je m, in klaren Seen etwa 70 % je m (vgl. Band 2), Schräglicht läßt damit schon wegen des längeren Weges mit zunehmender Tiefe erheblich stärker nach als direkt von oben kommendes.

5. Zu vernachlässigen ist dagegen für diese Fragestellung, daß schräg einfallendes Licht an der Wasseroberfläche stärker reflektiert wird, da es sich nur bei niedrigem Sonnenstand auswirkt und vor allem bedeutet, daß im Wasser schon bei tief stehender Sonne die Dämmerung einsetzt und es morgens entsprechend später hell wird: Unter Wasser ist also der Tag verkürzt und die Dämmerung verlängert.

Das Licht ist auch Taktgeber für diurnale Rhythmen und Leitsignal für Fototaxien (vor allem bei autotrophen Flagellaten).

Die Lichtwahrnehmung der Organismen konzentriert sich ebenso wie die Lichtnutzung für die Fotosynthese auf den Wellenlängenbereich mit der höchsten Strahlungsintensität auf der Erdoberfläche, der sich jedoch im Wasser verschiebt (s. Band 2).

5.3.2 Hydrodynamische Orientierung und Lauterzeugung

Wellen bewegen sich im Wasser schneller und besser fort als in der Luft. Die Nutzung von Oberflächenwellen war schon angesprochen worden (Kap. 4.1). Wassertiere können auch Unterwasserwellen gut wahrnehmen und sich an den Wellenmustern (z.B. des Echos eigener Bewegungen) orientieren oder die Quellen orten. Wegen der Dämpfung ist allerdings die Reichweite begrenzt (vgl. ATEMA et al. 1988, BLECKMANN 1991, HORN 1982, KAESTNER & FIEDLER 1991, PENZLIN 1991).

Alle Bewegungen erzeugen Wellenmuster. Schwimmer verraten so ihre Position. Andererseits wirken Turbulenzen des Wasserkörpers als störendes „Rauschen" und müssen bei der Reizverarbeitung eliminiert werden. In gerichteten Strömungen stellen sich Tiere in der Regel in den Strom (Rheotaxis). Uferfische reagieren auch auf Erschütterungen des Bodens, da sich diese Wellen in den Wasserkörper hinein fortpflanzen (wie der Fischbeobachter und Angler weiß). Mit einer lauten Pfeife wird bei Fischen oder dem Gelbrandkäfer eine Schreckreaktion ausgelöst, Fische lassen sich auf einen Pfiff und andere Töne dressieren (FRISCH 1970, HERTER 1953, SCHLIEPER 1965).

Zum Laich- und Kampfritual vieler Fischarten gehören Wasserwellenstöße (Infraschall), die mit den Flossen erzeugt werden (vgl. Abb. 80 sowie BURKHARDT et al. 1966, BUNDTZEN 1993, EIBL-EIBESFELD 1987, HERTER 1953, STOLK 1980, WICKLER 1970). Diese Flossenschläge sind im Aquarium einfach an einem Kampffisch-Männchen, das mit seinem Spiegelbild konfrontiert wird, zu beobachten (Versuchsanordnung bei BUNK & TAUSCH 1980, vgl. LAUDIEN 1966, zu Buntbarschen BERGMANN 1981, ZUPANC 1988).

Die Wahrnehmung von Strömungsmustern erfolgt bei Fischen und Amphibien über das Seitenlinienorgan, das im Kopfbereich besonders differenziert ist, bei Wirbellosen über Sinneshaare (wie auf den Antennen von Krebstieren).

Bei Kleintieren unter 1 mm dominiert die mechanische über die optische Orientierung, auch bei Dauerschwimmern wie beim Zooplankton (vgl. die einfachen Augen bei Ruderfußkrebsen und Rädertierchen; Ausnahmen bei Wasserflöhen s. o.).

Eng mit der Wahrnehmung von Wellenmustern hängt die Lauterzeugung zusammen: Ihre Nutzung für die Raumerkundung ist besonders bei den Walen ausgeprägt. Unsere Süßwassertiere nutzen die Lauterzeugung eher für die innerartliche Kommunikation (insbesondere bei der Paarfindung). Fische erzeugen Ultraschall-Laute auf vielfältige Weise, wobei die Schwimmblase oft als Resonanzboden dient. Froschlurche erzeugen dagegen mehr Oberflächen-Luftwellen (vgl. ADLER 1975, BUNDTZEN 1993, BURKHARDT et al. 1966, FRISCH 1970, HERTER 1953, HORN 1982, KAESTNER & FIEDLER 1991, SCHNEIDER 1961, 1982, STOLK 1980, WAHL 1969, WEBER & SCHUMACHER 1975). – Unter den Wasserinsekten sind die für uns gut hörbaren Stridulationen der Ruderwanzen (daher auch Wasserzikaden genannt) das bekannteste Beispiel der Lauterzeugung im Wasser: Die Männchen reiben ein Schrillfeld an der Innenseite der Vorderbeine an ein Schrillkantenfeld der Kopfseiten (JACOBS & RENNER 1988, JORDAN 1950).

5.4 Bewegung, Schutz und Tarnung am bzw. im Substrat

An die Vegetation als Substrat sind vor allem Insekten(-larven) und Weichtiere gebunden. Köcher-, Eintagsfliegen- und Libellenlarven bewegen sich mit Schreitbeinen, deren Krallen ein Anklammern ermöglichen. Wasserschnecken kriechen mit ihrem Fuß auf einem Schleimband, die Kugelmuscheln durch

Strecken und Kontrahieren ihres weit vorstreckbaren Fußes, völlig abweichend von den Teichmuscheln. Eine rasche Bewegung ist unüblich.
So stellt sich die Frage nach Schutzeinrichtungen. Filtrierer wie die Kugelmuschel, Aufwuchsraspler wie die Schnecken und Weidegänger wie Köcherfliegenlarven haben Schalen oder Gehäuse, in die sie sich bei Gefahr zurückziehen (zum Fluchtschwimmen s. Kap. 5.2). Wasserlungenschnecken können überdies die Atemluft ausstoßen und sich dann zu Boden fallen lassen, Kiemenschnecken ihr Gehäuse mit einem Deckel verschließen.
Die Tiere, die an das Phytal als Substrat gebunden sind, brauchen keine statischen Sinnesorgane, Fluchtschwimmer nutzen den Lichtrückenreflex (s. Kap. 5.3.1). Auf plötzlichen Licht-Schatten-Wechsel reagieren viele Ufertiere mit Flucht oder Verstecken.

Das ist einfach im Aquarium an Stechmückenlarven oder Rückenschwimmern nachzuweisen: wird die Lichtquelle plötzlich mit einem Pappdeckel abgeschirmt, so tauchen sie ab. Bei Wiederholung steigt die Reizschwelle, die Tiere reagieren langsamer und weniger heftig (Gewöhnungseffekt).

Die Tiere des Phytals sind oft in ihrer Färbung dem Substrat besonders angepaßt. Bei lauernden Räubern hängt der Jagderfolg davon ab, sie müssen also besonders gut getarnt sein:
1. Bei Schwimmern ist i.d.R. die (physiologische) Oberseite dunkel, die Unterseite hell gefärbt (vgl. Freiwasserfische wie Plötze, unter den Insekten z. B. Gelbrandkäfer, Rückenschwimmer, Ruderwanzen; beim Kolbenwasserkäfer glänzt die an sich dunkle Unterseite silbrig durch die Lufthülle).
2. Schweber sind dagegen vielfach glasartig durchsichtig (Glasmückenlarven), auch verschiedene tropische Fische (wie Glasbarsch, Glaswels oder einige Salmler), beim Schönflecksalmer wird der Körperumriß zusätzlich durch einige leuchtende Flecken auf einzelnen Flossen oder am Körper aufgelöst.
3. Bei Insektenlarven des submersen Pflanzengewirrs herrschen grüne oder braune, der Umgebung entsprechende Farbtöne vor; die in Moosrasen lebende Mückenlarve *Phalacrocera* ist zusätzlich durch Körperanhänge, die sie einem Moosstengel ähnlich machen, getarnt. Köcherfliegenlarven verstecken ihren Körper in einem Gehäuse aus dem Material der Umgebung. Unter den Fischen haben z. B. Hecht, Flußbarsch und Stichling (Abb. 69) eine hierher passende Färbung.
4. Bodenfische sind überwiegend dunkel gefärbt (z.B. Karpfen Schleie, Aal, Wels; Abb. 69). Vierfleck- und Plattbauchlibellenlarven schmiegen sich dem Untergrund an, der sich dann zwischen den langen Haaren der Oberseite verfängt und die Tiere unkenntlich macht, Blaupfeillarven graben sich tagsüber so in den Sandgrund, daß nur die kleinen Augen und die Analpyramide mit der Atemöffnung herausschauen. Köcherfliegenlarven (wie *Molanna)* bauen aus feinen Sandkörnchen Köcher, die im Untergrund verborgen und durch seitliche Flügel verankert sind (Kap. 3.5.8). Eine ganze Reihe von Boden-

tieren lebt in Röhren (z.B. Zuckmückenlarven, Eintagsfliegenlarven wie *Ephemera*, Röhrenwürmer *Tubifex*) oder versteckt sich tagsüber unter Pflanzen usw. (Krebs) bzw. gräbt sich ein (Aal, Schlammpeitzger, Steinbeißer).
Verschiedene Tiere können sich an den (z.B. im Jahresgang) wechselnden Untergrund anpassen. Ein rascher physiologischer Farbwechsel durch kontraktile Chromatophoren (Elritze) ist allerdings selten. Bei Insektenlarven (z.B. Libellen, verschiedene Eintagsfliegen) ist ein Farbwechsel an die Häutungen gebunden, bei den Köcherfliegenlarven ergibt sich die jeweilige Anpassung an die Umgebung durch die Bevorzugung des vorherrschenden Materials zum Gehäusebau (z. B. *Limnephilus flavicornis* im Sommer Blattstücke, im Winter Schneckengehäuse oder Erbsenmuscheln, *Glyphotaelius punctatolineatus* im Sommer breites, flaches Gehäuse aus großen Blattstücken, im Winter schmales Gehäuse aus Stengelstücken: BOHLE 1995, WICHARD 1988).

Versuche zur Farbanpassung:
1. Physiologischer Farbwechsel: Je eine Elritze in einem Kleinaquarium auf weißes und auf schwarzes Papier stellen und die Färbung nach gut 10 min vergleichen. Tiere dann umstellen und nach weiteren 10 min erneut vergleichen (FRISCH 1970 sowie BAER 1968, BUNK & TAUSCH 1980).
2. Morphologischer Farbwechsel: Mittlere bis vorletzte Stadien von Schlank,- Mosaikjungfern (Flügelscheiden erreichen nicht das dritte Hinterleibssegment) werden in weiß, schwarz bzw. grün ummantelte Kleinaquarien ohne Bodengrund, aber mit entsprechend gefärbten Plastikklötzchen/Stäben als Substrat gesetzt. Die Ausgangsfärbung der Larven wird fotografisch dokumentiert und mit der Färbung etwa 2 Wochen nach der nächsten Häutung verglichen (SCHMIDT 1972c). In der Zwischenzeit werden die Larven am besten mit Wasserflöhen (aus einer Zucht) als Futter versorgt, zweimal je Woche ist das Wasser zu wechseln, ggf. Detritus und Algenanflug zu beseitigen. Haben die Larven noch nicht das letzte Stadium erreicht, kann der Versuch (ggf. mit Wechsel der Farbauskleidung) fortgesetzt werden. Die Exuvien der Larven können, nach Individuen getrennt, als Beleg in 70%igem Alkohol (mit den Häutungsdaten) aufbewahrt werden. Achtung: Die Versuche mit Libellenlarven erfordern eine Sondergenehmigung der Unteren Naturschutzbehörde für die Entnahme und Haltung!
3. Köcherbau: Köcherfliegenlarven (z. B. vom häufigen *Limnephilus*) in Kleinaquarien a) mit Wasserpest, b) mit kurzen Wollfadenstücken, c) mit gewässerten Papierschnipseln oder Stücken alter Blätter setzen und im Verlaufe einiger Tage den Gehäusefortbau verfolgen. Man kann auch Larven mit dem Glaskopf einer Stecknadel aus ihrem Gehäuse von hinten her treiben und den Neubau eines Gehäuses untersuchen. Das Angebot von verschiedenen Baustoffen (z.B. Kunststoff- und Metallstücke verschiedener Gestalt, Größe, Oberflächenstruktur und Dichte, Wollfäden verschiedener Farbe, oder Länge) ermöglicht mannigfaltige Wahlversuche (ZINTL 1970). Die opportunistische Wahl des gegebenen Materials und die Bauweise sichern den Tarneffekt.

Schutz durch das Substrat:
4. Schutzfunktion des Köchers bei Köcherfliegenlarven: *Limnephilus*-Larven mit und ohne Köcher werden zu Räubern (am besten Mosaikjungferlarven: s.o., ersatzweise

größere Goldfische) im bepflanzten Aquarium gesetzt und die Attacken und die Überlebensraten registriert (vgl. KEITH & MOLLES 1993).

Schutz im Substrat:
5. Überleben von Guppy-Brut im Gesellschaftsbecken. Hält man lebendgebärende Zahnkarpfen (wie Guppy, Schwertträger oder Platys) im Gesellschaftsbecken, so können Jungfische selbst dann durchkommen, wenn effektive Jäger (wie Makropoden, Kampffisch, Segelflosser oder andere Buntbarsche) mit im Becken leben. Die Jungfische verstecken sich dann im Bodengrund oder in Schwimmpflanzendecken und können sich mit Fluchtsprüngen den Nachstellungen entziehen, wenn sie einmal entdeckt worden sind. Diese Zufallsbeobachtungen lassen sich zum Experiment ausbauen. Zwei (60 cm-) Aquarien erhalten Bodengrund aus feinem Sand, ein drittes wird mit einem Glasstreifen längs unterteilt, hinten ebenfalls mit dem Sand, vorn mit Kieseln (2-3 cm Ø) oder einer Mulmschicht über Sand beschickt. Der hintere Teil wird bei allen 3 Becken mit Vallisnerien bepflanzt, in das eine Becken mit Sandgrund kommen über dem vorderen Teil sperrige Schwimmpflanzen (wie „Sumatrafarn" in der feingliedrigen Schwimmform). Die Aquarien werden abgedeckt und gut beleuchtet; eine Beheizung ist bei den heute üblichen Raumtemperaturen (von etwa 22 °C) nicht erforderlich (andernfalls Regelheizer am Grund nahe der hinteren Scheibe), auch eine Belüftung kann entfallen. Nach 3-4 Wochen werden die Becken mit je einem Schwarm aus 2-3 Guppy Männchen und 3-4 Weibchen sowie einem Makropoden, Kampffisch oder Segelflosser besetzt. Die Weibchen setzen etwa alle vier Wochen etwa 10-30 glasartig durchsichtige Jungfische. Notiert wird das Ablaichen der Weibchen, nach Möglichkeit auch das Verhalten der Jungfische beim und kurz nach dem Geburtsakt. Die Jungfische scheinen dann in allen drei Becken verschwunden zu sein. Bei näherer Untersuchung wird man Jungfische sowohl in den Schwimmpflanzen als auch in den Kiesellücken entdecken, während sie in dem deckungsarmen dritten Becken bald aufgefressen sind. Die Überlebenden können sicher ermittelt werden, sobald sie für die Räuber zu groß geworden sind und sich dem Schwarm anschließen (zum Guppy vgl. PETZOLD 1968). – Bei kleineren (~ 30 cm-) Aquarien bleibt die Guppy-Zucht gesondert. Es wird jeweils ein 1-2 tägiger Jungfisch zu den Raubfischen gesetzt, das Jagd- bzw. Fluchtverhalten und die Überlebensdauer notiert. Spätestens nach 20 min wird jeder Versuch abgebrochen, überlebende Jungfische werden in das Zuchtbecken zurückgesetzt, die Versuche je Becken etwa 10 mal mit jeweils neuen Jungfischen wiederholt. Die Überlebenschancen sind in den Becken mit Versteckmöglichkeit deutlich höher (Mitt. LEIBOLD, Uni Essen 1996).
6. Schlammröhrenwürmer der Gattung *Tubifex* sind an sich im Fischbecken Futter, haben also keine Überlebenschancen. Gibt man sie aber in einem Fischbecken mit Kieseln (2-3 cm Ø) als Bodengrund so hinein, daß die Fische 10 15 min lang keinen Zugriff erhalten, dann verschwinden die Würmer in das Lückensystem des Bodens und können von den Fischen nicht mehr gefressen werden; Mulm als Nahrung und sauerstoffhaltiges Wasser können sie zu sich heranwedeln und damit lange überleben.

In einem Aquarium mit Schlammgrund bietet die Wohnröhre mit dem Schlammbelag (anders als bei Sandgrund) Fraßschutz vor Libellenlarven als Prädatoren (JEPPEL, unveröff. Staatsexamensarbeit Uni Essen 1995).

Diese Versuche leiten zum nächsten Kapitel über.

5.5 Nahrungserwerb und Beutefang

Alle nur denkbaren Formen des Nahrungserwerbs sind bei der Tierwelt des Litorals vertreten, z.B. Filtrierer (Muscheln, Wasserflöhe), Strudler (Schwämme, Glockentierchen), Planktonfresser (Fischbrut), Aufwuchsfresser (Schnekken, Kaulquappen), Minierer (Zuckmückenlarven z.B. im Laichkrautschwimmblatt), Blattfresser (viele Gehäuse bauende Köcherfliegenlarven, Kolbenwasserkäfer). Insgesamt gesehen bleiben die Tauchblattpflanzen ähnlich wie die Moose im Walde nahezu verschont, während die Röhricht- und Schwimmblattpflanzen stärker befallen sind, an den Wasserrosenblättern kann man sogar eine eigene Lebensgemeinschaft feststellen: STEINECKE 1940; vgl. Kap. 3.6, 3.10, Abb. 32). Fresser abgesunkener Planktonalgen (Zuckmückenlarven), Schlamm- und Detritusfresser (Röhrenwürmer), Aufnahme gelöster organi-

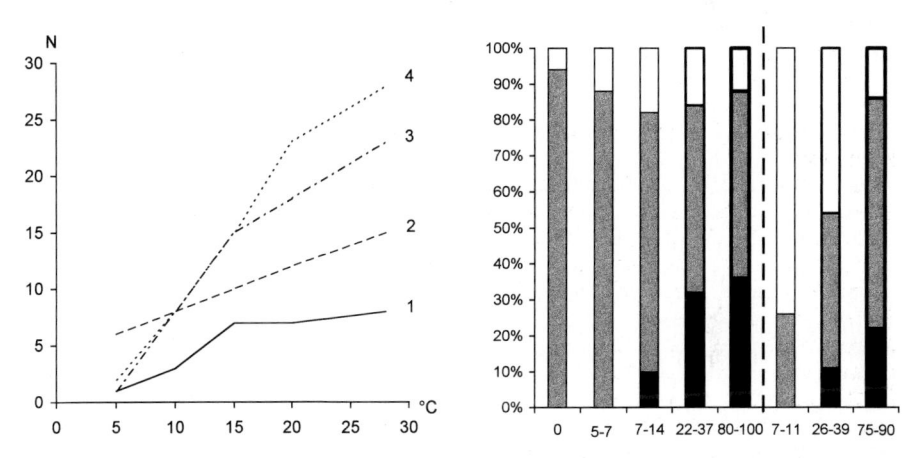

Abb. 70: Aktivitäten von Wasserinsektenlarven in Abhängigkeit von Temperatur bzw. Sauerstoffversorgung (aus MACAN 1966 nach PACAUD 1948 bzw. WALSHE 1950).
Links: Beutefang bei verschiedenen Temperaturen zwischen 5 und 28 °C. – N: Zahl der innerhalb von 10 Tagen gefressenen Zuckmückenlarven. (1) Kleinlibellenlarve (Granatauge *Erythromma*, vermutlich *E. viridulum*), (2) Bachflohkrebs *Gammarus pulex*, (3) Prachtjungferlarve *Calopteryx splendens*, (4) Rückenschwimmer *Notonecta glauca*.
Rechts: Aktivitätsanteile von Zuckmückenlarven *Chironomus plumosus* bei unterschiedlichem Sauerstoffgehalt des Wassers (links: erste 5 Säulen) und bei erhöhtem CO_2-Gehalt (rechts: letzte 3 Säulen); die Larven wurden in Glasröhren gehalten. – Dünne Linien O_2-Not, fette Linien ~ O_2-Sättigung; unter den Säulen ist der jeweilige Bereich in % der Sättigung angegeben. An Aktivtäten wurden unterschieden: *Schwarz* Nahrungsaufnahme (als Spinnen und Fressen von Driftnetzen in den U-förmigen Wohnröhren bzw. Weidegänge um den Röhrenausgang herum); *schraffiert* Atembewegungen (Schlängeln des Hinterleibes) ohne Fraßaktivitäten; *weiß* Ruhen.

scher Stoffe (Flagellaten), Aasfresser (Planarien, Schwimmkäfer), Kleintierfresser („Fried"fische); Räuber mit unterschiedlichen Fangweisen wie Nesselfänger (Polypen), Netzfänger (Wasserspinne, einige Köcherfliegenlarven), Lauerer (Hecht, Gelbrand-, Libellenlarven), Pirschjäger (Barsch) sowie Blutsauger und andere Ekto- und Endoparasiten (verschiedene Milben, Karpfenlaus, Enten-, Fischegel, Bandwürmer, Saugwürmer) sind weitere Lebensformtypen nach der Ernährung, dazu kommen von den Vögeln die Speerer (Rohrdommeln), Stoßtaucher (Eisvogel, Adler), Jäger (Haubentaucher) und Kleintierfresser (Reiherente, Bläßhuhn) unter den tauchenden Vögeln sowie z.b. die Seiher (Stockente; vgl. Kap. 4.2.2). Hier kann darauf nicht näher eingegangen werden (vgl. z.b. MACAN 1966, WESENBERG-LUND 1939, 1943).

Der Nahrungserwerb/Beutefang steigt mit der Temperatur, jedoch nicht einfach nach der RGT-Regel (**R**eaktions- **G**eschwindigkeits- **T**emperatur- Regel oder VAN'T HOFFSCHEN Regel: Verdoppelung bis Verdreifachung der Stoffwechselintensität je 10 °K Temperaturerhöhung), sondern mit artspezifischen Steigerungsraten und Schwellenwerten. Bei Sauerstoffmangel wird der Nahrungserwerb eingestellt, CO_2- Exposition verschärft die Situation (Abb. 70; vgl. MACAN 1966).

Zum Beutefangverhalten vom Stichling liegen interessante Versuche mit Wahlmöglichkeit zwischen roten und blassen Wasserflöhen (*Daphnia*) in unterschiedlichen Dichten, vor unterschiedlichem Hintergrund und weiteren trickreichen Variationen zur Frage der Selektion auffällig gefärbter Beute in Verbindung mit individuell unterschiedlichem Beutefangverhalten der Stichlinge vor (OHGUCHI 1981), auch zur Optimierung des Kompromisses von Schwarmbejagung und Feindvermeidung (MILINSKI in FRANCK 1985). Diese Versuche lassen sich auch z.b. mit Makropoden durchführen.

Unterschiedliche Beutefangtechniken und Beuteschemata sind gut an Wasserinsekten in Kleinaquarien zu studieren (vgl. BUNK & TAUSCH 1980). Für den Fang, die Haltung und den Einsatz im Versuch von geschützten Arten (z.B. Libellen) ist eine Sondergenehmigung der Unteren Naturschutzbehörde erforderlich (s.o.); der Schnappreflex der Libellenlarven ist aber so eindrucksvoll und so sicher zu reproduzieren (JOHANNESSON-GROSS & NOTTBOHM 1995), daß dieser klassische Versuch (KOEHLER 1924) eingefügt bleibt (zur Feinanalyse des Fangschlages vgl. BUCHHOLTZ 1982, NACHTIGALL 1984 oder STOKES 1971), ggf. ist auf den Film auszuweichen (BUCHHOLTZ 1971). Einige morphologisch/physiologische Details sind in Abb. 71 dargestellt:
A: Baggerförmige Fangmaske der Libelluloidea (im Bild die der Gemeinen Smaragdjungfer); Lp die hier baggerschaufelähnlichen Seitenlappen (Labialpalpen), oben die Reusenborsten: In der Ruhelage verdeckt die Fangmaske das Gesicht bis zu den Augen (Name!). Die Beuteortung erfolgt vorwiegend mechanisch.
B: Optische Beuteortung nach dem Prinzip des Schnittbildentfernungsmessers bei Edellibellen (Aeshniden): Jedes der extrem langgestreckten Einzelaugen (Ommatidium) des Facettenauges spricht auf einen Lichtstrahl mit einem bestimmten Einfallswinkel an. Jeder Objektpunkt O liegt im Schnittbild zweier solcher Strahlen, damit ist die Richtung zur Kopfachse und die Entfernung errechenbar. Zur Beuteortung drehen die Edellibellen den Kopf zur Beute hin, sie liegt damit auf der Kopfachse. Im Bild ist der Fangschlag auf das Objekt O eingestellt, für das Objekt [O] würde die Fangmaske entsprechend kürzer ausgefahren werden.

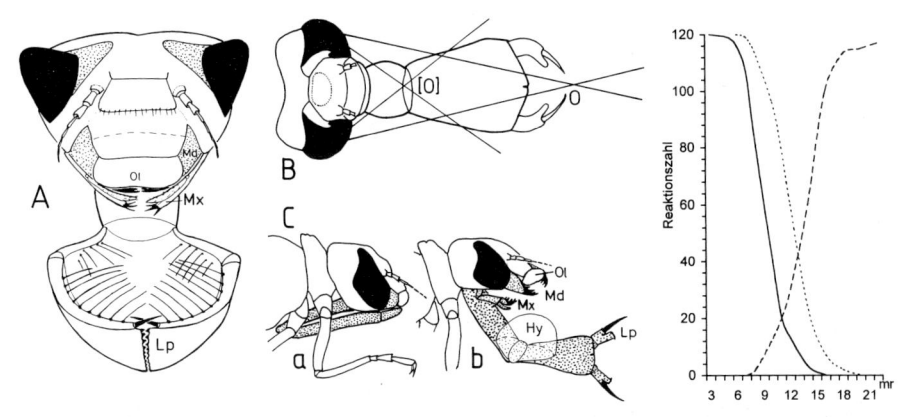

Abb. 71: Beutefang bei Großlibellenlarven (nach CHAPMAN, HOPPENHEIT, PRITCHARD, SCHMIDT in REMANE et al.). A-C *(links)*: Fangorgan ist die zur Fangmaske umgebildete Unterlippe (Labium), die Labialpalpen Lp sind mit den beweglichen End-/Fanghaken- zu homologisieren (Md Oberkiefer = Mandibel, Mx Unterkiefer = Maxillen, Ol Oberlippe = Labrum); nähere Erläuterung im Text.
Rechts: Reaktion von *Aeshna*-Larven auf Beuteattrappen in Abhängigkeit von der Attrappengröße (Ø in mm). Ausgezogene Linie: Zuschnappen, punktierte Linie: Hinwendung, gestrichelte: Flucht.

C: Mechanik (Hydraulik) des Fangschlages (Fangmaske grob punktiert). a Ruhelage (wie beim Fixieren der Beute). Zum Fangschlag werden in einer ersten Phase von etwa 100 ms die Endhaken Lp abgespreizt und im Hinterleib durch Kontraktion bei geschlossenem After ein hoher Druck der Körperflüssigkeit aufgebaut, der vom Thorax noch verstärkt und zum Kopf weitergeleitet wird. Dabei schwingt zunächst das Grundglied der Fangmaske innerhalb von weiteren 20 ms vor, in den nächsten 20 ms wird das Endglied im Verein von Hydraulik und Strecker-Muskeln vorgeschlagen, dabei wölbt sich die Gelenkhaut blasenförmig auf (Hy). Die Beute wird innerhalb der nächsten 50 ms mit den Endhaken (Lp) gepackt und in einer Entspannungsphase des hydraulischen Druckes zum Mund, dessen Kiefer bereits abgespreizt worden waren, hin gezogen. Der eigentliche Fangschlag dauert also nur etwa 100 ms und ist für unser Auge viel zu schnell.

1. **Beuteschema** bei Großlibellenlarven (*Aeshna cyanea* oder *Anax imperator*), Rückenschwimmer und Schwimmkäfer (Gelbrand, Furchenschwimmer):
   Je ein Kleinaquarium mit Kiesgrund und 1-2 Pflanzenstengeln wird mit einem der Insekten, die 2-3 Tage gehungert haben, besetzt. Nacheinander sind jedem Tier anzubieten (der Libellenlarve und dem Käfer am Boden, dem Rückenschwimmer an der Wasseroberfläche):
   a) 1-2 Mückenlarven oder 1 kleines Tubifex-Knäuel oder 1 mittlere Köcherfliegenlarve (ohne Gehäuse) im Reagenzglas vorhalten (natürliche Beute mit rein optischen Auslösern ohne z.B. Erschütterungs-, Duftreize).

b) Plastilinkugel (2-3 mm ⌀) am schwarzen Zwirnsfaden (an kurzen Glasstab binden, damit er nach dem Versuch aufgerollt werden und ohne Gefahr des Verhedderns aufbewahrt werden kann) abwechselnd ruhig und bewegt vorhalten (abstrakte körperliche Attrappe ohne Beuteduft, Bewegung ist mit mechanischem Reiz gekoppelt).
c) Fleischpreßsaft (z.b. aus Schweineleberstückchen) etwas entfernt vom Tier so eintropfen lassen, daß eine Schliere zu erkennen ist (reine Duftattrappe ohne Gestaltsmerkmale, die Schliere ist nur Beobachtungshilfe und für den Versuch selbst unwesentlich; vgl. Abb. 18 bei TINBERGEN 1956 bzw. Abb. 5.13 bei EIBL-EIBESFELD 1987).

Tab. 21: Ergebnisse der Attrappenversuche mit Wasserinsekten.

	natürliche Beute hinter Glas	Plastilinkugel ruhig	Plastilinkugel bewegt	Preßsaft
Großlibellenlarve	++	—	++	—
Rückenschwimmer	—	—	++	—
Gelbrandkäfer	—	—	(+)	++

Ergebnisse (vgl. Tab. 21) und Deutung: Gelbrandkäfer reagieren auf die bewegte Plastilinkugel nur bei starkem Hunger und nur mit Hinwendung, auf den Preßsaft dagegen fast ausnahmslos: Sie beginnen herumzuschwimmen, sobald ein Ausläufer der Schliere sie erreicht, und kommen ± zielstrebig in das Zentrum der Schliere. Dabei steigert sich die Erregung, es werden jetzt z. B. Plastilinkugeln viel eher angenommen, vielfach beißen sie sich sogar daran fest (Spezifizierung der Attrappen und Reaktionen bei BUNK & TAUSCH 1980). Der Beutefang wird also beim Gelbrandkäfer vorwiegend olfaktorisch oder mechanisch, aber nicht optisch ausgelöst. Der Käfer ist demnach primär ein Vertilger verletzter oder toter Tiere (mit dem Tode ändert sich schlagartig die Permeabilität, so daß im Wasser verstärkt organische Stoffe nach außen dringen und Aasfresser anlocken können), Rückenschwimmer sind dagegen vorwiegend mechanisch orientierte (tagaktive) Räuber an der Wasseroberfläche (Kap. 4.1), typische Beute sind auf das Wasser gefallene oder eierlegende Insekten und Luft schöpfende Wassertiere (z.B. Ruderwanzen, Mückenlarven).

2. Ergänzende **Langzeitversuche zum Beutefang des Gelbrandkäfers**:
a) In ein bepflanztes Aquarium (ca. 30-40 bzw. 20-30 l) zu 1-2 Gelbrandkäfern (bzw. 2-4 Furchenschwimmern, den häufigeren kleineren Verwandten) einen kleinen Schwarm von 5-8 halbwüchsigen Guppies setzen und die Guppies regelmäßig mit Trockenfutter, die Käfer mit jeweils einem Fleischbröckchen füttern. In aller Regel sind nach 1-2 Wochen die Fische selbst noch dann vollzählig, wenn die Käfer nicht gefüttert worden sind.
b) Den Guppy-Schwarm herausfangen und einen gerade gestorbenen Guppy (evt. dessen Haut etwas einritzen) in das Aquarium geben: Die Käfer versammeln sich in kurzer Zeit am Aas und fressen den Fisch auf.
Schlußfolgerung: Die Gelbrandkäfer sollten nicht mehr als arge Fischräuber, sondern als „Gesundheitspolizei im Wasser" bezeichnet werden!

3. Die Gelbrandkäferlarven:

Die Larven des Gelbrandkäfers weichen im Beutefang von den Imagines völlig ab. Sie sind Laurer, die zumeist zwischen den Unterwasserpflanzen, aber auch an der Wasseroberfläche hängen (Abb. 52). Ihre Augen bestehen nur aus wenigen, getrennten Ommatidien. Beute wird vor allem an den Bewegungswellen erkannt (Lebensindiz!), mit den mächtigen zu Saughaken umgebildeten Oberkiefern ergriffen, mit den Verdauungssekreten gelähmt und zersetzt und ausgesaugt (extraintestinale Verdauung). Schwimmhaare an den Beinen ermöglichen ein Zustoßen und das Aufschwimmen zum Atmen. Die Larven müssen einzeln gehalten werden, da sie auch übereinander herfallen. Gelbrandkäferlarven fressen gern (die besonders geschützten) Kaulquappen, können aber auch Jungfische (im Gegensatz zu den Käfern!) erlangen:

Versuch 2 mit einer Gelbrandkäferlarve und einem kleinen Guppy ansetzen, die Überlebensdauer des Guppys protokollieren. (Versuche zum Beuteschema bei CLAUSNITZER 1982, RIMKE 1962; die Reaktion auf Duftreize von toter Beute belegt, daß auch Aas angenommen wird.)

4. Ergänzungen zum Beuteschema der Großlibellenlarven (Aeshna, Anax):

a) Überprüfung der Reaktionskette (Schnappen, Hinwendung, Flucht) auf verschieden große Plastilinkugeln: nach kleinen Kugeln (3-5 mm Ø) wird i.d.R. geschnappt, bei großen (über 15 mm Ø) weichen die Tiere i.d.R. zurück, verstecken sich hinter Pflanzenstengeln oder entfliehen sogar mit Rückstoßschwimmen (Abb. 71). Im einzelnen hängen die Reaktionen wesentlich vom Sättigungsgrad ab, mit wachsendem Hunger werden immer größere Attrappen angenommen. In Grenzsituationen können Übersprungreaktionen (Putzen) oder gehemmtes Schnappen (Endhaken der Fangmaske bleiben geschlossen, die Fangmaske wird nur andeutungsweise vorgeschnellt) auftreten (vgl. HOPPENHEIT 1964).

b) Schnappen nach Beute außerhalb des Wassers: Wenn die Anax-Larve auf einem Substrat dicht unter der Wasseroberfläche sitzt, kann man auch mit einer Attrappe oder mit einem Tubifex-Knäuel (in einer Pinzette), die etwa 1-3 cm oberhalb des Wasserspiegels bewegt dargeboten werden, den Schnappreflex auslösen (JEPPEL, unveröff. Staatsexamensarbeit Uni Essen 1995).

c) Beutefang im Dunkeln: In 3-5 Kleinaquarien (maximal 1 l) oder größere Petrischalen mit je einer hungrigen Aeshnidenlarve werden abgezählt je 10 oder 20 Wasserflöhe (aus der Kultur, vgl Band 2; mit Hefe füttern) gesetzt und die Fraßverluste 2-3mal am Tag notiert, bis alle Wasserflöhe gefressen sind. Der Versuch wird dann in der Dunkelkammer (noch zusätzlich durch einen übergestülpten Karton gegen Lichteinfall gesichert) nach 1-2 Hungertagen mit den gleichen Becken und Tieren über etwa 24 h (zumindest eine Nacht hinweg) wiederholt. Störungen, auch das Anschalten des Rotlichtes, sind in der Zeit zu vermeiden. Erst am nächsten Tag werden die Fraßverluste bei Licht ausgezählt. Ergebnis: Die Libellenlarven fangen bei völliger Dunkelheit etwa gleich gut wie bei Licht. Dieser Versuch geht auch mit Klein- oder Segellibellen, die auf rein optische Attrappen schlecht reagieren. Er belegt, daß die Aeshnidenlarven auch rein mechanisch effektiv ihre Beute orten können (Hinweis: Aeshna-Larven können Beute auch noch beim Rotlicht der Dunkelkammer rein optisch orten).

5.6 Die Atmung der Wassertiere

5.6.1 Die Atemgase im Wasser

Die meisten Tiere sind Aerobier, müssen also Sauerstoff zur Atmung aufnehmen. Sie geben dabei äquivalente Mengen an CO_2 ab (zu den physiologischen Grundlagen des gesamten Kapitels vgl. Lehrbücher wie CLEFFMANN 1979, ECKERT 1993, FLOREY 1970, PENZLIN 1991, SCHLIEPER 1965, URICH 1977 sowie SCHMIDT-NIELSEN 1975).
Sauerstoff steht unter Wasser nur in gelöster Form zur Verfügung. Diese Löslichkeit ist relativ gering und sinkt mit steigender Temperatur (Tab. 22). Gleichzeitig wächst aber der Verbrauch infolge der mit der Temperatur steigenden Stoffwechselintensität (RGT-Regel, KROGHsche Normalkurven, Abb. 72). Die Löslichkeit des Sauerstoffs ist überdies beim See auf das Lösungsgleichgewicht des Wassers mit der Atmosphäre zu beziehen und daher auf den Partialdruck des Sauerstoffs (etwa dem Anteil von 21 % in der Luft entsprechend: Tab. 23) zu reduzieren. Selbst bei Sättigung enthält das Wasser also nur $1/_{20}$ - $1/_{30}$ der Sauerstoffmenge der Luft.
Der Sauerstoff-Partialdruck hängt auch vom Luftdruck ab. Die Schwankungen mit dem Wetter können dabei vernachlässigt werden. Anders ist es mit der Höhenlage für Hochgebirgsseen (Absinken bei 3000 m über NN auf 91 %, bei 5000 m auf 53 % des Normalwertes auf NN, vgl. CLEFFMANN 1979); besondere Verhältnisse bestehen auch z.B. für Gasbildungen im Profundal bei starken Wasserstandsschwankungen (wie bei Talsperren; vgl. LAMPERT & SOMMER 1993).

Tab. 22: Löslichkeit von Gasen im Wasser (in mg/l; nach SCHWOERBEL):

Temperatur:	0 °C	10 °C	20 °C	30 °C
O_2	70	55	45	35
N_2	30	25	20	15
CO_2	3400	2300	1700	1300

Sauerstoff wird im Wasser durch Atmung und Abbautätigkeit der Organismen verbraucht. Sauerstoffquellen sind die physikalische Anreicherung (bei Wellenschlag) an der Wasseroberfläche und die Fotosynthese. Sie ist naturgemäß von den Lichtverhältnissen abhängig, also nachts und im Winter verringert und ebenfalls auf die oberen Schichten beschränkt. In tiefere Schichten gelangt Sauerstoff vor allem mit Turbulenzen oder andere Wasserbewegungen (Details im Band 2). Der KROGHsche Diffusionskoeffizient K beträgt für Sauerstoff in der Luft 11, im Wasser 0,000037, im Muskel 0,000014 (vgl. URICH

1977). Die Diffusionsgeschwindigkeit ist im Wasser somit 300000mal geringer als in Luft, also extrem niedrig.

Tab. 23: Sättigungswerte von Gasen im Wasser bei Lösungsgleichgewicht mit der Luft und einem der Luft entsprechenden Partialdruck (in mg/l; nach SCHWOERBEL):

Gas	Luft		Wasser			
	Gehalt bei 0 °C	Volumen- anteil in %	0 °C	10 °C	20 °C	30 °C
O_2	300	210	15	11	9	7
N_2	975	780	22	18	14	12
CO_2	0,6	0,3	1,0	0,7	0,5	0,4

Beim CO_2 entsprechen die Sättigungswerte etwa dem Gehalt der Luft, wobei im Wasser noch die hohe Aufnahmefähigkeit durch das Carbonatsystem hinzukommt. Überdies ist die Diffusionsgeschwindigkeit des CO_2 im Wasser etwa 20-30mal höher als die für O_2. Damit ist die CO_2-Abgabe für die Tiere einfach und erfolgt auch bei den Kiemen- oder Lungenatmern (z.B. Fische, Lurche, Mollusken) überwiegend durch die Haut. Die speziellen Atmungsorgane (s.u.) dienen vorrangig der Sauerstoffversorgung. Bei Luftatmern ist dagegen die CO_2-Abgabe das größere Problem, enthält doch die ausgeatmete Luft beim

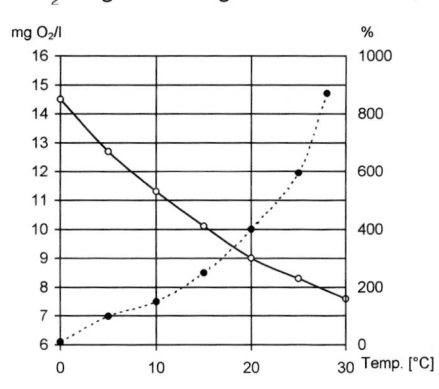

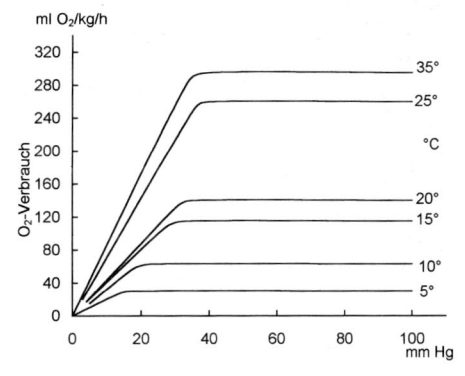

Abb. 72: Sauerstoff als Schlüsselfaktor (nach RIEDEL, MACAN).
Links: Gegenläufigkeit der Löslichkeit für Sauerstoff und des Sauerstoffbedarfs tierischer Lebewesen mit steigender Temperatur. Sauerstoffgehalt bei Lösungsgleichgewicht mit der Luft (durchgezogene Linie mit offenen Kreisen) in mg/l Sauerstoffbedarf (punktierte Linie mit vollen Kreisen) als „KROGHsche Normalkurve" (in %, Bezugsgröße ist der Bedarf bei 5 °C = 100 %).
Rechts: Sauerstoffbedarf eines Goldfisches bei verschiedenen Temperaturen und verschiedenem Sauerstoffgehalt des Wassers. Bedarf als Stoffwechselrate oder Atemgröße (in ml je kg und h), Sauerstoffangebot als Partialdruck (in mm Quecksilber-Säule).

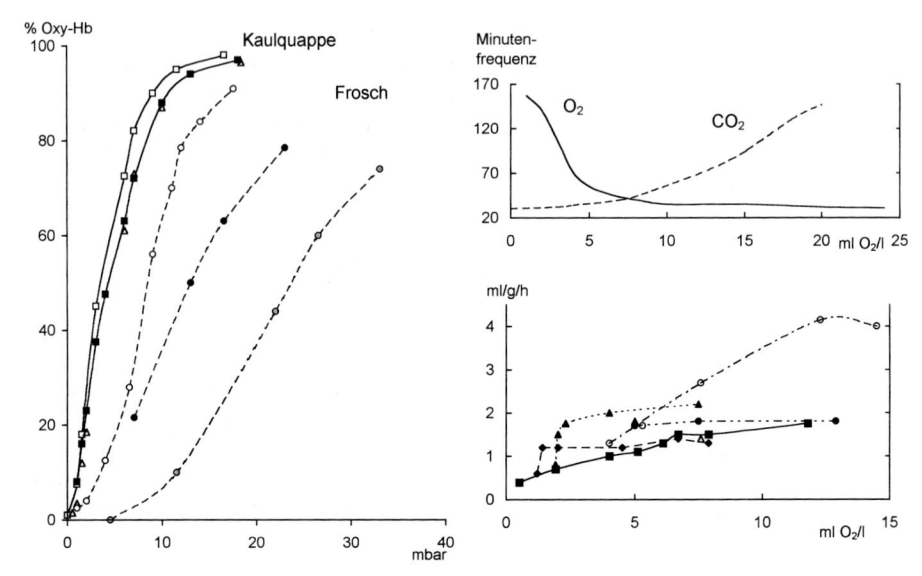

Abb. 73: BOHR-Effekt bei Süßwassertieren (nach CLEFFMANN, PENZLIN, MACAN).
Links: Vergleich von Kaulquappen mit dem Frosch. – Sauerstoffbindungskurven des Blutes (in % Oxy-Hämaglobin) in Abhängigkeit vom Sauerstoffgehalt des Wassers (als Partialdruck im mm Quecksilbersäule = mbar) bei verschiedenem pH-Wert des Mediums (als Maß für den CO_2-Gehalt des Wassers). Kaulquappen: Zwei durchgezogene Kurven (*links*; offene Quadrate pH 6,3; Dreiecke bzw. volle Quadrate pH 7,3 bzw. 9,0). Frosch (bei Hautatmung unter Wasser): drei gestrichelte Kurven (*Mitte/rechts*; offene Kreise pH 8,4; volle Kreise pH 7,2; offene Kreise mit Punkt pH 6,9).
Rechts oben: Flußkrebs. – Kiemenschlagfrequenz des Flußkrebses in Abhängigkeit vom CO_2- und vom O_2-Gehalt (in % bzw. ml/l; jeweils bei konstantem O_2- bzw. CO_2-Gehalt).
Rechts unten: Eintagsfliegenlarven. – Der O_2-Verbrauch (bei 10 °C als Stoffwechselrate oder Atemgröße in ml O_2 je g Körpergewicht und h) verschiedener Eintagsfliegenlarven in Abhängigkeit von der O_2-Konzentration (im ml/l; Sättigungswert bei knapp 8 ml O_2/l) im Wasser. ○ *Baëtis spec.*, ● *Baëtis scambus*, ■ *Ephemera vulgata*, ◆ *Cloëon dipterum*, ▲ *Leptophlebia vespertina*, △ *Leptophlebia marginata*.

Menschen noch 16-17 % O_2, aber 4 % CO_2 (so ersticken Verschüttete i.d.R. daran, daß sie das CO_2 nicht mehr abgeben und damit den noch vorhandenen Sauerstoff nicht mehr verwerten können). Ein stark erhöhter CO_2-Gehalt des Wassers erniedrigt aber auch die Aufnahmekapazität für Sauerstoff (BOHR-Effekt; Abb. 70, 73), es wird also ein höherer Sauerstoffgehalt des Wassers gebraucht und entsprechend die Atmungsintensität erhöht (z.B. benötigt ein Bachsaibling bei einem Gehalt von 5 mg CO_2/l einen O_2-Gehalt von mindestens 7 mg/l, bei 20 mg CO_2/l aber mindestens 9 mg O_2/l), von einer bestimmten Konzentration an wirkt das CO_2 tödlich (für Karpfen bei 1 °C ab 120 mg/l, bei 30°C ab 55-60 mg/l, also erst bei dem 120- bzw. 150-fachen des Sättigungswertes; Zahlenwerte nach REICHENBACH-KLINKE 1970). Bei den Kaulquappen ist der BOHR-Effekt gering, beim Frosch, der eigentlich Luftatmer ist, hoch. Die Atemfrequenz sinkt bei steigendem O_2-Gehalt und steigt mit dem CO_2-Gehalt (BOHR-Effekt). Der Sauerstoffverbrauch steigt bei allen Eintagsfliegenarten mit dem Angebot, jedoch mit unterschiedlichem Kurvenverlauf (Abb. 73).

5.6.2 Bestimmung des Sauerstoffgehaltes im Wasser

Elegant ist die potentiometrische Bestimmung des Sauerstoffgehaltes. Einfache Feldgeräte sind für gut 1000,- DM zu erhalten; die Elektroden sind allerdings empfindlicher als die für die Bestimmung der Leitfähigkeit. Sie benötigen überdies eine Anströmung, die im stehenden Wasser im Freiland einen speziellen Motoransatz erfordert, im Labor durch Magnetrührer erreicht werden kann. Tiefenprofile können mit entsprechenden Kabeln durch Absenken der Elektroden gemessen werden. Die Gerätekosten steigen damit etwa auf das Dreifache.

Das klassische Verfahren zur Bestimmung des im Wasser gelösten Sauerstoffs ist die Titration nach WINKLER (vgl. auch HUTTER 1990, KLEE 1993, SCHWOERBEL 1980). Dabei wird der im Wasser gelöste Sauerstoff durch ein Jodäquivalent ersetzt, das Stärkelösung blau färbt. Man titriert mit Natrium-Thiosulfat (z.B. n/100) bis zur Entfärbung; 1 ml n/100 $Na_2S_2O_3$ entspricht dann 0,08 mg O_2 bzw. 0,056 ml O_2.

Arbeitsschritte der „WINKLER"-Titration
1. Sauerstoffläschchen (ca. 100 ml mit Glasstopfen) mit genau bekanntem Volumen vorsichtig luftblasenfrei mit dem Probenwasser füllen (am besten mit einem Schlauchheber, wobei man zunächst ein Mehrfaches der Untersuchungsmenge überlaufen läßt, oder mit einem Kolbenprober, der vorher wie das Sauerstoffläschchen mit CO_2 gefüllt worden war).
2. 0,5 ml $MnCl_2$-Lösung (40 g $MnCl_2$ zu 100 ml Aqua dest.) und 0,5 ml KJ-NaOH-Lösung (12 g KJ + 48 g NaOH zu 100 ml Aqua dest.) mit getrennten, besonders gekennzeichneten Vollpipetten (im Schulversuch reichen Plastikspritzen) unterschichten.
3. Flasche luftblasenfrei verschließen und umschütteln, dann kann die Farbe des Niederschlages schon näherungsweise Aufschluß über den Sauerstoffgehalt der Wasserprobe geben (Farbtafel bei SCHUBERT 1972):

Kaffeebraun:	> 5 ml O_2/l	Elfenbein:	~ 2-3 ml O_2/l
Hellbraun:	~ 3-5 ml O_2/l	Weißlich:	~ 0-1 ml O_2/l

Soweit ist das Verfahren auch zur groben Orientierung im Gelände geeignet (Chemikalien in Polyäthylenflaschen mitführen). – Die Probe ist jetzt transportfähig (braunes Glas als Lichtschutz, guter Verschluß, möglichst in feuchte Tücher wickeln).

4. 5 ml konz. Salzsäure vorsichtig einfüllen, wieder luftblasenfrei verschließen und schütteln, bis der Niederschlag aufgelöst ist (ca. 10 min). Der Grad der Brauntönung entspricht dem Jod-Gehalt und damit dem Sauerstoffäquivalent, er kann also wieder als grobes Maß für den Sauerstoffgehalt der Wasserprobe genommen werden.
5. Flascheninhalt vorsichtig in 200-ml-Erlenmeyerkolben überführen, 1 ml 1%ige Stärkelösung zugeben: Blaufärbung.
6. Bis zur Entfärbung mit (z.B. n/100) Na-Thiosulfatlösung (als n/10 im Fachhandel) titrieren.
7. Auswertung (Arbeitsblatt 5 : S. 253).

Chemische Reaktionen und O_2-Äquivalent:
zu 2) $MnCl_2$ + 2 NaOH => 2 NaCl + $Mn(OH)_2$ (weißer Niederschlag)
  2 $Mn(OH)_2$ + O_2 => 2 MnO_2 x H_2O ($\pm$ brauner Niederschlag)
zu 4) 2 MnO_2xH2O + 6 HCl => 2 $MnCl_2$ + 6 H_2O + Cl_2
  Cl_2 + 2 KJ => 2 KCl + J_2 (J_2 + Stärke: Blaufärbung)
zu 6) J_2 + 2 $Na_2S_2O_3$ => 2 NaJ + $Na_2S_4O_6$

Sowie das J_2 verbraucht ist, entfärbt sich die Stärkelösung. Im Umschlagspunkt ist die zugegebene Na-Thiosulfatlösung äquivalent der ursprünglich vorhandenen (+ der eventuell später zugefügten) Sauerstoffmenge. Der Fehler liegt bei exakter Durchführung bei 3-5 % und läßt sich bei Verfeinerung auf 0,1 % senken (Rechenbeispiel s. Arbeitsblatt 5, S. 253).

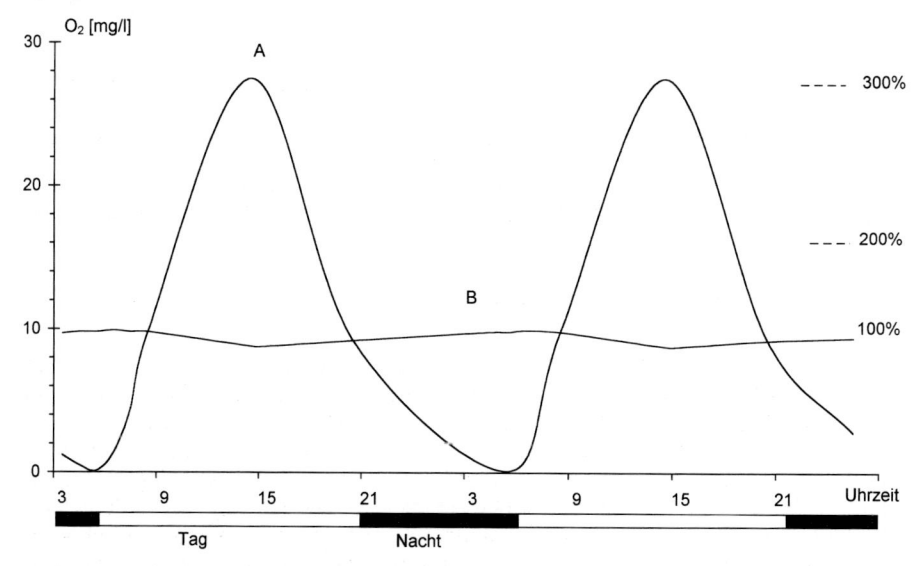

Abb. 74: Sauerstoff-Tagesgang in einem Wasserblütengewässer (nach UHLMANN). A: Sauerstoffgehalt (in mg/l); B: O_2-Sättigungswert als Bezugslinie (der Sättigungswert schwankt mit der Wassertemperatur). In diesem Beispiel (ein Abwasserteich) ist der Sauerstoffgehalt Indikator für das Wechselspiel von hoher Sauerstoffproduktion am Tage (Fotosyntheseüberschuß in der Wasserblüte) und hohem Sauerstoffverbrauch (durch die Atmung) in der Nacht.

Auf dem Markt werden auch einfache kolorimetrische Feldmeßsätze (einzeln oder in „Umweltkoffern") angeboten. Sie beruhen auf dem Prinzip der WINKLER-Titration, liefern jedoch (bedingt z.b. durch die minimale Probenmenge) kaum verläßliche Werte und können daher nicht empfohlen werden (vgl. FEY et al. 1993).

Bei der kolorimetrischen Sauerstoffbestimmung ist die Probenentnahme ein Schwachpunkt, da die Durchmischung der Probe mit der atmosphärischen Luft gerade bei Sauerstoffdefiziten in der Probe die Werte völlig verfälschen kann. Das Probengefäß muß also an der Wasseroberfläche sehr sorgfältig gefüllt werden, unterhalb der Wasseroberfläche ist eine Entnahme nur mit besonderen Wasserschöpfern möglich (vgl. Band 2).

Zu beachten ist ferner, daß der Sauerstoffgehalt im Seewasser (ebenso wie der CO_2-Gehalt und damit der pH-Wert) von den Organismen entscheidend mitbestimmt wird. Dabei folgt die Sauerstoffabgabe durch die Produzenten dem Tagesgang des Lichtes. Bei hoher Produzentendichte (wie in Wasserblüten oder dichten Tauchblattbeständen) sind Übersättigungen (bezogen auf das Lösungsgleichgewicht mit der Luft bzw. entsprechendem O_2-Partialdruck im Wasser) vor allem am Nachmittag von Sommersonnentagen typisch, der pH-Wert steigt dann entsprechend auf 10-11, nachts kommt es dann zu Sauerstoffdefiziten (mit evtl. Fischsterben: Abb. 74). Mit Einzelmessungen erhält man keine brauchbare Aussage.

In jedem Fall müssen die Messungen in Bezug zu Produktions- (oder umgekehrt z.B. zu Atmungs- und Abbau-) Werten gesetzt werden. Es sind also zumindest (neben Datum und der Probenstelle) auch Uhrzeit, Wetter, Vegetation und Vegetationsdichte (ggf. Sichttiefe im freien Wasser) zu protokollieren (vgl. das Arbeitsblatt 1). Im stehenden Wasser muß überdies mit einer horizontalen und vertikalen Mosaikbildung gerechnet werden, die die Anforderungen an die Stichprobenwahl sehr erhöhen kann.

5.6.3 Atmungsorgane der Wassertiere

Bei Luftatmern müssen die Atemorgane besonders vor Austrocknung geschützt sein. Die zarten, zum Gasaustausch befähigten Gewebe liegen also in Körpereinstülpungen. Erfolgt der Gasaustausch in lokalisierten Organen und der Gastransport im Körper über das Blut, handelt es sich um Lungen. Wird dagegen die Luft in Röhren zu den verbrauchenden Organen hingeführt, so daß der Gasaustausch erst in der Nähe dieser Organe erfolgt, handelt es sich um Tracheen. Für die Anfeuchtung der Atemluft sorgen z.T. besondere Schleimhäute (z.B. in der Nase der Säugetiere), ein gerichteter kontinuierlicher Luftstrom ist nicht möglich.

Im Wasser entfällt die Notwendigkeit eines Austrocknungsschutzes. Die Haut selbst kann schon so zart sein, daß sie den Gasaustausch voll bewältigt (Hautatmung wie bei kleinen Insektenlarven, vielen Würmer). Die respiratorische Fläche wird durch Hautausstülpungen, Kiemen genannt, vergrößert; dabei

Foto 23: Kammolchlarve mit äußeren Blutkiemen und stark vergrößerten Hautsäumen zur Hautatmung; *oben* schwebend, *unten* am Grund (Marienhölzung in Flensburg, Aquarienfotos Mai 1975).

trägt das Wasser selbst zarte, gegliederte Gebilde (Molchlarven, Foto 23). Man unterscheidet nach dem Transportmedium im Körper Blut- und Tracheenkiemen. Die Adern bzw. Tracheen durchziehen als fein verästeltes Geflecht die respiratorischen Oberflächen (junge Kaulquappen, Insektenlarven: Abb. 75). Als Schutz vor Beschädigungen, bei Schwimmern auch zur Verminderung des Widerstandes beim Schwimmen, sind die Kiemen vielfach in Körperhöhlen versenkt (z.B. ältere Kaulquappen, Fische, Großlibellenlarven, dekapode Krebse, Mollusken außer Meeresnacktschnecken). Sie können auch unter beweglichen Deckeln liegen (wie bei der Eintagsfliegenlarve *Caenis* und bei der Wasserassel) oder das ganze Tier sitzt geschützt in einer Röhre (z.B. bei der Eintagsfliegenlarve *Ephemera*) bzw. in einem Gehäuse (Köcherfliegenlarven).

Die Dichte und Viskosität des Wassers erfordern aber einen beträchtlichen Energieaufwand für die Ventilation, d.h. den Austausch des verbrauchten Atemwassers, sofern nicht natürliche Wasserströmungen (Fließgewässer, Brandungsufer) ausgenutzt werden können. So verbrauchen Fische in der Ruhe 20-40 % (Forelle z.B. 20 %, Schleie über 30 %) des aufgenommenen Sauerstoffs allein für die Atembewegung (Mensch nur 1-3 %), bei dreifach höherer Belastung sogar 50-70 % (Mensch 2-10 %, erst bei zwölffach höherer Belastung 35-65 %: PALISSA 1971). Damit ist bei Wassertieren mit Kiemenatmung leicht ein Punkt erreicht, wo eine Steigerung der Ventilation für den Körper nur einen Verlust bedeutet (Mehrverbrauch für die Ventilation übersteigt den Gewinn), also sinnlos ist. Bei Stillwassertieren wird die Ventilationsbewegung vielfach mit einer anderen Nutzung gekoppelt: z.T. bewirkt die Ortsveränderung den Wasseraustausch (Molchlarve), z.T. sind die Kiemen auch Nahrungsfilter, das Atemwasser ist also zugleich der Nahrungswasserstrom (Muscheln, im Meer auch primitive Chordaten wie Manteltiere und Lanzettfischchen), z.T. ist das Atemwasser zum Rückstoßschwimmen nutzbar (Großlibellenlarven, im Meer die Tintenfische und ihre Verwandten) oder Atemorgane sind (Flucht-) Ruderplättchen (Kleinlibellenlarven).

5.6.4 Anpassungen der Wassertiere an den geringen Sauerstoffgehalt des Wassers

Es können nur einige der auffälligsten Anpassungen skizziert werden;

1. Die Kiemenoberfläche ist unter Berücksichtigung der Stoffwechselintensität relativ groß (z.B. Hecht bis 51 m^2: REICHENBACH-KLINKE 1970; zum Vergleich: Alveolenfläche beim Menschen ca. 50 m^2); Eintagsfliegenlarven aus stehenden Gewässern haben größere Tracheenkiemen als die aus Fließgewässern (WESENBERG-LUND 1943).
2. Die Ventilationseinrichtungen sind bei Kiemenatmern wesentlich besser als bei vergleichbaren Luftatmern, die Frequenz ist stark vom Sauerstoffgehalt des Wassers und von der Temperatur abhängig (wie bei den Schlängelbewegungen von Egeln und dem Bachröhrenwurm *Tubifex,* die Atemfrequenz vom Flußkrebs, der Schlagfrequenz der Tracheenkiemen bei der Eintagsfliege *Ephemera* und der Atemfrequenz bei Großlibellenlarven; Abb. 70, 72-74, 76; vgl. FLOREY 1970, HERTER 1968, SCHLIEPER 1965).
3. Die Sauerstoffnutzung ist bei Wassertieren besonders hoch (z.B. Aal 80 %, Schleie 60 %, Flußkrebs 50-70 %), lediglich die Kiemenfiltrierer (Muscheln 5-10 %) haben infolge des hohen Wasserdurchlaufs relativ niedrige Werte. Beim Menschen hingegen liegt die Sauerstoffnutzung bei 20-25 % (vgl. FLOREY 1970, PENZLIN 1991).
4. Eine Reihe von Bodentieren vermag über kürzere oder auch längere Zeitdauer anaerob zu leben, indem bei O_2-Mangel die reichlich verfügbare Nahrung nur noch unvollständig abgebaut, die Aktivität gesenkt und bei besserem O_2-Angebot eine ausgiebige Erholungsatmung durchgeführt wird (Beispiele: Teichmuschel, *Tubifex,* verschiedene Mückenlarven wie die Glasmücke *Chaoborus = Corethra* oder die Zuckmücke *Chironomus plumosus,* Abb. 70, s. Band 2). Bei Eintagsfliegenlarven steigt der Grundumsatz und damit der

Sauerstoffverbrauch mit dem O_2-Angebot, jedoch bei verschiedenen Arten unterschiedlich (Abb. 73).

5. Atmosphärische Luft wird zusätzlich vielfach in Notfällen, aber auch ausschließlich genutzt, wobei der Nachteil der Abhängigkeit von der Wasseroberfläche (erhöhte Gefährdung durch Feinde) und der diskontinuierlichen Sauerstoffaufnahme offensichtlich durch den höheren Sauerstoffgehalt der Luft ausgeglichen wird. Kennzeichnend ist dabei, daß Warmblüter ihren erhöhten Sauerstoffbedarf anscheinend überhaupt nur durch Luftatmung decken können. Selbst bei so hoch spezialisierten sekundären Wasserbewohnern wie den tief (bis 1000 m) und lange (1-2 Stunden) tauchenden (Pott-) Walen finden sich keine Ansätze zu einer Nutzung des Sauerstoffgehaltes des Wassers (wohl aber bei den wechselwarmen Meeresschildkröten und Seeschlangen mit Mund- und Kloakenatmung und Tauchzeiten bis 8 Stunden: CARR 1976), dafür aber eine Vervollkommnung der Luftbevorratung und der Fähigkeit, vorübergehend mit großer Sauerstoffschuld und hohem CO_2-Gehalt im Blut voll aktiv zu bleiben.

Mit diesen Beispielen wird wieder einmal die Erkenntnis belegt, daß das gleiche Ziel mit verschiedenen Mitteln erreicht werden kann.

Beispiele für luftatmende Wassertiere

I. Fische
a) „Luftschnappen" (Anreicherung des Atemwassers mit Luftsauerstoff) als Notatmung bei zahlreichen Fischen.
b) Darmatmung (verschluckte Luft wird im Darm, meist im Enddarm, verwertet und zum After abgegeben) als gelegentliche Zusatzatmung vor allen bei Bodenfischen (wie südamerikanischen Panzerwelsen), der Schlammpeitzger kann mit Darmatmung (neben bis zu 70 % Hautatmung) 0,5 m tief im feuchten Schlamm vergraben ein mehrmonatiges Austrocknen des Gewässers überstehen (SEIFERT & KÖLBING 1993).
c) ± obligate Zusatzatmung durch spezielle Aussackungen (z.B. Büschelwelse) oder Umbildungen (z.B. Labyrinthfische) der Kiemenhöhle mit blumenkohlartig gewucherten Knochenbildungen (große Oberfläche, kein Kollabieren in der Luft), deren zarte, gut durchblutete Haut gut zum Gasaustausch befähigt ist (Abb. bei PENZLIN 1991). Labyrinthfische können so in dem praktisch sauerstofffreien Wasser tropischer Reisfelder oder im Schmutzwasser leben, der Kletterfisch hält sich sogar vorwiegend an Land auf.
d) Schwimmblase z.B. der Lungenfische als Luftatmungsorgan, wenn sie während der Trockenzeit im Gewässerboden eingegraben sind.

II. Wasserschnecken
a) Wasserlungenschnecken atmen wie die Landschnecken mit der Mantelhöhle als Luftspeicher (Zusatzatmung im Sommer), einzelne Arten (Posthornschnecke) besitzen zusätzlich einen Hautlappen in der Mantelhöhle als sekundäre Kieme. Bei den Tiefenformen der Schlammschnecke *Lymnaea ovata* ist dagegen die Mantelhöhle mit Wasser gefüllt, auch die Jungschnecken kommen mit der Hautatmung aus (JAECKEL 1953).

b) Unter den Kiemenschnecken (kenntlich am Gehäusedeckel) ist bei der afrikanischen Apfelschnecke (erhältlich in Aquarienfachgeschäften) der obere Teil der Mantelhöhle zum Luftatmungsorgan umgebildet und mit einem schnorchelartigen Schlauch zum Luftschöpfen ausgestattet.

III. Wasserinsekten (vgl. Kap. 4.1 sowie Punkt 6).

6. Ausnutzung von Luftblasen und Plastron als physikalische Kiemen.
Eine Reihe von Wasserinsekten und die Wasserspinne nehmen eine Luftblase außen am Körper mit unter Wasser. Sie dient nicht nur der Hydrostatik, sondern wirkt auch als physikalische Kieme: Wird aus dieser Luftblase (in sauerstoffreichem Wasser) Sauerstoff für die Atmung verbraucht, so sinkt der Sauerstoffpartialdruck darin unter den des im Wasser gelösten Sauerstoffs, Sauerstoff diffundiert damit aus dem Wasser in die Luftblase. Beim Stickstoff ist es umgekehrt. Durch den Stickstoffverlust wird die Blase allerdings immer kleiner und muß von Zeit zu Zeit wieder mit atmosphärischer Luft aufgefüllt werden (vgl. ECKERT 1993). Begünstigend für die physikalische Kieme ist es, daß das Verhältnis $O_2 : N_2$ in der Luft etwa 1 : 5, im Wasser bei Lösungsgleichgewicht mit der Luft aber 1 : 2 ist (Tab. 22, 23). Das Hineindiffundieren von Sauerstoff erfolgt also schneller als der Verlust von Stickstoff. In der Luftglocke der Wasserspinne können sich Sauerstoffverbrauch durch Atmung und Sauerstoffanreicherung durch Diffusion etwa die Waage halten, wenn der O_2-Gehalt der Luftblase auf 1 : 10 abgesunken ist (CROME 1951). Damit werden die Tauchzeiten erheblich verlängert. Bei winterlichen Temperaturen braucht dann gar nicht mehr aufgetaucht zu werden, Wasserwanzen (Ruderwanzen und Rückenschwimmer) sowie Schwimmkäfer (stülpen Luftblasen am Hinterende aus) können so unter Eisdecken überdauern.

Liegt die Luft als (oft nur $1/_{200}$ mm) dünner Film (Plastron) in besonderen, steifen und unbenetzbaren Haar- oder Papillenfeldern (1 Million Haare je mm^2 bei der flügellosen Fließwasser-Grundwanze *Aphelocheirus*: ECKERT 1993), die mit den Stigmen des Tracheensystems in Verbindung stehen, so bleibt das Volumen des Luftfilms wegen der Oberflächenspannung des Wassers konstant, der Sauerstoff ergänzt sich also beständig, ein Luftschöpfen ist nicht nötig, die Tiere werden unabhängig von der Wasseroberfläche. So können z.B. die nur 2 mm langen Ruderwanzen *Micronecta* mehr als 5 m tief die Grundrasen des Litorals besiedeln, die o.g. Grundwanzen bis 8 m tief (auch am Grund von Seeausflüssen) verborgen unter Steinen leben; hier im Fließwasser kommt allerdings das Einfangen von Gasbläschen hinzu (vgl. JACOBS & RENNER 1988, MESSNER & ADIS 1994, REM-Fotos bei WICHARD et al. 1995); ein Sonderfall ist das Plastron an einem respiratorischen Faden des Kokons der Schlupfwespe *Agriotypus*, die an Fließwasser-Köcherfliegenpuppen parasitiert (vgl. BÜRGIS 1993, WICHARD 1988).

5.6.5 Beobachtungsbeispiele zur Atmung von Wassertieren

Die Atmung von Wassertieren ist ein dankbares Objekt für Aquariumsbeobachtungen (vgl. Tab. 16). In diesem Abschnitt ist eine Reihe bewährter qualitativer Versuche, im folgenden eine Reihe quantitativer Versuche zusammengestellt:

1. *Muscheln:* Für diese Beobachtungen sind an sich die Teichmuscheln optimal, sie stehen jetzt jedoch unter Naturschutz. So ist für die Beobachtungen auf die Dreikantmuschel (Foto 25, vgl. NEUMANN & JENER 1992) oder – wie generell für anatomische Untersuchungen – auf Miesmuscheln aus dem Seefischgeschäft (vgl. RENNER et al. 1993) auszuweichen. Beide sind mit Byssusfäden an Steinen festgesponnen und mit dem Stein in das Beobachtungsgefäß (bei der Miesmuschel mit Salzwasser!) zu setzen und vorsichtig (bei Störung schließen die Muscheln die Schalen, oft für eine längere Zeit!) zu beobachten:
   Zunächst nach den Öffnungen suchen, Hypothesen über die Funktion aufstellen, Verifikation an Hand des Wasserstroms, der mit Kohlepulver oder Tinte-Schlieren (im Süßwasser am besten mit Hefe-Suspension) sichtbar gemacht wird (glatte, runde Ausström- und längliche, durch Papillen geschützte Einströmöffnung), die Dauer der Einsaug- und Ausströmphasen kann gemessen werden. Zur Vertiefung sind die Präparation der Muschel, insbesondere die mikroskopische Untersuchung des Flimmerepithels der Kiemen zu empfehlen. Die Filtrierwirkung wird deutlich, wenn man am Vortag 2 Kleinaquarien durch Hefesuspension (im Salzwasser s.o.) trübt, in eines Muscheln gibt und die Veränderung der Trübung vergleicht. Eine Anleitung zu einer quantitativen Bestimmung der Filtrierleistung von Miesmuscheln gibt SCHLIEPER (1965). Als Ergänzung kann der FWU-Film „Bitterling und Muschel" (Nr. F 395) herangezogen werden (Beobachtungsaufgaben: In welche Öffnung wird die Legeröhre eingeführt, in welche geht der Samen hinein, zu welcher kommen die Jungfische heraus? Vgl. Abb. 80). Der Sauerstoffverbrauch für die Atmung läßt sich bestimmen, wenn Muscheln (am Stein) in eine 500 ml-Weithalsflasche (auf Magnetrührer) gesetzt werden, der mit einem durchbohrten Stopfen die O_2-Elektrode luftblasenfrei aufgesetzt werden kann (Achtung: Auswertbar sind nur die Zeiten, in denen die Muschel geöffnet ist).

2. *Schlammschnecke:* Beobachtung des Luftschöpfens, Frequenzmessungen (parallel zur Untersuchung der Muscheln, da die Schnecken oft nur alle 10-20 min an die Wasseroberfläche kommen).

3. *Wasserspinne:* Die interessanten Beobachtungen zum Luftschöpfen (Hinterleib wird aus dem Wasser gestreckt, nimmt wegen der unbenetzbaren Behaarung Luftblase mit unter Wasser), Glockenbau und -füllung oder zum Schwimmen (Rücken nach unten, „Strampeln" mit den Beinen) in einem Aquarium mit fiederblättrigen Wasserpflanzen (wie Tausendblatt oder „Fischgras" *Cabomba*) sind wegen des Artenschutzes leider nicht mehr möglich.

4. *Eintagsfliegenlarven* (z.B. *Cloëon*, Beobachtung in Petrischälchen unter dem Binokular oder Mikroskop): Analyse der Stellen der Sauerstoffaufnahme (Tracheenkiemen und ihr Schlagrhythmus, Flügelscheiden, Bezirke der Haut z.B. am Hinterleibsrücken, kenntlich an Tracheenverzweigungen unter der Haut abseits von stoffwechselintensiven Organen). Luftfüllung der Tracheen ist aus der Dunkelfärbung (Totalreflexion) zu erschließen. Bei Sauerstoffmangel (längere Beobachtung in kleinen Gefä-

ßen bei Erwärmung durch die Mikroskopierleuchten) scheinen sich die Tracheenendverzweigungen auszudehnen, in Wirklichkeit dehnt sich nur die Luftfüllung bis in die anfangs wassererfüllten und daher unsichtbaren Tracheolen aus. Der Tracheenver-

Foto 24: Libellenlarven. *Oben:* Kleinlibellenlarve *Coenagrion puella* mit blattartigen Tracheenkiemen am Hinterleibsende (E: unpaarer Epiprokt, P: paarige Paraprokte), in die sich die Haupttracheenäste T verzweigen; *unten:* Großlibellenlarve (Moosjungfer *Leucorrhinia dubia*) mit stachelartigen Hinterleibsanhängen (E, P wie oben); die Haupttracheen T verzweigen sich zum Enddarm (Atemkammer) hin (Rönne bei Kiel bzw. Wittenseer Moor bei Rendsburg; Aquarienfotos Kiel, 4.10.1967).

lauf im Körper (paarige Hauptstränge, Verzweigung z.B. in die Beine und zum Gehirn) ist bei den meist schwach pigmentierten Tieren gut zu studieren.

5. *Kleinlibellenlarven* (auch häufige Arten aus dem Gartenteich, wie *Ischnura elegans*, nur mit Sondergenehmigung der Unteren Naturschutzbehörde entnehmen, s.o.!): Sie entsprechen den Eintagsfliegenlarven, nur sind die Tracheenkiemen hier zugleich die Ruderplättchen am Hinterleibsende (Foto 24, vgl. MÜNCHBERG 1962).

6. *Großlibellenlarven* (wie *Anax* oder *Aeshna*, auch häufige Arten aus dem Gartenteich, wie *Aeshna cyanea*, nur mit Sondergenehmigung, s.o.!): Hier ist die Enddarmatmung am Wasserstrom und den synchronen Bewegungen der Analklappen (drei große, stachelförmige Anhänge am Hinterleibsende) zu erschließen (ggf. Wasser trüben). Bei Störung kann der Ausatmungswasserstrom zum Rückstoßschwimmen verstärkt werden (Foto 24, Abb. 76).

Die Tracheenverzweigungen zum Enddarm hin lassen sich an den noch blassen Larven kurz nach einer Häutung bei Durchlicht gut erkennen, ebenso der Tracheenverlauf im Körper und die Verzweigungen z.B. zum Gehirn und den Augen, auch die Kontraktionen des Rückenherzens. Hautatmung (Flügelscheiden, Hinterleibspartien) analog zu der von Kleinlibellenlarven (Foto 24).

7. *Köcherfliegenlarven:* Treibt man die Larven aus dem Gehäuse, indem man sie z.B. mit dem Kopf einer Glaskopfstecknadel durch die hintere Öffnung nach vorne schiebt,

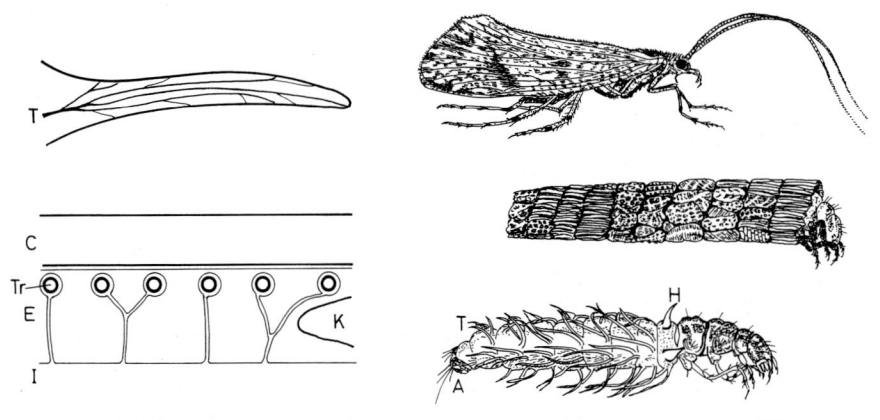

Abb. 75: Atmung und Tracheenkiemen einer Gehäuse-Köcherfliegenlarve (*Phryganea*, nach ENGELHARDT, WICHARD).
Rechts (von oben nach unten): Imago; Larve im Köcher (aus gleich langen Pflanzenstückchen, die parallel zum Körper in spiraligen Reihen angeordnet sind); Köcher entfernt, sichtbar sind die Tracheenkiemen T, der dorsale Höcker H an der Basis des Hinterleibs (seitlich darunter jederseits ein weiterer Höcker, mit denen sich die Larve im Köcher feststemmen kann, ohne daß der Atemwasserstrom behindert wird) und die Afterfüße A; – *Links oben* Tracheenkieme in Aufsicht mit den Tracheen T. *Darunter* schematischer Querschnitt durch die obere Lage des Kiemenblattes mit der Cuticula C (Dicke 1 µm) und dem einschichtigen Epithel E (Dicke 1,5 µm; K Zellkern), in das Tracheolen Tr eingesenkt sind, so daß sie nahe der Cuticula liegen; I Innenraum (mit Tracheen, hier nicht eingezeichnet).

Tab. 24: Arbeitstakte der Atembewegungen von Fischen. (Die Takte Ib und IIa werden vielfach zusammengefaßt: CLEFFMANN 1979, PENZLIN 1991).

Phase	Mund	Mundraum	Kiemendeckel	Kiemenraum	Branchiostegalmembran
I. Ansaugen Ia)	wird geöffnet	wird erweitert: Saugphase	anliegend	Stauphase mit Verwirbelungen	schließt sich (Sog vom Mundraum her)
Ib)	offen	ist erweitert: Durchströmen	wird abgespreizt	erweitert sich: Saugphase	fest anliegend
II Auspressen IIa)	wird geschlossen	wird verengt: Druckphase	ist abgespreizt	wird weiter gefüllt	anliegend
IIb)	ist geschlossen	ist verengt: (Stauphase)	legt sich an	verengt sich: Wasser strömt heraus: Druckphase	öffnet sich unter dem Wasserdruck

so sieht man die abdominalen Tracheenkiemen und den Tracheenverlauf im Körper (Abb. 75). Das Atemwasser wird durch schlängelnde Hinterleibsbewegungen erneuert. Im Köcher entsteht dabei ein ($\pm$ kontinuierlicher) Strom von vorn nach hinten.
8. *Fische:* Mundraum und Kiemenraum wirken als 2 hintereinander geschaltete Saug-/Druckpumpen, wobei Membranen am Mund (Maxillar-/Mandibularklappen) und am Kiemendeckel (Branchiostegalmembran) als Rückschlagventile fungieren (Tab. 24; Kurve zu den Druckverhältnissen bei CLEFFMANN 1979; vgl. ECKERT 1993, PENZLIN 1991, URICH 1977). Dabei ist die Speiseröhre so verengt, daß das Atemwasser, den Weg des geringsten Widerstandes nehmend, nicht eindringt.

Damit wird ständig frisches Wasser an die Kiemen geführt. Der Wasserstrom ist meistens von innen nach außen gerichtet, der Blutstrom in den Kiemen entgegengesetzt (Gegenstromprinzip). Das macht den Gasaustausch außerordentlich effektiv (s.o.). – Bei Bodenfischen ist der Kiemenraum besonders stark erweiterungsfähig (Ausgleich der oft nur geringen Ortsveränderungen des Tieres und des vielfach geringen Sauerstoffgehaltes am Gewässergrund). Bei schnellen Schwimmern und bei Fischen rasch fließender Gewässer ist der Kiemenraum dagegen klein, die Atembewegungen sind reduziert: der Wasserstrom, der durch die Wasserbewegung (Forelle) oder durch das Schwimmen entsteht, wird durch Öffnen des Mundes von selbst zum Atemwasserstrom. Die Schwimmbewegungen ersetzen so die Atembewegungen (die Makrele hat als Dauerschwimmer die Fähigkeit zur aktiven Ventilation sogar nahezu verloren: PENZLIN 1991).

Die Beobachtungen am lebenden Fisch (z. B. Guppy-Weibchen, für differenzierte Analyse besser größere Formen wie Goldfische) wird man durch die Präparation (z.B. von Barsch oder Plötzen aus dem Speisefischhandel) ergänzen, um auch den Wasserweg und den Aufbau der Kiemen zu veranschaulichen (einschließlich der

Kiemenreusen: Absperrung des Kiemenraumes gegen die Nahrung, beachte: Fische sind Schlinger, nicht Zerkleinerer, – Beispiel für einen preiswerten Planktonfresser mit sehr langen Kiemenreusen ist der Hering, vgl. Band 2).

5.6.6 Quantitative Versuche zur Atmung von Wassertieren

Die Schwierigkeit besteht in der Messung des Sauerstoffgehaltes des Wassers (s.o.), deshalb wurden auch Versuche aufgenommen, die nur grobe Näherungswerte liefern.

Atemfrequenz von Großlibellenlarven
Hinweis: Auch die folgenden einfachen Versuche mit Libellenlarven stehen unter dem Vorbehalt der Artenschutzproblematik (s.o.; zur Anatomie und Atmungsphysiologie von Großlibellenlarven vgl. z.B. GREVEN & RUDOLPH 1973, KOMNICK 1982, MILL & PICKARD 1972, PICKARD & MILL 1974, PILL & MILL 1981).
Man setzt Großlibellenlarven (z.B. *Aeshna cyanea* oder *Sympetrum vulgatum*; aber keine Tiere, die kurz vor dem Schlüpfen stehen und sich auf Luftatmung umstellen, sie sind an den geschwollenen Flügelscheiden zu erkennen) einzeln in Petrischalen mit sauerstoffreichem Wasser, läßt sie sich einige min beruhigen und zählt dann mehrfach die Frequenz der Pumpbewegungen (ggf. die Wasserbewegungen mit Aktivkohlepulver sichtbar machen; vgl. Abb. 76). Anschließend werden die Larven in sauerstoffarmes (z.B. abgekochtes) Wasser der gleichen Temperatur gesetzt und der Versuch wiederholt (Tab. 25; Kurven für die Schlagfrequenz von verschiedenen Eintagsfliegenlarven in Abhängigkeit vom Sauerstoffangebot bei MACAN 1966). Falls die Larven ungleich ventilieren, also Ruhe- und Ventilationsphasen wechseln, müssen die Untersuchungsabschnitte so lang gewählt werden, daß die Mittelwerte repräsentativ werden (vgl. SCHLIEPER 1965).
Hinweis: Diese Versuche lassen sich auch mit Eintagsfliegen- oder Köcherfliegenlarven durchführen (vgl. Abb. 76; DREWS & ZIEMEK 1995).

Tab. 25: Meßwerte zur Atemfrequenz von Großlibellenlarven (Pumpbewegungen je min) in Abhängigkeit vom Sauerstoffgehalt des Wassers (20 °C, letzte Larvenstadien).

Libellenart:	Sauerstoffreiches Wasser	Sauerstoffarmes Wasser
Aeshna cyanca	8 (5-10)	20 (15- 30)
Libellula quadrimaculata	10 (7-12)	70 (60- 80)
Sympetrum vulgatum	6 (5- 8)	110 (95- 125)

Ergänzung: Mit dem gleichen Verfahren läßt sich auch die Abhängigkeit der Atmung von der Temperatur zeigen. Man vergleicht dazu die Atemfrequenz in Wasser von etwa 10 °C (mit Eis heruntergekühlt), 20 °C (Zimmertemperatur) und etwa 30 °C. Um wirklich die Temperaturabhängigkeit zu zeigen, müßte der Sauerstoffgehalt in allen drei Fällen gleich sein (die Sättigung ist dann verschieden und auf 30 °C = 100 % einzustellen). Zu einem entsprechenden Versuch mit Köcherfliegenlarven vgl. ERBER & KLEE (1987).

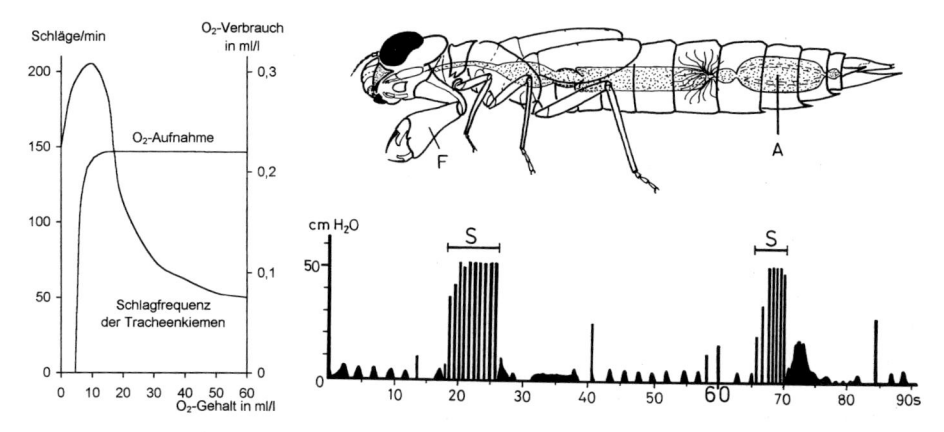

Abb. 76: Atembewegungen bei Eintagsfliegen- und Großlibellenlarven (*Ephemera* bzw. *Aeshna cyanea;* nach CHAPMAN, MILL & PICKARD, SCHMIDT in REMANE et al.).
Links: Kiemenschlagfrequenz der Eintagsfliegenlarven (Schläge je min) und O_2-Aufnahme (als Stoffwechselrate oder Atemgröße in ml je g Körpergewicht und h) in Abhängigkeit vom O_2-Gehalt des Wassers (in ml/l).
Rechts oben: Letztes Stadium einer Aeshna-Larve mit abgestellter Fangmaske F und Darmgliederung (A: der zur Atemkammer erweiterte Enddarm).
Rechts unten: Atembewegungen (in 90 s = 1½ min) einer (im Versuch fixierten) *Aeshna*-Larve. Die Intensität wurde als Atemkammerdruck (in cm Wassersäule) bestimmt. Die flachen, rhythmischen Druckwellen kennzeichnen die normalen Atembewegungen, die Bündel starker Ausschläge markieren Schwimmbewegungen S (nachdem der Larve das Substrat weggezogen wurde).

Sauerstoffverbrauch bei Fischen

Näherungswerte liefert die Messung der Kiemendeckelfrequenz (BERKHOLZ 1967), doch ist außer zur Temperatur schwer ein Bezug herzustellen.

Den Sauerstoffverbrauch kann man in grober Näherung durch eine Zeitmessung quantifizieren, wenn man von sauerstoffgesättigtem Wasser (ca. 6 ml O_2/l bei 18-26 °C) ausgeht und die Fische bis zu den ersten sicheren Zeichen von Sauerstoffnot darin beläßt (Tab. 26). Sie treten beim Guppy etwa bei 1 ml O_2/l, bei Karauschen bei 0,5-1 ml O_2/l auf. Als Versuchsgefäße dienen z.B. Erlenmeyerkolben, die luftblasenfrei verschlossen werden. Hierin schwimmen die Fische normalerweise unten. Die Atemnot zeigt sich an zeitweise heftigen Versuchen, Luft zu schnappen, und an stark erhöhter Atemfrequenz. Setzt man z. B. 3 Guppy-Weibchen in ein Gefäß von 100 ml (verfügbarer Sauerstoff unter den genannten Bedingungen ca. 0,5 ml, Verbrauch je Weibchen und Stunde ca. 0,3 ml), so ist diese Reaktion nach einer knappen halben Stunde zu erwarten (aus Tierschutzgründen aber bei ersten Anzeichen aufhören!). In der Zwischenzeit kann man das Gewicht der Fische an einem weiteren, gleich großen Fisch bestimmen (Becherglas mit Wasser vor und nach dem Einsetzen wiegen oder Volumenzunahme im Meßzylinder nach dem Einsetzen ablesen, es entspricht 1 ml Fisch etwa 1 g), die Wasser- und damit die Sauerstoffmenge im Versuchsgefäß (an Hand eines gleich großen Gefäßes) ermitteln (Fischvolumen berücksichtigen!)

und die Auswertung entsprechend Tab. 26 vorbereiten. Bezogen wird der Sauerstoffverbrauch wie üblich auf 1 Stunde und 1 kg Körpergewicht (der geringen Genauigkeit entsprechend runden!).

Tab. 26: Auswertungsschema zur näherungsweisen Bestimmung der Atemgröße von Fischen (bei 21 °C). Es wird von einem Sauerstoffgehalt von 6 ml je l bei Versuchsbeginn und einem Absenken auf 1 ml je l bei Anzeichen von Atemnot ausgegangen; die Zeit bis dahin ist dann das Maß für den Sauerstoffverbrauch.

Fischart:	Karausche	Guppy-Weibchen	Guppy-Männchen
Anzahl und Gewicht:	2 x 6 g	3 x 1,5 g	5 x 0,2 g
Gesamtgewicht:	12 g	4,5 g	1 g
Wassermenge im Versuchsgefäß:	350 ml	115 ml	120 ml
Dauer bis zum Auftreten von Atemnot:	2¼ Std.	40 min	1 Std. 10 min
Sauerstoffverbrauch: insgesamt (5 ml x Wassermenge in l)	1,8 ml O_2	0,6 ml O_2	0,6 ml O_2
je Stunde	0,8 ml O_2	0,9 ml O_2	0,5 ml O_2
je Std. und 1kg Fisch (≃ Atemgröße):	70 ml O_2	200 ml O_2	500 ml O_2
bei einem Fischgewicht von	6 g	1,5 g	0,2 g

Tab. 27: Grundumsatz bei wechselwarmen Wassertieren (nach SCHLIEPER) und bei Landsäugern (nach ECKERT).

	Gewicht	Sauerstoffverbrauch (in ml) je Stunde	Grundumsatz (ml O_2 je kg u. h)
Pantoffeltierchen	10 µg		500
Flußkrebs	32 g		47
Hecht	200 g		350
Karpfen	200 g		100
Spitzmaus	0,005 kg	36	7400
Zwergmaus	0,009 kg	23	2500
Maus	0,025 kg	41	1650
Ratte	0,3 kg	250	870
Katze	2,5 kg	1700	680
Kaninchen	2,2 kg		470
Hund	12 kg	3870	330
Mensch	70 kg	14760	210
Pferd	650 kg	71100	110
Elefant	3833 kg	268000	70

Mit der colori- oder potentiometrischen Sauerstoffbestimmung erhält man nicht nur genauere Werte, sondern vermeidet auch den Atmungsstreß der Fische. Bei gleichem Versuchsansatz wie im vorstehenden Verfahren wählt man den Fischbesatz so, daß in der Untersuchungszeit etwa die Hälfte des ursprünglich vorhandenen Sauerstoffs veratmet ist (z. B. je 1 Guppy-Männchen oder -Weibchen auf 100 ml Wasser 2 Stunden), damit der Meßfehler zu vernachlässigen ist. Einzelhaltung hat den Vorteil, daß ein Mehrverbrauch durch soziale Stimulation (Guppy-Männchen!) ausgeschaltet ist. Es sollten möglichst mehrere gleichartige Untersuchungen parallel angesetzt werden, um Versehen erkennen zu können.

Arbeitsblatt 5 : Bestimmung der Atmungsgröße von Fischen mit Hilfe der Winkler-Titration (Daten zu einem Versuch analog zu Tab. 26).

Fisch:	Guppy-Männchen	Guppy-Weibchen
Anzahl und Gewicht Gesamtgewicht Wassermenge Temperatur Versuchsdauer	1 x 0,2 g 0,2 g 119 ml 21 °C 2 Std.	1 x 1,5 g 1,5 g 120 ml 21 °C 1³/₄ Std.

Frischwasser
  Probenmenge
  Titerverbrauch je Probe
  entspricht Titerverbrauch
  je Fischgefäß
  Faktor für O_2-Äquivalent
  (n/200 Na-Thiosulfat)
O_2-Menge je Fischgefäß
bei Versuchsbeginn
	
	37 ml
	7,4 ml
	23,8 ml
	
	0,028
	
	0,67 ml
		
		50 ml
		12,5 ml
		30,0 ml
		
		0,028
		
		0,84 ml

Versuchsende
  Probenmenge
  Titerverbrauch je Probe
  entspricht Titerverbrauch
  je Fischgefäß
  Faktor für O_2-Äquivalent
  (n/200 Na-Thiosulfat)
O_2-Menge je Fischgefäß
bei Versuchsende
	
	37 ml
	5,3 ml
	17,0 ml
	0,028
	
	0,48 ml
		
		37 ml
		3,6 ml
		11,7 ml
		0,028
		
		0,33 ml

O_2-Verbrauch insgesamt O_2-Verbrauch je Stunde	0,19 ml 0,10 ml	0,51 ml 0,29 ml
Atmungsgröße (O_2-Verbrauch je Stunde und kg Fisch)	500 ml	190 ml

Die Bestimmung der Atemgröße (= Stoffwechselrate: Sauerstoffverbrauch je Stunde und kg Körpergewicht, Ruhewerte entsprechen dem Grundumsatz = Ruhestoffwechselrate, vgl. Cleffmann 1979) liefert interessante Vergleichswerte: so nimmt innerhalb derselben Art der Grundumsatz mit wachsender Körpergröße ab, bei gleicher Größe unterscheiden sich vielfach verschiedene Arten, Warmblüter liegen beträchtlich über Wechselwarmen (Tab.27).

5.6.7 Hautatmung

Die bisherigen Ausführungen bezogen sich auf problematische Situationen der Sauerstoffversorgung (hohe Temperaturen, hohe Aktivität bei geringem

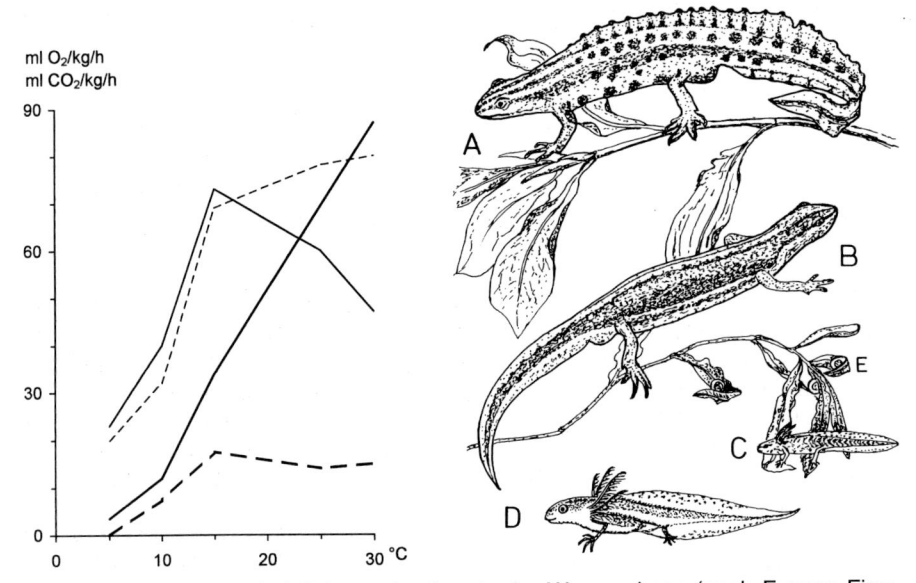

Abb. 77: Hautatmung bei Schwanzlurchen in der Wasserphase (nach FLOREY; Figuren nach CIHAR & CEPICKA, WITTE).
Links: Durchschnittlicher Gasaustausch in der Lunge (dicke Linien: untere Kurven) und über die Haut (dünne Linien: obere Kurven) in Abhängigkeit von der Temperatur (ausgezogene Linie: Sauerstoffaufnahme; gestrichelte Linie: CO_2-Abgabe) beim Gefleckten Querzahnmolch (*Ambystoma maculatum*, Nordamerika, einem Verwandten vom Axolotl *A. mexicanum*). Das CO_2 wird stets vorwiegend über die Haut abgegeben, der Sauerstoff wird bei niedrigen Temperaturen vorwiegend über die Haut, erst ab etwa 25°C vorwiegend über die Lunge aufgenommen.
Rechts: Oberflächenvergrößerung durch Hautsäume in der Wasserphase bei einheimischen Molchen. A Teichmolch-Männchen mit den großen Hautsäumen des „Hochzeitkleides", B Weibchen mit nur schmalen Säumen am Schwanz, C Larve mit größeren, D Kammolchlarve mit besonders großen Hautsäumen (vgl. Foto 23). Die Molcharten kühler Gebirgsgewässer haben viel kleinere Hautsäume (vgl. Bergmolch). E Eier vom Teichmolch, die einzeln in Taschen aus umgeknickten Wasserpflanzenblättern gelegt werden.

Nachschub). Sie erfordern besondere Anpassungen, damit die Aktivität aufrecht erhalten werden kann. Im Litoral des Sees finden wir aber auch Situationen einer relativ guten Versorgungslage (z.B. bei hoher Primärproduktion und geringer Aktivität der Konsumenten). Dann reichen einfachere Versorgungssysteme, oft schon die Hautatmung. Bei Amphibien ist sie perfektioniert (Abb. 77, Foto 23; FEDER & BURGGREN 1986): Sie können sauerstoffarmes Blut in die Hautkapillaren fließen lassen, zugleich die Zahl der durchströmten Adern erhöhen und damit die Sauerstoffaufnahme durch die Haut steigern; Eigenbewegung oder Anströmung erhöhen die Effektivität; bei geringem Sauerstoffbedarf wird dann die Kapillarzahl wieder zurückgenommen. Die Oberflächenvergrößerung durch die Kämme von Molchmännchen im Hochzeitskleid verbessert die Hautatmung, so daß auch bei hoher Balz-Aktivität die Auftauchfrequenz niedrig bleiben kann. – Bei der Überwinterung unter Wasser (der meisten Wasserfrösche und eines Teils der Grasfrösche) reicht die Hautatmung allein aus (Kältestarre, damit niedriger Verbrauch bei hoher O_2-Löslichkeit und -bevorratung). Problematisch kann es jedoch in Gewässern mit hoher O_2-Zehrung (z.B. durch Fallaubschicht) oder bei länger anhaltender Eisdecke (Abschluß von der Oberfläche, völlig ruhender Wasserkörper) werden, dann kann es zum Massensterben kommen.

Im Einzelfall kann die Abgrenzung von Hautatmung und Kiemenatmung fließend sein. Die Posthornschnecken mit dem Hautlappen an der Atemhöhle wurden schon angesprochen. Bei Libellen- und Eintagsfliegenlarven sind lockere Kapillarverzweigungen in der Haut (z.B. auf dem Hinterleibsrücken) ein Indiz für Hautatmung im eigentlichen Sinne. Die Großlibellenlarven haben eindeutig Tracheenkiemen mit Ventilation im Enddarm; bei den Kleinlibellen sind die wenig differenzierten Darmfalten jedoch vorwiegend Organe der Osmoregulation (vgl. Kap. 5.7), die Ventilation reicht nicht für ein Rückstoßschwimmen. Dafür dienen die Ruderblättchen mit ihrem dichten Tracheennetz auch als Tracheenkiemen. Sie werden jedoch bei Gefahr abgeworfen. Die Larven überleben dann zwar, haben aber eine höhere Mortalität schon unter normalen Bedingungen. Reiche Tracheenverzweigung haben aber auch die Flügelscheiden der Altlarven (Fotos 22, 24), jedoch fehlt hier die Ventilation; als Notatmung wippen (vor allem Klein-) Libellenlarven bei gespreizten Flügelscheiden mit dem Körper und bringen auch den Bereich der Flügelscheiden an die Luft (CORBET 1962, MÜNCHBERG 1962). Bei den kleinen Junglarven reicht dagegen die Hautatmung allein aus.

Näherungsweise läßt sich die Hautatmung bei Schlammschnecken bestimmen: Stößt man sie an, wenn sie in den oberen Bereichen des Aquariums kriechen, so stoßen sie Luft aus und sinken zu Boden. Setzt man sie dann in einen luftblasenfrei verschlossenen Erlenmeyerkolben, so ist die Lungenatmung zu vernachlässigen. Die Differenz aus dem O_2-Gehalt vor dem Einsetzen und nach etwa 2 h ergibt (bezogen auf das Wasservolumen) den O_2-Verbrauch durch Hautatmung. Entsprechende Versuche mit Froschlurchen (wie dem Krallenfrosch) können mit dem Tierschutz kollidieren.

5.7 Osmoregulation

Osmoregulation umfaßt alle Vorgänge, die eine bestimmte, vom Außenmedium abweichende osmotische Konzentration in den Körperflüssigkeiten aufrechterhalten, also die Regulation des Salz- und Wasserhaushaltes (CLEFFMANN 1979; vgl. Glossar in Band 2).

Osmoregulation bedeutet für Landtiere – abgestuft nach der Trockenheit der umgebenden Luft – Abwendung der Gefahr der „Eindickung" der Körpersäfte durch Wasserverluste nach außen hin. Sie bilden einen salzreichen Harn, die N-Stoffwechselschlacken werden dabei bei Säugern konzentriert als Harnstoff, bei Vögeln und Landarthropoden noch wassersparender als (oft kristalline) Harnsäure (= Guanin). Die Außenhaut ist bei Trockenlufttieren generell gegen Verdunstung versiegelt (z.B. durch Verhornungen wie bei den Tetrapoden unter den Wirbeltieren oder durch die Wachsschicht in der Cuticula der Insekten); bei Feuchtlufttieren (wie Amphibien) bremst eine Schleimschicht den Wasserverlust, sie erlaubt aber eine Wasseraufnahme durch die Haut. Viele Säuger regulieren allerdings Überhitzung durch Verdunstungskühlung mit Schweiß, der wegen der Osmoregulation salzhaltig sein muß. Kochsalz wird damit zu einem essentiellen Mikronährstoff, Wasserbedarf/Trinken u.U. zum Problem. Wüstensäuger (wie das Kamel) können jedoch in der Sonnenglut die Körpertemperatur anheben und damit den Regulationsbedarf senken. Osmoregulation ist also eng mit der Thermoregulation verknüpft, das zeigt sich bei Sommerhitze schon bei unserer Kreuzotter (vgl. FROMMHOLD 1964) z.B. an kompensatorischer Ortswahl (Ausweichen vor der prallen Sonne in den Schatten oder in Erdhöhlen) und Aktivität (mittägliche Ruhephase; zu Libellen s.S. 202). Die Strategien der Wasserkonservierung sind bei kleinen Wüstensäugern (wie den Känguruhratten) perfektioniert: Sie verkriechen sich tagsüber in einen kühlen Bau mit relativ hoher Luftfeuchtigkeit, kondensieren mit Wärmeaustauscherprozessen die respiratorische Feuchtigkeit vor dem Verlassen der „kalten" Nase, dehydrieren den Kot besonders effektiv im Enddarm, gewinnen metabolisch Wasser aus der Nahrung, trockenen Samen, so daß sie (abgesehen von der Aufnahme freien [Tau-] Wassers aus der Nahrung) nicht zu trinken brauchen, und konzentrieren den Harn mittels des Gegenstromaustausches in der extrem langen HENLEschen Schleife der Nieren besonders stark (vgl. ECKERT 1993, SCHMIDT-NIELSEN 1975).

Die meisten marinen Evertebraten der Hochsee sind isoosmotisch mit dem umgebenden Wasser (Salzgehalt $\geq$ 30‰ = 30 g/l; Tab. 28), „Osmokonformer" ohne oder nur mit beschränkter Osmoregulation. Bei „Osmoregulierern" unterscheiden sich Außenmedium und Körperflüssigkeiten zumindest in den Anteilen der Elektrolyte, sie müssen selektiv Ionen (wie K^+) anreichern oder ausscheiden. Damit sind Ionenregulation und Osmoregulation i.e.S. (Regulation des osmotischen Wertes pauschal gesehen und damit auch des Wasserhaushaltes) verzahnt. Marine Knochenfische sind hypotonisch, verlieren daher Wasser über die Kiemen, trinken zum Ausgleich Meerwasser und scheiden überschüssiges Kochsalz durch die Kiemen aus, andere Ionen (wie Magnesium, Sulfat) werden im Darm kaum resorbiert und mit dem Kot abgegeben. Hypotonisch ist auch der Salinenkrebs *Artemia salina*, der dank perfekter Osmoregulation sogar salzgesättigte Binnensalzseen (wie den Großen Salzsee in Utah/USA mit 220‰ Salzgehalt) und -stellen (wie Salinen) besiedeln kann (LAMPERT & SOMMER 1993). Hochseevögel, die Meerwasser trinken, haben spezielle Salzdrüsen, die in die Nasenöffnungen (spezielle „Röhrennasen" bei Sturmvögeln und Albatrossen) münden, bei den Meerechsen von den Galapagos-Inseln, die Meeresalgen fressen, tritt das Salz an den Wangen, bei Meeresschildkröten mit der Tränenflüssigkeit aus. Ein schiffbrüchiger

Tab. 28: Osmolarität (in mosmol/l) und Konzentration ausgewählter Ionen (in mmol/l) der extrazellulären Flüssigkeiten von Wassertieren und vom Menschen (nach ECKERT, Miesmuschel und Strandkrabbe nach CLEFFMANN, + ergänzt nach URICH; „eutropher See": Mendota-See in Wisconsin/USA, aufgerundet, nach BROCK, Osmolarität nach KLOFT & GRUSCHWITZ, sie beträgt nach URICH 1977 5-10); * Süßwassertiere.

Medium/Art	Osmolarität	[Na^+]	[K^+]	[Ca^{2+}]	[Mg^{2+}]	[Cl^-]	[SO_4^{2-}]
Meerwasser	1000	460	10	10	53	540	27
Eutropher See	2-3 (5-10)	0,3	0,1	0,7	1,3	0,5	0,1
Wattwurm							
Arenicola, Meer		459	10	10	52	537	24
Regenwurm,							
terrestrisch		76	4	3		43	
Miesmuschel, Meer		474	12	12	53	553	29
Teichmuschel							
Anodonata*	40+	15	0,5	8	0,2	12	0,7
Hummer		472	10	16	7	470	
Strandkrabbe							
Carcinus		531	12	13	20	557	17
Am. Flußkrebs							
Cambarus*	440+	146	4	8	4	139	
Flunder *Paralichthys*	337	180	4	3	1	160	0.2
Karausche/Goldfisch*	293	142	2	6	3	107	
Wasserfrosch*	210	92	3	2	2	70	
(Stock-) Ente	294	138	3	2		103	
Mensch		142	4	5	2	104	1

Mensch, der Meerwasser trinken muß, gerät dagegen lebensbedrohlich aus dem osmotischen Gleichgewicht, da er die mit dem Wasser aufgenommenen überschüssigen Ionen nicht eliminieren kann. – Im Brackwasser der Wattenmeere (und in Binnensalzseen), wo die Bedingungen extrem schwanken, finden wir „Osmoregulierer" mit einer besonders leistungsfähigen Osmoregulation (wie die Strandkrabbe; vgl. CLEFFMANN 1979, ECKERT 1993, FLOREY 1970, KLOFT & GRUSCHWITZ 1988, PENZLIN 1991).

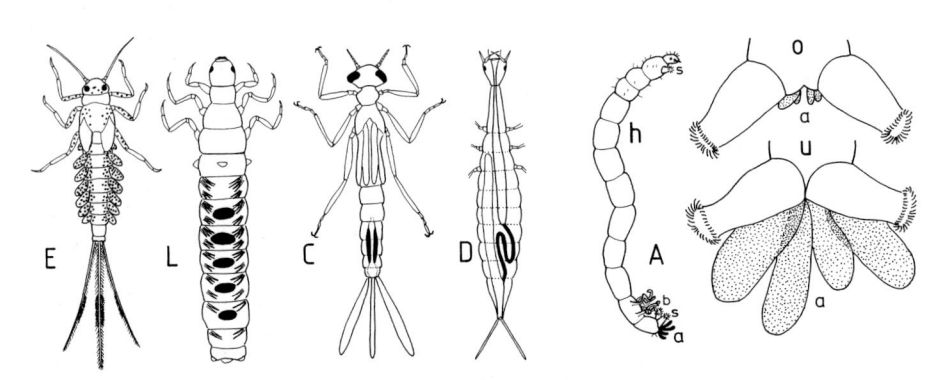

Abb. 78: Osmoregulatorische Organe bei Wasserinsektenlarven (nach KOMNICK, STRENZKE).
Eintagsfliegenlarven E (Typ *Cloëon*) haben osmoregulatorische Chloridzellen (schwarze Punkte) vorzugsweise auf den Tracheenkiemen und benachbarten Hautbereichen. Chloridepithelien (schwarz) haben die Larven von Köcherfliegen L (*Limnephilus*) als Felder auf dem Rücken der Hinterleibssegmente, von Kleinlibellen C (*Coenagrion*) als Leisten auf der Wand des Enddarms und von Gelbrandkäfern D (*Dytiscus*) in der Wand des Dünndarms (= „Ileum").
A: Zuckmückenlarven *Chironomus thummi* haben osmoregulatorische Organe am 9. (letzten) Hinterleibssegment in Form von Analpapillen a (schwarz beim Habitusbild h, punktiert bei den Ausschnittbildern o, u), sie wurden früher für Kiemen gehalten; sie sind winzig bei Larven aus elektrolytreichem Wasser o (Bild oben: n/20 NaCl + n/1200 H_2SO_4) und stattlich bei Larven aus extrem elektrolytarmem Wasser u (Bild unten, Aqua bidestillata; zu Stechmückenlarven *Culex pipiens* vgl. CHAPMAN 1975, Fig. 341). Blutkiemen sind die Schläuche b (Tubuli), sie sind bei *thummi*-Larven in O_2-armem Milieu lang (wie im Bild), der Hämoglobin-Gehalt ist dann hoch, das Tracheen-System reduziert, in O_2-reichem Milieu ist es umgekehrt; s: Stummelfüßchen am 1. Brustsegment und am Hinterleibsende (Nachschieber).

Süßwasser ist definiert durch einen Salzgehalt bis zu 5 ‰. Damit liegt die Salzkonzentration des Mediums (mit einer Osmolarität von 2-3 mosmol/l) um etwa 2 Größenordnungen unter der der Organismen (etwa 200-300 mosmol/l; Tab. 28). So besteht ein extremes (physikalisches) osmotisches Gefälle. Das stellt besondere Anforderungen an die (physiologische) Osmoregulation, insbesondere an die Ausscheidung des eindringenden Wassers und an die Aufnahme von Ionen entgegen dem hohen Konzentrationsgefälle. Bei den osmotischen Austauschprozessen zwischen Süßwassertier und seiner Umwelt sind also die physikalischen Prozesse in Verbindung mit artspezifischen Gegebenheiten, die von der jeweiligen Art nicht oder nur geringfügig physiologisch steuerbar sind, von den physiologisch regulierbaren Austauschprozessen, die ggf. auch die ersteren kompensieren können, zu unterscheiden. Nicht kontrollierbar in diesem Sinne sind z.B. der osmotische Gradient zwischen Körper und Medium oder die Körpergröße (hier wichtig als Verhältnis von osmotisch wirksamer Oberfläche und Volumen) und der art- oder bauplanspezifische Anteil semipermeabler, also osmotisch aktiver Grenzflächen (wie der Kiemen oder zarter Haut) im Verhältnis zu „versiegelten" Oberflächen (wie der Haut der Fische oder der Wasserkäfer). Spezifisch für die physiologischen Regelprozesse sind vor allem Organe zur Wasserausscheidung („Nieren") und zur Ionenaufnahme (Chloridzellen-, gewebe) sowie eine Änderung der Osmolarität der Körperflüssigkeiten in Abhängigkeit vom Salzgehalt des Mediums (oft als Hypertonie im Süßwasser mit Übergang zu Hypotonie im Salzwasser, vgl. ECKERT 1993 sowie für die Kleinlibellenlarve *Ischnura elegans* MOENS 1967). Organe zur aktiven Wasserausscheidung (Hydathoden) und die Fähigkeit zur Salzanreicherung sind auch für Tauchblattpflanzen typisch.

Vor dem Eindringen des Wassers schützen bei Süßwassertieren schwer (Schleimschicht) oder (fast) gar nicht durchlässige Körperschichten (Haut der Wirbeltiere, Cuticula der Arthropoden, bei Wasserwanzen oder der Wasserspinne ist schon der Luftfilm, der einen großen Teil des Körpers umschließt, eine Barriere für eindringendes Wasser (SCHWOERBEL 1993). Auch die festen Hüllen z.B. der Fischeier unterstützen die Osmoregulation. Stabile Außenwände leisten (z.B. an zarten Körperstellen wie den Kiemen) schon rein mechanisch Schutz vor zu starker Wasseraufnahme, indem sie das Dehnungsvermögen begrenzen. Die Schalen der Diatomeen könnten auch unter diesem Aspekt zu sehen sein. Süßwassermuscheln, die durch die große Ausdehnung der Kiemen besonders gefährdet sind, haben extrem niedrige Salzkonzentrationen im Körper (Teichmuschel etwa 1 g/l, also nur rund 4 mal so hoch wie das Wasser; Tab. 28).

Süßwassertiere haben besonders gut funktionierende Organe zur Wasserausscheidung (z.B. pulsierende Vakuolen der Einzeller, die mit der Erhöhung des Salzgehaltes des Wasser ihre Funktion einstellen und marinen Formen

Tab. 29: Häufigkeit der Ventilation (je 2 h) der Enddarmkammer bei 8 Kleinlibellenlarven *Coenagrion puella* (Körper um 1 cm lang) in Abhängigkeit von der Salinität des Außenmediums (nach KOMNICK); im salzreichen Milieu stagnieren die Ventilationen.

Salinität des Außenmediums	Ventilationen je 2 h	Mittelwert
10 µMol NaCl	837 - 2524	1756
100 mMol NaCl	0 - 18	7

ganz fehlen, Protonephridien der Planarien, Metanephridien der Ringelwürmer und Mollusken, Nephridialorgane der Arthropoden, Nieren der Wirbeltiere), wobei die Rückresorption der Salze maximiert wird. Die Süßwassertiere scheiden also große Mengen (im Vergleich zur Körperflüssigkeit) salzarmen (im Vergleich zum Außenmedium aber hypertonischen) Harns aus, wobei der Stickstoff oft einfach als Ammoniak gebunden ist und bei Fischen und Flußkrebsen maßgeblich über die Kiemen abgegeben wird.

Tab. 30: Verteilung und Anzahl der Chloridzellen bei der Ruderwanze *Hesperocorixa sahlbergi* in den Stadien J1-J5 und bei der Imago (Mittelwerte von 10 Tieren, die in Leitungswasser aus Eiern gezogen wurden, ohne Streubreite, nach KOMNICK).

Stadium	Kopf	Prothorax (Halsschild)	Abdomen Bauchseite	Abdomen Rückenseite	Insgesamt
J 1	0	0	116	31	146
J 2	39	117	436	211	803
J 3	84	218	1174	0	1476
J 4	233	381	2579	0	3193
J 5	425	418	3494	0	4337
Imago	~7000	–	–	–	~7000

Süßwassertiere nehmen die meisten Elektrolyte über ihre Nahrung auf. Gelbrandkäfer haben (im Gegensatz zu ihren Larven) eine osmotisch versiegelte Körperoberfläche und Luftatmung und können die relativ geringen Ionenverluste mit Kot/Harn/Wehrflüssigkeiten voll über die Nahrung ausgleichen. – Besondere Anforderungen ergeben sich bei Blutsaugern wie dem Blutegel (Details zur Osmoregulation bei WENNING 1995)

Viele Süßwassertiere besitzen die Fähigkeit, mit besonderen Transportzellen und -geweben selektiv Ionen gegen ein hohes Konzentrationsgefälle aufzunehmen (Abb. 78, 79). Diese Zellen/Gewebe speichern Chlorid (daher der Name) und färben sich bei Zugabe von Silbernitrat durch Bildung von Silberchlorid zunächst hell, nach Belichtung mit Reduktion des Silbers dunkel (vgl. WICHARD 1988). Bei Fischen und Flußkrebsen liegen sie auf den Kiemen, für die Na-, und Cl- Ionen wird ein Austausch gegen Ammoniak und Hydrogenkarbonat angenommen (ECKERT 1993, PENZLIN 1991). – Gut untersucht wurden sie bei verschiedenen Wasserinsektenlarven (Abb. 78, 79; MOENS 1967, KOMNICK 1977 a,b, 1978, SCHMITZ & KOMNICK 1976, WICHARD 1988, WICHARD & KOMNICK 1973 sowie KLOFT & GRUSCHWITZ 1988, WICHARD et al. 1995): Eintagsfliegenlarven (vom Typ *Cloëon*) haben Chloridzellen vor allem auf den bewegten Tracheenkiemen und in ihrem Umfeld, bei Köcherfliegenlarven (vom Typ *Limnephilus*) bilden die Chloridepithelien benetzbare Rückenfelder auf dem (für den Atemwasserstrom) bewegten Abdomen; bei Libellenlarven liegen sie im ventilierbaren Enddarm, bei Großlibellen (Typ *Aeshna*) unter bzw. auf den

Kiemenblättchen (Ventilation im Atemrhythmus), bei Kleinlibellenlarven (Typ *Coenagrion*) fehlen die Enddarmkiemen, die Ventilation richtet sich nach dem osmotischen Gefälle zum Medium (Tab. 29); (Schlammfliegen- und) Gelbrandkäferlarven haben Chloridepithelien im Dünndarm (Ileum), was nicht nur in Verbindung mit dem Trinken von Wasser, sondern vor allem als Perfektion der Ionenresorption bei der extraintestinalen Verdauung (Einsaugen eines vorverdauten Nahrungssaftes) gesehen werden sollte. Bei den Larven von Stech-, Glas- und Zuckmücken sind die Analpapillen spezifische Organe für die Ionenaufnahme, die ebenfalls die Ausscheidungen aus dem Darm mit kontrollieren können. Die Menge der Chloridzellen bzw. -gewebe richtet sich vielfach reversibel nach dem osmotischen Gefälle und belegt eine hohe Adaptationsfähigkeit (Abb. 79). Die Ionenaufnahme ist histochemisch und radiologisch belegt worden, sie korreliert mit dem Nachweis von Transportenzymen (ATPasen), die Zellen haben im elektronenmikroskopischen Bild (Abb. 79) die für Transportgewebe typische Oberflächenvergrößerung der äußeren Zellwand (Bürstensaum aus Mikrovilli) mit Anreicherung an Mitochondrien und Tracheolen, von der Basalmembran her sind Invaginationen (für den Membrantransport) ausgebreitet. Die Zellenzahl/Gewebegröße nimmt mit der Larvengröße zu (Tab. 30), obwohl die relative Oberfläche der Larve abnimmt, bei den ganz auf den Luftraum spezialisierten Imagines der Eintagsfliegen und Libellen fehlen sie, bei den submers lebenden Imagines z.B. der Ruderwanzen (*Corixa* u.a.) sind sie auf die Kopfregion, die nicht nur beim Schwimmen, sondern auch beim Aufarbeiten des Substrates mit den Vorderbeinen für die Nahrungsaufnahme einem Wasserstrom ausgesetzt ist, konzentriert; während der Metamorphose entfallen sie an der Unterseite des Abdomens mit Beginn der Bildung einer Luftblase (3. Jugendstadium), auf der Oberseite mit der vollen Entwicklung der Flügel bei der Häutung zur Imago (Tab. 30). Damit ist die Korrelation zum Wasserkontakt offenkundig.

Die Osmoregulation (einschließlich der Ionenregulation) ist damit ein schönes Beispiel für die Vielfalt physiologischer Anpassungen an ein spezifisches Problem des Lebensraumes Süßwasser.

Einfache Versuche zur Osmoregulation bei Wasserinsekten (vgl. H. SCHMIDT 1971, GERHARDT-DIRCKSEN & WICHARD 1995, WICHARD 1993):
a) Größe der Analpapillen von Mückenlarven in Abhängigkeit vom Ionen-Diffusionsgefälle: Aus Stechmücken-Gelegen, die auf dem Wasser (z.B. Regentonne) schwimmen, werden Larven in destilliertem Wasser im Vergleich zu Larven in physiologischer Kochsalzlösung gezogen und die Größe der Analpapillen verglichen (analog zu Abb. 78). Das Wasser ist regelmäßig zu wechseln, Fütterung z.B. mit Hefesuspension oder Planktonalgen (aus Wasserblüte).
b) Histochemische Markierung der Chloridzellen: Bis zu 10 Larven werden in einer Dunkelkammer bei Rotlicht in ein Rollrandschnappdeckelgläschen mit 10 ml einer 0,1%igen Silbernitrat-Lösung 10 min lang überführt, dann wird die Silbernitratlösung gegen 70%igen (Isopropyl-) Alkohol ausgetauscht, der Alkohol mehrfach gewechselt,

um nicht gebundenes Silbernitrat auszuwaschen. Dann werden die Larven unter der Stereolupe betrachtet, die Analpapillen sind zunächst hell und verdunkeln dann unter dem Lichteinfluß: Nachweis der Chloridepithelien. Nach der Untersuchung werden die Larven in der konservierenden Alkohollösung als Sammlungsmaterial aufbewahrt.

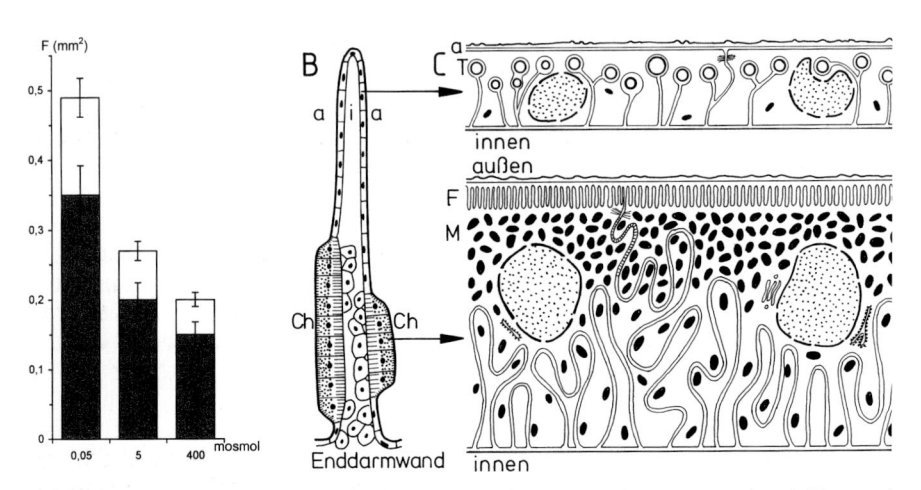

Abb. 79: Chlorid-Epithelien bei Larven der Großlibelle *Aeshna cyanea* (nach Komnick). *Links:* Fläche der Chlorid-Epithelien im Enddarm (Mittelteil der Atemkammer; Mittelwerte in mm^2; Standardabweichungen markiert; die größeren Epithelien der Lamellen [links in B] dunkler Teil der Säulen, die kleineren [rechts in B] weiß darüber) 3,5 cm langer Larven nach einmonatigem Aufenthalt in Meersalz-Lösungen unterschiedlicher Salinität (in mosmol/l). Im elektrolytarmen Medium sind die Chlorid-Epithelien vergrößert.
Rechts B: Schnitt durch eine Lamelle im Kiemendarm (Enddarm = Rektum); a Außenseite (Darmlumen), i Innenseite; Ch Chloridepithelien, darüber das respiratorische Epithel. – C: Elektronenmikroskopisches Bild dieser Epithelzellen. *Oben* Zelle aus dem respiratorischen Epithel mit dichtem Besatz mit Tracheolen T nahe der Außenwand a. *Unten* Zelle aus dem Chloridepithel mit Falten- oder Bürstensaum F und Massierung von Mitochondrien M an der Außenwand, dem Ort der Ionenrückgewinnung aus dem Darm.

5.8 Fortpflanzung am Beispiel von Fischen des Litorals

Die Fortpflanzungs- und Sterberate einer jeweiligen Art bestimmt ihre Populationsgröße. Die Vielfalt der Fortpflanzungsstrategien soll hier für die Wassertiere des Litorals nur am Beispiel der Fische skizziert werden (vgl. Deckert et al. 1991, Schindler 1968, Seifert & Kölbing 1993, Stolk 1980, Wickler 1970). Nicht eingegangen wird auf die Wanderfische: Die anadromen Fische, die im

Meer heranwachsen und zum Laichen die Flüsse hochsteigen (wie Flußneunauge, Lachs oder Stör), laichen nicht im See (der Stichling, der in Küstennähe im Herbst in das Meer wandert und im Frühjahr zum Laichen zurückkehrt, ist ein Grenzfall: DANIEL 1965, 1985, PAEPKE 1983), unter den katadromen Fischen, die zum Laichen in das Meer ziehen, ist der Aal das Musterbeispiel: Er zieht aus den Süßwasserflüssen zum Laichen ins Salzwasser bis in den Atlantik (Sargassosee). Die dort schlüpfenden Larven kehren mit den Meeresströmungen zurück in die Flüsse (TESCH 1973). Kieslaicher des Litorals, die eigentlich im Fließwasser beheimatet sind, steigen zum Laichen in die Zuflüsse auf (z.B. Gründling sowie Seeforelle und Stint, auch Uklei/ Laube und die jüngeren Quappen).

Für den oligotrophen See mit seinem vorwiegend mineralischen, bis in die Tiefe sauerstoffreichen Grund sind die Bodenlaicher (z.B. ältere Quappen und Edelfische wie Maränen = Felchen) typisch, wobei die Eiablage (wie bei der Kleinen Maräne) in den oberen Wasserschichten über den tiefen Gewässerstellen erfolgen kann und die Eier nach unten sinken. Hauptlaichzeit ist hier der Spätherbst (vgl. Band 2).

Im eutrophen See ist das oft schon im Frühsommer sauerstofffreie Profundal kein geeigneter Laichplatz für Fische. Auch im Litoral ist der Boden wegen der Turbulenzen an vegetationsfreien Stellen und wegen des Überwachsens durch die Vegetation offenbar ungünstig. Ein Sonderfall ist der Zander, der Wasserblütenseen mit schwacher submerser Vegetation bevorzugt. Er laicht an „hartgründigen" Seeufern. Die Eier werden in Klumpen abgelegt, vom Männchen gegen Laichräuber (wie Plötzen oder Barsche) bewacht und durch Fächeln mit Frischwasser versorgt (WUNDSCH 1973). Typisch für den eutrophen See sind die „Kraut"- oder Haftlaicher. Sie ziehen zum Laichen in die Flachwasserbereiche mit submerser Vegetation oder totem Astwerk bzw. den Wasserwurzeln von Weiden oder Erlen. Bei Weißfischen treten Schwärme von Männchen und Weibchen auf, beim Hecht folgen einzelnen Weibchen mehrere Männchen, von denen sich eines in oft heftigen Kämpfen durchsetzt. Die Männchen der Weißfische haben dann einen ($\pm$ artspezifischen) „Ausschlag" vor allem in der Kopfgegend, was als „Hochzeitskleid" gedeutet wird. Das Laichen erfolgt schubweise unter heftigem Körper- und Wellenschlagen. Die Eier quellen im Wasser auf und werden klebrig. Von den Laichbewegungen an die Wasserpflanzen getrieben, heften sie sich dort fest. Der Flußbarsch gibt den Laich als bis zu 1 m langes Band ab, das um die Vegetation (auch um Steine) gewickelt wird. Das Laichen erfolgt beim Frühjahrshochwasser, oft vor dem Laubaustrieb der Uferbäume, wenn sich das Flachwasser rasch erwärmt, so daß die Fischbrut schon nach 1-2 Wochen schlüpfen und dem ggf. bald wieder zurückgehenden Wasser folgen kann. Hechte gingen im März/April oder schon im Februar auf die überschwemmten Wiesen („Hechtwiesen") und waren wenig scheu (ausgenutzt für das „Hechtstechen"), heute sind die Hecht-

Foto 25: Fische mit Brutpflege. *Oben:* Stichling, *Mitte:* Bitterling, *unten:* Moderlieschen (jeweils Männchen im Schlichtkleid, Fang vor dem Fischloch der Insel Scharfenberg im Tegeler See/Berlin, Herbst 1957, Aquarienfotos 1957/58).

wiesen infolge der Wasserstandsregulation weitgehend verschwunden (vgl. ANWAND 1965, HEGEMANN 1964, WUNDSCH 1973).

Beim Goldfisch und beim Giebel können sich unbefruchtete Eier entwickeln, so daß es Populationen ohne Männchen gibt. Die Weibchen brauchen jedoch die Stimulation durch Männchen anderer Arten (wie Karausche oder Karpfen: Sperma-Kleptoparasitismus; vgl. Wasserfrosch, S. 9), wie man an Parkteichen beobachten kann (an Seen werden die Goldfische durch Räuber selektioniert).

In den Flachwasserzonen ist der Laich weitgehend vor den Nachstellungen durch Fische geschützt, aber Vögeln (wie Enten) und räuberischen Wasserinsekten (auch Grünfröschen) ausgesetzt, vor allem wenn die schützende Ufervegetation durch Ufernutzungen reduziert worden ist. Die natürlichen Verluste werden durch die hohe Eiproduktion (Hunderttausende von Eiern bei größeren Weibchen z.B. von Hecht oder Karpfen) ausgeglichen. Kleinfischarten können (bei vorgegebenen Eigrößen) diese Zahlen nicht erreichen. Sie sichern den Bruterfolg durch Brutpflege (Foto 25). Bekanntestes Beispiel ist der (Dreistachlige) Stichling; er legt seine Nester an offenen Flachwasserstellen an, die er gegen Rivalen und Feinde verteidigt und optisch mit dem Rot-Grün-Kontrast des „Hochzeitskleides" markiert. Eine hohe Intensität dieser Färbung ist ein Zeichen für die gute Konstitution des Männchens und wird von Weibchen bevorzugt (zum Paarungsritual vgl. PAEPKE 1983, STAMM 1984 sowie BUNK & TAUSCH 1980, STOKES 1971). Laich und Junge werden vom Männchen bewacht und betreut. Der Neunstachlige Stichling mit schwarzem Revierkleid (und leuchtend weißen Bauchstacheln) wird von der überlegenen anderen Art auf pflanzenreiche Kleingewässer abgedrängt und baut dort sein Nest in dichter Flachwasservegetation, am See fehlt er üblicherweise.

In der Flachwasservegetation laicht auch das Moderlieschen. Die Reviermännchen haben den „Laichausschlag", das Gelege wird an Wasserpflanzen geklebt, vom Männchen bewacht, befächelt und durch Beschmieren mit Körperschleim vor Verpilzung geschützt.

Ganz spezielle Anpassungen finden wir bei der Brutfürsorge vom Bitterling mit Raumparasitismus bei Teich- und Flußmuscheln (Abb. 80). Die Reviermännchen haben eine pastellartige Prachtfärbung und einen perlartigen „Hautausschlag" am Kopf. Sie kämpfen nicht um Reviere, sondern um passende Muscheln (die ja ihren Platz wechseln) und setzen deren Reizschwelle für das Schließen der Schalen bei Berühren der Ausströmöffnung durch Anstoßen herab (Abb. 80). Laichbereite Weibchen werden an der Legeröhre erkannt, deren Wachstum wiederum durch Pheromonabgaben (Kopulin) der Männchen stimuliert wird. Die Balz ist dann auf die Eiablage in die Muschel ausgerichtet. Die Eier setzen sich an den Muschelkiemen fest. Dort bleiben auch die Jungfische nach dem Schlüpfen, solange sie sich aus dem Eidotter ernähren. Sie haben kleine Fortsätze am Körper, mit denen sie sich in dem Kiemenraum verankern können, bis sie die Muschel durch die Ausströmöffnung verlassen.

Der Bitterling nutzt also nur den Schutzraum und die Versorgung mit frischen Wasser durch die Muschel, anders als die Muschellarven, die an Fischen schmarotzen und diese für die Ausbreitung nutzen.

Doch nicht nur die kleinen Fischarten, auch unsere größte, der Wels, treibt Brutpflege (MIHALIK 1982). Dieser Bewohner schlammiger Auskolkungen (u.ä.)

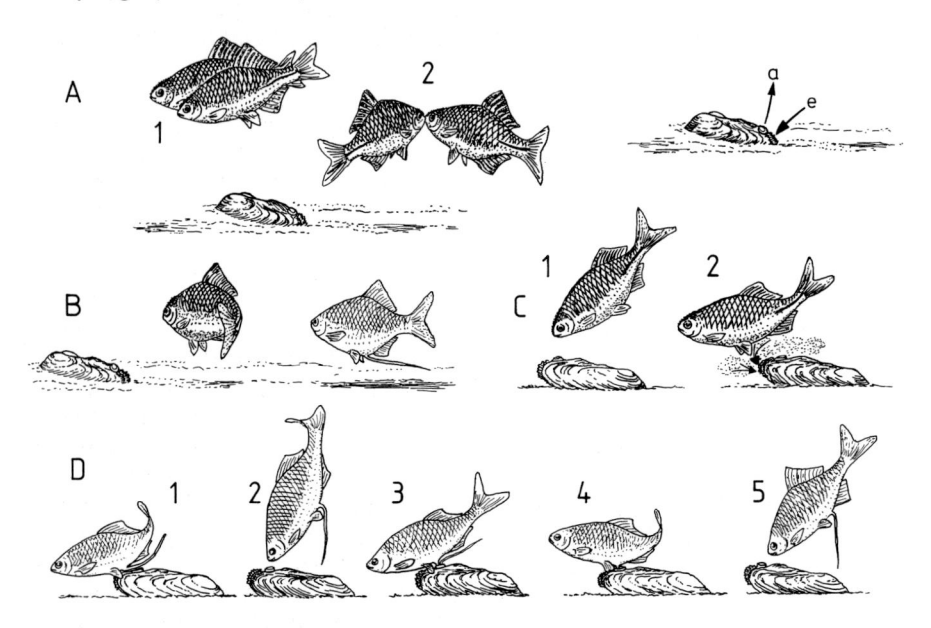

Abb. 80: Fortpflanzungsverhalten vom Bitterling (nach WICKLER).
Die Männchen wurden entsprechend dem pastellfarbigen „Hochzeitskleid" dunkler gezeichnet, sie haben dann ein „Perlorgan" am Kopf; Weibchen heller gezeichnet, mit Legeröhre. Die Eier werden in Teich-/Malermuscheln (a die rundliche, glatte Ausströmöffnung, e die längliche, mit Papillen besetzte Einströmöffnung) abgelegt, die Fortpflanzungsrituale sind auf die Muscheln bezogen:
A: Um eine Muschel kämpfende Männchen. 1 Parallelschwimmen, bei dem mit scharfen Schwanzschlägen dem Rivalen Wasserwellen zugeworfen werden; 2 Kopfstoßen im Bereich der Perlorgane.
B: Balzzeremoniell: Ein Weibchen wird zur Muschel geführt.
C: Spermienabgabe. 1 Das Männchen stellt sich schräg über die Muschel und setzt 2 die Spermienwolke, auf Einströmöffnung der Muschel stoßend, ohne sie zu berühren, über die Muschel.
D: Eiablage in die Ausströmöffnung. Das Weibchen steht schräg über der Ausströmöffnung (wie bei 5), berührt sie 1 mit der Analgegend und stellt sich 2 steil über die Muschel. 3 Es führt die sich versteifende Basis der Legeröhre in die Ausströmöffnung ein, preßt 4 hydraulisch (mit etwas Urinwasser) sekundenschnell 1-4 Eier hindurch, wobei sich die Legeröhre in die Muschel hineinzieht. Dann zieht das Weibchen die Legeröhre aus der Muschel heraus und stellt sich 5 wieder schräg über die Muschel. Das Männchen besamt erneut (C) und das Weibchen legt wieder einen Schub Eier (D).

ist eigentlich eine Art der Stromauen und laicht im Flachwasser. Das Männchen legt (z.B. unter Wasserwurzeln von Weiden oder in seichten Flachwasserzonen mit „weicher" Vegetation) ein Nest an, dort setzt das Weibchen nach eigentümlicher Balz die Eiklumpen ab, die das Männchen bewacht. Bei Temperaturen über 22 °C schlüpfen die Jungen schon nach 2-3 Tagen. Hohe Verluste gibt es bei Tempratursturz, Sinken des Wasserspiegels oder O_2-Mangel. Dem entspricht eine hohe Eiproduktion (über 100.000 bei großen Weibchen) trotz der Brutpflege.

Der Laich ist damit für unsere Fische das „ökologische Nadelöhr", das den Bestand reguliert. Das sei am Beispiel des Flußbarsches erläutert (vgl. SCHINDLER 1968, WUNDSCH 1973): Die Barschbrut ist nach dem Schlüpfen nur 0,5 cm lang und unbeholfen, so daß selbst Kleinkrebse (Hüpferlinge vom *Cyclops*-Typ) und viele Insektenlarven sie überwältigen können. Den Nachstellungen von Fischen entziehen sie sich durch ihr Ausweichen in seichte, licht mit Wasserpflanzen durchsetzte Uferbereiche. Sie leben zunächst vom Dottervorrat. Wenn er aufgezehrt ist, jagen sie kleine Zooplankter (um 0,5 mm) in Schwärmen. Das erschwert den Zugriff durch räuberische Fische. Mit dem weiteren Heranwachsen steigt die bevorzugte Beutegröße auf den mm-Bereich, sie wechseln in das etwas tiefere Wasser, räuberische Fische werden zu ihren Hauptfeinden. Zum Winter hin und im 2. Sommer sind sie aus dem Beutebereich von Wirbellosen herausgewachsen, größere Fische und Vögel (wie Haubentaucher oder Kormoran) sind nun die möglichen Feinde, sie selbst jagen vornehmlich größere Wirbellose (wie Glasmückenlarven und die großen Wasserflöhe *Daphnia* oder Schwebekrebschen vom *Diaptomus*-Typ) und Jungfische. Erwachsen werden sie mehr zu Einzelgängern und leben vornehmlich von kleineren Fischen. Feinde (gegen die auch die stachelige Rückenflosse schützt) verlieren an Bedeutung für die Bestandsregulierung.

Die Fischbrut braucht also zum Überleben in angemessener Zahl eine differenzierte Ufervegetation, die den Zugriff größerer Fische abschirmt und eine hohe Artenvielfalt im Makrozoobenthon begünstigt, also Feindschutz und Nahrungsüberfluß gewährleistet. Solche Bereiche wurden an den Seen (selbst in der Großstadt wie in Berlin) noch in den 50er Jahren als Laichschongebiete ausgewiesen. Jetzt sind sie an den meisten eutrophen Seen durch Freizeitnutzungen und Eutrophierung verschwunden. Der Bitterling ist demgemäß heute in Deutschland vom Aussterben bedroht, auch das Moderlieschen ist an Seen selten geworden. So wird die Vermehrung der Wirtschaftsfische von den Seen in die Brutanstalten verlagert und der Artenbestand manipuliert. Exotische Arten, die sich in unserem Klima im See nicht oder nur ausnahmsweise vermehren können, werden so zu typischen Arten (wie auch der „Wild"-Karpfen, der mit mehr als 1 m Länge eine der größten Fischarten unserer Seen geworden ist: STEFFENS 1962). Neubürger sind z.B. Gras- und Silber-„Karpfen", die zur Vegetationsmanipulation eingesetzt werden, aber oft außer Kontrolle geraten (vgl. BLESS 1978).

Die Beobachtung der interessanten Fortpflanzungsverhaltensweisen heimischer Fische in Aquarien kann heute aus Artenschutzgründen leider nicht mehr empfohlen werden. Zu den heutigen (subtropischen) Zimmertemperaturen von jahraus jahrein 20 °C und mehr passen Zierfische besser. Ihre Vielfalt an Verhaltensweisen ist faszinierend, sie reicht von den Schaumnester bauenden Labyrinthfischen als „Stichlingsersatz", den Buntbarschpärchen mit spannender Brutpflege bis zu Salmlern mit Gelegebetreuung (ähnlich dem Moderlieschen) und den Lebendgebärenden.

5.9 Ausbreitungsstadien

Bei den größeren, wenig beweglichen Wassertieren ist die Frage nach den Ausbreitungsstadien interessant: Teichmuschellarven parasitieren an Fischen, die zugleich für ihre Ausbreitung sorgen. Die Larven der Wandermuschel werden dagegen (dem Grundtyp entsprechend) als Plankton verdriftet, ehe sie sich festsetzen (in einigen Seen wurden diese planktischen Larven zum Problem, da sie die Filter von Wasserentnahmerohren passieren, sich dann im Innern der Rohre festsetzen und sie heranwachsend verstopfen). Für Kleinkrebse (wie Ruderfußkrebse) sind ebenfalls planktische (Nauplius-) Larven typisch. Bei Insekten ist dagegen die flugfähige Imago das Ausbreitungs- und Fortpflanzungsstadium (und nimmt bei manchen Arten auch keine Nahrung mehr auf: Eintags-, Köcherfliegen). Verschiedene Wassermilben (Hydrachnellen) parasitieren als Deutonymphe auf Wasserinsektenimagines (z.B. befallen sie schlüpfende Libellen, saugen sich für 2-3 Wochen fest und lösen sich erst bei deren Rückkehr zum Wasser).

5.10 Seentypen nach der Litoralfauna

Auch nach der Litoralfauna lassen sich Seen klassifizieren. Bekannt ist die Seen-Klassifizierung nach Nutzfischen (vgl. KLEE 1991, RIEDEL 1974):

1. Bachforellensee: Meist kleine und nicht sehr tiefe Seen der Hochgebirge, bis ³/₄ Jahr vereist und mit geringer Erwärmung im Sommer, Ufervegetation und Plankton nur kümmerlich, Sauerstoffgehalt stets hoch: Bachforelle sowie Elritze, Koppe, Schmerle.
2. Saiblingssee: Tiefe, kühle, klare, nährstoffarme, sauerstoffreiche Alpenseen (wie der Königssee) mit steil abfallendem Ufer, kaum mit Uferpflanzen: Zu den Arten des Bachforellensees kommen noch der Seesaibling von den Lachsartigen, Mairenke und der seltene Perlfisch von den Karpfenartigen.

3. Seeforellensee: Tiefe sauerstoffreiche (Vor-) Alpenseen mit stärkerer Erwärmung und Zufuhr von Trüb- und Nährstoffen mit den Schmelzwässern, reiche Tauchpflanzenbestände, steiniger Untergrund: Seeforelle, Renken, Seesaibling unter den Lachsartigen, Elritze, Rußnase, Laube (= Uklei) unter den Karpfenartigen, dazu Barsch, Koppe u.a. (Erträge 2-10 kg Fisch/ha und Jahr).

4. Maränenseen (*Felchen-, Renkenseen*): Tiefe Seen mit steilen Ufern, die sich oberflächlich stärker erwärmen, aber in der Tiefe kühl bleiben. Die Planktonentwicklung ist so hoch, daß die Freiwassermaränen davon leben können, die Tiefenzonen ständig so sauerstoffreich, daß ihre Eier dort zur Entwicklung kommen. Weicherer Untergrund, schmale Röhrichte, ausgedehnte Tauchpflanzenzonen, so daß dort Hecht, Barsch, Plötze gedeihen.
a) Voralpenseen (z. B. Bodensee). verschiedene Lachsartige (wie Blaufelchen = Große Maräne, Gangfisch, Kilch, Seeforelle, Saibling), Mairenke, Blei, Hecht, Quappe u.a. (Erträge 5-20 kg/ha und Jahr).
b) Tiefere Flachlandseen (z.B. Schaalsee/Holstein, bislang auch der Selenter See/Holstein): Kleine und (seltener auch) Große Maräne, dazu die Arten des Plötzensees (Erträge 10-50 kg/ha und Jahr).
Die Maränenseen sind ganz besonders von der Eutrophierung (Sauerstoffzehrung am Grund) betroffen, die Maränen kommen vielfach nicht mehr zur Entwicklung und müssen künstlich erbrütet werden, der See geht in einen Plötzensee über.

5. Plötzensee: Tiefe, planktonreiche Flachlandseen mit Faulschlammbildung in der Tiefe: Plötze, Brachsen, Hecht, Aal, Schleie (Erträge 25-80 kg/ha und Jahr).

6. Brachsensee: Ähnlich dem Plötzensee, aber flacher (5-20 m) und mit breiten Röhrichten. Starke Wasserblüten, in der Tiefe im Sommer Sauerstoffschwund. Fische ähnlich Plötzensee, aber Brachsen (=Blei) vorherrschend, dazu Zander (Erträge 20-100 kg/ha und Jahr).

7. Zandersee: Ähnlich Brachsensee, aber schmales, ± steiniges, pflanzenarmes Ufer, im Sommer schon ab 5 m Tiefe sauerstofffrei: Zander und Weißfische (Plötze, Uklei, Güster, Stint; Erträge 15-25 kg/ha und Jahr).

8. Hecht- und Schleienseen (= **Karauschenseen**): flache Seen mit ausgedehnten Tauchblattbeständen: Hecht, Barsch und Karpfenartige (Schleie, Rotfeder, Karausche, Güster, Plötze; Erträge 25-120 kg/ha und Jahr).

Dabei entsprechen die Typen 1-4a dem oligotrophen See (Untergliederung vor allem nach der Erwärmung und den Tauchblattbeständen sowie dem Planktonangebot), die Typen 4b-8 dem eutrophen See (Untergliederung vor allem nach der Sauerstoffversorgung der Tiefe und der Ufervegetation); in den ersten dominieren die bezüglich des Sauerstoffs anspruchsvolleren Arten (vornehmlich Lachsartige), die oft auch an tiefere Temperaturen gebunden sind (Tiefenarten), in den eutrophen Seen vornehmlich die Arten der Ufervegetation und des Schlammgrundes (Karpfenartige, speziell Weißfische; Hecht, Barsch, Aal).

Diese Seentypen müssen sehr pauschal bleiben und werden der Individualität eines jeden Sees und seiner Fischfauna nicht gerecht. Dazu wäre eine Orientierung an den Habitatpräferenzen und den entsprechenden Etablierungen der dominanten oder charakteristischen Arten besser (für Libellen vgl. SCHMIDT 1992a in Verbindung mit SCHORR 1990); bei Fischen wären die Bewirtschaftungsmaßnahmen mit einzubeziehen.

6 Synökologie des Litorals

6.1 Nahrungsketten und Nahrungsnetze

Die Nahrungsbeziehungen sind besonders wichtige Relationen zwischen den Arten als Elementen des Ökosystem. Sie markieren den Stoff- und Energiefluß im Ökosystem. Sie sollten allerdings auf eine konkrete Situation bezogen sein, also die raumzeitlichen Verteilungsmuster und die Nahrungspräferenzen der Arten an einem konkreten Ort berücksichtigen. So werden in Schulbüchern oft Arten verbunden, die sich in der Natur praktisch gar nicht begegnen (wie bei der Kette „Gelbrandkäferlarve → Gründling → Hecht → Möwe", STAECK 1987: 112). In dieser verbreiteten Form einer grafischen Darstellung der Relation „wer frißt (irgendwann einmal) wen?" sind Nahrungsnetze jedoch ökologisch irrelevant (REMMERT 1992). Es ist vielmehr nach der Bedeutung („Rolle") für die beteiligten Arten bzw. Lebensformtypen zu fragen und entsprechend zu gewichten, so daß die Steuerungsrichtung deutlich wird (wie bei den Schemata zur Rolle der Fische im Teich/See bei LAMPERT & SOMMER 1993 oder bei SCHMIDT in ESCHENHAGEN et al. 1991; vgl. auch Abb. 1).

Eine Quantifizierung kann bei einzelnen Elementen beginnen wie bei dem jährlichen Energiehaushalt des Zaunkönigs an der Marschküste von Georgia, USA (ODUM 1980: 325) oder bei dem Teilsystem aus diesem Zaunkönig und der syntopen Reisratte, die miteinander um Nahrung und Nistplätze konkurrieren; dabei ist der Zaunkönig bei der Nutzung der knappen Nistplätze unterlegen und kann daher das Nahrungspotential nicht ausschöpfen (ODUM 1972: 122).

Beispiele für ökologisch gewichtete Nahrungsketten sind auch die Wirteketten von Parasiten mit Wirtswechsel oder die Anreicherungen von lipophilen Pestiziden in der Nahrungskette (vgl. Kap. 4.2.8).

6.2 Die trophischen Ebenen (Nahrungspyramiden)

In einem nächsten Abstraktionsschritt werden die Elemente eines Nahrungsnetzes zu trophischen Ebenen (wie Primärproduzenten, Phytophage als Primärkonsumenten, Phytophagenfresser als Sekundärkonsumenten, deren Räuber als Tertiärkonsumenten etc.) zusammengefaßt. Dabei gehen – grob pauschalisiert – etwa 10 % der Masse einer Ebene in die nächste ein. So ergibt sich die Nahrungspyramide. Im einzelnen sind die Relationen aber unterschiedlich (Abb. 81) und können von Jahr zu Jahr stark schwanken. Das ist nur bei einfach strukturierten Ökosystemen (wie afrikanischen Salzseen) plastisch darstellbar (Beispiel: Nakuru-See bei hoher und geringer Blaualgendichte: BOHLE 1995).

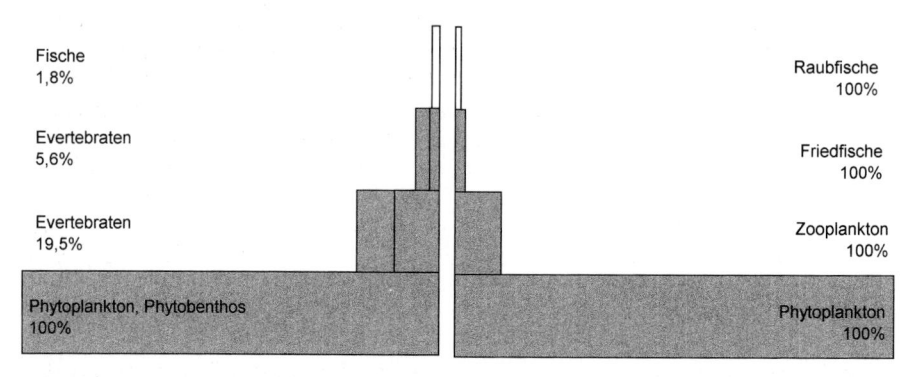

Fische 1,8%		Raubfische 100%
Evertebraten 5,6%		Friedfische 100%
Evertebraten 19,5%		Zooplankton 100%
Phytoplankton, Phytobenthos 100%		Phytoplankton 100%

Abb. 81: Trophische Ebenen in Form der Nahrungspyramide (nach KAJA bzw. ANDERSEN, zit. nach SCHUBERT). *Links:* Mikolajskie-See in Nordpolen, *rechts:* der Schloß-See in Frederiksborg (Sitz des dänischen Königshauses N Kopenhagen).

„Didaktisch reduziert" können derartige Schemata den Bezug zur Realität verlieren. Als Beispiel sei die Nahrungspyramide im Zehnerschritt: „Algen → Wasserflöhe → Karpfen → Hecht → Mensch" (STAECK 1987: 167) diskutiert: Es handelt sich offensichtlich um einen Karpfenteich. Falls Hechte dazugesetzt werden, wird die Größe so gewählt, daß sie die Karpfen nicht fressen können, sondern nur deren Bewegung anregen. Mastkarpfen fressen aber praktisch keine Wasserflöhe mehr, sondern vor allem das Makrozoobenthon, das von dem Bestandsabfall der Wasserblütenalgen und anderer Teichbewohner lebt. Beim Menschen haben überdies Hechte nur einen unbedeutenden Anteil an der Nahrung. So stimmt dieses Beispiel von vorn bis hinten nicht und ist zu verwerfen.

Mit den trophischen Ebenen nimmt im allgemeinen die Größe der Organismen und ihr Raumbedarf zu, ihre Anzahl, Generationenfolge und Nachkommen zahl ab (vgl. BRÜLL 1968, STUGREN 1986). Damit ergibt sich die „Verkehrte Biotoppyramide" (nach ELTON 1966, zit. nach STUGREN 1986). Diese Aussage gilt im Litoral von Seen aber nicht für die Makrophyten als Produzenten, vernachlässigt werden dabei auch z.B. die Parasiten (die eigentlich an die Spitze der Nahrungspyramide in Umkehr der o.g. Relationen zu setzen wären) und alle Reduzenten im weiten Sinne. Das ist wieder ein Beispiel dafür, daß sich lebensnahe Ökologie nicht in einfache Schemata pressen läßt.

6.3 Energieflußdiagramme

Aus quantifizierten Nahrungsnetzen bzw. Nahrungspyramiden lassen sich Energieflußdiagramme errechnen. Ein gängiges Beispiel ist der Quelltopf Silver Springs, Florida, USA (vgl. BICK 1993, SCHWOERBEL 1993). Sie können zu Modellen schematisiert werden (ELLENBERG 1973, ODUM 1980, 1991). Der Energiefluß im Ökosystem wird als Einbahnstraße bezeichnet (Schema bei KALUSCHE 1982: 109). Damit soll ausgedrückt werden, daß erst mit der chemischen Bindung der Strahlungsenergie des Sonnenlichtes durch die Produzenten Energie biologisch verfügbar wird. Mit dem Begriff der Einbahnstraße wird jedoch die vielschichtige Komplexität der Realität auf ein zu einfaches lineares Modell reduziert. So können beispielsweise im Litoral dm-große Filtrierer (Teichmuscheln) ähnlich wie die mm-großen Wasserflöhe tote organische Substanz mit ihren Bakterienfilmen von der Detritus/Reduzentenebene wieder auf die Primärkonsumentenebene (des Phytoplanktonfressers) anheben, die Muscheln können wiederum dem an sich phytophagen Bisam als Winternahrung dienen. – Verdeckt wird damit auch die Doppelnatur der Energieträger als Betriebs- und als Baustoff (vgl. die "standing crop"- und die Energieflußpyramide für Silver Springs bei ODUM 1980, S. 123) und ihre unterschiedlichen Mangellagen.

6.4 Produktionskennziffern als Maßzahl für Ökosysteme

Ökologie ist an Kennziffern für die Qualität von Ökosystemen interessiert. In erster Näherung kann analog zur Bestimmung der „auf dem Halm stehenden Ernte" ("standing crop") in der Landwirtschaft der Nährstoffgehalt des Systems bestimmt werden. Der Anteil des Litorals ist allerdings (z.B. je nach Größe

Tab. 31: Nährstoffgehalt von Kompartimenten des Neusiedlersees (aus LÖFFLER & NEWRKLA).

Kompartiment	Nährstoffgehalt in t	in % des Gesamtgehaltes
Freies Wasser	20	0,2 %
Sediment darunter	30	0,3 %
Schilfgürtel gesamt	9.810	99,5 %
davon Schilfpflanzen	1.800	18,3 %
Wasser	10	0,1 %
Sediment	8.000	81,1 %

und Uferprofil) von See zu See sehr verschieden, bei großen Seen mit Steilufer unbedeutend (wie beim Mendotasee in Wisconsin/USA: BROCK 1985), an einem Flachsee mit ausgedehnten Röhrichten (wie am Neusiedlersee: LÖFFLER 1974, LÖFFLER & NEWRKLA 1985; Tab. 31) kehren sich die Verhältnisse um.

Eine klassische Maßzahl ist die Produktion (als Netto-Primärproduktion z.B. in g Trockengewicht je m^2 und Jahr; Tab. 32; vgl. SCHWOERBEL 1986, WETZEL & LIKENS 1991). Die Bestimmung ist schon dadurch sehr erschwert, daß die Umsatzraten ("turn over") der einzelnen Organismen, ihrer Stadien und Aktivitäten (Winter-, Sommerruhe) höchst unterschiedlich sind und nicht in einer Kennziffer zum Ausdruck gebracht werden können; auch werden die Stoffumsätze der Konsumenten und Reduzenten nicht berücksichtigt. Hier wird auf diese Problematik nicht näher eingegangen.

Tab. 32: Netto-Primärproduktion des Litorals von Seen und Vergleichsbiotopen (nach STUGREN).

Ökosystem bzw. Kompartiment	Netto-Primärproduktion in g Trockenmasse je m^2 und Jahr
Phytoplankton oligotropher Seen	65- 320
dito, stark eutrophe Seen Weißrußlands	1.600-2400
Submerse Makrophyten, Tschadsee	1.700
Röhrichte Tschadsee	2.600
Röhrichte, Deutschland	4.600
Auen-Grünland, Japan	2.000
Bambus-Wald, Japan	1.600
Creosote-Wüstengebüsch, Arizona/USA	130

6.5 Schemata zum Kreislauf der Stoffe

Die Schemata zum Kreislauf der Stoffe sind die Generalisierung der vorstehenden Aussagen. Auf dieser obersten Abstraktionsstufe der funktionalen Organismengruppen werden in der Regel alle grünen Pflanzen als Produzenten, die Tiere als Konsumenten und die Bakterien als Reduzenten zusammengefaßt (Abb. 82; vgl. ELLENBERG 1973, ODUM 1991, STUGREN 1986). Dabei markieren die Nahrungsbeziehungen zwischen diesen trophischen Ebenen den Stoffluß im Ökosystem. Damit ist jede Konkretisierung verloren gegangen, das Schema gilt für ziemlich alle Ökosysteme und wird zu einer abstrakten Denkkategorie. Das läßt sich vermeiden, wenn die das Gleichgewicht bestimmenden Elemente herausgestellt werden (vgl. Abb. 1).

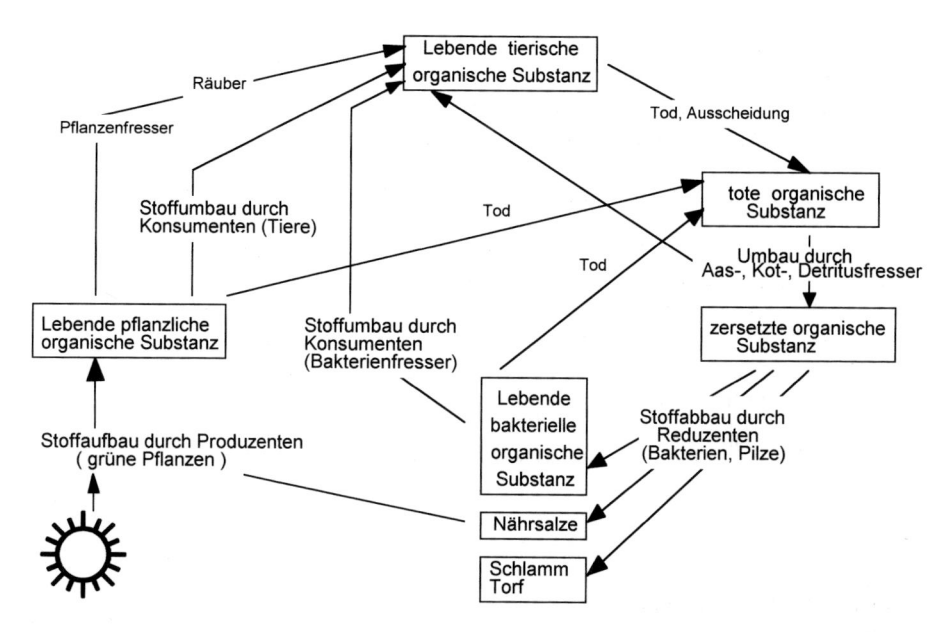

Abb.82: Schema vom Kreislauf der Stoffe im See (ohne Wasser, O_2, CO_2).

6.6 Produzenten als Strukturelemente des Litorals

Im Litoral sind die meisten Arten mehr oder weniger an Substrate gebunden. Dabei denkt man oft an den Boden, also an ± abiotische Komponenten („Biotop"). Dabei sind schon die Parasiten ganz auf ihren Wirt als Substrat eingerichtet. Auch die Produzenten sind nach ihrem Wert als Substrat zu differenzieren. Das Phytoplankton fällt in dieser Hinsicht nahezu aus. Fadenalgen sind zwar Substrat für Aufwuchs und Mikrofauna, können aber nur von wenigen Makroevertebraten genutzt werden. Einen besonderen Stellenwert im Litoral der Seen haben dagegen die relativ festen Stengel der Armleuchteralgen und die Kormophyten. Sie bieten einer reichen Kleintierwelt Nahrungs- und Schutzraum, damit relativiert sich die Lehrbuch-Trennung von Biotop (als den abiotischen Komponenten des Ökosystem) und der Biozönose. Zugleich sind sie dadurch ausgezeichnet, daß sie sparsam mit den Mangelstoffen N und P umgehen und vor allem aus Struktur-Kohlenstoffverbindungen (wie Zellulosen) bestehen. Streckungswachstum durch Vakuolenbildung bei geringer Plasmavermehrung gehört dazu. Bei den Makrophyten wird das durch den hohen Raumanteil von Luftkanälen noch verstärkt. Zugleich verrringern sich dabei der Nährwert für Phytophage und damit Fraßverluste. Mit einem perfekten internen Kreislauf der Schlüsselnährstoffe (wie N, P, Mineralien) können hohe Strukturanteile auch im nährstoffarmen Milieu aufrecht erhalten werden.

6.7 Die Rolle der Tiere

Im Kreislauf der Stoffe sind Tiere Konsumenten, die die mit der Nahrung aufgenommene Biomasse nur umsetzen. So gesehen wären Tiere nur schmückendes Beiwerk im Ökosystem. Das wird ihrer Rolle nicht gerecht.

So können mobile Pflanzenfresser (wie der Bisam) ihre Ernährungsbasis völlig vernichten, dann zu einer anderen Stelle abwandern, damit die Bestandsregulierung über Nahrungsverknappung umgehen, aber in die Vegetationsstruktur erheblich eingreifen, zugleich auch im Winter Teichmuscheln ausrotten. Das erfordert ein Umdenken bei den Lehrbuch-Schemata. Das gilt auch für gravierende Eingriffe des Menschen bei nur kurzer Präsenz im Litoral der Seen (z.B. beim sommerlichen Surfen).

Verkannt wird oft die Rolle der Tiere als Destruenten. Sie scheiden hohe Mengen an organischem Stickstoff (vor allem im Harn) und Phosphat (vor allem im Kot) aus. Wasserpflanzen können diese direkt verwerten. Damit sind

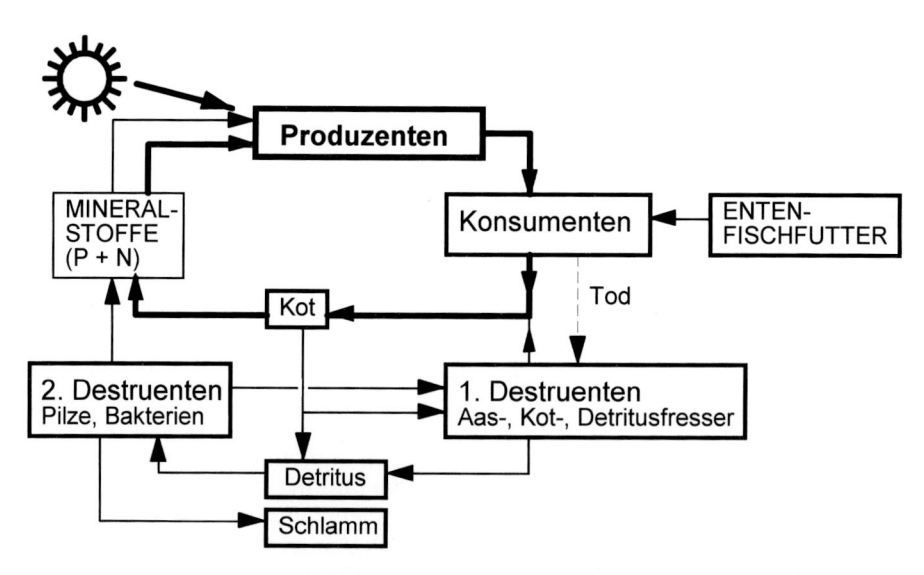

Abb. 83: Kurzschluß im N-, P-Kreislauf der produktiven Bereiche des Sees (hier zusätzlich mit Stoffeintrag durch Wasservogelfütterungen).

Wassertiere Reduzenten hinsichtlich der Schlüsselnährstoffe N und P. Sie bewirken so den „Kurzschluß" im Kreislauf der Stoffe im See (Abb. 83).
Mit ihrem hohen N- und P-Anteil werden tierische Leichen auch viel rascher zersetzt als Pflanzen mit ihrem hohen Anteil an Kohlenstoffstrukturen. So sind tierische Reste in Sedimenten oft auf Skelett-Teile (wie stark chitinisierte Teile, z.B. Kopfkapseln von Insektenlarven, oder die Kalkschalen von Mollusken: „Schnecklisande" des Bodensees) beschränkt.

6.8 Fazit

Die allgemeinen Schemata zur Synökologie des Litorals und des Sees oder anderer Ökosysteme sind intellektuell faszinierend und auch denknotwendig. Sie bleiben jedoch Worthülsen, wenn sie nicht vom Leben der individuellen Situation eines jeden Ökosystems und seiner Kompartimente und ihrer Dynamik erfüllt werden. Dieses Buch soll beitragen, dafür die Augen zu öffnen.

7 Das Vergehen von Seen

7.1 Die Verlandung des Sees

Braunwasserseen wachsen durch schwimmende Schwingrasen zu, Klarwasserseen verlanden durch Aufhöhung des Grundes, durch Sedimentierung. Aus dem See selbst stammen dabei die nicht vollständig abgebauten organischen Reste des Planktons und der Ufervegetation sowie der Bodenfauna (z.B. Kopfskelette der Zuckmückenlarven, Panzer der Wasserflöhe), an anorganische Stoffen vor allem die Kieselsäurepanzer der Diatomeen, ggf. auch Kalkablagerungen (autochthone Sedimente des Sees), dazu kommen noch die Einschwemmungen in den See (z.b. die Mineralfracht alpiner Schmelzwässer, Auswaschungen des Hangwassers oder Abwasserbelastungen: allochthone Sedimente) und das Material von Ufererosionen. Ausmaß und Anteil dieser Komponenten schwanken von Fall zu Fall. Die Reste der Ufervegetation bleiben nur in flachen, windgeschützten Stillwasserbereichen (kleine Waldseen, abgetrennte Seenbuchten) am Bildungsort, so daß dort mit der Auffüllung des Ufers die Vegetation wasserwärts voranrückt und den See allmählich verlandet. Bei den großen Seen wird die absterbende Pflanzenmasse dagegen in die tieferen Bereiche gespült, z.T. auch (Schilfhalme) am Spülsaum aufgehäuft. In der Röhrichtzone bleibt der Boden also weitgehend mineralisch, oberhalb des Spülsaums können sich Schwemmtorfe bilden; der Seegrund erhöht sich zunehmend, ohne daß sich die Uferlinie wesentlich ändert, bis der See zum Flachmoorweiher geworden ist. Dann erst wird die Verlandung von außen sichtbar: (Schwing-) Röhrichte (vielfach mit Sumpffarn, am Wasserrand mit Wasserschierling und mit Großseggen wie Rispen- oder Steife Segge als Vorposten) dringen schlagartig in den ehemaligen See vor. Kleine Seen können so in wenigen Jahrzehnten, unterstützt durch mäßige Wasserstandssenkungen sogar innerhalb eines Jahrzehnts, völlig verschwinden, der (eutrophe) See wird zum (Flach-)Moor.

Die Verlandung eines Sees ist damit ein komplexer Vorgang, der das ganze Ökosystem umfaßt, nicht nur das Profundal und das Litoral, auch wenn letztlich das Litoral in veränderter Form den gesamten See einnimmt.

Nährstoff- und Stoffeintrag durch den Menschen kann über die Eutrophierung des Sees bis zum „Umkippen" (Abb. 84) führen und damit auch die Verlandung außerordentlich beschleunigen. In den 70er Jahren gab es viele Beispiele dafür. Inzwischen hat die verbesserte Abwasserklärung diese Prozesse wieder verlangsamt, Seensanierungen und -restaurierungen konnten manches wieder umkehren (vgl. Band 2) . Die Mündungsdelten von Seezuflüssen (wie des Alpenrheinzuflusses im Bodensee) sind Beispiele für

Verlandungszentren im Litoralbereich, bei denen natürliche Prozesse und anthropogene Stoffeinträge verzahnt sind.

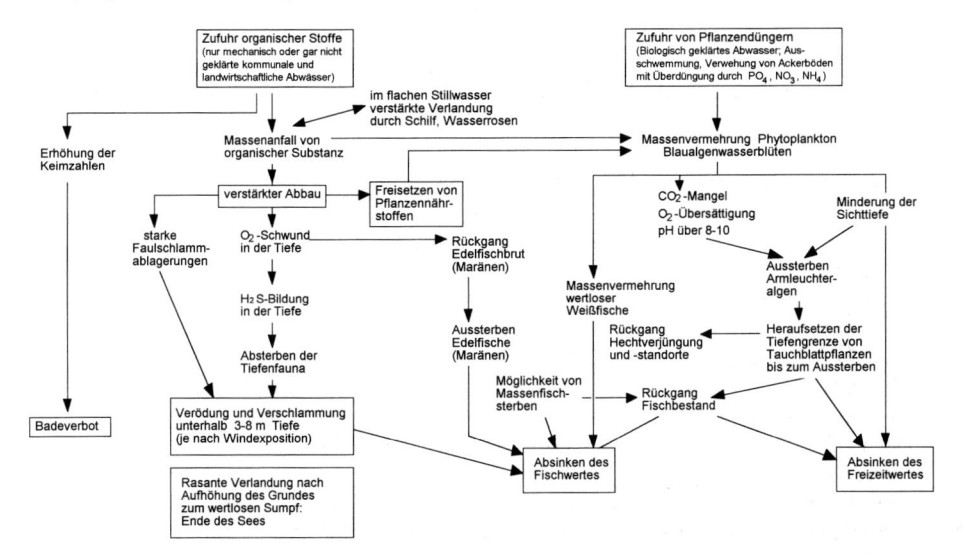

Abb. 84: Folgen einer Eutrophierung im eutrophen Flachlandsee (grobes Schema).

Das klassische Beispiel für die Verlandung eines Sees bis hin zum Hochmoor ist der Federsee in Oberschwaben (BERTSCH 1947b , GÜNZL 1989). Im einzelnen verläuft die Verlandung bei jedem See anders. Ein Beispiel für die Verlandung eines norddeutschen Sees ist das NSG „Heiliges Meer" (9 km nordwestlich von Ibbenbüren: RUNGE 1982, TERLUTTER 1995). Das Große Heilige Meer ist mit 350 m ∅ und gut 10 m Wassertiefe (zuzüglich weiteren 8 m Schlamm) zwar der größte natürliche See Westfalens, aber absolut (und im Vergleich mit den Stauseen des Sauerlandes, den Braunkohlenrekultivierungsseen der Ville bei Köln oder mit den zahllosen Baggerseen, vgl. CHRISTMANN 1984, LAWA 1985, 1990) klein. Es ist ein jetzt eutropher Erdfallsee (Fotos 2, 11, 26), entstanden vor gut 1000 Jahren durch sagenumwobenen Einbruch von unterirdisch ausgewaschenen Salzdomen (ähnlich wie bei dem größeren Arendsee, dem größten See der Altmark). Benachbart ist der Erdfallsee, der erst 1913 einbrach (FEUERBORN 1934) und noch oligotroph ist. Am „Heiligen Meer" liegt eine biologische Station, die mit limnologischen Kursen (mit Anleitung durch den Stationsleiter REHAGE) für die gymnasiale Oberstufe und die Hochschulen des Landes voll ausgelastet ist (vgl. ANT 1974, NOLL in RIEDEL & TROMMER 1981, SIBBING 1962) und zur guten Erforschung des Gebietes beiträgt (z.B. ANT 1974, EHLERS 1965, KNOBLAUCH 1980, MÜCKE 1979, RUNGE 1991). Eine Seitenbucht (ein früherer, flacher Einbruch, etwa so groß wie der eigentliche See) ist inzwischen mit Schwingröhrichten, in die Grauweidenbüsche eingestreut sind, zugewachsen. Sie gehen in ein nährstoffreiches Erlenbruch oder ein nährstoffarmes Birkenbruch (am Ufer mit Gagelgebüschen) über. Hier haben wir also wirklich eine Verlandung. Am Steilufer des Einbruchtrichters vom eigentlichen See fallen im Südteil Röhrichte in dem schmalen besiedelbaren Raum unter den Uferbäumen aus, nur die schattenverträglichen Sumpf-Schwertlilien stehen am Wasserrand. Die Schwimmblattzone davor (aus Wasserknöterich oder Wasserrosen) ist nur schmal. Der Bisam hat in jüngerer Zeit die Teichbinsen und die submersen Tausendblattrasen stark eingeschränkt, ganz verschwunden sind Straußblütiger Gilbweiderich und Teichmuscheln. Eine Verlandung findet hier am Steilufer nicht statt, dafür eine Aufhöhung der Schlammsedimente am Grund. Sie haben derzeit eine Mächtigkeit von etwa 8 m unter einer Wassersäule von gut 10 m. Am oligotrophen Erdfallsee sind die Schlammablagerungen in der Seentiefe (gut 10 m) noch dünn; die flache Seitenbucht ist noch ohne nennenswerte Verlandung, weitgehend vegetationsfrei, am Ufer stehen lichte Schilfröhrichte (mit Strandling, der Bestand der Lobelie ist dagegen verschwunden) oder Gagelgebüsche (mit Rasen vom atlantischen Sumpf-Johanniskraut); die ausgedehnten Fieberkleerasen im Westteil sind vom Bisam ausgelöscht worden, Sumpfblutauge hat sich dafür an der moorigen Wasserlinie ausgebreitet. Ein dritter flacher oligotroph/ dystropher „Heideweiher" ist von Seerosenbeständen mit Torfmoos-

Foto 26: Großes Heiliges Meer bei Ibbenbüren/Westfalen, Steilufer (Rand des Erdfall-Trichtes) mit Erlen-/Weiden-Saum, darunter Sumpf-Schwertlilie, davor Wasserknöterich (3.6.1986, im Hintergund Röhrichtufer, vgl. Fotos 2, 11 sowie Abb. 11).

Rasenbinsen-Rasen eingenommen, unter denen sich eine Torfdecke aufbaut. In früheren Jahrzehnten wurde diese Torfdecke in Trockenjahren beim Trockenfallen zersetzt, der Sandgrund kam durch, Rasen der Lobelie ersetzten zeitweilig (z.B. 1928, 1949, 1973, 1974) die Torfmoos-Rasenbinsen-Rasen (RUNGE 1991), ein Beispiel für Wechselfälle im Verlandungsgeschehen.

7.2 Moore

Moor ist ein geologischer Begriff und bezeichnet, kurz gesagt, eine Torflagerstätte (Mächtigkeit über 25-30 cm) am Bildungsort. Biologisch interessant sind vor allem die lebenden Moore, in denen die Torfbildung noch im Gange ist, weniger die toten, abgetrockneten oder z.B. in Viehweiden umgewandelten Moore. Zu unterscheiden sind die Flachmoore, die mit dem Mineralbodenwasser in Kontakt stehen und damit je nach Untergrund mehr oder weniger stark gedüngt werden, von den Hochmooren, die so weit über die Umgebung aufgewölbt und durch die Torfschichten gegen den Mineralboden isoliert sind, daß die Wasser- und Nährstoffversorgung nur durch Niederschläge und Staub erfolgen kann, sie sind damit an hohe Niederschläge (über 700 mm/Jahr in unserem Klima) gebunden und extrem nährstoffarm (Tab. 33). Hochmoore können die Endstufe der Verlandung eines Sees sein (Verlandungshochmoore wie vielfach im Voralpengebiet und wie viele Kesselmoore Mecklen- und Brandenburgs) oder – bei höheren Niederschlägen – durch Versumpfung von (Eichen-) Wäldern entstehen (Versumpfungsmoore wie vielfach in NW-Deutschland).

Zur Vertiefung sei auf den knappen Überblick (mit besonderer Berücksichtigung der Torfmoose) bei PROBST (1987), die Einführung von GERKEN (1983) oder GROSSE-BRAUKMANN (1965), die „Moorbibel" von OVERBECK (1975), die Handbücher von GÖTTLICH (1990), PEUS (1932), SUCCOW (1988) und SUCCOW & JESCHKE (1986) und auf die vegetationskundlichen Studien z.B. von MÜLLER (1965, 1973) oder SUKOPP (1959, 1960) und das Skriptum von PFADENHAUER 1993b verwiesen.

Angemerkt sei nur noch, daß Pflanzen nährstoffarmer Moore die Schlüsselnährstoffe N und P, aber auch z.B. K artspezifisch selektiv anreichern und die Verfügbarkeit durch Perfektion der internen Stoffkreisläufe erhalten können, und daß bei dem Stoffabbau die Rückgewinnung dieser Schlüsselnährstoffe gegenüber dem C-Abbau beschleunigt wird. So bleiben im Torf (besonders bei nährstoffarmen Mooren) Holz- und Zellulosestrukturen (einschließlich der Exinen von Pollenkörnern) oft sehr gut erhalten, während tierische Eiweiß-

Tab. 33: Vergleich von nährstoffreichem Flachmoor mit Hochmoor (schematisiert).

Nährstoffreiches Flachmoor	Hochmoor
Beispiele: Altwasser-, Überschwemmungs-, Verlandungs-, Quellmoore.	Geest-, Gebirgs-, Tundrenmoore.
Chemismus der Moorgewässer: Kalk- und nährstoffreiches, schwach alkalisches Klarwasser.	Extrem nährstoff- und kalkarm; saures Braunwasser (pH um 4).
Vegetation: Ähnlich dem eutrophen See vorherrschend Schilf, Rohrkolben, Seggen, Erlen, Grauweiden. Krautflora artenreich; zu den Seearten z.B. Drachenwurz, Fieberklee, verschiedene Orchideen, Sumpfhaarstrang sowie zahlreiche Moose.	Spezifische, artenarme Flora, vorherschend Torfmoose (wirken als Ionenaustauscher und senken so den pH-Wert), Wollgräser, Sonnentau, Heidekrautartige (Moosbeere, Andromeda, Erika, Krähenbeere u.a.), Birke, dazu im Osten die Föhre, im Gebirge die Bergkiefer. Alle eutraphenten Seenarten fehlen.
Tierwelt: Außerordentlich artenreich, darunter die meisten Arten der eutrophen Seen und Weiher, dazu z.b. Rohrweihe, div. Rallen und Rohrsänger unter den Vögeln.	Einseitig, es fehlen z.B. Arten mit zarter Haut (wie Lurche, Würmer, Egel und Fische: Kiemen!) oder mit Kalkpanzer (wie Weichtiere, Krebse), aber nicht so extrem wie bei Blütenpflanzen; Spezialisten in verschiedenen Gruppen, z.B. Kreuzotter, Birkhuhn, Zuckmücken, Libellen und andere Wasserinsekten, Amöben. Viele nordisch/kontinentale Arten.
Mikroklima: wie am See	Zum Kontinentalen verschoben: Bei Sonne erhebliche Erwärmung an der Oberfläche, die Moospolster kühlen nachts stark ab (auch im Juli bis auf 0 °C möglich); in der Tiefe gleichmäßig kühl.
Entstehung: Verlandung eutropher Seen	Aus Flachmooren, durch Verlandung von dystrophen Seen oder Versumpfung von Wäldern bei besonders hohen Niederschlägen (Gebirgs-, Küstenmoore).

Strukturen selbst im Hochmoor weitgehend abgebaut sind. Torfe aus Seesedimenten sind so die „Geschichtsbücher" für die (nacheiszeitliche) Vegetationsentwicklung und damit für das Klima (vgl. BERTSCH 1953, STRAKA 1957, USINGER 1975), aber nur sehr bedingt für die Vorgeschichte der Tierwelt (wie der Wasserinsekten). Solange Torfe von der Luft (z.B. durch die Nässe) abgeschlossen bleiben, stagniert der C-Abbau. Über geologische Zeiträume hinweg erfolgt dann eine abiotische Kohlenstoffmineralisierung in Form von Inkohlung (Braunkohle → Steinkohle → Anthrazit). Organische Seensedimente und Torfe sind damit die einzigen (biotischen) Langzeitkohlenstoffspeicher (oder „C-Senken") auf den Kontinenten der Erde. Ihr Erhalt ist so nicht nur unter dem Aspekt des Biotopschutzes, sondern auch vor dem Hintergrund der aktuellen Klimakatastrophe von brisanter Bedeutung.

7.3 Stoffhaushalt im Hochmoorweiher: Das Beispiel Hochmoortorfstich

Das Hochmoor ist ein faszinierender Lebensraum, aber bei uns gerade in den aquatischen Teilen vielfach zerstört, die verbliebenen Reste brauchen Schutz und Restaurierung (vgl. EIGNER & SCHMATZLER 1991, STEINER 1982 sowie GROSSE-BRAUKMANN & BOHN 1989, PFADENHAUER 1988). Hinterfragt man die gängigen Vorstellungen zum Stoffhaushalt im Hochmoorgewässer, so bleiben spannende Fragen offen: Hochmoorgewässer gelten als extrem nährstoffarm, dennoch können Torfmoosrasen einen Torfstich innerhalb eines Jahrzehnts völlig zuwachsen („Produktion aus dem Nichts?"), stehen Kormophyten (wie Wollgras) unter dem Streß, mit dem Torfmooswachstum mithalten zu können (GÖTTLICH 1990); die Zersetzung sei in dem sauren Wasser gestoppt, in der Tat sind Torfmoosblättchen u.U. aus mehreren 1000 Jahre alten Torfproben (bis auf das verschwundene Blattgrün) kaum von frischen Blättchen zu unterscheiden (es fehlen aber die Köpfchen); läßt sich an den zwar deformierten, aber gut bestimmbaren (Exinen der) Pollen die Vegetation seit der Eiszeit rekonstruieren (STRAKA 1957, USINGER 1975), doch fehlen die emersen Pflanzenteile (wie Blätter und Blüten) oder die Reste der zahllosen Libellen (nicht einmal die großen Flügel sind erhalten) und anderer häufiger Wassertiere der flutenden Torfmoosrasen; Eiszeitrelikte nannte man viele moorspezifische Arten (BURMEISTER in GÖTTLICH 1990), in der Tat kann im Hochmoor auch im atlantischen Nordwestdeutschland in jedem Sommermonat (in klaren Nächten) die Temperatur unter Null sinken, dabei ist es aber in jener Gegend an Sommersonnentagen nirgendwo so warm wie im Hochmoor, auch im Winter tauen selbst im Hochgebirge die sonnenexponierten Stellen immer wieder auf (STERNBERG 1993); die Hochmoorvegetation sei N-limitiert, doch haben wir seit mehr als einem Jahrzehnt eine intensive N-Düngung aus der Luft mit dem „sauren Regen", ohne daß sich die Hochmoorvegetation grundlegend umgestellt hätte (vgl. LÜTKE TWENHÖVEN 1992, LÜTT 1992, WAGNER 1994).

Der Zugang zum Ökosystem Hochmoorgewässer kann sehr unterschiedlich erfolgen. Der Naturfreund ist von der Eigenart der Landschaft und Vegetation fasziniert (PROBST 1989). Für den Geographen werden die Moornutzung und ihre Folgen für das Ökosystems im Vordergrund stehen (REHAGE & NOLL 1981, MEYER & LAMMERT 1985). Ein Museumsbesuch kann von Moorleichen mit der phantastischen Erhaltung von Haut und Haaren, von Woll- und Lederbekleidung (SCHWANTES 1952), aber der Zersetzung von Muskelfleisch/Fett und von Flachsgeweben ausgehen (HAYEN 1987). Ein Moorprofil führt zur Vegetationsgeschichte dank der vollständigen Erhaltung von Holz und (der Wandstrukturen von) Pflanzengeweben, kann aber auch fragen lassen, wo denn die vielen Wasserinsekten der Hochmoorkolke geblieben sind, wieso der *Sphagnum*-Torf (anders als die lebenden Torfmoosköpfchen) praktisch frei von Pflanzennährstoffen, insbesondere von Phosphat ist; Blumentorf und seine Problematik wären ein Ansatzpunkt mit praktischem Bezug zum Gartenbau und zum Kleingarten.

Für den praktischen Ökologen bietet sich der Einstieg mit einem charakteristischen Kompartiment, den locker flutenden Torfmoosrasen (in einem Torfstich als Ersatzbiotop für die vielerorts verschwundenen natürlichen Hochmoorkolke und -seen), an. Freilanduntersuchungen erfordern aber die Sondergenehmigung der zuständigen Naturschutzbehörde, denn alle Torfmoosarten (*Sphagnum spec.*) sind geschützt, alle Moore und Sümpfe sind besonders geschützte Biotope. Der Zugang ist heute auf Moorwegen bis an passende Torfstiche sicher und ohne gravierende Vertrittschäden möglich. Bei der Freilandarbeit hat die stille Beobachtung mit passender optischer Ausrüstung Vorrang.

Kompartimentanalyse beginnt mit den dominierenden Produzenten, hier den locker flutenden Torfmoosrasen (aus *Sphagnum cuspidatum*; vgl. KLINGER 1976). Für die Produktion sind Licht und CO_2 (aus dem sauren Moorwasser, pH typisch 4, vgl. Abb. 33, Kap. 3.7) im Überfluß verfügbar, die Makronährstoffe Stickstoff (zumeist als Ammonium, was die Hochmoorpflanzen oft gegenüber Nitrat bevorzugen), Phosphor oder Kalium im (von Huminsäuren/organischen Partikeln) braunen Torfstichwasser aber nur in Spuren nachweisbar. Der Phosphorgehalt liegt oft an der Nachweisgrenze, ist vorwiegend von den lebenden Organismen inkorporiert (in Produzenten, wie auch N, ggf. gespeichert) oder an Sediment-Eisenkomplexe gebunden. Zu Torfmooswachstum gehört unter diesen Bedingungen die Perfektion des internen N-, P- Kreislaufes. So werden die toten Torfmoosstengelteile weitgehend von den Schlüsselnährstoffen entleert, hinterlassen werden „wertlose" Zellulosehüllen, in den Torf gehen fast ausschließlich die Überflußstoffe (C, H_2O) ein, Hochmoor-*Sphagnum*-Torf ist dementsprechend praktisch nährstofffrei.

Zum anderen muß die Nährstoffkonzentrationsschwelle für die Aufnahme der Mangelnährstoffe sehr niedrig liegen. Bei Torfmoosen fungieren überdies die Zellwände als Ionenaustauscher für Alkali-, Erdalkali-Ionen (einfach meßbar als pH-Absenkung in den flutenden *Sphagnum*-Rasen im Vergleich mit freien Wasserflächen, da der Puffer des Carbonatsystems gegen Säuren, das

Hydrogencarbonat, unterhalb von pH 4 fehlt; zum experimentellen Nachweis vgl. BREHM 1975, GESSNER 1959, LINDNER-EFFLAND 1989).

Als besondere Angepaßtheit an die extreme Mangellage kann der besondere Bau der Torfmoosblätter (vgl. MEINE 1988, PROBST 1984, 1987 oder TUTSCHEK 1987) gedeutet werden: Die lebenden (grünen) Zellen bilden ein dünnes Netzwerk, daß tief (wie eine Steppnaht) in die ballonförmigen, leeren „hyalinen" Zellen eingebettet ist. Diese hyalinen Zellen stehen über Poren mit der Außenwelt in Verbindung und dienen als Wasserspeicher. Wassergefüllt sind sie durchsichtig, das Blatt sieht dann grün aus. Verdunstet das Wasser bei Trockenheit, so erscheinen sie infolge Totalreflexion weiß (Nylonhemdeffekt) und bestimmen dann die Farbe der Torfmoosrasen („Bleichmoose"); die ringförmigen Versteifungen der Zellwände verhindern ein Kollabieren. Früher konnte man das eindrucksvoll demonstrieren: aus einem frischgrünen Torfmoosball ließ sich eine große Wassermenge auspressen, das Moos verblaßte dabei.

Die hyalinen Zellen bedeuten aber auch, daß mit wenig Eiweiß viel an tragfähiger Struktur aufgebaut wird (Nährstoffsparbauweise). Dabei werden die Helophyten mit ihren Aerenchymen noch überboten. Das hat verschiedene ökologische Konsequenzen:

1) Zunächst ergibt sich eine beachtliche Oberflächenvergrößerung, die die Stoffaufnahme verbessert. Sie bedeutet aber auch einen Konkurrenzvorteil (z.B. gegen Kormophyten) schon durch die Raumbelegung.

2) Für Phytophage verringert sich der Nährwert. Tatsächlich werden Torfmoose praktisch nicht gefressen (Ausnahmen: die bis zu 3 cm lange, bizarre, träge, wenig fressende Larve der Stelzmücke *Phalacrocera*, gleichsam das Faultier unter den Torfmoosbewohnern, oder Köcherfliegenlarven *Neuronia*; vgl. WESENBERG-LUND 1943). Die Bedeutung von Verlusten der Nährstoffspeicher im nährstoffarmen Milieu ist am Bisamfraß zu erkennen. So verschmäht der Bisam in der Regel die Blätter der Uferpflanzen, er konzentriert sich (vor allem im Winterhalbjahr) auf die Nährstoffspeicher der Rhizome und Triebspitzen. In Mooren des Münsterlandes konnte verfolgt werden, daß sich ein Blasenseggenbestand vom Bisamfraß erst im Verlauf von 3 Jahren und auch dann nur sehr zögerlich regenerierte. Flutrasen der Rasenbinse bedeckten am hochmoorartigen Weiher „Fürstenkuhle" bei Gescher (Ortsteil Hochmoor) 1978 die halbe Wasserfläche (WITTIG 1980), sie verschwanden mit dem Aufkommen des Bisams, diese Binse war dann auf den Saum oberhalb der Wasserlinie beschränkt. Die flutenden Torfmoose wurden in diesem Moor vom Bisam nicht gefressen, litten aber unter den Verwirbelungen durch das Schwimmen des Bisams. So verschwanden bei Bisampräsenz die flutenden Torfmoose rasch, es blieben nur die Schwingdecken oberhalb der Wasserlinie, in die sich die Gangspuren des Bisams einfurchten.

3) Die flutenden Torfmoosrasen sind also wohl eine bestimmende Produzentenformation, sie gehen aber in die Nahrungskette nicht ein. Sie bilden den Hochmoortorf, jedoch nur aus dem Überfluß-Kohlenstoff. Pflanzennährstoffe können zwar effektiv aus dem extrem nährstoffarmen Milieu aufge-

nommen werden, entscheidend ist jedoch die Perfektion des internen Kreislaufs. Sieht man die Torfmoosrasen nur als Produzenten, kann man das Ökosystem nicht wirklich verstehen.

4) Entscheidend für das Ökosystem ist die Struktur, die die Torfmoose den Konsumenten insbesondere in der cm-Größenordnung geben. Es fallen zwar alle die Gruppen aus, die Calcium für den Skelettaufbau brauchen, oder die mit zarter Haut den extremen osmoregulatorischen Anforderungen oder der hohen Azidität nicht gewachsen sind (wie Amphibien, Fische, höhere Krebse, Mollusken), das gleichen aber schon unter den Makroevertebraten arten- und individuenreich (auch mit spezifischen Arten) beispielsweise die Libellen, Wasserwanzen und -käfer oder die Wasserspinnen aus (vgl. SCHMIDT 1964). Sie leben (in der Ebene) z.B. von den Eintagsfliegenlarven *Leptophlebia vespertina*, die in hoher Individuenzahl in den flutenden Torfmoosen anzutreffen sind (vgl. Foto 22 und BURMEISTER in GÖTTLICH 1990 in Verbindung mit PEUS 1933). Absterbende Insekten (wie Großlibellen, die im Herbst auf das Wasser fallen und sich nicht wieder befreien können), werden sofort (z.B. von Furchenschwimmern und anderen Wasserkäfern) ausgefressen, die (eiweißartige) Chitinhülle, auch die Flügel, werden von Bakterien in dem Hochmoorwasser sehr rasch zersetzt. Tiere sind auch maßgeblich an der Nutzung des Eintrages aus dem Luftraum beteiligt (analog zu Kap. 4.1), Filtrierer wie Wasserflöhe und Rädertierchen sind (mit spezifischen Arten) auch im Hochmoorkolk gut vertreten.

5) Die Tiere sind selbst Reduzenten hinsichtlich P und N. Ihre Ausscheidungen können direkt von den Produzenten genutzt werden (Kurzschluß im Kreislauf der Stoffe), ein Phänomen, das bei Nährstoff- und Produktionsanalysen der Hochmoorvegetation unzureichend beachtet wird (vgl. LÜTKE TWENHÖVEN 1992, LÜTT 1992, WAGNER 1994). Damit kommen die N- und P-Ausscheidungen der Tiere in den Torfmoosrasen direkt den Torfmoosen als Nährstoffgewinn zugute, selbst bei den geringen Fraßverlusten durch die wenigen Blattfresser (s.o.) fließt der Nährstoffverlust direkt wieder zurück. So ist der kurzgeschlossene Kreislauf der Schlüsselnährstoffe auch im Ökosystem Hochmoortorfstich die Grundlage für das exponentielle Wachstum der Torfmoosrasen und die reiche Tierwelt mit effektiver Nutzung des organischen Stoffeintrages aus der Luft.

6) Auch die Moorleichen passen nun in das Schema. Ihre Eiweißanteile werden über die Tierwelt dem System zugeführt, zurück bleiben vor allem die Materialien oder Hüllen aus Zellulosen u.ä. pflanzlichen C-Baustoffen oder aus tierischem Horngewebe (wie Felle, Haut und Haare).

Im Kompartiment „freies Wasser" im Torfstich sind Mikroalgen (insbesondere die bizarren Doppelzellen der Zieralgen mit Fraßschutz durch Gallerthüllen und Wandstrukturen) die wichtigsten Produzenten, größte Filtrierer (z.B. von

Detrituspartikeln mit Bakterienrasen) sind spezialisierte Wasserflöhe, die wiederum von den zahlreichen Glasmücken- und Furchenschwimmerlarven gejagt werden. Sie alle profitieren vom Fehlen der Fische.

Die flutenden Torfmoos-Rasen absorbieren weitgehend die Lichteinstrahlung, bewirken damit eine thermische Versiegelung nahe der Wasseroberfläche mit einer markanten Temperatursprungschicht in wenigen dm Tiefe, O_2-Defizit und P-Mobilisierung im anaeroben Milieu schon dicht darunter. Die Torfmoosrasen sind damit bei Sonnenschein Wärmeinseln im kühl-atlantischen Küsten- oder im Gebirgsklima, im Winter frieren sie dagegen schnell durch (tauen auch rasch wieder auf). Die Tierwelt kann bei Frost (wegen des O_2-Mangels schon in geringer Tiefe) nicht ausweichen: begünstigt sind damit kontinental/subarktische Arten (wie die Hochmoor-Mosaikjungfer *Aeshna subarctica*; vgl. SCHMIDT 1964, STERNBERG 1993); sie wurden in Verkennung ihrer Ausbreitungspotenz und ihrer Klimapräferenz irrtümlich als Eiszeitrelikt angesehen (s.o.), hochmoorspezifisch sind sie auch nur am atlantischen Rand ihres kontinentalen Areals. Die hohe Erwärmung des Hochmoores an Sommersonnentagen nutzen die Torfmoose selbst für die Sporenausschüttung mit dem einzigartigen Explosionsmechanismus der Kapseln, auch der Sonnentau öffnet seine Blüten nur an heißen Tagen (sonst bleiben sie kleistogam).

Die Torfmoosrasen sind damit ein Beispiel für verblüffende ökologische Potentiale und Nischenrelationen. Sie belegen aber auch die Grenzen der herkömmlichen Definition von Trophie und Produktion (vgl. KUTTLER 1995) im biologischen Kontext.

8 Vergleich von See und Fluß

Abschließend soll noch eine Reihe wesentlicher Unterschiede von See und Fluß herausgestellt werden (vgl. SCHÖNBORN 1992 sowie BOHLE 1995, zum See auch Band 2):

1. Fließgewässer sind langgestreckt, relativ schmal und flach, das Ufer ist der beherrschende Bereich, der Fluß bildet ein ökologisches Kontinuum, das von den Quellbereichen und Bächen seines Einzugsgebietes bis hin zum Meer reicht. Das Wasser wird an jeder Stelle im Fluß ständig vom Oberlauf her ausgetauscht. – Seen können isoliert in der Landschaft liegen, sind aber oft über ihre Zu- und Abflüsse in ein Stromgebiet eingebunden; die mittlere Verweildauer das Wassers, d.h. die Austausch- oder Erneuerungszeit des Sees, beträgt oft Jahre (z.B. beim Chiemsee 1,3 a, Großer Plöner See 8-10 a, Starnberger See 21 a, Laacher See, Pulvermaar/Vulkaneifel knapp 70 a; bei einem Flußstau wie der Außenalster in Hamburg 8 d, Binnenalster nur 20 h, aber stark schwankend; nach LAWA 1985); die Wassererneuerungszeit eines Sees kann daher auch als Maß für die Unähnlichkeit oder Spezifität eines Sees im Vergleich zum Fluß gedeutet werden (vgl. Band 2).

2. Der charakteristische Ökofaktor des Flusses ist (wie der Name sagt) die (im Hauptstrom) gerichtete Strömung des Wassers; naturnahe Fließgewässer haben ein mit der Wasserführung wechselndes Mosaik aus Strömungsmustern; die ± laminare Strömung im Hauptstrom wird am rauhen Untergrund chaotisch turbulent, es wechseln damit Erosions- und Sedimentationsbereiche und die Korngröße der Substrate; allerdings sind durch den Menschen die Flußsubstrate oft verändert, so finden sich Blocksteine (als Uferbefestigung und an Bauwerken, insbesondere an Brücken) auch im Unterlauf der Flachlandflüsse. Die Strömung durchmischt das Wasser und gleicht damit Unterschiede in der Temperatur und im Chemismus, insbesondere im Sauerstoffgehalt, an einem Flußabschnitt zu einem Zeitpunkt weitgehend aus. – Turbulente Durchmischungen ergeben sich im See durch den Wind (bei passender Stärke und Exposition, an großen Flachlandseen also eher als an kleinen Bergseen), sie sind im Sommer auf den oberflächennahen Bereich (Epilimnion) beschränkt, im gleichwarmen Wasser im Frühjahr und Herbst reichen Sturmturbulenzen bis zum Grund tiefer Seen, am windexponierten Ufer großer Seen entstehen Brandungen. Typisch für den Sommer und Winter sind thermische Schichtungen in der Seentiefe. Im Litoral entstehen dagegen im Sommer je nach den Absorptionsbedingungen von Grund und Vegetation vielfältige, mit der Sonneneinstrahlung wechselnde thermische Mosaike, denen (auch durch biologische Aktivitäten) Mosaike im Chemismus entsprechen. Winterliche Erwärmungen und sommerliche Abkühlungen erzeugen je nach Wetterlage zusätzliche, aber für unsere Sinne unmerkliche thermische Konvektionsströme

im Seewasser (bis hin zur klimatisch bedingten Frühjahrs- und Herbstzirkulation: Band 2).
Bei geringer Fließgeschwindigkeit im Fluß bzw. bei hohem Durchfluß im See verwischen sich die Unterschiede (vgl. die Flußseen der Havel im Raum Brandenburg – Berlin), alle Übergänge finden sich beispielsweise in Altarmen, Niedrigwasser- oder Druckwasserkolken von Flüssen.

3. Fließgewässer sind in Quellnähe ganzjährig kühl mit geringen Schwankungen um die regionale Jahresmitteltemperatur, tiefe Seen (und Hochgebirgsseen) sind am Grund ganzjährig kühl mit geringen Schwankungen (nach oben hin) um den thermischen Anomaliepunkt des Wassers (+4° C). Dort werden kaltstenotherme Tierarten begünstigt (z.b. Salmoniden unter den Fischen), an Quellen aber auch frostempfindliche (mediterrane) Arten (wie die Quelljungfern *Cordulegaster* unter den Libellen). Fließgewässer erwärmen sich bei Sonnenexposition als Ganzes besonders an Staustellen, das erwärmte Wasser wird mit dem Strom flußabwärts transportiert, dabei vergrößert sich die Amplitude im Jahresgang; Seen erwärmen sich bei Sonneneinstrahlung stationär, zur Tiefe hin exponentiell abnehmend (vgl. Band 2), an Flachwasserstellen entstehen je nach den Absorptionsflächen thermische Mosaike, sofern nicht über Windturbulenzen ein Austausch erfolgt. Dichte Vegetationsdecken verstärken die Musterbildung (bedingt auch im Fluß).

4. Hohe Strömung und Steingrund von Flüssen erschweren oder verhindern die Besiedlung durch Kormophyten, spezifisch für Fließgewässer sind auf Feingrund submerse Formen mit lang-bandförmigen, flutenden Blättern (konvergent z.B. bei Pfeilkraut, Blumenbinse, Igelkolben), spezifisch für Stillgewässer sind Schwebe- und Schwimmpflanzen und großblättrige Tauchblattpflanzen (wie das Spiegelnde Laichkraut) sowie Phytoplankter ohne Eigenbewegung (vgl. Abb. 35, 39, 40, Band 2).

Im Röhricht sind an Hochwasserstandorten flexible Arten, die sich in den Strom legen können (wie Rohrglanzgras) gegenüber stabilen Arten (wie Schilf) im Vorteil. Die Strömung im Fluß gleicht Konzentrationsgefälle (durch Stoffaufnahme oder -abgabe) an Grenzflächen stationärer Organismen (Aufwuchs, Kormophyten, viele Driftfänger) aus und wirkt physiologisch als Anreicherung mit Nährstoffen bzw. Nahrung bzw. als Entlastung der Entsorgung. Umgekehrt können Nährstoffschübe nur in der kurzen Zeit des Vorbeiflusses genutzt werden und sind daher weniger wirksam als im Stillwasser.

5. Die Verdriftung ist ein maßgeblicher Faktor auch für die Fauna in stärkerer Strömung, gefährdet sind dann selbst die Makroevertebraten. Im See hat das Plankton den Namen nach dem „Umhergetriebensein" (Band 2); das gilt streng genommen aber nur für die unbeweglichen Phytoplankter. Ihr Driftweg ist vertikal, tyisch sinken sie in die Tiefe ab, die Gasblasenschweber unter den Blaualgen treiben zur Wasseroberfläche auf; im Fluß nimmt Driftgut obligat den Weg flußabwärts.

6. Totes partikuläres organisches Material (toter Anteil vom POM = POC: partikulärer organischer Kohlenstoff/Carboneum, engl. carbon; Detritus gehört auch hierher) verhält sich im See wie Plankton mit vergleichbarem Übergewicht, es ist typisch autochthon, anorganisches partikuläres Material kann nur bei Windturbulenzen im See umgelagert werden. Der Fluß verdriftet dagegen nicht nur totes partikulärtes organisches Material, sondern bei Anstieg der Strömung auch Sedimente, die Drift im Fluß ist typisch allochthon.

7. Kleine Freiwasserschwimmer fehlen bei rascher Strömung, auch die Fische stehen dann bevorzugt an geschützten Stellen (Forelle) oder drücken sich in Bodennischen (Koppe), reich entwickelt sind sessile bis mobile Formen mit Anpassung an das Leben auf dem Steingrund (z.B. im cm-Bereich: Makroevertebraten), spezifisch sind Driftfänger (z.T. mit Netzen). Im See ist dagegen das Zooplankton vielfältig entwickelt, es ernährt sich im Freien Wasser primär vom autochthonen Phytoplankton (vgl. Band 2). Die Tiere des Strömungsbereiches zeigen besondere Anpassungen an das Leben in der Strömung und an die Verhinderung oder an den Ausgleich von Verdriftung (spezielle Anheftungen, strömungsgünstige Gestalten bzw. Flug bachaufwärts bei Wasserinsektenweibchen vor der Eiablage), dafür sind die Atmungseinrichtungen relativ einfach.

8. Flüsse haben hohe Wasserstandsschwankungen, im Überschwemmungsbereich einen sauerstoffhaltigem Grundwasserstrom bei Überflutung und Bodendurchlüftung in den Trockenphasen, typisch sind Auwälder flußnah aus Baumweiden, Grauerlen und Pappeln (Weichholzaue), weiter oben aus Ulmen, Eschen und Stieleichen (Hartholzaue, vgl. ELLENBERG 1986, GERKEN 1988, GEPP et al. 1985, PFADENHAUER 1993b, SCHNEIDER-JACOBY & ERN 1990). Diese Arten sind gegen anhaltende Staunässe empfindlich, sie profitieren von der anorganischen Düngung durch Sedimente der Überflutungsphase (Auenlehme). Für Seen mit geringen Wasserstandsschwankungen und Hochwasser im Winter vor der Vegetationsperiode sind am Flachufer staunasse Schwarzerlenbruchwälder mit Torfbildung typisch. Sie gedeihen auch an Flachlandflüssen mit ähnlicher Wasserführung, während z.B. der Bodensee mit seinem starken Frühsommer-Gletscherschmelzwasser-Hochwasser vom Flußauenwald gesäumt ist.

9. Der Kreislauf der Stoffe „rollt spiralenförmig" flußabwärts, am See haben wir wieder eine vertikale Differenzierung: Die Produktion konzentriert sich im Sommer auf das Epilimnion, der Stoffabau wird während der Sommerstagnation zum Seegrund hin verlagert, bis ein Ausgleich mit der Herbstzirkulation erfolgt.

10. Die zivilisatorischen Eingriffe am See sind vor allem: Regelung der Wasserführung, Umwandlung der Erlenzone in Dauergrünland und Freizeitnutzungen (mit Röhrichtvernichtungen); Nährstoffeintrag (Abwasser, Düngung) erfolgt

heute vor allem über die Zuflüsse, er fördert (in Verbindung mit überhöhten Weißfischbeständen) Wasserblüten und vergrößert die sommerliche Diskrepanz von Epilimnion und Hypolimnion (vgl. Band 2).

Flüsse sind oft dramatisch verändert: Der Fluß ist begradigt und eingedeicht, im Siedlungsbereich verbaut, oft mit Spundwänden versehen, sonst vielfach in Blocksteine gefaßt, die Flußaue ist abgeschnitten worden (vgl. FEY 1991, 1996). Damit tieft sich das Flußbett ein (Isar in München 1860-1884 um über 4 m, Argen am NO-Ufer des Bodensees um 4-6 m, Wertach, ein Nebenfluß des Lechs, um 10-12 m, Rhein bei Basel um 3 m, an der Isteiner Schwelle um knapp 7 m: THIENEMANN 1955), im Schotterbett des Oberrheins sankt dann der Grundwasserspiegel in der Rheinebene bis zu 15 m tief ab (in 3 km Entfernung noch um 3 m). Über Flußstaue (mit Energiegewinnung z.B. an Mosel und Oberrhein, ohne an der Ruhr) kann dann eine Mindestwasserführung gesichert werden. Starker Wasserverbrauch im Zuge der Industrialisierung führte an der Ruhr Ende des vorigen Jahrhunderts zu erheblichen Mengen- und Qualitätsproblemen, ein Mindestabfluß bei sommerlichen Niedrigwasser wurde durch den Bau der Sauerlandtalsperren erreicht (vgl. LAWA 1990). Die Schiffahrt erfordert einen kanalartigen Ausbau des Flusses, störende Felsschwellen sind fortzusprengen (wie an der Loreley im Mittelrhein). Ein besonderes Problem ist die Nutzung der Flüsse als Abfall-Entsorgung. Die Problematik der Industrieabwässer zeigte sich besonders im Ruhrgebiet, wo die Emscher zum Abwasserkanal degradiert wurde, um die Trinkwassergewinnung aus Uferfiltrat der Ruhr zu sichern (vgl. BRÜGGEMEIER & ROMMELSPACHER 1992, KUROWKSI 1993). Zu nennen sind die Aufheizung durch Kühlwasser von Kraftwerken oder die wechselnde Versalzung durch den thüringischen Kalibergbau (ein Problem, das mit der Wiedervereinigung gelöst werden konnte) in Werra/Weser und von Lothringen/Frankreich her in Mosel/Rhein. Inzwischen sind die Klärleistungen außerordentlich gestiegen, die Wasserqualität hat sich spürbar verbessert. Es bleibt der Eintrag von Pestiziden und Düngern aus Drainagen von landwirtschaftlichen Flächen, die vor allem die Trinkwassergewinnung belasten und besondere Regelungen erfordern (vgl. die Talsperre Hullern/Haltern nördlich des Ruhrgebiets: LAWA 1990 in Verbindung mit MANTAU 1994).

Für die Drainagen waren die Fließgewässer im Oberlauf um rund 1 m unter Bodenniveau zu legen, damit entfielen Überschwemmungsräume, der Regenabfluß wurde zusätzlich beschleunigt. Ein Problem bleibt noch die Mischkanalisation in den Siedlungen: Bei Starkregen gelangen schlagartig große Niederschlagsmengen von den versiegelten Flächen in den Abwasserkanal, vermischen sich mit dem Schmutzwasser und treten sturzbachartig über Abschläge in die Fließgewässer. Diese plötzliche Hochwasserwelle erzeugt dramatische Driftverluste und verkleistert das Lückensystem in Bach und Fluß (SCHUHMACHER & THIESMEIER 1991). Wenn sie z.B. mit Schmelzwasser zusammentrifft, gehen die Bilder von Flutkatastrophen durch die Presse.

Die Eingriffe in Flüsse sind also besonders komplex und vielfältig (BINDER et al. 1994; vgl. die Flußmonographien von Rhein, Donau, Weser: GERKEN & SCHIRMER 1994, GERKEN et al. 1994, HANSMEYER 1976, KINZELBACH 1994, KINZELBACH & FIEDRICH 1990), die ökologische Umgestaltung setzt mehr am Oberlauf an (BELLIN 1991, SCHOOF 1989); Seen erscheinen dagegen in der Regel als deutlich weniger verändert und als eher naturnah.

11. Gewässergütebestimmungen sind für Fließgewässer (unbeschadet der Stichhaltigkeit) amtlich etabliert (FRIEDRICH & LACOMBE 1992), nach DIN geregelt, werden von den Wasserbehörden offiziell erfaßt und für Amateure (z.B. für Angelvereine) didaktisch aufgearbeitet (BAUR 1987, BARNDT et al.1990). Versuche, diese Methode auch auf Seen anzuwenden, scheiterten (vgl. Band 2), im Litoral relativiert das Puffervermögen der Makrophyten jede Gütebestimmung

12. Ein Sonderfall vom See ist der Stausee mit Staudamm (der ein Aufwandern von unten her abschirmt), befestigtem Boden und extremen Wasserstandsschwankungen, damit fehlen ein Phytal und ein Litoral im üblichen Sinne, der Durchfluß ist ein bestimmender Faktor für das Beziehungsgefüge. – Ein Sonderfall vom Fluß sind die Schiffahrtskanäle: zwar steht (großräumig gesehen) das Wasser, der Wasserstand ist eng geregelt, doch ist das Wasser hoch turbulent in Abhängigkeit von der Schiffahrt. Freizeit-Motorboote erzeugen beispielsweise einen brandungsähnlichen Wellenschlag, voll beladene Lastkähne mit ihrer Schraube eine vertikale Durchwirbelung mit Tontrübung vom Grund her und mit der Massenbewegung am Ufer, das für den Erosionsschutz mit Blocksteinpackungen belegt ist, zunächst eine langsame horizontale Wasserströmung in Fahrtrichtung mit Hub um etwa 0,5 m, dann auf Höhe des Schiffes einen raschen Rückstrom mit Wasserstandssenkung und -ausgleich. Makrophyten sind (abgesehen von Fadenalgenrasen auf den submersen Blocksteinen) auf den Bereich ab Wasserlinie beschränkt, Makroevertebraten finden in den Lücken zwischen den Blocksteinen ein Refugium. Kanäle sind wohl an die Flüsse und damit an das Meer angebunden, queren aber die nicht schiffbaren kreuzenden Bäche und Flüsse auf Brücken und sind daher von ihnen auch thermisch isoliert und somit vergleichsweise sommerwarm. Das begünstigt südliche Arten, die als Jugendstadium mit den Schiffen von weit her eingebracht werden können (vgl. den Flohkrebs *Orchestia cavimana* oder die Süßwassergarnele *Atyaephyra desmarestii* sowie auch die Dreikantmuschel; RUDOLPH & LEHMANN 1976, TITTIZER et al. 1992 sowie SCHÖNBORN 1992).

9 Schlußwort

„Ökosystem See" erschien vor gut 20 Jahren, das Konzept erwuchs aus der Schul- und Hochschulpraxis vor 25 Jahren. Mit dieser Neubearbeitung wurde der Grundgedanke, ein Ökosystem konsequent funktional zu erfassen, vertieft und dem Fortschritt der Limnologie angepaßt. Im Mittelpunkt stehen die von Produzenten-Lebensformtypen (wie Röhricht) oder von abiotischen Strukturelementen (wie der Wasseroberfläche) bestimmten Teilsysteme oder Kompartimente („Lebensvereine"). Die mobilen Tiere passen nicht in das Schema und erfordern daher eigene Kapitel (wie die Wasservögel oder -insekten und die „Unterwassertiere des Litorals"). Das Beziehungsgefüge muß ökologisch, d.h. nach der Bedeutung für das System, gewichtet werden. Dazu muß aus dem Gefüge heraus gefragt werden. In diesem Frageansatz liegt der eigentliche Unterschied zu den gängigen Lehrbüchern. So ergänzen sich beide.

Der Anfänger oder der Laie kann sich bei dem Zugang über den sachsystematischen Ansatz leicht in der Fülle der Details verlieren. Sie sind daher die eigentliche Zielgruppe dieses Buches. So wurde Wert darauf gelegt, die Verbindung zu dem breiten Spektrum an Sachbüchern und zu den Lehrbüchern zu ziehen, für die wissenschaftlichen Originalarbeiten in den Fachzeitschriften wird auf die konventionellen Lehrbücher verwiesen, sie sollten sich als Vertiefung am passenden Ort immer einfügen lassen. Aufzuzeigen waren jedoch die Grenzen der konventionellen Lehre (z.B. bei den Begriffen Trophie und Produktion oder der Unterscheidung von C- und Eiweiß-Baustoffwechsel und den internen Kreisläufen für N und P).

Das Litoral hat mit der Zweiteilung von „Ökosystem See" auch weiterhin eine besondere Beachtung erfahren. Damit wird das „Ökosystem See" enger als in limnologischen Lehrbüchern zum See mit dem „Ökosystem Teich/Weiher" verbunden. Band 2 entspricht dann inhaltlich mehr der klassischen Seen-Limnologie.

Vorbild für das ökologisch/anschauliche Artkonzept war FRIEDRICH JUNGE (auch wenn ich das erst später richtig gesehen hatte), für die genaue Naturbeobachtung CARL WESENBERG-LUND (1939, 1943), für den Kompartiment-Ansatz neben ihm vor allem der „Vorgänger" zu „Ökosystem See", der „Süßwassersee" von STEINECKE (1940), mit seiner Gliederung in Biozönosen und Lebensvereine.

Es war ein breites, dynamisches Feld (oft nebenberuflich) abzudecken. So können sich bei allem Bemühen und einer breiten Felderfahrung Fehler, Irrtümer oder Unschärfen eingeschlichen haben. Für Hinweise bin ich dankbar. Bücher dieser Art können nur iterativ perfektioniert werden, wobei der Fortschritt der Zeit auch manches ältere relativiert.

Eberhard G. Schmidt,
Dülmen/Essen, Weihnachten 1995

Literaturverzeichnis

Abkürzungen:
AG Geobot SH: Mitteilungen der Arbeitsgemeinschaft Geobotanik in Schleswig-Holstein und Hamburg; **DGL:** Deutsche Gesellschaft für Limnologie; **DJN:** Deutscher Jugendbund für Naturbeobachtung; **DZG:** Deutsche Zoologische Gesellschaft; **GfÖ:** Gesellschaft für Ökologie; **IUCN:** International Union for the Conservation of Nature and Natural Resources bzw. The World Conservation Union; **WET:** Westdeutscher Entomologentag (in Düsseldorf).
LAWA: Länderarbeitsgemeinschaft Wasser; **LAWA NRW:** Landesamt für Wasser und Abfall Nordrhein-Westfalen; **LÖLF NRW:** Landesanstalt für Ökologie, Landschaftsentwicklung & Forstplanung Nordrhein-Westfalen, Recklinghausen.
BioS: Biologie in der Schule (Berlin); **BiuZ:** Biologie in unserer Zeit; **BU:** Der Biologieunterricht (Stuttgart; 1965-1984); **MNU:** Der mathematische und naturwissenschaftliche Unterricht; **MK:** Mikrokosmos (Stuttgart); **PdB:** Praxis der Naturwissenschaften, Teil B, Biologie (Köln); **UB:** Unterricht Biologie, Zeitschrift für alle Schulstufen (Seelze).
BAB: Biologische Arbeitsbücher (Quelle & Meyer, Heidelberg/Wiesbaden); **NBB:** Neue Brehmbücherei; **UTB:** Universitäts-Taschenbücher; **UTB Wiss:** UTB für die Wissenschaft.
FWU: Institut für den Film in Wissenschaft & Unterricht, Grünwald bei München (Ausleihe über die Bildstellen für Schulen kostenlos); **IWF:** Institut für den Wissenschaftlichen Film in Göttingen (Ausleihe für die gymnasiale Oberstufe und Hochschulen kostenlos bis auf das Porto für die Rücksendung).

Ä = ae wird eingeordnet wie a; analog ö, ü; bei Werken in zweiter und höherer Auflage wird die Auflage als Hochzahl dem Erscheinungsjahr beigefügt (5. Auflage 1996 z.B. als 1996[5]).

Adler, H.: Fish behavior: Why fishes do what they do. TFH, Neptune City/ USA, 1975.
Albertz, J.: Grundlagen der Interpretation von Luft- und Satellitenbildern. Eine Einführung in die Fernerkundung. Wiss. Buchges., Darmstadt, 1991.
Alt, F.: Schilfgras statt Atom. Neue Energie für eine friedliche Welt. Piper, München, o.J.
Amos, W.: The life of the Pond. McGraw-Hill, London, 1967.
Ant, H.: Die biologische Station „Heiliges Meer" bei Hopsten (Westf.) als Forschungs- und Lehrstätte. Natur und Landschaft 49: 134-138 (1974).
Anwand, K.: Die Schleie. NBB 343. Ziemsen, Wittenberg, 1965.
Arber, A.: Water Plants. A Study of Aquatic Angiosperms. University Press, Cambridge, 1920.
Ardley, N. & Hawkes, B.: Vögel beobachten. Maier, Ravensburg, 1979.
Arens, W.: Verschleiß von Mundwerkzeugen, ein schwer lösbares Anpassungsproblem für algenweidende Bachinsekten. Verh. WET 1988: 55-56 (1989).
Arndt, U., Nobel, W. & Schweizer, B.: Bioindikatoren. Ulmer, Stuttgart, 1987.
Askew, R.: The Dragonflies of Europe. Harley, Martins, 1988.
Atema, J., Fay, R., Popper, A. & Tavolga, W.: Sensory Biology of Aquatic Animals. Springer, Berlin, 1988.
Atri, F.: Schwermetalle und Wasserpflanzen. Fischer, Stuttgart, 1983.
Austenfeld, U. & Hesse, M.: Schülerversuche zur Festigkeit von Pflanzenstengeln. UB 13, H.148: 54-56 (1989).
Ax, P. : Das Phylogenetische System. Systematisierung der lebenden Natur aufgrund ihrer Phylogenese. Fischer, Stuttgart, 1984.
Baer, H.: Biologische Versuche im Unterricht. Volk und Wissen, Berlin, 1968.
Backhaus, U. & Schlichting, J.: Auf der Suche nach Ordnung im Chaos. MNU 43: 456-466 (1990).
Bairlein, F.: Ornithologische Grundlagenforschung und Naturschutz. Vogel-kundl. Ber. Niedersachsen 23: 3-9 (1991).
Banarescu, P.: Zoogeography of Fresh Waters. 3 Bde., Aula, Wiesbaden, 1990, 1992, 1995.
Barash, D.: Soziobiologie und Verhalten. Parey, Berlin, 1980.
Barndt, G. , Bohn, B. & Köhler, E.: Biologische und chemische Gütebestimmung von Fließgewässern. Vereinigung Deutscher Gewässerschutz, Bonn 1990[3].

BARTH, W.: Praktischer Umwelt- und Naturschutz. Parey, Hamburg, 1987.
BARTHLOTT, W.: Die Selbstreinigungsfähigkeit pflanzlicher Oberflächen durch Epicuticularwachse, Ihre ökologische Bedeutung als Abwehrstrategie gegen Pathogene, ihre Störung durch Umwelteinflüsse, Möglichkeiten technischer Anwendung. In: Verantwortung für die Zukunft, Klima- und Umweltforschung an der Universität Bonn, S. 117-119 (1991).
BARTHOLMESS, H. (Red.): Probleme der Umsetzung von ökologischen Erkenntnissen. Univ. Hohenheim, 1985.
BARZ, M., GRAU, W., HORN, H., KLEEFISCH, T & SCHÖTTGEN, U.: Das neue Artenschutzrecht. Gesetze, Verordnungen, Listen, Kommentare. Bundesverband für fachgerechten Natur- und Artenschutz, Köln, 1987.
BÄSSLER, U.: Irrtum und Erkenntnis. Fehlerquellen im Erkenntnisprozeß von Biologie und Medizin. Springer, Berlin, 1991.
BAUHOFF, E.: Ein mathematisches Modell in der Biologie. MNU 29: 224-229 (1976).
BAUR, W.: Gewässergüte bestimmen und beurteilen. Praktische Anleitung für Gewässerwarte und alle an der Qualität unserer Gewässer interessierten Kreise. Parey, Hamburg, 1987[2].
BAUR, R., BINDER, S. & BENZ, G.: Nonglandular leaf trichomes as short-term inducible defense of the grey alder, *Alnus incana* L., against the chrysomelid beetle, *Agelastica alni*. Oecologica 87: 219-226 (1991).
BAYR. AKAD. WISS.: Rundgespräche der Kommission für Ökologie 2: Ökologie der oberbayrischen Seen Zustand und Entwicklung. Pfeil, München, 1991.
BECKER, F.: Zwei Modellversuche zum Themenbereich „Fische, Anpassung an den Lebensraum" (Klassen 5-7). BioS 44: 334-338 (1995).
BECKER, N. & MAGIN, H.: 10 Jahre Kommunale Aktionsgemeinschaft zur Bekämpfung der Schnakenplage e.V. Biologische Stechmückenbekämpfung – ein Modell am Oberrhein. Selbstverlag, Ludwigshafen, 1986.
BEGON, M., HARPER, J. & TOWNSEND, C.: Ökologie. Individuen – Populationen – Lebensgemeinschaften. Birkhäuser, Basel, 1991.
BEGER, H.: Leitfaden der Trink- und Brauchwasserbiologie. Fischer, Stuttgart, 1966[2].
BEICHE, S.: Studien zur Brutbiologie der Zwergrohrdommel. Wiss. Hefte PH Köthen 6: 163-193 (1979).
BELL, D.: Der Einfluß der Bruchweide, *Salix fragilis,* auf die Entwicklung ausgewählter Weidenblattkäfer (Col., Chrysomelidae). Verh. WET 1992: 25-34 (1993)
BELLIN, K. (Obmann): DVWK Merkblätter 204/1984: Ökologische Aspekte bei Ausbau und Unterhaltung von Fließgewässern. DK 627.4 Gewässerausbau. DK 574 Ökologie. Deutscher Verband f. Wasserwirtschaft und Kulturbau (DVWK), Bonn (in Kommission bei Parey, Hamburg) 1991[2].
BELLMANN, H.: Libellen beobachten, bestimmen. Naturbuch, Augsburg, 1993[(2)].
BENDELE, H.: Verfolgungsjagden von Taumelkäfern. Verh. DZG 78: 222 (1985).
BERGMANN, H.: Aggression – Bemerkungen zur Biologie des Kampfverhaltens. BU 17 (1): 4-27 (1981).
BERGMANN, H.: Über die Verwendung des Kampffisches (*Betta splendens*) im ethologischen Unterricht. BU 20 (2): 42-61 (1984).
BERGMANN, H.: Die Biologie des Vogels. Eine exemplarische Einführung in Bau, Funktion und Lebensweise. Aula, Wiesbaden, 1987.
BERGMANN, H. & BRUNS, H.: Dümmer – vergängliches Paradies. S. 215-227 in: Ornithologen-Kalender '88, Jahrbuch für Vogelkunde und Vogelschutz. Aula, Wiesbaden, 1988.
BERGMEIER, E., HÄRDTLE, W., MIERWALD, U., NOWAK, B., PEPPLER, D. & FLINTROP, T.: Vorschläge zur syntaxonomischen Arbeitsweise in der Pflanzensoziologie. Kieler Notizen Pfl.kde. Schlesw.-Holstein u. Hambg. 20: 92-103 (1990).
BERKHOLZ, G.: Nachweis der R-G-T-Regel durch Messung der Kiemendeckelfrequenz bei Fischen. PdB 16 (3): 46-51 (1967).
BERNATZIK, H.: Das Buch vom Pelikan. Seidel, Wien, 1930[2].
BERNDT, R. & BUSCHE, G. (Hrsg.): Vogelwelt Schleswig-Holsteins, Bd. 3 (Entenvögel I: Höckerschwan bis Löffelente). Ornitholog. AG Schleswig-Holstein u. Hamburg/ Wachholtz, Neumünster, 1991.
BERNDT, R. & DRENKHAHN, V. (Hrsg.): Vogelwelt Schleswig-Holsteins, Bd. 1 (Seetaucher bis Flamingo). Ornitholog. AG Schleswig-Holstein u. Hamburg/ Wachholtz, Neumünster, 1990[2].

BERTHOLD, P., BEZZEL, E. & THIELCKE, G. (Hrsg.): Praktische Vogelkunde. Empfehlungen für die Arbeit von Avifaunisten und Feldornithologen. Kilda, Greven, 1980[2].
BERTSCH, K.: Der See als Lebensgemeinschaft. Maier, Ravensburg, 1947.
BERTSCH, K.: Sumpf und Moor als Lebensgemeinschaft. Maier, Ravensburg, 1947b.
BERTSCH, K.: Die Geschichte des Deutschen Waldes. Fischer, Jena, 1953[4].
BESCH, W., HAMM, A., LENHART, B., MELZER, A., SCHARF, B. & STEINBERG, C.: Limnologie für die Praxis. Grundlagen des Gewässerschutzes. Ecomed, Landsberg, 1985[2].
BEUTLER, H.: Die Flußjungfer. Kinderbuchv., Berlin, 1991.
BEYERS, R. & ODUM, H.: Ecological Microcosms. Springer, Berlin, 1993.
BEZZEL, E.: Vögel. Bd. 3: Taucher, Entenvögel, Reiher, Watvögel, Möwen u.a. BLV Intensivführer. BLV München, 1985.
BEZZEL, E.: Vögel beobachten. Praktische Tips, Vogelschutz, Nisthilfen, Fotografie. BLV 1991[3].
BEZZEL, E.: Kompendium der Vögel Mitteleuropas. 2 Bände: Nonpasseriformes Nichtsingvögel; Passeres Singvögel. Aula, Wiesbaden, 1985, 1993.
BICK, H. & KUNZE, S.: Eine Zusammenstellung von autökologischen und saprobiologischen Befunden an Süßwasserciliaten. Int. Rev. ges. Hydrobiol. 56: 337-384 (1971).
BICK, H. & NEUMANN, D. (Hrsg.): Bioindikatoren. Ergebnisse des Symposiums: Tiere als Bioindikatoren für Umweltbelastungen März 1981 in Köln. Decheniana Beih. 26. Naturhist. Verein, Bonn, 1982.
BICK, H. & SCHMERENBECK, W.: Vergleichende Untersuchung des Peptonabbaus und der damit verbundenen Ciliatenbesiedlung in strömenden und stagnierenden Modellgewässern. Hydrobiologie 37: 409-446 (1971).
BIEBL, R. & GERM, H.: Praktikum der Pflanzenanatomie. Springer, Wien, 1967[2].
BINDER, W., BUNZA, G., ENGELHARDT, W., JÜRGING, P., SCHLÜTER, U. & WAGNER, I.: Schutz der Binnengewässer. Economia, Bonn, 1994.
BIRETT, H.: Mathematische Simulation einer Überfischung. MNU 31: 359-367 (1978).
BIRKHEAD, M. & PERRINS, C.: The Mute Swan. Croom Helm, London, 1986.
BLAB, J.: Grundlagen des Biotopschutzes für Tiere. Kilda, Greven, 1984.
BLAB, J.: Biologie, Ökologie und Schutz von Amphibien. Kilda, Greven, 1986[3].
BLAB, J. & NOWAK, E. (Hrsg.): Zehn Jahre Rote Liste gefährdeter Tierarten in der BR Deutschland. Situation, Erhaltungszustand, neuere Entwicklungen. Symposium Mai 1988 in Bonn. Kilda, Greven, 1989.
BLAB, J., NOWAK, E., TRAUTMANN, W. & SUKOPP, H. (Hrsg.): Rote Liste der gefährdeten Tier und Pflanzen in der BR Deutschland. Kilda, Greven, 1984[4].
BLAB, J. & RIECKEN, U. (Hrsg.): Grundlagen und Probleme einer Roten Liste der gefährdeten Biotoptypen Deutschlands. Symposium Okt. 1991 in Bonn. Kilda, Greven, 1993.
BLECKMANN, H.: Beutelokalisierung, Feindvermeidung und innerartliche Kommunikation mit Hilfe von Oberflächenwellen des Wassers. MNU 35: 44-51 (1982).
BLECKMANN, H.: Die Orientierung im aquatischen Lebensraum mit Hilfe von hydrodynamischen Reizen. Verh. DZG 84: 105-124 (1991).
BLESS, R.: Bestandsänderungen der Fischfauna in der BR Deutschland. Ursachen, Zustand, Schutzmaßnahmen. Kilda, Greven 1978.
BLINDOW, I., ANDERSSON, G., HARGEBY, A. & JOHANSSON, S.: Long-term pattern of alternative stable states in two shallow eutrophic lakes. Freshwater biology 30: 159-167 (1993).
BLUME, D.: Ausdrucksformen unserer Vögel. NBB 312. Ziemsen, Wittenberg, 1973.
BLÜMEL, H.: Die Rohrammer. NBB 544. Ziemsen, Wittenberg, 1982.
BLÜMEL, H. & KRAUSE, R.: Die Schellente. NBB 605. Ziemsen, Wittenberg, 1990.
BOAG, D.: Der Eisvogel. Neumann-Neudamm, Melsungen, 1984.
BÖCK, F.: Die Bedeutung der Donau als Rastplatz überwinternder Entenvögel (Anatidae). Verh. GfÖ 4 (Wien 1976): 241-245 (1976).
BOHLE, H.: Spezielle Ökologie. Limnische Systeme. Springer, Berlin, 1995.
BOHLE, H.: Gehäuse der Köcherfliegen. Struktur, Entstehung und Funktion. Verh. WET 1994: 143-154 (1995).
BÖHLMANN, D.: Ökophysiologisches Praktikum. Parey, Berlin, 1982.
BÖHLMANN, D.: Botanisches Grundpraktikum zur Phylogenie und Anatomie. UTB. Quelle & Meyer, Wiesbaden, 1994

BOGENRIEDER, A.: Eine einfache Druckinfiltrationsapparatur zur Messung der Spaltöffnungsweite bei Pflanzen. MNU 32: 292-297 (1979).
BOPP, P.: Das Bleßhuhn. NBB 238. Ziemsen, Wittenberg, 1959.
BRAUN-BLANQUET, J.: Prinzipien einer Systematik der Pflanzengesellschaften auf floristischer Grundlage. Jb. St. Gallen Naturw. Ges. 57: 305-351 (1921).
BRAUNER, K.: Gespinstmotten verschleiern ihre Spuren. UB 150: 26-33 (1989).
BRAUNER, L. & BUKATSCH, F.: Das kleine pflanzenphysiologische Praktikum. Anleitung zu bodenkundlichen und pflanzenphysiologischen Versuchen für Hoch-, Ober- und Fachschulen. Fischer, Jena, 1964[7].
BRECKLING, B., EKSCHMITT, K., MATHES, K. & WEIDEMANN, G.: Realität und Abstraktion. Konzepte der Modellierung ökologischer Fragestellungen. Verh. GfÖ 20 (Freising-Weihenstephan 1990): 787-814 (1991).
BREHM, J. & MEIJERING, M.: Fließgewässerkunde. Einführung in die Limnologie der Quellen, Bäche und Flüsse. BAB 36. Quelle & Meyer, Heidelberg, 1990[2].
BREHM, K.: Das Experiment: Kationenaustausch und Ernährungsphysiologie beim Torfmoos. Biuz 5: 92-94 (1975).
BRIGGS, J. & PEAT, D.: Die Entdeckung des Chaos. Hanser, München, 1990.
BROCK, T.: A Eutrophic Lake. Lake Mendota, Wisconsin/USA. Springer, Berlin, 1985.
BROCK, V., KIEL, E. & PIPER, W.: Gewässerfauna des norddeutschen Tieflandes. Bestimmungsschlüssel für aquatische Makroinvertebraten. Blackwell, Berlin, 1995.
BRONS, R.: Das Moostierchen *Plumatella repens*. MK 75: 81-87 (1986).
BROWN, L.: Die Greifvögel. Ihre Biologie und Ökologie. Parey, Hamburg, 1979
BRUCKER, G. & KALUSCHE, D.: Bodenbiologisches Praktikum. BAB 19. Quelle & Meyer, Heidelberg, 1976.
BRÜGGEMEIER, F. & ROMMELSPACHER, T.: Blauer Himmel über der Ruhr. Geschichte der Umwelt im Ruhrgebiet 1840-1990. Klartext, Essen, 1992.
BRÜLL, H.: I. Einführung in die Ökologie. Über die Bedeutung der Umweltlehre VON UEXKÜLLS für das Verständnis der Landschaft. II Zur Erarbeitung ökologischer Sachverhalte. S. 69-113 in KELLE, A. (Hrsg.): Neuzeitliche Biologie = Heft 9 der Ergebnisse aus der Arbeit der Niedersächsischen Lehrerfortbildung. Schroedel, Hannover, 1968.
BRUNKEN, H. & FRICKE, R.: Deutsche Süßwasserfische. Bestimmungsschlüssel für die wildlebenden Arten. DJN Hamburg, 1985.
BRUX, H. & WIEGLEB, G.: Makrofauna auf *Potamogeton alpinus* BALBIS in drei Gewässern unterschiedlicher Habitatstruktur. Drosera '89 (1/2): 85-89 (1989).
BUCHHOLTZ, C.: *Aeschna cyanea* (Aeschnidae), Beutefang der Larven. 16 mm Film E 1605. IWF Göttingen, 1971.
BUCHHOLTZ, C.: Grundlagen der Verhaltensphysiologie. Vieweg, Braunschweig, 1982.
BÜRGIS, H.: Die Wasserschlupfwespe *Agriotypus armatus*, ein Köcherfliegenparasit. Natur und Museum 123: 140-148 (1993).
BUNK, B. & TAUSCH, J.: Verhaltenslehre. Handbuch der Unterrichtsversuche. Westermann, Braunschweig, 1980.
BUNTZEN, E.: Was sich Fische zu sagen haben. Strombus, Kamenz, 1993.
BURKHARDT, D., SCHLEIDT, W. & ALTNER, H.: Signale in der Tierwelt. Vom Vorsprung der Natur. Moos, München, 1966[2].
BURSCHE, E.: Wasserpflanzen. Kleine Botanik der Wasergewächse. Neumann, Radebeul, 1963[3].
CARPENTER, S. (Hrsg.): Complex interactions in lake communities. Springer, Berlin, 1987.
CARR., A.: Reptilien. Life Bildsachbuch. rororo, Rowohlt, Reinbeck, 1976.
CASPER, J. (Hrsg.): Lake Stechlin. Junk, Dordrecht, 1985.
CHOVANEC, A.: Beutewahrnehmung (reaktive Distanzen) und Beuteverfolgung (kritische Distanzen) bei Larven von *Aeshna cyanea* (MÜLLER) (Anisoptera: Aeshnidae). Odonatologica 21: 327-333 (1992).
CHRISTMANN, K.: Limnologische Untersuchung von vier Baggerseen des Münsterländer Kiessandzuges. (LAWA NRW Schriftenreihe 39). LAWA NRW, Düsseldorf, 1984.
CLAUSNITZER, H.: Die Gelbrandkäferlarve – ein interessanter Bewohner von Kleingewässern. Niu-B 30: 122-127 (1982).

CLEFFMANN,. G.: Stoffwechselphysiologie der Tiere. Stoff- und Energieumsetzungen als Regelprozesse. UTB Ulmer, Stuttgart, 1979.
CORBET, P.: The Life-History of the Emperor Dragonfly *Anax imperator* LEACH (Odonata: Aeshnidae). J. Anim. Ecol. 26: 1-69 (1957).
CORBET, P.: A Biology of Dragonflies. Witherby, London, 1962 (Nachdruck Classey, Faringdon, 1983).
CREUTZ, G.: Der Graureiher. NBB 530. Ziemsen, Wittenberg, 1981.
CROME, W.: Die Wasserspinne. NBB 44. Ziemsen, Wittenberg, 1951.
DALTON, S.: Borne on the Wind. The Extraordinary World of Insects Flight. Chatto & Windus, London, 1975.
DANIEL, W.: Beiträge zur Biologie des Dreistachligen Stichlings (*Gasterosteus aculeatus* L.). Beobachtungen in einem Marschensielzug. Faun. Mitt. Nordd. 2 (10-12): 286, 289-307 (1965).
DANIEL, W.: Fragen zum Wanderverhalten des Dreistachligen Stichlings (*Gasterosteus aculeatus* L-). Faun.-Ökol. Mitt. (Kiel) 5: 419-429 (1985).
DANIELZIK, J.: Die Schilfgallfliege *Liparia rufitarsis* (LOEW, 1858) in Xanten und die in ihren Gallen überwinternden Fliegen. Natur Nierrhein NF 3 (2): 55-58 (1988).
DAS BESTE: Geheimnisse und Heilkräfte der Pflanzen. DAS BESTE, Stuttgart, 1980[2].
DAX, C.: Das Schwimmblatt der Weißen Teichrose. MK 77: 59-61 (1988).
DECKERT, K. & G., FREYTAG, G., GÜNTHER, K., PETERS, G. & STERBA, G.: Fische, Lurche, Kriechtiere. Urania Tierreich. Urania, Leipzig, 1991.
DEMLING, L.: Chaosforschung, Fraktale, Fuzzy Logic. Naturwiss. Rundschau 46: 13-16 (1993).
DETTNER, K.: Chemische Abwehr bei Käfern. Verh. WET 1989: 7-18 (1990).
DIERSSEN, K.: Einführung in die Pflanzensoziologie (Vegetationskunde). Wiss. Buchges., Darmstadt, 1990.
DILEWSKI, G. & SCHARF, B.: Verbreitung des Graskarpfens (*Ctenopharyngodon idella*) und ökologische Auswirkungen in Rheinland-Pfalz. Natur und Landschaft 63: 507-510 (1988).
DINGETHAL, F., JÜRGING, P., KAULE, G.& WEINZIERL, W.: Kiesgrube und Landschaft. Parey, Hamburg, 1985.
DITTERT, K. & SATTELMACHER, B.: Ökosystemforschung im Bereich der Bornhöveder Seenkette: Zur biologischen Stickstoff-Fixierung durch die *Alnus glutinosa - Frankia*- Symbiose in einem natürlichen Erlenbruchwald Schleswig-Holsteins. Verh. GfÖ. 20.1 (Freising-Weihenstephan 1990): 207-210 (1991).
DITTRICH, P.: Funktion und Physiologie der Spaltöffnungen. PdB 31: 65-74 (1982).
DGL 1991: Die fischereiliche Nutzung von Baggerseen. Empfehlungen der AG Baggerseen der DGL. Mitt II/91. DGL, Düsseldorf, 1991.
DOLEZAL, R.: Das Luftbild im Dienste wasserwirtschaftlicher Maßnahmen. Deutsche Gewässerkundl. Mitt. 10 (6): 174-182.
DÖRING, E.: Byfaltera. Aus dem Leben der Schmetterlinge. Urania, Jena, 1949.
DRAKE, J., FLUM, T., WITTEMAN, G., VOSKUIL, T., HOYLMAN, A., CRESON, C., KENNY, D., HUXEL, G., LARUE, C. & DUCAN, J.: The construction and assembly of an ecological landscape. J. Anim. Ecol. 62: 117-130 (1993).
DRECHSLER, H.: Wildschwäne über Uhlenhorst. Mit Mikrophon und Elektronenblitz-Kamera unter Höckerschwänen und Adlern. Neumann, Radebeul, 1966[3].
DREYER, W.: Die Libellen. Gerstenberg, Hildesheim, 1986.
DREWS, R. & ZIEMEK, H.: Kleingewässerkunde. Eine praktische Einführung. BAB 41. Quelle & Meyer, Heidelberg, 1995[2].
DÜLL, R. & KUTZELNIGG, H.: Botanisch-ökologisches Exkursionstaschenbuch. Das Wichtigste zur Biologie bekannter heimischer Pflanzen. Quelle & Meyer, Heidelberg, 1994[5].
DUNCKER, H.: Funktionelle Morphologie und ihre methodischen Grundlagen. Verh. DZG 85.2: 339-348 (1992).
DURWEN, K.: Bioindikation. Beitr. Landespflege Rheinland-Pfalz 9: 113-160 (1983).
DYLLA, K. & KRÄTZNER, G.: Das ökologische Gleichgewicht in der Lebensgemeinschaft Wald. BAB 9. Quelle & Meyer, Heidelberg, 1986.
EBERT, A. & BAUER, E.: Naturschutzrecht. Beck-Texte im dtv. Beck, München, 1993[6].
EBERT, G. & RENNWALD, E. (Hrsg.): Die Schmetterlinge Baden-Württembergs Band 1, 2 (Tagfalter I, II). Ulmer, Stuttgart, 1993.

ECKERT, R.: Tierphysiologie. Thieme, Stuttgart, 1993[2].
EHLERS, H.: Über das Plankton des Großen Heiligen Meeres und des Erdfallsees bei Hopsten (Westf.). Abh. Landesmus. Naturkde. Münster 27 (3): 3-20 (1965).
EIBL-EIBESFELDT, I.: Grundriß der vergleichenden Verhaltensforschung. Ethologie. Piper, München, 1987[7].
EIGNER, J. & SCHMATZLER, E.: Handbuch des Hochmoorschutzes. Bedeutung, Pflege, Entwicklung. Kilda, Greven, 1991[2].
EISENHABER, F.: Anregungen für biologische Beobachtungen im Freiland. BioS 41: 170-176 (1992).
ELLENBERG, H.: Aufgaben und Methoden der Vegetationskunde. (= H. WALTER: Einführung in die Phytologie. Bd. 4, Grundlagen der Vegetationsgliederung, 1. Teil). Ulmer, Stuttgart, 1956.
ELLENBERG, H. (Hrsg): Ökosystemforschung. Springer, Berlin, 1973.
ELLENBERG, H.: Vegetation Mitteleuropas mit den Alpen in ökologischer Sicht. Ulmer, Stuttgart, 1986[4].
ELLENBERG, H., WEBER, H., DÜLL, R., WIRTH, V., WERNER, W. & PAULISSEN, D.: Zeigerwerte von Pflanzen in Mitteleuropa. Goltze, Göttingen, 1991[(3)].
ELLENBERGER, W. (Hrsg.): Ganzheitlich-kritischer Biologieunterricht. Für das Leben lernen. Cornelsen, Berlin, 1993.
ELSTER, H.: Anfangs-, Gegenwarts- und Zukunftsziele und Aufgaben der Limnologie. Mitt. DGL II/89: 1-9, 1989.
ENGELHARDT, W.: Was lebt in Tümpel, Bach und Weiher? Pflanzen und Tiere unserer Gewässer. Kosmos-Naturführer. Franckh, Stuttgart, 1989[13].
ENGELMANN, W., FRITZSCHE, J., GÜNTHER, R. & OBST, F.: Lurche und Kriechtiere Europas. Beobachten und Bestimmen. Neumann, Radebeul, 1993[2].
ENGELS, S. & NEUMANN, D.: Limnologie auf dem Trockenen: Schwarmverhalten der Imagines dreier *Hydropsyche*-Arten (Trichoptera). DGL-Mitt I/95: 25-28/ DGL Erw. Zusfass. Hamburg 1994: 945-948 (1995).
ENGLER, H.: Die Teichralle. NBB 536. Ziemsen, Wittenberg, 1983.
ENTRICH, H. & STAECK, L. (Hrsg.): Sprache und Verstehen im Biologieunterricht. Leuchtturm, Alsbach/Bergstr., 1992.
ERBER, H. & KLEE, K.: Schülerexperimente zur Atmungsaktivität von Köcherfliegenlarven (Trichoptera) im Biologieunterricht der S I. MNU 40: 429-433 (1987).
ESCHENHAGEN; D., KATTMANN, U. & RODI, D. (Hrsg.): Umwelt im Unterricht. (auch unter dem Titel: Handbuch des Biologieunterrichts Sekundarbereich I, Band 8: Umwelt). Aulis, Köln, 1991.
ESCHENHAGEN; D., KATTMANN, U. & RODI, D.: Fachdidaktik Biologie. Aulis, Köln, 1993[2].
FEDER, M. & BURGGREN, W.: Hautatmung bei Wirbeltieren. Spektrum Wiss.: 86-95 (1986).
FEIND, D., ZIERIS, F. & HUBER, W.: Entwicklung und Gleichgewichtseinstellung von Süßwasser-Modellökosystemen (MES). Verh. GfÖ 13 (Bremen 1983): 359-367 (1985).
FENCHEL, T.: Ecology of Protozoa. The biology of free-living phagotrophic protists. Springer, Berlin, 1987.
FEUERBORN, H. (Schriftl.): Führer durch das NSG Heiliges Meer. Sonderheft Natur und Heimat. AG naturkundl.- und Naturschutzvereine Gaue Westfalen-Nord und -Süd, Münster, 1934.
FEY, M.: Das Lennegebiet zwischen Werdohl und Altena. Heimatbund Märkischer Kreis, Altena, 1991.
FEY, M.: Biologie am Bach. Praktische Limnologie für Schule und Naturschutz. BAB 48, Quelle & Meyer, Wiesbaden, 1996.
FEY, M., KAMINSKI, J. & SCHMIEGELT, T.: Sauerstoffbestimmungen in Gewässern O_2-Elektrode, große Winkler-Titration oder Testkit? MNU 46: 418-422 (1993).
FIEBIG, A.: Die Wurzelraumentsorgung am Beispiel der Kläranlage Hopfen/Allgäu. Junge Wissenschaft, Jugend forscht in Natur und Technik 2 (5): 20-28 (1987).
FISCHER, W.: Die Seeadler. *Haliaeetus*. NBB 221. Ziemsen, Wittenberg, 1982[3].
FITTER, R.: Collins guide to Bird Watching. Collins, London, 1963.
FIUCZYNSKI, D.: Der Baumfalke. NBB 575. Ziemsen, Wittenberg, 1987.
FLOREY, E.: Lehrbuch der Tierphysiologie. Eine Einführung in die allgemeine und vergleichende Physiologie der Tiere. Thieme, Stuttgart, 1970.
FOTT, B.: Algenkunde. Fischer, Jena, 1959.
FRANCK, D.: Verhaltensbiologie. Einführung in die Ethologie. dtv. Thieme, Stuttgart, 1985[2].

FRANK, W. & LIEDER, J.: Taschenatlas der Parasitologie für Humanmediziner, Veterinärmediziner und Biologen. Kosmos/Franckh, Stuttgart, 1986.
FRIEDRICH, G. & LACOMBE, J.: Ökologische Bewertung von Fließgewässern. Fischer, Stuttgart, 1992.
FRISCH, K.V.: Ausgewählte Vorträge 1911-1969. Mit Anmerkungen und Zusätzen. BLV, München 1970.
FRISCH, K.V.: Tiere als Baumeister. Ullstein, Berlin, 1974.
FROMMHOLD, E.: Die Kreuzotter. NBB 332. Ziemsen, Wittenberg, 1964.
FRY, H. & K., & HARRIS, A.: Kingfishers, Bee-eaters and Rollers. A Handbook. Helm, London, 1992.
FUCHS, C.: Der Schilfkäfer *Donacia clavipes* als mögliche Ursache für den lokalen Schilfrückgang am Bodensee-Untersee. DGL, Erw.Zusfass. Jahrestagung Mondsee 1991: 126-130 (1991).
FÜLLER, H.: Symbiose im Tierreich. NBB 227. Ziemsen, Wittenberg, 1958.
FWU-Hotline-Dienst: Der See. Computersimulationsprogramm zum Ökosystem See. FWU, Grünwald, 1992.
GÄRTNER, H. & HOEBEL-MÄVERS (Hrsg.): Umwelterziehung - ökologisches Handeln in Ballungsräumen. Krämer, Hamburg, 1991.
GELLER, G., HABER, W., KLEYN, K. & LENZ, A.: „Bewachsene Bodenfilter" zur Reinigung von Wässern (Abwässer, Grundwässer, Oberflächenwässer). Verh. GfÖ. 20 (Freising-Weihenstephan 1990), Bd. 1: 477-486 (1991).
GEPP, J., BAUMANN, N., KAUCH, E. & LAZOWSKI, W.: Auengewässer als Ökozellen. Flußaltarme, Altwässer und sonstige Auen-Stillgewässer Österrichs, Bestand, Ökologie und Schutz. Bundesminst. Gesundheit und Umweltschutz, Wien, 1985.
GERHARDT-DIRCKSEN, A. & SCHMIDT, E.: Ökosystem Stadtteich. Themenheft PdB 40 (6). Aulis, Köln, 1991.
GERHARDT-DIRCKSEN, A. & WICHARD, W.: Lebensstrategien von Wasserinsekten. Themenheft PdB 44 (2). Aulis, Köln, 1995.
GERKEN, B.: Moore und Sümpfe. Bedrohte Reste der Urlandschaft. Rombach, Freiburg, 1983.
GERKEN, B.: Auen – verborgene Lebensadern der Natur. Rombach, Freiburg, 1988.
GERKEN, B. & SCHIRMER, M.: Die Weser. Zu der Situation von Strom und Landschaft und den Perspektiven ihrer Entwicklung. Fischer, Stuttgart, 1995.
GERLACH, S.: Spezielle Ökologie. Marine Systeme. Springer, Berlin, 1994.
GERLACH, D. & LIEDER, J.: Taschenatlas zur Pflanzenanatomie. Der mikroskopische Bau der Blütenpflanzen in 120 Farbfotos. Franckh/Kosmos, Stuttgart, 1986[2].
GEROK, W. (Hrsg.): Ordnung und Chaos in der unbelebten und belebten Natur. Wiss. Verlagsges. Stuttgart, 1990[2].
GESSNER, F.: Hydrobotanik. Die physiologischen Grundlagen der Pflanzenverbreitung im Wasser. Bd. I: Energiehaushalt, Bd. II: Stoffhaushalt. Deutscher Verlag der Wissensch., Berlin, 1955, 1959.
GEWERS, R.: Der Einfluß von Geschirrspülmitteln auf die Oberflächenspannung des Wassers. MNU 21: 55-58 (1968).
GLAUBRECHT, M.: Wettrüsten zwischen Singvögeln und Kuckuck. Naturwiss. Rundschau 42: 409 (1989).
GLANDT, D. (Hrsg.): Mitteleuropäische Kleingewässer. Ökologie, Schutz, Management. Biologisches Institut Metelen (Metelener Schriftenreihe für Naturschutz H. 4), 1993.
GLÜCK, H.: Biologische und morphologische Untersuchungen über Wasser- und Sumpfgewächse IV. Untergetauchte und Schwimmblattflora. Fischer, Jena, 1924.
GLÜCK, H.: Pteridophyten und Phanerogamen unter gleichzeitiger Berücksichtigung der wichtigsten Wasser- und Sumpfgewächse des ganzen Kontinents von Europa. Die Süßwasserflora Mitteleuropas (Hrsg. A. PASCHER). H. 15. Fischer, Jena, 1936.
GLUTZ V. BLOTZHEIM, U. (Hrsg.): Handbuch der Vögel Mitteleuropas. 13 Bände. Aula, Wiesbaden, 1966-1993.
GOLDBACH, R. & HANSEN, K.: De Zilvermeeuw. Kosmos, Amsterdam, 1980.
GOLOBIC, S: Hydrostatischer Druck, Licht und submerse Vegetation im Vrana-See. Int. Rev. ges. Hydrobiol. 48: 1-7 (1963).
GÖRTZ, H. (Hrsg.): *Paramecium*. Springer, Berlin, 1988.
GÖTTLICH, K.: Moor- und Torfkunde. Schweizerbarth, Stuttgart, 1990[3].

GRABO, J.: Ökologische Verteilung phytophager Arthropoda an Schilf (*Phragmites australis*) im Bereich der Bornhöveder Seenkette. Suppl. Faun.-Ökol. Mitt. 12: 1-60 (1991).
GRAU, W.: Der Kreislauf des Lebens und seine Demonstration im Kleinaquarium. PdB 9: 141-142 (1960).
GRELL, K.: Protozoology. Springer, Berlin, 1973.
GREVEN, H. & RUDOLPH, R.: Histologie und Feinstruktur der larvalen Kiemenkammer von *Aeshna cyanea* MÜLLER (Odonata: Anisoptera). Z. Morph. Tiere 76: 209-226 (1973).
GROSSE, W. & SCHRÖDER, P.: Oxygen supply of roots by gas-transport in alder trees. Z. Naturf. 39: 1186-1188 (1984).
GROSSE, W. & SCHRÖDER, P.: Pflanzenleben unter anaeroben Umweltbedingungen, die physikalischen Grundlagen und anatomischen Voraussetzungen. Ber. Dtsch. Bot. Ges. 99: 367-381 (1986).
GROSSE, W. & WILHELM, A.: Das Experiment: Druckventilation bei Wasserpflanzen — eine Anpassung an den anaeroben Lebensraum. BiuZ 14: 28-31 (1984).
GROSSE-BRAUKMANN, G.: Vom Hochmoor und seiner Pflanzenwelt. Nordmark-Werke, Hamburg, 1965.
GROSSE-BRAUKMANN, G. & BOHN, U.: Renaturierung von Mittelgebirgsmooren. Ergebnisse einer im September 1988 in der Rhön durchgeführten Tagung. Natur und Landschaft 64: 166-169 (1989).
GRUBER, M.: Einbettung von Pflanzenteilen in Polyethylenglykol. Herstellung von perfekten Dünnschnitten mit dem Handmikrotom. Mikrokosmos 78: 124-126.
GRUPE, H.: Naturkundliches Wanderbuch. Westermann, Braunschweig, 1949[14].
GÜNKEL, N.: Fischfutter für Einzeller, eine Kulturmethode für die Aquarien-Mikroskopie. MK 78: 348-350 (1989).
GÜNTHER, K.: Oekologische und funktionelle Anmerkungen zur Frage des Nahrungserwerbs bei Tiefseefischen mit einem Exkurs über die ökologischen Zonen und Nischen. Festschrift NACHTSHEIM. Moderne Biologie: 55-93 (1950).
GÜNTHER, K., HANNEMANN, H., HIEKE, F., KÖNIGSMANN, E. & SCHUMANN, H.: Insekten. Urania-Tierreich in 6 Bänden. Urania, Leipzig, 1994.
GÜNTHER, R.: Die Wasserfrösche Europas. NBB 600. Ziemsen, Wittenberg (jetzt Westarp, Magdeburg), 1990.
GÜNZL, H.: Das NSG Federsee. Geschichte und Ökologie eines oberschwäbischen Verlandungsmoores. Landesanst. Umweltschutz Baden-Württ., Karlsruhe, 1989[2].
GUTH, J.: Pflanzenschutzmittel und ihre Einflüsse auf Gewässer. PdB 42: 21-26 (1993).
GUTTENBERG, H.v.: Lehrbuch der Allgemeinen Botanik. Akademie-V., Berlin, 1955[4].
HAAREN, C.v.: Eifelmaare. Landschaftsökologisch-historische Betrachtung und Naturschutzplanung. Pollichia, Bad Dürkheim, 1988.
HÄFNER, P.: Räuber-Beute-Simulation aus didaktischer Sicht. MNU 41: 491-494 (1988).
HAGENMEYER, T.: Bestandsdynamik und Schädigung der Seeufer-Schilfbestände im Bodenseekreis 1986-1989. DGL, Erw.Zusfass. Jahrestagung Essen 1990: 287-291 (1990)
HALBACH, U.: Methoden der Populationsökologie. Verh. GfÖ 3 (Erlangen 1974): 1-24 (1975).
HALBACH, U.: Die ökologische Nische und abgeleitete Konzepte. Abh. Gebiet Vogelkunde 6: 53-65 (1979).
HALBACH, U.: Die ökologische Nische. PdB 32: 101-108 (1983).
HAMM, A.: Phosphate und Phosphatersatzstoffe in Waschmitteln. PdB 42: 5-13, (1993).
HANSMEYER, K. (Vors.): Umweltprobleme des Rheins. 3. Sondergutachten März 1976. Der Rat der Sachverständigen für Umweltfragen. Kohlhammer, Stuttgart, 1976.
HARENGERD, M., PÖLKING, F., PRÜNTE, W. & SPECKMANN, M.: Die Tundra ist mitten in Deutschland. Kilda, Greven, 1973[2].
HASSENSTEIN, B.: Biologische Kybernetik. BAB 4. Quelle & Meyer, Heidelberg, 1967[2].
HAUSER, R.: Ein Diapausesekret bei Wasserläufern. Mitt. Schweiz. Ent. Ges. 58: 511-525 (1985).
HAUSMANN, K.: Protozoologie. Thieme, Stuttgart, 1985.
HAUSMANN, K.: Nahrungsaufnahme beim Wimpertier *Chilonodella*. Eine videografische Studie. MK 78: 65-68.
HAYEN, H.: Die Moorleichen im Museum am Damm. Isensee, Oldenburg, 1987.
HEDEWIG, R. & STICHMANN, W.: Biologieunterricht und Ethik. Aulis, Köln, 1988.
HEGEMANN, M.: Der Hecht. NBB 336. Ziemsen, Wittenberg, 1964.

HEINZEL, H. FITTER, R. & PARSLOW, J. sowie HOERSCHELMANN, H. (Übers. & dtsche. Bearb.): Pareys Vogelbuch. Alle Vögel Europas, Nordafrikas und des Mittleren Ostens. Parey/Blackwell, Berlin, 1996[7].
HEITLAND, W. & NOLL; E.: Ergebnisse eines Schülerversuches zur Empfindlichkeit von *Artemia salina* auf Waschpulver. PdB 26: 327-328 (1977).
HELMCKE, J. & KRIEGER, W.: Kieselalgen unter dem Elektronenmikroskop. Kosmos '52: 405-410 (1952).
HENNIG, W.: Die Stammesgeschichte der Insekten. Senckenberg. Naturf. Ges., Frankfurt/M., 1969.
HENTSCHEL, E.: Grundzüge der Hydrobiologie. Fischer, Jena, 1923.
HENTSCHEL, P., REICHHOFF, L., REUTER, B. & ROSSEL, B.: Die Naturschutzgebiete der Bezirke Magdeburg & Halle. Handbuch der NSG der DDR Bd. 3 (Hrsg. H. WEINITSCHKE). Urania, Leipzig, 1983[2].
HERMANS, J.: De Libellen van der Nederlands en Duitse Meinweg (Odonata). Natuurhist. Genootschap Limburg, Maastricht, 1992.
HERTER, K.: Die Fischdressuren und ihre sinnesphysiologischen Grundlagen. Akademie-V., Berlin, 1953.
HERTER, K.: Igel. NBB 71. Ziemsen, Wittenberg, 1963.
HERTER, K.: Der Medizinische Blutegel. NBB 381. Ziemsen, Wittenberg, 1968.
HERZOG, K.: Anatomie und Flugbiologie der Vögel. Fischer, Stuttgart, 1968.
HESKE, F., JORDAN, P. & MEYER-ABICH, A.: Organik. Beiträge zur Kultur unserer Zeit. Haller, Berlin, 1954.
HESS, K. & FRÖHLICH, W.: Eine einfache Apparatur zur Messung von Atmungsintensitäten im Biologieunterricht. MNU 29: 108-115 (1976).
HESSE, R.: Tiergeographie auf ökologischer Grundlage. Fischer, Jena, 1924.
HEYDEMANN, B. & MÜLLER-KARCH, J.: Biologischer Atlas von Schleswig-Holstein. Lebensgemeinschaften des Landes. Wachholtz, Neumünster, 1980.
HIERING, P.: Entwicklung eines Computermodells für den Biologieunterricht zur Veranschaulichung ausgewählter Zusammenhänge im Ökosystem „See". Univ. München, 1988.
HIERING, P.: Computersimulation im Biologieunterricht – Möglichkeiten und Grenzen. S. 59-67 in: KILLERMANN, W. & STAECK, L. (Hrsg.): Methoden des Biologieunter-richts –. Aulis Köln 1990.
HINZ, F.: Nachweis einer Einwirkung von Insektiziden auf Wasserpflanzen (*Elodea canadensis* und Volvocales). NiU-B: 22: 87 - 90. (1974)
HIRSCH, A. et al. (Hrsg.: Bundesanstalt f. Gewässerkunde, Koblenz): Der biologische Wasserbau an den Bundeswasserstraßen. Ulmer, Stuttgart, 1965.
HIRTH, A. & SCHÖNBORN, A.: Pflanzenkläranlage zur naturnahen Abwasserreinigung. Oder: Was ist ein königliches Feuchtgebiet? Biologen in unserer Zeit 418: 42-44 (1995).
HOEBEL-MÄVERS, M.: Vielfüßer (Myriopoda) im Unterricht – eine didaktische Anregung. BU 6 (3): 4-24 (1970).
HOEBEL-MÄVERS, M.: Die Bodenorganismen und ihre Bedeutung für Stoffkreislauf und Bodenentwicklung. BU 11 (4): 4-26 (1975).
HOEK, C., V.D. JAHNS, H. & MANN, D.: Algen. Thieme, Stuttgart, 1993[3].
HOFMANN, G.: Aufwuchs-Diatomeen in Seen und ihre Eignung als Indikatoren der Trophie. Diss. Univ. Frankfurt/M., 1993.
HOLENSTEIN, J., KELLER, O., MAURER, H., WIDMER, R. & ZÜLLIG, H.: Umweltwandel am Bodensee. UVK Fachv. f. Wiss. & Studium, St.Gallen, 1994.
HÖLSCHER, R., MÜLLER, K. & PETERSEN, B.: Die Vogelwelt des Dümmer-Gebietes. Biol. Abh., Hamburg, 1959.
HÖLZINGER, J. (Hrsg.): Die Vögel Baden-Württembergs, Bd. 1: Gefährdung & Schutz. Ulmer, Stuttgart, 1987.
HÖLZINGER, J. & SCHMID, G. (Koord./Schriftl.): Artenschutzsymposium Teichrohrsänger 1988 in Bad Buchau. Beih. Veröff. Naturschutz Landschaftspflege Bad.-Württ. 68, Karlsruhe, 1993.
HOPPENHEIT, M.: Beobachtungen zum Beutefangverhalten der Larve von *Aeschna cyanea* MÜLL. (Odonata). Zool. Anz. 172: 216-232 (1964).
HORN, E.: Vergleichende Sinnesphysiologie. Fischer, Stuttgart, 1982.
HOSTRUP, O. & WIEGLEB, G.: Anatomy of leaves of submerged and emerged forms of *Littorella uniflora*. Aquatic Botany 39: 195-209 (1991).

HÜBNER, H.: Der Teich — Unterrichtsvorschläge für die Gymnasiale Oberstufe. BioS 41: 177-181 (1992).
HUNDRIESER, A., KRAUSS, M., RAUSCHENBERG, M. RECKER, W. & REMEK, H.: Biber und Fischotter an Oberhavel und Tegeler See in Berlin. Berl. Naturschutzbl. 39: 293-296 (1995).
HUTTER, C. (Hrsg.), KAPFER, A. & KONOLD, W.: Seen, Teiche, Tümpel und andere Stillgewässer. Weitbrecht, Stuttgart, 1993.
HÜTTER, L.: Wasser und Wasseruntersuchung. Methodik, Theorie und Praxis chemischer, chemisch-physikalischer und bakteriologischer Untersuchungsverfahren. Diesterweg, Frankfurt/M., 1990[4].
ILLIES, J.: Steinfliegen oder Plecoptera. Tierw. Deutschlands 43. Fischer, Jena, 1955.
IUCN: Caring for the Earth. A Strategy for Sustainable Living. IUCN/UNEP/WWF, CH-Gland, 1991.
JAECKEL, S.: Die Schlammschnecken unserer Gewässer. NBB 92. Ziemsen, Wittenberg, 1953.
JACOBS, W.: Fliegen, Schwimmen, Schweben. Springer, Berlin, 1954.
JACOBS, W. & RENNER, M.: Biologie und Ökologie der Insekten. Fischer, Stuttgart, 1988[2].
JACOBY, H. & DIENST, M.: Das Naturschutzgebiet „Wollmatinger Ried — Untersee — Gnadensee": Bedeutung, Schutz und Betreuung. Deutscher Bund für Vogelschutz, Stuttgart, 1988.
JACOBY, H. & LEUZINGER, H.: Wandermuscheln als Nahrung der Wasservögel am Bodensee. Anz. Ornith. Ges. Bayern 11: 26-35 (1972).
JAHN, I.: Grundzüge der Biologiegeschichte. UTB. Fischer, Jena, 1990.
JAENICKE, J. (Hrsg.): Computer im BU. Themenheft PdB 37 (8). Aulis, Köln, 1988.
JANIESCH, P. , MELLIN, C. & MÜLLER, E.: Die Stickstoff-Netto-Mineralisation in naturnahen und degenerierten Erlenbruchwäldern als Kenngröße zur Beurteilung des ökologischen Zustandes. Verh. GfÖ. 20.1 (Freising-Weihenstephan 1990) : 353-359 (1991).
JENS, G.: Die Bewertung der Fischgewässer. Parey, Hamburg, 1980[2].
JOGER, U. : Die wassergefüllte Wagenspur: Untersuchungen an einem anthropogenen Miniatur-Ökosystem. Decheniana (Bonn) 134: 215-226 (1981).
JOHANNESSON-GROSS, K. & NOTTBOHM, G.: Beutefangverhalten bei Großlibellenlarven. UB 208: 23-26 (1995).
JORDAN, K.: Wasserwanzen. NBB 23. Ziemsen, Wittenberg, 1950.
JORDAN, K.: Wasserläufer. NBB 52. Geest & Portig, Leipzig,1952.
JOREK, N.: Vogelschutz-Praxis. Herbig, München, 1980.
JUNG, G.: Seen werden, Seen vergehen. Ott, Thun, 1990.
JUNGE, F.: Der Dorfteich als Lebensgemeinschaft. Lipsius & Tischer, Kiel, 1885 (Nachdruck der 3. Aufl. von 1907 bei Lühr & Dircks, St. Peter-Ording, 1985).
JURŠÁK, J.: Anpassung exemplarisch: Die Wasserpest (*Egeria densa*). MK 82: 34-37 (1993).
JURŠÁK, J.: Blütenpflanzen im Wasser. Die Sumpfpflanze *Acorus gramineus*. MK 84 (1): 1-6 (1995).
JURZITZA, G.: Anatomie der Samenpflanzen. Thieme, Stuttgart, 1987.
JURZITZA, G.:Welche Libelle ist das? Die Arten Mittel- und Südeuropas. Kosmos Naturführer. Franckh, Stuttgart, 1988.
KABISCH, K. & HEMMERLING, J.: Tümpel, Teiche & Weiher. Oasen in unserer Landschaft. Landbuch, Hannover, 1982 (Edition Leipzig 1981).
KAISER, H.: Populationsdynamik und Eigenschaften einzelner Individuen. Verh. GfÖ 3 (Erlangen 1974): 25-38 (1975).
KAISER, H.: Versuch 8, Aufteilung des Paarungsplatzes und „Territorialverhalten" bei Libellen. S. 33-46 in: NACHTIGALL, W. (Hrsg.): Verhaltensphysiologischer Grundkurs. Theorie, Beobachtung, Messung, Auswertung. Verlag Chemie, Weinheim, 1984.
KAISER, H.: Simulation in der Ökologie. Verh. GfÖ 13 (Bremen 1983): 387-341 (1985).
KAISER, M.: Pflanzenkläranlagen — Eine Alternative bei der Abwasserbehandlung im Außenbereich. Natur- und Landschaftskunde 28: 78-84 (1992).
KALBE, L.: Kieselalgen in Binnengewässern. Diatomeen. NBB 467. Ziemsen, Wittenberg, 1973.
KALBE, L.: Ökologie der Wasservögel. Einführung in die Limnoornithologie. NBB 518. Ziemsen, Wittenberg, 1981.
KALBE, L.: Tierwelt am Wasser. Neumann-Neudamm, Melsungen, 1983.
KALBE, L.: Der Gänsesäger. NBB 604. Ziemsen, Wittenberg, 1990.
KALBE, L.: Brandenburgische Seenlandschaften. Haude & Spener, Berlin, 1993.
KALUSCHE, D.: Ökologie. BAB 25. Quelle & Meyer, Heidelberg, 1982.

KALUSCHE, D.: Wechselwirkungen zwischen Organismen. Fischer, Stuttgart, 1989.
KARTHAUS, G.: Beobachtungen zum Nahrungserwerb des Zwergtauchers. Charadrius 23: 57-58 (1987).
KAESTNER, A. (Begründer): Lehrbuch der Speziellen Zoologie. Fischer, Jena. Band I Wirbellose Tiere (Hrsg. GRUNER, H.), Band II Wirbeltiere (Hrsg. STARCK, D.).
KAESTNER, A./ FIEDLER, K.: Band II, Teil 2: Fische. 1991.
KAESTNER, A./ GRELL, K., GRUNER, H. & KILIAN, E.: Band I, Teil 1 Einführung, Protozoa, Placozoa, Porifera. 1993^5.
KAESTNER, A./ GRUNER, H., HARTMANN-SCHRÖDER, G., KILIAS, R. & MORITZ, M.: Band I, Teil 3: Mollusca bis Pentastomida. 1993^5.
KAESTNER, A./ HARTWICH, G., KILIAN, E., ODENING, K. & WERNER, B.: Band I, Teil 2: Cnidaria bis Priapulida. 1993^5.
KAESTNER, A./ MORITZ, M., GRUNER, H. & DUNGER, W.: Band I, Teil 4: Arthropoda (ohne Insecta). 1993^4.
KAESTNER, A./ MÜLLER, H.: Band I, Teil 3: Insecta; A: Allgemeiner Teil, B. Spezieller Teil. 1972 bzw. 1973 (=Band I, Teil 5 der in Vorbereitung befindlichen Neubearbeitung).
KAESTNER, A./ STARCK, D.: Band II, Teil 5: Säugetiere. 1994.
KAULE, G.: Arten- und Biotopschutz. Ulmer, Stuttgart, 1991^2.
KEELEY, J. & SANDQUIST, D.: Diurnal photosynthesis cycle in CAM and non-CAM seasonal-pool aquatic macrophytes. Ecology 72: 716-727 (1991).
KEELEY, J. & SANDQUIST, D.: Commissioned review. Carbon: freshwater plants. Plant, Cell and Environment 15: 1021-1035 (1992).
KEITH, N. & MOLLES, M.: The influence of larval case design on vulnerability of *Limnephilus frijole* (Trichoptera) to predation. Freshwater Biol. 29: 411-417 (1993).
KESSEL, A., PHILIPPI, U. & NACHTIGALL, W.: Einfluß des 3D-Profils auf die Statik des Insektenflügels. Verh. DZG 88.1: 165 (1995).
KESSEL, A., ROTH, A., MOSBRUGGER, V. & NACHTIGALL, W.: Biomechanische Funktion der Tracheen im Insektenflügel. Verh. DZG 88.1: 166 (1995).
KIEFER, F.: Naturkunde des Bodensees. Thorbecke, Sigmaringen, 1972^2.
KINZELBACH, R.: Biologie der Donau. Fischer, Stuttgart, 1994.
KINZELBACH, R. & FRIEDRICH, G.: Biologie des Rheins. Fischer, Stuttgart, 1990.
KIRST, G. & KREMER, B.: Aerenchyme und ihre Gasfüllung. BiuZ 17: 90-94 (1987).
KISON, U.: Ein einfacher, sehr anschaulicher Versuch zur Demonstration der Oberflächenspannung. MNU 23: 418 (1970).
KLAPPER, H.: Eutrophierung und Gewässerschutz. Fischer, Jena, 1992.
KLAUSNITZER, B.: Wunderwelt der Käfer. Herder, Freiburg, 1982.
KLAUSNITZER, B.: Käfer im und am Wasser. NBB 567. Ziemsen, Wittenberg, 1984.
KLAUSNITZER, B.: Ökologie der Großstadtfauna. Fischer, Jena, 1987.
KLAUSNITZER, B.: Verstädterung von Tieren. NBB. Ziemsen, Wittenberg, 1988.
KLEE, O.: Angewandte Hydrobiologie. Trinkwasser—Abwasser—Gewässerschutz. Thieme, Stuttgart, 1991^2.
KLEE, O.: Wasser untersuchen. Einfache Analysenmethoden und Beurteilungskriterien. BAB 42. Quelle & Meyer, Heidelberg, 1993^2.
KLINGER, P.: Bearbeitung der mitteleuropäischen *Sphagna Cuspidata* im Hinblick auf moorstratigraphische Fragestellungen. Heft 25 AG Geob. SH, Kiel, 1976.
KLOB, W.: Unterscheidung von C_3- und C_4-Pflanzen im Schulexperiment. PdB 29: 310-313 (1980).
KLOFT, W. & GRUSCHWITZ, M.: Ökologie der Tiere. UTB Ulmer, Stuttgart, 1988^2.
KLÖTZLI, F.: Über Belastbarkeit und Produktion in Schilfröhrichten. Verh. GfÖ 2 (Saarbrücken 1973): 237-247 (1974).
KLÖTZLI, F.: Ökosysteme. Aufbau, Funktionen, Störungen. Fischer, Stuttgart, 1989^2.
KLÖTZLI, F. & GRÜNIG, A.: Seeufer als Bioindikator. Zur Reaktion belasteter Seeufervegetation. S. 109-131 in: KUNICK, W. & KUTSCHER, G. (Hrsg.): Vorträge der Tagung über Umweltforschung d.Univ. Hohenheim Jan. 1976. Univ. Hohenheim, 1976.
KNAPP, E., KREBS, A. & WILDERMUTH, H.: Libellen. Neujahrsblatt 35/1983. Naturf. Ges. Schaffhausen, 1982.

KNAUER, N.: Vegetationskunde und Landschaftsökologie. UTB. Quelle & Meyer, Heidelberg, 1981.
KNOBLAUCH, G.: Die Vogelwelt des NSG „Heiliges Meer". Kilda, Greven, 1980.
KOHL, J. & NICKLISCH, A.: Ökophysiologie der Algen. Wachstum und Ressourcennutzung. Akademie-V., Berlin, 1988 (auch Fischer, Stuttgart, 1988).
KOHLER, A. & RAHMANN, H.: Gefährdung und Schutz von Gewässern. Ulmer, Stuttgart, 1988.
KÖHLER, H.: Computer als Herausforderung zur Sklavenarbeit? MNU 38: 1-9, 65-73 (1985).
KOEHLER, O.: Sinnesphysiologische Untersuchungen an Libellenlarven. Verh. DZG 29: 83-90 (1924).
KOLBE, H.: Die Entenvögel der Welt. Ein Handbuch für Liebhaber und Züchter. Neumann-Neudamm, Melsungen, 1984[3].
KOMNICK, H.: Chloride cells and chloride epithelia of aquatic insects. Int. Rev. Cytology 49: 285-329 (1977).
KOMNICK, H.: Chloridzellen und Chloridepithelien als osmoregulatorische Anpassungen bei Wassertieren. Verh. DZG 70: 111-122 (1977).
KOMNICK, H.: Osmoregulatory role and transport ATPases of the rectum of dragonfly larvae. Odonatologica 7: 247-262 (1978).
KOMNICK, H.: The rectum of larval dragonflies as jet-engine, respirator, fuel depot and ion pump. Adv. Odonatol. 1: 69-91 (1982).
KONOLD, W.: Oberschwäbische Weiher und Seen. 2 Bände. Landesanstalt Umweltschutz Bad.-Württ., Karlsruhe, 1987.
KOEPCKE, H.: Die Lebensformen (Grundlagen zu einer universell gültigen Theorie); Bd. 1: Grundbegriffe, Selbstbehauptung; Bd. 2: Arterhaltung, universelle Bedeutung. Goecke & Evers, Krefeld, 1973, 1974.
KORMANN, K.: Schwebfliegen Miteleuropas. Vorkommen, Bestimmung, Beschreibung, Farbatlas mit über 100 Naturaufnahmen. Ecomed, Landsberg, 1988.
KOSTE, W.: Das Rädertierporträt. Die sessile Art *Octotrocha speciosa*. MK 78: 115-121 (1989).
KRAMMER, K.: Morphologische und lichtmikroskopische Merkmale im Mikrometerbereich. Ein Vergleich. MK '85: 105-109 (1985).
KRAMMER, K.: Kieselalgen. Biologie, Baupläne der Zellwand, Untersuchungsmethoden. Franckh/Kosmos, Stuttgart, 1986.
KRATOCHWIL, A.: Die Anpassung der Generationenfolge von *Araschnia levana* L. an den jahreszeitlichen Witterungsverlauf. Verh. GfÖ 10 (Freising-Weihenstephan 1979): 395-401 (1980).
KRATOCHWIL, A. (Hrsg.): 2. Tagung des Arbeitskreises „Biozönologie" in Freiburg 6.-7. Mai 1989. Beiheft 2 z. d. Verh.GfÖ. GfÖ, Freiburg, 1991.
KRAUSCH, H.-D. & ZÜHLKE, D.: Das Rheinsberg-Fürstenberger Seengebiet. Akademie-V., Berlin, 1974.
KRAUS, O. (Ausarbeitung des deutschen Textes): Internationale Regeln für die Zoologische Nomenklatur, beschlossen vom XV Internationalen Kongress für Zoologie. Kramer, Frankfurt/M., 1970[2].
KRAUTER, D.: Teufelszwirn *Cuscuta* an Brennessel. MK 78: 359-362, Titelbild (1989).
KREBS, J. & DAVIES, N. (Hrsg.): Öko-Ethologie. Parey, Berlin, 1981.
KREBS, J. & DAVIES, N.: Einführung in die Verhaltensökologie. Thieme, Stuttgart, 1984.
KREMER, B.: Aerenchyme – pflanzliche Gasdruckleitungen. MK 76: 289-293 (1987).
KRISCH, H.: Systematik und Ökologie der *Bolboschoenus*- und der *Phrag-mites*-Brackwasserröhrichte der vorpommerschen Boddenküste (Ostsee). Drosera '92: 89-116 (1992).
KRIZ, J.: Chaos und Struktur. Systemtheorie 1. Quintessenz, München, 1992.
KROON, G. DE: De Waterral. Kosmos, Amsterdam, 1982.
KROSIGK, E. v.: Zehn-Jahres-Bilanz aus „Feuchtgebieten von Internationaler Bedeutung". Der Ismaninger Speichersee mit Fischteichen. Natur und Landschaft 62: 527-531 (1987).
KRÜGER, W.: Stoffwechselphysiologische Versuche mit Pflanzen. BAB 13. Quelle & Meyer, Heidelberg, 1974.
KUGLER, H.: Einführung in die Blütenökologie. Fischer, Jena, 1955.
KÜHL, H. & KOHL, J.: Erscheinungsbild des Röhrichtrückganges an verschiedenen Seen Ostbrandenburgs und der Uckermark. DGL Erw.Zusfass.Jahrestagung Essen 1990: 297-302 (1990).
KUHLMANN, H.: Defensive Gestalts- und Verhaltensänderung des Ciliaten *Euplotes octocarinatus* bei Kontakt mit räuberisch lebenden Turbellarien.
KUHN, K. & PROBST, W.: Biologisches Grundpraktikum I, II. Fischer, Stuttgart, 1983[4], 1980.
KUHN, K., PROBST., W. & SCHILKE, K.: Biologie im Freien. Metzler, Stuttgart, 1986.

Kühnelt, W.: Bodenbiologie mit besonderer Berücksichtigung der Tierwelt. Herold, Wien, 1950.
Kühnelt, W.: Grundriß der Ökologie mit besonderer Berücksichtigung der Tierwelt. Fischer, Stuttgart, 1970².
Kunick, W. & Kutscher, G.: Organismen als Indikatoren für Umweltbelastungen. Tagungsbericht Nr. 19. Univ. Hohenheim, 1976
Kunick, W. & Kutscher, G.: Chemische und physikalische Umweltbelastungen. Tagungsbericht Nr. 21. Universität Hohenheim, 1977.
Kurowski, H.: Die Emscher. Geschichte und Geschichten einer Flußlandschaft. Klartext, Essen, 1993.
Kuschert, H.: Wiesenvögel in Schleswig-Holstein. Eine Untersuchung am Beispiel der Eider-Treene-Sorge-Niederung. Druck- & Verlagsges. Husum, 1983.
Küster, H.: Geschichte der Landschaft in Mitteleuropa. Von der Eiszeit bis zur Gegenwart. Beck, München, 1995.
Kutschera, U.: Innerartliche Kokonzerstörung beim Egel *Erpobdella octoculata*. MK 78: 237-241 (1989).
Kutschera, U. & Wirtz, P.: Jungenfütterung beim Egel *Helobdella stagnalis*. MK 75: 340-343 (1986).
Kuttler, W. (Hrsg): Handbuch zur Ökologie. Analytica, Berlin, 1995².
Labhardt, F.: Libellen. Jäger mit gläsernen Schwingen. Kinderbuchv. Luzern 1991.
Ladiges, W. & Vogt, D.: Die Süßwasserfische Europas bis zum Ural und Kaspischen Meer. Ein Bestimmungsbuch für Sport- und Berufsfischer, Biologen und Naturfreunde. Parey, Hamburg, 1979².
Lampel, G.: Biologie der Insekten. Wiss. TB. Goldmann, München, 1973.
Lampert, W., Gabriel, W. & Rothhaupt K.: Ökophysiologische Modelle: Ein Weg zum Verständnis der Interaktionen in aquatischen Lebensgemeineschaften? Verh. DZG 85.2: 95-110 (1992).
Lampert, W. & Sommer, U.: Limnoökologie. Thieme, Stuttgart, 1993.
Lang, G.: Die Ufervegetation des westlichen Bodensees. Archiv Hydrobiol., Suppl. 32 (4): 437-574 (1967).
Lang, G.: Farbluftbilder als Hilfsmittel der Vegetationskunde und des Gewässerschutzes. Umschau 1969: 284-285 (1969).
Lang. G.: Die Makrophytenvegetation in der Uferzone des Bodensees. Landessammlg. Naturkunde, Karlsruhe, 1973.
Lang. H.: Leistungen des Vibrationssinnes bei Wasserinsekten. Versuch 6 in Nachtigall, W. (Hrsg.): Verhaltensphysiologischer Grundkurs. Theorie, Beobachtung, Messung, Auswertung. Verlag Chemie, Weinheim, 1984.
Laudien, H.: Untersuchungen über das Kampfverhalten der Männchen von *Betta splendens*. Z. wiss. Zool. 172: 134-178 (1966).
Lattin, G.de: Grundriß der Zoogegraphie. Fischer, Jena, 1967.
LAWA: Seen in der BR Deutschland. Woeste, Essen, 1985.
LAWA: Limnologie und Bedeutung ausgewählter Talsperren in der BR Deutschland. Woeste, Essen, 1990.
Leisler, B.: Die ökologische Einnischung der mitteleuropäischen Rohrsänger. I. Habitattrennung. Vogelwarte 31: 45-74 (1981).
Leisler, B.: Ökoethologische Voraussetzungen für die Entwicklung von Polygamie bei Rohrsängern. J. Ornithol. 126: 357-381 (1985).
Lerchner, W.: Grundlehrgang „Struktur und Funktion von Ökosystemen". S. 15-34 in: Zabel, E. (Hrsg.): Methodische Handreichungen für Leiter des fakultativen BU, Lehrgang Ökologie. PH Güstrow, 1987.
Leser, H.: Landschaftsökologie. Ulmer, Stuttgart, 1991³.
Leuzinger, H.: Inventar der Schweizer Wasservogelgebiete von internationaler & nationaler Bedeutung. Ornith. Beobachter 73: 147-194 (1976).
Lindner-Effland, M.: Öko-physiologische Untersuchungen an Torfmoos. UB 147: 39-43 (1989).
Linnaeus, C.: Systema naturae per regna tria naturae secundum Classes, Ordines, Genera, Species cum characteribus, differentiis, synonymis, locis. Tom. I. Regnum Animale. Ed. decima, reformata. Stockholm, 1758¹⁰. Nachdruck (Photographic Facsimile) British Museum National History, London, 1956.

Linsenmair, K.: Das Entspannungsschwimmen. Kosmos '63: 331-334 (1963).
Löffler, H. (Hrsg.): Der Neusiedlersee. Naturgeschichte eines Steppensees. Molden, Wien, 1974.
Löffler, H. (Hrsg.): Neusiedlersee: The Limnology of a shallow Lake in Central Europe. Junk, Den Haag, 1979.
Löffler, H, & Newrkla, P. (Hrsg.): Der Einfluß des diffusen und punktuellen Nährstoffeintrags auf die Eutrophierung von Seen. Teil 2: Neusiedlersee, Attersee. Wagner, Innsbruck, 1985.
LÖLF: Uferröhricht. LÖLF-Mitt. 2/93: 24-46 (1993).
Löns, H.: Wasserjungfern. Geschichten von Sommerboten und Sonnenkündern. Deutsche Volksbücher, Stuttgart, 1953.
Lorenz, K.: Über tierisches und menschliches Verhalten. Aus dem Werdegang der Verhaltenslehre. Ges. Abh. II. Piper paperback, München, 1965.
Lorenz, K.: Das Jahr der Graugans. Piper, München, 1979.
Lorenz, K.: Hier bin ich, wo bist Du? Ethologie der Graugans. Piper, München, 1988.
Lorenzen, S.: Evolution im Spannungsfeld zwischen linearer und nichtlinearer Wissenschaft. Universitas (Kiel): 1149-1159 (1989).
Löschenkohl, A.: Beobachtungen an der Wasserzikade Corixa punctata. MK 73: 248-252 (1954).
Ludwig, H., Becker, N., Gebhardt, H., Kögel, F., Kreimes, K. & Weigel, W.: Tiere unserer Gewässer. Merkmale, Biologie, Lebensraum, Gefährdung. BLV Bestimmungsbuch. BLV, München, 1989.
Ludwig, J., Belting, H., Helbig, A. & Bruns, H.: Die Vögel des Dümmer Gebietes. Avifauna eines norddeutschen Flachsees und seiner Umgebung. Niedersächs. Landesverwaltungsamt, Hannover, 1990.
Lütke Twenhöven, F.: Untersuchungen zur Wirkung stickstoffhaltiger Niederschläge auf die Vegetation von Hochmooren. Heft 44 AG Geobot. SH, Kiel, 1992.
Lütt, S.: Produktionsbiologische Untersuchungen zur Sukzession der Torfstichvegetation in Schleswig-Holstein. Heft 43 AG Geobot. SH, Kiel, 1992.
Lüttge, U., Kluge, M. & Bauer, G.: Botanik. Ein grundlegendes Lehrbuch. VCH, Weinheim, 1989.
Macan, T.: Freshwater Ecology. Longmans/Green, London, 1966[4].
Makatsch, W.: Die Vögel der Seen und Teiche. Neumann, Radebeul, 1952.
Makatsch, W.: Der Brutparasitismus in der Vogelwelt. Neumann, Radebeul, 1955.
Makatsch, W.: Der Schwarze Milan. NBB 100. Ziemsen, Wittenberg, 1972[2].
Makatsch, W.: Die Limikolen Europas. Neumann-Neudamm, Melsungen, 1983[2].
Malkmus, R. & Lenk, P.: Libellen. Flora und Fauna im Landkreis Main-Spessart. Bund Natursch. Bayern, Marktheidenfeld, 1995.
Mantau, R. (Hrsg.): Kooperation Landwirtschaft und Wasserwirtschaft im Einzugsgebiet der Stevertalsperre. Ein Bericht über die Ergebnisse der Beratung in 1994. Kooperation Landwirtschaft und Wasserwirtschaft im Einzugsgebiet der Stevertalsperre, Coesfeld, 1995.
Mandl, A.: Heilpflanzen unter dem Mikroskop. MK 72: 347 (1983).
Manogg, P.: Die Räuber-Beute-Wechselbeziehung als Beispiel für numerische Modelluntersuchung. MNU 31: 143-147 (1978).
Mantau, R. (Hrsg.): Kooperation Landwirtschaft und Wasserwirtschaft im Einzugsgebiet der Stevertalsperre. Bericht über die Ergebnisse der Beratung in 1992. Landwirtschaftskammer Westfalen-Lippe, Kreisstelle Coesfeld, 1993.
Mattheck, C.: Die Baumgestalt als Autobiographie. Einführung in die Mechanik der Bäume und ihre Körpersprache. Thalacker, Braunschweig, 1992.
Matthes, D.: Tierische Parasiten. Biologie und Ökologie. Vieweg, Braunschweig, 1988.
Matthes, D. & C.: Plagegeister des Menschen. Schmarotzer in und an uns. Kosmos-Bibliothek Bd. 282. Franckh, Stuttgart, 1972.
Markert, B., Steinbeck, R. & Nick, K.: Verteilung einiger chemischer Elemente in Molinia caerulea und Eriophorum vaginatum während der Renaturierung des Leegmoores (Kr. Emsland). Natur und Landschaft 63: 463-466 (1988).
Markl, H.: Natur als Kulturaufgabe. Über die Beziehungen des Menschen zur lebendigen Natur. Deutsche Verlags-Anstalt, Stuttgart, 1986.
Martens, A.: Aggregationen von Platycnemis pennipes (Pallas) während der Eiablage (Odonata: Platycnemididae). Diss. Univ. Braunschweig, 1992.

MAUERSBERGER, G.: Über das ökologische Wirkungsgefüge der Art und die Begriffe Nische und Ökon. Mitt. Zool. Mus. Berlin 54, Suppl. Ann. Ornithol. 2: 57-104 (1978).
MAUERSBERGER, G.: Über Umfang, Modalitäten und Bedeutung des ökologischen Plastizitätsbereichs. Mitt. Zool. Mus. Berlin 54, Suppl. Ann. Ornithol. 2: 105-132 (1978).
MAUERSBERGER, G.: Zur Anwendung des Terminus „Population". Der Falke 1984: 373-377, 391 (1984).
MAUERSBERGER, G.: Vögel. Urania Tierreich. Urania, Leipzig, [1970], 1995.
MAY, R. (Hrsg.): Theoretische Ökologie. Verlag Chemie, Weinheim, 1980.
MAYER, J.: Formenvielfalt im Biologieunterricht. IPN, Kiel, 1992.
MAYER, M.: Kultur und Präparation der Protozoen. Franckh/Kosmos, Stuttgart, 1962.
MAYR, E.: Artbegriff und Evolution. Parey, Hamburg, 1967.
MAYR, E.: Principles of Systematic Zoology. McGraw-Hill, New York, 1969.
MAYR, E.: Die Entwicklung der biologischen Gedankenwelt. Vielfalt, Evolution und Vererbung. Springer, Berlin, 1984.
MCMAHON, T. & BONNER, J.: Form und Leben. Konstruktionen vom Reißbrett der Natur. Spektrum der Wissenschaft, Heidelberg, o.J.
MEIER, C.: Die Libellen der Kantone Zürich und Schaffhausen. Neujahrsblatt 41/1989. Naturf. Ges. Schaffhausen, 1988)
MEIER-PEITHMANN, W., NEUSCHULZ, F. & PLINZ, W.: Lebensbilder aus der Vogelwelt zwischen Elbe und Drawehn. Avifaunist. AG Lüchow, 1989^2.
MELDE, M: Der Haubentaucher. NBB 461, Ziemsen, Wittenberg, 1973.
MEINE, W.: Der Porenapparat von Torfmoosen. MK 77: 38-43 (1988).
MELZER, A.: Die Verbreitung makrophytischer Wasserpflanzen im Laacher See. Mitt. Pollichia 74: 157-173 (1987).
MELZER, A., HARLACHER, R. & VOGT, E.: Verbreitung und Ökologie makrophytischer Wasserpflanzen in 50 bayrischen Seen. Ber. Akad. Naturschutz u. Landschaftspflege (Laufen), Beih. 6: 5-144 (1987).
MESSNER, B. & ADIS, J.: Funktionsmorphologische Untersuchungen an den Plastronstrukturen der Arthropoden. Verh. WET 1993: 51-56 (1994).
MEUCHE, A.: Die Fauna im Algenbewuchs. Nach Untersuchungen im Litoral ostholsteinischer Seen. Archiv Hydrobiol. 34: 349-520 (1939).
MEYER, G. & LAMMERT, F.: Moor. Themenheft 109 UB. Friedrich, Seelze, 1985.
MEYER-ABICH, K.: Aufstand für die Natur. Von der Umwelt zur Mitwelt. Hanser, München, 1990.
MIEGEL, H.: Praktische Limnologie. Laborbücher Biologie. Diesterweg, Berlin, 1981.
MIHALIK, Jozef: Der Wels. NBB 209. Ziemsen, Wittenberg, 1982.
MIKELSKIS, H. (Hrsg.): Umweltbildung in Schleswig-Holstein. IPN, Kiel, 1990.
MILL, P. & PICKARD, R.: A review of the types of ventilation and their neural control in aeshnid dragonflies. Odonatologica 1: 41-50 (1972).
MILLER, P.: Dragonflies. Naturalist's Handbook 7. Univ. Press, Cambridge, 1987.
MLIKOVSKY, J. & BURISCH, R.: Die Reiherente. NBB 556. Ziemsen, Wittenberg, 1983.
MOEBIUS, K.: Die Auster und die Austernwirtschaft. Parey, Berlin, 1877.
MOHR, H.: Die besondere Verantwortung des Wissenschaftlers — was steckt eigentlich dahinter? Biologen in unserer Zeit 405 (2/1993): 20-22, 1993.
MOLISCH, H. & HÖFLER, K.: Anatomie der Pflanze. Fischer, Jena, 1954^6.
MOLL, K.: Der Fischadler. Pandion h. haliaetus. NBB 308. Ziemsen, Wittenberg, 1962.
MOLLENHAUER, D.: Beiträge zur Kenntnis der Gattung Nostoc. 1. Nostoc pruniforme. Abh. Senckenberg. Naturf. Ges. 524: 1-80 (1970).
MÖLTGEN, H. & H.: Modellökosystem Aquarium — ein quantitatives Langzeitexperiment zur Ökologie. PdB '84: 212-215 (1984).
MOENS, J.: Ion regulation of the haemolymph in the larvae of the dragonfly Ischnura elegans (VANDER LINDEN) (Odonata: Zygoptera). Arch. Int. Physiol. u. Biochemie 75: 57-64 (1967).
MOOIJ, J.: Bleischrotbelastungen bei Wasservögeln. Charadrius 26: 6-19 (1990).
MOTHES, G.: Die makroskopische Bodenfauna des Nehmitzsees. Limnologica 5: 105-116 (1967).
MOTHES, G.: Die Tiefengrenze von Ceratophyllum demersum im Stechlin. Naturschutzarbeit in Berlin u. Brandenburg 11: 77-78 (1975).

MOSER, A.: Expedition Frosch. Tierbeobachtungen an Weiher, Bach und See. Maier, Ravensburg, 1983.
MOTTER, M. & RIPL, W.: Entwicklung eines ETR-Kennfeldmodells für Schilf. DGL Erw.Zusfass. Jahrestagung Mondsee 1991: 547-551 (1991).
MÜCKE, G.: Ökologische Untersuchungen der Ciliaten in Gewässern des NSG „Heiliges Meer" unter besonderer Berücksichtigung zönologischer Gesichtspunkte. Diss. Univ. Bonn 1979.
MÜHLENBERG, M.: Freilandökologie. UTB Quelle & Meyer, Heidelberg, 1993^3.
MÜLLER, F. & REICHE, E.: Modellhafte Beschreibung der Wasser- und Stoffdynamik im Boden. Schr. Naturwiss.Ver. Schlesw.-Holst. 60: 83-107 (1990).
MÜLLER, H.: Modellversuch zur Fluchtreaktion des Kurzflüglers Stenus auf der Wasseroberfläche. PdB 25: 132-133 (1976).
MÜLLER, H.: Neue Aspekte der Abwasserreinigung in Kläranlagen. Natur- und Landschaftskunde 29: 80-88 (1993).
MÜLLER, H.J. (Hrsg.): Ökologie. UTB Fischer, Jena, 1991^2.
MÜLLER, K.: Zur Flora und Vegetation der Hochmoore des nordwestdeutschen Flachlandes. Schr. Naturw. Ver. Schlesw.-Holst. 36: 30-77 (1965).
MÜLLER, K.: Ökologische und vegetationsgeschichtliche Untersuchungen an Niedermoorpflanzen-Standorten des ombrotrophen Moores unter besonderer Berücksichtigung seiner Kolke und Seen in NW-Deutschland. Beitr. Biol. Pflanzen 49: 147-235 (1973).
MÜLLER, P.: Tiergeographie. Struktur, Funktion, Geschichte und Indikatorbedeutung von Arealen. Teubner, Stuttgart, 1977.
MÜNCHBERG, P.: Vergleichende Untersuchungen über die Atmungsintensität der Zygopteren-Larven, zugleich ein experimenteller Beitrag zur funktionellen Bedeutung ihrer Analblätter (Odonata). Beitr. Entom. 12: 243-270 (1962).
MUUSS, U., PETERSEN, M. & KÖNIG, D.: Die Binnengewässer Schleswig-Holsteins. Wachholtz, Neumünster, 1973.
NACHTIGALL, W.: Gläserne Schwingen. Aus einer Werkstatt biophysikalischer Forschung. Moos, München, 1968.
NACHTIGALL, W.: Unbekannte Umwelt. Die Faszination der lebendigen Natur. Hoffmann & Campe, Hamburg, 1979.
NACHTIGALL, W. (Hrsg.): Verhaltensphysiologischer Grundkurs. Theorie, Beobachtung, Messung, Auswertung. Verlag Chemie, Weinheim, 1984.
NACHTIGALL, W. & BÜHLER, J.: Strömungserzeugung durch festsitzende Mikroorganismen. MK 77: 173-178 (1988).
NACHTIGALL, W. & NAGEL, R.: Im Reich der Tausendstel-Sekunde. Faszination des Insektenflugs. Gerstenberg, Hildesheim, 1988.
NAGEL, P. (Hrsg.): Bildbestimmungsschlüssel der Saprobien. Makrozoobenthon. Fischer, Stuttgart, 1989.
NÄGELI, A., ELBER, F., RIETMANN, S. & SCHANZ, F.: Klassifikation und jahreszeitliche Dynamik von Oberflächenfilmen. Limnologica 23: 19-28 (1993).
NAPP-ZINN, K.: Handbuch der Pflanzenanatomie. Bornträger, Berlin, 1973.
NAUMANN, D.: Der Gelbrandkäfer. NBB 162. Ziemsen, Wittenberg, 1955.
NEELY, R.: Evidence for positive interactions between epiphytic algae and heterotrophic decomposers during decomposition of Typha latifolia. Archiv Hydrobiol. 129: 443-457 (1994).
NEUMANN, D.: Zielsetzungen der Physiologischen Ökologie. Verh. GfÖ 2 (Saarbrücken 1973): 1-9 (1974).
NEUMANN, D. & JENNER, H. (Hrsg.): The Zebra Mussel Dreissena polymorpha. Ecology, Biological monitoring and First Applications in the Water Quality Management. Limnologie aktuell Bd. 4. Fischer, Stuttgart, 1992.
NITSCHKE, M. & LÜCK, H. & W. VAN: Informations- und kommunikationstechnologische Grundbildung, Lernfeld Simulation: Ökosystem See – ein See kippt um. Landesinstitut f. Schule u. Weiterbildung, Soest, 1986.
NØRREVANG, A. & MEYER, T. (Red.): De ferske vande. Danmarks Natur 5. Politikens, Kopenhagen, 1969.

NULTSCH, W. & RÜFFER, A.: Mikroskopisch-Botanisches Praktikum für Anfänger. Thieme, Stuttgart, 1993[9].
NUSCH, E.: Synökologische Begrenzungen beim Populationswachstum peritiricher Ciliaten. Verh. GfÖ 3 (Erlangen 1974): 39-45 (1975).
OBERDORFER, E.: Süddeutsche Pflanzengesellschaften. Fischer, Jena, 1957.
ODUM, E.: Ökologie. Moderne Biologie. BLV, München, 1972[2].
ODUM, E.: Grundlagen der Ökologie, Bd. 1 Grundlagen, Bd. 2 Standorte und Anwendung. TB Thieme, Stuttgart, 1980.
ODUM, E.: Prinzipien der Ökologie. Lebensräume, Stoffkreisläufe, Wachstumsgrenzen. Spektrum d.Wiss., Heidelberg, 1991.
OERTEL, D., SCHÄFERS, C., POETHKE, H., SEITZ, A. & NAGEL, R.: Simulation der Populationsdynamik des Zebrabärblings in einem naturnahen Laborsystem. Verh. GfÖ 20.2 (Freising-Weihenstephan 1990): 865-869 (1991).
OHGUCHI, O.: Prey density and selection against oddity by Three-spined Sticklebacks. (Fortschritte der Verhaltensforschung, Beiheft 23 zur Zeitschrift für Tierpsychologie). Parey, Berlin, 1981.
OLBERG, G.: Vögel im Schilf. NBB 61. Geest & Portig, Leipzig, 1952.
OLBERG, G.: Sumpf- und Wasserpflanzen. NBB 59. Ziemsen, Wittenberg, 1955.
ÖLSCHLEGEL, H.: Die Bachstelze. NBB 571. Ziemsen, Wittenberg, 1985.
OSCHE, G.: Die Welt der Parasiten. Zur Naturgeschichte des Schmarotzertums. Verständliche Wissenschaft Bd. 87. Springer, Berlin, 1966.
OSTENDORP, W.: Die Ursachen der Röhrichtrückganges am Bodensee-Untersee. Carolinea 48: 85-102 (1990).
OSTENDORP, W.: Sedimente und Sedimentbildung in Seeferröhrichten des Bodensee-Untersees. Limnologica 22: 16-33 (1992).
OSTENDORP, W.: Schilf als Lebensraum. Beih. Veröff. Naturschutz Landschaftspflege Bad.-Württ. 68: 173-280. Sonderdruck Landesamt f. Umweltschutz Karlsruhe, 1993.
OSTENDORP, W. & KRUMSCHEID-PLANKERT, P. (Hrsg.): Seeuferzerstörung und Seeufernaturierung in Mitteleuropa. Limnologie aktuell Bd. 5. Fischer, Stuttgart, 1993.
OVERBECK, F.: Botanisch-geologische Moorkunde unter besonderer Berücksichtigung der Moore Nordwestdeutschlands als Quellen zur Vegetations-, Klima- und Siedlungsgeschichte. Wachholtz, Neumünster 1975.
OWEN, M. & BLACK, J.: Waterfowl Ecology. Blackie, London, 1990.
PANZER, W. & RAUHE, H. (Hrsg.): Die Vogelwelt an Elb- und Wesermündung. Männer vom Morgenstern, Bremerhaven, 1978.
PALISSA, A.: Zur vergleichenden Ökophysiologie der Atmung. Biol. Rundschau 9: 345-366 (1971).
PAEPKE, H.: Die Stichlinge. NBB 10. Ziemsen, Wittenberg, 1983.
PENZLIN, H.: Kurzes Lehrbuch der Tierphysiologie. Fischer, Jena, 1991[6].
PETERS. G.: Die Edellibellen Europas. *Aeshnidae.* NBB 585. Ziemsen, Wittenberg, 1987.
PETZOLD, H.: Der Guppy. (*Poecilia* [*Lebistes*] *reticulata*). NBB 372. Ziemsen, Wittenberg, 1968.
PEUS, F.: Die Tierwelt der Moore. Handbuch der Moorkunde 3. Bornträger, Berlin, 1932.
PEUS, F.: Stechmücken. NBB 22. Kosmos, Stuttgart, 1950.
PEUS, F.: Auflösung der Begriffe „Biotop" und „Biozönose". Deutsche Ent. Z. NF 1 (3/5): 271-308 (1954).
PFADENHAUER, J.: Pflege- und Entwicklungsmaßnahmen in Mooren des Alpenvorlandes. Natur und Landschaft 63: 327-334.
PFADENHAUER, J. (Hrsg.): Verhandlungen der Gesellschaft für Ökologie. 22. Jahrestagung Zürich 1992. GfÖ, Freising-Weihenstephan, 1993.
PFADENHAUER, J.: Vegetationsökologie – ein Skriptum. IHW, Eching, 1993b.
PFADENHAUER, J. (Hrsg.): Verhandlungen der Gesellschaft für Ökologie. 23. Jahrestagung Innsbruck 1993. GfÖ, Freising-Weihenstephan, 1994.
PFADENHAUER, J., LÜTKE TWENTHÖVEN, F., QUINGER, B. & TEWES, S.: Trittbelastungen an Seen und Weihern im östlichen Landkreis Ravensberg. (Beih.Veröff. Naturschutz Landespflege Baden-Württemberg 45). Institut f. Ökologie u. Naturschutz, Karlsruhe, 1985.

PFAU, H.: Contributions of functional morphology to the phylogenetic systematics of Odonata. Adv. Odonatol. 5: 109-141 (1991).
PICKARD, R. & MILL, P.: The effects of carbon dioxide and oxygen on respiratory dorso-ventral muscle activity during normal ventilation in *Anax imperator* LEACH (Anisoptera:Aeshnidae). Odonatologica 3: 249-255 (1974).
PILL, C. & MILL, P.: The structure and physiology of abdominal proprioceptors in larval dragonflies (Anisoptera). Odonatologica 10: 117-130 (1981).
PLACHTER, H.: Naturschutz. UTB Fischer, Stuttgart, 1991.
POTAPOV, R. & FLINT, V. (Hrsg.): Handbuch der Vögel der Sowjetunion, Bd. 4: Galliformes, Gruiformes. Aula, Wiesbaden, 1989.
PREISING, E. (mit VAHLE, H., BRANDES, D., HOFMEISTER, H., TÜXEN, J. & WEBER, H.): Die Pflanzengesellschaften Niedersachsens. Bestandsentwicklung, Gefährdung und Schutzprobleme. Salzpflanzengesellschaften der Meeresküste und des Binnenlandes. Wasser- und Sumpfpflanzengesellschaften des Süßwassers. Niedersächs. Landesamt f. Ökologie, Hannover, 1994[2].
PREUSS, G. & LANDESAMT UMWELTSCHUTZ RHEINLAND-PFALZ (Betreuung): Geschützte Tiere in Rheinland-Pfalz. Naturschutz-Handbuch, Bd. I. Ministerium Soziales, Gesundheit & Umwelt, Mainz, 1982.
PRIES, E.: Verlauf, Umfang und Ursachen des Röhrichtrückganges an uckermärkischen Seen und seine Auswirkungen auf Rohrsängerbestände. Naturschutzarbeit in Mecklenburg 27: 3-19, 72-82 (1984).
PRINZINGER, R.: Der Schwarzhalstaucher. NBB 521. Ziemsen, Wittenberg, 1979.
PROBST, W.: Die mikroskopische Analyse von Torfmoosen. MK: 280-284 (1984).
PROBST, W.: Biologie der Moos- und Farnpflanzen. UTB. Quelle & Meyer, Heidelberg, 1987[2].
PROBST, W.: Eine botanische Wanderung durchs Satrupholmer Moor. S. 82-94 in: PROBST, W., TECH, H. & VOGEL, K.: Von der Küste ins Binnenland – Angeln und Nordschwansen [Schleswig-Holstein]. SDV, Schleswig, 1989.
PUTZER, D.: Wirkung und Wichtung menschlicher Anwesenheit und Störung am Beispiel bestandsbedrohter, an Feuchtgebiete gebundener Vogelarten. Schr. Landschaftspflege & Naturschutz 29: 169-194 (1989).
QUETZ, P., KOHLER, A., MOHEDEEN, N. & GARRIS, A.: Submerse Wasserpflanzen als Testorganismen zur Bioindikation für die Belastung mit Umweltchemikalien. Verh. GfÖ 14 (Hohenheim 1984): 471-477 (1986).
RADZIO, H.: 1913-1988. 75 Jahre im Dienst für die Ruhr. Ruhrverband und Ruhrtalsperrenverein, Essen 1988.
REDDIG, E.: Die Bekassine. NBB 533. Ziemsen, Wittenberg, 1981.
REHAGE, O. & NOLL, E.: Landschaft im Umbruch. Ein Ausflug ins Moor. Geographie heute 1 (3): 20-23 (1981).
REICHENBACH-KLINKE, H.: Grundzüge der Fischkunde. Fischer, Stuttgart, 1970
REICHHOLF, J.: Fragmente zur Biologie des Seerosen-Blattkäfers *Galerucella nymphaeae* (Col., Chrysomelidae). Nachr.bl. Bayr. Ent. 25: 7-16 (1976).
REICHHOLF, J.: Die quantitative Bedeutung des Wasservögel für das Ökosystem eines Innstausees. Verh. GfÖ 4 (Wien 1975): 247-254 (1976b)
REICHHOLF, J.: Feuchtgebiete. Die Ökologie europäischer Binnengewässer, Auen und Moore. Mosaik, München, 1988.
REICHHOLF, J.: Der Teichrohrsänger, Vogel des Jahres 1989. Naturw. Rundschau 42: 371-372 (1989).
REICHHOLF-RIEM, H.: Insekten mit Anhang Spinnentiere. Mosaik, München, 1984.
REIMANN, J., KRAUSS, B. & SCHILLING, N.: Die Auswirkung des Triazinherbizids Terbuthylazin auf photoautotrophe Organismen in aquatischen Ökosystemen. DGL Erw. Zusf. Tagung Mondsee: 500-502 (1991).
REISE, K.: Hundert Jahre Biozönose. Die Evolution eines ökologischen Begriffs. Naturw. Rundschau 33: 328-335 (1980).
REMANE, A.: Die Grundlagen des Natürlichen Systems, der Vergleichenden Anatomie und der Phylogenetik. Theoretische Morphologie und Systematik I. Geest & Portig, Leipzig, 1956.
REMANE, A., STORCH, V. & WELSCH, U.: Systematische Zoologie. Fischer, Stuttgart, 1986[3].

Remmert, H.: Der Schlüpfrhythmus der Insekten. Steiner, Wiesbaden, 1962.
Remmert, H.: Was geschieht im Klimax-Stadium? Naturwiss. 72: 502-512 (1985).
Remmert, H.: Sukzessionen im Klimax-System. Verh. GfÖ 16 (Gießen 1986): 27-34 (1987).
Remmert, H.: Ökologie. Ein Lehrbuch. Springer, Berlin, 1992[5].
Renner, M., Storch, V. & Welsch, U.: Kükenthals Leitfaden für das Zoologische Praktikum. Fischer, Stuttgart, 1993[21].
Rensing, L., Hardelang, R., Runge, M. & Galling, G.: Allgemeine Biologie. Eine Einführung für Biologien und Mediziner, UTB Ulmer, Stuttgart, 1984[2].
Richter, O.: Simulation des Verhaltens ökologischer Systeme. Mathematische Methoden und Modelle. Verlag Chemie, Weinheim 1985.
Rickleffs, R.: Ecology. Nelson, Sunbury-on Thames, 1980.
Ride, W. & Sabrosky, C. (Chairmen Editorial Committee): International Code of Zoological Nomenclature. 3rd Ed., adopted by the General Assembly of the International Union of Biological Sciences. British Museum Natural History (et al.), London, 1985.
Riecken, U.: Planungsbezogene Bioindikation durch Tierarten und Tiergruppen. Grundlagen und Auswertung. BFA Naturschutz und Landschaftsökologie, Bonn, 1992.
Riecken, U. & Blab, J.: Biotope der Tiere in Mitteleuropa. Kilda, Greven, 1989.
Riedel, D.: Fische und Fischerei. Ulmer, Stuttgart, 1970.
Riedel, W. & Trommer, G.: Didaktik der Ökologie. Aulis, Köln, 1981.
Rieder, J.: Improved techniques for exploring Aufwuchs communities. Limnologica 23: 153-167 (1993).
Riedl, A.: Der Waldboden – Experimente und Untersuchungen. PdB '81: 216-223 (1981).
Riepl, W.: Limnologische Begleitstudie zur Entlastung des Tegeler Sees. Jahresbericht 1991. TU Berlin, 1992.
Rimke, D.: Wie Gelbrandkäfer jagen. Z. Naturlehre und Naturkunde 10: 113-121 (1962).
Robert, P.: Die Libellen (Odonaten). Kümmerly & Frey, Bern, 1959.
Rodewald-Rudescu, L.: Das Schilfrohr. Phragmites communis Trinius. Die Binnengewässer Bd. 27. Schweizerbart, Stuttgart, 1974.
Rogers, E.: Wirbeltiere im Überblick. Eine Praktikumsanleitung. Quelle & Meyer, Heidelberg, 1989.
Röll, K.: Mathematische Modelle in der Populationsgenetik. Teil 1: Ungestörte Populationen, das Hardy-Weinberg-Gesetz; Teil 2: Selektion. PdB 29: 265-270 (1980); PdB 30: 1-5 (1981).
Roloff, J.: Fraßverhalten bei Raupen vom Kleinen Fuchs. Seevögel 12 (Sonderheft 1): 89-92 (1991).
Rothmaler, W.: Exkursionflora. Bd.1 Niedere Pflanzen - Grundband (Hrsg. Schubert, R., Handtke, H. & Pankow, H.). Volk & Wissen, Berlin, 1984.
Rudolph, E. & Lehmann, F.: Die Süßwassergarnele Atyaephyra desmaresti (Millet) im Dortmund-Ems-Kanal. Natur und Heimat (Münster) 36: 98- 102 (1976).
Rudolph, R.: Die Flugtechnik der Gebänderten Prachtlibelle. Beitr. math.-nat. Unterricht (Vieweg, Düsseldorf) 32/33: 5-21 (1977).
Rudolph, R.: Fortbewegung aquatischer Insekten. PdB 44 (2): 8-12 (1995).
Rudzinski, H.: Aufwuchsorganismen. UB 129: 31-35 (1987).
Ruitenbeek, W. & Andersen-Harild, P.: De Knobbelswan. Kosmos, Amsterdam, 1979.
Runge, F.: Die Pflanzengesellschaften Deutschlands. Aschendorff, Münster/Westf., 1969[3].
Runge, F.: Die Naturschutzgebiete Westfalens und des früheren Regierungsbezirkes Osnabrück. Aschendorff, Münster, 1982[4].
Runge, F.: Die Pflanzengesellschaften des NSG „Heiliges Meer" und ihre Änderungen in den letzten 90 Jahren. Beiheft zu „Natur und Heimat". Westf. Museum f. Naturkunde, Münster, 1991.
Rüppell, G.: Vogelflug. Kindler, München, 1975.
Rüppell, G.: Rana esculenta. Beuteerwerb. Wiss. Film Ser. 16, Nr. 31/E 2819. IWF Göttingen, 1984.
Rüppell, G. (Hrsg.): z.B. Libellen. Themenheft UB 145. Friedrich, Seelze, 1989.
Rüppell, G.: Kinematic analysis of symmetrical flight manoevres of Odonata. J. exp. Biol. 144: 13-42 (1989b).
Ruppolt, W.: Weidenkätzchen-Gallen. PdB 11: 109-113 (1962).
Ruppolt, W.: Glockentierchen auf Bestellung. PdB 12: 217-218 (1963).
Rutschke, E.: Die Wildgänse Europas. Biologie, Ökologie, Verhalten. Deutscher Landwirtsch. V., Berlin, 1987.

Rutschke, E.: Die Wildenten Europas. Biologie, Ökologie, Verhalten. Deutscher Landwirtsch. V., Berlin, 1989.
Ruttner, F.: Grundriß der Limnologie. De Gruyter, Berlin, 1962³.
Sachsse, H.: Wir bestimmen Holz heimischer Bäume. Neumann, Radebeul, 1958.
Sachsse, H.: Die Erkenntnis des Lebendigen. Vieweg, Braunschweig, 1968.
Sanden-Guja, W.v.: Der Große Binsensee. Ein Jahreslauf. Franckh/Kosmos, Stuttgart, 1960².
Sandhall, A.: Trollsländor i Europa. Interpublishing, Stockholm, 1987.
Sauer, F.: Leben und Überleben der Insekten. Wiss. TB, Goldmann, München, 1972.
Sauer, F.: Wasserinsekten nach Farbfotos erkannt. Fauna, Karlsfeld, 1988.
Sauer, K.: Strategien zeitlicher und räumlicher Einnischung. Verh. DZG 79: 11-30 (1986).
Scamoni, A.: Waldgesellschaften und Waldstandorte. Akademie-V., Berlin, 1954.
Scamoni, A.: Einführung in die praktische Vegetationskunde. Deutscher Verl. Wissensch., Berlin, 1955.
Schaefer, G.: Kybernetik und Biologie. Metzler, Stuttgart, 1972.
Schaefer, G.: Inklusives Denken – Leitlinie für den Unterricht. S. 10-29 in: Trommer, G. & Wenk, K. (Hrsg.): Leben in Ökosystemen. Westermann, Braunschweig, 1978.
Schaefer, H.: Die Automatik des Lebens. Ullstein, Berlin, 1967.
Schaefer, M.: Chemische Ökologie. Ein Beitrag zur Analyse von Ökosystemen? Naturw. Rundschau 33: 128-134 (1980).
Schaefer, M. (Hrsg.): Brohmer. Fauna von Deutschland. Ein Bestimmungsbuch unserer heimischen Tierwelt. Quelle & Meyer, Heidelberg, 1994¹⁹.
Schaefer, M. & Tischler, W.: Wörterbücher der Biologie. Ökologie. UTB. Fischer, Stuttgart, 1983².
Schaller, E.: Boshafte Aquarienkunde. Kernen, Stuttgart, 1970.
Schaller, F.: Die Unterwelt des Tierreiches. Kleine Biologie der Bodentiere. Springer, Berlin, 1962.
Scharf, B. & Schmidt-Lüttmann, M.: Umweltverträglichkeit bei der Bewirtschaftung stehender Gewässer. Wasserbau-Mitt. TH Darmstadt 34: 93-108 (1990).
Scheiba, B.: Die Bewegung der Tiere. Schwimmen, Laufen, Fliegen. Urania, Leipzig, 1990.
Scherner, E.: Der Höckerschwan in NW-Deutschland. Drosera '81 (2): 47-54 (1981).
Scherner, E.: Aspekte der Dispersionsdynamik des Höckerschwans in NW-Deutschland. Verh. GfÖ 18 (Essen 1988): 729-739 (1989).
Scheufler, H. & Stiefel, A.: Der Kampfläufer. NBB 574. Ziemsen, Wittenberg, 1985.
Schilling, N.: Ökologische Varianten der Photosynthese. PdB 29: 289-295 (1980).
Schindler, O.: Unsere Süßwasserfische. Kosmos Naturführer. Franckh, Stuttgart, 1968.
Schlee, D.: Chemische Konkurrenz zwischen höheren Pflanzen. Allelopathie 55 Jahre nach Molisch. Naturwiss. Rundschau 45: 468-474 (1992).
Schlieper, C.: Praktikum der Zoophysiologie. Fischer, Stuttgart, 1965³.
Schmeil, O.: Leben und Werk eines Biologen Lebenserinnerungen. Jubiläumsausg. durch A. Seybold. Quelle & Meyer, Heidelberg, 1986².
Schmeil, O. & Fitschen, J.: Flora von Deutschland und angrenzender Länder. Ein Buch zum Bestimmen der wildwachsenden und häufig kultivierten Gefäßpflanzen. (Bearbeiter: Senghas, K.& Seybold, S.). Quelle & Meyer, Heidelberg, 1996⁹⁰.
Schmid, B. & Stöcklin, J. (Hrsg.): Populationsbiologie der Pflanzen. Birkhäuser, Basel, 1991.
Schmidt, E.: Biologisch-ökologische Untersuchungen an Hochmoorlibellen (Odonata). Z. Wiss. Zool. 169: 313-386 (1964).
Schmidt, E.: Das Schlüpfen von *Aeschna subarctica* Walker, ein Bildbeitrag. Tombo (Tokyo) 11 (1-2): 7-11 (1968).
Schmidt, E.: Eine Schülerübung zur Atmung von Wassertieren: Gelbrandkäfer und Rückenschwimmer. PdB 21: 161-169 (1972).
Schmidt, E.: Der Lichtrückenreflex. Versuchsanordnung und Deutung. PdB 21: 231-234 (1972b).
Schmidt, E.: Ein Schulversuch zur Farbanpassung bei Libellenlarven. PdB 21: 191-194 (1972c).
Schmidt, E.: Schleswig-Holsteinische Seen in Gefahr. Umweltschutz an Nord- & Ostsee; Flensburger Hochschultage 1973: 39-65. FH u. PH Flensburg, 1974.
Schmidt, E.: Libellenfotos als Beleg für die Artbestimmung. Libellula 1 (2): 40-48 (1982).
Schmidt, E.: Änderungsvorschläge zur Bundesartenschutzverordnung vom 25.8.1980 aus odonatologischer Sicht. Libellula 1 (2): 33-36 (1982b).

SCHMIDT, E.: Odonaten-Zönosen kritisch betrachtet. Drosera '82: 85-90 (1982c).
SCHMIDT, E.: Suchstrategien für unauffällige Odonatenarten I: *Coenagrion lunulatum* (CHARP., 1840), Mondazurjungfer. Libellula 4 (1/2): 32-48 (1985a).
SCHMIDT, E.: Diagnosehilfen für *Sympetrum fonscolombei* SELYS, 1840, nach Belegfotos. Libellula 4 (1/2): 86-91 (1985b).
SCHMIDT, E.: Stockenten auf Stadtteichen. Öko-ethologische Problematik der anthropogenen Massierung einer Wildvogelart (*Anas platyrhynchos* L.) in der Stadt. Tier und Museum (Bonn) 1 (2): 29-41 (1988).
SCHMIDT, E.: Ökosystem Buchenwaldtümpel – ein Extrembiotop. Themenheft Angepaßtheit bei Tieren (Hrsg. F. RÜTHER). UB 12, H.133: 46-50 (1988b)
SCHMIDT, E.: Das „Rheinbacher Modell" zur Renaturierung eines kommunalen Regenrückhaltebeckens. Natur- und Landschaftskunde 25: 5-12 (1989).
SCHMIDT, E.: Simulation der komplexen Thermik im See/Teich in einfachen Schulver-suchen. MNU 42: 296-302 (1989b).
SCHMIDT, E.: Libellenbeobachtungen in der Stadt. Der Botanische Garten in Bonn. Tier & Museum (Bonn) 2: 42-52 (1990).
SCHMIDT, E.: Ethologische Feldstudien mit Schülern: Analyse des Balzverhaltens von Wasservögeln auf Park- und Zooteichen am Beispiel der Schellente. S. 176-183 in KILLERMANN, W. & STAECK, L. (Hrsg.): Methoden des Biologieunterrichts. Aulis, Köln,: 1990b.
SCHMIDT, E.: Umdenken beim Ökosystemverständnis. Ökosystemanalyse am praktischen Beispiel nach dem Lebensform-/Nischenkonzept. PdB 40 (6): 1-7 (1991).
SCHMIDT, E.: Ethologie am Stadtparkteich: Die Stockentenbalz. BioS 40 (11): 409-417, Bildbeilage (1991b).
SCHMIDT, E.: Das Nischenkonzept für die Bioindikation am Beispiel Libellen. Beiträge Landespflege Rheinland-Pfalz 14: 95-117 (1991c).
SCHMIDT, E.: Wasserblüten im Stadtparkteich, Modell für einen praktischen Kurzkurs zum Ökosystemverständnis. PdB 40: 25-33 (1991d).
SCHMIDT, E.: Das ökologische Artkonzept (Nischenkonzept) für das Ökosystemverständnis unter angewandten Aspekten. Faun.-Ökol. Mitt. (Kiel) 6 (7/8): 335-341 (1992).
SCHMIDT, E.: Wasserblüten am Rheinauensee in Bonn: Ein urbanes Ökosystem unter dem Regime von Tier und Mensch. Tier und Museum (Bonn) 3 (1): 20-28 (1992b).
SCHMIDT, E.: Angepaßtheit bei Uferpflanzen. Themenheft Angepaßtheit bei Pflanzen (Hrsg. F. RÜTHER), UB 16, Heft 173: 49-51 (1992c).
SCHMIDT, E.: Systemimmanente Grenzen exakter Begriffsbestimmungen als Problem der Biologiedidaktik. S. 212-220 in ENTRICH, H. & STAECK, L. (Hrsg.): Sprache und Verstehen im Biologieunterricht. Leuchtturm, Alsbach, 1992d.
SCHMIDT, E.: Die ökologische Nische von *Sympetrum depressiusculum* (SELYS) im Münsterland (NSG Heubachwiesen). Libellula 12: 175-198 (1993).
SCHMIDT, E.: Leben im Grenzraum „Wasseroberfläche". Ein Beitrag zur Kompartimentanalyse nach dem Nischenkonzept am Beispiel von Wasserinsekten. PdB 44 (2): 20-25 (1995).
SCHMIDT, E. & RUDOLPH, R.: Paarungsverhalten der Stockenten. 16-mm-Farbtonfilm, 10 min. 32 03988, FWU, Grünwald, 1989
SCHMIDT, ER.: Tensiden auf der Spur. MNU 45: 158-161 (1992).
SCHMIDT, G. & BREHM, K. (Hrsg.): Vogelleben zwischen Nord- und Ostsee. Eine Vogelkunde Schleswig-Holsteins. Wachholtz, Neumünster, 1974.
SCHMIDT, H.: Tierkunde. S. V-XXIV, 1-384. In: FALKENHAN, H. (Hrsg.): Handbuch der Praktischen und Experimentellen Schulbiologie. Band 2 (Der Lehrstoff I.1). Aulis, Köln, 1971.
SCHMIDT-NIELSEN, K.: Physiologische Funktionen bei Tieren. gft, Fischer, Stuttgart, 1975.
SCHMIDT, R.: Zur vollständigen Geschwindigkeitsverteilung ausgebildeter, turbulenter Scherströmungen NEWTONscher Fluide bei beliebigem Rauhigkeitstyp innerhalb des Spektrums sand- und technisch rauher Wände unter besonderer Berücksichtigung des Übergangsbereichs zwischen glattem und rauhem Wandverhalten. Diss. TH Darmstadt, 1996.
SCHMIDTKE, D.: Das Schulaquarium. Heimataquarium, Schulteich, Tropische Fische, Meersaquarium. Kosmos-Vivarium. Franckh, Stuttgart, 1984.
SCHMIDT-WETTER, R.: Taschenbuch der Pharmakognosie. Scherpe, Krefeld, 1950.

SCHMIEDER, K.: Bewertung des trophischen Zustandes der Uferzone des Bodensee-Untersees mit Hilfe des Makrophytenindexes nach MELZER (1988). DGL Mondsee 1991, Erw. Zusfass.: 121-125 (1991).
SCHMITT, C.: Wie ich Pflanze und Tier aushorche. Datterer, München, (o.J., etwa 1922).
SCHMITT, C.: Anleitung zu Haltung und Beobachtung wirbelloser Tiere (Neubearbeitung der 200 Tierversuche). Datterer, München, 1923.
SCHMITZ, M. & KOMNICK, H.: Rectale Chloridepithelien und osmoregulatorische Salzaufnahme durch den Enddarm von Zygopteren und Anisopteren. J. Insect Physiol. 22: 875-883 (1976).
SCHNEIDER, H.: Neuere Ergebnisse der Lautforschung bei Fischen. Naturwiss. 48: 513-518 (1961).
SCHNEIDER, H.: *Rana ridibunda* (Ranidae) – Rufe. Publik. z. Wissensch. Film E 2634 (16 mm, Farbe, 7 $^1/_2$ min). IWF Göttingen, 1982.
SCHNEIDER, H.: Protozoenfänge aus Parkteichen. MK 72: 53-56 (1987).
SCHNEIDER, H.: An der Nahrungsquelle angeseilt. Der Glockentierfresser *Amphileptus carchesii*. MK 77: 97-102 (1988a).
SCHNEIDER, H.: Mischkulturen mit wenig empfindlichen Wimpertieren. MK 77: 179-184 (1988b).
SCHNEIDER, H.: Beobachtungen zu Räuber-Beutebeziehungen bei Protozoen. MK 77: 321-326 (1988c).
SCHNEIDER-JACOBY, M. & ERN, H.: Save-Auen, Vielfalt durch Überschwemmung. Resch, Radolfzell, 1990.
SCHÖNBORN, W.: Fließgewässerbiologie. Fischer, Jena, 1992.
SCHOENEMUND, E.: Eintagsfliegen oder Ephemeroptera. Tierw. Deutschlands 19. Fischer, Jena, 1930.
SCHOOF, M. (Obmann): Richtlinie für naturnahen Ausbau und Unterhaltung der Fließgewässer in Nordrhein-Westfalen. LAWA NRW, Düsseldorf bzw. Woeste, Essen, 1989[4].
SCHORR, E.: Pflanzen unter dem Mikroskop. Metzler, Stuttgart 1991.
SCHORR, M.: Grundlagen zu einem Artenhilfsprogramm Libellen der BR Deutschland. Ursus, Bilthoven, 1990.
SCHRÖDER, H. & ANTHON, H.: Insekten des Waldes in Farben. Maier, Ravensburg, 1971.
SCHRÖDER, H., DAHL, M., THYGESEN, T. & HANCKE, V.: Gartenschädlinge und Pflanzenkrankheiten in Farben. Maier, Ravensburg, 1975.
SCHRÖDER, P., GROSSE, W. & WOERMANN, D.: Localization of thermo-osmotically active partitions in young leaves of *Nuphar lutea*. J. exp. Bot. 37: 1450-1461 (1986).
SCHUBERT, A.: Praxis der Süßwasserbiologie. Volk und Wissen, Berlin, 1972[2].
SCHUBERT, R. (Hrsg.): Ökologie. Fischer, Jena, 1991[3].
SCHUBERT, R.: Bioindikation in terrestrischen Ökosystemen. Fischer, Jena, 1991b[2].
SCHUHMACHER, H. & THIESMEIER, B. (Hrsg.): Urbane Gewässer. Westarp, Essen 1991.
SCHULZE, E. & ZWÖLFER, H. (Hrsg.): Potentials and Limitations of Ecosystem Analysis. Springer, Berlin, 1987.
SCHUSTER, E. & SOMMER, S.: Sumpf- und Wasserpflanzen für Garten und Landschaft. Neumann-Neudamm, Melsungen, 1984.
SCHWAIGER, E.: Größenordnungen in der Natur. Aulis, Köln, 1994.
SCHWANTES, G.: Der Mann von Tollund. Kosmos '52: 293-299 (1952).
SCHWEDER, H.: Experimentelle Untersuchungen zur Ernährungsökologie der Larve von *Ecdyonurus venosus* (Ephemeroptera, Heptageniidae). Diss. Univ. Freiburg, 1985.
SCHWERDTFEGER, F.: Ökologie der Tiere. Ein Lehr- und Handbuch in drei Teilen. Bd. 1: Autökologie, die Beziehungen zwischen Tier und Umwelt; Bd. 2: Demökologie, Struktur und Dynamik tierischer Populationen; Bd. 3: Synökologie, Struktur, Funktion und Produktivität mehrartiger Tiergemeinschaften, mit einem Anhang: Mensch und Tiergemeinschaft. Parey, Hamburg, 1977[2]; 1979[2]; 1975.
SCHWOEPPE, M., SURHOLT, B. & HOFFMANN, M.: Zerstörung des NSG Zwillbrocker Venn durch Massenansammlungen der Lachmöwe. Natur und Landschaft 63: 14-19 (1988).
SCHWOERBEL, J.: Einführung in die Limnologie. Fischer, Stuttgart 1993[7].
SCHWOERBEL, J.: Methoden der Hydrobiologie. Süßwasserbiologie. UTB 979. Fischer, Stuttgart, 1986[3].
SEDLAG, U.: Ur-Insekten. NBB 17. Geest & Portig, Leipzig, 1953.
SEDLAG, U.: Tiergeographie. Urania-Tierreich. Urania, Leipzig, 1995.
SEIDEL, K.: Die Flechtbinse (*Scirpus lacustris*). Die Binnengewässer Bd. 21. Schweizerbart, Stuttgart, 1955.

SEIDEL, K.: Reinigung von Gewässern durch höhere Pflanzen. Naturwissenschaften 12: 289 - 297 (1966).
SEIDEMANN, J.: Sumpfporstkraut als Hopfenersatz. Naturwiss. Rundschau 46: 448-449 (1993).
SEIFERT, K. & KÖLBING, A.: So macht Angeln Spaß. Mehr wissen – mehr fangen. BLV München, 1993[4].
SEIFRITZ, W.: Wachstum, Rückkopplung und Chaos. Eine Einführung in die Welt der Nichtlinearität und des Chaos. Hanser, München, 1989[2].
SEYBOLD, H. & BOLSCHO, D. (Hrsg.): Umwelterziehung: Bilanz und Perspektiven. IPN, Kiel, 1993.
SIBBING, W.: Studienwochen in der Biologischen Station „Heiliges Meer". PdB 11: 9-15 (1962).
SIEBECK, O.: 20 Jahre Limnologische Station Seeon. 1970-1990. Heller, München, 1990.
SIEGER, M.: *Euplotes* – ein neues Anschauungsobjekt für die praktische Schulmikroskopie. NiU-B 21: 34-45 (1973).
SIEWING, R. (Hrsg.): Lehrbuch der Zoologie (begr. v. H. WURMBACH), Allgemeine Zoologie. Fischer, Stuttgart, 1980[3].
SIGG, L. & STUMM, W.: Aquatische Chemie. Eine Einführung in die Chemie wässriger Lösungen und in die Chemie natürlicher Gewässer. Teubner, Stuttgart, 1991[2].
SINDERN, J., KULLMANN, H. & SAUER, K.: Evidenz für Partnerwahl druch beide Geschlechter bei der Skorpionsfliege *Panorpa vulgaris*. Verh. DZG 88.1: 52 (1995).
SOMMER, U. (Hrsg.): Plankton Ecology. Succession in Plankton Communities. Springer, Berlin, 1989.
SPÄH, H.: Modellversuche zur biologischen Selbstreinigung stehender Gewässer. NiU-B 32: 75-81 (1984).
SPILLNER, W.: Der Seeadler. Ansichten, Einsichten, Aussichten. Hinstorff, Rostock, 1993.
SPILLNER, W. & ZIMDAHL, W.: Feldornithologie. Eine Einführung. Deutscher Landwirtschaftsv., Berlin, 1990.
STAECK, L.: Zeitgemäßer Biologieunterricht. Eine Didaktik. Metzler, Stuttgart, 1987[4].
STAMM, R. (Hrsg.): Tierpsychologie. Die biologische Erforschung tierischen und menschlichen Verhaltens. Kindlers „Psychologie des 20. Jahrhunderts". Beltz, Weinheim, 1984.
STEFFENS, W.: Der Karpfen. NBB 203. Ziemsen, Wittenberg, 1962[2].
STEIN, W.: Kleinräumige Habitatpräferenz bei Seeufer-Carabiden. Jber. naturw. Ver. Wuppertal 46: 23-30 (1993).
STEINECKE, F.: Der Süßwassersee. Lebensgemeinschaften des nährstoffreichen Binnensees. Quelle & Meyer, Heidelberg, 1940.
STEINER, G. (Koord.): Österreichischer Moorschutzkatalog. Bundesministerium f. Gesundheit und Umweltschutz, Wien, 1982[2].
STELEANU, A.: Geschichte der Limnologie und ihrer Grundlagen. Haag & Herchen, Frankfurt/M., 1989.
STERBA, G.: Aquarienkunde. 2 Bde. Urania, Jena, 1954/56.
STERN, H., THIELCKE, G., VESTER, F. & SCHREIBER, R.: Rettet die Vögel. wir brauchen sie. Herbig, München, 1978.
STERNBERG, K.: Bedeutung der Temperatur für die (Hoch-) Moorbindung der Moorlibellen (Odonata: Anisoptera). Mitt. Dtsch. Ges. Allg. Angew. Ent. 8: 521-527 (1993).
STEUBING, L. & FANGMEIER, A.: Pflanzenökologisches Praktikum. Gelände- und Laborpraktikum der terrestrischen Pflanzenökologie. Ulmer, Stuttgart, 1992.
STIEFEL, A. & SCHEUFLER, H.: Der Rotschenkel. NBB 562. Ziemsen, Wittenberg, 1984.
STOKES, A. (Hrsg.): Praktikum der Verhaltensforschung. Fischer, Stuttgart, 1971.
STOLK, A.: Die Sprache der Fische. Landbuch, Hannover, 1980.
STRAKA, H.: Pollenanalyse und Vegetationsgeschichte. NBB 203. Ziemsen, Wittenberg, 1957.
STRASBURGER, E. & KOERNICKE, M.: Das kleine Botanische Praktikum für Anfänger. Anleitung zum Selbststudium der mikroskopischen Botanik und Einführung in die mikroskopische Technik. Fischer, Jena, 1954[(13)].
STREBLE, H. & KRAUTER, D.: Das Leben im Wassertropfen. Mikroflora und Mikrofauna des Süßwassers. Kosmos/Franckh, Stuttgart, 1973.
STREIT, B. (Hrsg.): Evolutionsprozesse im Tierreich. Birkhäuser, Basel, 1990.
STUBBE, H.: Buch der Hege, Bd. 2: Federwild. Deutscher Landwirtschaftsv. Berlin, 1987[3].

STUDEMANN, D., LANDOLT, P., SARTORI, M., HEFTI, D. & TOMKA, I.: Ephemeroptera. Insecta Helvetica, A Fauna Bd. 9. Schweiz. Entom. Ges., Genf, 1992.
STUGREN, B.: Grundlagen der Allgemeinen Ökologie. Fischer, Jena, 1986[4].
SUCCOW, M.: Landschaftsökologische Moorkunde. Fischer, Jena, 1988.
SUCCOW, M. & JESCHKE, L.: Moore in der Landschaft. Entstehung, Haushalt, Lebewelt, Verbreitung, Nutzung und Erhaltung der Moore. Urania, Leipzig, 1986.
SUDHAUS, W. & REHFELD, K.: Einführung in die Phylogenetik und Systematik. Fischer, Stuttgart, 1992.
SUKOPP, H.: Vergleichende Untersuchungen der Vegetation Berliner Moore unter besonderer Berücksichtigung der anthropogenen Veränderungen. Bot. Jb. 79 (1): 36-126 (1959), (2): 127-191 (1960).
SUKOPP, H.: Veränderungen des Röhrichtbestandes der Berliner Havel 1962-1967. Senator Bau- u. Wohnungswesen Berlin, 1968.
SUKOPP, H. (Hrsg.): Stadtökologie. Das Beispiel Berlin. Reimer, Berlin, 1990.
SUKOPP, H. & KOWARIK, I.: Hopfen als Apophyt. Natur und Landschaft 62: 373-377 (1987).
SUKOPP, H., BLUME, H., ELVERS, H. & HORBERT, M.: Beiträge zur Stadtökologie von Berlin (West). Exkursionsführer für das 2. Europäische ökologische Symposium. TU Berlin, 1980.
SUKOPP, H. & KRAUSS, M. (Hrsg.): Ökologie, Gefährdung und Schutz von Röhrichtpflanzen. Ergebnisse des Workshops in Berlin (West) 13.- 15.10.1988. Landschaftsentwicklung u. Umweltforschung Bd. 71, TU Berlin, 1990.
SUKOPP, H., MARKSTEIN, B. & TREPL, L.: Röhrichte unter intensivem Großstadteinfluß. Beitr. naturk. Forsch. Südw.-Dtl. 34: 371-385 (1975).
TAIT, R.: Meeresökologie. Das Meer als Umwelt. dtv. Thieme, Stuttgart, 1971.
TERLUTTER, H.: Das NSG Heiliges Meer. Westf. Museum Naturkunde, Landschaftsverband Westfalen, Lippe, Münster 1995.
TEROFAL, F.: Süßwasserfische in europäischen Gewässern. Mosaik, München, 1984.
TESCH, F.: Der Aal. Biologie und Fischerei. Parey, Hamburg, 1973.
THEISS, H.: Histochemischer Nachweis von Blei in *Cladophora*. MK 76: 108-109 (1987).
THEISS-SEUBERLING, H. & HOPP, C.: Zur Wirkung von Schwermetallen auf Wasserpflanzen. PdB 34: 32-35 (1985).
THEISS-SEUBERLING, H. & HOPP, C.: Einfluß von Detergentien auf Grünalgen, einfache Schülerversuche. PdB 34: 35-37 (1985b).
THERBURG, A. & RUTHSATZ, B.: Zum Nährstoffgehalt von Schnabel- und Blasenseggenrieden und seiner Aussagekraft für den Trophiegrad von Feuchtstandorten in der Eifel. Beitr. Landespflege Rheinland-Pfalz 12: 49-76 (1989).
THIEL, H.: Aviturbation. Seevögel 2: 69-74 (1981).
THIENEMANN, A.: Der Produktionsbegriff in der Biologie. Arch. Hydrobiol. 22: 616-622 (1931).
THIENEMANN, A.: Die Binnengewässer in Natur und Kultur. Eine Einführung in die Theoretische und Angewandte Limnologie. Springer, Berlin, 1955.
THIENEMANN, A.: Leben und Umwelt. Vom Gesamthaushalt der Natur. rororo-TB. Rowohlt, Hamburg, 1956.
TINBERGEN, N.: Instinktlehre. Vergleichende Erforschung angeborenen Verhaltens. Parey, Berlin, 1956[2].
TINBERGEN, N.: Tierbeobachtungen zwischen Arktis und Afrika. rororo Sachbuch. Rowohlt, Hamburg, 1973.
TINBERGEN, N. & PATTINSON, M.: Biologie Schritt für Schritt. Quelle & Meyer, Heidelberg, 1981.
TISCHLER, W.: Grundzüge der terrestrischen Tierökologie. Vieweg, Braunschweig, 1949.
TISCHLER, W.: Grundriß der Humanparasitologie. Fischer, Jena, 1969.
TISCHLER, W.: Kontinuität des Biosystems Erle (*Alnus*) Erlenblattkäfer (*Agelastica alni*). Z. Angew. Zool. 64: 69-92 (1977).
TISCHLER, W.: Biologie der Kulturlandschaft. Fischer, Stuttgart, 1980.
TISCHLER, W.: Historische Entwicklung der Ökologie und ihre heutige Situation. Zool. Anz. 207: 223-237 (1981).
TISCHLER, W.: Einführung in die Ökologie. Fischer, Stuttgart, 1984[3].
TITTIZER, T., SCHLEUTER, M. & A., BECKER, C., LEUCHS, H. & SCHÖLL, F.: Aquatische Makrozoen der „Roten LIste" in den Bundeswasserstraßen. Lauterbornia 12: 57-102 (1992).

Titzmann. M.: Der Computer – nur ein Exot im BU? Biol. Schule 42: 23-25 [sowie den Diskussionsbeitrag dazu von Ulrich, H.: Rettet die Originale – oder: Kein Computer im BU!? AaO: 26], 1993.
Topp, W.: Biologie der Bodenorganismen. UTB, Quelle & Meyer, Heidelberg, 1981.
Topp, W. & Bell, D.: *Melasoma vigintipunctata* (Scop.) ein Weidenblattkäfer mit Massenvermehrung. Faun.-Ökol. Mitt. (Kiel) 6: 267-286 (1992).
Trautner, J. (Hrsg.): Arten- und Biotopschutz in der Planung: Methodische Standards zur Erfassung von Tiergruppen. Margraf, Weikersheim, 1992.
Trepl, L.: Geschichte der Ökologie. Vom 17. Jahrhundert bis zur Gegenwart. Athenäum, Frankfurt/M., 1987.
Treuenfels, C.v.: Für unsere Natur. Der WWF-Ratgeber. Rasch & Röhrig, Hamburg, 1986.
Troll, W.: Gestalt und Urbild. Gesammelte Aufsätze zu Grundfragen der organischen Morphologie. Böhlau, Köln, 1984[3].
Trommer, G.: Ein Funktionsmodell biologischer Klärstufen für den BU. PdB 25: 288-291 (1976).
Trommer, G.: Natur im Kopf. Die Geschichte ökologisch bedeutsamer Naturvorstellungen in deutschen Bildungskonzepten. Deutscher Studienv., Weinheim, 1993[2].
Tscharntke, T.: Zerstörung kontra Artenvielfalt? Kaskadeneffekte über vier trophische Ebenen, ausgelöst durch *Phragmites*-Schäden. Verh. DZG 83: 493 (1990).
Tutschek, R.: Entwicklungsstadien eines Torfmoosblättchens. Spezifische Anfärbung von Zellwandbestandteilen als Mittel zur Erkennung von Zelldifferenzierungsvorgängen. Unterrichtsanregung für die S II. UB 129: 36-38 (1987).
Uhlmann, D.: Hydrobiologie. Ein Grundriß für Ingenieure und Naturwissenschaftler. Fischer, Jena, 1988[3].
Uehlinger, U.: Primärproduktion und Respiration im Ausfluß eines eutrophen Sees. Erw. Zus.fass. DGL Mondsee 1991: 347-351 (1991).
Urbanska, K.: Populationsbiologie der Pflanzen. UTB. Fischer, Stuttgart, 1992.
Urich, K.: Vergleichende Physiologie der Tiere. Stoff- und Energiewechsel. Gruyter, Berlin, 1977.
Usher, M. & Erz, W. (Hrsg.): Erfassen und Bewerten im Naturschutz. Probleme – Methoden – Beispiele. UTB Wiss., Quelle & Meyer, Heidelberg, 1994.
Usinger, H.: Pollenanalytische und stratigraphische Untersuchungen an zwei Spätglazial-Vorkommen in Schleswig-Holstein. Heft 25 Mitt. AG Geobot. SH, Kiel, 1975.
Vahle, H.: Armleuchteralgen (Characeae) in Niedersachsen und Bremen. Verbreitung, Gefährdung, Schutz. Informationsdienst Naturschutz Niedersachs. 10: 85-130 (1990).
Vater-Dobberstein, B.: Die Beobachtung von Pinocytose und Phagocytose bei Amoeben unter einfachen Unterrichtsbedingungen. PdB 24: 197-204 (1975).
Vester, F.: Eingriffe in vernetzte Systeme und ihre integrale Bedeutung. S. 137-155 in: Kunick, W. & Kutscher, G. (Red.): Chemische und physikalische Umweltbelastungen. Tagung Hohenheim Jan. 1977. Universität Hohenheim, 1977.
Vester, F.: Leitmotiv vernetztes Denken. Heyne, München, 1991 (1989[2]).
Vöge, M.: Tauchuntersuchungen an der submersen Vegetation in 13 Seen Deutschlands unter besonderer Berücksichtigung der Isoetiden-Vegetation. Limnologica 22 (1): 82-96 (1992).
Vöge, M.: Veränderungen der Makrophytenvegetation des Großensees bei Hamburg. Drosera '95: 45-52 (1995).
Voss, H.: Das Wimpertier *Spirostomum ambiguum*. Morphologie, Zucht und Verhalten. MK '85: 340-346 (1985).
Wachmann, E.: Wanzen beobachten, kennenlernen. Neumann-Neudamm, Melsungen, 1989.
Wagenschein, M.: Der Vorgang des Verstehens. Pädagogische Anmerkungen zum mathematisierenden Unterricht. MNU 26: 385-392 (1973).
Wagner, B., Löffler, H., Kindle, T., Klein, M. & Staub, E: Bodenseefischerei. Geschichte – Biologie und Ökologie – Bewirtschaftung. Zum 100jährigen Jubiläum der Internationalen Bevollmächtigten-Konferenz für die Bodenseefischerei. Thorbecke, Sigmaringen, 1993.
Wagner, C.: Zur Ökologie der Moorbirke *Betula pubescens* Ehrh. in Hochmooren Schleswig-Holsteins unter besonderer Berücksichtigung von Regenerationsprozessen in Torfstichen. Heft 47 Mitt. AG Geobot. SH, Kiel, 1994.

Wahl, M.: Untersuchungen zur Bio-Akustik des Wasserfrosches *Rana esculenta* (L.). Oecologia 3: 14-55 (1969).
Wahl, P.: Liste der Pflanzengesellschaften von Rheinland-Pfalz mit Zuordnung zu Biotoptypen und Angaben zum Schutzstatus nach § 24 LPflG. Landesamt Umweltschutz u. Gewerbeaufsicht, Oppenheim, 1992[3].
Wahlert, G. v.: Die Geschichtlichkeit des Lebendigen als Aussage der Biologie. Ein Beitrag zur Strukturierungsdebatte. S. 46-58 in: Kattmann, U. & Isensee, W. (Hrsg.): Strukturen des Biologieunterrichts. Aulis, Köln, 1975.
Wakeling, J.: Dragonfly aerodynamics and unsteady mechanisms: A review. Odonatologica 22: 319-334 (1993).
Walter, H.: Grundlagen des Pflanzensystems. Einführung in die Spezielle Botanik für Studierende der Hochschulen. Einführung in die Phytologie Bd. 2. Ulmer, Stuttgart, 1961[3].
Walter, H. & Straka, H.: Arealkunde. Floristisch-historische Geobotanik. Einführung in die Phytologie Bd. 3.2. Ulmer, Stuttgart, 1970[2].
Wawrzyniak, H. & Sohns,G.: Die Bartmeise. NBB 553. Ziemsen, Wittenberg, 1986.
Webb, P.: Der Fischkörper: Form und Bewegung. Spektrum d. Wiss.: 84-97 (Sept. 1984).
Weber, E. & Schumacher, R.: Der Aufbau der Abwehrrufe des Kammolches (*Triturus cristatus*) und des Fadenmolches (*Triturus helveticus*). Salamandra (Frankfurt/M.) 11: 119-129 (1975).
Weberling, F. & Stützel, T.: Biologische Systematik. Grundlagen und Methoden. Wiss. Buchges. Darmstadt, 1993.
Wedekind, J.: Computer im BU. Biologie heute (VDBiol.) 377: 1-4 (1990).
Weidemann, H.: Tagfalter 1, Entwicklung – Lebensweise. Neumann-Neudamm, Melsungen, 1986.
Weinitschke, H. (Hrsg.): Handbuch der Naturschutzgebiete der DDR. 5 Bde., Urania, Leipzig, 1980-1986.
Weissenfels, N.: Biologie und mikroskopische Anatomie der Süßwasserschwämme. Fischer, Stuttgart, 1989.
Weisser, H. & Kohler, A. (Hrsg.): Feuchtgebiete. Ökologie, Gefährdung, Schutz. Margraf, Weikersheim, 1990[2].
Weizsäcker, E.v.: Erdpolitik. Ökologische Realpolitik an der Schwelle zum Jahrhundert der Umwelt. Wiss.Buchges., Darmstadt, 1994[4].
Wendelberger, E.: Pflanzen der Feuchtgebiete. Gewässer, Moore, Auen. BLV, München, 1986.
Wendler, A. & Nüss, J.: Libellen. DJN, Hamburg, 1992[3].
Wenning, A.: Neuronale Regulation der Salzausscheidung in Egeln. Verh. DZG 88.2: 103-118 (1995).
Werner, D.: Pflanzen und mikrobielle Symbiosen. Thieme, Stuttgart, 1987.
Wesenberg-Lund, C.: Biologie der Süßwassertiere. Springer, Berlin, 1939.
Wesenberg-Lund, C.: Biologie der Süßwasserinsekten. Springer, Berlin, 1943.
Westphal, U.: Botulismus bei Vögeln. Aula, Wiesbaden, 1991.
Wetzel, R. & Likens, G.: Limnological Analyses. Springer, Berlin, 1991[2].
Wichard, W.: Die Köcherfliegen, Trichoptera. NBB 512. Ziemsen, Wittenberg, 1988[2].
Wichard, W.: Das Experiment: Osmoregulation der Köcherfliegenlarven. BiuZ 23: 192-196 (1993).
Wichard, W., Arens,W. & Eisenbeis, G.: Atlas zur Biologie der Wasserinsekten. Fischer, Stuttgart, 1995.
Wickler, W.: Das Züchten von Aquarienfischen. Eine Einführung in ihre Fortpflanzungsbiologie. Kosmos/ Franckh, Stuttgart, 1970[5].
Wickler, W.: Stammesgeschichte und Ritualisierung. Zur Entstehung tierischer und menschlicher Verhaltensmuster. dtv, München, 1975.
Wiederholz, E.: Hier steht der Fisch. Parey, Hamburg, 1979[2].
Wiegleb, G.: Die Lebens- und Wuchsformen der makrophytischen Wasserpflanzen und deren Beziehungen zur Ökologie, Verbreitung und Vergesellschaftung der Arten. Tuexenia 11: 135-147 (1991).
Wiegleb, G. & Brux, H.: Evolutionsbiologische Aspekte von Reproduktion und Variabilität breitblättriger *Potamogeton*-Arten in Nordwestdeutschland. Drosera '91 (1/2): 139-151 (1991).
Wiegleb, G., Lehmann, A. & Hausfeld, R.: Die Erlenwälder im nordwestlichen Niedersachsen. Methodik der Aufnahme, floristisches Inventar und Gliederung nach strukturellen und floristischen Kriterien. Tuexenia 11: 309-343 (1991).

WILBERT, N.: A standardized method for identifying and counting the vagile and sessile periphython. Oecologia 24: 343-347 (1976).
WILDERMUTH, H.: Libellen. Kleinodien unserer Gewässer. Schweizer Naturschutzbund, Basel, 1981.
WILLMANN, R.: Die Art in Raum und Zeit. Das Artkonzept in der Biologie und Paläontologie. Parey, Berlin, 1985.
WILMANNS, O.: Ökologische Pflanzensoziologie. Eine Einführung in die Vegetation Mitteleuropas. UTB, Quelle & Meyer, Heidelberg, 1993[5].
WINDE, P.: Ein Modellversuch zur Gewässerbelastung. S. 196-207 in: TROMMER, G. & WENK, K. (Hrsg.): Leben in Ökosystemen. Westermann, Braunschweig, 1978.
WINDE, P.: Modelle im Ökologieunterricht. S. 277-298 in: RIEDEL, W. & TROMMER, G.(Hrsg.): Didaktik der Ökologie. Aulis, Köln, 1981.
WINKEL, G.: Umwelt und Bildung. Denk- und Praxisanregungen für eine ganzheitliche Natur- und Umwelterziehung. Kallmeyer, Seelze, 1995.
WISSEL, C.: Theoretische Ökologie. Eine Einführung. Springer, Berlin, 1989.
WITT, R.: Vogelbeobachtung durch das Jahr. Grundwissen, Projekte für jeden Monat, zahlreiche Tips, Vogelschutz. Mosaik, München, 1993.
WITTIG, R.: Wasser. Lösungsmittel, Lebensraum und Ökofaktor. Akad. Verlagsges. Wiesbaden, 1979.
WITTIG, R.: Die geschützten Moore und oligotrophen Gewässer der Westfälischen Bucht. Vegetation, Flora, botanische Schutzeffizienz und Pflegevorschläge. LÖLF NRW. Recklinghausen, 1980.
WOLFF-STRAUB, R. (Red.): Rote Liste der in Nordrhein-Westfalen gefährdeten Pflanzen und Tiere. 2. Fassung. LÖLF, Recklinghausen, 1986[2].
WOOTTON, R.: The functional morphology of the wings of Odonata. Adv. Odonatol. 5: 153-169 (1991).
WUKETITS, F.: Evolutionstheorien. Historische Voraussetzungen, Positionen, Kritik. Wiss. Buchges., Darmstadt, 1988.
WUNDSCH, H.: Barsch und Zander. NBB 305. Ziemsen, Wittenberg, 1973[2].
WURMBACH, H. & SIEWING, R.(Hrsg.): Allgemeine Zoologie. Fischer, Stuttgart, 1980[3].
ZABEL, E. (Hrsg.): Differenzierter Biologieunterricht im Rahmen der Erneuerung der Schule. Leuchtturm, Alsbach/Bergstr., 1991.
ZEHNER, M.: Beobachtungen am Periphyton eines Stadtparkteiches. MK 82: 107-112 (1993).
ZESSIN, W. & KÖNIGSTEDT, D.: Rote Liste der gefährdeten Libellen Mecklenburg-Vorpommerns. Umweltminister Mecklenburg-Vorpommern, Schwerin, 1993.
ZIEMANN, H.: Zur Einschätzung des Phosphoreintrags in Gewässer durch Wasservögel am Beispiel der Talsperre Kalbra. Acta ornithoecol. (Jena) 1 (2): 145-153 (1986).
ZIMMERMANN, W. (Hrsg.): Der Federsee. Schwäb. Albverein, Stuttgart, 1961.
ZINTL, H.: Zum Problem der Wahl des Baumaterials bei der Larve von *Potamophylax latipennis* (Trichoptera, Limnoph.). Z. Tierpsychol. 27: 129-135 (1970).
ZINTZ, K.: Fischereiliche Nutzung von Stillgewässern in Naturschutzgebieten. Margraf, Langen, 1986.
ZINTZ, K., RAHMANN, H. & WEISSER, H. (Hrsg.): Ökologie und Management kleinerer Stehgewässer. Margraf, Weikersheim (Ökologie und Naturschutz Bd. 3), 1990.
ZIERIS, F.: Ökotoxikologie – die Wissenschaft, die es sich zum Ziel gesetzt hat, das Schädigungspotential von Stoffen für die Umwelt zu bestimmen. PdB 42: 1-5 (1993).
ZISWILER, V.: Spezielle Zoologie. Wirbeltiere (Bd. I Anamnia, Bd. II Amniota). Thieme, Stuttgart, 1976.
ZUMKOWSKI, H. & XYLANDER, W.: Freizeitaktivitäten an Seen: Beeinträchtigung der Heteropteren- und Coleopterenzönosen. Verh. WET 1994: 201-207 (1995).
ZUPANC, G. (Hrsg.): Praktische Verhaltensbiologie. Parey, Berlin, 1988.
ZWICK, P.: Wasserinsekten – Wanderer zwischen zwei Welten. Verh. WET 1990: 19-43 (1991).

Verzeichnis der Pflanzen- und Tiernamen

Das Namensregister wird der Übersichtlichkeit halber im Prinzip systematisch angeordnet, es bezieht sich jedoch aus praktischen Gründen teilweise auf Lebensformtypen. Es beschränkt sich auf höhere Taxa (die Becher-Azurjungfer ist beispielsweise ohne direkte Namensnennung in das Stichwort Libellen einbezogen), einzelne Taxa werden herausgestellt. Die wissenschaftlichen Namen der Kormophyten sind dem „SCHMEIL/FITSCHEN" 1996, die der Tiere (soweit nicht schon im Text mit angegeben) dem „BROHMER" (SCHAEFER 1994) entnommen, nach diesen Werken richten sich auch die deutschen Namen (vgl. Einleitung). Zitiert werden nur Textstellen mit wesentlichen Aussagen zu den Arten (bzw. höheren Taxa), nicht bloße Nennungen.

Bakterien und Pilze (ohne Cyanobacterien) **131ff, 159ff, 218**
  ektotrophe Mykorrhiza-Pilze 53
  Knöllchenbakterien der Erle (endosymbiontische „Strahlenpilze"/ Aktinomyzet *Frankia*) 52ff
  Phytophagen-Symbionten 57, 103ff

Produzenten: Kryptogamen
  Phytoplankton 110ff, 192ff
  Blaualgen = Cyanobacterien 66, 120, 125ff, 136ff, 178
  begeißelte Algen (Flagellaten) 218
  Kieselalgen = Diatomeen (Bacillariophyceen) 131ff, 259
  Aufwuchs-/ Neustonalgen (mikroskopisch) 93, 110ff, 131ff, 159ff
  Fadenalgen (u.ä., makroskopisch) 64, 93, 110ff, 120, 124ff, 131, 137ff, 145
  Armleuchteralgen 113, 120ff, 125, 136ff
  Moose 110ff, 120, 130, 137ff
  Torfmoose 121, 136, 281ff
  Farnpflanzen 110, 130, 136ff, 145

Ufer-Samenpflanzen 26ff, 130, 135ff, 192ff, 279, 289
  Uferbäume und -stauden 26ff, 45ff, 60ff, 128ff
  Erle 30, 32f, 37, 45ff, 58
  Grauweide 9, 32, 48, 50, 52, 55
  Lobelie, Strandling 35, 75, 110ff, 136ff
  Röhrichtpflanzen 26ff, 61ff
  Igelkolben 48, 68f

  Kalmus 68f, 76, 81
  Schilf 30, 32f, 37, 39f, 42, 60ff, 187
  Land-, Wasserschilf 89ff
  Teichbinse 30, 37, 39f, 68ff, 84ff
  Zyperngras 65ff
  Schwimm-, Schwimmblattpflanzen 26ff, 98ff, 126ff, 145
  Wasserrosen (See-, Teichrose) 32f, 98ff
  Tauchblatt-, Schwebepflanzen 26ff, 84ff, 110ff, 119ff, 125ff, 177
  Spiegelndes Laichkraut 33, 113ff

Urtiere = Protozoen 66, 131ff, 159ff, 218

Wirbellose (außer Arthropoden)
  Schwämme, Nesseltiere, Kranzfühler (Tentaculata) 133ff
  Strudelwürmer („Planarien") 94, 134, 161
  Saug-, Bandwürmer 193ff
  Rädertiere 133ff,
  Schnecken 94, 107, 122, 132, 145, 161, 192ff, 227ff, 244ff, 255
  Muscheln 94ff, 107, 122, 180ff, 192, 227ff, 243, 246, 257, 259, 265ff, 273, 276, 292
  Ringelwürmer 94, 192, 230, 257

Arthropoda (außer Insekten)
  Spinnentiere 88, 92, 145, 147, 157, 218, 245ff, 268

Kleinkrebse (Entomostraka mit Blattfuß-, Muschel-, Ruderfußkrebsen und Karpfenläusen) 59, 133ff, 159ff, 189, 192ff, 217, 224, 227, 232, 257, 267
Asseln und Flohkrebse 60, 94, 192, 292
Zehnfüßer (Dekapoda) 238, 243, 257, 292

Insekten 57, 61, 88ff, 93ff, 132, 170ff, 195ff, 212, 217, 219
Urinsekten („Apterygota") 162
Eintags-, Steinfliegen (mit Larven) 94f, 196ff, 212, 223, 225, 238ff, 246ff, 258, 286
Libellen (Imagines) 88, 93, 103ff,148, 169ff, 193, 199ff, 217, 286ff
Libellenlarven 95, 119, 218, 224, 228ff, 247ff, 255, 258ff
Wasserwanzen (Nepo-, Gerro-morpha) 103ff,145, 150ff, 157ff, 163, 195, 223ff, 227, 233ff, 245ff, 261ff
Blattläuse (u.a. Homoptera) 88ff, 103ff, 198
Netzflügler,Schlamm-und Schnabelfliegen 61, 198ff
Schwimmkäfer (Dytiscidae) 145, 157ff, 195, 218f, 223ff, 227, 233ff, 258, 261
Taumelkäfer 145, 218
Blatt- und Bockkäfer 56ff, 88ff, 103ff
übrige Käfer 95, 162ff
Hautflügler 89ff, 245
Köcherfliegen (mit Larven) 94ff, 104, 196, 218, 223, 248ff, 258, 285
Schmetterlinge 61 (Tagfalter), 88ff, 103ff
Mücken (Nematocera, mit Larven) 59, 89ff, 104, 145, 160ff, 181ff, 192, 196ff, 224, 228ff, 258, 261, 285ff
Fliegen (Brachycera, mit Larven)88ff, 61, 103ff, 145, 153, 157ff, 197ff

Fische (und Neunaugen) 67, 94ff, 119, 156ff, 166ff, 180ff, 187, 189, 192ff, 214ff, 234, 238, 241ff, 249ff, 257, 262ff, 268ff
Aal 220ff, 243, 263, 268
Bitterling 93, 221, 264ff
Graskarpfen 119, 267
Hecht 96, 119, 157, 218, 220, 222, 243, 263ff, 269, 272
Moderlieschen 93, 156, 220, 265
Goldfisch/Karpfen 66, 168, 218, 237, 257, 265, 267, 272
Stichling 220, 222, 232, 263ff

Amphibien und Reptilien 59f, 145, 147, 256ff
Wasserfrösche 9, 60, 104, 147ff, 238ff, 255, 257
Molche 59, 242, 254ff
Ringelnatter 93, 147, 187

Vögel 26, 55ff, 88, 95ff, 145, 163ff, 213, 217f, 221, 256ff, 271
Adler 167ff, 192
Bachstelze 95, 213
Blaumeise 55f, 92
Bläßhuhn 96ff, 118, 179ff
Entenvögel 42ff, 94, 96, 174ff, 179ff, 189ff, 195, 257
Kuckuck 172
Rallen (außer Bläßhuhn) 173ff, 186
Rohrsänger 41, 93ff, 169ff, 187, 194
Star 55, 92ff
Taucher 96ff, 168ff, 179ff, 193
Zwergdommel 78, 93, 95ff, 166ff, 183, 187

Säuger 60f, 119, 192, 217f, 256, 271
Bisam 43, 80f, 88, 104, 119, 273, 276, 280ff, 285

Verzeichnis der Gewässernamen

Ahrensee b. Kiel/ Holstein 30, 40, 139ff
Ahrenviöl (Ostermoor) b. Schleswig 203
Alster/Hamburg 22, 288
Arendsee/Altmark 279
Argen/Bodensee 291
Atlantik/ Long Island, New York/USA 192
Atlantik/ Marschküste Georgia/USA 271

Baldeneysee (Ruhrstau)/ Essen 167, 187
Biggesee (Talsperre Sauerland) 23
Black-Oak-See/USA 108
Bleigruben-Absetzbecken Mechernich/ Eifel 203
Bodensee (Wollmatinger Ried gesondert) 14, 27, 36, 50, 61, 74ff, 82, 92, 122, 136ff, 178, 181, 187, 269, 277ff, 290
Botanischer Garten Bonn 105, 207
Bültsee b. Eckernförde/ Schleswig 127

Chiemsee 75, 288

Donau-Delta 84, 86, 135 (Isacova-, Rosu-See), 170
Dortmund-Ems-Kanal 76
Dümmer N Osnabrück 13, 81, 174

Eider/Treene/Sorge-Niederung 174
Elbe, Elbaue b. Dessau s. Sarensee, (s.a. Unterelbe)
Emscher/Ruhrgebiet 291
Enger Heide b. Leck/Nordfriesland 207
Everglades/Florida/USA 50

Federsee/Oberschwaben 29, 174, 279
Fröruper Berge (Moorweiher) S Flensburg 147, 211
Fürstenkuhle, Gescher-Hochmoor, Westmünsterland 285

Großensee b. Hamburg 137

Halterner/Hullerner See (Talsperren Westmünsterland) 23, 291
Havel(seen)/Berlin 75f, 82, 97, 166, 187, 289

Havel(seen)/Potsdam 166, 176, 289
Heiliges Meer b. Ibbenbüren/Westfalen 13, 33, 105, 169, 279ff
Hennesee (Talsperre Sauerland) 23
Hubertussee/Berlin-Frohnau 56

Innstauseen 187
Isacova-See s. Donau-Delta
Isar 291
Ismaninger Speichersee, München 189
Isselmeer/NL 13

Königssee/Obb. 268
Königswinter (Tongrube) b. Bonn 147

Laacher See/Vulkaneifel 85, 288
Listersee (Talsperre Sauerland) 23

Marienhölzung in Flensburg 242
Mendota-See/Wisconsin/USA 8, 257, 274
Michigan-See/ USA 192
Mikolajskie See/Nordpolen 272
Mittelfränkische Teichgebiete (Weiherhibbel) 195
Möhne-See (Talsperre Sauerland) 23
Müggelsee/Berlin 79

Nakuru-See in Kenia 178, 272
Neusiedlersee/Burgenland/A 62f, 74f, 86ff, 89, 92, 166f, 172, 273

Ochridsee/Balkan 14, 122
Osterseen S München 137ff
Ostsee (PCB) 192
Otto-Maigler-See s. Ville

Plöner Seen/Ostholstein 77, 139ff, 288
Pulvermaar/Vulkaneifel 288

Rhein 291
Rheinauensee in Bonn 147, 191
Rheinbach (b. Bonn), Naturschutzteiche im Rückhaltebecken Rodderfeld 33, 80f

Rheinbach-Eichen (Freizeitangelteiche) 200
Rieselfelder b. Münster/Westf. 174
Rönne, Teiche am Wellsee b. Kiel 247
Rosu-See s. Donau-Delta
Rüder See in Glücksburg b. Flensburg 126
Ruhr 22, 291

Salzsee, Großer, in Utah/USA 257
Sankelmarker See S Flensburg 56
Sarensee (Elbaltarm) b. Klieken NO Dessau 130
Sargasso-See/Atlantik 263
Schaalsee b. Lübeck 269
Scheldemündung/NL 169
Schloßsee/Frederiksborg/Seeland/DK 272
Schluchtsee s. Ville b. Köln
Schöhsee in Plön/Ostholstein 30f, 37, 42, 138, 140
Selenter See/Ostholstein 139ff, 269
Silver Springs (Quelltopf), Florida/USA 273
Sorpesee (Talsperre Sauerland) 23
Spree/Berlin 97
Stallberger Teiche b. Siegburg 77, 211
Starnberger See b. München 288
Stechlin b. Fürstenberg N Berlin 137, 159

Stiller Ozean/Galapagos Inseln 257

Tegeler See/Berlin 9, 17, 41, (44), 56, 76, 78f, 93, 96ff, 124ff, 139ff, 147, 169, 183, 264
Treßsee (Moor am See) b. Flensburg 211
Tschadsee 274

Unterelbe 174

Ville Braunkohlenrekultivierungsseen b. Köln 119, 137, 177, 191
Vrana-See/ Insel Cres, albanische Adria-Küste 121

Wahnbachtalsperre b. Bonn 23
Weinfelder Maar (= Totenmaar)/Eifel 21
Wertach (Nebenfluß d. Lechs) 291
Westensee b. Kiel 198
Windsborn/Mosenberg/Vulkaneifel (Kratersee) 203
Wittensee b. Rensburg 126
Wittenseer Moor/Groß Wittensee b. Rendsburg 247
Wollmatinger Ried b. Konstanz 36, 174

Zülpich (Naturschutzteiche) 200, 211
Zwillbrocker Venn b. Vreden/Westmünsterland 179, 191

Sachverzeichnis

(zu Grundbegriffen und der Systemordnung vgl. das Glossar in Band 2)

Abheben vom Wasser 151, 156, 159, 168, 175ff, 182
Aerenchym 48ff, 62, 76, 90, 98ff, 114ff, 127
Aerostatik 175
Akkumulation Pestizide 192ff
Algenwatten 77ff, 124ff, 127
Allelopathie 122, 125
allochthon 278, 290
anadrome Fische 262f
Aquarien-Simulation 65ff
Atemgröße 251ff
Atmung (Wassertiere) 88, 90, 146ff, 157ff, 236ff
Aufwuchs s. Periphyton
Ausbreitungsstrategie 54ff (Erle), 70ff (Röhrichtarten), 118 (Tauchblattpflanzen), 120ff (Algen/ Grundrasen), 268ff (Wassertiere)
autochthon 278, 290
Aviturbation 192

Baggersee 14
Belastungskennziffern (Tierhaltung) 190
Benetzbarkeit s. Oberflächenspannung
Benthal/Benthon 5, 26
Besiedlungspotential 123
Beutefang 92, 94ff, 133ff, 146ff, 165ff, 231ff
Biochorion 93ff (Stein am Brandungsufer), 103ff (Wasserrosenblatt), 118
Bioindikatoren/Bioindikation 119, 135ff, 156, 170, 186ff
Biotop (vgl. Glossar, Band 2) 275
Biotoppyramide (verkehrte) 272
Biotopschutz 29, 39, 44, 215
Biozönose (= Lebensgemeinschaft) 11, 275
Bisystem 57f
B<small>OHR</small>-Effekt 232, 238ff
Botulismus 186
Brandungsufer s. Wellenschlag

Brutparasitimus 172
Brutpflege/-fürsorge (Fische) 263ff
Bullaugeneffekt 153, 226

C-Senke 283
Carbonatsystem 106ff, 237ff, 284ff
C_D-Wert s. Widerstandswert
Chloridzellen/-epithelien 258, 260ff

Destruenten 276ff, 286
Dichte des Wassers 215ff
Dichteregulation (Wasservögel) 186ff
Dorfteich 11

„**E**innischung" 167, 181, 185
Eiszeitrelikte 283ff
Energiefluß im Ökosystem 271ff
Entspannungsschwimmen 162ff
Entwicklungsgang 120ff (Algen), 193ff (parasitische Würmer), 196ff, 209ff (Insekten), 267 (Barsch)
Epilimnion 14ff
Eutrophierung 66f, 82ff, 119, 124ff, 130, 135ff, 278ff
externe Kosten 22ff
extraintestinale Verdauung 234, 261

Farbanpassung 228ff
Feindschutz (chemische Feindabwehr s. Repellent) 128, 156, 158ff, 162ff, 173ff, 182, 188ff, 204, 213, 228ff
Fisch-Bewegungstypen 219ff
fischereiliche Bewirtschaftung 24, 119, 188ff, 267, 270
Fitness-Minimierung 186
Flachsee 13, 15
Fließgewässer 12, 16, 19, 22, 35, 85, 93ff, 113, 115, 124, 128ff, 132, 157, 222, 245, 262ff, 288ff
Flußaue 36, 48, 51ff, 61, 84, 130, 290
Fotodokumentation 31, 164, 199
Fraßabwehrreaktionen 57ff (Erlen, Weiden)

Fraßschutz 69 (Schneide), 88ff (Schilf), 285 (Torfmoos)
Freizeitnutzungen 20ff, 41ff, 76ff, 93, 95ff, 188ff, 283ff
Fütterungsstellen 42ff, 44, 176ff, 189ff, 276

Gallen 57, 89ff, 205
Gegenstromprinzip 175, 249, 256
Geldwert von Seen 21, 24
Gemeinschaftsjagd 169f, 181
Gewässergüte 292
Grundumsatz 253ff

Hechtwiesen 263ff
Helfer (b. Vogelbrut) 173
Helophyten (Sumpfpflanzen) 49, 61ff, 143
Heterophyllie 128ff
VAN'T HOFFsche Regel s. RTG-Regel
Hydathoden 100, 259
Hydrodynamik (Orientierung) 226ff
Hydrophyten 143
Hydropoten 98ff
Hydrostatik 116, 122, 145, 150, 158, 160, 221, 225, 245
Hygrophyten 143
Hypolimnion 14ff

Idioblast (hier als Feilenhaar) 98ff
Inquilinen (Einmieter) 88ff
Ionenaustauscher (Torfmoore) 284ff
Ionenregulation 256ff

Jagd 188ff
Jahresgang/ jahreszeitliche Dynamik 9, 85ff, 182ff

K-Strategie s. Besiedlungspotential
Kanal 292
Kaskadeneffekte 89ff
katadrome Fische 263
Keimungsbedingungen 54 (Erle), 70, 83 (Röhricht),
Kleptoparasitismus 166 (Beute), 9, 265 (Sperma)
Klima (Hochmoor) 283ff
Klonierung 83, 86, 118
Kohlenstoff-Langzeitspeicher s. C-Senke

Kompartiment 7ff, 45ff , 85ff, 284ff
Kompensationsebene 14ff, 122ff, 137
Konkurrenz 139ff, 181ff, 265, 271, 285
Konkurrenzausschluß 45ff
Kreisläufe, interne s. Nährstoffbindung
KROGHsche Normalkurve/ Diffusionskoeffizient 236ff
Kreislauf der Stoffe 274ff, 290
Kurzschluß im Kreislauf der Stoffe 67, 190, 276ff, 286

Landschaftsökologie 17ff
Landung auf dem Wasser 176
Langzeit-Dynamik (vgl. auch Mosaik-Zyklus-Theorie) 77ff, 129ff, 280ff
Lebensformtyp 45ff, 61ff, 120ff, 128ff, 139ff, 144ff, 165ff, 195ff
Lebensverein s. Biochorion
Lentizellen 50ff
Lianen 60
Lichtrückenreflex 224ff, 228
Limnologie 11ff
Litoral 14ff, 26ff, 263
  Eulitoral 27, 32, 40
  Sublitoral 27
Löslichkeit von Gasen im Wasser 106ff, 236ff
Lotus-Effekt 99
Luftkanalsystem s. Aerenchym

Makrophyten-Index (nach MELZER) 136ff
Makrozoobenthon 214ff
Metamorphose s. Entwicklungsgang
Minen 56, 103ff
Modell-Aquarien 6, 65ff, 214
Mofetten 85
Moor 281ff
Mosaik-Zyklus-Theorie 74f
Mückenbekämpfung 161
Müllkippen 166
Mykorrhiza (Endo-, Knöllchenbakterien) 52ff

Nährschicht 15
Nährstoff-Sparbauweise 123, 275, 285ff
Nährstoffbindung/ „turn over" 62ff, 66ff, 86, 135, 274ff, 281ff
Nährstoffeliminierung durch Makrophyten

s. Nährstoffbindung
Nahrungsgrößen-Optimierung, -Selektion 169ff, 267
Nahrungsketten, -netze 192ff, 271ff
Nahrungspyramide s. trophische Ebene
Nässegrenze des Waldes am See 27
Naturbeobachtung, stille 6, 146ff, 163ff, 284ff
Naturschutz, (-gesetze) 21ff, 29ff, 39, 44ff, 83, 89, 93, 199, 231, 268, 283
Nettoprimärproduktion s. Primärproduktion
Netzmittel s. Tenside
Neuston 144, 159ff
Nischenfaktoren s. Schlüsselfaktoren
Nischenkonzept der Ökosystemtheorie 45ff, 61ff
Nutzungen 20ff, 36ff, 62ff (Abwasserklärung), 65 (Zyperngras), 69 (Schilf/ Binsen), 76ff, 93, 96ff, 119, 130, 180 (Fischfang mit Tauchvögeln), 188ff, 283ff (Moor), 288ff

Oberflächenspannung 99, 144, 161ff
Ökologie 11ff
Ökologie-, Ökosystemverständnis 5ff, 283ff, 293
Ökologiedidaktik 5ff, 271f, 283ff, 293
ökologische Valenz 45ff
ökologisches Nadelöhr 267
ökologisches Potential 45ff, 174, 287
Ökonomie 11, 20ff
Ökoton 27, 93
Optik des Wassers 153, 225ff
Osmoregulation 255ff

Parasiten 125, 193ff, 197ff, 245, 265ff (s.a. Brut-, Kleptoparasitimus)
Parasitoide 89ff
Peckhamsche Mimikry 195
Pelagial 7, 14ff
Periphyton 124, 131 ff
Pestizide (+ Schwermetalle) 119, 135, 192
Pheromone 265
Phosphatfällung 125
physikalische Kieme 245
Phytal 27, 104, 118, 120, 135

Plankton 289ff
Plastron 90, 245
Pleuston 144ff
POC = POM 290
Population 213, 262
Primärproduktion/Produktivität 86ff (Schilfröhrichte), 135 (Aufwuchs), 273ff (Kennziffern), 283ff
Profundal 14ff, 263

r-Strategie s. Besiedlungspotential
Reduzenten s. Destruenten
Regenerationsvermögen 54 (Erle/ Weide), 118
Reinheitsgebot (Bier) 60
Rekultivierungssee 14, 22, 119
Repellent (chemische Feindabwehr) 156
Reynoldszahl 216ff, 221
RTG-Regel 231ff, 236ff

Sandstrand 94ff, 263
Sauerstoff-Tagesgang 240ff
Schilfpflanzung 83
Schilfsterben 82ff, 124
Schlüsselfaktoren (der ökologischen Nische) 47ff, 71ff, 82ff, 120ff, 188, 283ff
Schwimmen 146ff, 162ff (Entspannungsschwimmen), 174ff, 179
See 11ff, 278ff, 288ff
Seebällchen 120
Seentypen/-klassifikation 19, 135ff, 186, 268ff, 278
Selbstreinigung des Gewässers s. Pestizide
Sichttiefe 14ff, 122ff
Sprungschicht (= Metalimnion) 14ff
Spülsaum 40ff, 75, 93
Stadtparkteich 7
„standing crop" s. Primärproduktion
Stausee s. Talsperre
Stickstoff-Netto-Mineralisation 53
Stoffflüsse 18ff, 21, 271ff
Stoffwechselrate s. Atemgröße
Streuwiesen 28ff, 54
Sumpfpflanzen-Kläranlagen 62ff, 82
Süßwasser 258
Symbionten 52ff, 90, 103ff, 133

327

Talsperre 13ff, 22ff, 43, 187, 189, 291ff
Tarnung s. Feindschutz
Teich 13ff
Tenside (Netzmittel) 144 ff, 161ff
thermische Konvektion 118, 288
thermo-osmotischer Effekt 50ff, 79, 100ff
Thermoregulation 202 (Libellen), 256 (Kreuzotter)
Trägheitskräfte 219ff
Transpiration 62ff, 87ff (Röhrichtpflanzen), 99ff (Seerose)
Trinkwasser 17ff, 23, 291
trophische Ebene 271ff
trophogene Schicht s. Nährschicht
tropholytische Schicht s. Zehrschicht
Tümpel 13, 57ff
Turbation s. Aviturbation
Turbulenzen 115, 288
„turn over" s. Nährstoffbindung

Überflutungstoleranz 48ff
Umfeldbeziehungen 17ff, 21
Umweltbildung 5ff
Umweltmoral 5
Umweltverträglichkeitsprüfung UVP 24

Vegetationsgeschichte 283ff
Vegetationszonierung 26ff, 279ff
Verdriftung 289
Verlandung des Sees 28ff, 278ff
Viskosität (Zähigkeit/ Reibungskraft) 215ff, 220ff

Wanderungen 17ff, 213, 262ff
Wärmeaustauscher 175, 256
Wärmeisolierung (Wasservögel) 174, 179
Wasserblüte 15, 66ff, 120, 124ff, 136ff, 187, 279, 291
Wassererneuerungszeit 288
Weidegänger 132ff
Weiher 13ff
Weiherhibbel 195
Wellenschlag 15, 35, 68, 74ff, 78ff, 93ff, 113, 132, 288
Widerstandswert/-Koeffizient (C_D-Wert) 219
W<small>INKLER</small>-Titration 239ff

Zähigkeit s. Viskosität
Zehrschicht 15

Anhang

Arbeitsbögen
1a: Erfassung chemischer Daten eines Teichs/ Sees
1b: Erfassung der Tierwelt am Teich-, Seeufer
1c: Erfassung der Vegetation am Teich-, Seeufer
3: Schnell-Erfassungsbogen der Avifauna
4: Schnell-Erfassungsbogen der Libellen

ARBEITSBLATT 1a: D A T E N   C H E M I S M U S   TEICH/SEE

Bearbeiter/in(nen): ....

Gewässer: .... /Ort: ....

Gewässertyp: ....

Datum: .... Wetter: ....

Uhrzeit: .... Lufttemp.: ....°C   Wind: ....

Meßplatz: ....

Wasser klar/trüb, Farbe: .... Sichttiefe: ....m

Wassertemperatur: ....°C in ....dm Tiefe, ...°C in ....dm Tiefe, ...°C in ....dm Tiefe,

........°C in ....dm Tiefe, ...°C in ....dm Tiefe, ...°C in ....dm Tiefe

O_2-Gehalt: ....mg/l = O_2-Sättigung: ....%

(Sauerstoffbestimmung mittels: ....)
Chemismus*: pH .... Leitfähigkeit ....μS   Gesamthärte GH ....°dH

Chlorid: ....mg/l   SBV/Karbonathärte KH ....°dH

ARBEITSBLATT 1b: T I E R W E L T   A M   U F E R   TEICH/SEE
(Achtung: Artenschutz/Biotopschutz beachten, Fernglas-, Nahglas benutzen, ggf. Fotodokumentation)
Wasservögel* (Arten/Anzahl, ggf. m; w / juv):

Amphibien/Reptilien* (Arten/Anzahl, ggf. Laich/Kaulquappen/Fortpflanzungsverhalten):

Fische* (soweit sichtbar, vom Steg oder Boot aus):

Libellen* (vom Steg oder Boot aus):

Wasserinsekten, Wasserschnecken und andere Makroevertebraten*:

Große Zooplankter* (Zooplanktonnetzfang, Beobachtungsglas ; Lupenbetrachtung):

*ggf. Rückseite benutzen

ARBEITSBLATT 1c: V E G E T A T I O N   A M   U F E R TEICH/SEE

Bearbeiter/in(nen):..

(1) Skizze Vegetationszonen (Biotopschutz beachten!):
  als Profil an einer ausgewählten, zugänglichen Stelle oder
  als Artenkartierung für einen ausgewählten Uferabschnitt
  mit Markierung der folgenden Zonen:
  A Überschwemmungsbereich   B Röhrichtzone
     (Eulitoral: Bereich zwischen Hoch- und Niedrigwasserlinie)
  C Schwimmblattzone   D Tauchblattzone

(2) Kennzeichnung der Vegetationszonen durch die folgenden Stichpunkte*:
  a) Angabe zur Staunässe bzw. zum Tiefenbereich
  b) vorherrschende Lebensform (Bäume/Sträucher, Ried/Röhricht, Schwimm-/Tauchblattpflanzen, Großalgen) und bestimmende Arten mit Deckungsgrad
  c) häufige Arten niedrigerer Wuchsform; besonders Arten in geringer Dichte
  d) Bezug zu Nutzungen oder anderen Eingriffen
  e) besondere Bedingungen (z. B. Quellen, Nähe Zu-, Abfluß)

*ggf. Rückseite benutzen

Arbeitsblatt 3:

Bearbeiter: ....
Ort/Gebiet: ....

S c h n e l l - E r f a s s u n g s b o g e n   A v i f a u n a

Abk.: ad: Altvögel (M:W x,y); juv.: Jugendkleid; pul: Nest-/Dunenjunge; G: Gelege;
N: Nest (leer/alt); Ü: Überflieger/Durchzügler; r: rastend/ruhend; j: jagend
Habitatdifferenzierung: ....

Datum/Uhrzeit: ....
Wetter: ....
Details auf der Rückseite spezifizieren!
Habitatpräferenzen der Wasservögel und
besondere Beobachtungen: Rückseite nutzen

Wasser-, Sumpf- und Wiesenvögel

Haubentaucher	....
Zwergtaucher	Rohrweihe
Kormoran	Schwarzmilan
Graureiher	Fischadler
Höckerschwan	....
Graugans	Eisvogel
Krickente	Gebirgsstelze
Stockente	Bachstelze
Reiherente	Rauchschwalbe
Tafelente	Mehlschwalbe
	Teichrohrsänger
....	................Rohrsänger
Bleßhuhn	Wasseramsel
Teichhuhn	Zaunkönig
....	Rohrammer
Kiebitz	Erlenzeisig
Flußuferläufer	....
Lachmöwe	....
....	....

Feld-, Hecken-, Stadt-, Waldvögel

Rebhuhn	Gartenrotschwanz	Feldsperling
Haustaube	Amsel	Haussperling
Ringeltaube	Singdrossel	Star
................taube	Wacholderdrossel	Eichelhäher
Kuckuck	................Drossel	Elster
Mauersegler	Kohlmeise	Rabenkrähe
Buntspecht	Blaumeise	Saatkrähe
....	Sumpfmeise	....
....	................Meise	....
Feldlerche	Schwanzmeise	
	Kleiber	GREIFE/EULEN (s.o. !)
................Pieper	................Baumläufer	
Heckenbraunelle	Goldammer	Turmfalke
Mönch	Buchfink	Mäusebussard
................Grasmücke	Grünfink	Habicht
Fitis	Hänfling	Sperber
Zilpzalp	Gimpel	Rotmilan
Trauerschnäpper	Stieglitz	....
Grauschnäpper	Girlitz	
Hausrotschwanz	Kernbeißer	

Arbeitsblatt 4

Schnell - Erfassungsbogen   Libellen

Bearbeiter: .... Ort: ....
Datum: .... Uhrzeit: .... Wetter: ....
Biotop: ....
Biotopparameter (ggf. Rückseite benutzen, insbesondere für Besonderheiten)
Gewässergröße, -tiefe etc.:

pH (Uhrzeit): ....; Leitf.: .....µS; GH: ...°DH; KH: ...°DH; Chlorid ....mg/l; Wasserfarbe: ....
Fließgeschw.: ....m/s; Temperatur Luft: ....°C, Wasser oberflächlich: .....°C
Vegetation:

Bisamspuren/Wasservögel:

Amphibien:

Rückenschwimmer:
andere Wasserinsekten:

Wasserschnecken u.a.:

Libellen:
          +: Einzelfunde;   x: in geringer;   o: in mittlerer;   ●: in großer Zahl
          Ex: Exuvien; fr: schlüpfend/frisch geschlüpft; j: juvenil; P/E: Paarungen/Eiablagen
Biologisch-ökologische Studien an den häufigen Arten (auf der Rückseite spezifizieren! W: Weibchen, M:
Männchen; Abkürzungen der Gattungsnamen vgl. JURZITZA 1988 ODER Bellmann 1993):
Bevorzugte Uferzone zum Ruhen/Ansitz, als Flugbereich M, zur Eiablage (Skizze!):
Flugweise der Männchen: von einer Warte aus/ausdauernd mit unregelmäßiger Route oder ein bestimmtes
Gebiet abfliegend; Flughöhe. **Eiablageformen:** W einzeln/in Kette mit dem M/vom M bewacht; Abwerfen der Eier
im Fluge/Einstechen im Sitzen; Einstechen vertikal/horizontal, über/am/unter Wasser/über Land, Substratart.
Besondere Verhaltensweisen:

C. splendens	....	L. quadrimaculata
C. virgo	....	P. depressum
S. fusca	B. pratense	O. cancellatum
C. viridis	A. imperator	....
L. sponsa	A. cyanea	....
....	A. mixta	....
....	A. grandis	S. danae
P. pennipes	A. juncea	S. sanguineum
P. nymphula	....	S. flaveolum
E. najas	....	S. vulgatum
E. viridulum	G. pulchellus	S. striolatum
C. lindeni	....	....
C. puella	C. boltoni	
C. pulchellum	....	....
C. hastulatum	C. aenea	L. dubia
E. cyathigerum	S. metallica	....
I. elegans	....	....
....	....	....

QUELLE & MEYER VERLAG

Biologische Arbeitsbücher

Die umfassende Reihe für Unterricht, Grundstudium und praktischen Umwelt- und Naturschutz.
Wir stellen Ihnen hier eine Auswahl vor (Stand Oktober 1996):

Dieter Aulich/Heinrich Deckers
Elektrophysiologisches Praktikum
1995. 184 S., 34,90 DM
ISBN 3-494-01253-9
Bestell-Nr. 494-01253 (Band 55)

Heide Theiß/Bruno Hügel
Experimente zur Entwicklungsbiologie der Pflanzen (Phytohormone)
1996. 150 S., 40 Abb.,
15 Tab., 29,80 DM
ISBN 3-494-01242-3
Bestell-Nr. 494-01242 (Band 54)

Werner Bils
Übungsaufgaben u. Antworten zum Biologieunterricht in den Klassen 5 und 6
1992. 164 S., 38 Abb., 29,80 DM
ISBN 3-494-01198-2
Bestell-Nr. 494-01198 (Band 43)
Übungsaufgaben zum Biologieunterricht in den Klassen 7 und 8
1994. 151 S., 36 Abb., 5 Tab.,
29,80 DM
ISBN 3-494-01209-1
Bestell-Nr. 494-01209 (Band 45)
Übungsaufgaben zum Biologieunterricht in den Klassen 9 und 10 – Humanbiologie
1996. 160 S., zahlr. Abb., 29,80 DM
ISBN 3-494-01215-6
Bestell-Nr. 494-01215 (Band 46)
Werner Bils/Georg Dürr
Übungsaufgaben u. Antworten zum Biologieunterricht in der Sekundarstufe II
3., durchges. Aufl. 1993. 350 S.,
85 Abb., 29,80 DM
ISBN 3-494-01216-4
Bestell-Nr. 494-01216 (Band 40)

Gerd Brucker
Ökologie und Umweltschutz – Ein Aktionsbuch
1993. IV/335 S., 51 Tab., 75 Abb.,
49,80 DM
ISBN 3-494-01199-0
Bestell-Nr. 494-01199 (Band 44)

Gerd Brucker/Rainer Flindt/Konrad Kunsch
Biologisch-ökologische Techniken
2., überarb. Aufl. 1995. 211 S.,
84 Abb., 33 Tab., 34,80 DM
ISBN 3-494-01218-0
Bestell-Nr. 494-01218 (Band 28)

Gerd Brucker/Dietmar Kalusche
Boden und Umwelt
Bodenökologisches Praktikum
2., neubearb. Aufl. 1990. 264 S.,
120 Abb., 34,80 DM
ISBN 3-494-01175-3
Bestell-Nr. 494-01175 (Band 19)

Rudolf Drews/Hans Peter Ziemek
Kleingewässerkunde
2., überarb. Aufl. 1995, 146 S.,
18 Strich-Abb., 8 Tab.,
46 s/w-Fotos, 8 Best.-Tafeln,
29,80 DM
ISBN 3-494-01226-1
Bestell-Nr. 494-1226 (Band 41)

Rainer Flindt
Ökologie im Jahreslauf
Naturkundliche Wanderungen und Beobachtungen von Januar bis Dezember
4., überarb. Aufl. 1989. 176 S.,
45 Abb., 29,80 DM
ISBN 3-494-01174-5
Bestell-Nr. 494-01174 (Band 2)

Otto Klee
Wasser untersuchen
Einfache Analysenmethoden und Beurteilungskriterien
2., überarb. Aufl. 1993. II/254 S.,
69 Abb., 33 Tab., 34,80 DM
ISBN 3-494-01213-X
Bestell-Nr. 494-01213 (Band 42)

Wolfgang Licht
Einführung in die Pflanzenbestimmung
1995. 136 S., 175 Zeichn., 6 Tab.,
34,80 DM
ISBN 3-494-01233-4
Bestell-Nr. 494-01233 (Band 50)

Hans Ulrich Meyer/Friedrich Lüttke Twenhöven/Klaus Kock
Lebensraum Wattenmeer
1994. VI/211 S., 53 s/w-Abb.,
12 s/w-Fotos, 10 Tab., 29,80 DM
ISBN 3-494-01219-9, Bestell-Nr. 494-01219 (Band 47)

Eberhard Schmidt
**Ökosystem See – Band II:
Freiwasserraum und Tiefenzone**
5., völlig neubearb. Aufl. Okt. 1997.
Ca. 300 S., zahlr. Abb. u. Tab.,
ca. 39,80 DM
ISBN 3-494-01243-1
Bestell-Nr. 494-01243 (Band 12/II)

J. Michael Fey
Biologie am Bach
Praktische Limnologie für Schule und Naturschutz
1996. VI/187 S., 41 Abb., 8 Farbtafeln, 30 Tab., 36,90 DM
ISBN 3-494-01220-2
Bestell-Nr. 494-01220 (Band 48)

Bitte fordern Sie unseren ausführlichen Sonderprospekt an

Quelle & Meyer Verlag • Postfach 4747 • D-65037 Wiesbaden

BIOLOGISCHE ARBEITSBÜCHER